赵宾福　吉林大学考古学院院长，教授、博士生导师。教育部“长江学者奖励计划”特聘教授，中组部国家“万人计划”哲学社会科学领军人才，中宣部文化名家暨“四个一批”优秀人才，吉林省“长白山学者奖励计划”特聘教授，国务院学位委员会第八届学科评议组成员，全国文物与博物馆专业学位研究生教育指导委员会委员，中国考古学会理事暨新石器时代考古专业委员会副主任委员，吉林省考古学会副理事长，吉林省古迹遗址保护协会副理事长。享受国务院政府特殊津贴。主要研究领域为汉以前东北考古、中国史前考古、文化遗产。已承担各级各类科研项目40余项，发表、出版学术论著170余篇/部。

教育部人文社会科学百所重点研究基地
吉林大学边疆考古研究中心系列学术文集

东北考古学研究

（二）

赵宾福 著

科学出版社
北京

内 容 简 介

本书是有关于中国东北地区考古研究的专题论文集，共计收录论文21篇。研究时限包括旧石器时代、新石器时代、青铜时代（夏至战国时期），地域包括黑龙江流域、西辽河流域、下辽河流域、辽东半岛地区、鸭绿江和图们江流域，研究内容主要为上述时空范围内诸多考古学文化的年代特征、时空关系、亲缘关系、演进格局以及与周邻地区考古学文化的交流互动和彼此影响等。

本书适合从事中国东北及东北亚地区考古与历史研究的专家学者和相关专业的大专院校师生参考阅读。

图书在版编目（CIP）数据

东北考古学研究．二 / 赵宾福著．—北京：科学出版社，2021.2

（教育部人文社会科学百所重点研究基地吉林大学边疆考古研究中心系列学术文集）

ISBN 978-7-03-068010-5

Ⅰ.①东…　Ⅱ.①赵…　Ⅲ.①考古-东北地区-文集　Ⅳ.①K872.304-53

中国版本图书馆CIP数据核字（2021）第023960号

责任编辑：王琳玮 / 责任校对：邹慧卿

责任印制：肖　兴 / 封面设计：陈　敬

科学出版社 出版

北京东黄城根北街16号

邮政编码：100717

http://www.sciencep.com

中国科学院印刷厂 印刷

科学出版社发行　各地新华书店经销

*

2021年2月第　一　版　开本：787×1092　1/16

2021年2月第一次印刷　印张：22 1/4　插页：1

字数：520 000

定价：228.00元

（如有印装质量问题，我社负责调换）

Research of Northeastern China Archaeology

(2)

by
Zhao Binfu

Science Press

Beijing

目　　录

黑龙江流域

西辽河流域

下辽河流域

辽东半岛地区

鸭绿江、图们江流域

综　　论

黑龙江流域

牡丹江流域新石器文化序列与编年

牡丹江发源于吉林省敦化市牡丹岭东北，主要流经黑龙江省东南部的丘陵山地，自南向北贯穿于老爷岭和张广才岭之间，最后经黑龙江省依兰县注入松花江，沿途支流和湖泊主要有马连河、海浪河、乌斯河和镜泊湖。从自然条件上看，牡丹江流域既有连绵起伏的山地丘陵，又有水量充足的河流湖泊。已有的考古发现表明，新石器时代遗址主要分布在湖泊附近及江河两岸发育较好的台地上。

中华人民共和国成立前，俄（苏）、日两国学者曾在这一地区做过一些考古工作。例如，1931年苏联人B. B. 包诺索夫曾到镜泊湖沿岸及其附近的牡丹江周围做过调查，并采集到一些石器和陶器标本[1]。1939年，日本人奥田直荣也曾到镜泊湖地区做过调查，并对湖区沿岸的金明水、腰岭子、南湖头等地点进行了试掘[2]。

中华人民共和国成立后，黑龙江省博物馆、黑龙江省文物考古研究所、牡丹江市文物管理站以及吉林大学考古学系等单位，又先后对这一地区的新石器时代遗存进行了多次考古调查和发掘。其中比较重要的工作主要有以下几次。

（1）1958年和1959年牡丹江中下游地区考古调查[3]。

（2）1960年镜泊湖附近地区考古调查[4]。

（3）1963年宁安莺歌岭遗址考古发掘[5]。

（4）1964年海浪河中下游地区考古调查[6]。

（5）1981年牡丹江中游及其支流和镜泊湖沿岸地区考古普查（两次）[7]。

（6）1985年尚志县亚布力遗址考古发掘[8]。

（7）1987年宁安县石灰场遗址考古发掘[9]。

（8）1992～1996年海林市河口遗址和振兴遗址抢救性考古发掘[10]。

随着考古调查和发掘材料的陆续发表，学术界对牡丹江流域的新石器时代文化研究也给予了越来越多的关注[11]。从现有认识出发，结合对该地区历年发表材料的认真梳理和深入研究，我们发现，牡丹江流域新石器时代考古学文化的序列和编年问题已基本可以阐释清楚。在公元前5500年左右至公元前2000年，这一地区的新石器时代遗存既有区域性特点，又有时段性差别。依据文化面貌的不同可依次区分为振兴文化、亚布力文化、莺歌岭下层文化和石灰场下层文化，这四种考古学文化分别代表了牡丹江流域新石器时代的四个不同发展阶段。

一、振兴文化（公元前5500～前4500年）

该文化得名于1992～1996年发掘的黑龙江省海林市三道河子乡振兴遗址[12]。主要以振兴遗址“一期甲类遗存”和河口遗址“第一期文化遗存”为代表。

据报道，在振兴遗址中能够确认的属于“一期甲类遗存”的单位，也就是振兴文化的单位，只有该遗址的第5层和Ⅰ区的H133、H134、H146及Ⅲ区的H13。所获遗物除少部分出自这几个单位以外，其余绝大多数出自晚期的遗迹及地层。河口遗址没有发现属于“第一期文化遗存”的遗迹，全部遗物均出自Ⅱ区的部分晚期地层和个别遗迹当中。

从振兴遗址和河口遗址的发掘结果来看，振兴文化的灰坑，平面均呈椭圆形，坑体均为筒状。所见工具仅石器一种，主要为石叶、刮削器、镞和矛等。陶器除一件完整者以外，其余均为碎片。质地普遍为夹砂褐陶，砂粒细腻且包含云母成分较多，因此器表发亮有光泽。陶器烧制火候较低，表面颜色多不纯正，分红褐、黄褐和黑褐三种。所有器物均为手制，个别陶片上可以看到泥圈套接的痕迹。许多器物裂缝处的两侧见有自外而内戳钻而成的缀补孔。几乎所有陶器表面都有纹饰，主要为压印、刻划和戳刺而成。就纹饰布局而言，多数表现为自口沿沿面开始至器身上部结束，占器身大半部分的较少。换言之，器腹下部特别是接近器底部位一般无纹饰。纹饰构图多为复合式，同一件器物表面通常可以看到两种或两种以上的纹饰。其中口沿部位多饰压印篦点纹，沿下部位多饰以戳刺和刻划方式形成的折线和并列短条带纹。器身纹饰最为复杂，主要有压印篦点纹、压印窝点纹、压印椭圆形纹、压印菱格纹、压印三角纹、戳印纹及附加堆纹等。其中以折向排列、斜向排列和平行排列的各式压印篦点纹最多，也最具特色。与复杂的纹饰相比，该文化的陶器造型比较简单，多为直口器，部分唇部经加厚处理。形制种类也较单一，仅见罐、盆、钵三种（图一）。

振兴文化的年代，由于没有可供参考的^{14}C测定数据，因此只能通过与周邻地区以往发现的新石器时代遗存进行类比而加以判定。

第一，从纹饰特点上看，振兴文化流行各式各样的压印和戳印篦点纹，就整体饰纹手法和构图意识而言，与兴凯湖地区发现的新开流文化十分接近。在器表纹饰布局方面所呈现出的一器多纹现象，同样也见于新开流文化的陶器表面。而且这种饰纹理念还见于年代与新开流文化相当的左家山下层文化之中，暗示出三者的年代可能大致相同。

第二，从器物造型上看，振兴文化器类单一，多筒形器，大部分器口微微内收，特点与新开流文化的器物群存在一定的共性。特别是振兴遗址ⅢH13：1筒形罐与新开流遗址T5②：12筒形罐相比，形制上基本无太大的差别（图二）。此外，振兴文化一部分陶器口沿经过加厚处理的做法，在年代较早的左家山下层文化中普遍存在。说明

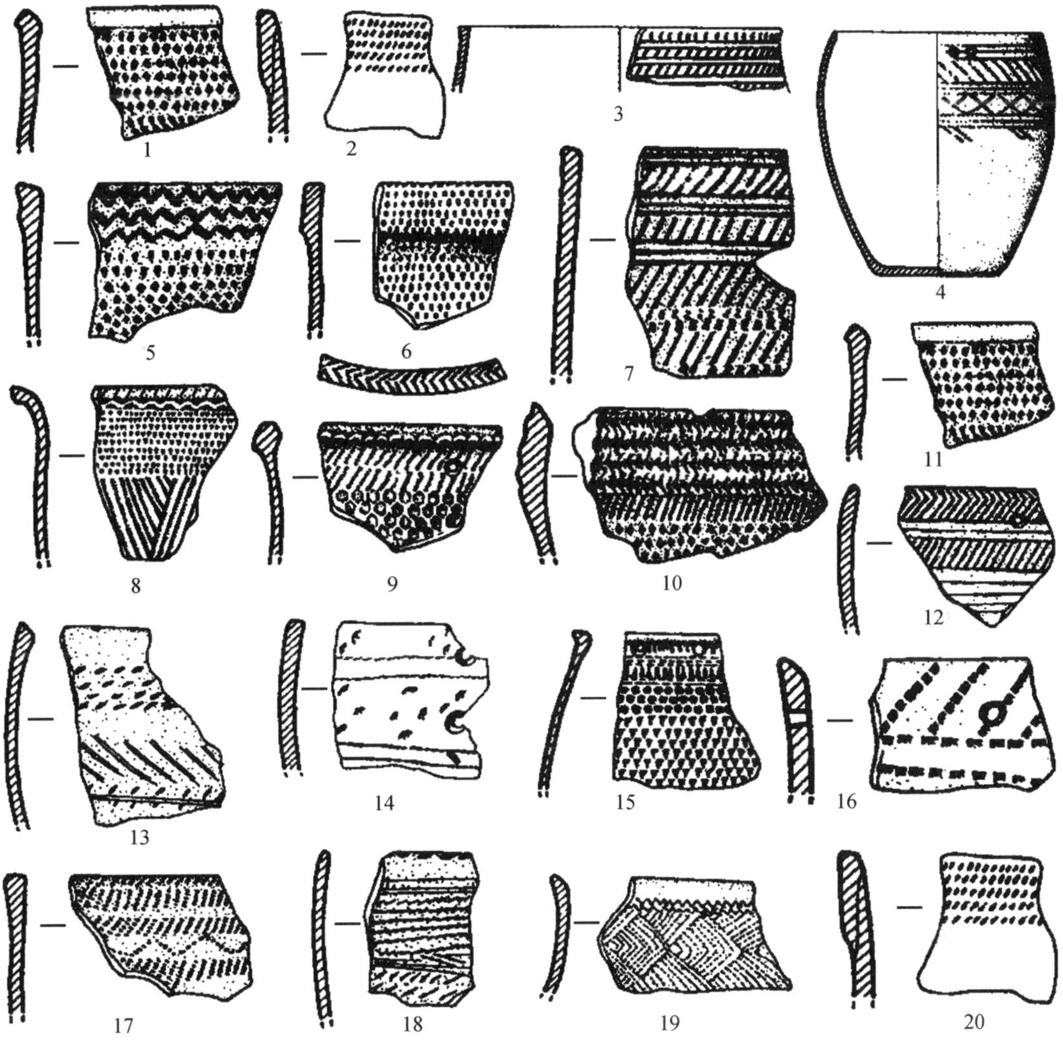

图一　振兴文化陶器

1～9、11～20. 陶罐及其口沿　10. 陶钵口沿（13、14. 为河口遗址，余为振兴遗址）

图二　振兴文化陶器与新开流文化陶器比较

1. 振兴遗址ⅢH13：1　2. 新开流遗址T5②：12

振兴文化的年代可能较早，大致应该与新开流文化和左家山下层文化接近。

在以往的研究成果当中，有学者认为振兴文化的年代应该与新开流文化的年代接近[13]。通过以上比较，我们有理由相信这一认识是正确的，结论是切实可信的。比照新开流文化和左家山下层文化的绝对年代，我们可进一步认为振兴文化应基本处在公元前5500～前4500年。

二、亚布力文化（公元前4000～前3500年）

亚布力文化，得名于黑龙江省尚志市亚布力北沙场遗址[14]。该遗址地处县城东南约60千米，东去30多千米即为连绵起伏的张广才岭主脉。遗址位于亚布力镇东北1.5千米的丘岗上，西面和北面是起伏的浅山丘陵，东南是一条狭长漫滩平原，蚂蜒河从遗址的南面2千米处流过。由于常年取沙，遗址的东部和东南部形成了高约20米的断崖。现地面是早年废弃的耕地，从耕地往西，漫岗逐渐抬升，现已为大片人工针叶林所覆盖。遗址的大部分已被崩山取砂所破坏，仅存留一小部分。1985年，黑龙江省文物考古研究所在此开掘了8个5米×5米的探方，总发掘面积200平方米，除发现了陶器、石器、玉器外，还清理出房屋基址1座。

亚布力文化的陶器全部为夹砂陶质，内含细小砂粒，不见泥质陶。黄褐陶较多，红褐陶和灰褐陶较少。陶器火候偏低，质地疏松，器壁较薄，均为手制而成。几乎所有的陶器都有纹饰，素面陶极少。压印绳纹和戳压篦点纹占绝大多数，除此之外，仅见有少量的压印线纹、划纹及坑点纹。这些纹饰或单独出现，或两种纹饰组合在一起构成复合纹饰。其组合形式为口沿部位往往饰压印绳纹或压印线纹，其下或用绳纹或用篦点纹组成丰富多彩的纹饰带，有的近似几何形图案。陶器种类单一，只有罐和碗两种。罐多侈口，圆唇或尖圆唇，个别的为平唇。口沿部位往往稍向外折，然后向上直收，有的外表有明显的折线，而内口则较平滑，故口沿部位显得略厚一些（图三，1～4）。

石器分打制和磨制两类，不见压制石器。磨制石器主要为斧、锛、铲、镞、磨盘、磨棒及磨石等。打制石器主要是亚腰形锄和石片刮削器。玉器数量不多，仅见锛、凿和光亮晶莹的佩饰（图三，5～19）。

在亚布力北沙场遗址发现1座房址，为半地穴式，平面呈圆角长方形。房址东西长3.7、南北宽3.3、深0.2～0.25米。除东壁遭到破坏外，其他三壁保存完好。房址门向南，有一狭长门道，北低南高，分为两阶，全长1.7、宽0.7～0.9米。整个居住面和四壁未做进一步加工，但由于长期活动践踏，居住面比较坚硬。在房址中部偏北处的居住面上，发现了大量的灰烬和烧烤的痕迹，应为灶所在地。室内没有发现柱洞。出土的器物主要有陶器和石器两类。

亚布力北沙场遗址出土的遗存具有鲜明的自身特征，代表了一种新的考古学文

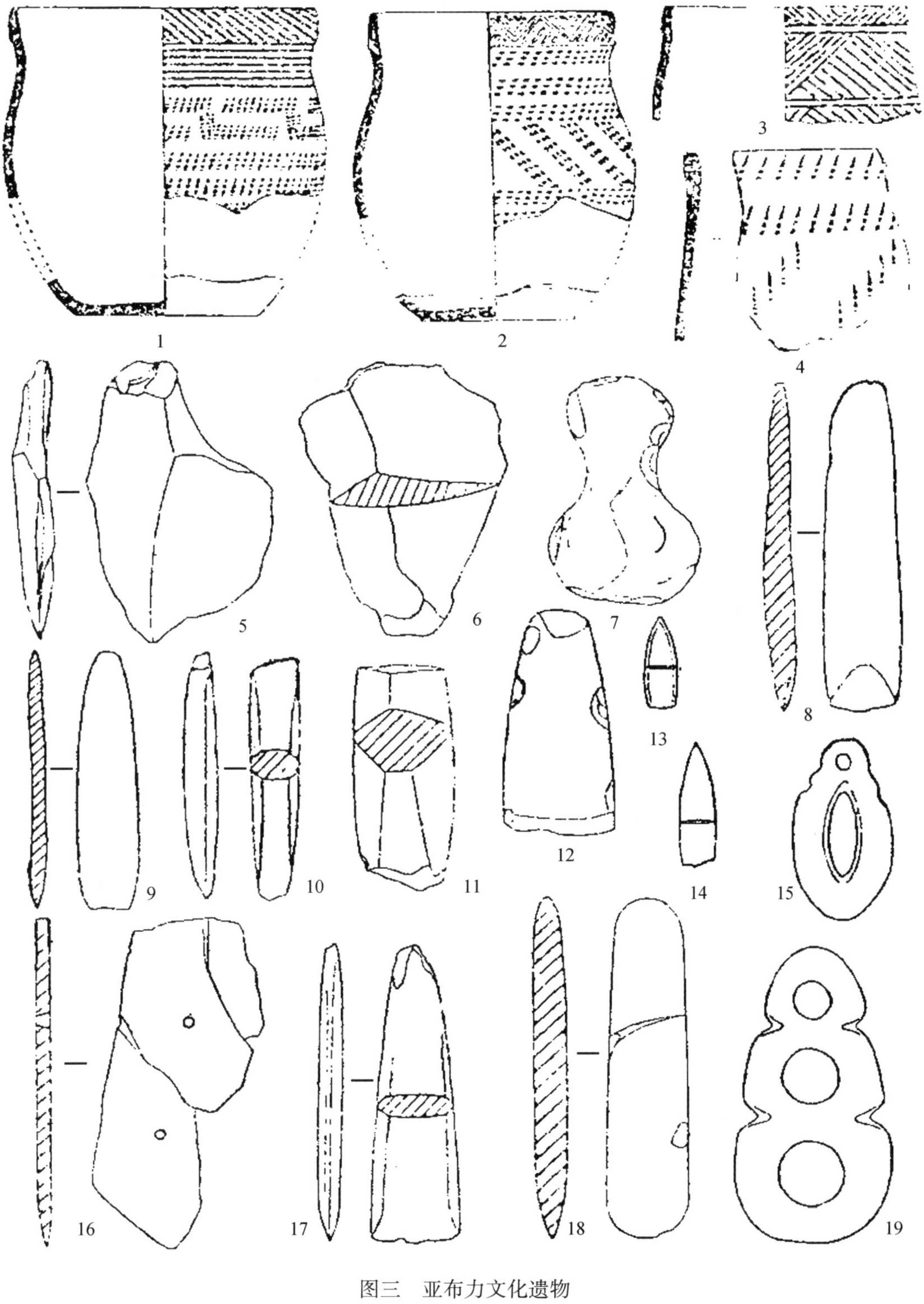

图三 亚布力文化遗物

1～4. 陶罐及其口部残片 5、6. 石片刮削器 7. 石锄 8、9. 磨石 10. 玉凿 11. 石磨棒 12. 石锛 13、14. 石镞 15、19. 玉佩饰 16. 石铲 17. 玉锛 18. 石斧（均亚布力北沙场遗址出土）

化。从陶器造型、烧制火候及纹饰布局等几个方面来看，该文化的陶器显示出一定的原始性。与当地除振兴文化以外的其他新石器时代考古学文化相比，亚布力文化的年代似应偏早。

该文化中的联璧式玉佩饰与辽宁阜新胡头沟红山文化墓地出土的同类器物完全相同，只不过是后者略小。类似的双联或三联玉佩，在辽宁牛河梁红山文化遗存中也有发现。胡头沟墓地和牛河梁遗址属于红山文化晚期阶段的遗存，年代为距今5500～5000年左右。由于这种玉璧均为采集品，因此不能反映该文化的准确年代。事实上它所反映的很可能是本地区稍晚一点的莺歌岭下层文化的年代。

进一步观察亚布力文化陶器的形制和纹饰特点，不难发现其陶器口部均经过加厚处理，而且器表自口部以下通体饰纹，多数器表同时饰两种或两种以上纹饰。反映出该文化陶器具有东北地区较早阶段陶器所具有的一般特点。考虑到本地区分别早于和晚于该文化的振兴文化与莺歌岭下层文化的时间跨度，我们初步推测亚布力文化的年代很可能处在公元前4000～前3500年。

不过，需要指出的是，属于亚布力文化的遗址目前发现很少，因此对于这种文化的内涵、分布、年代等许多问题尚难做出较为准确的认识和判断，这些问题的解决还有待于今后田野工作和研究工作的深入。但是这种文化的发现，无疑为探讨牡丹江流域新石器时代考古学文化的编年及其与周邻地区诸考古学文化间的相互关系，提供了宝贵的材料。

三、莺歌岭下层文化（公元前3500～前2500年）

莺歌岭位于黑龙江省宁安市镜泊湖南湖头对岸，是一座东西向的山麓丘岗，莺歌岭遗址就在这里的湖滨漫岗上。它的西端伸入镜泊湖，每逢涨水季节，遗址三面环水，形成“半岛”。山岗北面约100米处，有自东向西流的松乙河注入湖中，东南约300米处，有山间小溪房身沟注入镜泊湖。由于遗址紧傍湖边，湖水常年冲刷形成断崖。断崖边缘高出水面2～5米，暴露出大量遗迹和遗物。

1963年夏，黑龙江省博物馆对莺歌岭遗址进行了发掘。发掘面积约100平方米，地面堆积自上而下可分为5层，除发现4座房址、1个灰坑以外，还出土了一批文化遗物。从地层叠压关系入手，结合对各层出土遗物的分析，发掘者将莺歌岭遗址出土的全部遗存划分为早晚两期。早期以第4、5层为代表，另包括F3、F4的2座房屋，称“莺歌岭下层文化”；晚期以第2、3层为代表，另包括F1、F2的2座房屋和1个灰坑（H1），称“莺歌岭上层文化”。

关于莺歌岭上层文化的性质问题，过去有不少学者在他们发表的论著当中是将其划入新石器时代范畴的。笔者以为不妥。首先，从莺歌岭上层文化的陶器来看，其特点是以黑灰陶为主，手制，火候较高，绝大多数为素面器，饰纹陶极少，这与当时发现的其他新石器时代考古学文化陶器之面貌相去甚远。其次，属于莺歌岭上层文化的F1，其内出土的木炭和桦树皮经^{14}C测定为距今3025±90年（树轮校正值为公元前1240±155年）和2985±120年（树轮较正值为公元前1190±145年）。这表明该文化在年代上晚于东北乃至全国目前发现的所有新石器时代的晚期遗存，而实际上已经进入了中国中原商周纪年的范畴。最后，尽管莺歌岭上层文化的遗物当中没有发现共出的青铜器或铁器，但类似于该文化的某些陶器在当地其他较晚时期的遗址中常与铁器共生。由此可见，莺歌岭上层文化的年代和性质均已超出了新石器时代的范畴。

莺歌岭下层文化的房址共发现2座，原报告分别编号为F3和F4。两座房屋均为半地穴式建筑，它们的西壁均被湖水冲掉。据简报可知，房屋为单间建筑，平面呈圆角长方形或方形，竖穴空间是就地开挖原生黑土而成的。穴底和墙壁保持黑土的自然结构。房屋面积大小不等，F3东壁长5.9、南壁残长3.2米。F4南北长6、东西残长2～2.7米。据此估计，居室面积不少于25平方米。地穴挖好以后，在穴底四壁下挖出柱洞，竖立木柱用以支撑屋壁及屋顶。例如，F3的东、南、北三面墙壁穴底残存柱洞17个，直径10～16、深24～28厘米。紧靠东壁平放一排整齐的石块，石块与石块之间和石块与墙壁之间的空隙均用泥土填塞。只有居住面为生土面，未经加工，由于居住者常年活动而形成厚约5厘米的平整细密的地面。在居室中央有一个椭圆形灶址，与地面平齐，直径0.9～1.1米。灶址外围为深红色烧土，内圈为黑红色烧土，十分坚硬，并夹杂大量的炭渣。F4东、南、北三面墙壁穴底残存柱洞23个，直径10～17、深10～31厘米。该文化的房屋遗迹均未发现门道，推测门道应在房址的西或西南侧，可能已被湖水冲掉。

从陶器上看，该文化以夹砂红褐陶为主，只有少量粗灰陶。完整器物很少。陶器纹饰多样且富于变化，有粗细两种人字形划纹、斜平行线划纹、以篦点组成的人字形纹、梳齿纹、W形印纹，以及由篦点纹组成的各种带形纹饰（图四，4～6、11～15）。陶器形制简单，而且都是平底器。器类只有罐、碗、盅三种，未获完整器物。罐又有直口筒腹罐和束颈侈口罐之分。前者口沿以下饰人字形划纹或斜平行线划纹，纹饰刻划较深，有的显得短而粗，似仿针叶树的叶纹（图四，1、3）。后者为黄褐陶，在沿之下和肩部饰圆点纹（图四，2）。小件陶器只有纺轮一种，依纵剖面来看，可分为梯形、凸字形和算盘珠形三种。

莺歌岭下层文化的石器以打制石器最富特色，磨制者很少。器型主要有锄和斧两类。其中打制石锄有三种类型：一种顶部呈弧形，柄较短，斜肩（图四，16）；一种柄长而宽，平顶，两侧有窄肩，弧刃由两面加工而成（图四，18）；一种为束腰式，顶部打制成三角形，一侧保留自然石面，是一种半成品。打制石斧可分成四种形式：一种平面呈圆角长方形，四周均经打薄；一种呈扁平长条形，腰部略宽，弧形刃较厚钝；一种平面略近梯形，顶部较窄，刃部平直；一种为小型器，平面呈长方形，背面凸起，柄部较平（图四，8～10）。磨制石斧，形体窄长，器型规整，柄端稍窄，平

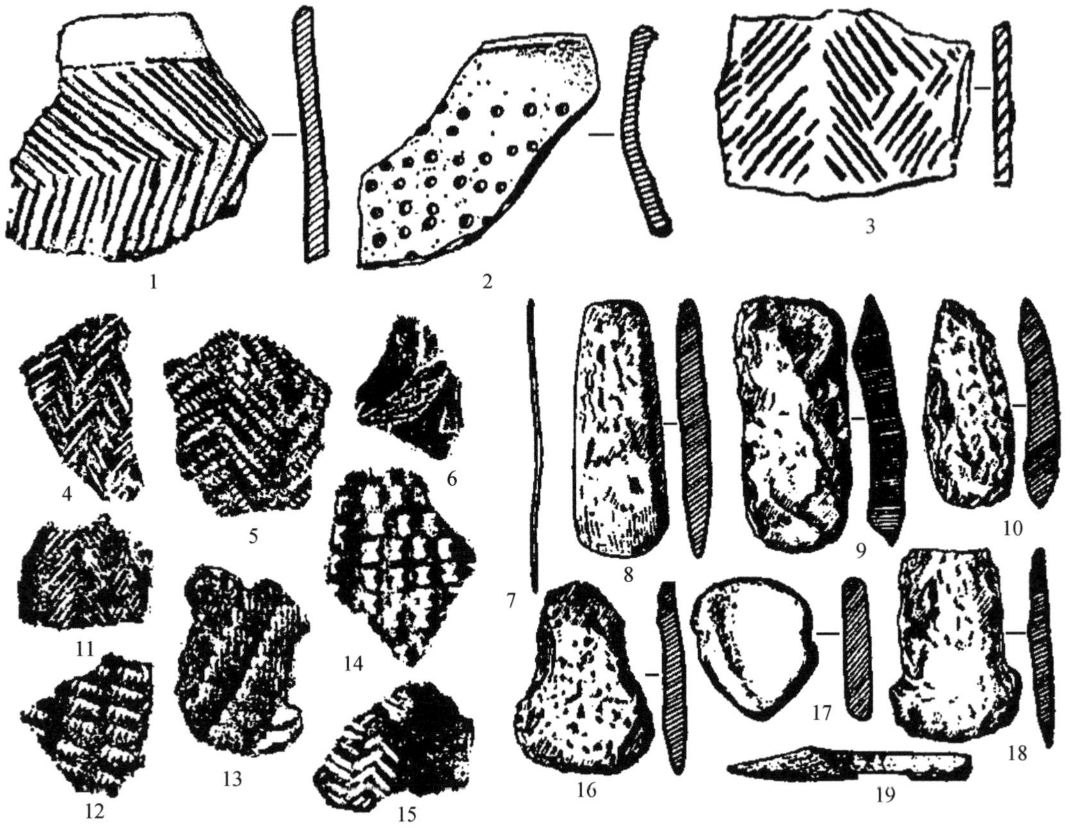

图四　莺歌岭下层文化遗物

1～3. 陶罐残片　4～6、11～15. 陶片纹饰拓片　7. 骨针　8～10. 石斧　16、18. 石锄　17. 石网坠　19. 鹿角锄（均为莺歌岭遗址出土）

顶，弧形刃，器身保留自然石面，稍加琢磨，有的只磨出刃部。另外，还发现了少量的石网坠，大小不一，均选用扁圆形河卵石打制而成（图四，17）。

骨针（图四，7）和鹿角锄是莺歌岭下层文化仅有的骨、角器。鹿角锄出自F4的居住面上，它是将鹿角的一端加工成钝尖，中间凿一长方形銎，銎的两侧各穿一孔，可用以楔钉加固锄柄，可谓是一件十分精致的角质掘土工具（图四，19）。

从目前掌握的材料来看，属于莺歌岭下层文化的遗物近年来在东宁市绥芬河流域的桥河西、大杏树等遗址也有发现。类似的遗址还有俄罗斯远东的大彼得湾查依桑诺夫卡第一号居住址[15]。由此可见，莺歌岭下层文化的分布范围应该大体在黑龙江省东南部，吉林省东北部，以及俄罗斯远东。

莺歌岭下层文化本身并没有^{14}C测定数据，过去有的学者根据该文化被叠压在莺歌岭上层文化之下这一事实，推定莺歌岭下层文化的年代可能在公元前3800～前3200年，当然这仅仅是一种猜测而已。事实上，莺歌岭上层文化与莺歌岭下层文化之间并无必然的联系，更不存在继承或发展关系，因此依据莺歌岭遗址提供的地层叠压关系，仅仅可以证明莺歌岭下层在相对年代上应早于莺歌岭上层文化。至于莺歌岭下层文化的绝对年代，则只能通过该文化出土的遗物与其他考古学文化进行比较而定。

莺歌岭下层文化的陶器，以饰粗细不等的刻划人字纹和刻划斜平行线纹最具特色，而同样的纹饰在吉林第二松花江流域的左家山上层文化中普遍存在。因此莺歌岭下层文化的年代应该大致与左家山上层文化相当。由于左家山上层文化处在公元前3500～前2500年，因此莺歌岭下层文化也应该大致在公元前3500～前2500年。

四、石灰场下层文化（公元前2500～前2000年）

石灰场下层文化得名于20世纪80年代发掘的石灰场遗址[16]。发掘时，该遗址位于黑龙江省宁安县城东乡石灰场村东北约2千米的牡丹江与马连河汇合处的三角形台地上，海拔高度283米，台地与江面相对高差为12米。

遗址所在台地属牡丹江中上游东京城冲击盆地的东北隅。江水由西向东经遗址北面流过，马连河由西南而来，经台地东端注入牡丹江。江北为张广才岭的浅山地带，马连河右岸即东南方向属老爷岭山地的中段。因烧砖取土，遗址中心部分已被毁掉，形成一条约400米长的半月形断崖。1988年春，牡丹江市文物管理站和宁安县文物管理所对遗址进行了发掘。发掘面积为140平方米，共发现上、中、下三个不同层位的文化堆积。其中下层出土的全部是新石器时代遗存，“石灰场下层文化”也因此而得以确立。

根据以往发现来看，除石灰场遗址的下层以外，该文化遗存还见于宁安响水、西安屯东和海林市的振兴（一期乙类遗存）等遗址。

石灰场下层文化的陶器以灰褐和黄褐陶为主，红褐陶次之。器物多为残片，完整器很少。器类只有罐、瓮、钵、盅等，以罐类居多。从振兴遗址出土的该文化陶罐来看，其主要特点是口微侈，腹微弧，筒状，平底，沿外有一周齿状附加堆纹，腹部常饰由平行刻划纹组成的网状纹饰（图五）。

该文化的陶器均为手制，器型不很规整，器表稍加磨光。陶土中夹粗砂，掺和料不匀。因火候不高，故器表颜色斑驳不匀。陶器除素面外，主要流行刻划平行线纹和由这种纹饰组成的不规整几何形图案。单线条刻划纹的形态表现为粗短而深，多线条平行线刻划纹则细长而浅。而成组平行线刻划纹则每组数目越多，条距越窄，刻划越细。不同的纹饰表现状况系不同的饰纹工艺所致，即多线条平行线刻划纹是用一种篦齿状工具一次性划成的，单线条刻划纹则用一种圆头工具刻划而成。陶器多数在口沿外缘处贴附一周泥条而形成凸起，其截面呈三角形，凸起部分压出齿状花边，从而形成花边附加堆纹。只有个别器物饰戳压圆窝纹，该纹是用管状工具戳压而成的。

石灰场下层文化的石器种类有斧、铲、楔、磨棒和磨盘，其中以大型磨制圆刃铲和长方形板状铲最富特色。石器制法有打制、琢制、磨制三种。有时三种制法可同时

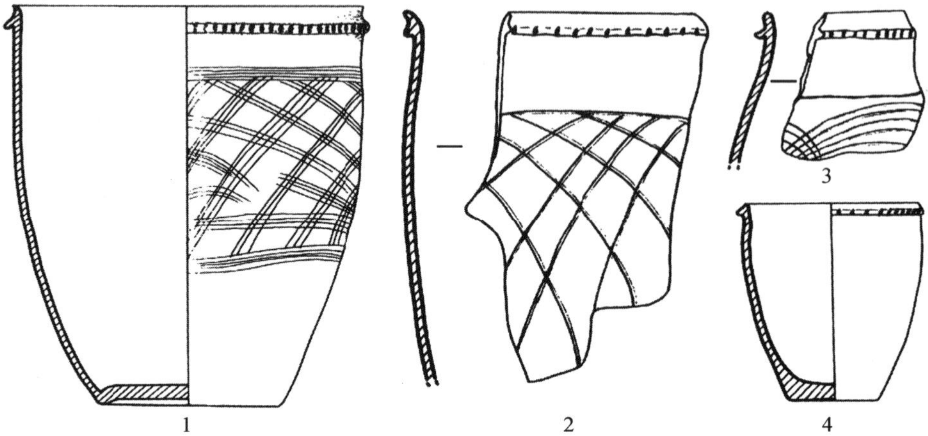

图五　振兴遗址出土的石灰场下层文化陶罐
1. H161：4　2. H161：1　3. H161：2　4. H161：5

使用于同一件石器制作过程当中，即先打成毛坯，再修整成型，最后将刃部研磨或通体磨制。

石灰场下层文化的房址仅在石灰场遗址发现2座，均已残破，编号为F3和F4。据残留部分观察，两座房屋均为半地穴式单间建筑，平面呈方形。所不同的是，F3在穴底墙壁下砌筑有石墙。该房屋为方形半地穴式，地穴是就地挖掘开天然原生黑土而成的，穴底南壁发现了用黄土黏合的石块砌筑的石墙，墙内壁平直。此房居住面经过烧烤，未发现灶、柱洞和门道。房地残留部分长3.2、宽2.5、深0.4米。石墙宽0.8、残高0.4米。

从目前的考古调查材料来看，石灰场下层文化主要分布在牡丹江中游两岸和穆棱河上游地区。与已知的新石器时代文化比较，石灰场遗址的发掘者认为，该文化的相对年代应该晚于莺歌岭下层文化，绝对年代大致处在公元前三千纪的后半期。

据周边地区发现的新石器时代考古学文化观察，我们认为上述推断是完全正确的。因为在嫩江流域的昂昂溪文化当中，无论是昂昂溪遗址还是肇源小拉哈遗址，都发现过形制与石灰场下层文化近似的花边堆纹筒形罐，反映出两种文化之间可能具有相同的时代作风。据研究，昂昂溪文化的年代约为公元前2000年[17]，最早年代可到公元前2500年。因此石灰场下层文化的年代亦应与此相当，即处在公元前2500～前2000年，下限也可能还会略晚，属于牡丹江流域目前发现的年代最晚的一种新石器文化遗存。

总之，振兴文化—亚布力文化—莺歌岭下层文化—石灰场下层文化等四种新石器遗存的区分及其年代关系的判定，标志着牡丹江流域新石器时代考古学文化的编年序列已经初步建立，作为阶段性认识，将有助于推动本地区研究工作的进一步深入。

注　释

［1］ B. B. 包诺索夫：《满洲东部的史前文化》，《大陆科学院汇报》1938年2卷3号。

［2］ 奥田直荣：《镜泊湖畔先史学の调查觉书》，《大陆科学院汇报》1940年4卷2号。

［3］ 黑龙江省博物馆：《牡丹江中下游考古调查简报》，《考古》1960年4期，23～26页。

［4］ 吕遵禄、孙秀仁：《镜泊湖附近莺歌岭等地考古调查报告》，《北方文物》1991年3期，19～26页。

［5］ 黑龙江省文物考古工作队：《黑龙江宁安县莺歌岭遗址》，《考古》1981年6期，481～486页。

［6］ 黑龙江省博物馆：《黑龙江省海浪河中下游考古调查简报》，《考古》1965年1期，4～8页。

［7］ 黑龙江省文物考古工作队：《宁安县镜泊湖地区文物普查》，《黑龙江文物丛刊》1983年2期，38～43页。

［8］ 黑龙江省文物考古研究所：《黑龙江尚志县亚布力新石器时代遗址清理简报》，《北方文物》1988年1期，2～7页。

［9］ 牡丹江市文物管理站：《黑龙江省宁安县石灰场遗址》，《北方文物》1990年2期，3～10页。

［10］ 黑龙江省文物考古研究所、吉林大学考古学系：《河口与振兴——牡丹江莲花水库发掘报告》（一），科学出版社，2001年。

［11］ 于建华：《对牡丹江中游原始文化的几点认识》，《黑龙江文物丛刊》1982年2期，13页；杨志军：《牡丹江地区原始文化试论》，《黑龙江文物丛刊》1982年3期，25页；李伊萍：《黑龙江东部地区新石器时代文化的初步研究》，《中国考古学的跨世纪反思》，香港商务印书馆，1999年，155～173页。

［12］ 黑龙江省文物考古研究所、吉林大学考古学系：《河口与振兴——牡丹江莲花水库发掘报告》（一），科学出版社，2001年，154页。

［13］ 李伊萍：《黑龙江东部地区新石器时代文化的初步研究》，《中国考古学的跨世纪反思》，香港商务印书馆，1999年，155～173页。

［14］ 黑龙江省文物考古研究所：《黑龙江尚志县亚布力新石器时代遗址清理简报》，《北方文物》1988年1期，2～7页。

［15］ T. И. 安德列耶夫：《在大彼得湾沿岸及其岛屿上发现的公元前第二至第一千年纪的遗迹》，《考古学报》1958年4期，7～42页。

［16］ 牡丹江市文物管理站：《黑龙江省宁安县石灰场遗址》，《北方文物》1990年2期，3～10页。

［17］ 赵宾福：《嫩江流域三种新石器文化的辨析》，《边疆考古研究》（第2辑），科学出版社，2003年，46～53页。

（原载《华夏考古》2011年1期）

饶河小南山墓葬出土玉器的年代和性质

小南山位于黑龙江省东部三江平原地区的饶河县南部，地处乌苏里江西岸，是一座南北向的山丘。山丘南端比较陡峻，北端较为低缓，所以当地人称南端为大南山，北端为小南山。小南山墓葬位于小南山之巅，1991年7月被发现。该墓规模宏大，出土玉器颇丰，是迄今为止黑龙江省境内发现新石器时代玉器最多的墓葬。由于小南山墓葬发现时已遭破坏，出土文物多已散失，既缺少可靠的墓葬层位关系，又缺乏可信的玉器共存关系，因此在该墓及其出土玉器的年代和性质问题上，学术界的看法很不一致。

有学者认为，小南山墓葬的年代大体相当于红山文化的晚期，即处在公元前3500～前3000年[1]。也有学者认为，小南山墓葬的年代很可能早于新开流遗址的下层，年代应在公元前5500～前5000年[2]。还有学者提出，小南山墓葬出土的玉器可分为早、晚两期，早期玉器的年代应在公元前6000～前4500年，晚期玉器的年代应在公元前4500～前3500年[3]。

最近，笔者对小南山墓葬出土的玉器进行了一次较为细致的观察和比较，与此同时，参考燕山南北地区新石器时代考古学文化的编年坐标及相关文化出土玉器的种类和特点，发现饶河县小南山墓葬出土的玉器的确不能笼统地看成同一个时期的制品，它们虽然属于同一个考古学文化，但至少代表了两个不同的发展阶段。现具体分析讨论如下。

一、小南山墓葬出土玉器的种类和特征

据小南山墓葬发掘报告介绍[4]，小南山墓葬被发现时已遭严重破坏，文物也已失散，大部分出土物是事后追回来的。追回器物总数为126件，其中玉器67件，石器56件，牙坠饰3件。在追回的67件玉器当中，见有环45件、玦11件、珠5件、斧1件、簪1件、矛1件、斜刃器1件、匕形器2件。玉色中淡绿、浅黄、灰白或三色相间者占大多数，个别为鸡骨白色。

玉环：追回45件，发表21件，编号分别为M1：3、M1：5、M1：6、M1：27、M1：28、M1：30、M1：32、M1：38、M1：40、M1：41、M1：43、M1：45、M1：46、M1：49、M1：50、M1：58、M1：59、M1：60、M1：62、M1：63、

M1：66。这些玉环平面多呈不规则圆形，横剖面近椭圆或扁菱形，孔有对钻和单面钻两种（图一，1～21）。

玉斧：追回1件，发表1件，编号为M1：34。淡绿色间白色，顶部略残，平面近梯形，顶端圆弧状，正锋弧刃，器身一侧较直，另一侧略有弧度，顶部较薄，至刃渐厚，正面微鼓且磨制光滑，背面板平，磨制不精（图一，22）。

玉玦：追回11件，发表3件，编号分别为M1：1、M1：2、M1：21。平面呈扁圆形，近缺口处肉较窄，内缘圆钝，外缘较薄（图一，23～25）。

玉珠：追回5件，发表5件，编号分别为M1：11、M1：12、M1：18、M1：19、M1：20。中间有上下贯通的穿孔，器底较大，至顶部渐小（图一，26～30）。

玉簪：追回1件，发表1件，编号为M1：10。淡绿色，通体精磨，器表有光泽，平顶，至尖部渐锐利，横剖面呈扁菱形（图一，31）。

玉矛：追回1件，发表1件，编号为M1：26。淡绿色间白斑，仅存前端，尾端略残，中部微鼓，边缘略薄，横剖面近椭圆形（图一，32）。

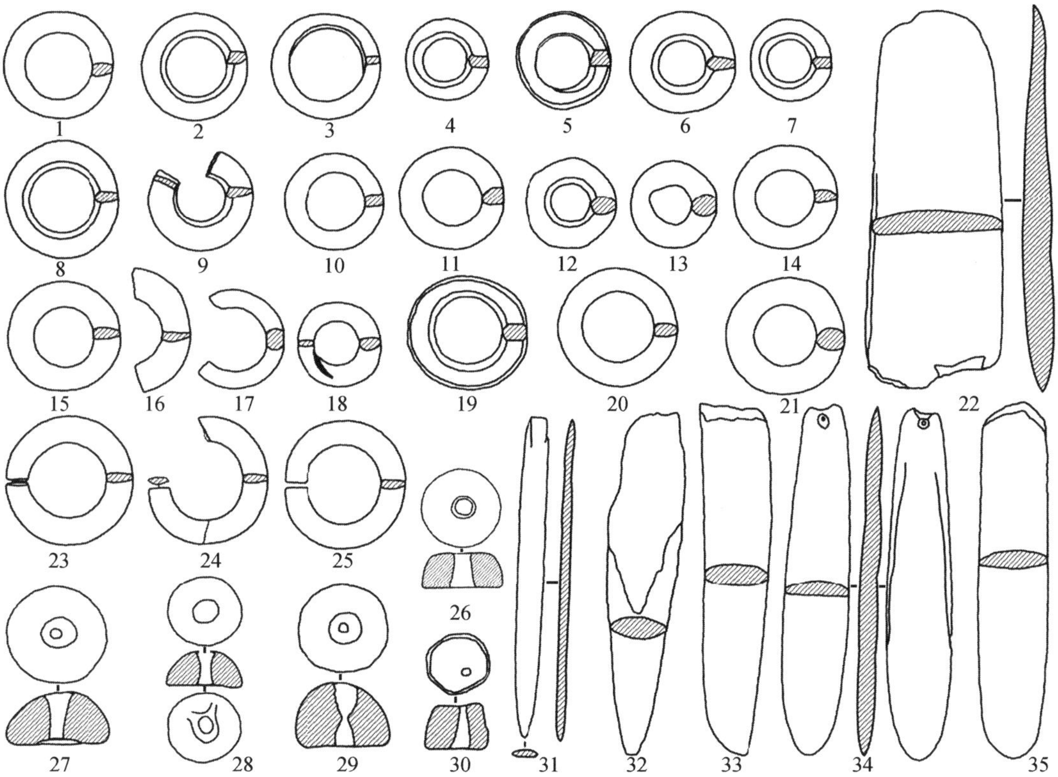

图一　小南山墓葬出土的玉器

1～21.环（M1：27、M1：63、M1：43、M1：46、M1：66、M1：60、M1：49、M1：58、M1：5、M1：28、M1：40、M1：50、M1：45、M1：32、M1：62、M1：3、M1：6、M1：59、M1：38、M1：30、M1：41）
22.斧（M1：34）　23～25.玦（M1：1、M1：2、M1：21）　26～30.珠（M1：11、M1：12、M1：18、M1：19、M1：20）
31.簪（M1：10）　32.矛（M1：26）　33.斜刃器（M1：25）　34、35.匕形器（M1：23、M1：24）

玉斜刃器：追回1件，发表1件，编号为M1：25。淡绿色间白斑，平面近长条形，上部略宽，一面中间略鼓，另一面平整，两侧边缘有凸棱，斜刃，刃及边缘保留加工痕迹（图一，33）。

玉匕形器：追回2件，发表2件，编号分别为M1：23和M1：24。其中Ml：23，鸡骨白色，扁长条形，背面板平，正面略鼓，窄顶上有凹弧，上部有一直径约0.2厘米的对钻孔，窄弧形刃，整体造型匀称，通体精磨，器表光滑（图一，34）。Ml：24，淡绿色有少许白斑，长条形，双面圆弧刃，外缘略薄，有磨痕（图一，35）。

从以上追回并发表的35件玉器标本观察（图一），小南山墓葬出土的玉器造型古朴，器类单一，均为几何形玉器，不见动物形玉器。从用途上看，这些玉器均为工具或饰品，普遍具有实用性，同时也反映了一定的简单性和原始性。

二、小南山墓葬出土玉器的分组和年代

以对小南山墓葬出土玉器种类、特征和形制的认识为基础，结合其他地区已有的有关史前出土玉器的发现和研究成果，通过进一步的比对分析，我们发现，小南山墓葬出土的玉器由于主要以几何形和实用工具类玉器为主，不见动物形玉器，因此可首先判定它们的整体年代范畴当不超出辽西史前玉器发展的第一个阶段——公元前6000～前4000年尚未出现动物形玉器的阶段[5]。但是仔细观察小南山墓葬出土的这些玉器，又不难发现它们之间也存在着一定的差异，比照辽西地区出土玉器的时段性特点，可至少将其划分为A、B两个年代组（图二）。A组以玉玦和匕形器为代表，B组以玉环为代表[6]。

A组玉器中的玦和匕形器（图二，1～5），虽在小南山墓葬中没有明确的共存关系，但是东北西部辽西地区的兴隆洼文化和太行山东麓地区的北福地第一期文化中，均有这两类玉器共出的例证。

兴隆洼文化因内蒙古敖汉旗兴隆洼遗址的发掘而得名，年代为公元前6200～前5000年，目前经正式发掘出土的玉器总数已达100件，是迄今所知中国年代最早的玉器。从敖汉旗兴隆洼[7]、赤峰市兴隆沟[8]、林西县白音长汗[9]、巴林右旗锡本包楞[10]和辽宁阜新县查海[11]等遗址出土和发表的兴隆洼文化玉器来看，种类以玦和匕形器为主，其次为坠、管、斧、锛、锥等（图三）。

北福地第一期文化得名于河北易县北福地遗址的第一期遗存，文化面貌与兴隆洼文化有相近因素，年代亦大体相当，约为公元前6000～前5000年。属于该文化的玉器均出自北福地第一期的祭祀场内[12]，共6件，分别为玦、匕形器和饰件（图四）。从共出的玦和匕形器的形态上看，它们与兴隆洼文化的同类玉器十分相近。

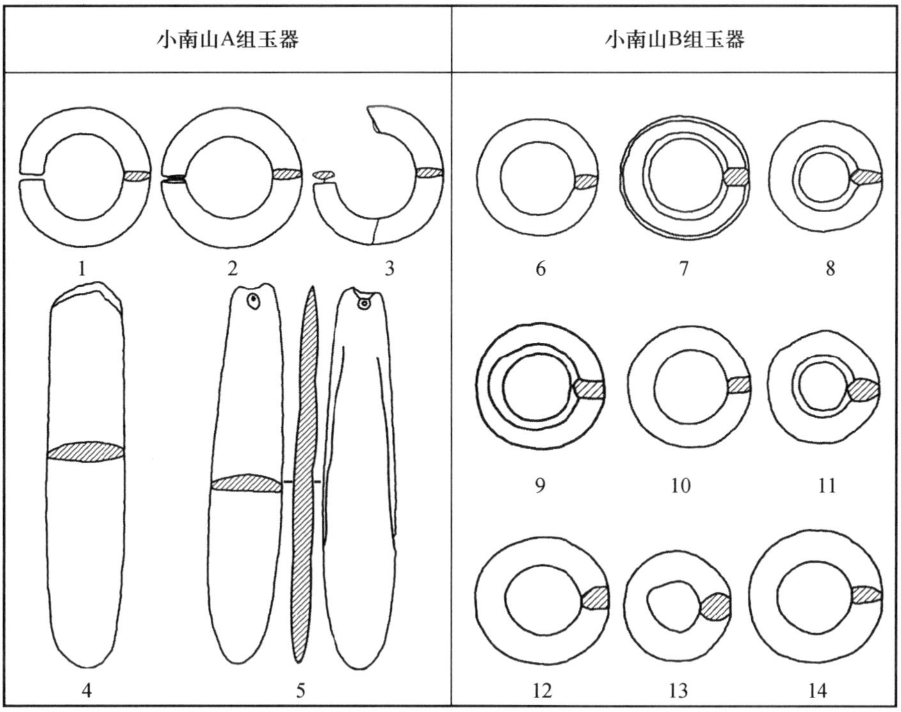

图二 小南山墓葬出土玉器的分组

1～3. 玦（M1：21、M1：1、M1：2） 4、5. 匕形器（M1：24、M1：23） 6～14. 环（M1：27、M1：38、M1：60、M1：46、M1：28、M1：50、M1：40、M1：45、M1：32）

将小南山墓葬出土的A组玉器与兴隆洼文化和北福地第一期文化出土的玉器做一比较，不难发现它们之间存在着很大的共性。一是玉器数量少，种类单一，造型简单，除了白音长汗墓葬出土的一件貌似玉蝉形器以外，全部为几何形玉器。二是均以玉玦和玉匕形器为基本组合，且形态基本相同（图五）。反映出小南山墓葬出土的A组玉器与兴隆洼文化和北福地第一期文化出土的玉器一样，均是相当于辽西史前玉器发展第一个阶段的早期遗物，年代应为公元前6000～前5000年。

B组玉器中的环是小南山墓葬出土数量最多的器种（图二，6～14）。由于东北其他地区的史前墓葬中尚未见到如此多的玉环，并且基本不见或少见玉环和玉玦共出的现象，故推断玉环和玉玦很可能代表了两个不同的发展时期。也正是出于这种考虑，我们才把玉环同玉玦和玉匕形器所代表的组合区分开来，单独视为一组。

从形态上看，小南山墓葬B组的玉环具有一定的原始性。一方面表现在与小南山墓葬A组的玉玦相比形制比较接近，孔径尺寸基本上都是外径的二分之一左右（图六，1～3）。相反，处在辽西史前玉器发展第二个阶段的红山文化中晚期玉环，孔径尺寸多为外径的五分之四左右（图六，4～6）。另一方面，小南山墓葬出土的B组玉环大多

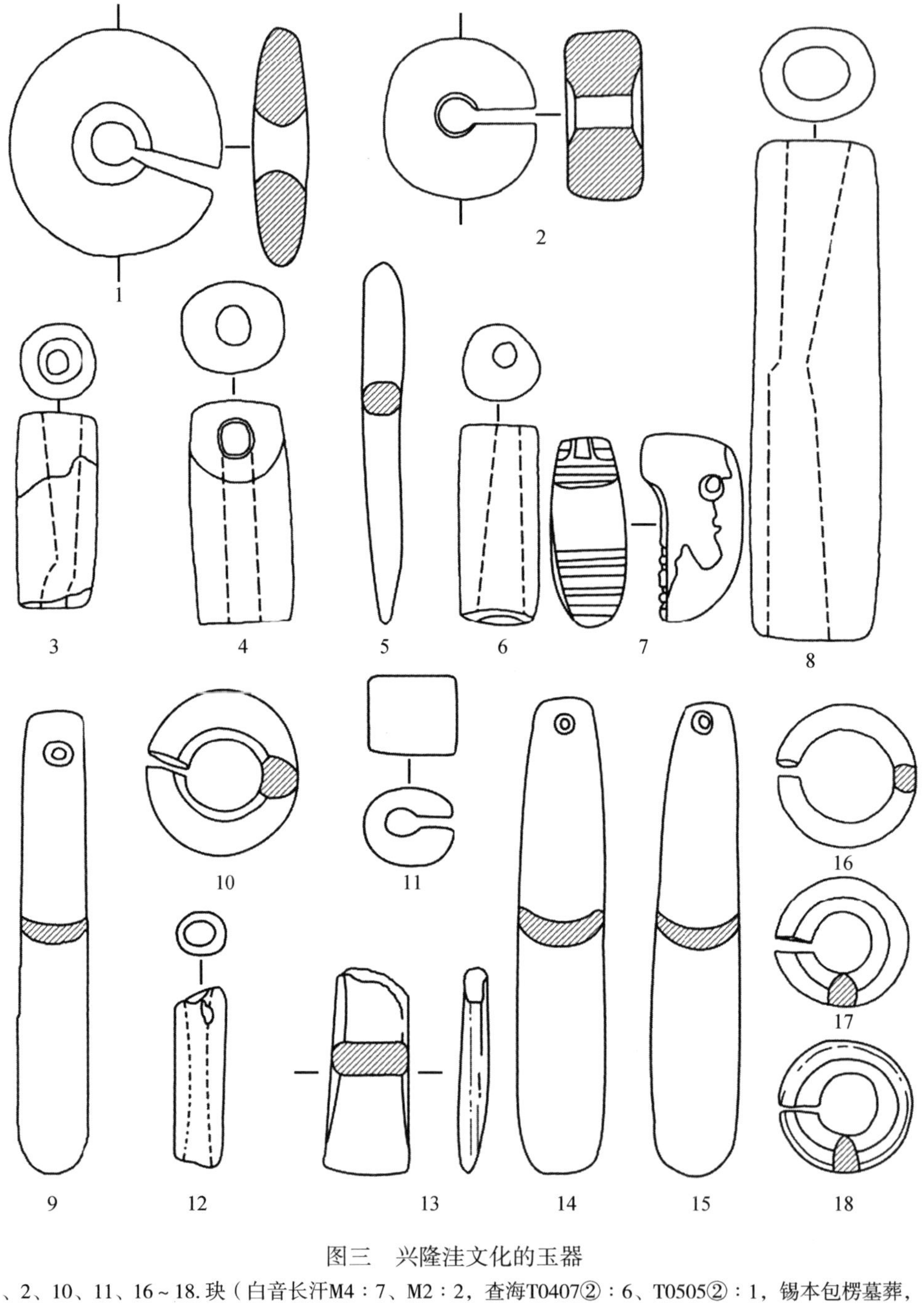

图三　兴隆洼文化的玉器

1、2、10、11、16 ~ 18. 玦（白音长汗M4：7、M2：2，查海T0407②：6、T0505②：1，锡本包楞墓葬，兴隆洼M117：1、M117：2）　3、4、6、8、12. 管（白音长汗M4：17、M11：2、M4：5、M2：7，查海T0607②：1）　5. 锥（白音长汗BT303①：2）　7. 蝉形器（白音长汗M7：1）　9、14、15. 匕形器（查海T0307②：1、锡本包楞墓葬、锡本包楞墓葬）　13. 斧（查海T0604②：2）

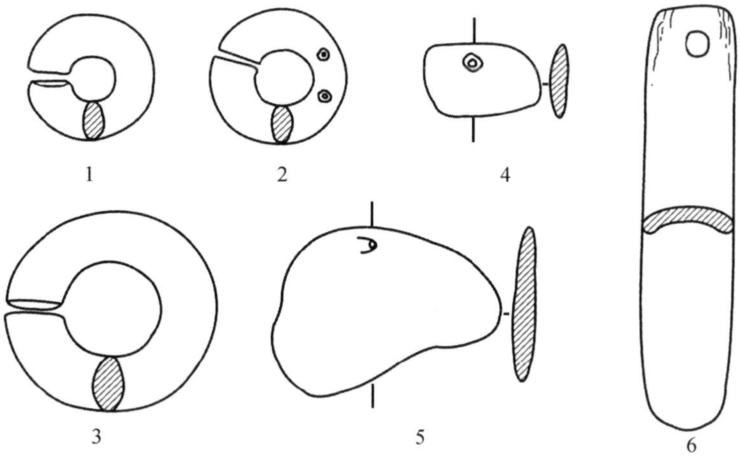

图四　北福地第一期文化的玉器

1～3. 玦（J：7、J：8、J：24）　4、5. 饰件（J：60、J：59）　6. 匕形器（J：87）

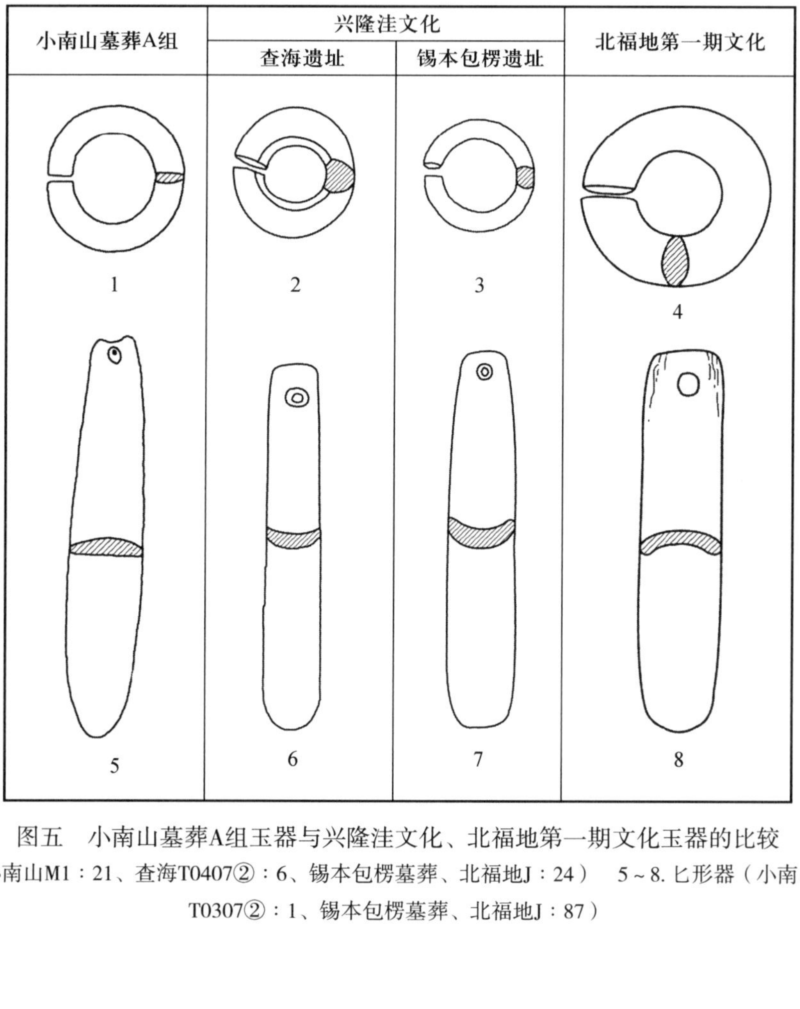

图五　小南山墓葬A组玉器与兴隆洼文化、北福地第一期文化玉器的比较

1～4. 玦（小南山M1：21、查海T0407②：6、锡本包楞墓葬、北福地J：24）　5～8. 匕形器（小南山M1：23、T0307②：1、锡本包楞墓葬、北福地J：87）

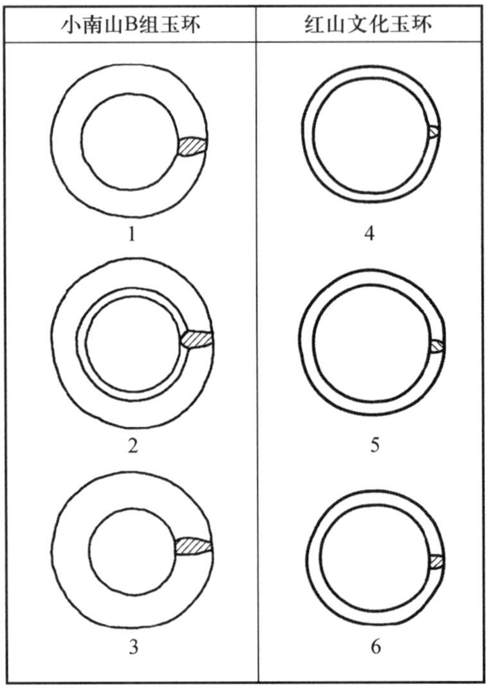

图六　小南山墓葬B组玉环与红山文化中晚期玉环的比较

1～3. 小南山（M1：27、M1：58、M1：62）
4～6. 牛河梁遗址第Ⅱ地点（M14：2、M14：3、M15：5）

数环面近孔边缘处有明显的折线，而红山文化中晚期的玉环剖面多呈三角形，两者的区别甚为明显。由此看来，小南山墓葬出土的玉环当处于一个承上启下的阶段。承上是指B组玉环的出现应该是在A组玉玦之后，并且继承了A组玉玦的基本形态。启下是指玉环的出现开启了一个新的阶段，这组玉环与处在红山文化中晚期阶段的玉环相比，明显具有一定的原始性，应该是玉环发展的早期形态。

综合以上两个方面的分析，我们推断，小南山墓葬出土的B组玉器，应该是相当于辽西地区史前玉器发展第一个阶段的晚期遗物。具体说来，年代当晚于小南山墓葬A组玉器和与A组玉器年代相当的兴隆洼文化及北福地第一期文化玉器，早于红山文化中晚期玉器。时间当在辽西地区史前玉器发展的第一阶段早期之后和第二阶段之前，与第一阶段晚期的赵宝沟文化和红山文化早期同时，约为公元前5000～前4000年。

三、小南山墓葬及其出土玉器的性质

饶河小南山墓葬没有出土陶器，因此为判定其文化性质或者说是文化归属关系带来了很大的困难。不过，从目前的考古发现来看，三江平原地区已被确认的新石器时代考古学文化只有以密山市新开流遗址命名的新开流文化一种，年代跨度约为公元前6000～前4000年。

黑龙江省东部的饶河县和密山市相去不远，同处在乌苏里江以西的三江平原地区，地理范围基本相同。小南山墓葬出土的玉器年代跨度与新开流文化相当，也为公元前6000～前4000年。因此在时间跨度和空间范畴基本相同的情况下，我们有理由判断小南山墓葬及其出土玉器很可能就是新开流文化的遗存。换言之，饶河小南山墓葬所在地应该是新开流文化的一片贵族墓地，其中的“玉器墓”和辽西地区稍晚一点的红山文化晚期同类遗存一样，亦不见陶器，亦是“唯玉唯葬”。

以往有学者认为，小南山墓葬出土的石器与新开流遗址下层出土的石器存在一定的相似性，并依此推断小南山墓葬应是新开流文化的墓葬遗存[13]。这一认识在今天看来仍然是合理可信的。从我们最近对新开流文化所做的分期研究结果来看，新开流文化可细分为早中晚三个不同的时期。早期年代为公元前6000～前5000年，中期年代为公元前5000～前4500年，晚期年代为公元前4500～前4000年，前后共历时2000年左右[14]。以此看来，小南山墓葬出土的A组遗存实际上应该是新开流文化早期的玉器，B组遗存应该是新开流文化中晚期的玉器。

至于三江平原地区年代较早的新开流文化早期，为什么会出土与辽西地区和太行山东麓地区相似或相同的玉玦和玉匕形器，原因可能有两种。一种是辽西地区早在史前玉器发展第一阶段的早期就对周边地区产生了广泛的影响；另一种是大约在公元前6000～前5000年这一历史时期，辽西地区、太行山东麓、三江平原等地区同时进入了中国史前制造和使用玉器的初期阶段，并且在用玉的种类和习惯上存在着相当的一致性[15]。在接下来的500～1000年，也就是公元前5000～前4000年，辽西地区和太行山东麓均少见玉器方面的材料出土，而三江平原地区所见的新开流文化中晚期玉器（以小南山墓葬B组玉器为代表）恰好填补了这个阶段的空白。作为承上启下的一个发展阶段，新开流文化中晚期的玉器早于红山文化中晚期的玉器（公元前4000～前3000年），但两者之间到底是一种时间上的早晚关系，还是存在着文化影响与传承上的亲缘关系，则只能等到考古新材料增多以后再做进一步的探讨。

注　释

[1] 佳木斯市文物管理站、饶河县文物管理所:《黑龙江饶河县小南山新石器时代墓葬》，《考古》1996年2期。

[2] 刘国祥:《黑龙江史前玉器研究》，《中国历史博物馆馆刊》2001年1期。

[3] 吴丽丹、姜晓东:《论东北地区新石器时代玉器的四个发展阶段及其特点》，《东北史地》2011年1期。

[4] 佳木斯市文物管理站、饶河县文物管理所:《黑龙江饶河县小南山新石器时代墓葬》，《考古》1996年2期。

[5] 赵宾福：《关于辽西史前玉器的几个问题》，《玉魂国魄——中国古代玉器与传统文化学术讨论会文集》，北京燕山出版社，2002年。

[6] 其他玉器因缺乏可供比较的器型，暂时无法进行归组，不过从它们的基本造型和功用两方面看，应当不会超出A、B两组玉器所代表的时间范畴。

[7] 中国社会科学院考古研究所内蒙古工作队：《内蒙古敖汉旗兴隆洼聚落遗址1992年发掘简报》，《考古》1997年1期。

[8] 中国社会科学院考古研究所内蒙古第一工作队：《内蒙古赤峰市兴隆沟聚落遗址2002～2003年的发掘》，《考古》2004年7期。

［ 9 ］ 内蒙古自治区文物考古研究所：《白音长汗——新石器时代遗址发掘报告》，科学出版社，2004年。
［10］ 朝格巴图：《内蒙古巴林右旗锡本包楞出土玉器》，《考古》1996年2期。
［11］ 辽宁省文物考古研究所：《辽宁阜新县查海遗址1987～1990年三次发掘》，《文物》1994年11期。
［12］ 河北省文物研究所：《北福地——易水流域史前遗址》，文物出版社，2007年。
［13］ 刘国祥:《黑龙江史前玉器研究》，《中国历史博物馆馆刊》2000年1期。
［14］ 孙明明：《乌苏里江流域的早期新石器文化研究》，吉林大学硕士学位论文，2013年。
［15］ 赵宾福：《关于辽西史前玉器的几个问题》，《玉魂国魄——中国古代玉器与传统文化学术讨论会文集》，北京燕山出版社，2002年。

（原载《边疆考古研究》（第14辑），科学出版社，2013年）

梁思永·昂昂溪文化·齐齐哈尔

1930年，我国著名考古学家梁思永先生（1904～1954年）主持发掘了黑龙江省齐齐哈尔市昂昂溪遗址（五福地点），发现并命名了东北地区的第一个史前考古学文化——昂昂溪文化。80年后的今天（2010年9月8日），我们应邀来到这美丽的齐齐哈尔，参加由齐齐哈尔市人民政府、黑龙江省文化厅和中国社会科学院考古研究所联合主办的“纪念梁思永先生发掘昂昂溪遗址80周年大会暨昂昂溪文化学术研讨会”，一方面表明齐齐哈尔市没有忘记梁思永，另一方面也说明梁思永仍然活在中国考古工作者的心中。

汇聚齐齐哈尔、纪念梁思永、研讨昂昂溪文化，将一个人、一个文化和一座城市紧密地联系在了一起，既有其内在的逻辑，又有其深远的历史意义和重要的现实意义。为了表达笔者对已故著名考古学家梁思永先生的怀念和敬仰、对齐齐哈尔市政府及人民的谢意，现从“梁思永”、“昂昂溪文化”和“齐齐哈尔市”三个不同的角度，谈谈自己的学习心得和切身体会。不妥之处，还望大家批评指正。

一

梁思永是一位伟大的中国考古学先驱，对中国考古学的进步和发展起到了巨大的推动作用。他的生命是短暂的，但做出的贡献是永恒的，留给后人和追随者的思索是无限的。今天我们聚集到一起，纪念梁思永，学习梁思永，是为了更好地继承梁思永和发展梁思永。但是到底学习他什么？继承他什么？笔者想每个人的感触和理解会有很大的不同。笔者的体会是，从梁思永身上我们看到的是一种风范，这种风范可具体分解为六个方面，即爱国心、事业心、责任心、奉献意识、创新意识、课题意识。这“三心三意”所体现的“梁思永风范”，应是当代考古工作者特别是年轻考古工作者最应该学习和继承的东西。

先谈他的爱国心。从这次会议展览看到的《梁思永先生年谱》可知，梁思永出生于澳门（1904年11月13日），幼年在日本渡过（1904～1913年），11岁考入清华留美班（1915年），19岁毕业后入美国哈佛大学研究院学习考古学和人类学（1923年），26岁学成后回国参加工作（1930年）。留美期间，梁思永先生为了早日了解中国的考古状况，将自己的所学尽早地贡献给祖国的考古事业，曾于1927年一度回国担任清华学校的助教，整理李济在山西夏县西阴村史前遗址发掘出土的陶片，并写成了《山西西阴村史前遗址的新石器时代的陶器》一文（英文单行本）。这一举动，反映了留美时期的梁思永对报效祖国、献身中国考古事业的迫切心情和参与中国考古研究、向世界介绍中国考古现状的使命感。回国参加工作后，梁思永曾在热河进行过一次考古调查，据1936年发表的《热河查不干庙林西双井赤峰等处所采集之新石器时代石器与陶片》之“编者后记”记叙：“梁先生这一次热河调查，只限于地面上的采集。本来想进一步根据调查材料去做发掘。但是因为日本帝国主义发动侵略，占领东北四省，梁先生的计划便无法实现了。梁先生曾与编者谈及，这批材料限于地面采集，是不能令人满意的。但是当时日本帝国主义的学者们正跟随着日本军队的刺刀到热河一带做考古工作，梁先生基于爱国的热诚，所以把这篇他自己还不很满意的报告加以发表，以便引起国人的注意。”[1]从这段记叙中不难看出，梁思永对祖国文化遗产的关爱，对日本侵略者的痛恨，以及将考古事业和国家利益时刻放在首位的高尚情操和爱国热忱。

再谈他的事业心、责任心和奉献意识。夏鼐先生在1954年发表的《梁思永先生传略》中很详细地记述：梁思永“1930年夏季毕业归国后，参加前中央研究院历史语言研究所考古组工作。1930年秋赴黑龙江工作，发掘昂昂溪遗址。冬间，转道通辽入热河调查。在热河境内头尾三十八天，所走的路程在一千里以上。1931年春将黑龙江昂昂溪发掘报告写成后，便去参加安阳小屯及后冈的发掘。秋间，参加山东历城龙山镇城子崖的第二次发掘；又去安阳后冈，继续春季没完成的工程。1932年春患烈性肋膜炎，卧病两年，到1934年春才渐恢复。夏间将热河调查报告编成。秋间赴安阳主持西北岗殷陵的发掘。1935年春秋两季，都在安阳继续西北岗殷陵的发掘工作。西北岗这三次发掘规模的宏大，工作的精细，收获的丰富，在国内几乎是空前的。田野工作结束后，便着手编纂西北岗的发掘报告（着手编写报告的时间应该是1935年冬或1936年春——笔者）。1937年抗日战争发生，打断了他的原来计划。随着机关撤退到长沙，又经桂林入昆明，最后搬到南溪李庄。在这种辗转流徙的情况下，一有机会，仍取出标本加以整理。1941年初夏，肺结核剧作，只得中途停止工作。此后长期偃卧病榻，不能起来。1945年抗战胜利，到重庆施行大手术，截去几根肋骨，使受害的左肺萎缩下来。次年复员到北京后，继续休养，逐渐恢复，但仍荏弱。北京解放后，看到人民政府的建立，很是兴奋，愿意抛弃了七八年以来蛰居休养的生活，出来为人民的考古事业服务。1950年8月考古研究所成立后，受人民政府任命为副所长。虽因体弱不能出门，但仍努力积极工作。所中的具体领导工作，差不多都由他主持。数年来计划和指导田野调查发掘和室内研究工作，煞费苦心，体力因之渐感不支。1953年院中领导让他请假休息六个月。1954年2月入医院检查身体，为销假上班做准备。不幸心脏病剧作，多方救治无效，于4月2日逝世”[2]。读到这里，我们一方面会情不自禁地为思永先生的多病和无奈而伤感，为他短命的人生而惋惜，甚至为上天对思永先生的不公而抱怨。另一方面也从内心深处感受到了思永先生的坚强、乐观，看到了他强烈的事业心、高度的责任感和无私的奉献意识。没有事业心，他不可能夏季回国，秋季就奔赴田野考古工作的第一线，更不可能在1930年下半年到1935年末的三整年时间里（1932年春至1934年春因患烈性肋膜炎，卧病恢复两年），连续主持和参加八次田野考古调查与发掘工作[3]；没有责任心，他不会在发掘完昂昂溪遗址（1930年秋天）之后不足半年（1931年春天）就写出了该遗址的发掘报告，也不会在病后恢复期间自觉地坚持将热河调查报告编成（从1930年冬开展调查到1934年夏写出报告仅隔三年多的时间，其间又有一年在发掘，两年在生病），更不会在抗战期间辗转流徙的日子里一有机会就取出标本加以整理；没有奉献意识，他不可能在患病期间坚持案头工作，不会在身体不堪重负的情况下放弃蛰居休养、接受组织任命、主持单位的日常工作，也不会数年为计划和指导考古研究所的田野调查发掘工作和室内研究工作而煞费苦心。

最后谈他的创新意识和课题意识。在梁思永先生回国参加工作以前，中国考古学已经走过了十个年头。这十年间，田野考古发掘工作一直是按深度计层的，换言之是以“地质地层学”为指导的。先生回国的第二年，也就是1931年，他在主持河南安阳后岗遗址发掘时，从堆积之间的实际情况出发，放弃了按照深度划分地层的办法，改用土质土色区分堆积，依据叠压打破关系判定早晚[4]，从而完成了由“地质地层学”向“考古地层学”的转变，实现了田野考古工作的科学化、地层学理论的专业化和中国化。这一方法上的创新不仅让梁思永先生成为中国的“考古地层学”之父，同时也标志着整个中国考古学由此进入了一个新的时代。除此之外，后岗遗址发掘方法的改变，还直接使梁思永先生对当时中国考古学研究的热点问题提出了具有说服力的新认识，取得了科研方面的重大突破。他在1933年发表的《小屯、龙山与仰韶》这篇经典著述当中[5]，“第一次依据地层学上的证据，确定了仰韶和龙山两种新石器文化的先后关系以及二者与小屯殷墟文化的关系，解决了中国考古学上一个关键性的问题”[6]。这一问题的解决，在尹达先生看来就好像是找到了一把金钥匙，“有了它，才能打开中国考古学中这样的关键问题；有了它，才把猜不破的谜底揭穿了。这是中国新石器时代考古发展中的一个极其重要的转折点。这功绩应当归功于思永先生”[7]。那么，是什么东西让梁思永在田野考古发掘方法上和小屯、龙山、仰韶三种文化关系的认识上均取得了创新性突破呢？笔者想除了思永先生超人的意志和敏锐的洞察力之外，最重要的应该是他在科学研究方面所拥有的课题意识。换句话说，他把20世纪二三十年代在黄河中下游地区发现的仰韶文化、龙山文化、小屯文化三者之间的关系问题，看成了中国先秦考古学上的一个大课题。在这个课题的研究过程中，梁思永先生采取了从“点”到“面”的办法，先是对每一种考古学文化进行认真的微观研究，然后再做宏观上的比对分析，以这样的认识为基础，最终在河南北部安阳后岗遗址这个“关键点”上，通过实地发掘把对文化特征的认识同堆积状况的认识相结合，一举解决了仰韶、龙山与小屯三种文化相对早晚关系的问题。对此，尹达先生在悼念梁思永先生的文章中曾有过非常精辟的分析和论述。他说：“思永先生曾参加过小屯村殷墟的发掘工作，由于他的参加，才把殷墟的考古发掘提高到应有的科学水平，才把殷墟发掘工作中存在的混乱局面澄清；因之思永先生对殷代的遗物遗迹也获得了具体而深入的认识。同时，思永先生对仰韶文化遗存，亦有相当研究；他曾具体地分析过山西夏县西阴村的陶器，并写成了《山西西阴村史前遗址中的新石器时代的陶器》一书。且思永先生是龙山遗址的发掘者和整理者，因之对龙山文化遗存的特征就十分清楚。以这三方面的具体认识为基础，通过精细的发掘工作，很自然地会把后冈这样复杂错综的堆积关系找出清楚的眉目来，找到解决这一关键问题的锁匙。”[8]

梁思永先生只活了50年。无论与同代人相比，还是与后来人相比，他的一生都是短暂的。但是，在这短暂的生命里，却充满了无限的光彩，释放着永远的光芒。他的高贵品质和职业操守，不是哪一位学者都能拥有的。他的坚忍执着和无私奉献，不是哪一个人都能做到的。他的“三心三意”，实际上代表的是对中国考古事业的“全心全意”。先生留给后人的不是一段感人的故事，也不是十几部著述，而是一个考古学家永恒的风范、不朽的精神、永远的力量。正如夏鼐先生所言：“先生那种忘我的工作精神，将永远成为鼓舞我们前进的力量。”[9]

二

昂昂溪文化，是梁思永先生发现并命名的一支十分重要的新石器时代考古学文化，该文化得名于1930年梁思永先生回国参加工作后主持发掘的第一个古文化遗址——黑龙江省齐齐哈尔市昂昂溪遗址。昂昂溪文化就历史地位而言，可称得上是一支资深的老牌、名牌文化。可是80年来人们对它的认识却始终若明若暗，许多问题的研究都没有取得新的明显的进展，与其拥有的历史“身份”相比显得很不相称。究其原因，应该说有客观方面的，也有主观方面的。为了推进昂昂溪文化研究工作的深入，笔者在这里提几点学习体会，或者说是几点意见和看法，供与会者和研究者参考。

第一，昂昂溪文化的基本内涵应该以1930年梁思永先生和俄国人路卡徐金先生在齐齐哈尔市昂昂溪遗址五福地点第三沙冈发现并清理的两座墓葬材料为代表。查梁思永先生撰写的《昂昂溪史前遗址》[10]发掘报告可知：“第三沙冈的探坑较比有结果，在第一处，坑东崖，近冈北头，就发现了我们这次挖掘唯一的成绩：一座墓葬。据路卡徐金说，他从前在这附近曾发现过一座不完整的墓葬。”关于梁思永先生发掘的墓葬，他自己介绍说：“这墓葬有很值得我们注意的几点：①没有墓圈，墓穴。②骨骼排列的错乱：下颚骨不在头骨下，上臂骨横置胸前，股骨的倒置等情形。③烧焦的骨锥。④锯割过的鹿腿骨。⑤骨器之多，石器之少，齐整的幺石器的缺乏。⑥头边放置一个圆陶罐，脚底放置一个带流罐。”关于路卡徐金发现的墓葬，他介绍说：“路卡徐金在这座墓葬（指梁思永发现的那座墓葬——笔者）之南的残骨堆里（大概是墓葬的残余）也找到很多遗物——石器多，骨器少，1个圆陶罐和1个带流陶器。”从报告中的这几段记述来看，昂昂溪五福第三沙冈出土的两座墓葬均为单人二次葬，均随葬有圆陶罐和带流陶罐，均出一定数量的石器，均出一定数量的骨器。这四个方面的特点，应该是我们认识昂昂溪文化的基本前提（具体葬式、陶器特征、石器特征、骨器特征可据《昂昂溪史前遗址》发表的线图和图版进行观察、总结和概括）。

第二，以昂昂溪五福第三沙冈的两座墓葬材料作为标准，横向比对嫩江中下游地区其他遗址出土的文化遗存，至少可将讷河二克浅墓地M6[11]，齐齐哈尔胜利三队一号遗址H1、H2[12]，肇源小拉哈遗址一期乙组遗存[13]，镇赉黄家围子遗址H1～H3及第3层出土的遗物[14]，一并纳入昂昂溪文化的范畴。这样，不仅大大丰富了昂昂溪文化的基础材料，而且为认识该文化的特征、年代、生业方式等相关问题创造了条件。

第三，关于昂昂溪文化的总体特征，目前可据上述材料归纳为："墓葬均为长方形土坑竖穴式，无葬具。流行单人仰身直肢一次葬，随葬品较少，多以石器、骨器、陶器构成基本组合。陶器种类单一，形制变化小，以罐、钵、盆为基本器类。其中尤以直口罐、圆腹圜底罐、带流盆和平底钵最具特色。器表流行附加堆纹，刻划纹较少。骨器磨制精细，制作精良，具有标志意义的骨器为单排倒刺穿孔鱼镖、曲柄骨枪头和侧边带凹槽的古刀梗。工具中以压制石器最具特点，这种石器因形体小而精细，故又被称为'细石器'或'幺石器'。其器类当中主要以三角形石镞、石叶、刮削器、尖状器、切割器和石片数量最多。"[15]

第四，关于昂昂溪文化的年代，以往在认识上存在较大的分歧。有人认为年代较早，甚至可早到距今7000年左右。有人认为年代较晚，应为距今4500～4000年。1992年小拉哈遗址的发掘为判定昂昂溪文化的年代提供了两个^{14}C证据。其中一个是小拉哈一期乙组H3062出土的陶片经热释光检测（TK353），年代为距今4000±360年。另一个是小拉哈一期乙组G3002出土的动物骨骼经^{14}C测定（ZK-2686），年代为距今3688±104年（树轮校正值为公元前2130～前1777年）。据此可知昂昂溪文化的年代大致处在距今4000年，应是嫩江流域目前发现的年代最晚的新石器文化遗存[16]。

第五，关于昂昂溪文化的生业方式，可从嫩江流域特有的自然条件、生态资源和昂昂溪文化各遗址发掘出土的生产工具、生物遗骸等四个方面加以分析。现有的研究结果表明，昂昂溪文化的主要生业结构是渔捞和狩猎，属渔猎经济类型，是一种具有明显区域性特点的与"种植农业型新石器文化"有别的"渔猎型新石器文化"[17]。

第六，继梁思永先生发掘昂昂溪遗址（五福地点）以后，人们又先后对昂昂溪遗址（滕家岗子地点）进行了两次发掘。据悉，这两次发掘都没有见到典型的昂昂溪文化遗存，而是出土了一些很可能是青铜时代的东西[18]。针对这一现象，可做两种解释：一是现在人们所说的昂昂溪遗址群当中除了昂昂溪新石器时代文化遗存以外，还包含了青铜时代或更晚时期的遗存，表明昂昂溪遗址群不是单一的新石器时代聚落址，而是多期聚落依次叠存的跨时代聚落址；二是被纳入昂昂溪遗址群的"五福地点"和"滕家岗子"地点，本来就是两个不同的遗址或墓地，两者之间存在一定的距离，文化内涵有别实属正常现象。当然，不管属于哪种情况，都不影响我们对已知的新石器时代昂昂溪文化的认识。

三

齐齐哈尔市，位于黑龙江省的西部，地处嫩江中游。这里因有“鹤乡”而闻名，更因昂昂溪文化的发现而拥有了悠久的人文历史和厚重的文化底蕴。

齐齐哈尔不仅是一座美丽的城市、文明的城市，也是一座幸运的城市，因为在全国近700个地县级城市中，能够拥有一支用自己辖区内遗址命名的考古学文化的城市只有80多个。这是这座城市的骄傲，更代表了这座城市的品位。

其实，在齐齐哈尔市管辖的范围内，不只有新石器时代晚期的昂昂溪文化，还应该有早于昂昂溪文化和晚于昂昂溪文化的一系列其他文化遗存。因为在齐齐哈尔市所在的嫩江中下游地区，目前已识别出来的汉代以前的考古学文化就已多达七种，按从早到晚排序依次为：①以小拉哈遗址一期甲组为代表的遗存（距今6500年左右）→②靶山类型（距今约5500～5000年）→③昂昂溪文化（距今约4000年）→④小拉哈文化（夏至商代早期）→⑤古城类型（商代晚期）→⑥白金宝文化（西周至春秋）→⑦汉书二期文化（战国至汉初）[19]。

属于这些考古学文化的遗址或墓地，有的已在齐齐哈尔市发现，有的将在齐齐哈尔市发现。无论是已发现的，还是待发现的，都是齐齐哈尔市的财富——不可再生的财富。守护好、传承好、运用好这些财富，是齐齐哈尔市的义务，也是齐齐哈尔市的责任，更是齐齐哈尔市挖掘新资源、创造新财富的权利和手段。

注　释

[1] 梁思永：《热河查不干庙林西双井赤峰等处所采集之新石器时代石器与陶片》，《梁思永考古论文集》，科学出版社，1959年，144页。

[2] 夏鼐：《梁思永先生传略》，《考古学报》（第7册），中国社会科学院考古研究所，1954年。

[3] 梁思永先生主持或参加的八次田野考古工作是：①1930年秋季黑龙江省齐齐哈尔市昂昂溪遗址（五福地点）的发掘，②1930年冬季热河省的考古调查，③1931年春季河南安阳后岗遗址的发掘，④1931年秋季山东历城城子崖遗址的第二次发掘，⑤1931年秋季城子崖工作结束后的安阳后岗遗址发掘，⑥1934年下半年安阳西北岗殷陵的发掘，⑦1935年春季安阳西北岗殷陵的发掘，⑧1935年秋季安阳西北岗殷陵的发掘。不难看出，从1930年下半年开始工作到1935年底的五年半时间里，梁思永要么在生病，要么在挖方。

[4] 梁思永：《后冈发掘小记》，《安阳发掘报告》（第四册），国立中央研究院历史语言研究所，1933年；另载《梁思永考古论文集》，科学出版社，1959年。

[5] 梁思永：《小屯、龙山与仰韶》，《庆祝蔡元培先生六十五岁论文集》（下册），国立中央研究院，1933年；另载《梁思永考古论文集》，科学出版社，1959年。
[6] 夏鼐：《梁思永先生传略》，《考古学报》第7册，中国社会科学院考古研究所，1954年。
[7] 尹达：《悼念梁思永先生》，《文物参考资料》1954年4期；另载《梁思永考古论文集》，科学出版社，1959年。
[8] 尹达：《悼念梁思永先生》，《文物参考资料》1954年4期；另载《梁思永考古论文集》，科学出版社，1959年。
[9] 夏鼐：《梁思永先生传略》，《考古学报》第7册，中国社会科学院考古研究所，1954年。
[10] 梁思永：《昂昂溪史前遗址》，《梁思永考古论文集》，科学出版社，1959年。
[11] 安路、贾伟明：《黑龙江讷河二克浅墓地及其问题探讨》，《北方文物》1986年2期。
[12] 李龙：《昂昂溪胜利三队一号遗址清理简报》，《黑龙江文物资料丛刊》1981年1期。
[13] 黑龙江省文物考古研究所、吉林大学考古学系：《黑龙江肇源县小拉哈遗址发掘报告》，《考古学报》1998年1期。
[14] 吉林省文物考古研究所：《吉林镇赉县黄家围子遗址发掘简报》，《考古》1988年2期。
[15] 赵宾福：《嫩江流域三种新石器文化的辨析》，《边疆考古研究》（第2辑），科学出版社，2004年。
[16] 赵宾福：《东北石器时代考古》，吉林大学出版社，2003年；赵宾福：《嫩江流域三种新石器文化的辨析》，《边疆考古研究》（第2辑），科学出版社，2004年。
[17] 赵宾福：《嫩江流域新石器时代生业方式研究》，《考古》2007年11期。
[18] 1980年黑龙江省文物考古研究所发掘材料和2010年中国社会科学院考古研究所发掘材料，均未发表。
[19] 赵宾福：《中国东北地区夏至战国时期的考古学文化研究》，科学出版社，2009年；赵宾福：《东北石器时代考古》，吉林大学出版社，2003年。

（本文是根据笔者2010年9月8日在黑龙江省齐齐哈尔市召开的“纪念梁思永先生发掘昂昂溪遗址80周年大会暨昂昂溪文化学术研讨会”上的发言提纲改写而成的。原载《中国文物报》2011年4月29日7版，后被收入《昂昂溪考古文集》，科学出版社，2013年）

西辽河流域

“富河文化”与赵宝沟文化的地方类型

一

“富河文化”得名于1962年发掘的内蒙古自治区巴林左旗富河沟门遗址[1]。半个世纪过去了，人们对于它的认识仍然比较模糊。特别是年代和性质问题，至今没有形成共识。

20世纪80年代中期以前，辽西地区发现的新石器文化只有红山文化和“富河文化”两种，因此这一阶段有关“富河文化”年代的认识，主要是通过与红山文化进行比较得出来的。归纳起来，观点有二：一是认为“富河文化”晚于红山文化[2]，二是认为“富河文化”与红山文化相当[3]。支撑前者的证据是所谓的南杨家营子遗址发现的红山文化房址被富河文化层叠压的层位关系[4]和富河沟门房址（H30）出土桦树皮所测定的^{14}C年代数据（距今4735±110年）[5]，持后一种观点的学者认为，“富河文化”与红山文化“是当地新石器时代文化发展过程中的两个分支”[6]。

20世纪80年代中期以后特别是90年代以来，除个别学者仍坚持认为“富河文化”晚于红山文化以外[7]，多数学者发现“富河文化”应该早于红山文化。提出这种主流观点的基础，是辽西地区赵宝沟文化、兴隆洼文化的新发现和“富河文化”所处的西拉木伦河以北地区白音长汗[8]、水泉[9]等一些重要遗址的发掘。可是，就具体年代和文化关系而言，看法并不统一，归纳起来，同样有两种意见：一种意见认为，“富河文化”与赵宝沟文化关系密切，年代上大体处于同一发展阶段[10]；另一种意见认为，“富河文化处于兴隆洼文化至赵宝沟文化的过渡阶段，是西辽河流域史前文化发展和演变序列中的重要环节”[11]。

从西拉木伦河以北和整个辽西地区最新发表的相关考古材料来看，笔者认同“富河文化”与赵宝沟文化处于相同发展阶段的观点，并以此为基础，进一步提出以下新的认识：“富河文化”不仅年代和赵宝沟文化同时，而且是赵宝沟文化分布在西拉木伦河以北地区的一个地方类型。

二

之所以提出这样的认识，主要有以下四点理由。

第一，从房屋结构上看，“富河文化”与赵宝沟文化具有相当多的共同点。依据富河沟门遗址发掘报告对房址部分的文字描述和图片观察，可知“富河文化”的房屋主要建于山腰南坡，东北—西南向成排分布，土坑半地穴式，多为方形，圆形很少。居住面经过捶打踏实，比较平坦，地面上见有篝火痕迹。房址中央设有方形灶址，分土坑和石板灶两种，灶址旁埋有陶器。部分房址内靠近南部设有圆形窖穴，有的房屋内见有草拌泥。赵宝沟文化分布在西拉木伦河以南地区的聚落，以敖汉旗赵宝沟遗址和小山遗址为代表[12]，其房址也多呈方形（赵宝沟遗址、小山遗址、后台子遗址），中间见有方形灶址（赵宝沟F2～F10、F13、F14、F101～F106，后台子F4），个别房屋偏南侧也有圆形窖穴（赵宝沟F2、F5～F7、F9，小山F1、F2），有些房址中同样见有草拌泥。西拉木伦河以北的赵宝沟文化水泉聚落址[13]，情形与富河沟门聚落址完全相同。该聚落建在山南坡，房址呈东北—西南向成排分布，多方形土坑半地穴式，室内地面垫土捶实，居住面局部经过烘烤。房屋中间设有方形或椭圆形灶坑，如F8室内的灶址为方形石板灶，室内西南角有一方形窖穴[14]。F11东南角也见有一圆形窖穴（H6）[15]。通过以上比对可知，富河沟门房址在建筑选址、形制结构、室内布局等各方面均与赵宝沟文化的聚落址相同，尤其是与西拉木伦河以北地区的水泉聚落址表现出极大的相似性。

第二，从石器和骨器上看，富河沟门遗址出土的石、骨器（图一，5～10）与赵宝沟文化的石、骨器存在着很大的共性。富河沟门遗址的石器分打制石器、磨制石器、细石器三种。打制石器主要有砍砸器、尖状器和刮削器。磨制石器有斧、锛、磨盘、磨棒等，但仍有部分石器可见打制痕迹。细石器多采用间接打制法，二次加工压制而成，种类主要有刮削器、尖状器、镞、条形石叶、石核等。这些不同种类的石器，均可在赵宝沟文化的石制工具中找到相同的器类。此外，大量使用细石器和压削法产生的长条形石片同样见于赵宝沟文化的石制品当中。另外，富河沟门遗址出土的H10：8长条形带齿骨器（图一，9），一侧有加工过的齿槽，类似的骨器在赵宝沟文化的赵宝沟遗址中也出土过一件（F9①：27）。据研究，这类骨器是压制陶器上篦点之字纹的工具，反映出“富河文化”和赵宝沟文化在陶器饰纹技法上也存在着一定的共性。

第三，从陶器上看，富河沟门遗址出土的陶器均为夹砂陶，烧制火候不高，陶色不正，以黄褐色居多。大部分陶器内壁经过抹光，器表多饰横向竖排篦点之字纹和弧线之字纹，纵向横排线形之字纹较少。据报告介绍，陶器种类主要有筒形罐、钵、圈足器、小杯等，但是报告只发表了3件筒形罐（图一，1～3），而未刊布其他类别的陶器。现在学术界看到的一件属于“富河文化”的圈足碗（图一，4），实际上是1993年发表的《不同文化之间特征品交叉现象释例》一文披露的[16]。将“富河文化”陶器与敖汉旗赵宝沟遗址[17]和西拉木伦河以北地区林西县水泉遗址[18]、白音长汗遗址[19]出土的赵宝沟文化陶器做一比较，便不难发现他们之间存在着非常大的共性，特别是有些陶

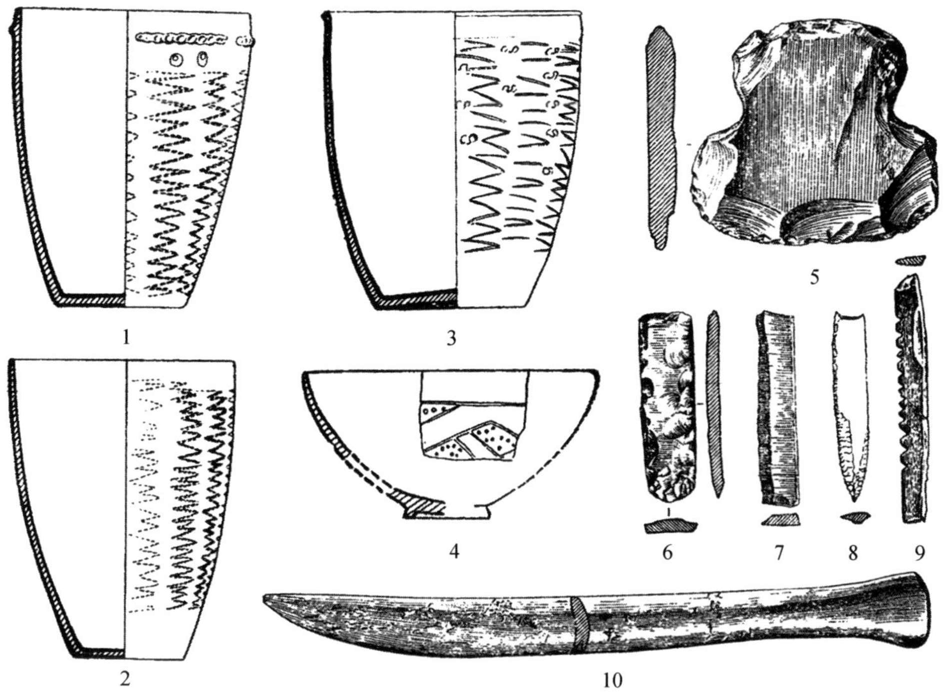

图一　富河沟门遗址出土的遗物
1～3. 筒形罐（H15：2、H16：22、H20：7）　4. 圈足碗（H18出土）　5. 石锄（H27：37）　6. 石锛（H40：7）　7. 石片（H25：20）　8. 石镞（H1：10）　9. 长条形带齿骨器（H10：8）　10. 骨刀柄（H2：11）

器在器物的整体造型、饰纹工艺及花纹图案方面，几乎完全相同。比如，富河沟门H18内出土的几何形刻划纹矮圈足碗（图二，1），形态和纹饰与赵宝沟遗址F6③：10圈足碗（图二，3）和白音长汗AF27②：9圈足碗（图二，4）如出一辙。再如，富河沟门H15：2筒形罐（图二，2）和赵宝沟F106②：13筒形罐（图二，5）相比，不仅器表上横压竖排篦点之字形纹饰完全相同，而且下腹形态也基本一致。由此可见，“富河文化”的陶器，不论是在器型和组合方面，还是在饰纹手法和纹饰种类方面，都与赵宝沟文化的陶器没有太大的区别，尤其是与西拉木伦河以北地区的赵宝沟文化遗存相比共性更加明显。

第四，从地域上看，“富河文化”主要分布在西拉木伦河以北地区。20世纪50年代开展的考古调查发现，除富河沟门遗址以外，在巴林左旗、巴林右旗、林西县、克什克腾旗等地也都不同程度地见有与富河沟门相同的文化遗址[20]。近年的考古工作证明，林西县水泉村[21]、巴林左旗二道梁子[22]等地都有与富河沟门遗址完全相同的陶器出土。与此同时，在林西县水泉遗址、白音长汗遗址又发掘出土了较为丰富的赵宝沟文化遗存。这表明，在西拉木伦河以北地区，“富河文化”和赵宝沟文化有着相同的分布范围。

综合以上四个方面的比较分析，不难发现，在西拉木伦河以北地区，“富河文化”和赵宝沟文化共处一时又共处一地，房址及石器、骨器、陶器等表现出来的文化特征又基本相同。因此，我们有理由认为，20世纪80年代发现的赵宝沟文化和20世纪60年代发现的“富河文化”，原本就是同一种考古学文化。如果不是因为当年富河沟门遗址考古发掘报告公布的材料太少而且种类不全，也许就不会有后来“赵宝沟文化”这个新名称的出现。只是现在考虑到赵宝沟文化的材料积累和研究状况已经得到了学术界的认可，因此最好的选择便是去“旧”存“新”，取消“富河文化”，保留“赵宝沟文化”。即不再将“富河文化”看成一种独立的考古学文化，而是将它所代表的遗存作为分布在西拉木伦河以北的一个地方类型，归入“赵宝沟文化”之中。

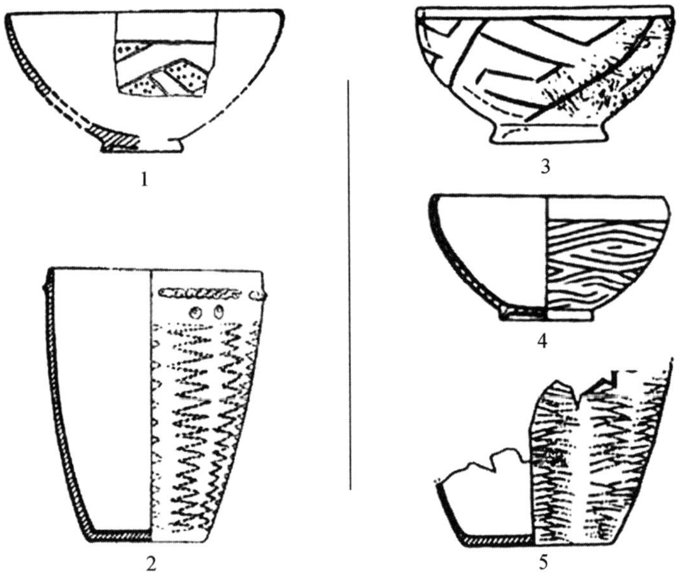

图二　“富河文化”陶器（左）与赵宝沟文化陶器（右）比较

1、3、4. 圈足碗（富河H18出土、赵宝沟F6③：10、白音长汗AF27②：9）

2、5. 筒形罐（富河 H15：2、赵宝沟F106②：13）

三

将“富河文化”纳入赵宝沟文化之后，不仅明确了分布在西拉木伦河以北地区的赵宝沟文化遗存的分布范围，而且进一步丰富了赵宝沟文化的内涵。

根据目前发表的考古材料，西拉木伦河以北地区发现的赵宝沟文化遗存主要见于克什克腾旗上店[23]，林西水泉、白音长汗，巴林右旗富河沟门、南杨家营子、金龟山[24]等遗址；西拉木伦河以南地区发现的赵宝沟文化遗存主要见于翁牛特旗小善德沟[25]，奈曼旗大沁他拉[26]，敖汉旗赵宝沟、小山、南台地[27]等遗址；滦河流域发现的赵宝沟文化遗存主要见于滦平后台子[28]、迁西西寨[29]、迁安安新庄[30]等遗址。这样，依据考古调查和发掘情况，我们可以初步确定赵宝沟文化的分布范围，大致以老哈河、教来河为中心，西抵滦河流域，东至医巫闾山，南濒渤海，北达查干木伦河和乌尔吉木伦河流域。

将这一范围内出土的赵宝沟文化遗存做进一步的比较，则可发现它们之间存在着一定的区域性差别（图三）。

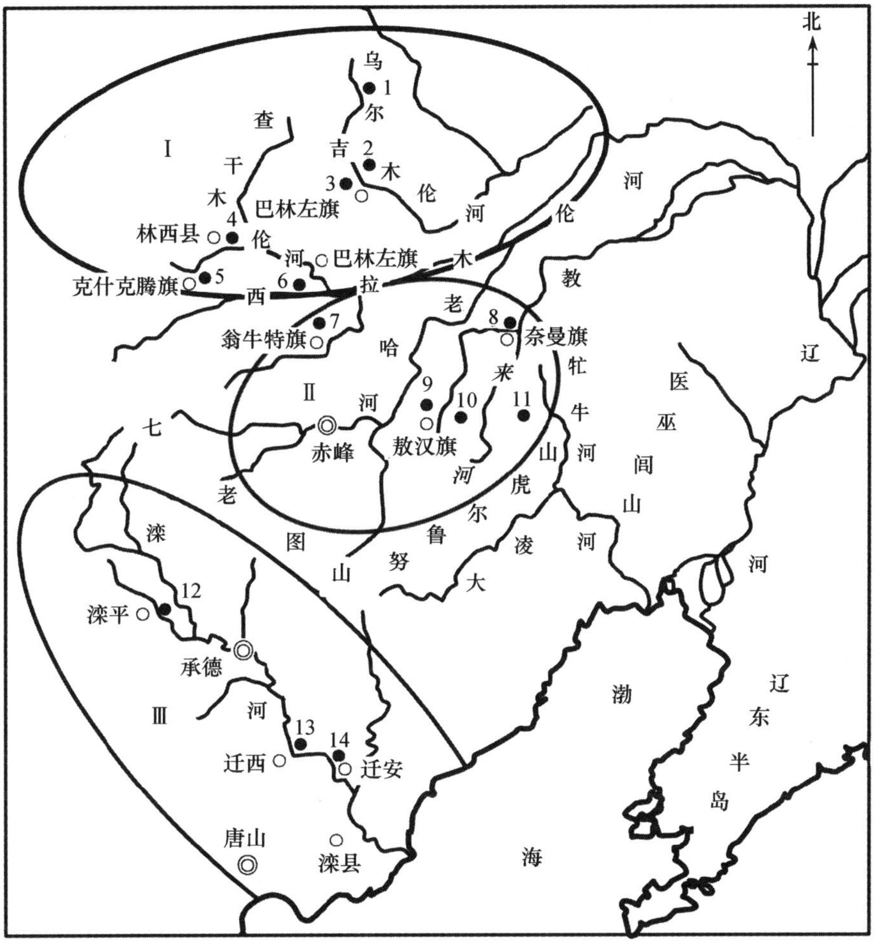

图三　赵宝沟文化三个地方类型及其典型遗址分布示意图

Ⅰ——西拉木伦河以北类型：1. 富河沟门　2. 南杨家营子　3. 金龟山　4. 水泉　5. 上店A地点　6. 白音长汗

Ⅱ——西拉木伦河以南类型：7. 小善德沟　8. 大沁他拉　9. 赵宝沟　10. 南台地　11. 小山

Ⅲ——滦河类型：12. 后台子　13. 西寨　14. 安新庄

首先，从出土陶器上看，赵宝沟、小山、南台地、小善德沟四处遗址的赵宝沟文化陶器，纹饰以几何形和横排竖压线形之字纹为主，篦点纹常作为辅助纹饰用来填补空白，鹿首、猪首、鸟首等动物纹饰极具特色。器型种类丰富，圈足器数量较多，其中圈足鼓腹罐、尊形器最具代表性，未见斜口器；水泉、白音长汗、富河沟门三处遗址出土的赵宝沟文化陶器，纹饰多为单层，少见双层复合纹饰，横压竖排线形之字纹居多，其中篦点和方格形之字纹独具特色，个别陶器口部还饰附加堆纹，未发现动物纹饰。陶器以平底或内侧微凹底为主，圈足器占少数，其中斜口器特征鲜明，不见尊形器、器盖、圈足鼓腹罐；后台子、西寨、安新庄三处遗址出土的赵宝沟文化陶器，几何纹饰最为发达，之字纹相对较少且多为竖压横向线形，横压竖排之字纹较为罕见，其中腹部所饰由之字形压印纹组成的∽纹最具特色，不见动物纹饰。以平底器为主，有相当数量的圈足器，凹底器较少，陶器种类较为丰富，其中圈足尊形器和小口壶颇具特色，不见斜口器和圈足鼓腹罐。

其次，从出土的石器来看，西拉木伦河以北地区发现的打制亚腰形石锄特色鲜明，为本地所独有。另外，在西拉木伦河南北两侧发现的形体扁平、平面呈舌状或扇状的石耜，在滦河流域则基本不见。

最后，从房址的结构来看，在西拉木伦河以北地区发现的赵宝沟文化房址多为单间，少数为双间，居住面经过踏实捶打，灶址见有方形石板灶，灶旁放有斜口器；位于西拉木伦河以南的房址居住面多呈阶梯状，个别居住面铺有草拌泥；滦河流域的房址多见烧土居住面，个别地方还发现了黄土夯筑的居住面，灶址位置多不固定，少数方形灶址由石板砌成，旁边置有筒形罐。另外，有些房屋内往往见有圆形或者方形的窖穴，属于这一类的房址大都见于西拉木伦河南北两侧，而在滦河流域则尚未发现。

以上三方面表明，目前发现的赵宝沟文化遗存存在着明显的地域性差异，其内部可进一步区分出不同的地方类型。关于这个问题，早在20世纪就有研究者关注，但是限于材料较少，所以认识大多比较模糊[31]。从最近几年的研究成果来看，人们对赵宝沟文化类型问题的认识有了进一步的深入，不仅注意到了西拉木伦河南北两侧和滦河流域的赵宝沟文化存在一定的区别，而且认为可将该文化区分成若干个不同的类型[32]。本文基本同意上述看法，但是为了进一步明确和便于理解“类型是指同一考古学文化的地域性差异（地域变体）”这一概念，笔者建议将分布在西拉木伦河以北地区的赵宝沟文化遗存（包括以往所说的“富河文化”）统称为“西拉木伦河以北类型”，将分布在西拉木伦河以南地区的赵宝沟文化遗存统称为“西拉木伦河以南类型”，将分布在滦河流域的赵宝沟文化遗存统称为“滦河类型”。至于大小凌河流域是否有赵宝沟文化遗存分布，目前还不清楚。如果将来有新的发现，则可通过比较将其并入已有的某个类型当中或单独划分为一个新的地方类型。

从目前揭示和发表的考古材料来看，辽西地区年代较早的兴隆洼文化同样可以划分为三个不同的地域类型，即西拉木沦河以北类型、西拉木沦河以南类型、滦河类型。从陶器和房址等方面表现出来的亲缘关系上看，赵宝沟文化的三个地域类型应该分别是对较早阶段兴隆洼文化三个同样地域类型的继承和发展。

注　释

［1］中国社会科学院考古研究所内蒙古工作队：《内蒙古巴林左旗富河沟门遗址发掘简报》，《考古》1964年1期。

［2］佟柱臣：《试论中国北方和东北地区含有细石器的诸文化问题》，《考古学报》1979年4期；严文明：《黄河流域新石器时代早期文化的新发现》，《考古》1979年1期；刘观民、徐光冀：《辽河流域新石器时代的考古发现与认识》，《中国考古学会第一次年会论文集》（1979），文物出版社，1979年；徐光冀：《富河文化的发现与研究》，《新中国的考古发现和研究》，文物出版社，1984年。

［3］郭大顺、马沙：《以辽河流域为中心的新石器文化》，《考古学报》1985年4期；许玉林：《试论辽宁的之字纹陶》，《辽宁省博物馆学术论文集（1949—1984）》（第一辑），1985年，内部资料。

［4］徐光冀：《富河文化的发现与研究》，《新中国的考古发现和研究》，文物出版社，1984年。

［5］中国科学院考古研究所实验室：《放射性碳素测定年代报告》（三），《考古》1974年5期。

［6］郭大顺、马沙：《以辽河流域为中心的新石器文化》，《考古学报》1985年4期。

［7］徐光冀：《乌尔吉木伦河流域的三种史前文化》，《内蒙古文物考古文集》（第一辑），中国大百科全书出版社，1994年。

［8］内蒙古自治区文物考古研究所：《内蒙古林西县白音长汗新石器时代遗址发掘简报》，《考古》1993年7期；内蒙古自治区文物考古研究所：《白音长汗——新石器时代遗址发掘报告》，科学出版社，2004年；内蒙古文物考古研究所、吉林大学考古系：《内蒙古林西县白音长汗新石器时代遗址1991年发掘简报》，《文物》2002年1期；郭治中、包青川、索秀芬：《林西县白音长汗遗址发掘述要》，《内蒙古东部区考古学文化研究文集》，海洋出版社，1991年。

［9］内蒙古文物考古研究所：《林西县水泉遗址发掘述要》，《内蒙古文物考古文集》（第二辑），中国大百科全书出版社，1997年；内蒙古文物考古研究所：《内蒙古林西县水泉遗址发掘简报》，《考古》2005年11期。

［10］朱延平：《辽西区新石器时代考古学文化纵横》，《内蒙古东部区考古学文化研究文集》，海洋出版社，1991年；朱延平：《富河文化的若干问题》，《内蒙古文物考古文集》（第一辑），中国大百科全书出版社，1994年；杨虎：《辽西地区新石器——铜石并用时代考古文化序列与分期》，《文物》1994年5期；郭治中：《内蒙古东部地区新石器——青铜时代的考古发现与研究》，《内蒙古文物考古文集》（第二辑），中国大百科全书出版社，1997年；赵宾福：《东北石器时代考古》，吉林大学出版社，2003年。

［11］刘国祥：《富河文化及相关问题研究》，《新世纪的中国考古学：王仲殊先生八十华诞纪念

论文集》，科学出版社，2005年；刘国祥：《兴隆洼文化与富河文化比较研究》，《北方文物》2006年2期。

［12］中国社会科学院考古研究所：《敖汉赵宝沟——新石器时代聚落》，中国大百科全书出版社，1997年；中国社会科学院考古研究所内蒙古工作队：《内蒙古敖汉旗小山遗址》，《考古》1987年6期。

［13］内蒙古文物考古研究所：《林西县水泉遗址发掘述要》，《内蒙古文物考古文集》（第二辑），中国大百科全书出版社，1997年；内蒙古文物考古研究所：《内蒙古林西县水泉遗址发掘简报》，《考古》2005年11期。

［14］内蒙古文物考古研究所：《内蒙古林西县水泉遗址发掘简报》，《考古》2005年11期。

［15］内蒙古文物考古研究所：《林西县水泉遗址发掘述要》，《内蒙古文物考古文集》（第二辑），中国大百科全书出版社，1997年。

［16］刘观民：《不同文化之间特征品交叉现象释例》，《中国考古学论丛》，科学出版社，1993年，图一，20。

［17］中国社会科学院考古研究所：《敖汉赵宝沟——新石器时代聚落》，中国大百科全书出版社，1997年。

［18］内蒙古文物考古研究所：《林西县水泉遗址发掘述要》，《内蒙古文物考古文集》（第二辑），中国大百科全书出版社，1997年；内蒙古文物考古研究所：《内蒙古林西县水泉遗址发掘简报》，《考古》2005年11期。

［19］内蒙古自治区文物考古研究所：《内蒙古林西县白音长汗新石器时代遗址发掘简报》，《考古》1993年7期；内蒙古文物考古研究所、吉林大学考古系：《内蒙古林西县白音长汗新石器时代遗址1991年发掘简报》，《文物》2002年1期；内蒙古自治区文物考古研究所：《白音长汗——新石器时代遗址发掘报告》，科学出版社，2004年；郭治中、包青川、索秀芬：《林西县白音长汗遗址发掘述要》，《内蒙古东部区考古学文化研究文集》，海洋出版社，1991年。

［20］内蒙古自治区文化局文物工作组：《内蒙古自治区发现的细石器文化遗址》，《考古学报》1957年1期；内蒙古自治区文化局文物工作组：《昭乌达盟巴林左旗细石器文化遗址》，《考古学报》1959年2期；巴林右旗博物馆：《内蒙古巴林右旗那斯台遗址调查》，《考古》1987年6期；巴林右旗博物馆：《巴林右旗古日古勒台新石器时代遗址调查简报》，《内蒙古文物考古》1992年Z1期；吕遵谔：《内蒙古林西考古调查》，《考古学报》1960年1期。

［21］内蒙古文物考古研究所：《林西县水泉村北山梁考古调查报告》，《内蒙古文物考古》2002年1期。

［22］内蒙古文物考古研究所：《巴林左旗友好村二道梁子红山文化遗址》，《内蒙古文物考古文

集》（第一辑），中国大百科全书出版社，1994年。

[23] 克什克腾旗博物馆：《克什克腾旗上店小河沿文化墓地及遗址调查简报》，《内蒙古文物考古》1992年Z1期。

[24] 徐光冀：《乌尔吉木伦河流域的三种史前文化》，《内蒙古文物考古文集》（第一辑），中国大百科全书出版社，1994年。

[25] 刘晋祥：《翁牛特旗小善德沟新石器时代遗址》，《中国考古学年鉴·1989》，文物出版社，1990年。

[26] 朱凤瀚：《吉林奈曼旗大沁他拉新石器时代遗址调查》，《考古》1979年3期。

[27] 敖汉旗博物馆：《敖汉旗南台地赵宝沟文化遗址调查》，《内蒙古文物考古》1991年1期。

[28] 承德地区文物保管所、滦平县博物馆：《河北滦平县后台子遗址发掘简报》，《文物》1994年3期。

[29] 唐山市文物管理处、迁西县文物管理所：《河北迁西县西寨遗址调查》，《考古》1993年1期；河北省文物研究所、唐山市文物管理处、迁西县文物管理所：《迁西西寨遗址1988年发掘报告》，《文物春秋》1992年S1期。

[30] 河北省文物管理处：《河北迁安安新庄新石器遗址调查和试掘》，《考古学集刊》（第4辑），中国社会科学出版社，1984年。

[31] 刘晋祥：《赵宝沟文化初论》，《庆祝苏秉琦考古五十五年论文集》，文物出版社，1989年；索秀芬、李少兵：《试论赵宝沟文化》，《内蒙古文物考古》1996年Z1期；董新林：《赵宝沟文化研究》，《考古求知集——1996年考古所中青年学术讨论会文集》，中国社会科学出版社，1997年；段宏振：《燕山南麓新石器时代文化初论》，《北方文物》1995年1期。

[32] 中国社会科学院考古研究所：《中国考古学·新石器时代卷》，中国社会科学出版社，2010年。

（原载《考古》2012年11期）

辽宁朝阳小东山红山文化遗存的分期研究

辽宁朝阳小东山遗址，地处辽西地区大小凌河流域的朝阳县柳城镇腰而营子村东约2千米处的一个高敞台地上。2000年6月，辽宁省文物考古研究所等单位对该遗址进行了发掘，揭露面积850平方米[1]。从报告的认识和发表的材料看，小东山遗址第3层和开口在第2层下的诸遗迹单位均属于新石器时代的红山文化遗存。

查报告，知该遗址的第3层仅见零星遗物，且没有发表材料。开口在第2层下的遗迹单位则有房址10座（F1、F2、F4～F11），灰坑20个（H2、H4、H10、H12、H13、H20～H22、H24、H26、H31、H34、H35、H38～H44），灰沟1条（G1）。

在这31个属于红山文化的遗迹当中，有19个单位彼此间存在叠压打破关系，具体情形是：F7→F10、F9→F10、F9→H38、F9→H41、F11→H43、H4→F2、H21→G1、H24→G1、H26→F11、H34→G1、H35→H39、H40→H42、G1→H22。以上19个单位中除H4因只出土一件棒形陶器而无法与F2进行直接比较以外，其余17个单位的层位关系可归纳成以下五组。

第一组：F9→F10、H38、H41；F7→F10。

第二组：H21、H24、H34→G1→H22。

第三组：H26→F11→H43。

第四组：H40→H42。

第五组：H35→H39。

这五组叠压打破关系，为探讨小东山遗址红山文化遗存的分期问题提供了有利的条件。

一、有层位关系的各单位分组研究

（一）各组情况分析

1．第一组（F9→F10、H38、H41；F7→F10）

第一，H41：13筒形罐（图一，20），口微敛，方圆唇，弧腹，腹下收束，平底。口外饰带有斜向指甲按压痕的附加堆纹一周，下为弧线横压竖排之字纹带，之字纹一端压痕较重，近底部饰竖压横排之字纹带一周。F10：2筒形罐（图一，14），口微敛，圆唇，弧腹，平底。口部外缘饰一周附加堆纹，其下大部分饰弧线横压竖排之字纹带，间饰细密的竖压横排之字纹带，纹饰上端压痕明显。二者无论在器型上还是在纹饰特征上都极为相似。H41：1筒形罐（图一，16），直口，尖唇，腹较直，口外饰带有斜向指甲按压痕的附加堆纹一周，下为弧线竖压横排之字纹带，之字纹一端压

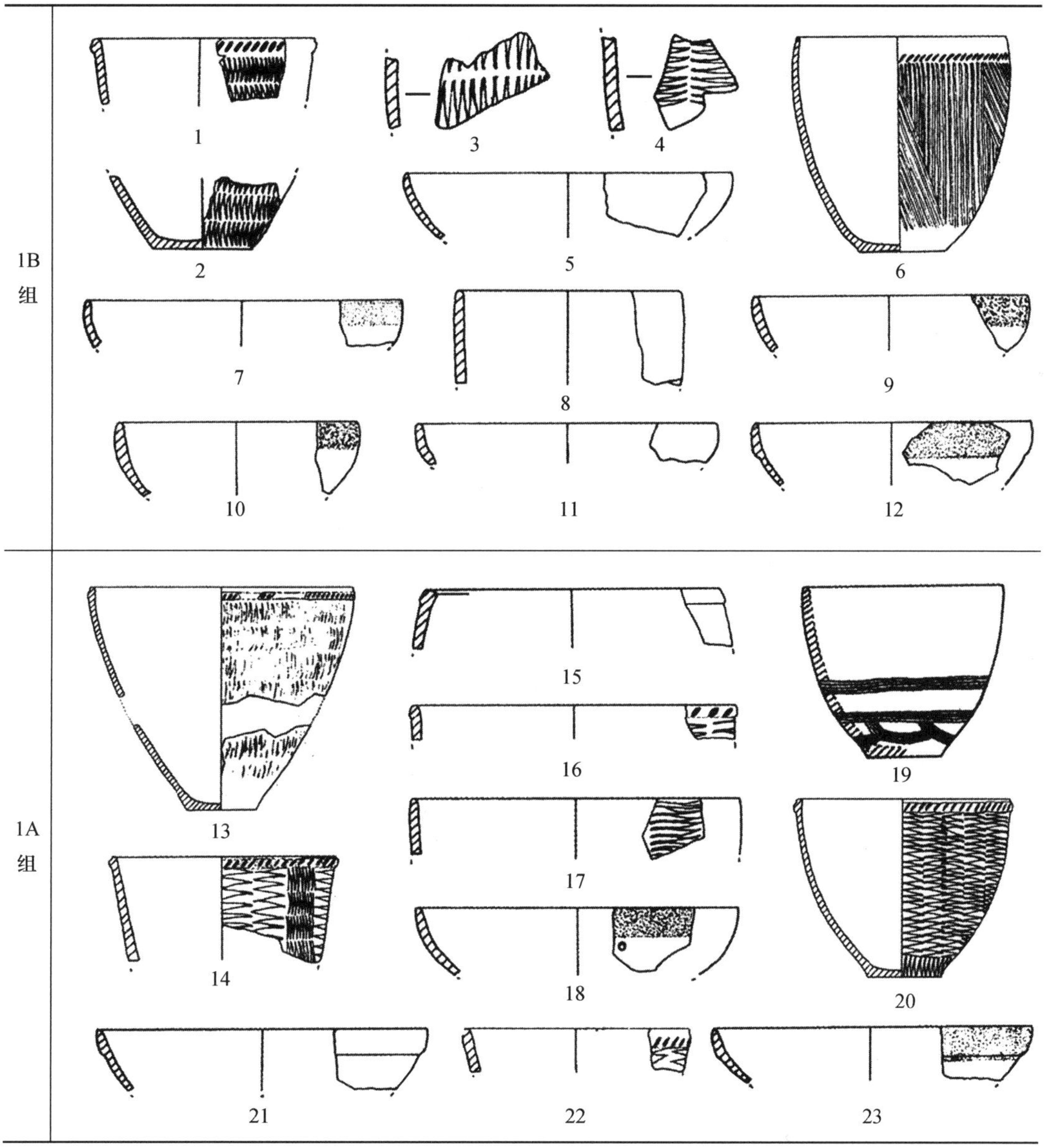

图一　第一组有层位关系的各单位的分组及其出土陶器

1～4、6、8、13、14、16、17、19、20、22. 筒形罐（F7①：2、F7①：3、F9①：1、F9①：3、F7①：1、F9①：4、F10：1、F10：2、H41：1、H41：2、H38：1、H41：13、F10：3）　5、7、9～12、18、21、23. 钵（F7①：35、F7①：29、F9①：9、F9①：10、F9①：12、F7①：32、H38：6、H41：9、H41：10）　15. 瓮（H41：11）

痕明显，与F10：3筒形罐（图一，22）在纹饰和器物形态上如出一辙。H38：1筒形罐（图一，19），口微敛，方圆唇，弧腹，腹下收束，平底。器身整体造型同H41：13筒形罐（图一，20）相似。由此，可认为H41、F10和H38年代相当，可合并为一组，称1A组。

第二，F9①：9钵（图一，9）与F7①：29钵（图一，7）均为敛口，圆唇，弧腹，风格一致。F9①：12钵（图一，11）与F7①：35钵（图一，5）均为微折沿，敛口，弧腹，造型相当。F9①：1筒形罐（图一，3）饰竖压横排之字纹，其纹饰风格也与F7①：3筒形罐（图一，2）所饰之字纹相似。因此，F7和F9年代应该相当，可合并为一组，称1B组。

1A、1B两组各单位出土的典型陶器可参见图一。

2．第二组（H21、H24、H34→G1→H22）

第一，H22：2筒形罐（图二，12），微敛口，圆唇，腹壁弧直，口沿外侧饰附加堆纹一周，其下为横压竖排弧线形之字纹带，之字纹两端有明显压痕，与G1：26筒形罐（图二，11）相比，造型风格和纹饰特征如出一辙。H22：11瓮（图二，16）与G1：107瓮（图二，15）均为敛口，方唇，凸缘，微出沿，造型极为相似。H22：1盆（图二，13）与G1：3盆（图二，10）均为敞口较直，圆唇，腹部均饰竖压横排之字纹带，造型风格相近。H22：8钵（图二，19）与G1：99钵（图二，18）整体造型十分接近，均为微侈口，微出沿，直壁，壁腹交界处有明显折棱，弧腹急收。据此可认为G1与H22两个单位虽然存在叠压打破关系，但无论从二者所出土器物的造型特点还是纹饰风格上看都基本相同。因此，G1与H22两个单位可归为一组，称2A组。

第二，H34：13钵（图二，4），圆唇，深弧腹，整体造型与H24：6钵（图二，2）极为相似；H24：5钵（图二，7），敛口，外叠唇，口外饰平行黑彩条带，与H34：10钵（图二，8）以及H21：5钵（图二，3）造型风格基本一致。因此，H34、H24和H21三个单位可归为一组，称2B组。

2A、2B两组各单位出土的典型陶器可参见图二。

3．第三组（H26→F11→H43）

第一，H43出土的陶器整体上看与F11和F26出土的陶器有别，因此可单独划为一组，称为3A组。

第二，H26：36器盖（图三，11），泥质，微折沿，浅腹，顶部略残，口部黄褐色，顶部灰色。F11：20器盖（图三，10），泥质，折沿，口部黄褐色，顶部灰色。二者造型特征一致，为同类器物。H26：35钵（图三，2）与F11：13钵（图三，1）均为敛口，圆唇，深弧腹，造型风格相同。因此，H26和F11可归为一组，称为3B组。

3A、3B两组各单位的典型陶器可参见图三。

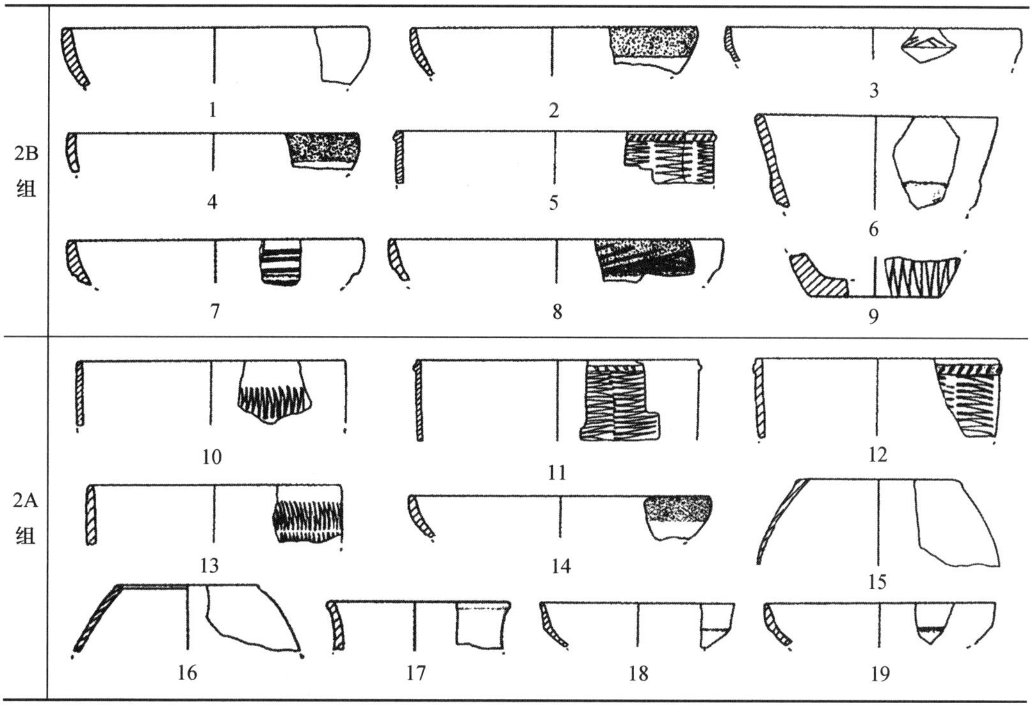

图二　第二组有层位关系的各单位的分组及其出土陶器

1～4、7、8、14、17～19. 钵（H24：7、H24：6、H21：5、H34：13、H24：5、H34：10、H22：7、G1：84、G1：99、H22：8）　5、9～13. 筒形罐（H21：1、H24：1、G1：3、G1：26、H22：2、H22：1）　6. 束颈罐（H24：8）　15、16. 瓮（G1：107、H22：11）

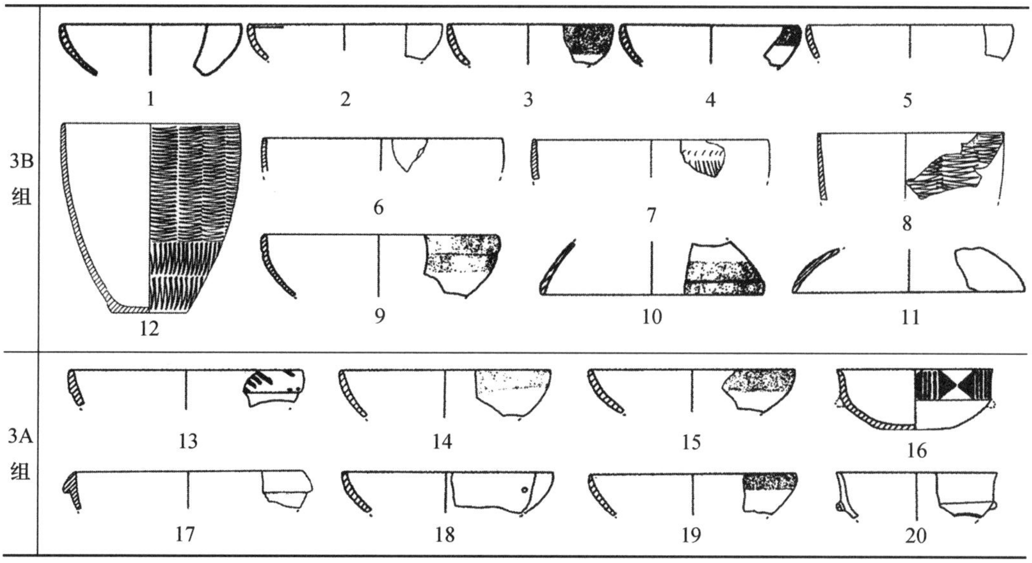

图三　第三组有层位关系的各单位的分组及其出土陶器

1～5、9、13～16、18～20. 钵（F11：13、H26：35、H26：31、F11：14、H26：27、F11：9、H43：7、H43：10、H43：12、H43：1、H43：11、H43：8、H43：2）　6～8、12. 筒形罐（H26：24、H26：13、H26：2、H26：1）　10、11. 器盖（F11：20、H26：36）　17. 瓮（H43：5）

4．第四组（H40→H42）和第五组（H35→H39）

与上述第一至三组情况不同，第四组和第五组的层位关系中，各只有两个单位。认真比对其中出土的陶器，不难发现第四组中的H40和H42之间陶器形态差异明显，第五组的H35与H39之间情况亦是如此。这样，以层位关系为基础，结合陶器间的形态比较，我们可将第四组中的H40和H42两个单位区分为早晚两组，较早的H42为4A组，较晚的H40为4B组，4A、4B两组的典型陶器可参见图四。第五组中的H35和H39两个单位同样可区分为早晚两组，较早的H39为5A组，较晚的H35为5B组，5A、5B两组的典型陶器可参见图五。

（二）对应关系比较

1．1A～5A组的比较与并合

首先，属于1A组的H41：9、H41：10两件陶钵（图一，21、23），均为尖圆唇，斜直壁，口外缘加厚，同样的器型还有2A组的H22：8钵（图二，19）、3A组的H43：7钵（图三，13）和5A组的H39：2钵（图五，4），表明1A～3A组、5A组的年代有可能同时。

其次，属于4A组的H42：7和H42：5两件红顶钵（图四，15、17），均圆唇，弧腹，整体造型与1A组H38：6红顶钵（图一，18）、2A组H22：7红顶钵（图二，14）、3A组H4：8、H4：10、H4：12红顶钵（图三，19、14、15）、5A组H39：1红顶钵（图五，3）完全一致。进一步表明4A组的年代应与1A～3A组、5A组同时。

最后，1A组的H41：13筒形罐（图一，20）和2A组的H22：2筒形罐（图二，12）相比，均为微敛口，圆唇，腹壁弧直，口沿外侧饰附加堆纹一周，其下为横压竖排弧线之字纹带，之字纹两端有明显压痕，整体造型别无二致。2A组的H22：11瓮（图二，16）和G1：107瓮（图二，15），均为敛口，方唇，鼓腹，造型与4A组的H42：9（图四，12）如出一辙。3A组的H43：1、H43：2折腹钵（图三，16、20）形态与4A组的H42：8折腹钵（图四，14）十分接近。这些现象再次证明1A组与2A组、2A组与4A组、3A组与4A组之间应该是同时的。

依据上述分析，可将1A～5A组合并成一个大组，统称为1～5A组。

2．1B～5B组的比较与并合

第一，据罐类陶器观察，1B组的F9①：4筒形罐（图一，8），直口，圆唇，造型特点与3B组H26：2筒形罐（图三，8）和4B组H40：4筒形罐（图四，3）十分相似。1B组F7①：1（图一，6）筒形罐，口微敛，壁弧直，腹部饰连点线纹和刻划席纹，形态和纹饰与3B组H26：13筒形罐（图三，7）和4B组H40：3筒形罐（图四，2）相同。表明1B组的年代应与3B组、4B组同时。

第二，从钵类陶器来看，1B组F9①：9钵（图一，9）与2B组H34：13钵（图二，4）和3B组H26：31钵（图三，3），均为泥质红陶，口沿外饰黑彩带，敛口，深腹，造型风格基本一致。1B组F7①：32钵（图一，12）外壁暗红色，内壁黄褐色，通体磨光，敛口，外叠唇，与2B组H24：5钵（图二，7）、H34：10钵（图二，8）和4B组H40：12钵（图四，6）属同类器物，且造型相似。1B组F9①：10钵（图一，10）和5B组H35：2钵（图五，1），均为泥质陶，口部内外壁均为红色，腹下部内外壁均为灰黑色，敛口，圆唇，深弧腹，形制如出一辙。进一步说明1B组的年代与2B～5B组同时。

如此，可将1B～5B组合并成一个大组，统称为1～5B组。

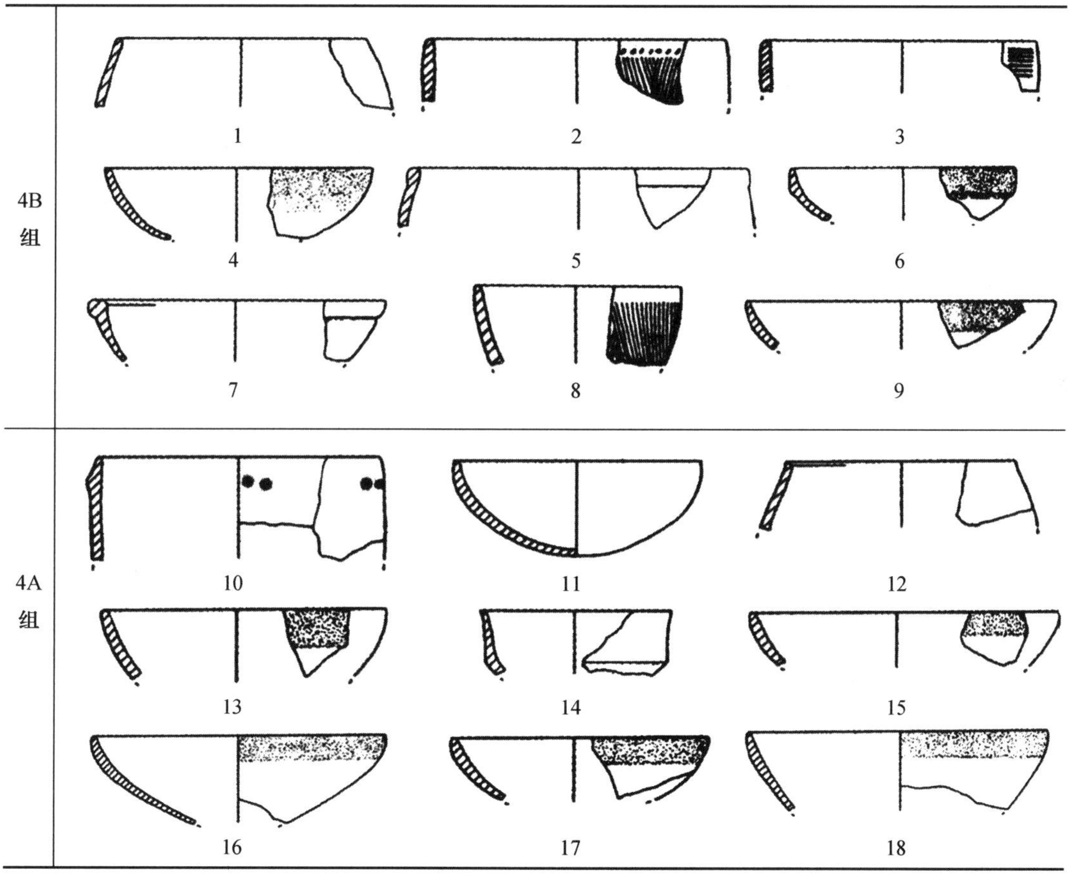

图四　第四组有层位关系的各单位的分组及其出土陶器

1、5、12. 瓮（H40：14、H40：16、H42：9）　2、3、10. 筒形罐（H40：3、H40：4、H42：1）
4、6、9、11、13～18. 钵（H40：10、H40：12、H40：8、H42：13、H42：6、H42：8、H42：7、H42：3、H42：5、H42：4）　7、8. 盆（H40：15、H40：2）

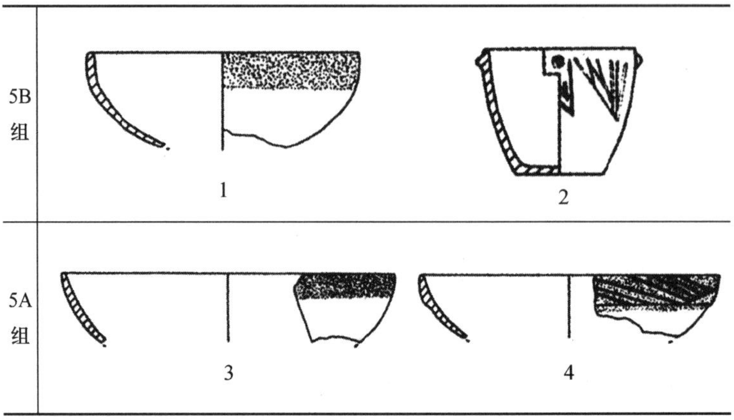

图五　第五组有层位关系的各单位的分组及其出土陶器

1、3、4. 钵（H35：2、H39：1、H39：2）　2. 陶罐（H35：1）

（三）小结

通过对存在叠压打破关系且出有可供比较陶器的五组17个遗迹单位进行全面的比较和分析，最终将它们区分成了具有年代早晚关系的两个大组。年代较早的1～5A组，共有8个单位，分别为F10、H22、H38、H39、H41～H43和 G1。年代较晚的1～5B组，共有9个单位，分别是F7、F9、F11、H21、H24、H26、H34、H35、H40。1～5A组和1～5B组的陶器，可参见图一～图五。

二、其他单位的分组研究

（一）有陶器单位的归组

在无法根据地层叠压打破关系进行分组的另外14个单位当中，F1、F2、F5、F6、F8、H12、H13、H20、H31等9个单位，均出有可供比较的陶器，因此可通过器物形态间的比较，判定它们的组别。

（1）F1：1筒形罐（图六，7），方圆唇，弧腹，腹上部饰横压竖排弧线之字纹，下部饰竖压横排弧线之字纹，造型特点及纹饰风格与1～5B组的H26：1筒形罐（图三，12）完全相同。F1：5筒形罐（图六，6），厚唇，唇上饰按压点纹，腹饰之字纹，形态与1～5B组的F7①：2、F7①：3筒形罐（图一，1、2）十分接近。据此，可将F1并入1～5B组。

（2）F2：14瓮（图六，16），敛口，厚唇，腹弧鼓，整体造型与1～5A组的G1：107瓮（图二，15）如出一辙。F2：4筒形罐（图六，9），尖圆唇，口微收，弧腹，

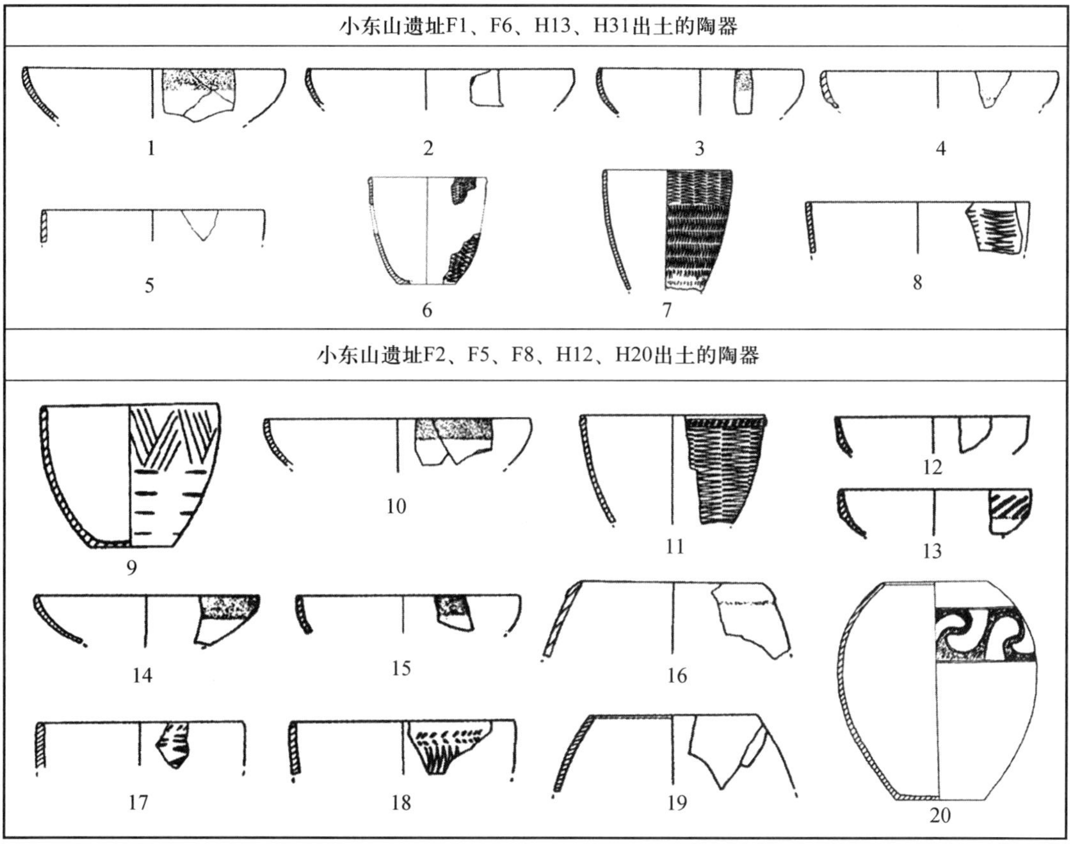

图六　无层位关系单位出土的陶器举例

1～4、10、12～15. 钵（H13∶1、H13∶2、H31∶11、F6∶7、H12∶6、F8①∶41、F8①∶40、F8①∶29、F8①∶31）　5～9、11、17、18. 筒形罐（F6∶3、F1∶5、F1∶1、H31∶1、F2∶4、F8①∶1、H20∶3、H12∶1）　16、19、20. 瓮（F2∶14、H20∶29、F5∶6）

平底，形态与1～5A组的H38∶1筒形罐（图一，19）相似。由此，可把F2归入1～5A组。

（3）F5∶6瓮（图六，20），敛口，圆唇，圆弧腹，平底，上腹部刻划S形几何图案纹饰。该器物的整体造型特别是口部特征，与属于1～5A组的H22∶11瓮（图二，16）和H42∶9瓮（图四，12）完全一致。因此可将F5的年代看成与1～5A组同时并可将之并入该组。

（4）F6∶3筒形罐（图六，5），尖圆唇，直口，素面，造型风格与1～5B组的F9①∶4筒形罐（图一，8）完全相同。F6∶7钵（图六，4），敛口，外叠唇，形态与1～5B组的F7①∶32钵（图一，12）如出一辙。据此，可将F6并入1～5B组。

（5）F8①∶1筒形罐（图六，11），方圆唇，弧腹，腹下收束，平底，口外饰花边附加堆纹一周，下为弧线横压竖排之字纹带，形态和纹饰与1～5A组的F10∶2筒形罐（图一，14）、H41∶13筒形罐（图一，20）、H22∶2筒形罐（图二，12）完全一致。F8①∶29、F8①∶31、F8①∶40、F8①∶41钵（图六，14、15、13、12），造型和纹饰分别与属于1～5A组的H22：7钵（图二，14）、H38：6钵（图一，18）、H43：7钵（图三，13）、G1：99钵（图二，18）相同或相近。因此，可将F8并入1～5A组当中。

（6）H12：1筒形罐（图六，18）与1～5A组的H22：1筒形罐（图二，13）均为直口，圆唇，腹饰竖压横排之字纹带，风格相似。H12：6钵（图六，10）的器型与纹饰也与H22：7钵（图二，14）相一致。故H12这个单位可归入1～5A组。

（7）H13：1钵（图六，1），顶部红色，腹部灰色，敛口，弧腹，整体造型与属于1～5B组的H24：6钵（图二，2）相似。H13：2钵（图六，2），外壁红色，内壁灰色，敛口，圆唇，与1～5B组的F9①：12钵（图一，11）大体相似。所以，H13可以归入1～5B组。

（8）H20：3筒形罐（图六，17），方圆唇，腹较直，造型风格与1～5A组的H41：2筒形罐（图一，17）相似。H20：29瓮（图六，19）与1～5A组的H22：11瓮（图二，16）均为敛口，方唇，凸缘，微出沿，造型极为相似。因此，H20这个单位应属于1～5A组。

（9）H31：1筒形罐（图六，8），口微敛，圆唇，斜直腹，不仅形制与1～5B组的H26：2筒形罐（图三，8）相同，而且周身都饰横压竖排的弧线之字纹带。H31：11钵（图六，3）的整体造型也与1～5B组的F11：13钵（图三，1）相同。由此，可将H31并入1～5B组。

（二）无法归组单位的说明

F4、H2、H4、H10、H44等5个单位，因缺少可供分组的依据，故无法判定它们的组别。具体情况如下。

（1）F4和H44两个单位，虽都出土了零星的陶器残片，但由于破损严重、器型难辨，很难与已经确定了组别的单位出土的陶器进行比较，因此无法进行分组。

（2）H10出土石杵1件，陶器3件。因报告没有发表陶器，故无法通过比较确定该单位的组别。

（3）H2和H44两个单位，前者仅出1件石斧，后者仅见1件棒形陶器，均因缺乏可供比较的器类和器型而无法进行组别的判定。

三、小东山遗址红山文化遗存的分期与年代

（一）分期

综合以上分析，以存在明确叠压打破关系单位的分组研究为基础，结合对其他无

层位关系单位出土陶器的类型学比较和分析，现可最终将小东山遗址出土的红山文化遗存区分为早晚两期。

早期：以1～5A组各单位和通过陶器比较而并入1～5A组的各单位为代表，具体包括F2、F5、F8、F10、H12、H20、H22、H38、H39、H41～H43、G1等13个单位。

晚期：以1～5B组各单位和通过陶器比较而并入1～5B组的各单位为代表，具体包括F1、F6、F7、F9、F11、H13、H21、H24、H26、H31、H34、H35、H40等13个单位。

早晚两期具有型式演化序列的陶器可参见图七、图八。

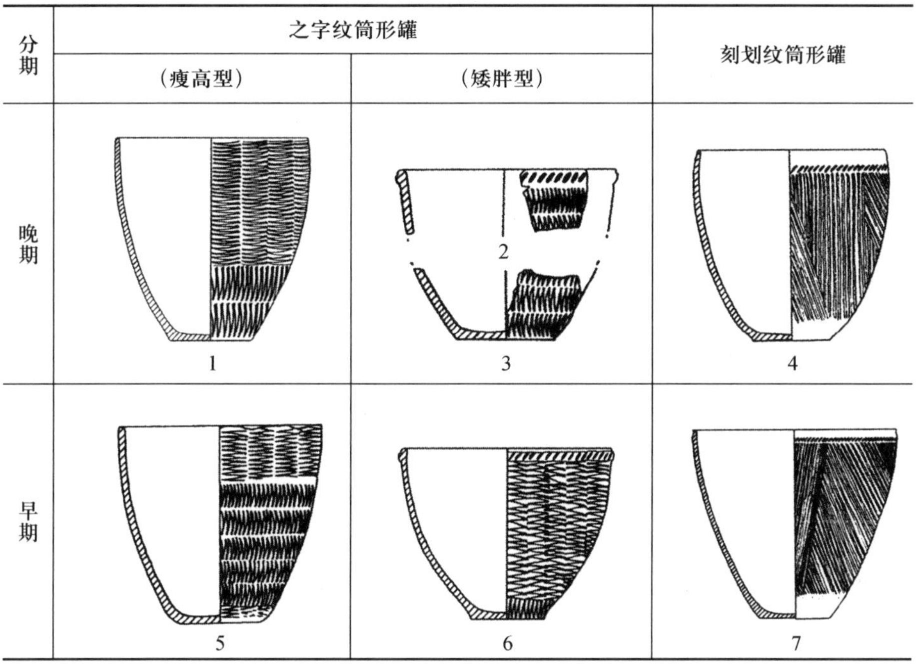

图七　小东山遗址红山文化筒形罐类陶器的型式比较与分期

1. H26：1　2. F7①：2　3. F7①：3　4. F7①：1　5. F2：9　6. H41：13　7. F8：1

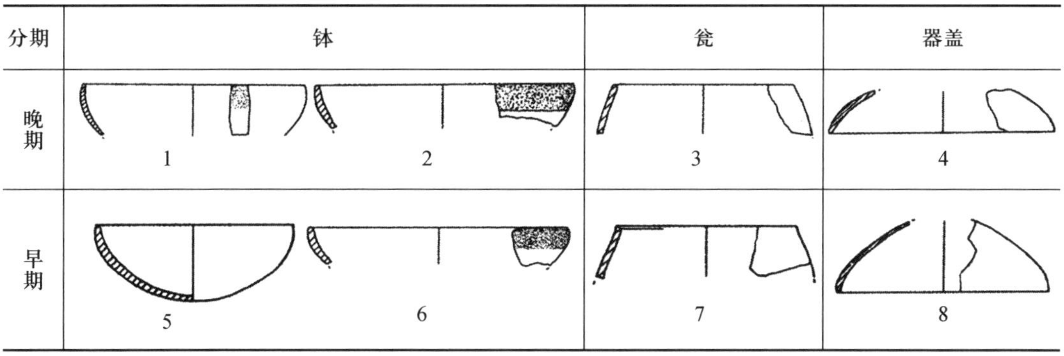

图八　小东山遗址红山文化钵、瓮、器盖类陶器的型式比较与分期

1. H31：11　2. H24：6　3. H40：14　4. H26：36　5. H42：13　6. H22：7　7. H42：9　8. F8①：43

（二）年代

小东山遗址早期的F10：1筒形罐（图九，6），大口微敛，方圆唇，弧腹，小平底。口部饰一周附加堆纹，堆纹上有指甲按压纹，其下饰细密的竖压横排之字纹带。整体造型风格与西水泉遗址红山文化F13：30筒形罐（图九，13）无论在纹饰特征还是整体造型上都极为相似[2]。小东山遗址早期的F2：11筒形罐（图九，5），敞口，尖圆唇，弧腹，腹下部残缺，腹中下部饰压划弧线几何纹，与西水泉遗址出土的红山文化F13：7筒形罐（图九，14）十分相近。小东山遗址早期的F2：9筒形罐（图九，8），敞口，方唇，弧腹，平底，自口部开始饰弧线横压竖排之字纹带，其下饰弧线竖压横排之字纹带，相同的器型在红山文化西水泉遗址中（F13：10）也能找到（图

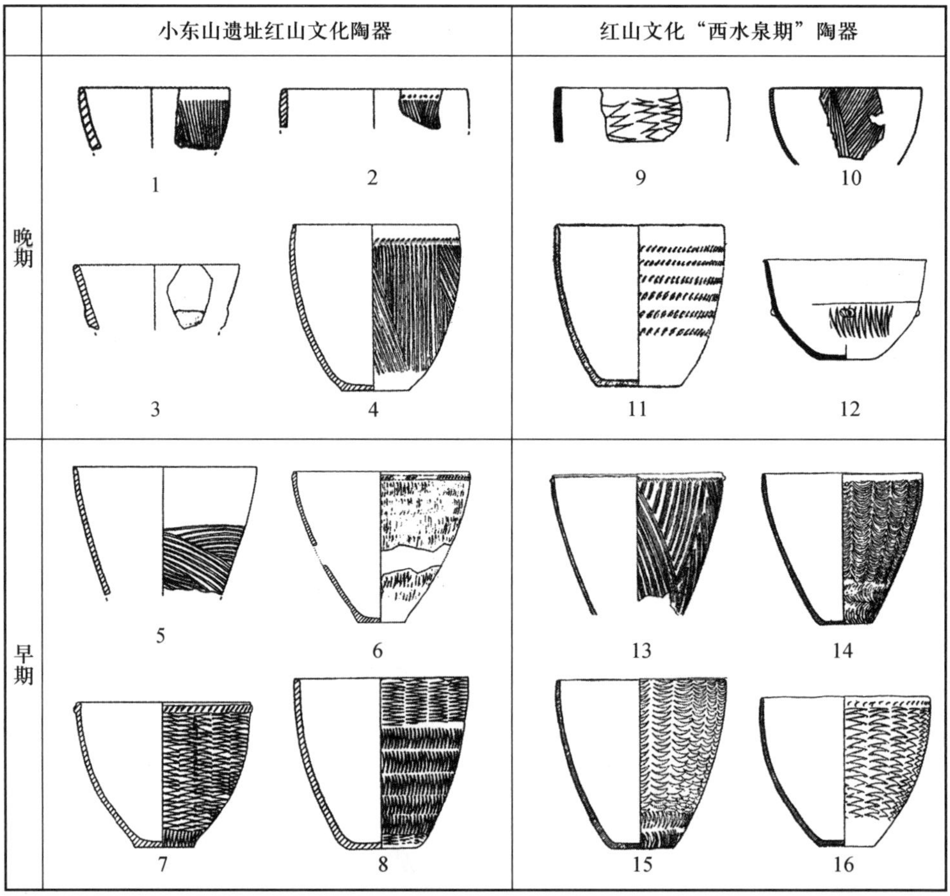

图九　小东山遗址陶器与红山文化"西水泉期"陶器的比较

1、10. 盆（小东山H40：2、大沁他拉W3：105）　2、4～9、11、13～16. 筒形罐（小东山H40：3、F7①：1、F2：11、F10：1、H41：13、F2：9，查日斯台采集，西水泉F17：4、F13：30、F13：7、F13：10、F13：31）　3、12. 束颈罐（小东山H24：8、红山后Fig. 43，9）

九，15）。小东山遗址早期的H41：13筒形罐（图九，7），口微敛，方圆唇，弧腹，腹下收束，平底，口外饰带有斜向指甲按压痕的附加堆纹一周，下为弧线横压竖排之字纹带，近底部饰竖压横排之字纹带一周。其整体造型特点也与西水泉遗址红山文化F13：31筒形罐（图九，16）形态相若。

小东山遗址晚期的F7①：1筒形罐（图九，4）口部饰指甲戳印纹，形态与西水泉遗址红山文化F17：4筒形罐（图九，11）非常相近。小东山遗址晚期的H24：8束颈罐（图九，3），侈口，束颈，斜直腹，小平底，与红山后遗址出土的红山文化束颈罐（图九，12）形制相同[3]。此外，小东山遗址晚期H40：2（图九，1）盆、H40：3筒形罐（图九，2）等一类的陶器，在以往发现的红山文化“西水泉期” 查日斯台遗址和大沁他拉遗址[4]中，亦可找到相同的器形（图九，9、10）。

已有的研究结果表明，红山文化主要可分为早晚两个比较大的阶段，较早阶段为“西水泉期”，年代跨度较长，大致为公元前4500年～前3500年（年代与中原地区的半坡文化和庙底沟文化相当）。较晚阶段为“东山嘴期”，年代跨度较小，大致为公元前3500年～前3000年（年代与中原地区的半坡四期文化相当）[5]。通过上述比较，不难看出，辽宁朝阳小东山遗址出土的红山文化遗存，整体上相当于以西水泉遗址和红山后等遗址为代表的红山文化“西水泉期”。

朝阳小东山遗址红山文化遗存的分期研究，不仅细化了红山文化较早阶段的时间刻度，而且为日后进一步探讨整个红山文化“西水泉期”的再分期问题找到了一个可靠的突破口。相信随着材料的不断丰富和研究的不断深入，有关红山文化的阶段划分问题一定会取得新的进展。

注　释

[1] 辽宁省文物考古研究所、朝阳市博物馆、朝阳县文物管理所：《朝阳小东山新石器至汉代遗址发掘报告》，《辽宁省道路建设考古报告集》（2003），辽宁民族出版社，2004年。

[2] 中国社会科学院考古研究所内蒙古工作队：《赤峰西水泉红山文化遗址》，《考古学报》1982年2期。

[3] 滨田耕作、水野清一：《赤峰红山后——热河省赤峰红山先史遗迹》，东亚考古学会，1938 年。

[4] 朝格巴图：《查日斯台遗址调查简报》，《内蒙古文物考古》2000年2期。

[5] 赵宾福：《东北石器时代考古》，吉林大学出版社，2003年。

（原载《东北史地》2011年6期）

以陶器为视角的红山文化发展阶段研究

从目前的考古发现和研究结果来看，红山文化的起始年代约为公元前4500年，结束年代约为公元前3000年。在这前后历时约1500年的时间跨度里，红山文化本身到底应该划分为几个发展阶段，学术界的认识大致经历了一个由浅入深、由模糊到逐渐清晰的过程。以年代先后为序，可将以往观点归纳总结如下。

（1）1985年，郭大顺、马沙从当时新发现的各遗址材料间的差别出发，提出了红山文化的分期及地方类型划分应该是一个值得学术界注意的问题[1]。

（2）1986年，高美璇和李恭笃把赤峰地区以红山后、西水泉、四棱山遗址为代表的红山文化遗存统称为“红山后类型”，把朝阳地区以东山嘴、城子山、胡头沟遗址为代表的红山文化遗存统称为“城子山类型”，并指出这两个类型在文化内涵上呈现明显的不同，是红山文化发展的早晚两期[2]。

（3）1989年，杨虎把红山文化分为三种类型，一是兴隆洼F133遗存，二是西水泉类型（以西水泉遗址为代表，包括赤峰红山后、蜘蛛山和三道湾子等遗址），二是东山嘴类型（以东山嘴遗址为代表，包括牛河梁、城子山、胡头沟等遗址），并认为这三种类型分别属于红山文化早中晚三个发展阶段[3]。随后，又指出红山文化的这三个发展阶段分别属于辽西地区铜石并用时代的早期、中期以及晚期前段[4]。

（4）1991年，朱延平把辽西区新石器时代考古学文化区分为四个阶段，并认为红山文化的一、二期属于该区新石器时代考古学文化发展的第二阶段，红山文化的第三、四期则分别属于该区新石器时代考古学文化发展的第三和第四阶段[5]。随后又撰文指出，红山文化一期以兴隆洼遗址F133为代表，二期以兴隆洼遗址F106为代表，三期以西水泉和蜘蛛山等遗址为代表，四期以牛河梁和东山嘴等遗址为代表[6]。

（5）1991年，张星德提出红山文化可分为三期，其年代分别与中原地区的后岗一期文化、庙底沟文化和半坡四期文化相当。并在后来发表的文章中再次重申了这一观点[7]。

（6）1991年，笔者在将红山文化的一部分陶器与邻近地区考古学文化所见同类器做了具体的分析和比较之后，提出了“红山文化跨度很大，基本经历了半坡文化、庙底沟文化和半坡四期文化三个发展阶段”的认识[8]，但并没有对该问题展开详细的论证。后又明确指出考古学文化的“分期”和“类型”是两个具有本质区别的概念，不能将二者混为一谈。认为“以西水泉和东山嘴为代表的两种遗存反映的是红山文化的历时性差别，而不是该文化地域类型上的差别”[9]。

（7）2002年，吕学明、朱达通过对牛河梁第二、第五地点的层位关系和墓葬特点的分析，将牛河梁遗址红山文化墓葬划分为早晚两个发展阶段[10]。

（8）2007年，索秀芬、李少兵将整个牛河梁遗址整合为具有前后关系的早晚两期[11]。

（9）2008年，陈国庆依据白音长汗遗址四期遗存和牛河梁第五地点上层的材料将红山文化分为四期[12]。

关于红山文化的年代和阶段性划分问题，早在20世纪80年代初，苏秉琦先生就曾指出："红山文化与仰韶文化有关，各有渊源，它的较早阶段跟半坡、庙底沟类型的时间差不多。"[13]后来，随着红山文化分期研究的展开，也有学者提出过大致相同的看法，但是限于材料等原因，在具体的分期论证方面工作做得并不深入、论证过程也不够详尽。随着近年来新的考古材料的公布，笔者认为有必要对红山文化的发展阶段问题重新审视和论证。

一、牛河梁与西水泉遗址的分组研究

从目前发表的属于红山文化的考古材料来看，出土陶器较丰富的主要有牛河梁、西水泉、东山嘴、蜘蛛山、二道梁、城子山、那斯台、红山后、三道湾子、四棱山、转山子、查日斯台、南台子、大沁他拉、胡头沟、白音长汗、小东山等遗址。在这些遗址当中，除了笔者已做过深入分析的朝阳小东山遗址（详后）外，只有牛河梁、西水泉两处遗址的地层堆积比较清楚，遗存之间存在较好的叠压打破关系，因此本文对红山文化发展阶段的研究，就先从这两处遗址材料的分析开始。

（一）牛河梁遗址的分组

牛河梁遗址位于辽宁省西部丘陵山区的建平县与凌源市交界处，遗址点坐落在努鲁尔虎山间多道山梁的诸多冈峦之巅。牛河梁遗址于1981年发现，1983年开始发掘至今。共发现20多个地点，已编号的共16个地点。其中发表材料的有第一地点[14]、第二地点[15]、第三地点[16]、第五地点[17]、第十三地点[18]和第十六地点[19]。

我们先来看牛河梁遗址第五地点的材料情况。该遗址位于辽宁凌源市凌北镇哈海村东北，地处牛河梁遗址群的中心地带，东北距第一地点"女神庙"遗址约2千米，东距第二、三地点积石冢约1千米。辽宁省文物考古研究所于1998年和1999年对该遗址进行了发掘，发现了具有叠压打破关系的三组遗存。即以大石块砌筑的圆形或方形的积石冢、坛为主的上层堆积，以碎石层和一批祭祀坑为主的中层堆积，以灰坑为主的下层遗迹。

我们认为，这三组层位关系是探索红山文化分期问题的一条重要线索。根据发掘简报所公布的层位关系和各单位出土陶器的比较，可把第五地点发表的出有陶器的12个单位由早至晚划分为三个小组。

第一组：即牛河梁下层组，6个单位，分别是H14、H16、H21、H22、H41、XC。

第二组：即牛河梁中层组，4个单位，分别是ZCZ1、ZCZ2、JK1、JK4。

第三组：即牛河梁上层组，2个单位，分别是Z1和Z2M2。

第一至三组各单位出土的陶器可参见图一。

我们再来看牛河梁遗址第十六地点的材料情况。牛河梁遗址第十六地点即三官甸子城子山遗址，地处牛河梁遗址群的西部山梁。于1979年10月进行试掘，发掘面积200余平方米，揭露红山文化墓葬3座（编号M1～M3）、房址1座（编号F1）。2002年对该遗址进行了全面发掘，又发现了1座更大的积石冢大墓（第4号墓）。遗址文化堆积较厚，可分为三层。其中第2层和第3层为红山文化堆积。墓内出土勾云形器、镯、鸟等玉器。与玉器一同出土的陶器器类主要为无底筒形器。另外，还出土了较多的有三角形纹、方格纹、人字纹、平行线纹加单勾连涡纹等彩陶纹饰陶片。

城子山第3层所出的三角形纹（图二，2）和直线之字纹（图二，4）与第2层出土同类纹饰（图二，6、7）绘图风格一致，形态相若。由此可见，城子山第2层和第3层出土陶器所反映的时代特征大体一致，故把第2层和第3层归为同一组，称之为城子山组。

城子山组彩陶纹饰可参见图二。

比较牛河梁遗址第五地点第一至三组和第十六地点城子山组陶器纹饰，可发现城子山组器物所饰平行线纹加单勾连涡纹（图二，5、10）及三角纹（图二，2、7）分别与牛河梁第五地点第三组Z1∶9（图一，2）及Z1∶8（图一，4）的纹饰造型相同、风格一致。

这样，通过对牛河梁遗址第五地点第一至三组和第十六地点城子山组陶器进行比较，可将这两个地点的材料整合为三个大组。

第一组：牛河梁第五地点下层组。

第二组：牛河梁第五地点中层组。

第三组：牛河梁第五地点上层组和牛河梁第十六地点城子山组。

需要说明的是，牛河梁遗址第三、十三两个地点因没有发表陶器，故无法进行分组。第一、二两个地点材料的组别将在下文通过与其他遗址材料的比较而定。

（二）西水泉遗址的分组

西水泉遗址位于赤峰西水泉村西山岗的东侧坡上[20]。1963年发掘三个地点，揭露面积774平方米。西水泉遗址主要是红山文化的堆积。发现红山文化的房址三座，都是半地穴式建筑，平面近方形。陶器皆为手制，泥质陶略多于夹砂陶。器类主要有钵、盆、瓮、罐，其中钵的数量较多。另外，还出土了一些彩陶。

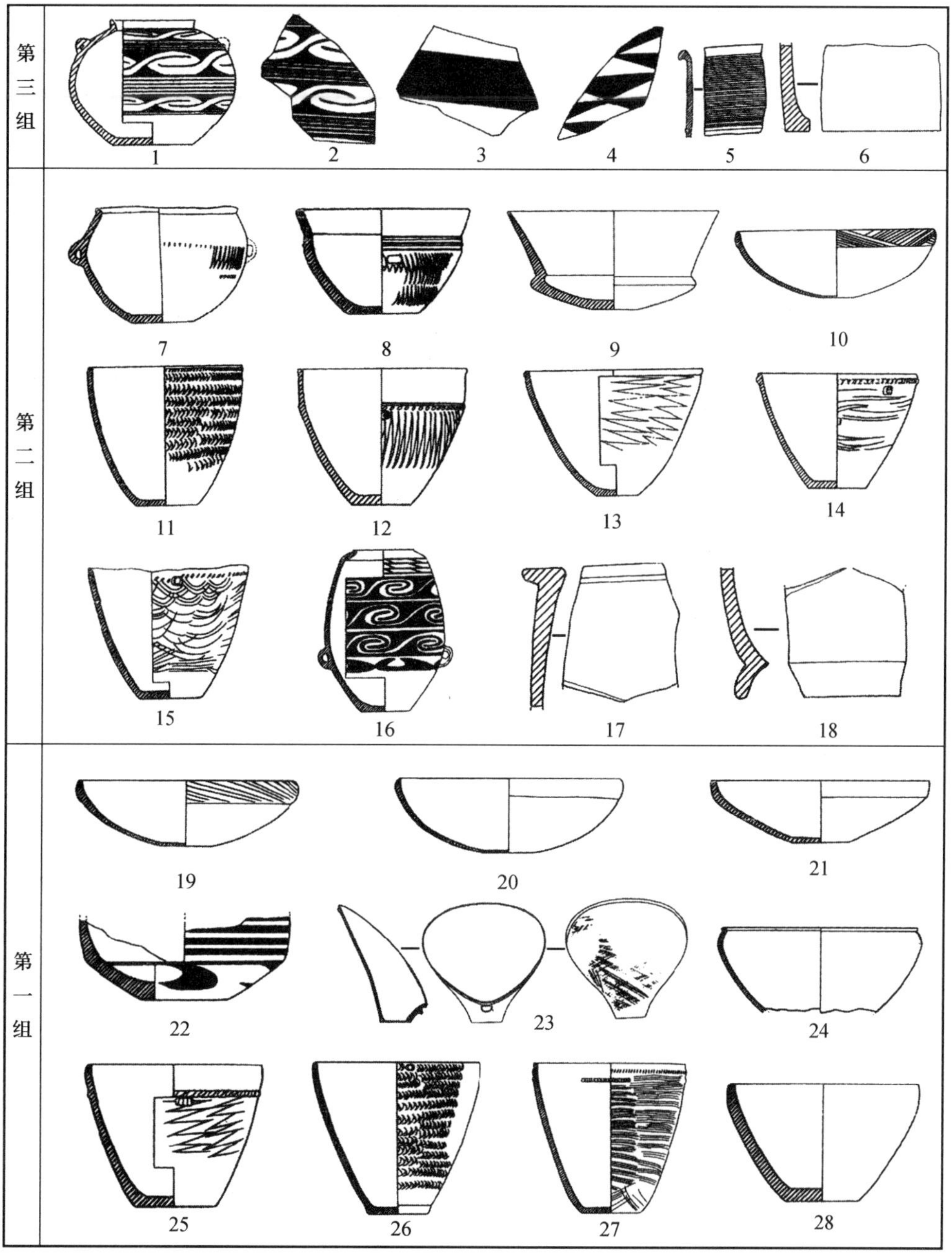

图一　牛河梁遗址第五地点出土陶器分组

1、2、16. 彩陶罐（牛河梁第五地点上层Z2M2：4、Z1：9，牛河梁第五地点中层JK1：1）　3. 宽带纹（牛河梁第五地点上层Z1：10）　4. 三角纹（牛河梁第五地点上层Z1：8）　5、6、17、18. 筒形器（牛河梁第五地点上层Z1：11、Z1：12，牛河梁第五地点中层ZCZ1：8、ZCZ1：14）　7. 双耳罐（牛河梁第五地点中层ZCZ1：1）　8. 束颈罐（牛河梁第五地点中层ZCZ1：2）　9. 盂（牛河梁第五地点中层JK1：2）　10、19～22. 钵（牛河梁第五地点中层JK4：1，牛河梁第五地点下层H14：4、H16：1、H22：2、H22：3）　11～15、25～28. 筒形罐（牛河梁第五地点中层ZCZ1：3、ZCZ1：5、JK5：1、ZCZ1：4、ZCZ2：1，牛河梁第五地点下层H21：1、H41：4、H14：1、H22：1）　23. 斜口器（牛河梁第五地点下层XC：1）　24. 盆（牛河梁第五地点下层H16：2）

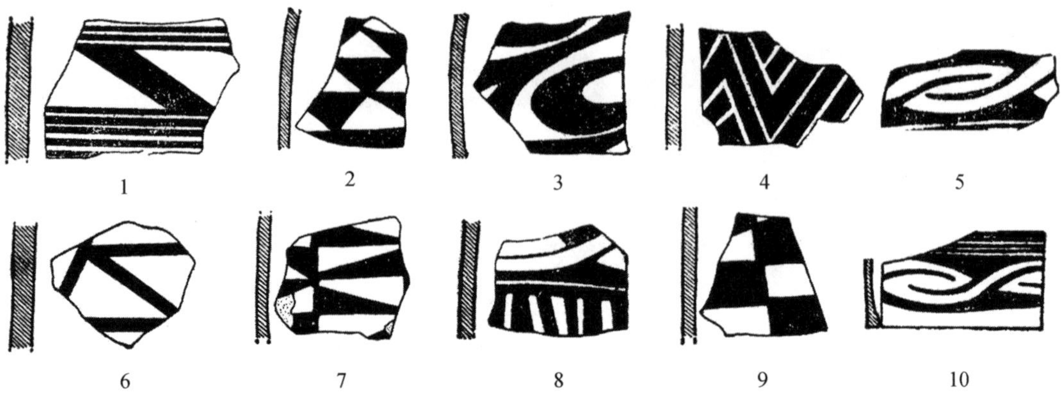

图二　牛河梁遗址第十六地点城子山组出土彩陶纹饰

1. 平行线纹加宽带纹（T3②：5）　2、7. 三角纹（T3③：2、T4②：22）　3、8. 涡纹（T4②：25、T4②：24）
4、6. 直线之字纹（T1③：23、T3②：16）　5、10. 平行线纹加单勾连涡纹（T1②：4、T4②：25）
9. 方格纹（T1②：5）

西水泉T21②：19筒形罐（图三，35），口沿下饰指甲形压纹一周和四个乳状凸饰，腹部饰斜条划纹，无论从造型风格还是从纹饰特点上看都与西水泉F13：30（图三，31）十分相似。因此，可以把F13和第2层归为同一组，称为西水泉第一组。

西水泉T24①：30口沿残片（图三，7）的造型特征以及所饰的平行条带纹与F17：19口沿残片（图三，8）造型特征和纹饰风格如出一辙；而且西水泉T13①：22所饰纹饰（图三，3）与F17：4所饰纹饰（图三，5）也十分相似。因此，把F17和第1层归为同一组，称为西水泉第二组。另外，H18：17器盖（图三，21）和H1：8器盖（图三，19）都与T8①：10器盖（图三，20）造型特征一致。因此H18和H1两个单位也可以归入西水泉第二组。

这样，西水泉遗址的材料便可自早至晚分为两组。

第一组：2个单位，分别为F13和第2层。

第二组：4个单位，分别为F17、H18、H1和第1层。

第一组和第二组各单位出土的陶器可参见图三。

（三）牛河梁遗址各组与西水泉遗址各组的年代对应关系

西水泉二组T7①：10筒形罐（图三，13）唇沿外凸，腹部饰之字纹，口腹分界明显，与牛河梁二组ZCZ1：5筒形罐（图一，12）整体风格一致，造型相当。西水泉二组F17：4罐（图三，17）也与牛河梁二组ZCZ1：3筒形罐（图一，11）形态特征如出一辙。西水泉二组H1：5大口罐（图三，18）与牛河梁二组ZCZ2：1罐（图一，15）均为敞口，腹壁略直，饰鱼鳞状纹饰，无论整体造型还是纹饰风格都较为接近。以上陶器所表现出来的相同或相似因素，反映了牛河梁二组和西水泉二组的年

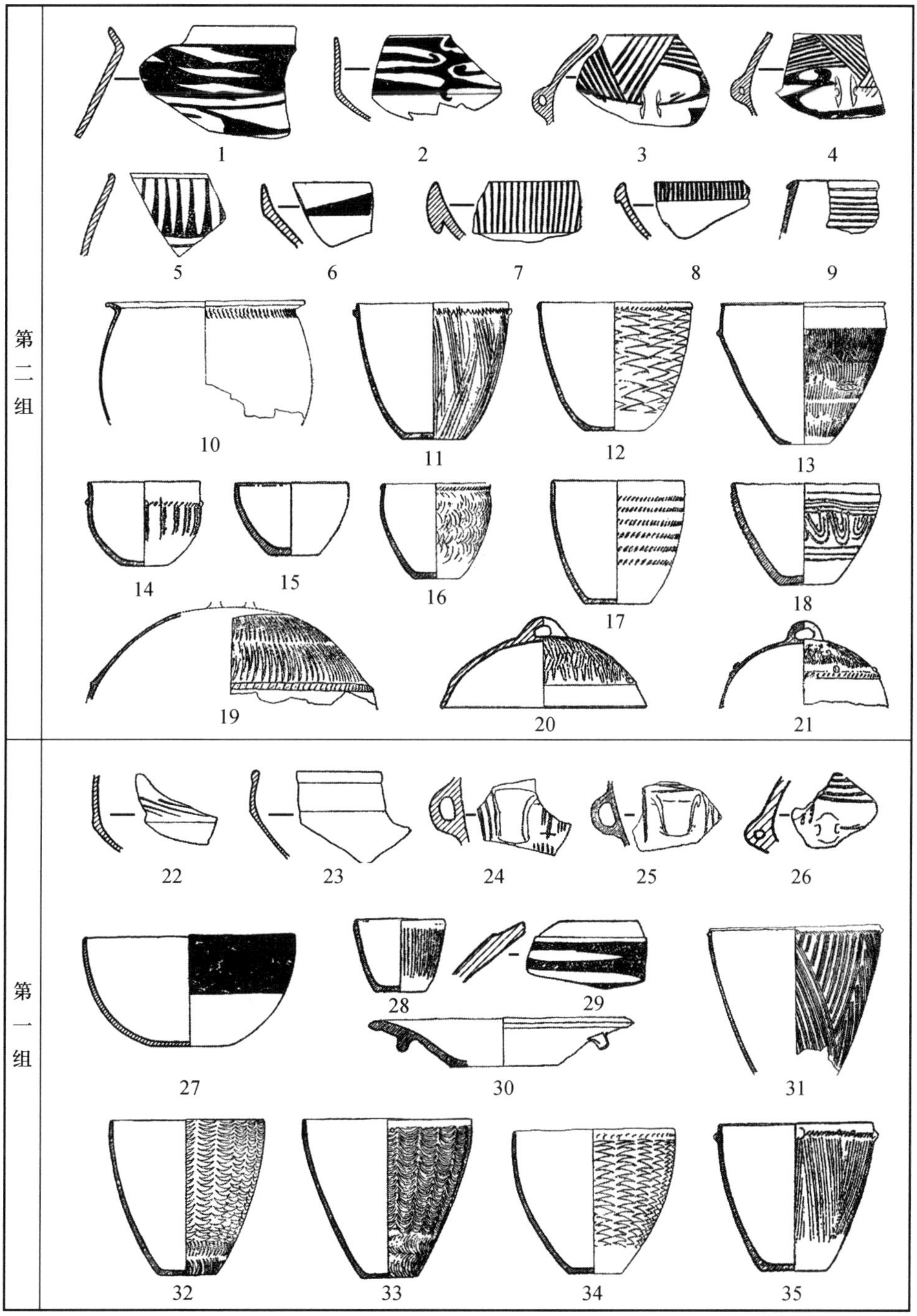

图三　西水泉遗址出土陶器分组

1～8、29. 彩陶图案（T53①：20、T26①：4、T13①：22、T12①：13、F17：4、T52①：24、T24①：30、F17：19、T52②：21）　9、23、30. 盆（H18：10、T52②：1、T1②：2）　10. 夹砂罐（F17：13）　11～13、31～35. 筒形罐（T25①：13、H18：20、T7①：10、F13：30、F13：10、F13：7、F13：31、T21②：19）　14～18、28. 大口罐（H18：13、F17：10、H18：5、F17：4、H1：5、T25②：4）　19～21. 器盖（H1：8、T8①：10、H18：17）　22、27. 钵（T9②：5、T7②：20）　24～26. 器耳（T15②：4、T10②：5、T15②：4）

代应基本相当。

西水泉一组F13：7筒形罐（图三，33）敞口，弧腹，口大底小，周身饰之字纹，与牛河梁一组H41：4筒形罐（图一，26）整体造型相当，极为相似。另外，西水泉一组的T21②：19筒形罐（图三，35）微敛口，口沿下饰指甲形压纹一周，斜直腹，腹部饰斜划纹，无论造型还是从纹饰都与牛河梁下层H14：1筒形罐（图一，27）十分相似。由此看来，西水泉一组和牛河梁一组的年代应该比较接近。

二、其他遗址出土遗存的组别与年代

三道湾子、二道梁、四棱山、转山子、兴隆洼F133组和F106组、白音长汗、查日斯台、南台子、大沁他拉、牛河梁第一与第二地点、胡头沟、蜘蛛山、东山嘴等遗址，缺乏明确的地层关系，单纯依靠这些遗址（或单位）的材料，很难做进一步的分组和定年研究。但是，通过对器物造型和制作风格等因素的分析，我们可以把这些遗址（或单位）出土的器物与已经确定了组别的典型陶器相比较，进而实现对它们所属组别的判定。此外，还可依靠这些遗址（或单位）所出陶器在整个红山文化陶器的型式学排比中所处的位置确定其组别和年代。

（一）三道湾子遗址

三道湾子遗址位于内蒙古敖汉旗三道湾子村南老哈河东岸[21]。1973年清理了红山文化的一座灰坑（H1）。H1包含遗物较单纯，除两件石器外，全是红山文化的陶片，其中彩陶占多数，泥质红陶次之，泥质灰陶和夹砂陶极少。器型主要有钵、碗、盆、罐等。

三道湾子H1：4钵（图四，22）与牛河梁下层H22：2钵（图一，21）都是折腹较浅，小平底，器形相近，如出一辙。另外，三道湾子H1：12钵（图四，24）与牛河梁第五地点下层的H22：3钵（图一，22）均为直口，折腹，平底，饰彩绘，在器物造型上极为相似。因此，可认为三道湾子H1这个单位应与牛河梁第一组年代相当。

（二）二道梁遗址

二道梁遗址位于内蒙古巴林左旗白音敖包乡友好村村西的山岗上。1991年5月，内蒙古文物考古研究所对该遗址进行了试掘[22]，共发掘面积3215平方米，发现房屋基址15座，灰坑171座，并出土了大量的陶器、石器和骨器。该遗址被风沙严重剥蚀，文化层直接暴露于地表，地层关系较为简单。

陶器分为泥质和夹砂两种，泥质陶多为轮制，器型主要为钵、盆、瓮及少量器座。夹砂陶多为手制，器型主要为筒形罐，还有直口折肩罐、小口短颈罐、斜口器和器盖等。

第一，二道梁F5：1筒形罐（图五，6）、F11：1筒形罐（图五，7）和T23①：1筒形罐（图五，1）均为敛口，腹壁略弧，最大腹径偏中，腹部饰不规则横压竖排弧线之字纹。三者整体造型都略显矮胖，非常相似。F11：2筒形罐（图五，4）尖唇，腹部饰横压竖排之字纹，牛河梁二组的ZCZ1：3筒形罐（图一，11）口沿下饰一周戳印堆纹，腹部饰之字纹，二者都属于矮胖型，整体形态如出一辙。而且，T24①：2罐（图五，35）与西水泉二组的F17：10（图三，15）在整体造型上也十分相近。另外，二道梁T23②：2筒形罐（图五，13）敞口，直壁，腹部饰鱼鳞纹，牛河梁二组ZCZ2：1筒形罐（图一，15）周身也饰鱼鳞纹，二者相比，T23②：2腹壁略直，但无论从器形特点还是从纹饰风格上看二者都很相似。由此看来，二道梁遗址的F5、F11、第1层和第2层等单位，年代应该与牛河梁二组相当。

第二，二道梁H151：1筒形罐（图四，2）与西水泉F13：31筒形罐（图三，34）造型特点相似，皆为微敛口，微鼓腹，腹最大径偏上，口沿下饰指甲形的戳印纹，腹部饰横压竖排弧线之字纹。二道梁H82：1钵（图四，16）敛口，浅腹，小平底，与三道湾子H1：1（图四，17）极为相像。因此，二道梁遗址H151和H82这两个单位的年代应与牛河梁一组同时。

（三）四棱山遗址

四棱山遗址位于内蒙古敖汉旗白斯朗营子村南的四棱山下。1973年发掘，发掘面积近300万平方米，发现窑址6座（编号Y1～Y6）。出土陶器主要器型有罐、钵、盆、碗、瓮、器座、器盖、斜口器、船形器等[23]。

四棱山T4：1筒形罐（图四，8）周身饰划纹，口沿下饰指甲形压纹一周，无论从纹饰还是从造型风格上看都与西水泉一组的T21②：19（图三，35）筒形罐相似。四棱山Y1：3（图四，14）与三道湾子H1：13（图四，13）均为斜壁敞口碗，二者器型非常相似。因此，四棱山遗址 T4、Y1两个单位出土的陶器年代应与牛河梁一组和西水泉一组相当。

（四）转山子遗址

内蒙古赤峰市巴林右旗查干诺尔苏木位于西拉木伦河北岸，山间为大片平坦开阔的草原。1997年7月，内蒙古文物考古研究所等对该地进行了调查[24]，发现了一些遗址，其中转山子遗址F1出土遗物较丰富，文化属性较单一，为红山文化的遗存。

转山子F1出土的筒形罐F1：22（图四，10）与牛河梁一组H41：4筒形罐（图一，26）均为圆唇，敞口，器底部造型风格非常相似，而且器身都装饰竖压横排的之字

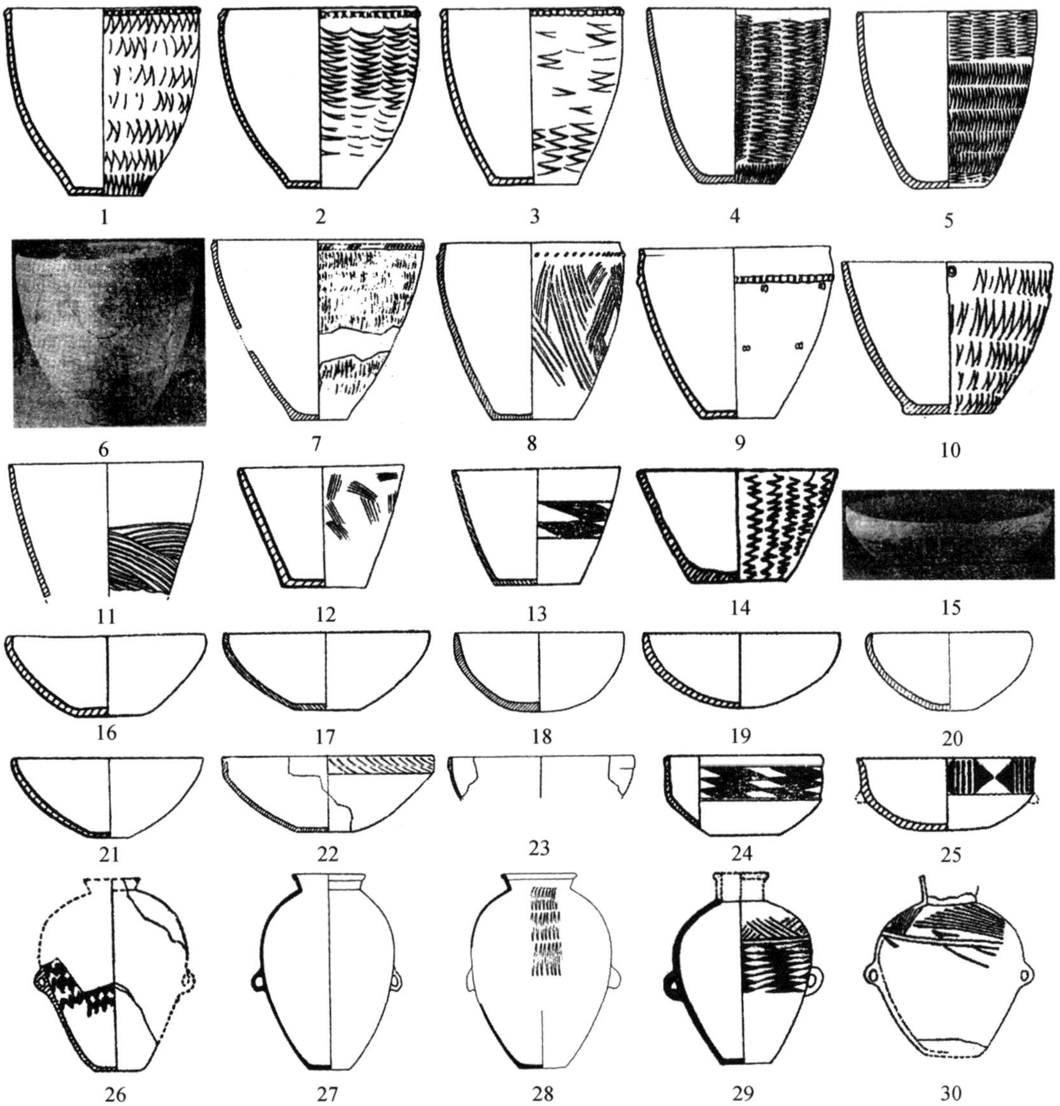

图四　其他遗址出土的红山文化第一阶段陶器

1～11. 筒形罐（白音长汗BF58②：1、二道梁H151：1、白音长汗BH75：1、兴隆洼F133、小东山F2：9、兴隆洼F106④：15、小东山F10：1、四棱山T4：1、白音长汗AH53：15、转山子F1：22、小东山F2：11）　12～14. 敞口碗（白音长汗AH53：16、三道湾子H1：13、四棱山Y1：3）　15～25. 钵（兴隆洼F106④：13、二道梁H82：1、三道湾子H1：1、兴隆洼F133、小东山H42：13、四棱山Y1：1、白音长汗BT306②：2、三道湾子H1：4、转山子F1：20、三道湾子H1：12、小东山H43：1）　26～30. 壶（三道湾子H1：16，红山后Fig. 34a、Fig. 42，72，那斯台图四，1，西水泉H2：21）

纹。另外，转山子F1：20陶钵（图四，23）圆唇，口微敛，口沿部分也与牛河梁一组的H16：1（图一，20）口沿造型风格相似。因此，转山子遗址F1的年代应与牛河梁一组相当。

（五）兴隆洼遗址F133和F106

兴隆洼遗址位于赤峰市敖汉旗宝国吐乡[25]。该遗址分两区，A区出土的遗存属兴隆洼文化，为该遗址的主要遗存。B区为红山文化遗址，所见遗存数量较少。该遗址的红山文化遗存主要以F133和F106为代表。

兴隆洼F133出土的筒形罐（图四，4）周身饰横压竖排之字纹，近底部饰竖压的之字纹，无论从纹饰还是造型风格上看都与西水泉一组的F13：10筒形罐（图三，32）极为相像。另外，兴隆洼F133出土的陶钵（图四，18）也与牛河梁一组四棱山遗址Y1：1（图四，20）造型近似。兴隆洼F106④：15筒形罐（图四，6）腹微鼓，最大腹径偏上，小平底，表面饰压印之字纹，与西水泉一组F13：31（图三，34）以及二道梁H151：1筒形罐（图四，2）整体造型如出一辙。另外，F106④：13钵（图四，15）敛口，浅腹，整体形态与牛河梁一组的二道梁H82：1钵（图四，16）十分相似。

据此可认为，兴隆洼遗址F133和F106的年代应与牛河梁一组和西水泉一组相当。

（六）查日斯台遗址

查日斯台遗址位于内蒙古赤峰市巴林右旗，遗址所在台地呈北高南低的斜坡状，由于多年风沙侵蚀，水土流失严重，文化层受到破坏和扰乱。陶片、石器、蚌器等暴露在台地上。1988年，巴林右旗博物馆对该遗址进行了调查[26]。遗址内先后采集和征集到的遗物有陶器、石器和玉器。

查日斯台敛口钵（图五，25）敛口，上折腹，口肩部造型与牛河梁二组的二道梁T32②：1折肩钵（图五，19）十分相近，二者均为敛口，折腹。故查日斯台遗址同二道梁第2层一样可以归入牛河梁二组。

（七）南台子遗址

南台子遗址位于内蒙古赤峰市克什克腾旗经棚镇唐五地村北约400米一处向东凸出的台地上。1991年5～7月，内蒙古文物考古研究所进行了抢救性发掘，发掘面积3000平方米[27]。所发现的红山文化遗迹有房址1座、灰坑30个、墓葬13座。发表器物较少，其中，M13公布的筒形罐（图五，2）敛口，圆唇，弧壁，最大腹径偏中上，口沿下饰横压竖排弧线之字纹，与属于牛河梁二组的二道梁遗址F11：1筒形罐（图五，7）整体造型相似。因此，南台子M13的年代应与牛河梁二组年代相当。

（八）大沁他拉遗址

大沁他拉遗址是朱凤瀚先生于1974年在奈曼旗大沁他拉地区发现的新石器时代遗

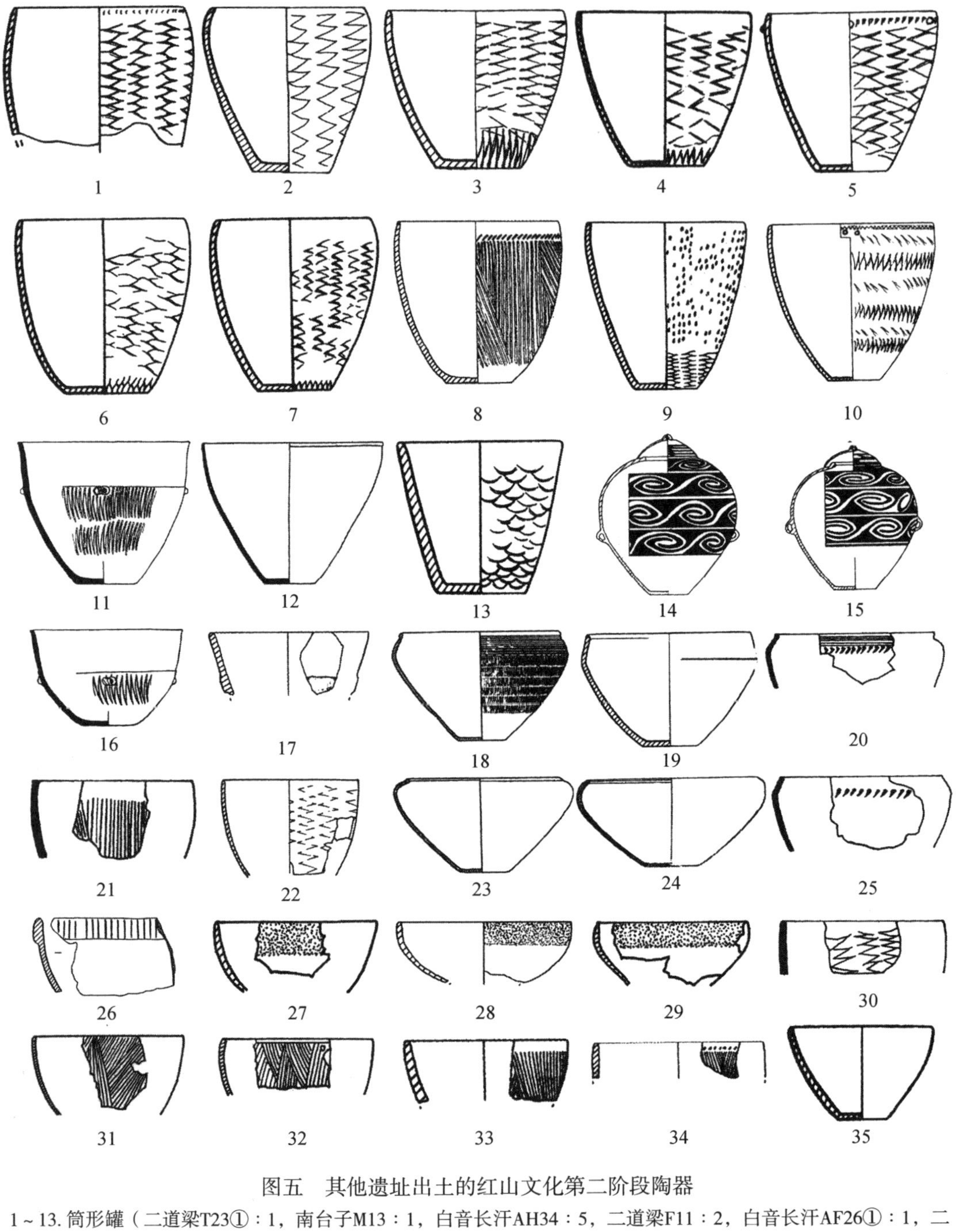

图五　其他遗址出土的红山文化第二阶段陶器

1～13. 筒形罐（二道梁T23①：1，南台子M13：1，白音长汗AH34：5，二道梁F11：2，白音长汗AF26①：1，二道梁F5：1、F11：1，小东山F7①：1，二道梁F5：2，白音长汗BF2①：2，红山后Fig. 43，5、Fig. 43，3，二道梁T23②：2）　14、15. 彩陶罐（牛河梁第二地点四号冢Z4M6、Z4M5）　16、17. 束颈罐（红山后Fig. 43，9，小东山H24：8）　18～20. 折肩罐（牛河梁女神庙H3：2、二道梁T32②：1、查日斯台采集）　21、22、26～34. 盆（查日斯台采集，大沁他拉F14：07，白音长汗AH34：1，大沁他拉F14：06，小东山H35：2，大沁他拉F14：04，查日斯台采集，大沁他拉W3：015、W9：03，小东山H40：2、H40：3）　23～25. 敛口钵（牛河梁女神庙H3：3、那斯台图五，1、查日斯台采集）　35. 罐（二道梁T24①：2）

址，1975年又进行了复查[28]。所得陶器大部分为残片，其中能复原和辨认出器型的有47件。按陶质可分为夹砂灰褐陶、夹砂红褐陶、泥质红陶、泥质灰陶、泥质红褐陶和泥质灰褐陶等六种。陶器器型主要有罐、盆，并有少数钵、瓮。

大沁他拉W9：03盆（图五，32）与W3：015（图五，31）均为直口，深腹，整体造型相似，而且二者周身都饰交错的划纹，风格相近。F14：04盆（图五，29）与F17：06盆（图五，27）均为微内敛口，弧状腹，口沿部都饰红色宽带，二者整体风格相似。另外，F14：07盆（图五，22）在器物整体造型上与W3：015（图五，31）也较为相似。故此，W9、W3、F14、F17等单位可以归为同一组。其中，W9：03盆（图五，32）直口，深腹，整体造型与牛河梁二组查日斯台遗址中的盆十分相近（图五，30），而且W3：015（图五，31）周身所饰划纹风格在查日斯台遗址中也可以见到（图五，21）。

因此，大沁他拉遗址的W9、W3、F14、F17等单位的年代大体应与牛河梁二组所处年代相当。

（九）胡头沟遗址

1973年夏，在辽宁阜新蒙古族自治县胡头沟村发现一座被河水冲蚀的石棺墓。阜新市文化局、辽宁省博物馆文物队于当年7月清理了该墓[29]。在墓上揭露出一个大石围圈和排列有序的彩陶筒形器群，还在南侧清理了另一座随葬玉器的多室石棺墓。共发现彩陶筒形器11件，都为泥质红陶，手制，壁较厚，外壁经刮削和压光，内壁略加抹平修整。形制基本相同，为直筒状，厚圆唇，折沿或沿稍卷，中腹外凸，无底。口沿下纹饰以压印的平行条带纹为主，还有斜平行线纹、网格纹和单勾连涡纹。彩绘图案有单勾连涡纹、垂环纹和平行宽带纹等。

胡头沟遗址与玉器共出的有两件彩陶筒形器，其中的筒5（图六，19）上半部饰平行线纹加单勾连涡纹，与牛河梁第三组Z2M2：4（图一，1）、Z1：9（图一，2）以及城子山组T1②：4（图二，5）、T4②：25（图二，10）所饰的平行线纹加单勾连涡纹如出一辙。类似的纹饰在胡头沟遗址中多有发现（图六，17）。另外，筒11（图六，22）所表现出来的平行线纹加条带纹也可以在牛河梁三组找到类似的纹饰风格。所以，胡头沟遗址以筒5和筒11为代表的单位的年代应与牛河梁三组同时。

（十）蜘蛛山遗址

蜘蛛山遗址位于赤峰市区北部边缘阴河与锡伯河交汇处，英金河南岸的一个山岗上。1963年夏，中国社会科学院考古研究所等对该遗址进行了发掘[30]。在红山文化层中没有发现遗迹，出土了一些陶片和少量完整器物。分为泥质红陶、夹砂粗褐陶和泥质灰陶三种。器型有钵和罐等。

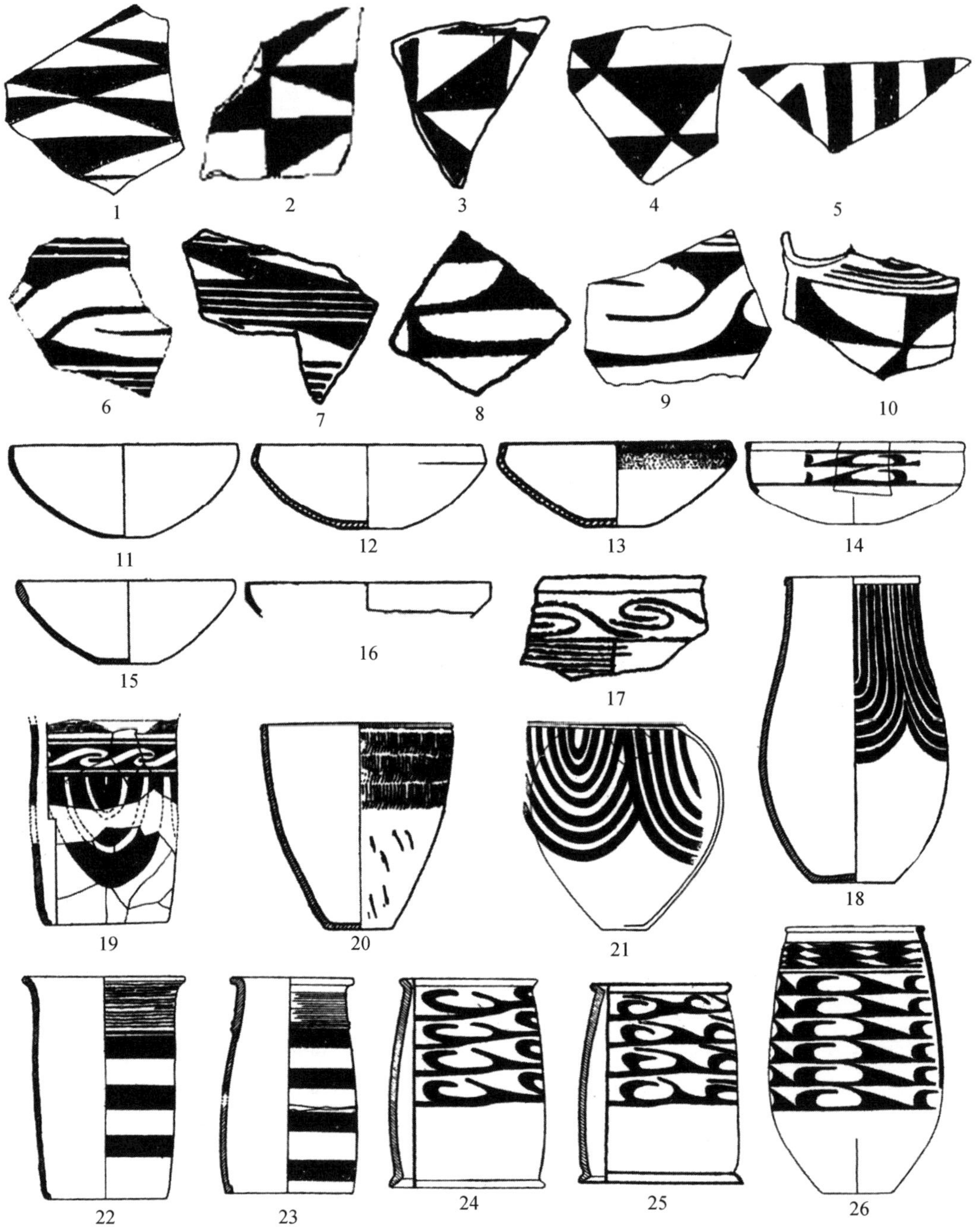

图六　其他遗址出土的红山文化第三阶段陶器

1～10、17. 彩陶纹饰（东山嘴D9②：14，女神庙东坡采集，牛河梁女神庙H2：2，东山嘴TE9②：14、E10②：11，女神庙东坡采集，牛河梁女神庙H2：1，胡头沟采集、筒5，东山嘴C2②：6，胡头沟采集）11～16. 钵（蜘蛛山T1③：46、白音长汗AH16：5、二道梁T23①：3、红山后Fig. 40，34、牛河梁女神庙H1：2、蜘蛛山T1③：76）　18、20、21. 罐（蜘蛛山T1③：47、牛河梁女神庙H1：1、红山后Fig. 35，3）　19、22～26. 彩陶筒形器（胡头沟筒5、筒11，东山嘴TE8②：7，城子山T3③：5、T3③：6，红山后Fig. 42，68）

蜘蛛山T1③：47（图六，18）所饰垂环纹与胡头沟的筒5（图六，19）下半部所饰垂环纹无论从饰纹手法还是从造型风格上看都非常相近。可以推断，蜘蛛山遗址的年代应与牛河梁三组相当。

（十一）牛河梁遗址第一地点和第二地点

已发掘的“女神庙”和积石冢所在地分别编号NⅠ和NⅡ。NⅠ即“女神庙”所在地，位于牛河梁主梁北山丘顶。NⅡ即积石冢墓地，北距NⅠ900米，发现了自西向东排列的六个遗迹单元，性质明确的为四冢一坛。其中在四号冢的M5～M7内发现了彩陶罐、陶钵和无底筒形器。彩陶罐均为泥质红陶，轮制。敛口，圆唇，广肩，鼓腹，腹上有对称的竖桥状耳、小平底。周身饰多组双勾连涡纹。在“女神庙”南部发现一个灰坑（NⅠH1），内含遗物较丰富，有陶器、石器和兽骨等。陶器分泥质、夹砂两类。以褐陶和黑陶居多，红陶较少。纹饰有之字纹、附加堆纹和彩陶等。在NⅠ和NⅡ之间的松林里还发现了2座灰坑（H2、H3），出土了一些陶器和彩陶片。

其一，牛河梁“女神庙”遗址H3：2折肩罐（图五，18）夹砂黑褐陶，广口，折肩，小平底，口至肩部饰划弦纹多道，肩至下腹饰之字纹。其口肩部造型与查日斯台采集的折肩罐（图五，20）非常相近。牛河梁第二地点四号冢M5和M6发现的彩陶罐（图五，15、14）饰多组双勾连涡纹，与牛河梁二组的JK1：1（图一，16）所饰彩陶风格完全相同。因此，牛河梁“女神庙”H3以及第二地点四号冢M5和M6这三个单位所处年代应与牛河梁二组同时。

其二，牛河梁“女神庙”平台东坡采集以及H2出土的三角形纹（图六，2、3）和平行线加条带纹（图六，7）均与牛河梁三组和城子山组的同类纹饰风格相同（图一，4、图二，2、7、1）。“女神庙”H1：2钵（图六，15）圆唇，口微敛，小平底，与蜘蛛山遗址T1③：46钵（图六，11）造型相当。因此，牛河梁“女神庙”H1和H2这两个单位所处年代应与牛河梁三组同时。

（十二）东山嘴遗址

东山嘴遗址隶属于辽宁喀左县，位于南大凌河西岸东山嘴村北的一个山梁上。1979年发现该遗址，1982年春，辽宁省博物馆文物队再次发掘[31]。两次发掘面积2250平方米。主要的发现有石砌建筑基址、房址、人骨架以及陶、石、骨器、泥塑人像和玉饰品等。其中陶器约占全部遗物的90%，完整器较少，泥质红陶数量最多，次为夹砂灰褐陶和夹砂红陶，磨光泥质黑陶和泥质灰陶亦有一定数量。纹饰以压印之字纹和压印平行条纹为主。彩陶纹饰有三角形纹、单勾连涡纹和平行宽带纹等。器类以钵盆类、瓮罐类为主，还有杯、瓶形器、圈足盘、豆、器盖等。

东山嘴D9第2层（图六，1）和E9第2层（图六，4）都出土有叠压的三角纹饰，同牛河梁三组出土的叠压的三角纹（图一，4、图二，2、7）别无二致。东山嘴TE8②:7彩陶筒形器（图六，23）上部饰平行线纹，下部饰平行宽带纹，与属于牛河梁三组的胡头沟遗址筒11（图六，22）纹饰风格一致。东山嘴C2②：6（图六，10）彩陶片的纹饰特征与胡头沟遗址彩陶片（图六，8）纹饰特征相同。东山嘴E10②：11平行宽带纹（图六，5）风格与胡头沟筒11（图六，22）纹饰风格如出一辙。因此，我们可以归纳，东山嘴遗址的D9第2层、E9第2层、TE8第2层、D8第2层、C2第2层、E10第2层等单位的年代范畴都应与牛河梁三组的年代一致。

（十三）白音长汗遗址

白音长汗遗址位于内蒙古东南部赤峰市林西县最南端，西拉木伦河北岸的白音长汗村西南约500米的一列山岗上。1987年，内蒙古自治区文物考古研究所、赤峰市博物馆和林西县文物管理所对该遗址进行了调查。并分别于1988年、1989年和1991年进行了三次发掘[32]。三次共清理发掘7264.3平方米。遗址分为南北两个聚居区，发掘者将北区编为A区，南区编为B区。并把白音长汗遗址分为五期七类遗存，其中的第四期遗存即为红山文化遗存。

白音长汗遗址的红山文化遗迹包括房址17座、灰坑34个、墓葬6座。出土陶器分为夹砂和泥质两类。夹砂陶陶色不纯正，器表以褐色为主，另有少量红色和黑色。泥质陶多为褐色。陶器纹饰多样，有之字纹、划纹、附加堆纹、乳钉纹、指甲纹、凹弦纹、短线纹、窝纹、编织纹等。彩陶图案有平行竖线、横线和平行弧线纹等。

首先，白音长汗AH16：5钵（图六，12）从口沿风格和整体造型上看与二道梁T23①：3（图六，13）风格非常相似。据此可以推知白音长汗遗址AH16这个单位的年代应与牛河梁三组同时。

其次，白音长汗BF2①：2筒形罐（图五，10）大口，平底，腹最大径靠上，下腹壁急收，腹部饰弧线之字纹，与二道梁F5：2筒形罐（图五，9）均为整体瘦高风格，前者腹壁略弧，后者腹壁略直，二者当属同型筒形罐的两个不同亚型。白音长汗AH34：5（图五，3）、AF26①：1（图五，5）筒形罐均为圆唇，上腹微外凸，下腹斜收，周身饰横压竖排之字纹，造型风格非常相似。其中，AH34：5筒形罐（图五，3）与牛河梁二组的二道梁遗址F11：2筒形罐（图五，4）极为相似，而且AH34：1盆口沿残片（图五，26）的造型特征以及所饰的平行条带纹与西水泉二组西水泉遗址T24①：30（图三，7）和 F17：19（图三，8）口沿残片的造型特征和纹饰风格也非常相近。因此，白音长汗遗址的BF2第1层、AF26第1层、AH34等单位的年代应与牛河梁二组和西水泉二组年代相当。

最后，白音长汗BF58②：1筒形罐（图四，1）上腹较直，下腹微收，口底径相差较大，饰之字纹，与西水泉一组的二道梁遗址H151：1筒形罐（图四，2）十分相像。白音长汗AH53：16（图四，12）与牛河梁一组三道湾子H1：13斜壁敞口碗（图四，13）整体形态如出一辙。白音长汗BT306②：2钵（图四，21）与三道湾子H1：1钵（图四，17）均为敛口，平底，整体造型也基本相当。所以，白音长汗遗址BF58第2层、BT306第2层、AH53等单位应归入牛河梁一组和西水泉一组的年代范畴。

（十四）红山后遗址

1935年，日本人滨田耕作对赤峰红山后遗址进行了发掘，1938年发表正式报告[33]。此报告中的“赤峰第一期文化——彩陶文化”即后来所称的“红山文化”。

第一，红山后Fig.34a壶（图四，27）小口，双耳，鼓腹，平底，整体造型与三道湾子H1：16（图四，26）如出一辙。Fig.42，72壶（图四，28）器身饰竖压横排之字纹，整体造型也与红山后Fig.34a、三道湾子H1：16几乎一样。所以，这两个单位的年代应与牛河梁一组同时。

第二，红山后遗址Fig.43，3大口罐（图五，12），大敞口，斜直腹，小平底，与牛河梁二组的筒形罐（图一，13）造型相当。红山后Fig.43，5（图五，11）口略敞，斜弧腹，平底，器身饰竖压横排的之字纹，无论从造型还是纹饰上看都和牛河梁二组ZCZ1：5（图一，12）有异曲同工之妙。红山后Fig.43，9（图五，16）侈口，束颈，斜直腹，小平底，器身饰竖压横排的之字纹，在纹饰和器物造型上都和牛河梁二组ZCZ1：2（图一，8）相近。因此，红山后遗址的Fig.43，3、Fig.43，5、Fig.43，9等三件器物应归入牛河梁二组的年代范畴。

第三，红山后遗址Fig.40，34钵（图六，14）器身所饰彩陶图案与牛河梁三组的城子山T3③：5和T3③：6彩陶筒形器（图六，24、25）上所饰纹饰如出一辙。Fig.35，3罐（图六，21）上所饰垂环纹与牛河梁三组的胡头沟筒5（图六，19）以及蜘蛛山T1③：47罐（图六，18）上所饰垂环纹别无二致。Fig.42，68彩陶筒形器（图六，26）上所饰纹饰与城子山T3③：5（图六，24）、T3③：6（图六，25）上的纹饰也非常相似。由此可见，红山后遗址以Fig.40，28、Fig.40，34、Fig.35，3、Fig.42，68为代表的单位的年代应与牛河梁三组的年代相当。

（十五）那斯台遗址

那斯台遗址位于西拉木伦河支流查干木伦河西岸的高台地上，南距西拉木伦河约14千米[34]。该遗址所公布陶器均为采集所得。存在大量之字纹陶器，器物、器型以及纹饰同赤峰红山后遗址发现的十分相近。

那斯台遗址壶（图四，29）的整体器型以及所饰划纹与西水泉一组的西水泉遗址H2：21壶（图四，30）非常相似。同时，其器表所饰菱形纹与牛河梁一组的三道湾子遗址H1：12（图四，24）一致。所以，那斯台遗址以壶为代表的单位所处年代应与牛河梁一组和西水泉一组同时。

那斯台遗址出土的敛口钵（图五，24）造型风格与牛河梁二组的牛河梁女神庙H3：3（图五，23）非常相近。因此，那斯台遗址以敛口钵为代表的单位年代应与牛河梁二组年代相当。

（十六）小东山遗址

小东山遗址位于朝阳县柳城镇腰而营子村东约2千米的一处高敞台地上。辽宁省文物考古研究所等单位于2000年6月对该遗址进行了发掘，发掘总面积为850平方米。该遗址第3层及第2层下诸遗迹单位为新石器时代红山文化遗存。研究表明，该遗址的红山文化遗存大致可分为早、晚两期[35]。

其一，属于小东山红山文化早期的F10：1筒形罐（图四，7）敞口，弧腹，口大底小，整体造型与西水泉一组F13：7筒形罐（图三，33）如出一辙。小东山红山文化早期F2：9筒形罐（图四，5）上部饰横压之字纹，下部饰竖压之字纹，无论从纹饰还是从器物造型上看都与西水泉一组F13：10筒形罐（图三，32）、兴隆洼F133筒形罐（图四，4）极为相似。小东山红山文化早期F2：11筒形罐（图四，11）也与西水泉一组F13：30筒形罐（图三，31）风格大体相当。小东山H43：1钵（图四，25）直口，折腹，平底，饰彩绘，与三道湾子H1：12（图四，24）相似，都应属于牛河梁一组这一时期。

其二，属于小东山红山文化晚期的F7①：1筒形罐（图五，8）器表饰刻划纹，纹饰和造型风格与西水泉二组T25①：13、F17：4罐（图三，11、17）大体相当。小东山红山文化晚期的H40：2、H40：3盆（图五，33、34）直口，深腹，饰刻划纹，从纹饰特征和器物形态上看，与属于牛河梁二组的同类器物（图五，30、31）非常相似。小东山红山文化晚期的H24：8罐（图五，17）侈口，束颈，斜直腹，小平底，与牛河梁二组红山后遗址的同类器（图五，16）造型风格一致。

由此可见，小东山遗址红山文化早、晚期所处的年代应分别与牛河梁一、二组相当。

三、红山文化的阶段划分与年代判定

（一）阶段划分

综合以上分析，以牛河梁遗址第五地点和西水泉遗址两处有层位关系的遗址材料分组研究为基础，通过对其他遗址出土陶器的比较和分析，现可将红山文化自早至晚划分为三个大的发展阶段。

第一阶段：以牛河梁一组和西水泉一组为代表，另包括小东山遗址红山文化早期单位，三道湾子遗址H1，二道梁遗址H151和H82，四棱山遗址T4和Y1，转山子遗址F1，兴隆洼遗址F133和F106，红山后遗址Fig.34a和Fig.42，7，那斯台遗址以壶为代表的单位，以及白音长汗遗址BF58第2层、BT306第2层和AH53。

第二阶段：以牛河梁二组和西水泉二组为代表，另包括小东山遗址红山文化晚期单位，南台子遗址M13，四棱山遗址Y2，二道梁遗址F5、F11、第1层和第2层，大沁他拉遗址W3、W9、F14和F17，牛河梁第一、第二地点H3、M5和M6，赤峰红山后以Fig.43，3、Fig.43，5和Fig.43，9为代表的单位，查日斯台遗址以折肩钵为代表的单位，那斯台遗址以敛口钵为代表的单位，白音长汗遗址BF2第1层、AF26第1层和AH34。

第三阶段：以牛河梁三组和城子山组为代表，另包括蜘蛛山遗址T1第3层，胡头沟遗址以筒5和筒11为代表的单位，牛河梁第一地点H1和H2，白音长汗遗址AH16，红山后遗址Fig.40，34、Fig.35，3、Fig.42，68，以及东山嘴遗址D9第2层、E9第2层、TE8第2层、D8第2层、C2第2层、E10第2层等单位。

以上三个阶段的代表材料可归纳如表一。

表一 红山文化三个发展阶段代表材料一览表

遗址 阶段	牛河梁	西水泉	小东山	其他遗址
第三阶段	第三组及城子山组			蜘蛛山遗址T1第3层，胡头沟遗址以筒5和筒11为代表的单位，牛河梁第一地点H1和H2，白音长汗遗址AH16，红山后遗址Fig.40，34、Fig.35：3，Fig.42，68，东山嘴遗址D9第2层、E9第2层、TE8第2层、D8第2层、C2第2层、E10第2层
第二阶段	第二组	第二组	晚期单位	南台子遗址M13，四棱山遗址Y2，二道梁遗址F5、F11、第1层、第2层，大沁他拉遗址W3、W9、F14、F17，牛河梁第一、第二地点H3、M5、M6，赤峰红山后Fig.43，3、Fig.43，5、Fig.43，9，查日斯台遗址以折肩钵为代表的单位，那斯台遗址以敛口大钵为代表的单位，白音长汗遗址BF2第1层、AF26第1层、AH34
第一阶段	第一组	第一组	早期单位	三道湾子遗址H1，二道梁遗址H151和H82，四棱山遗址T4和Y1，转山子遗址F1，兴隆洼遗址F133和F106，红山后遗址Fig.34a、Fig.42，7，那斯台遗址以壶为代表的单位，白音长汗遗址BF58第2层、BT306第2层、AH53

在完成了红山文化各遗址内部单位分组和各遗址之间合组为段研究的基础上，选择一至三段数量较多的、有代表性的几种典型陶器进行型式学分析，可将红山文化各遗址出土的几种典型陶器的型式关系和演化序列分别排成图七和图八。

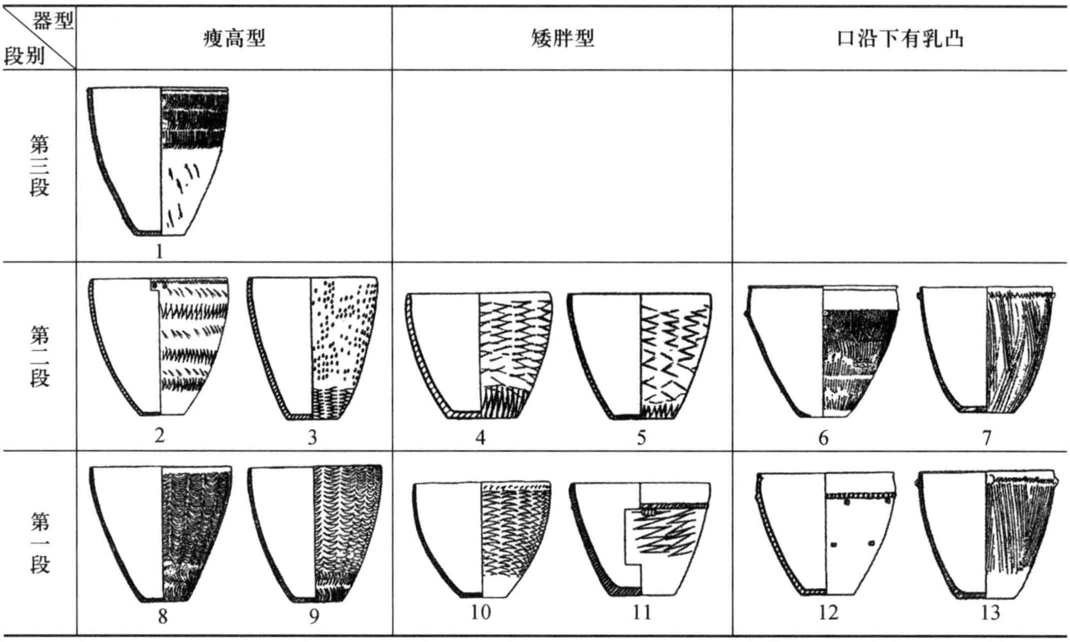

图七　红山文化典型陶器形式比较与分段（筒形罐类）

1. 牛河梁女神庙（H1：1）　2、4、12. 白音长汗（BF2①：2、AH34：5、AH53：15）
3、5. 二道梁（F5：2、F11：2）　6～10、13. 西水泉（T7①：10、T25①：3、F13：7、F13：10、F13：31、T21②：19）　11. 牛河梁第五地点下层（H21：1）

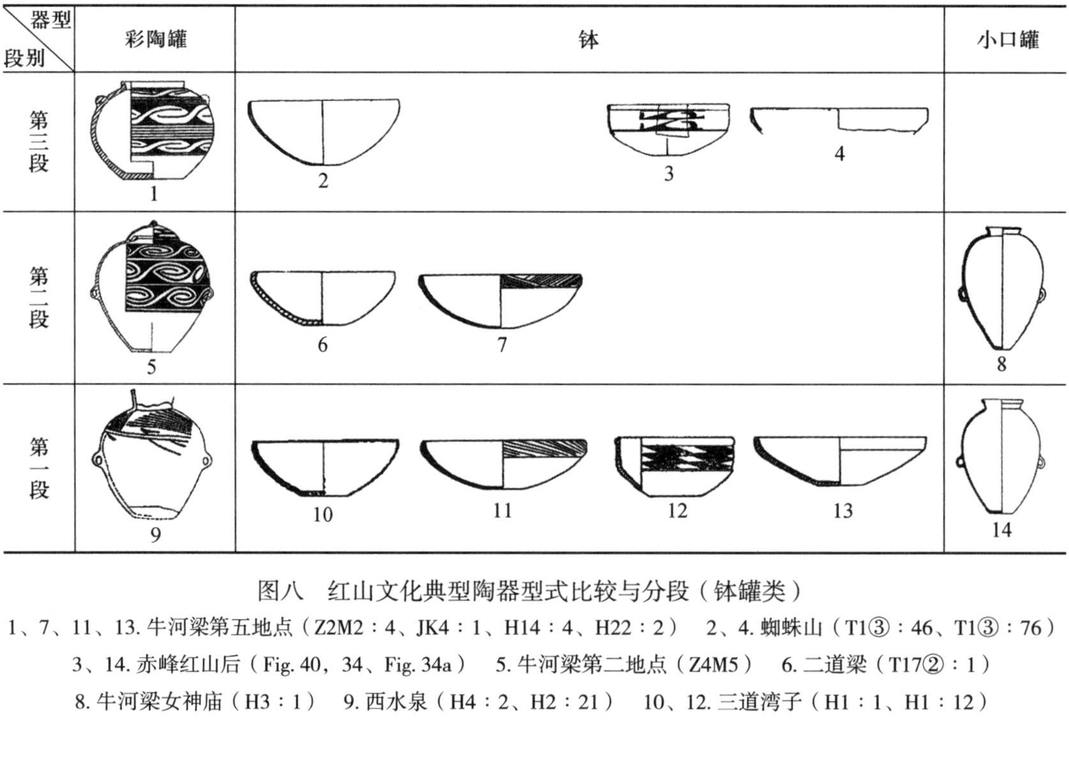

图八　红山文化典型陶器型式比较与分段（钵罐类）

1、7、11、13. 牛河梁第五地点（Z2M2：4、JK4：1、H14：4、H22：2）　2、4. 蜘蛛山（T1③：46、T1③：76）
3、14. 赤峰红山后（Fig. 40，34、Fig. 34a）　5. 牛河梁第二地点（Z4M5）　6. 二道梁（T17②：1）
8. 牛河梁女神庙（H3：1）　9. 西水泉（H4：2、H2：21）　10、12. 三道湾子（H1：1、H1：12）

（二）年代判定

属于红山文化第一阶段的西水泉遗址H2：21壶（图九，2）与后岗一期文化四十里坡遗址下层H8出土的壶（图九，7）均为小口，双耳，鼓腹，平底，器物的整体造型十分相近。红山文化西水泉遗址T7②：20钵（图九，1）与后岗一期文化后岗遗址TB2④：7钵（图九，8）相比，不仅在造型上十分相似，而且口部饰黑色彩带的风格也完全相同。红山文化红山后遗址Fig.34b钵与半坡文化北首岭遗址77M8：8在造型上几乎没有大的区别（图九，3、10）。红山文化四棱山遗址Y1：1钵（图九，4），素面，口内敛，形制与半坡文化半坡遗址I2a号素面敛口钵（图九，9）完全一致。另外，三道湾子H1：13斜壁敞口红顶碗（图九，5）、四棱山Y1：3之字形纹碗（图九，6）形态与半坡文化半坡遗址XⅣ、Ⅲ9b号陶碗（图九，11、12）如出一辙。通过以上比较，我们有理由认为，红山文化第一阶段的年代应该与仰韶时代早期的半坡文化和后岗一期文化相当。已有的研究结果表明，半坡文化的绝对年代约为公元前4900～前4000年[36]，后岗一期文化的年代下限在公元前4000年左右[37]，因此红山文化第一阶段的年代应在公元前4000年以前。考虑到辽西地区早于红山文化的赵宝沟文化年代下限在公元前4500年左右，故可判定红山文化第一阶段的年代约在公元前4500～前4000年。

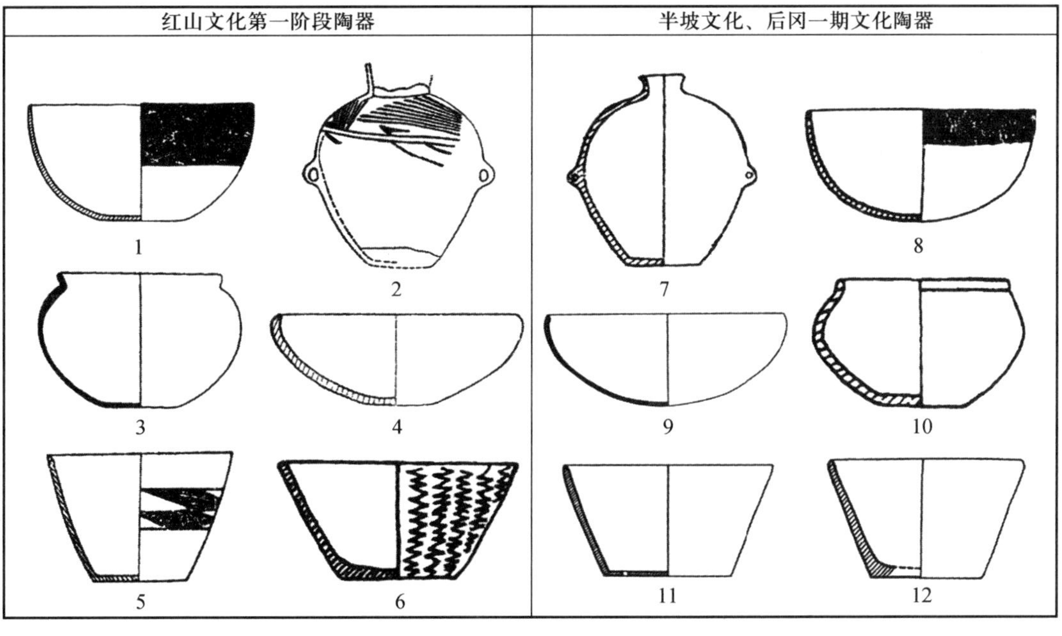

图九　红山文化第一阶段陶器与半坡文化、后冈一期文化陶器比较
1、3、4、8～10. 钵（西水泉T7②：20、红山后Fig. 34b、四棱山Y1：1、后岗TB2④：7、半坡Ⅰ2a、北首岭77M8：8）　2、7. 壶（西水泉H2：21、四十里坡下层H8）　5、6、11、12. 敞口碗（三道湾子H1：13、四棱山Y1：3、半坡XⅣ、半坡Ⅲ9b）

属于红山文化第二阶段的牛河梁遗址H3：2折肩罐（图一〇，1），广口，折肩，小平底，造型与庙底沟文化庙底沟遗址A9hT68：02折肩罐（图一〇，8）极为相似。那斯台遗址出土的敛口钵（图一〇，2）以及牛河梁H3：3敛口钵（图一〇，4）与庙底沟文化庙底沟遗址的B5aH325：11（图一〇，7）、B5dH203：50（图一〇，9）敛口钵相比，整体造型如出一辙。牛河梁H3：4圜底碗（图一〇，3）的形态也与庙底沟文化庙底沟遗址A4aH327：06圜底碗（图一〇，10）十分接近。牛河梁ZCZ1：1双耳罐（图一〇，5），尖圆唇，鼓腹，器身饰一周压印之字纹，器物整体造型风格与庙底沟文化庙底沟遗址A1H12：107（图一〇，12）较为接近。庙底沟文化庙底沟遗址A20bH2：19器座（图一〇，11），叠唇，侈口，束腰，在红山文化第二阶段中也可找到相近的器型（图一〇，6）。由以上器物形态比较可知，红山文化第二阶段的年代应与中原仰韶时代中期的庙底沟文化大体相当。由于庙底沟文化的年代为公元前4000～前3500年[38]，故红山文化第二阶段的年代也应与此相当。

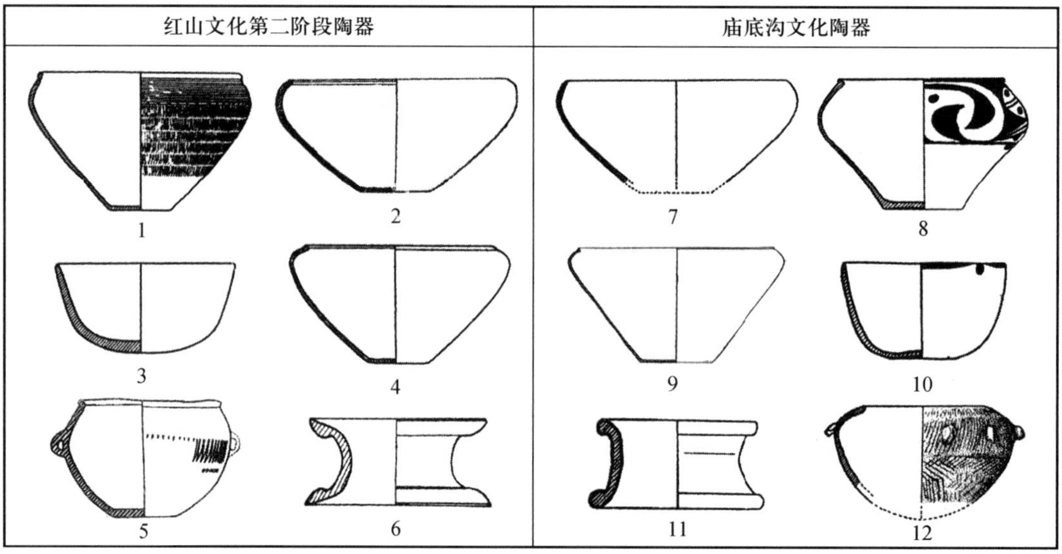

图一〇　红山文化第二阶段陶器与庙底沟文化陶器比较

1、8. 折肩罐（牛河梁H3：2、庙底沟A9hT68：02）　2、4、7、9. 敛口钵（那斯台图五，1，牛河梁H3：3，庙底沟B5aH325：11、B5dH203：50）　3、10. 圜底碗（牛河梁H3：4、庙底沟A4aH327：06）　5、12. 双耳罐（牛河梁ZCZ1：1、庙底沟A1H12：107）　6、11. 器座（四棱山Y2：7、庙底沟A20bH2：19）

属于红山文化第三阶段的彩陶，形式构图丰富多彩，在河套地区的庙子沟文化中也可以找到许多与其完全相似的彩陶图案。例如，城子山T4②：25（图一一，3）、胡头沟遗址原报告图四，2（无器物号）（图一一，4）和庙子沟文化海生不浪H34：12（图一一，9）、白泥窑子G1：17（图一一，10）等4件器物表面的彩陶图案均为平行线纹加单勾连涡纹，风格完全一致；东山嘴E9②：14（图一一，2）与庙子沟文化海生不浪F5：37（图一一，7）同为对顶的三角纹；胡头沟筒5（图一一，

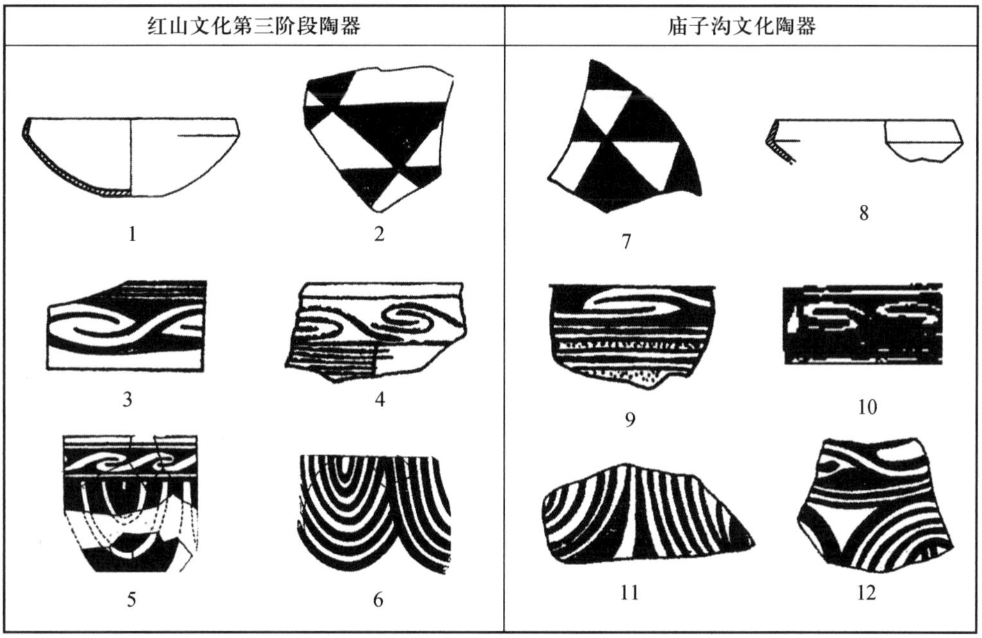

图一一 红山文化第三阶段陶器与庙子沟文化陶器比较

1、8. 钵（白音长汗AH16：5、海生不浪H29①：9） 2、7. 三角纹（东山嘴E9②：14、海生不浪F5：37） 3、4、9、10. 平行线纹加单勾连涡纹（城子山T4②：25、胡头沟图四，2、海生不浪H34：12、白泥窑子G1：17） 5、6、11、12. 垂环纹（胡头沟筒5、红山后Fig. 35，3、白泥窑子图五，3、7）

5）以及红山后Fig.35，3（图一一，6）等器物上所饰的垂环纹与庙子沟文化白泥窑子遗址原报告图五，3、7（图一一，11、12）两件器物上所饰垂环纹也颇为相似。而且，红山文化第三阶段的白音长汗遗址AH16：5钵（图一一，1）尖圆唇，上腹微折，同海生不浪遗址H29①：9（图一一，8）钵也非常相近。根据以上诸多相似因素，我们可推知红山文化第三阶段的年代应与河套地区属于仰韶时代晚期的庙子沟文化年代相当。由于庙子沟文化的年代大约在公元前3500～前3000年[39]，再结合红山文化晚期牛河梁遗址的^{14}C数据[40]，可以推定红山文化第三阶段的年代也应该在这个时间范畴之内。

综合以上研究，以地层学为基础，通过陶器之间的共存关系和形态比较分析，可将目前发表的红山文化材料自早至晚划分为三个大的发展阶段。

第一阶段：处于仰韶时代早期，年代与中原地区半坡文化晚期和后岗一期文化相当，约为公元前4500～前4000年。

第二阶段：处于仰韶时代中期，年代与中原地区的庙底沟文化相当，约为公元前4000～前3500年。

第三阶段：处于仰韶时代晚期，年代与河套地区的庙子沟文化相当，约为公元前3500～前3000年。

注　释

[1]　郭大顺、马沙：《以辽河流域为中心的新石器文化》，《考古学报》1985年4期。

[2]　高美璇、李恭笃：《辽宁凌源县三官甸子城子山红山文化遗存分期探索》，《考古》1986年6期。

[3]　杨虎：《关于红山文化的几个问题》，《庆祝苏秉琦考古五十五周年论文集》，文物出版社，1989年。

[4]　杨虎：《辽西地区新石器—铜石并用时代考古学文化序列与分期》，《文物》1994年5期。

[5]　朱延平：《辽西区新石器时代考古学文化纵横》，《内蒙古东部区考古学文化研究》，海洋出版社，1991年。

[6]　朱延平：《东北地区南部公元前三千纪初以远的新时期考古学文化编年、谱系及相关问题》，《考古学文化论集》（四），文物出版社，1997年。

[7]　张星德：《红山文化分期初探》，《考古》1991年8期；张星德:《紅山文化分期研究》，《東北アジア古代文化論叢》，北九洲中國書店，2008年。

[8]　赵宾福：《赵宝沟文化的分期与源流》，《中国考古学会第八次年会论文集·1991年》，文物出版社，1996年。

[9]　赵宾福：《红山文化研究历程及相关问题再认识》，《内蒙古大学学报（人文社会科学版）》2005年4期。

[10]　吕学明、朱达：《牛河梁红山文化墓葬分期及相关问题》，《玉魂国魄——中国古代玉器与传统文化学术讨论会文集》，北京燕山出版社，2002年。

[11]　索秀芬、李少兵：《牛河梁遗址红山文化遗存分期初探》，《考古》2007年10期。

[12]　陈国庆：《红山文化研究》，《华夏考古》2008年3期。

[13]　苏秉琦：《关于考古学文化的区系类型问题》，《文物》1981年5期。

[14]　辽宁省文物考古研究所：《辽宁牛河梁红山文化“女神庙”与积石冢群发掘简报》，《文物》1986年8期；辽宁省文物考古研究所华玉冰：《牛河梁女神庙平台东坡筒形器群遗存发掘简报》，《文物》1994年5期。

[15]　辽宁省文物考古研究所：《辽宁牛河梁红山文化“女神庙”与积石冢群发掘简报》，《文物》1986年8期；辽宁省文物考古研究所：《辽宁牛河梁第二地点一号冢21号墓发掘简报》，《文物》1997年8期；辽宁省文物考古研究所：《辽宁牛河梁第二地点四号冢筒形器墓的发掘》，《文物》1997年8期。

[16]　魏凡：《牛河梁红山文化第三地点积石冢石棺墓》，《辽海文物学刊》1994年1期。

[17]　辽宁省文物考古研究所：《辽宁凌源市牛河梁遗址第五地点1998～1999年度的发掘》，《考古》2001年8期；辽宁省文物考古研究所：《辽宁牛河梁第五地点一号冢中心大墓（M1）发

掘简报》，《文物》1997年8期。

[18] 朝阳市文化局、辽宁省文物考古研究所：《牛河梁遗址》，学苑出版社，2004年。

[19] 李恭笃：《辽宁凌源县三官甸子城子山遗址试掘报告》，《考古》1986年6期；朱达、王来柱：《牛河梁遗址第十六地点发掘获重大成果》，《中国文物报》2003年9月5日一版。

[20] 中国社会科学院考古研究所内蒙古工作队：《赤峰西水泉红山文化遗址》，《考古学报》1982年2期。

[21] 辽宁省博物馆、昭乌达盟文物工作站、敖汉旗文化馆：《辽宁敖汉旗小河沿三种原始文化的发现》，《文物》1977年12期。

[22] 内蒙古文物考古研究所：《巴林左旗友好村二道梁红山文化遗址发掘简报》，《内蒙古文物考古文集》（第一辑），中国大百科全书出版社，1994年。

[23] 辽宁省博物馆、昭乌达盟文物工作站、敖汉旗文化馆：《辽宁敖汉旗小河沿三种原始文化的发现》，《文物》1977年12期。

[24] 内蒙古文物考古研究所、赤峰市博物馆、巴林右旗博物馆等：《查干诺尔新时期时代遗址调查简报》，《内蒙古文物考古》2000年2期。

[25] 中国社会科学院考古研究所内蒙古工作队：《内蒙古敖汉旗兴隆洼遗址发掘简报》，《考古》1985年10期。

[26] 朝格巴图：《查日斯台遗址调查简报》，《内蒙古文物考古》2000年2期。

[27] 内蒙古文物考古研究所：《克什克腾旗南台子遗址发掘简报》，《内蒙古文物考古文集》（第一辑），中国大百科全书出版社，1994年。

[28] 朱凤瀚：《吉林奈曼旗大沁他拉新石器时代遗址调查》，《考古》1979年3期。

[29] 方殿春、刘葆华：《辽宁阜新县胡头沟红山文化玉器墓的发现》，《文物》1984年6期。

[30] 中国社会科学院考古研究所内蒙古工作队：《赤峰蜘蛛山遗址的发掘》，《考古学报》1979年2期。

[31] 郭大顺、张克举：《辽宁省喀左县东山嘴红山文化建筑群址发掘简报》，《文物》1984年11期。

[32] 内蒙古自治区文物考古研究所：《白音长汗——新石器时代遗址发掘报告》，科学出版社，2004年。

[33] 滨田耕作、水野清一：《赤峰红山后——热河省赤峰红山先史遗迹》，东亚考古学会，1938 年。

[34] 巴林右旗博物馆：《内蒙古巴林右旗那斯台遗址调查》，《考古》1987年6期。

[35] 赵宾福、薛振华：《辽宁朝阳小东山红山文化遗存的分期研究》，《东北史地》2011年6期。

[36] 严文明：《论半坡类型和庙底沟类型》，《考古与文物》1980年创刊号；赵宾福：《半坡文化研究》，《华夏考古》1992年2期。

［37］ 张忠培、乔梁：《后冈一期文化研究》，《考古学报》1992年3期。

［38］ 巩启明：《仰韶文化》，文物出版社，2002年。

［39］ 吉发习：《内蒙古托克托县新石器时代遗址调查》，《考古》1978年6期；汪宇平：《内蒙古清水河县白泥窑子村的新石器时代遗址》，《文物》1961年9期；魏坚，崔璇：《内蒙古中南部原始文化的发现与研究》，《内蒙古文物考古文集》（第一辑），中国大百科全书出版社，1994年；内蒙古文物考古研究所：《庙子沟与大坝沟》，中国大百科全书出版社，2003年。

［40］ 中国社会科学院考古研究所：《中国考古学中碳十四年代数据集（1965—1991）》，文物出版社，1992年，67页。

（原载《考古学报》2012年1期）

小河沿文化界说

小河沿文化，得名于1974年辽宁省博物馆等单位发掘的敖汉旗小河沿村南台地遗址[1]。此前开展的锦西沙锅屯遗址的发掘（1921年）[2]、赤峰红山后遗址的发掘（1935年）[3]和昭乌达盟石羊石虎山墓地的发掘（1960年）[4]虽也都出土了一些小河沿文化的遗物，但均没有被当成一种独立的文化遗存而加以区别。

南台地遗址发掘以后，小河沿文化的研究进入了一个新的阶段。30多年来不仅发现了一批新材料，提出了一些新认识，而且还就一些关键性问题展开了热烈的讨论。截至目前，较为突出的问题是在小河沿文化基本内涵和燕山南北两地同时期遗存的文化关系上，意见分歧最大。有的学者认为，小河沿文化主要分布在燕山以北的辽西地区，文化内涵仅限于以南台地等遗址为代表的遗存[5]。也有学者认为，燕山以南地区发现的雪山一期遗存、午方类型和中贾壁遗存，与燕山以北的小河沿文化应属于同一个考古学文化，其间的差异反映的仅仅是同一种考古学文化内部地域类型的不同[6]。持后一种观点的学者在文化命名问题上有的主张应统称为小河沿文化[7]，有的主张应统称为雪山一期文化[8]。最近又有学者认为，燕山以南地区有些遗存可以归入小河沿文化，有些遗存不能归入小河沿文化[9]。

纵观已有研究成果，不难发现人们对燕山南北两地出土的所谓小河沿文化遗存的认识多是基于宏观层面的讨论，而微观上的比对分析做得都很不够，因此很难形成一致性的意见或基本性的共识。为有助于这一问题的解决，笔者拟从逐一检讨燕山以北地区出土的小河沿文化各遗址材料和墓葬材料入手，总结和概括小河沿文化的基本特征组合，然后对燕山以南各相关遗存的分析和与燕山以北地区小河沿文化进行比较，最后界定小河沿文化的基本内涵和分布范围。

一、燕山以北小河沿文化遗存的分析

迄今为止，燕山以北地区经过正式发掘的小河沿文化遗址和墓地共有6处，分别为南台地遗址、白音长汗遗址、克什克腾旗上店遗址、大南沟墓地（包括石棚山墓地和老鹞窝梁墓地）、哈拉海沟墓地和石羊石虎山墓地（图一）。以下试就这6处遗址和墓地的材料逐一进行分析，并以此为基础总结和概括该地区小河沿文化的基本特征。

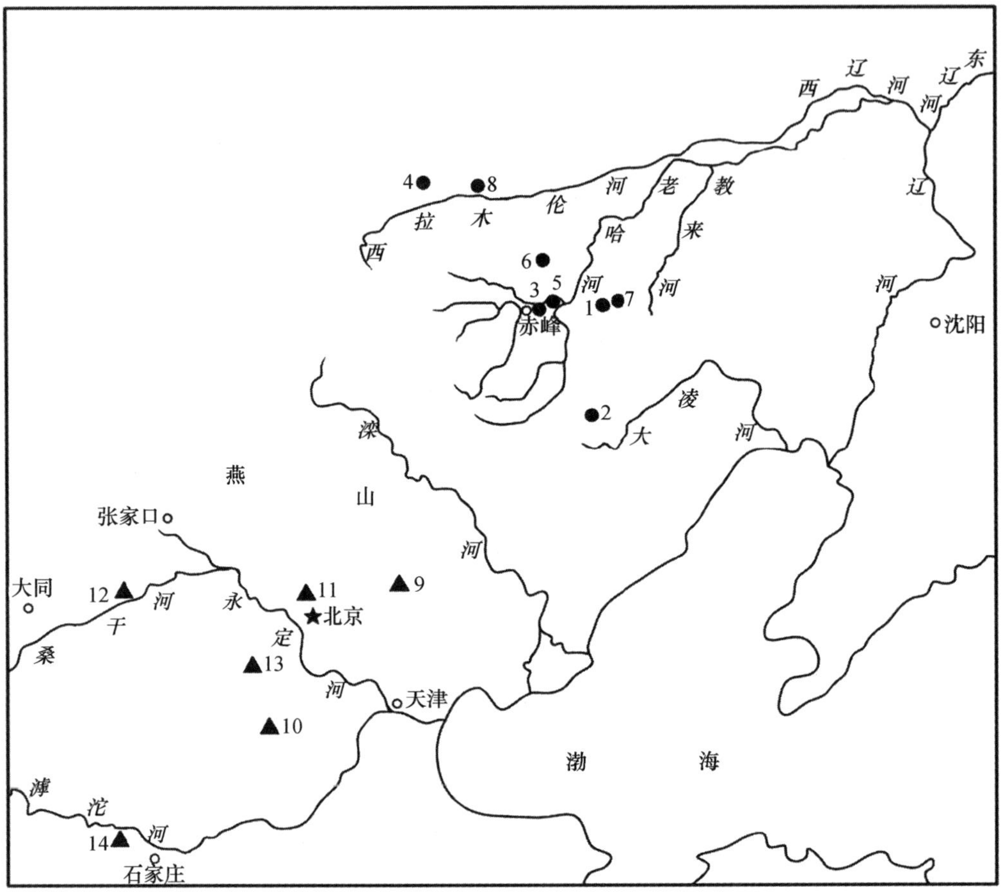

图一　燕山以北小河沿文化遗址分布及燕山以南相关遗存遗址分布示意图
1.南台地　2.辽宁建平乌楚路　3.赤峰红山后　4.克什克腾旗上店　5.赤峰哈喇海沟
6.大南沟　7.石羊石虎山　8.白音长汗　9.蓟县张家园　10.河北容城午方、上坡　11.昌平雪山
12.阳原姜家梁　13.镇江营　14.平山县中贾壁（●分布在燕山以北的小河沿文化遗址，
▲分布在燕山以南的相关遗存遗址）

1. 南台地遗址

1974年，辽宁省博物馆文物工作队联合昭乌达盟工作站与敖汉旗文化馆，对位于昭乌达盟敖汉旗小河沿公社的南台地遗址进行了首次发掘。此次发掘共清理出4座新石器时代半地穴式的房址和若干个大小不等的灰坑[10]。房屋分两种形制，一种呈圆形双室，另一种呈椭圆形。灰坑分布在房址周围，形状有圆形和椭圆形两种。出土陶器以夹砂褐陶为大宗，泥质陶数量很少。大多数陶器表面有纹饰，种类主要有拍印细绳纹、方格纹、编织纹和席纹，彩陶多为黑彩。陶器分罐、瓮、尊形器、器座、钵、豆、盘、猪狗头饰和纺轮等多种，其中筒形罐、双耳壶、尊形器和镂空豆的造型和装饰颇具特色。由于主持发掘的学者认为南台地遗址出土的遗物具有鲜明的自身特点（图二，A），因

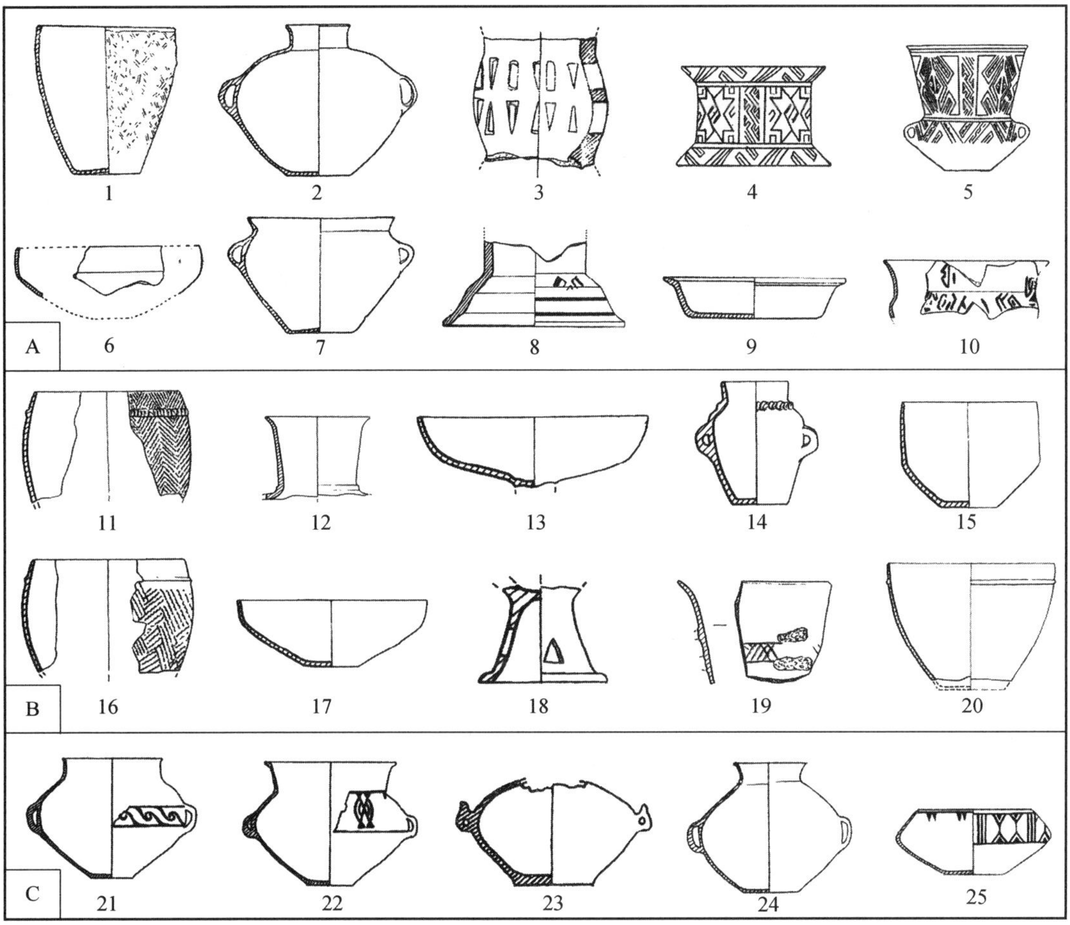

图二　燕山以北小河沿文化遗址出土陶器

A. 南台地遗址：1. 筒形罐（H16：1）　2. 双耳壶（F4：2）　3. 豆柄（H6：1）　4. 器座（F4：3）　5. 尊（F4：1）　6. 豆（F11：1）　7. 双耳罐（H16：2）　8. 豆座（T1：2）　9. 盘（F11：2）　10. 盆（F2：16）

B. 白音长汗遗址：11、16. 筒形罐（AT23②b：8、AT23②a：2）　12. 壶（领）（AH38：9）　13. 豆盘（AH38：10）　14. 双耳罐（AT39②a：11）　15、17. 钵（AH10：2、AH58：2）　18. 豆柄（AT39②a：9）　19、20. 盆（AT39②b：7、AH37：6）

C. 上店遗址：21、22、24. 双耳罐（KXB：H2、KXB：H1、AM1：7）　23. 壶（KXB：H3）　25. 钵（AM1：10）

此将其正式命名为“小河沿文化”。由于南台地遗址是“小河沿文化”赖以命名的第一个发掘地点，因此理应被看成是认识小河沿文化基本特征的基础材料。

2. 白音长汗遗址

该遗址位于内蒙古自治区林西县白音长汗村附近，内蒙古自治区文物考古研究所等单位先后于1988年、1989年和1991年对该遗址进行过三次发掘[11]。据发掘报告看，遗址北区的14座灰坑和部分地层出土的材料应属于小河沿文化。其陶器以夹砂褐陶为主，泥质陶数量较少。接近一半的陶器（片）有纹饰，其中附加堆纹最多，绳纹次之，压印纹、刻划纹和彩陶占有一定的比例。陶器数量虽少，但所属种类较多，主要有筒形罐、豆、壶、盆、钵、盂、漏斗、盏、盅、带孔器和器座等。仔细分析这批陶器，不难发现无论是陶质陶色、器表装饰，还是器物种类，都与南台地遗址出土的陶器相同，因此应归入小河沿文化的范畴（图二，B）。

3. 克什克腾旗上店遗址

1989年，克什克腾旗博物馆在内蒙古自治区赤峰市克什克腾旗新景乡上店村进行文物调查时，于A地点清理了6座墓葬。其中4座已被破坏殆尽，另外2座出有双耳陶罐和彩陶钵。在B地点清理灰坑1个，出土3件可复原的陶器和1块彩陶片[12]。观察上店遗址A、B两个地点出土的双耳罐、彩陶钵、双耳壶，其器形和纹饰均与南台地出土的小河沿文化遗存相一致，故可判定它们应是小河沿文化的遗存（图二，C）。

4. 大南沟墓地

大南沟墓地位于内蒙古自治区赤峰市翁牛特旗解放营子乡大南沟村附近，是石棚山墓地和老鹞窝梁墓地的总称。1977年和1979年，先后对这两处墓地进行了较大规模的发掘，共清理墓葬83座[13]。从报告发表的材料来看，墓葬形制可分为土坑竖穴墓和土坑竖穴洞室墓两种，前者占绝大多数。随葬陶器中，泥质陶数量较多，夹砂陶相对较少。陶器表面多有纹饰，主要为绳纹、刻划纹、附加堆纹和几何形纹，彩陶占一定的比例。主要器类有筒形罐、壶、尊形器、豆、盆、钵和盂。由于这些出自墓葬的陶器在种类、形态和器表装饰方面都与南台地遗址出土的陶器群存在很大的共性，因此可确认大南沟村出土的石棚山遗存和老鹞窝梁遗存应该是规模较大的两处小河沿文化墓地（图三，A）。

5. 哈拉海沟墓地

该墓地位于内蒙古赤峰市元宝山哈拉海沟村，2007年内蒙古文物考古研究所对其进行了抢救性发掘。共清理墓葬51座、祭祀坑1个[14]。墓葬形制以土坑竖穴洞室墓为主，随葬陶器以泥质红陶和夹砂灰陶为大宗。纹饰主要有刻划纹、附加堆纹、锥刺纹、网格纹、绳纹、几何纹和变体回纹，其中刻划纹最多，附加堆纹次之，彩陶占陶器总量的三分之一。器型以平底筒形罐和豆为主，钵、壶次之，还有盂、尊形器、器座等，随葬品基本组合为筒形罐和豆。该墓地还出土了28件（组）玉器，多为小型装饰品，以镯为主，有少量的环、璧、珠。哈拉海沟墓地发现较晚，资料也尚未完全公布，但是从现已发表的资料看，该墓地出土的陶器器型、器表装饰、单个墓葬中随葬器物组合以及墓葬形制，都与石棚山墓地和老鹞窝梁墓地基本一致，因此应同属于小河沿文化（图三，B）。

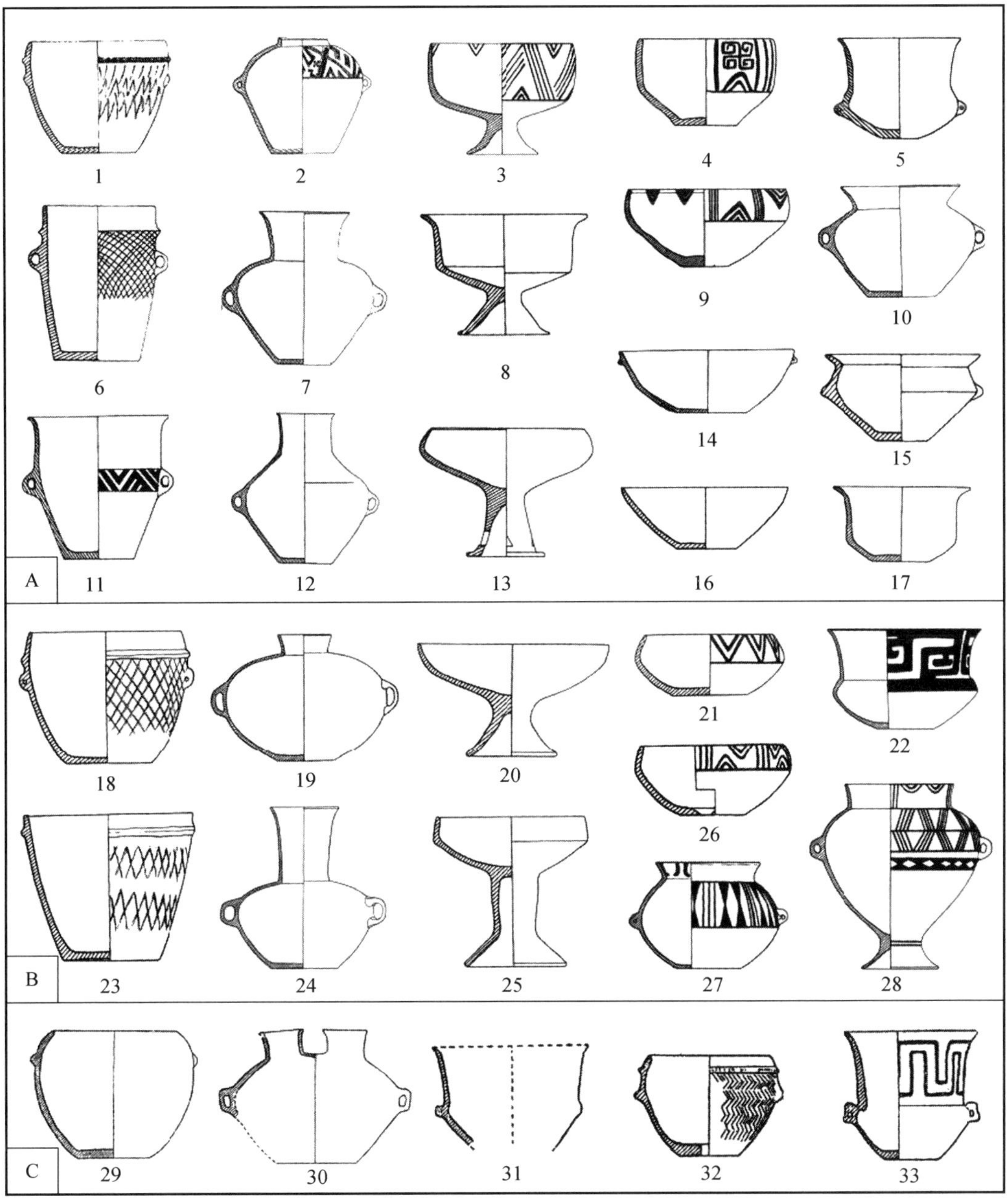

图三　燕山以北小河沿文化墓葬出土陶器

A. 大南沟：1、6、11. 筒形罐（石棚山 M64：2、M70：2，老鸹窝梁M6：3）　2. 高肩罐（石棚山M39：1）　3、8、13. 豆（石棚山M1：6、M67：16、M74：3）　4、9、14、16. 钵（石棚山 M57：1、M73：2、M54：4，老鸹窝梁M1：5）　5. 尊（石棚山M32：11）　7、12. 双耳壶（石棚山M76：4、M74：4）　10. 侈口罐（石棚山M29：19）　15. 罐（石棚山M27：5）　17. 盆（石棚山M32：6）

B. 哈拉海沟墓地：18、23. 筒形罐（M38：4、M1：5）　19、24. 双耳壶（M39：5、M39：28）　20、25. 豆（M36：1、M3：2）　21、26. 钵（M34：2、M39：10）　22. 尊（M39：2）　27. 鼓腹罐（M20：4）　28. 圈足罐（M42：7）

C. 石羊石虎山墓：29、32. 筒形罐　30. 壶　31、33. 尊

6. 石羊石虎山墓地

该墓地位于内蒙古昭乌达盟新惠乡，1960年昭乌达盟文物工作站对该墓地仅有的一座墓葬进行了清理[15]。这座墓葬为长方形土坑竖穴墓，随葬陶器、石器和蚌器。出土的陶器有壶、罐、盂、钵、豆（柄）等，其中夹砂陶多于泥质陶，部分陶器有刻划纹和彩绘（图三，C）。虽然只有一座墓葬，但是该墓出土的双耳壶和彩陶钵等随葬品在石棚山墓地和哈拉海沟墓地常见，故将其视为小河沿文化的墓葬应当无误。

需要指出的是，除上述三处墓地以外，最近发掘的南宝力皋吐墓地也不同程度地出土了具有小河沿文化特征的随葬陶器，如网格纹筒形罐、高领双耳壶、尊形器和钵等[16]。但从该墓地出土的全部遗存来看，它们至少包含小河沿文化、偏堡子类型[17]和小拉哈一期甲组遗存、乙组遗存[18]等多种文化因素，内涵较为复杂。因此，有关该墓地的文化性质及其归属等问题，还有待全部材料发表以后再做更深入的研究。

依据对上述6处遗址和墓地材料的比较分析，现可将燕山以北地区小河沿文化的基本面貌归纳为以下几个方面。

第一，房屋皆为半地穴式，平面呈圆形或椭圆形，出现双室房屋。

第二，墓葬有两种形制，一种为长方形土坑竖穴墓，另一种为长方形土坑竖穴洞室墓。

第三，遗址和墓地出土的陶器种类基本相同，典型器物为平底筒形罐、豆、双耳壶、鼓腹罐、尊形器和钵。

第四，遗址出土的陶器以夹砂陶为大宗，多数呈褐色和灰色，泥质陶相对较少。墓葬出土的陶器以泥质陶为主，多数器表呈红色，夹砂陶数量偏少。

第五，陶器表面多有纹饰，主要为附加堆纹、刻划纹、绳纹、网格纹等。彩陶图案多样，分回字形、F形、三角形、卷云形和八角星形多种。

第六，遗址和墓地中常见细石器和少量的玉（石）质装饰品。

二、燕山以南相关文化遗存的分析

在燕山以南地区发现的遗址当中，现有6处出土了与小河沿文化相关的遗存。它们分别是雪山遗址、镇江营遗址、张家园遗址、午方遗址、姜家梁遗址和中贾壁遗址。

1. 雪山遗址

雪山遗址位于北京昌平雪山村。1961年北京大学历史系考古专业对该遗址进行了第一次发掘，主持者是邹衡、俞伟超和高明先生[19]。发掘后，邹衡先生曾提出过“雪山一期文化”的命名，但是由于历史的原因，这批资料至今没有公布，而且今后也基本不可能公布[20]。1982～1983年北京市文物工作队对雪山遗址进行了第二次发掘[21]，再次发现了9座属于“雪山一期文化”的灰坑，其中以H17出土的陶器最具有代表性。遗憾的是，目前学术界所见到的只有第二次发掘出土的3件器物线图，2件为鼓腹双耳罐，1件为鼓腹双耳壶，且未标明出土单位（图四，A）。另据文字叙述，雪山一期的陶器还有盆、豆、钵等。陶器以夹砂褐陶为主，所有陶器中除1件陶罐有刻划纹外，其余皆为素面。陶罐有大口和小口之分，皆双耳。

由此看来，雪山一期遗存与燕山以北小河沿文化有较大的差距。一是已公布的图、文材料中均不见小河沿文化最常见的平底筒形罐，也不见燕山以北小河沿文化的指征性器物尊形器；二是雪山一期的陶器几乎全部为素面，这与燕山以北小河沿文化陶器多数饰纹的装饰风格完全不同。所以从目前公布的资料来看，“雪山一期文化”与燕山以北的小河沿文化有着较大的差距，不能将它们视为同一考古学文化。不仅如此，仅凭现有的发表资料，也很难说清楚“雪山一期文化”本身的面貌特征。

2. 镇江营遗址

镇江营遗址位于北京市房山区拒马河南岸，1986～1990年北京市文物研究所对其进行了发掘[22]。发掘报告认为，镇江营遗址新石器时代第三期遗存与燕山以北的小河沿文化基本同时。其陶器多数为夹云母红褐陶，泥质陶极少。陶器多为素面，以罐类最多，其次为钵（图四，B）。仔细分析这批材料，不难发现其中不见燕山以北小河沿文化常见的鼓腹双耳壶、豆和指征性器物尊形器，器表装饰更是大不相同。虽然个别平底筒形罐的造型与燕山以北小河沿文化的同类器相似，但这类器型数量极少，显然不是镇江营新石器时代第三期遗存的主体因素。由此可见，镇江营新石器时代第三期遗存的文化性质不同于燕山以北的小河沿文化。

3. 张家园遗址

张家园遗址位于天津蓟县。1987年发掘出土了第一类遗存[23]，年代与燕山以北的小河沿文化同时。该类遗存出土陶器较少，多为泥质。仅有一块陶片见有刻划纹，其余皆为素面。器型以折腹盆、敛口钵和罐为主（图四，C）。发掘者认为，此类遗存和大南沟墓地的陶器组合与划纹陶片风格相近。但是观察公布的资料，张家园遗址第一类遗存中的陶器组合虽然与大南沟墓地部分墓葬的随葬品组合一样（皆为盆、钵、罐），但是除了陶钵略显相似以外，平底筒形罐和盆无论是形态还是纹饰都存在较大的区别。此外，大南沟墓地中有纹饰的陶器占相当的比例，而张家园遗址第一类遗存的情况则截然不同。由此可见，两个遗址中陶器种类虽具有某些一致性，但形态和纹饰明显有别，因此很难将它们看成是同一种考古学文化的遗存。

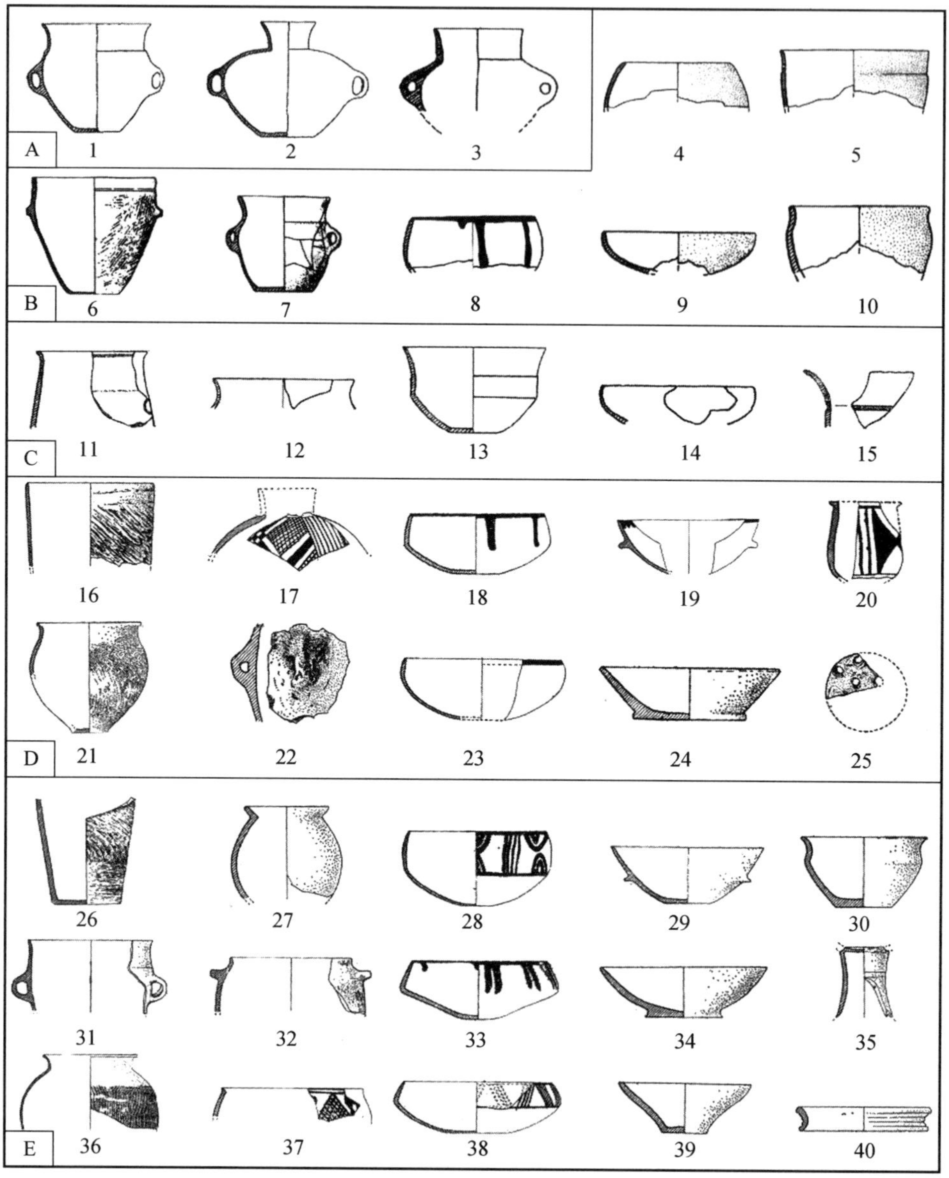

图四　燕山以南相关遗址出土陶器

A. 雪山遗址：1、3. 鼓腹双耳罐　2. 鼓腹双耳壶

B. 镇江营三期：4、8、9. 钵（FZT1108⑦：6、FZH67：9、FZH1038：4）

5～7、10. 罐（FZT1108⑦：1、FZH1038：1、FZH1389：1、FZH70：6）

C. 张家园：11、12、15. 罐（87T26②：3、87T26②：5、87T26②：14）　13. 折腹盆（87T26②：12）

14. 钵（87T26②：1）

D. 午方遗址第3层：16、20～22. 罐（T6③：407、T12③：400、T2③：840、T4③：457）　17. 壶（T10③：403）

18、19、23. 钵（T5③：273、T5③：760、T11③：302）　24. 碗（T1③：383）　25. 箅（T3③：450）

E. 午方遗址第2层：26、27、31、32、36. 罐（T2②：404、T11②：418、T10②：412、T2②：415、T8②：422）

28、29、33、38. 钵（T5②：274、T6②：395、T12②：270、T5②：271）　30. 侈口盆（T1②：398）

34、39. 碗（T6②：747、T5②：314）　35. 豆柄（T2②：425）　37. 盆（T6②：401）　40. 器座（T2②：463）

4．午方遗址

午方遗址位于河北省容城县午方村，1982年河北省文物研究所对该遗址进行了发掘[24]。整理结果表明，遗址中以第3层和第2层为代表的新石器时代晚期遗存年代与燕山以北的小河沿文化同时。从第3层出土的陶器看，夹砂陶和泥质陶比例基本相当，陶器多为素面，器类以罐、钵为主（图四，D）。第2层出土的陶器中，泥质陶占较大比例，夹砂陶相对较少，器型中碗、钵居多（图四，E）。

综合观察午方遗址第3层和第2层出土的陶器，明显可以发现除个别平底筒形罐和饰半环形或三角形的彩陶钵见于燕山以北的小河沿文化以外。其余绝大多数陶器，特别是罐类器，形态和纹饰都与燕山以北的小河沿文化存在较大的区别。尤其是这类遗存当中极少见到燕山以北小河沿文化常见的小口双耳壶和各种形制的豆，更不见尊形器。所以就遗存的整体特征而言，两者之间区别是主要的，很难合并成同一种文化。

5．姜家梁遗址

姜家梁遗址位于河北阳原县，河北省文物研究所于1995年和1998年对其进行过两次发掘[25]。两次发掘共清理房址9座，墓葬78座。据房址与墓葬的叠压打破关系和出土物的比较及^{14}C测年结果，发掘者认为，墓葬晚于房址，且年代与燕山以北的小河沿文化相当。从78座墓葬的基本材料看，多数为长方形土坑竖穴墓，少数为洞室墓。随葬陶器以夹砂或夹蚌红褐陶最多，泥质陶极少。器表多素面，少数施彩。典型器物为盆、豆、瓢形器等（图五，A）。

姜家梁遗址虽然靠近燕山以北地区，墓葬中也出土了燕山以北小河沿文化常见的豆和钵，但是缺少燕山以北小河沿文化最常见的平底筒形罐和鼓腹双耳壶，随葬品种类也有所不同，因此很难将其纳入小河沿文化的范畴当中。

6．中贾壁遗址

中贾壁遗址位于河北省平山县西北1千米处，滹沱河考古队于1984年对该遗址进行过一次试掘[26]。遗址中与燕山以北小河沿文化大体同时的是以第3层为代表的仰韶文化晚期遗存。这类遗存的陶器多为夹砂和夹云母陶，泥质陶相对较少。陶器多素面，彩陶数量很少。器形以罐、盆、钵为主（图五，B）。罐类主要有鼓腹、折腹和筒腹三种，纹饰和形态都与燕山以北小河沿文化的陶罐存在较大的差异。钵在形态上与燕山以北小河沿文化同类器有相似之处，但两者的纹饰风格截然不同。总体上看，中贾壁遗址第3层遗存与小河沿文化区别明显，与豫北冀南地区大司空文化的关系较为密切。

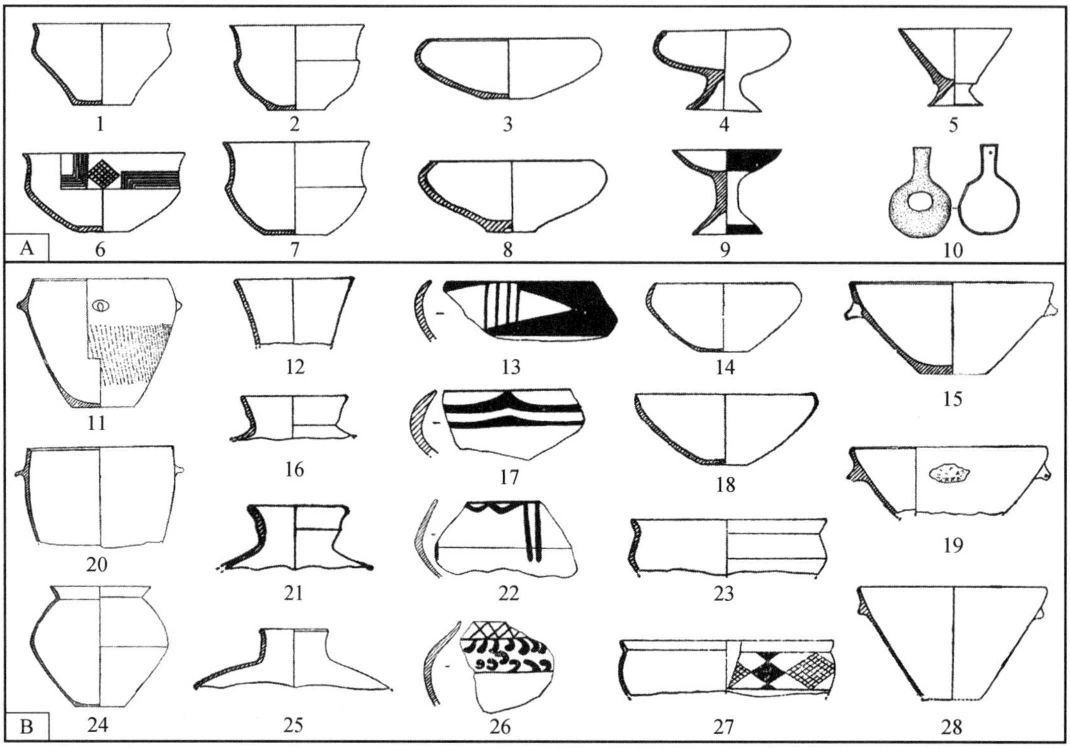

图五　燕山以南相关遗址出土陶器

A. 姜家梁遗址：1、2、6、7. 盆（M75：3、M15：1、M8：1、M4：2）　3、8. 钵（M75：2、M15：2）　4、9. 豆（M8：2、M34：1）　5. 杯（M34：2）　10. 瓢形器（M4：3）

B. 中贾壁遗址：11、20、24、26. 罐（0：18、H11：1、H20：2、0：7）　12、16、21、25. 壶（口颈）（T11③a：22、0：16、T11③a：18、H22：1）　13、14、17、18、22. 钵（H32：12、H18：1、H32：10、H7：2、0：2）　15、19、23、27、28. 盆（H7：9、H32：15、T11③a：16、T93③b：5、0：14）

三、燕山南北两地相关文化遗存的比较

仔细观察和分析燕山以南地区出土的年代与小河沿文化相当的遗存，其陶器群可明显区分为甲、乙两组（图六）。其中乙组陶器与燕山以北地区的小河沿文化同类器相似，如镇江营遗址出土的FZH1038：1筒形罐（图六，5）、雪山遗址出土的鼓腹双耳壶和鼓腹双耳罐（图六，13、21）、姜家梁墓地出土的M8：2豆（图六，29）、午方遗址出土的T5②：274彩陶钵（图六，37）等，均可以在燕山以北的小河沿文化遗址和墓地中找到相同或相近的器形（图六，1～4、9～12、17～20、25～28、33～36）。这组陶器的存在，从一定程度上反映了燕山南北两地考古学文化之间的交流与影响。但相比之下，甲组陶器不仅数量多，而且自身特点明显，与燕山以北的小河沿文化相比，存在着本质的区别，代表了燕山以南同时期考古学文化的主体特征。为了进一步

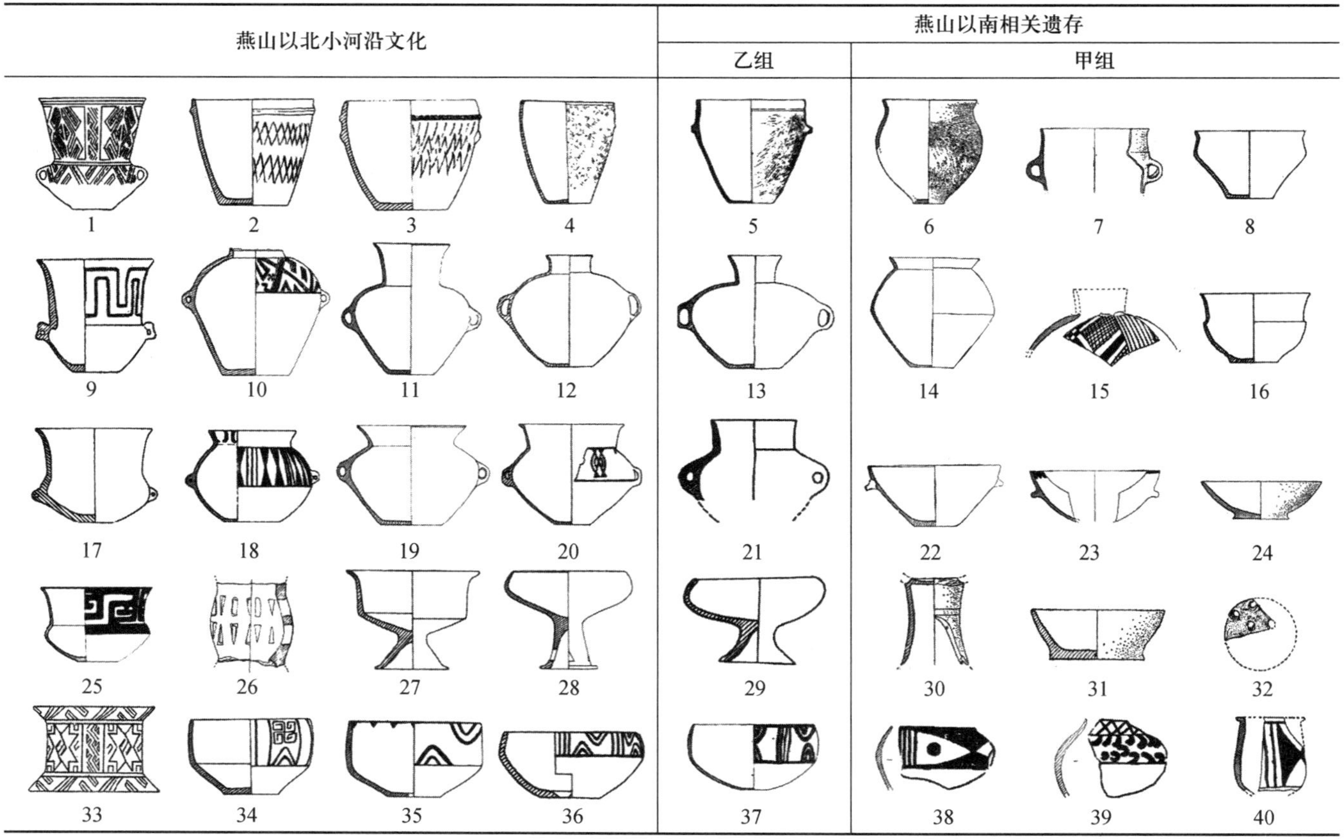

图六　燕山以北小河文化与燕山以南相关遗存陶器对比图

1、9、17、25. 尊形器（南台地F4：1、石羊石虎山、大南沟M32：11、哈拉海沟M39B2）　2～7、14、40. 筒形罐（哈拉海沟M1B5，大南沟M64：2，南台地H16：1，镇江营FZH1038：1，午方T2③：840、T10②：412，中贾壁H20：2，午方T12③：400）　8、16、22、23. 盆（姜家梁M75：3、M15：1，中贾壁H7：9，午方T5③：760）　10、18～21. 鼓腹罐（大南沟M39：1、哈拉海沟M20B4、大南沟M29：1、上店KXB：H1、雪山一期）　11～13、15、39. 壶（大南沟M76：4、南台地F4：2、雪山一期、午方T10③：403、中贾壁0：7）　24、31. 碗（午方T6②：747、T1③：383）　26～30. 豆（南台地H6：1，大南沟M67：16、M74：3，姜家梁M8：2，午方 T2②：425）　32. 甗（午方T3③：450）　33. 器座（南台地F4：3）　34～38. 钵（大南沟 M57：1、M57：1，哈拉海沟M39B10，午方T5②：274，中贾壁0：3）

说明燕山南北两地相关遗存之间的文化关系，接下来再做几点具体的分析和讨论。

第一，燕山以南各相关遗址出土的器物群中，与燕山以北小河沿文化面貌相同的乙组陶器所占比重较小，不能代表所在各个遗址的主要文化特征。相反，与燕山以北小河沿文化陶器有明显区别的甲组陶器在相关各遗址中均占主体地位，代表了所属遗存的文化性质。进一步从器型和彩绘风格上看，甲组陶器更多地受到了大司空文化的影响。比较燕山以南各相关遗址出土的陶器，可以发现位置越靠近辽西地区的，包含的燕山以北小河沿文化因素就越多，如雪山遗址和镇江营遗址中出现的部分平底罐、双耳壶、钵等，很明显是来自燕山以北小河沿文化的因素。遗址越靠南，出土的陶器与燕山以北小河沿文化相同或相近的器物就越少，如滹沱河南岸的中贾壁遗址，虽然出土了类似于燕山以北小河沿文化的筒形罐和钵，但器表纹饰迥然不同。这反映出燕山以北小河沿文化对燕山以南同时期相关文化遗存的影响从北向南是逐渐减弱的。

第二，从器物组合上看，乙组器物并不是成组地出现在燕山以南的单个遗址或墓地之中，而是以某一种或某两种器物的形式单独出现。换言之，虽然每个遗址都能见到燕山以北小河沿文化的若干种陶器，但是燕山南北两地的陶器组合有着很大的不同。众所周知，判定属于同一个考古学文化的标准应该是相同或相近的器物组合，而不是一两种相同或相似的器物，除非这一两种器物可以代表这个文化的基本器物组合和文化特征。若两个地区在相同的时间段出现几种相同的器物，很大程度上表明这两个地区的文化进行过交流或相互影响。以筒形罐为例，在红山文化和小河沿文化时期，位于内蒙古中南部的庙子沟和大坝沟遗址[27]中，很多遗迹单位中都出有东北地区常见的平底筒形罐，我们当然不能以此认为庙子沟和大坝沟遗址属于红山文化或小河沿文化。同理，出现在姜家梁墓地中的“玉猪龙”说明红山文化曾经对河北阳原地区有过一定的影响，但不能因“玉猪龙”在姜家梁墓地中出现就将该墓地视为红山文化的墓地。因此，即便燕山以南各相关遗址中出土了乙组陶器中的一两种器物，也不能认为这些遗址的性质与燕山以北的小河沿文化相同。

第三，双耳壶和双耳罐是燕山南北相关遗址共见的器物，这也是有些学者认为两地文化内涵相同的依据之一。目前，小河沿文化的源头尚有争议，但无论是赵宝沟文化还是红山文化，都不见小河沿文化中鼓腹双耳壶的祖型。虽然红山文化也存在少量双耳壶，但是这种壶与小河沿文化时期燕山南北地区出现的双耳壶在形态和装饰方面均明显有别。在小河沿文化的前期，分布于内蒙古中南部的庙子沟文化[28]流行溜肩或鼓腹的双耳壶和侈口罐，与燕山以北小河沿文化中的双耳壶、双耳罐形态相差无几。与之相对应，庙子沟文化中也经常见有小河沿文化的平底筒形罐，可见二者联系比较密切。因此，初步推断燕山以北小河沿文化中鼓腹双耳壶和鼓腹双耳罐的主要来源应为庙子沟文化。从目前发表的材料来看，在燕山以南地区的仰韶文化早中期，同样少见这种类型的双耳壶和双耳罐，因此该地区仰韶晚期双耳壶和双耳罐的产生应该是受到周边地区文化的影响所致。换言之，他们可能从燕山以北的小河沿文化传播而来，也可能与燕山以北小河沿文化中的双耳壶和双耳罐一样，直接来源于内蒙古中南部地区的庙子沟文化。从时间和空间上看，这两种来源的可能性基本相当。如果燕山南北地区的双耳壶和双耳罐均是受到内蒙古中南部地区庙子沟文化的影响而产生的，那么这些共同的文化因素自然不宜作为判断燕山南北两地相关遗存文化性质是否相同的依据。进一步讲，除这些相同的文化因素之外，燕山南北两地共见的文化因素很少，由此可知两地的相关遗存也不应属于同一种考古学文化。

第四，尊形器（图六，1、9、17、25）在燕山以北的小河沿文化中虽数量不多，但在遗址和墓葬中均有发现，是学术界普遍认可的小河沿文化指征性陶器。由于燕山以南相关诸遗址至今未见这类器物出土，因此很难让人相信那里的相关遗存也同属于小河沿文化。

第五，在燕山南北两地的相关墓地中，均发现有别具特色的土坑竖穴洞室墓，这一点也是一些学者将它们归为同一文化的依据之一。但值得注意的是，虽然同为洞室墓，但燕山南北两地有着较为明显的区别。例如，燕山以北大南沟墓地中的洞室墓，洞室长边与墓道长边相当，区分不明显，不封堵洞口。燕山以南姜家梁墓地中的洞室墓，墓道与洞室存在明显的区分，洞口有封堵的迹象[29]。另外，小河沿文化的洞室墓是到了该文化的晚期才开始出现的，而就在这一时期，以长城沿线为中心的北方地区大都出现了洞室墓，表明仰韶晚期中国北方地区出现洞室墓实为一种普遍现象，故不宜将其视为小河沿文化所独有的一种文化因素[30]。

四、结　　论

通过对燕山以北小河沿文化和燕山以南雪山一期遗存、午方类型、中贾壁遗存的分析和比较，我们发现，虽然两地遗存中有若干种相同的陶器，但这只是该时期燕山南北两地文化相互交流的体现，或为燕山南北两地同是受周边文化影响的结果。燕山以南既没有与燕山以北小河沿文化相近或相同的陶器组合，也没有燕山以北小河沿文化最典型的尊形陶器。由此看来，无论是陶器种类、陶器组合，还是陶器纹饰，均表现出他们的差异是显著的。一句话，燕山以北的小河沿文化与燕山以南相关诸遗存不属于同一种考古学文化，也不是同一文化的不同地方类型。

小河沿文化不存在广义和狭义之分，它是分布在燕山以北地区以南台地和白音长汗为典型遗址、以大南沟和哈拉海沟为典型墓地的一支土著考古学文化。该文化以平底筒形罐、鼓腹双耳壶、各种形态的豆、钵为基本陶器组合，以尊形器最具代表性，年代至少经历了相当于中原地区的庙底沟文化和半坡四期文化两个发展阶段[31]。至于小河沿文化本身的分期和类型问题，已超出了本文讨论的范畴，拟另文论述。

注　　释

［1］　辽宁省博物馆、昭乌达盟文物工作站、敖汉旗文化馆：《辽宁敖汉旗小河沿三种原始文化的发现》，《文物》1977年12期，1～12页。

［2］　安特生（J. G. Andersson）著，袁复礼译：《奉天锦西县沙锅屯洞穴层》，《古生物志》丁种第1号第1册，农商部地质调查所印行，1923年。

［3］　东亚考古学会：《赤峰红山后——热河省赤峰红山后先史遗迹》，《东方考古学刊》甲种第六册，1938年，Fig.52。

［4］　内蒙古自治区昭乌达盟文物工作站：《内蒙古昭乌达盟石羊石虎山新石器时代墓葬》，《考古》1963年10期，523、524、548页。

［5］　杨虎：《辽西地区新石器——铜石并用时代考古文化序列与分期》，《文物》1994年5期，37～59页；张忠培：《仰韶时代——史前社会的繁荣与向文明时代的转变》，《中国考古学九十年代的思考》，文物出版社，2005年，260～320页；赵宾福：《东北石器时代考古》，吉林大学出版社，2003年，256～273页；中国社会科学院考古研究所：《中国考古学·新石器时代卷》，中国社会科学出版社，2010年，361～365页。

［6］　韩建业：《论雪山一期文化》，《华夏考古》2003年4期，46～54页；索秀芬、李少兵：《小河沿文化类型》，《边疆考古研究》（第6辑），科学出版社，2007年，88～102页。

［7］　韩嘉谷：《环渤海古文化谱系和区系类型》，《中国考古学会第九次年会论文集》，文物出版社，1997年，20～31页；索秀芬、李少兵：《小河沿文化类型》，《边疆考古研究》（第6辑），科学出版社，2007年，88～102页。

［8］　韩建业：《论雪山一期文化》，《华夏考古》2003年4期，46～54页；王策、王清林：《雪山一期文化研究》，《北京历史文化论丛》（第一辑），北京燕山出版社，2008年，340～347页。

［9］　张星德：《小河沿文化的时空框架》，《北方文物》2010年3期，18～24页。

［10］　辽宁省博物馆、昭乌达盟文物工作站、敖汉旗文化馆：《辽宁敖汉旗小河沿三种原始文化的发现》，《文物》1977年12期，1～12页。

［11］　内蒙古自治区文物考古研究所：《白音长汗——石器时代遗址发掘报告》，科学出版社，2004年。

［12］　克什克腾旗博物馆：《克什克腾旗上店小河沿文化墓地及遗址调查简报》，《内蒙古文物考古》1992年Z1期，77～83页。

［13］　辽宁省文物考古研究所、赤峰市博物馆：《大南沟——后红山文化墓地发掘报告》，科学出版社，1998年。

［14］　内蒙古文物考古研究所：《内蒙古赤峰市哈拉海沟新石器时代墓地发掘简报》，《考古》

2010年2期，19～35页。

[15] 内蒙古自治区昭乌达盟文物工作站：《内蒙古昭乌达盟石羊石虎山新石器时代墓葬》，《考古》1963年10期，523、524、548页。

[16] 内蒙古文物考古研究所：《2006年扎鲁特旗南宝力皋吐墓地的发掘》，《内蒙古文物考古》2007年1期，15～19页；内蒙古文物考古研究所、科尔沁博物馆、扎鲁特旗文物管理所：《内蒙古扎鲁特旗南宝力皋吐新石器时代墓地》，《考古》2008年7期，20～31页；扎鲁特旗人民政府、内蒙古自治区文物考古研究所：《科尔沁文明——南宝力皋吐墓地》，文物出版社，2010年；内蒙古文物考古研究所、扎鲁特旗文化管理所：《内蒙古扎鲁特旗南宝力皋吐新石器时代墓地C地点发掘简报》，《考古》2011年11期，24～37页。

[17] 东北博物馆文物工作队：《辽宁新民县偏堡沙岗新石器时代遗址调查记》，《考古》1958年1期，1～5页；沈阳市文物管理办公室：《新民东高台山第二次发掘》，《辽海文物学刊》1986年1期，16～29页；中国社会科学院考古研究所东北工作队：《沈阳肇工街和郑家洼子遗址的发掘》，《考古》1989年10期，885～890页。

[18] 黑龙江省文物考古研究所、吉林大学考古学系：《黑龙江省肇源县小拉哈遗址发掘简报》，《北方文物》1997年1期，34～44页；黑龙江省文物考古研究所、吉林大学考古学系：《黑龙江省肇源县小拉哈遗址发掘报告》，《考古学报》1998年1期，61～102页；赵宾福：《嫩江流域三种新石器文化的辨析》，《边疆考古研究》（第2辑），科学出版社，2003年，101～112页。

[19] 向群：《北京大学历史系考古专业四年级在京郊实习发掘到新石器时代至辽代文化遗存》，《光明日报》1964年4月2日4版。

[20] 宿白：《庆祝邹衡先生七十五寿辰暨从事考古研究五十五年论文集·序》，《考古学研究·五》（上册），科学出版社，2003年；夏鼐：《夏鼐日记》（第六卷），华东师范大学出版社，2011年，206页。

[21] 北京市文物研究所：《北京考古四十年》，北京燕山出版社，1990年，89～291页。

[22] 北京市文物研究所：《镇江营与塔照——拒马河流域先秦考古文化的类型与谱系》，中国大百科全书出版社，1999年，111～116页。

[23] 天津市历史博物馆考古部：《天津蓟县张家园遗址第三次发掘》，《考古》1993年4期，311～323页。

[24] 河北省文物研究所：《河北容城县午方新石器时代遗址试掘》，《考古学集刊》（第五辑），中国社会科学出版社，1987年，61～77页。

[25] 河北省文物研究所：《河北阳原县姜家梁新石器时代遗址的发掘》，《考古》2001年2期，13～27页。

[26] 滹沱河考古队：《河北滹沱河流域考古调查与试掘》，《考古》1993年4期，300～310页。

［27］ 内蒙古文物考古研究所：《庙子沟与大坝沟》，中国大百科全书出版社，2003年。

［28］ 内蒙古文物考古研究所：《庙子沟与大坝沟》，中国大百科全书出版社，2003年。

［29］ 韩建业：《中国先秦洞室墓谱系初探》，《中国历史文物》2007年4期，16～25页。

［30］ 谢端琚：《试论我国早期土洞墓》，《考古》1987年12期，1097～1104页；韩建业：《中国先秦洞室墓谱系初探》，《中国历史文物》2007年4期，16～25页。

［31］ 朱延平：《辽西区新石器时代考古学文化纵横》，《内蒙古东部区考古学文化研究文集》，海洋出版社，1991年，9～14页；赵宾福：《赵宝沟文化的分期与源流》，《中国考古学会第八次年会论文集》，文物出版社，1996年，1～12页；赵宾福：《关于小河沿文化的几点认识》，《文物》2005年7期，63～67页；张星德：《小河沿文化陶器分群研究》，《辽宁师范大学学报》2006年5期，115～120页；索秀芬、李少兵：《小河沿文化年代和源流》，《边疆考古研究》（第7辑），科学出版社，2008年，57～63页；陈国庆：《小河沿文化分期与年代探讨》，《新果集——庆祝林沄先生七十华诞论文集》，社会科学出版社，2009年，119～130页。

（原载《北方文物》2013年1期）

辽西地区汉以前文化发展序列的建立及文化纵横关系的探讨

位于医巫闾山以西并以西拉木伦河、老哈河、教来河和大、小凌河流域为重心的辽西山地地区，行政区划为中国辽宁省的西部和内蒙古自治区的东南部。这一地区目前已识别出来的汉以前考古学文化共有15种，经历的时间范畴为新石器时代、夏、商、西周、春秋、战国时期。本文从现有考古材料出发，结合已有研究成果，试就该地区汉以前15种考古学文化的发展序列、纵向关系以及与周边地区同时期考古学文化的横向关系等问题，做更深入的探讨。

一、汉以前文化发展序列的建立

辽西地区已识别出来的15种考古学文化，有6种为新石器时代的文化遗存，9种为夏至战国时期的文化遗存。

属于新石器时代的6种考古学文化，年代最早的是小河西文化，最晚的是小河沿文化，两者之间依次是兴隆洼文化、赵宝沟文化、富河文化、红山文化。

其一，就它们的文化性质而然，兴隆洼文化、赵宝沟文化、红山文化、小河沿文化是4种完全不同的考古学文化，对此学术界已达成共识，基本没有太大的异议。如果说还存在一点问题的话，那就是有人将兴隆洼文化称为“查海文化”，将赵宝沟文化和小河沿文化分别称为“前红山文化”和“后红山文化”。这是关于“文化名称”或“文化符号”的问题，是形式上的，不影响对文化本质的认识。小河西文化和富河文化是20世纪80年代和60年代识别出来的两种考古学文化，虽然一新一老，但文化定性问题始终没有得到根本性的解决。换言之，这两种考古学文化遗存是各自独立的文化，还是属于其他文化的一部分，学者之间还存在着不小的分歧。先说小河西文化，发现者认为它是有别于兴隆洼文化的一种独立的考古学文化[1]，并得到了一部分学者的支持[2]。但是也有人提出了完全相反的意见，认为它不是一支独立的考古学文化，而是已知的兴隆洼文化的一部分[3]，不宜另立新种。在这个问题上，笔者以发现者的意见为己见，并补充提出三个方面的理由：第一，白音长汗遗址存在着小河西文化堆积（第一期遗存）被兴隆洼文化南台子类型堆积（第二期遗存）叠压的地层关系[4]，表明小河西文化的相对年代早于已知的兴隆洼文化，有自己的时间范畴。第二，小河西文化的分布范围基本上与兴隆洼文化相同，在属于兴隆洼文化的典型遗址当中，无论是西部的白音长汗，还是东部的阜新查海，都有小河西文化的典型遗迹单位出土[5]，说明它有自己的空间范畴。第三，小河西文化的陶器除了可以见到一些具有自身特点的附加泥条堆纹和少量的戳印点线纹以外，绝大多数素面无纹，不仅没有兴隆洼文化那种以“之”字纹和各类“席纹”为代表的繁缛纹饰风格，更不见兴隆洼文化普遍流行的“三段式”制陶作风，而是一个既具有鲜明自身特色又完全有别于其他任何已知考古学文化的器物群（图一）。再说富河文化，它是20世纪60年代因内蒙古自治区巴林左旗富河沟门遗址的发掘而得名的[6]，此后人们就再也没有针对富河文化做过专项田野考古发掘工作。因此，在30多年的时间里，绝大多数学者认为富河文化的年代晚于红山文化，而且理由有二：一是关于层位关系方面的，据说在南杨家营子遗址“发现的四座红山文化的房址，被富河文化层叠压”[7]；二是来自^{14}C测定数据方面的，富河沟门房址（H30）内的桦树皮经^{14}C测定，年代为距今4735 ± 110年，树轮较正年代为距今5300 ± 145年[8]。直到1994年，朱延平发表了第一篇有关富河文化的专门研究文章（《富河文化的若干问题》）。该文在富河文化的年代问题上提出了一个全新的认识。即通过陶器和房屋结构两方面比较，认为：“富河文化与赵宝沟文化在某些方

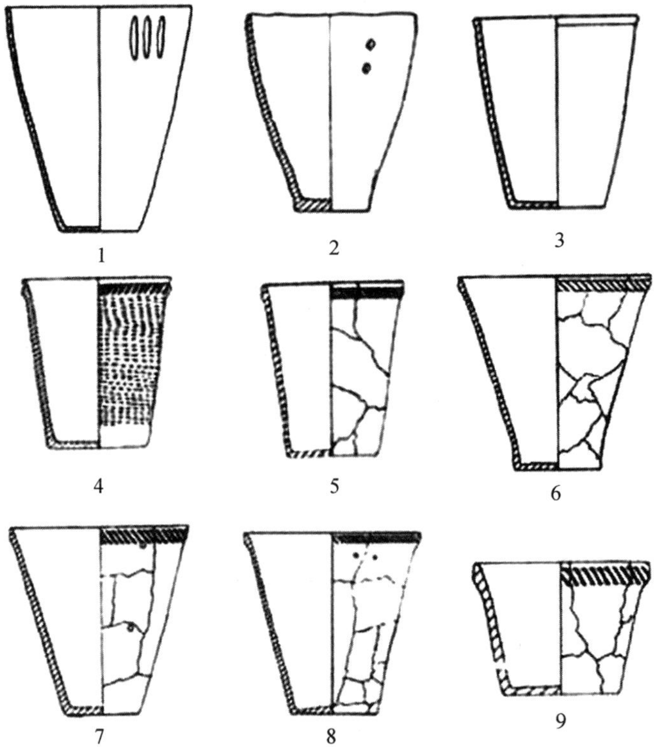

图一　小河西文化陶筒形罐

1、3. 白音长汗（BT3②：9、BF64②：1）　2. 榆树山（F8②：6）　4～9. 查海（F34：48、F35：6、F26：34、F34：43、F26：33、F26：39）

面有着一定的相通之处，这些相通处，可资说明二者曾同时并存……富河文化的年代应与赵宝沟文化基本相同……大体不会超出公元前第五千纪的范围。”这一认识对于富河文化的研究来说，无疑具有划时代的意义。我们完全赞同这一观点，并且进一步认为富河文化不仅年代和赵宝沟文化同时，而且性质上应是赵宝沟文化分布在西拉木沦河以北的一种地方性遗存。因为该文化虽然有自己的分布范围，但没有自己的时间位置，而且从原始报告和后来朱延平发表的材料中均可以见到与已知赵宝沟文化典型器物完全相同的刻划纹圈足陶器和“之”字纹筒形罐（图二）。因此，所谓的“富河文化”应该并入赵宝沟文化的范畴当中，而不应再将其视为独立的考古学文化[9]。

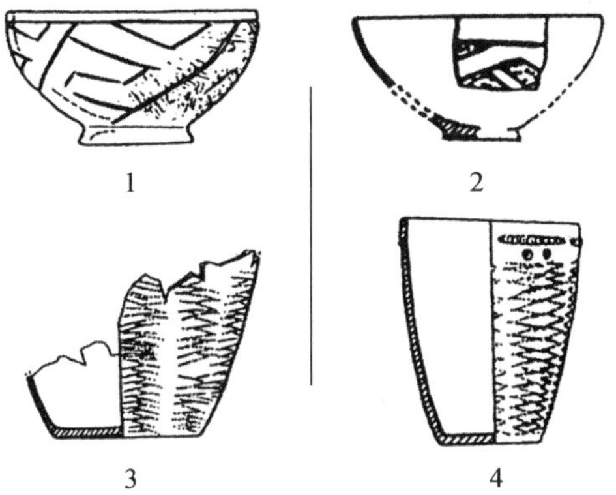

图二 富河文化陶器（右）与赵宝沟文化陶器（左）的比较

1、2. 圈足碗（赵宝沟F6③：10、富河H18出土）
3、4. 筒形罐（赵宝沟F106②：13、富河H15：2）

其二，从新石器时代各考古学文化的年代和分期来看，小河西文化处在公元前6200年以前，最早年代或可到公元前7500年左右[10]。因发现材料较少，暂无法对其做进一步的分期研究。兴隆洼文化的年代，依据兴隆洼、白音长汗、查海三处遗址提供的11个^{14}C检测数据（兴隆洼遗址8个[11]，白音长汗遗址2个[12]，查海遗址1个[13]）推断，时间应该在公元前6000～前5000年，其中最早的一个数据是出自兴隆洼遗址F119第3层的木炭标本，测定结果为距今7470±115年，树轮校正后可早到公元前6200年左右。关于它的分期问题，目前尚未看到有文章进行专门的讨论，只是在某些报告和论文中有所提及。基本情况是只有结论性认识，而普遍缺乏论证过程，所以不存在令人信服的分期方案。赵宝沟文化的年代在公元前5000～前4500年，对此已无异议。分期方面虽有过一些探讨[14]，但期与期之间的特征并不明显，因此很难以期、段为时间刻度开展更深入的研究。红山文化的内涵比较复杂，年代跨度较大，前后经历了约1500年的时间，关于该文化的分期问题，过去虽多有研究，但结论很不一致[15]。最近，我们对红山文化发掘出土的材料进行了一次全面梳理，从地层关系出发，以陶器间的共存关系和形态对比分析为基础，同时结合与中原新石器文化的比较，最终将整个红山文化自早至晚区分为三期：早期年代在公元前4000年以前（最早或可到公元前4500年左右），中期年代约为公元前4000～前3500年，晚期年代约为公元前3500～前3000年[16]。小河沿文化遗存是处在红山文化和夏家店下层文化之间的一种遗存，多数学者认为它的年代大致在公元前3000～前2500年，下限与夏家店下层文化还有一段距离，但上限很可能已经进入红山文化的晚期阶段[17]。关于该文化的分期问题，因材料之间缺少足够的叠压或打破关系而难以取得令人满意的研究成果。

辽西地区已发现的处于夏至战国时期的9种考古学文化，分别为夏家店下层文化、魏营子类型（或称魏营子文化）、夏家店上层文化、凌河类型（或称凌河遗存）、水泉类型（或称水泉遗存）、井沟子类型（或称井沟子遗存）、铁匠沟类型（或称铁匠沟遗存）、五道河子遗存和战国燕文化。关于这些遗存的文化性质，绝大多数学者认为它们都是各自独立的考古学文化，只是有的材料丰富一些，有的材料较少而已。笔者基本赞同这样的宏观认识，但是在铁匠沟类型的性质问题上有着完全不同的看法，认为该“类型”应该和井沟子类型同属一种文化，完全可并入井沟子类型当中，而不应该另立文化新种[18]。原因有三：一是从铁匠沟出土的材料来看[19]，A区的三座墓葬均为土坑竖穴墓，有单人葬也有双人葬，总体葬制与井沟子类型墓葬相同；二是铁匠沟所见5件陶器均可以在井沟子类型的陶器群中找到相同或相近的器型，出土的青铜器绝大多数在类别和形制上与井沟子墓地所见的青铜器相同或相似（图三）；三是铁匠沟出土的野猪形、虎形牌饰以及环手刀、带钩等青铜制品目前不见于井沟子类型墓葬，很可能与暂时揭露材料不够充分或铁匠沟所处的位置比较靠南有关。

图三 “铁匠沟类型”遗物（左）与“井沟子类型”遗物（右）的比较

1、13. 青铜铃铛（AM2∶6、M3∶46）　2、14. 青铜镞（A区采集、M26∶20）　3、15. 青铜镳（AM2∶11、M25∶10-4）　4、16. 青铜泡饰（AM3∶2、M23∶7）　5、17. 青铜圈（AM2∶27、M3∶57-1）　6、7、18、19. 青铜牌饰（AM1∶15、AM1∶17、M5∶10、M13∶33）　8～11、20～23. 壶罐类陶器（AM2∶1、AM3∶1、AM2∶2、AM1∶1、96清理墓葬出土、M13∶2、M13∶40、M31∶1）　12、24. 陶盆（AM2∶3、M2∶2）

如是，辽西地区夏至战国时期的9种考古学文化，实际上可合并为8种文化遗存。依年代先后为序：夏家店下层文化处在夏至早商时期，魏营子类型相当于商代晚期，夏家店上层文化处在西周至春秋时期。凌河类型的年代在西周至战国早中期，其早期相当于西周至春秋，晚期相当于战国早中期。水泉类型、井沟子类型（含铁匠沟类型）和五道河子遗存，三者均为夏家店上层文化和凌河类型早期之后、燕文化到来之前的文化遗存，年代与凌河类型晚期相当，同处在战国早中期阶段。最后是燕文化，为战国晚期遗存。关于以上8种文化的年代和分期问题，笔者在《辽西山地夏到战国时期考古学文化时空框架研究的再检讨》一文中，曾经有过翔实的检讨和论证[20]，为省篇幅，此不赘述。

以上述分析为基础，现将辽西地区汉代以前诸考古学文化统一划分为12个大的发展阶段，结合各阶段的代表文化及其在辽西地区的分布状况，最终可将该区汉代以前诸考古学文化的时空关系确定如表一。表一中各考古学文化（或文化期）所处的时空位置，是我们进一步讨论各文化纵向关系和与周边文化横向关系的基础。

表一　辽西地区汉代以前诸考古学文化时空关系一览表

阶段	努鲁儿虎山以西（西部）	努鲁儿虎山以东（东部）	时代	
12	燕文化		战国晚期	夏至战国时期
11	水泉类型、井沟子类型（含铁匠沟类型）	五道河子遗存、凌河类型（晚期）	战国早中期	
10	夏家店上层文化	凌河类型（早期）	西周至春秋	
9	魏营子类型（？）	魏营子类型	商代晚期	
8	夏家店下层文化		夏至早商	
7	小河沿文化		公元前3000年～前2500年	新石器时代
6	红山文化（晚期）		公元前3500年～前3000年	
5	红山文化（中期）		公元前4000年～前3500年	
4	红山文化（早期）		公元前4500年～前4000年	
3	赵宝沟文化（含富河文化）		公元前5000年～前4500年	
2	兴隆洼文化		公元前6200年～前5000年	
1	小河西文化		公元前6200年以前	

二、各文化之间纵向关系的探讨

通过对辽西地区各阶段考古学文化内涵进行比较分析，我们发现，处在12个发展阶段上的13种汉以前的文化遗存，有的仅是年代上的早晚关系，有的则是文化上的前后承袭关系。

处在第1段的小河西文化，陶器造型主要为平底筒形罐，与2段的兴隆洼文化相比，

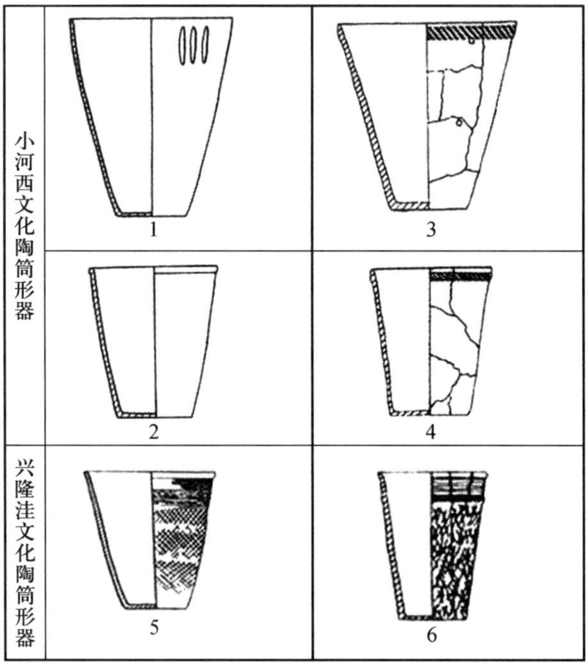

图四　小河西文化陶筒形器与兴隆洼文化陶筒形器亲缘关系比较

1、2、5. 白音长汗（BT3②：9、BF64②：1、BF63②：3）
3、4、6. 查海（F34：43、F35：6、F25：8）

器表虽无纹饰，但形态十分接近，彼此演进关系非常清楚（图四），表明二者之间应该是文化承袭关系，即小河西文化是兴隆洼文化的前身。

第2～6段，共包含三种考古学文化，分别是兴隆洼文化、赵宝沟文化（含富河文化）和红山文化。这三种考古学文化年代彼此衔接，文化内涵表现出许多方面的共性。例如，村落布局皆井然有序，多数有环壕围绕，房屋均成片分布、成行排列。使用的陶器均以平底筒形罐为大宗，并普遍使用"之"字纹、"席纹"装饰器表。由于这是一个以"之"字纹陶器为标志的时期，三种考古学文化之间有着共同的特征和文化传统，因此有理由相信它们的关系应该是一脉相承、连续发展的。而今后应该做的工作是进一步排好它们之间典型陶器和纹饰的演变序列，以便使三种文化的前后发展关系显现得更加清楚。

到了第7段的小河沿文化，内涵出现了较大的变化。一是"之"字纹陶器完全消失，新出现了绳纹、堆纹以及各种刻画符号等。二是除平底筒形罐外，新出现了鼓腹罐、壶、豆等一些新的器型。这些变化反映出小河沿文化在部分地继承本地传统的同时，可能大量地吸收了周边地区的文化因素，从而形成了一个新的更加复杂的文化面貌。但是从文化的传承关系上看，我们仍然认为小河沿文化是从本地区兴隆洼—赵宝沟—红山文化系统中成长起来的一支文化，它与这个系统有着明显的承袭关系。只是从现有的材料看，它所表现出的是更多地继承了赵宝沟文化阶段的一些因素，而红山文化阶段的因素并不明显。例如，小河沿文化的陶尊（图五，6）明显是由赵宝沟文化的尊（图五，1）发展而来的，彼此演变趋势十分明显。还有小河沿文化的彩陶和刻划纹在图案构成方面与赵宝沟文化的刻划几何纹十分近似，两者之间应具有渊源关系（图五，2～5、7～11）。

处于第8段的夏家店下层文化，已经进入了青铜时代。关于该文化的性质，始终存在着"大文化概念"和"小文化概念"之分。"大文化概念"是指把燕山以南的京、津、唐地区发现的"大砣头文化"也包括在内，"小文化概念"则仅指分布在辽西地区的夏家店下层文化。仅就辽西地区的夏家店下层文化而言，多数学者认为它是由小

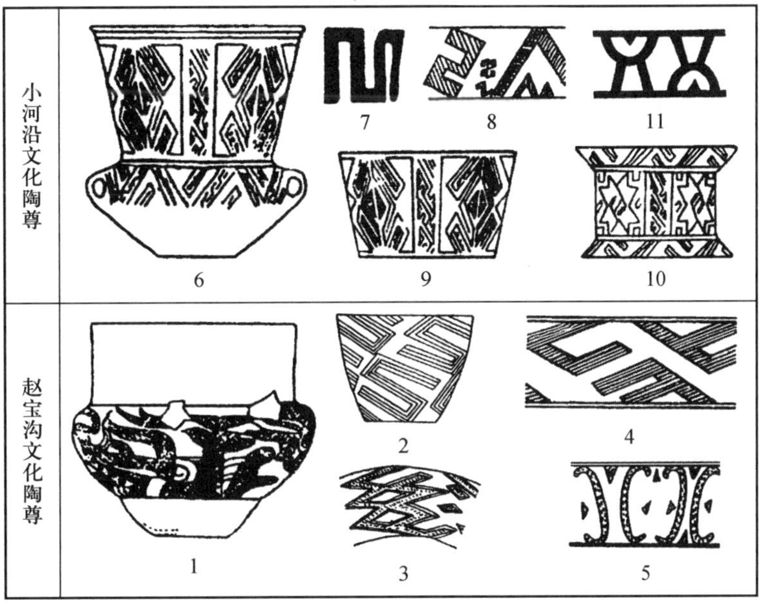

图五 赵宝沟文化陶尊与小河沿文化陶尊亲缘关系比较

1. 小山F②：30 2. 小山F2②：4 3. 小山F2②：54 4. 小山F2②：46 5. 小山F2②：28 6. 南台地F4：1 7. 石虎山墓葬 8. 大南沟墓葬 9. 南台地F4：1 10. 南台地F4 ：3 11. 大南沟M36：1

河沿文化发展而来的，主要根据是小河沿文化的磨光黑陶、细绳纹及折腹盆等与夏家店下层文化的同类器有一定的联系，尤其是两种文化的陶尊在形态上具有一脉相承的演变关系。我们完全同意这种看法，并且认为夏家店下层文化和小河沿文化之间之所以可供比较的共性因素还不够充分，是因为两者之间还存在着约500年的时间距离，若以后通过发掘能够填补上这段空白材料，则二者的关系问题或可能看得更加清楚一些。关于辽西地区夏家店下层文化的后裔，目前在本地区还没有找到，它与后来的魏营子类型和夏家店上层文化不存在传承关系。

第9段的魏营子类型，目前发现的材料主要集中在努鲁儿虎山以东的大、小凌河流域，努鲁儿虎山以西的老哈河、教来河流域，材料少而零星、情况比较模糊。从目前的研究结果看，它与夏家店下层文化不存在渊源关系，但是一部分因素被融入了后来的夏家店上层文化之中。例如，在夏家店上层文化中所看到的乳状袋足鬲，很明显就是阜新地区出土的魏营子类型乳状袋足鬲的后裔。

从处在第10～12段的6种文化来看，分布在努鲁儿虎山以西的夏家店上层文化，其主源并非魏营子类型（只是吸收了它的一部分因素而已），去向也并非后来的水泉类型、井沟子类型（含铁匠沟类型）或努鲁儿虎山以东的五道河子遗存、凌河类型。而水泉类型、井沟子类型（含铁匠沟类型）、五道河子遗存三种文化遗存各自的源流和彼此关系目前还搞不清楚。分布在努鲁儿虎山以东的凌河类型，在本地区内找不到它的头尾。覆盖努鲁儿虎山东、西两侧的燕文化显然与第11段以前的文化有着本质的区别，不存在任何的承袭关系。

由此看来，在辽西地区，文化发展存在着明显承袭关系的只有小河西文化、兴隆洼文化、赵宝沟文化（含富河文化）、红山文化、小河沿文化、夏家店下层文化6种，这6种考古学文化处在第1～8段，彼此之间构成了一个较长的文化链条。尽管在各个不同的发展阶段上它们各自对外、对内有过文化成分上的输出与输入，但是从主体文化因素的传承上看应该同属于一个大的文化系统。与此相反，有早晚关系但不存在承袭关系的文化有7种，它们均处在第9～12段，分别为魏营子类型、夏家店上层文化、水泉类型、井沟子类型（含铁匠沟类型）、五道河子遗存、凌河类型和燕文化。由于这7种考古学文化彼此间没有明显的亲缘联系，因此它们各自的渊源和流向则只能到辽西以外的地区去寻找。

三、各文化与周边文化横向关系的讨论

将辽西地区汉以前各阶段上的考古学文化与周边地区的同时期考古学文化进行比较，我们可进一步发现它们与外界文化的交流关系存在着明显的形式上的不同。有的表现为向外输出式，有的表现为向内吸收式，有的表现为双向交流式，还有的表现为文化的徙出和迁入。

首先从1～3段的小河西文化、兴隆洼文化、赵宝沟文化（含富河文化）来看，自身特点十分突出，全部遗存均具有鲜明的地方特色。在这一时期的三个考古学文化遗存当中，很难找到与周边地区相同的文化因素。相反在辽西南部的磁山文化、东部的新乐下层文化和小珠山下层文化（含后洼下层文化）、东北部的左家山下层文化（以左家山遗址的第一、二期遗存为代表）器物群中，均可以不同程度地看到来自辽西地区的以之字纹陶器为代表的文化成分。不仅如此，在远至中原地区半坡文化的元君庙墓地当中[21]，同样可以发现赵宝沟文化尊形器[22]的身影（图六）。这表明，在公元前4500年以前的三个发展阶段上，辽西地区与周边地区之间的文化交流方向是向外的，方式是向外输出式的。

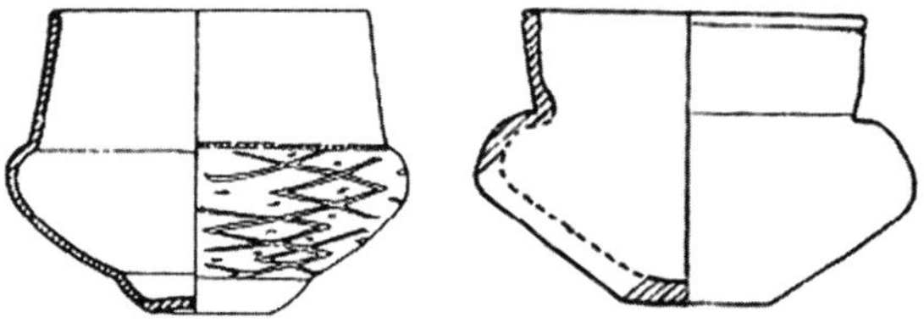

1　　2

图六　赵宝沟文化陶器和半坡文化陶器的比较
1. 赵宝沟文化陶尊（小山遗址F1②：5）　2. 半坡文化尊形器（元君庙墓地M411：7）

到了第4～7段的红山文化和小河沿文化时期，情况明显有所不同。具体表现是从红山文化早期开始，辽西地区与外界的交往方式发生了根本性的转变。即由原来单一的向外输出式，变成了以对外借鉴为主的向内吸收式。虽然对外也有一定的影响，但影响的幅度和力度明显偏弱。这种状况前后持续时间长达2000年。为反应这一现象，现举例加以说明：①处于第4段的红山文化早期，时间上相当于中原仰韶时代早期的末段。其器物群的构成，除了包含大量来自本地区以之字纹、席纹筒形罐为代表的传统文化成分以外，还新出现了彩陶和红衣陶，特别是在器型方面，有些成分明显可以看出是来自后岗一期文化和半坡文化的因素（图七），这表明从这一时期开始，辽西地区已经受到了来自中原地区同时期考古学文化的强烈影响。②第5段的红山文化中期年代与中原仰韶文化中期同时。在它的陶器群中，同样可以发现一定数量的来自中原庙底沟文化的彩陶和器类（图八）。③红山文化晚期所代表的第6段，彩陶更加发达，只是外来的影响由中原转变成了内蒙古的中南部地区（河套地区）。从所见的彩陶图案和器型上看，这些因素应该是庙

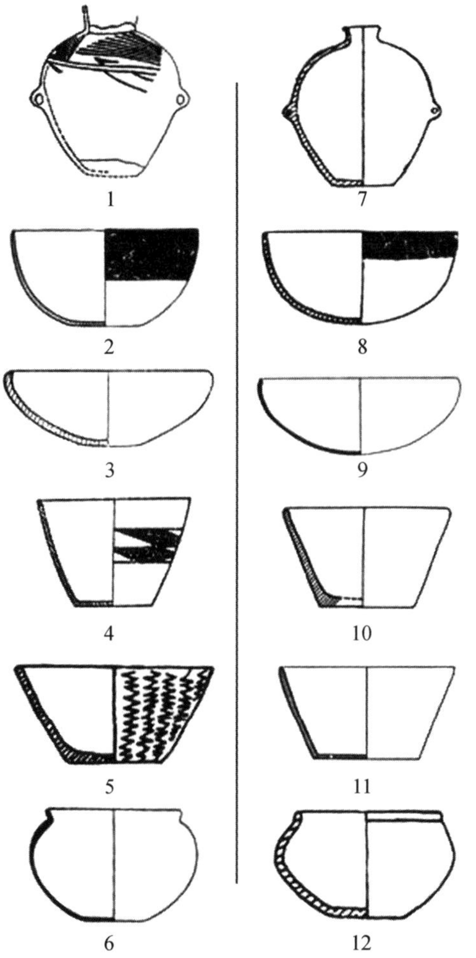

图七　红山文化早期陶器（左）与中原后岗一期文化、半坡文化陶器（右）的比较

1、7. 壶（西水泉H2：21、四十里坡下层H8）
2、3、8、9. 钵（西水泉T7②：20、四棱山Y1：1后岗TB2④：7、半坡Ⅰ2a）　4、5、10、11. 碗（三道湾子H1：13、四棱山Y1：3、半坡Ⅲ9b、半坡XⅣ）　6、12. 罐（红山后Fig. 34b、北首岭77M8：8）

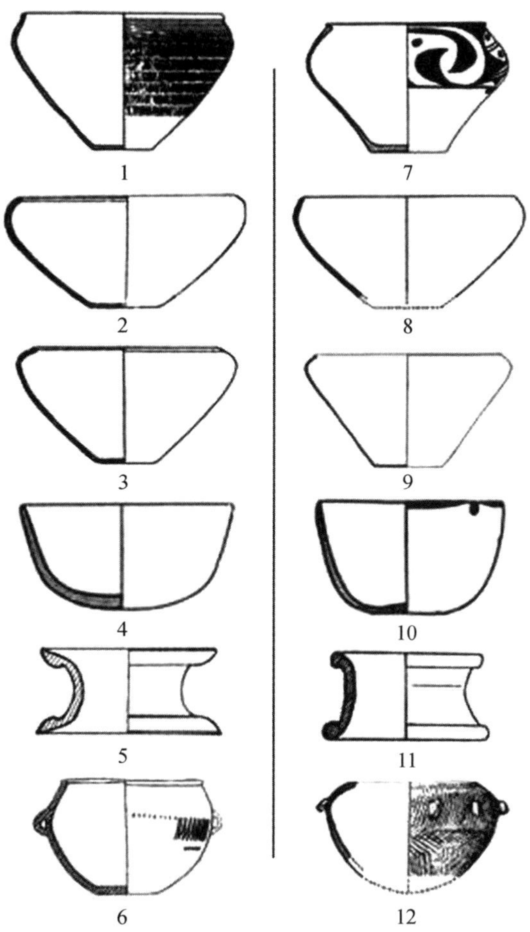

图八　红山文化中期陶器（左）与中原庙底沟文化陶器（右）的比较

1、7. 折肩罐（牛河梁H3：2、庙底沟A9hT68：02）
2、3、8、9. 敛口钵（那斯台图五，1，牛河梁H3：3，庙底沟B5aH325：11、B5dH203：50）　4、10. 圜底碗（牛河梁H3：4、庙底沟A4aH327：06）　5、11. 器座（四棱山Y2：7、庙底沟A20bH2：19）　6、12. 双耳罐（牛河梁ZCZ1：1、庙底沟A1H12：107）

子沟文化（或称“白泥窑子文化”“海生不浪文化”）对辽西红山文化影响的结果（图九）。④到了第7段的小河沿文化时期，外来的文化影响更加强烈，而且来源更加复杂。这一时期不仅可以看到来自西部庙子沟文化的因素（图一〇），还明显出现了来自东南部黄河下游地区大汶口文化（刘林期）的因素（图一一）。以上种种现象均表明红山文化和小河沿文化受到了来自周边地区多个方向上的不同考古学文化的影响，而且由早到晚影响力度也越来越大。不管这种影响是主动接受的还是被动接受

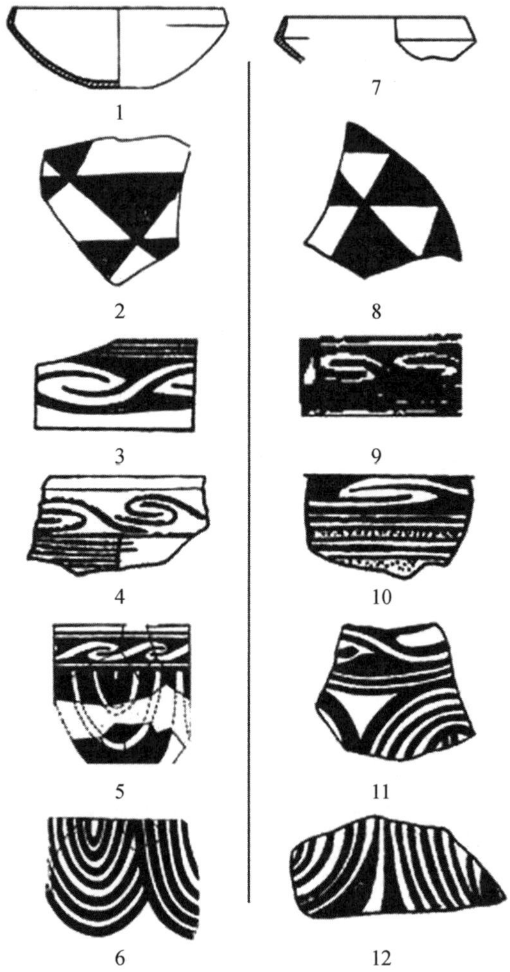

图九　红山文化晚期陶器（左）与庙子沟文化陶器（右）的比较

1、7. 钵（白音长汗AH16：5、海生不浪H29①：9）
2、8. 三角纹（东山嘴E9②：14、海生不浪F5：37）
3、4、9、10. 平行线纹加单勾连涡纹（城子山T4②：25、胡头沟图四，2、白泥窑子G1：17、海生不浪H34：12）　5、6、11、12. 垂环纹（古头沟筒5，红山后Fig. 35，3，白泥窑子图五，7、3）

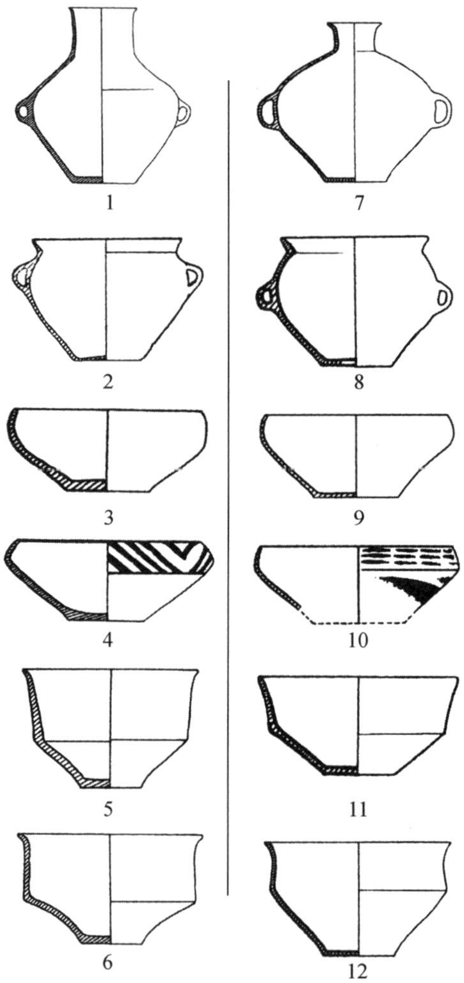

图一〇　小河沿文化陶器（左）与庙子沟文化陶器（右）的比较

1. M74：4　2. H16：2　3. M25：2　4. M74：5
5. M1：4　6. M4：2　7. M30：3　8. H13：1
9. M15：1　10. H33：17　11. H31：6
12. H31：5
（1、3～6. 大南沟出土，2. 南台地出土，7～12. 庙子沟出土）

的，它所产生的直接后果就是文化间的碰撞和融合大大地推进了这个时期考古学文化的进步，并使得辽西地区进入了一个快速的大发展阶段。从这种认识出发，恐怕就不难理解为什么红山文化（晚期）在整个东北地区乃至全国范围内最先跨入文明门槛了。

第8段的夏家店下层文化，以绳纹甗、尊式鬲、素面鼓腹鬲、素面瓿式鬲最具特色。从文化渊源上看，既有对当地小河沿文化系统本土文化成分的继承（如尊、钵形鼎、浅盘豆等），又有来自对中原地区以绳纹为代表的后岗二期文化因素的吸收（如无腰隔绳纹甗、绳纹中口深腹罐、绳纹深腹扳耳盆等），还有由这两种文化成分碰撞而成的新器型（如尊式鬲等）。但是从文化的对外交流和影响上看，大甸子墓地出土的一些文化因素（如鬶、爵等）[23]明显是来自中原二里头文化的（图一二），属于向内吸收

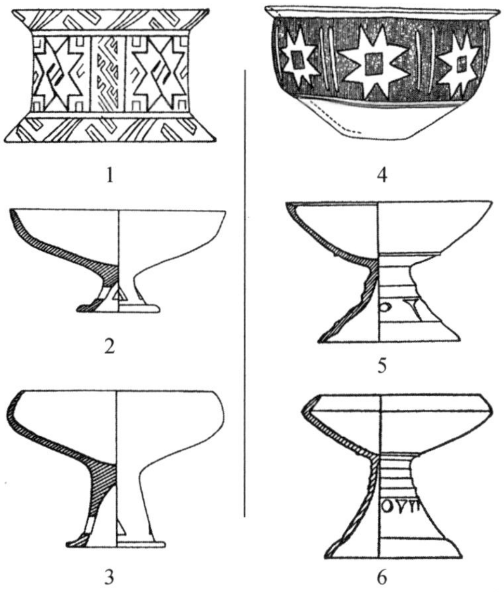

图一一　小河沿文化陶器（左）与大汶口文化刘林期陶器（右）的比较

1. 彩陶器座（南台地F4：3）　2、3、5、6. 镂孔豆（天南沟M67：9、M74：3，刘林M185：20，大墩子M22：9）　4. 彩陶盆（大墩子M44：4）

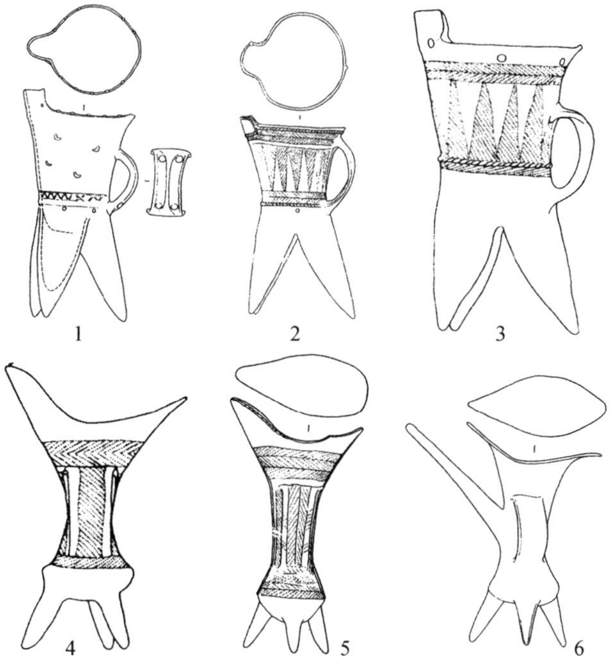

图一二　夏家店下层文化陶器群中所见的中原二里头文化因素

1～3. 陶鬶（大甸子M905：9、M666：7、M931：10）　4～6. 陶爵（M931：11、M666：8、M905：10）

式。然而，特别值得注意的是，在夏家店下层文化器物群中可以明显看到有来自东部高台山文化早期的因素（素面直腹陶鬲），同时在高台山文化早期器物群中又可看到来自西部夏家店下层文化的因素（灰陶盂或称灰陶尊），这反映出第8段的夏家店下层文化时期的对外关系是双向交流式的（图一三）。关于这种文化的发展去向，有些学者认为它可能有一部分融入了后来的魏营子类型当中[24]。但是从相互可比的材料来看，一是绳纹并不一样，魏营子类型的绳纹多数经过刮抹，纹痕很不清楚；二是魏营子极少见到的筒式素面鬲，与夏家店下层的形态相去甚远，其他陶器更是不具有任何可比性。再有魏营子类型以夹砂褐陶为主，两种文化在陶系上存在着本质的不同。所以，仅从目前的材料来看，夏家店下层文化在辽西地区根本寻觅不到它向后发展的身影，不排除从辽西地区迁往外地的可能。当然，这是一个需要很长时间做进一步发现和探讨的问题。

从第9段的魏营子类型开始，到第12段的燕文化结束，辽西地区与周边地区的文化关系又出现了明显的不同。由于这一时期的文化之间缺乏明显的承传关系，因此展现出来的文化格局则是不同文化的徙出与迁入。

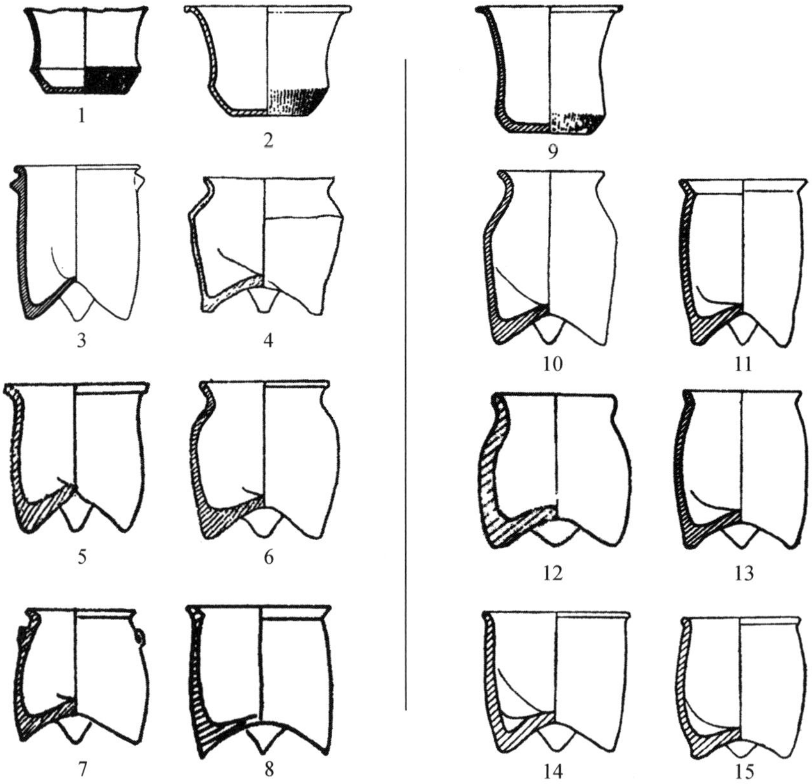

图一三　夏家店下层文化陶器（左）和高台山文化陶器（右）的比较

1、2、9. 陶尊（赤峰大山前96G2⑫：1、围坊T1③：16、平顶山M107：1）　3、4、12、14、15. 素面陶鬲（大甸子墓地M31：3、宁城南山根采集：1、平安堡H1059：1、彰武前乌拉满汉出土、彰武大冷木头村出土）　5～8. 库伦、奈曼出土素面陶鬲　10、11、13. 彰武东大窝堡出土素面陶鬲

从魏营子类型的整体特征来看，除明显受到了东部地区高台山文化的影响以外，其主体成分应该是来自西部长城地带朱开沟文化以绳纹花边鬲为代表的遗存。因此，从某种程度上讲，它应该是夏家店下层文化迁出辽西以后，西部的朱开沟文化趁机东迁而入的结果。与此情况相同，继魏营子类型之后，努鲁儿虎山东、西两侧出现的凌河类型和夏家店上层文化也在当地找不到它们的源头。它们从何而来？最合理的解释恐怕也应是由外地迁徙而来。

关于夏家店上层文化的来源，早在1990年9月张忠培先生就提出了“夏家店上层文化是由高台山类型系统发展来的”观点[25]。2006年笔者对这一观点做了进一步的肯定，并具体排出了两种文化间典型陶器的承继演变关系图[26]。由此可证，西周至春秋时期的夏家店上层文化是由东部夏商时期的高台山文化西迁到本地并融入了少量当地文化因素而形成的。

凌河类型的年代跨度较长，从西周一直延续到战国燕文化到达之前。从文化内涵上看，这种遗存不见三足陶器，而是以平底陶器和曲刃青铜短剑为特色。由于发掘和发表的材料比较零散，所以对文化性质的认识一直比较模糊。关于它的来源，尽管有人认为可能与魏营子类型有关，但是从两者陶器的基本器类和青铜短剑方面所表现出来的较大差异性来看，显然难以令人信服。从文化因素上看，虽然有少部分因素与努鲁儿虎山西侧的夏家店上层文化、水泉类型、井沟子类型（含铁匠沟类型）有关，还有一些为来自中原地区的文化成分（如青铜戈、双翼有铤铜镞等均为中原式青铜器，小口双耳鼓腹陶壶的形制和河北玉皇庙文化或称“军都山文化”的同类陶器相近[27]）。但就叠唇筒腹陶罐、素面高颈陶壶、曲刃青铜短剑等主体文化成分而言，应该和辽东地区同期存在的“双房文化”有着十分密切的联系。具体地说，这些主体成分很可能是双房文化自西周开始不断向西拓展并将其活动空间扩大到了此地的结果。如此，凌河类型便是双房文化自辽东迁徙到辽西大、小凌河流域的一个地方变种[28]。当然，在大、小凌河流域和辽东地区之间的辽西平原地区，目前尚未发现两周时期的遗存，若日后这一地区的田野考古工作能够有所突破，则可能会更有利于这一问题的解决。

最后需要说明的是，努鲁儿虎山以西地区在夏家店上层文化之后、燕文化到来之前（战国早中期）出现的是水泉类型和井沟子类型（含铁匠沟类型）。从现有的材料看，这两种遗存既有共性（如都有双耳陶罐、叠唇陶罐等），又有个性［如水泉类型不见鼓腹瓮和鬲，井沟子类型（含铁匠沟类型）不见角把陶罐］，究竟是属于同一种文化还是分属于不同的文化，现在还说不清楚（本文暂视其为两种不同的文化）。此外，两种遗存中除了都可以看到有来自东部凌河类型晚期的影响因素以外，各自的来源均不十分明朗，不排除有外地迁入的可能。至于它们的去向，有一种说法是很可能融进了后来的战国燕文化之中[29]。

大约与凌河类型晚期和井沟子类型（含铁匠沟类型）、水泉类型处于相同时期的凌源五道河子遗存，材料仅限一处墓地的11座墓葬，而且随葬品中只有青铜器而不见陶器[30]。从青铜器的构成来看，既有中原式的柳叶形剑、长胡三穿戈和车器，又有北方草原风格的三角形和人形坠饰、连珠状坠饰、马形饰牌、牛形金饰牌，还有具有凌河类型晚期特点的鳐鱼形当卢。有人认为这类遗存的墓制和葬俗与年代稍晚的完工、扎来诺尔等东胡族系的鲜卑墓葬相近[31]，也有人认为这类遗存的性质应该是冀北地区“山戎文化”晚期的代表性遗存[32]，然而不管哪种说法合理，都基本认定了它应该是由别的地方迁徙到辽西地区的。

至于战国晚期的燕文化并非辽西土著文化，而是由中原迁移而来，已是人人皆知的事情了，自然不必多言。

总之，辽西地区汉以前文化在与周边文化关系方面所表现出的交流方式是多样的，时间不同，方式也有所不同。具体说来，可分为四个大的时期、四种主要方式。

第一期：以第1～3段的小河西文化、兴隆洼文化、赵宝沟文化（含富河文化）为代表，文化的交流方式是向外输出式的。

第二期：以第4～7段的红山文化和小河沿文化为代表，文化的交流方式是向内吸收式的。

第三期：以第8段的夏家店下层文化为代表，文化的交流方式既有向内吸收式的，也有向外输出式的，可称为双向交流式。

第四期：以第9～12段的魏营子类型、夏家店上层文化、凌河类型、水泉类型、井沟子类型（含钬匠够类型）、五道河子遗存、燕文化为代表，文化的来源和去向均表现为外地文化的迁入或本地文化的徙出。

注　　释

［1］　杨虎：《敖汉旗榆树山、西梁遗址》，《中国考古学年鉴·1989年》，文物出版社，1990年。

［2］　邵国田：《千斤营子遗址与小河西文化》，《敖汉文物精华》，内蒙古文化出版社，2002年；刘晋祥：《翁牛特旗大新井村新石器时代遗址》，《中国考古学年鉴·1989年》，文物出版社，1990年；索秀芬、郭治中：《白音长汗遗址小河西文化遗存》，《边疆考古研究》（第3辑），科学出版社，2004年；索秀芬：《小河西文化初论》，《考古与文物》2005年1期；刘国祥、张义成：《内蒙古喀喇沁旗发现大型小河西文化聚落》，《中国文物报》2000年1月16日1版。

［3］　朱延平：《辽西区新石器时代考古学文化纵横》，《内蒙古东部区考古学文化研究文集》，海洋出版社，1991年；陈国庆：《兴隆洼文化分期及相关问题探讨》，《边疆考古研究》（第3辑），科学出版社，2004年。

［4］　内蒙古自治区文物考古研究所：《白音长汗——新石器时代遗址发掘报告》，科学出版社，2004年。

［5］　内蒙古自治区文物考古研究所：《白音长汗——新石器时代遗址发掘报告》，科学出版社，

2004年；辛岩、方殿春：《查海遗址1992—1994年发掘报告》，《辽宁考古文集》，辽宁民族出版社，2003年。

[6] 中国科学院考古研究所内蒙古工作队：《内蒙古巴林左旗富河沟门遗址发掘简报》，《考古》1964年1期。

[7] 徐光冀：《富河文化的发现与研究》，《新中国的考古发现与研究》，文物出版社，1984年。

[8] 中国科学院考古研究所实验室：《放射性碳素测定年代报告》，《考古》1974年5期。

[9] 朱延平：《富河文化的若干问题》，《内蒙古文物考古文集》（第一辑），中国大百科全书出版社，1994年；赵宾福、刘伟、杜占伟：《“富河文化”与赵宝沟文化的地方类型》，《考古》2012年11期。

[10] 索秀芬：《小河西文化初论》，《考古与文物》2005年1期；索秀芬、郭治中：《白音查汗遗址小河西文化遗存》，《边疆考古研究》（第3辑），科学出版社，2004年。

[11] 中国社会科学院考古研究所：《中国考古学中碳十四年代数据集》（1965—1991），文物出版社，1991年；中国社会科学院考古研究所实验室：《放射性碳素测定年代报告》（二一），《考古》1994年7期；中国社会科学院考古研究所考古科技实验研究中心：《放射性碳素测定年代报告》（二七），《考古》2001年7期。

[12] 内蒙古自治区文物考古研究所：《内蒙古林西县白音长汗新石器时代遗址发掘简报》，《考古》1993年7期。

[13] 辽宁省文物考古研究所：《辽宁阜新县查海遗址1987—1990年三次发掘》，《文物》1994年11期。

[14] 赵宾福：《赵宝沟文化的分期与源流》，《中国考古学会第八次年会论文集》（1991年），文物出版社，1996年；董新林：《赵宝沟文化研究》，《考古求知集——1996考古研究所中青年学术讨论会文集》，中国社会科学出版社，1997年；陈国庆：《试论赵宝沟文化》，《考古学报》2008年2期。

[15] 杨虎：《红山文化的几个问题》，《苏秉琦考古五十五周年论文集》，文物出版社，1989年；张星德：《红山文化分期初探》，《考古》1991年8期；赵宾福：《红山文化研究历程及相关问题再认识》，《内蒙古大学学报（人文社会科学版）》2005年4期；朱延平：《东北地区南部公元前三千纪初以远的新时期考古学文化编年、谱系及相关问题》，《考古学文化论集》，文物出版社，1997年；吕学明、朱达：《牛河梁红山文化墓葬分期及相关问题》，《玉魂国魄——中国古代玉器与传统文化学术讨论会文集》，北京燕山出版社，2002年；索秀芬、李少兵：《牛河梁遗址红山文化遗存分期初探》，《考古》2007年10期；陈国庆：《红山文化研究》，《华夏考古》2008年3期。

[16] 赵宾福、薛振华：《以陶器为视角的红山文化发展阶段研究》，《考古学报》2012年1期。

[17] 赵宾福：《关于小河沿文化的几点认识》，《文物》2005年7期。

陈国庆：《小河沿文化分期与年代探讨》，《新果集——庆祝林沄先生七十华诞论文集》，科学出版社，2009年。

［18］ 赵宾福：《中国东北地区夏至战国时期的考古学文化研究》，科学出版社，2009年。

［19］ 邵国田：《敖汉旗铁匠沟战国墓地调查简报》，《内蒙古文物考古》1992年1、2期。

［20］ 赵宾福：《辽西山地夏到战国时期考古学文化时空框架研究的再检讨》，《边疆考古研究》（第5辑），科学出版社，2006年。

［21］ 发现这一现象的是张忠培先生，他曾指着《元君庙仰韶墓地》报告上的线图和图版对笔者说："M411：7这件尊形器应该是中原半坡文化中见到的来自辽西地区赵宝沟文化的因素。"特此说明。

［22］ 北京大学历史系考古教研室：《元君庙仰韶墓地（黄河水库考古报告之四）》，文物出版社，1983年；中国社会科学院考古研究所内蒙古工作队：《内蒙古敖汉旗小山遗址》，《考古》1987年6期。

［23］ 中国社会科学院考古研究所：《大甸子——夏家店下层文化遗址与墓地发掘报告》，科学出版社，1998年。

［24］ 郭大顺：《试论魏营子类型》，《考古学文化论集》（一），文物出版社，1987年。

［25］ 张忠培：《辽宁古遗存的分区、编年及其他——"环渤海考古"学术讨论会上的发言》，《辽海文物学刊》1991年1期。

［26］ 赵宾福：《辽西山地夏到战国时期考古学文化时空框架研究的再检讨》，《边疆考古研究》（第5辑），科学出版社，2006年。

［27］ 杨建华：《再论玉皇庙文化》，《边疆考古研究》（第2辑），科学出版社，2004年。

［28］ 赵宾福：《中国东北地区夏至战国时期的考古学文化研究》，科学出版社，2009年；张忠培：《东北地区夏至战国时期考古学文化谱系研究的进程》，《中国文物报》2009年7月31日第7版。

［29］ 郑均雷：《战国燕墓的非燕文化及其历史背景》，《文物》2005年3期。

［30］ 辽宁省文物考古研究所：《辽宁凌源县五道河子战国墓发掘简报》，《文物》1989年2期。

［31］ 朱永刚：《大小凌河流域含曲刃短剑遗存的考古学文化及相关问题》，《内蒙古文物考古文集》（第二辑），中国大百科全书出版社，1997年。

［32］ 靳枫毅：《山戎文化所含燕与中原文化之分析》，《考古学报》2001年1期。

（原载《边疆考古研究》（第10辑），科学出版社，2011年）

下辽河流域

新乐下层文化的分期与年代

新乐下层文化是分布于下辽河流域的一支新石器时代考古学文化，因1973年最早发现于沈阳市新乐遗址而得名。作为20世纪70年代东北地区发现的年代最早的新石器文化遗存，新乐下层文化曾引起学界的广泛关注，但是有关这一文化的分期问题却始终未见有专文进行讨论。由于分期问题是其他诸问题研究的基础，故笔者认为有必要从现有材料出发，对新乐下层文化的分期和年代问题做一次专门的探讨，以期将该文化的研究进一步引向深入。

一、关于新乐遗址

以往关于新乐下层文化的认识，主要是通过新乐遗址的发掘而获得的。此遗址曾经历五次大规模的发掘和清理，除第五次发掘材料尚未发表以外，其他四次发掘材料可分别介绍并说明如下。

第一次发掘是1973年10月，地点在沈阳新乐电厂宿舍区旁[1]。开5米×5米探方9个，编号A1～A9（以下称73A1～73A9），探沟2条，编号T1、T2（以下称73T1、73T2）。发现新乐下层文化房址1座，编号F1（以下称73F1），其中发表陶器的单位有73A1、73T1、73F1。

第二次发掘是1978年5～11月，发掘区位于第一次发掘地点的西北[2]。开5米×5米探方2个，编号A10、A11（以下称78A10、78A11），1米×10米探沟1条，编号T3（以下称78T3）。发现新乐下层文化房址1座，编号F2（以下称78F2），发表的遗物均出自78F2。经核查，原报告中部分陶器的编号图文不符。结合报告图版分析，可知原图四，3弦纹筒形罐“F2：4”应改为“F2：2”；原图四，4之字纹筒形罐“F2：3”应改为“F2：4”；原图四，2之字纹筒形罐“F2：2”应改为“F2：3”。

第三次发掘是1980年5月～1982年10月，发掘区位于新乐电厂宿舍附近[3]。开10米×10米探方13个，编号T1～T13（以下称80T1～80T13），13米×3米探沟1条，未介绍编号。发现新乐下层文化房址13座，编号F3～F15（以下称80F3～80F15），实际清理的只有80F3～80F6、80F8 5座（80F8位于探沟内，未全部清理）。其中，80F3、80F5、80F6、80F8发表了陶器。

第四次发掘是在1982～1988年，工作主要是在两个区域陆续进行的[4]。共开5米×5米探方18个，未介绍编号。第一区域为辽宁省地质局住宅楼区，发掘时间为1982年9月至翌年5月和1984年10月至翌年3月，先后抢救性清理新乐下层文化房址9座，编号83CDF1～83CDF4、84CDF5～84CDF9；第二区域为航天工业部零六单位，发掘时间为1983年6～9月和1987年4月至翌年7月，先后抢救性清理新乐下层文化房址4座，编号83〇六F1、83〇六F2、87〇六F4、88〇六F5（F3未介绍）。两发掘区共清理房址13座，其中发表了陶器的单位有83CDF1～83CDF4、83〇六F2，此外83〇六F2ZK1[5]、83〇六F2ZK2亦有陶器发表。需要特别指出的是，原报告中部分陶器编号也存在着图文不符的现象，具体情况为：原文图十，9陶罐文字介绍编号为“83CDF4：4”，插图编号为“83〇六F4：4”，查整个第四次发掘不存在“83〇六F4”这个遗迹单位，故可认定插图中的“〇六”应是“CD”的误刊；原文图一一，5素面钵文字介绍编号为“83CDF4：6”，插图编号为“83CDF：6”；原文图十，1陶罐文字介绍编号为“83〇六F2ZK2：14”，插图编号为“83〇六F2：2）ZK2：14”；原文图一一，14文字介绍编号为“83〇六F2ZK2：19”，插图编号为“83〇六F2：ZK2：19”，从后三例情况来看，插图中的编号明显有误，故以文字介绍编号为准。

除新乐遗址以外，1986年在辽宁省康平县文物调查中，也发现了零星的新乐下层文化遗物[6]。其中，可以确定的是王全遗址采集到的1件之字纹筒形罐，为行文方便，以下将此件筒形罐编号为“王采：1”。

二、单位分组

由以上材料分析不难发现，目前发表的新乐下层文化房址之间不存在叠压或打破现象，但从陶器的共存关系入手，通过器物间的形态比较分析，仍可将目前发表有陶器的单位划分为以下三组。

第一组以83〇六F2为代表，另包括83〇六F2ZK1、83〇六F2ZK2，共三个单位。83〇六F2ZK1：4筒形罐（图一，14）与83〇六F2：94（图一，13）形态颇为相似，所以83〇六F2ZK1应为第一组。83〇六F2ZK2：14筒形罐（图一，9），口部无凹带纹装饰，通体只饰一种纹饰的风格与83〇六F2：94、83〇六F2ZK1：4（图一，13、14）相似，所以83〇六F2ZK2也应为第一组。这样，可把以上三个单位并为第一组，此组陶器可参见图一。

第二组以78F2为代表，另包括80F3、80F5、80F6、80F8，共五个单位。80F5：124筒形罐（图二，2），造型、纹饰与78F2：1（图二，1）如出一辙；80F5：123筒形罐（图二，17）形态与78F2：9（图二，12）接近，皆为上腹部较

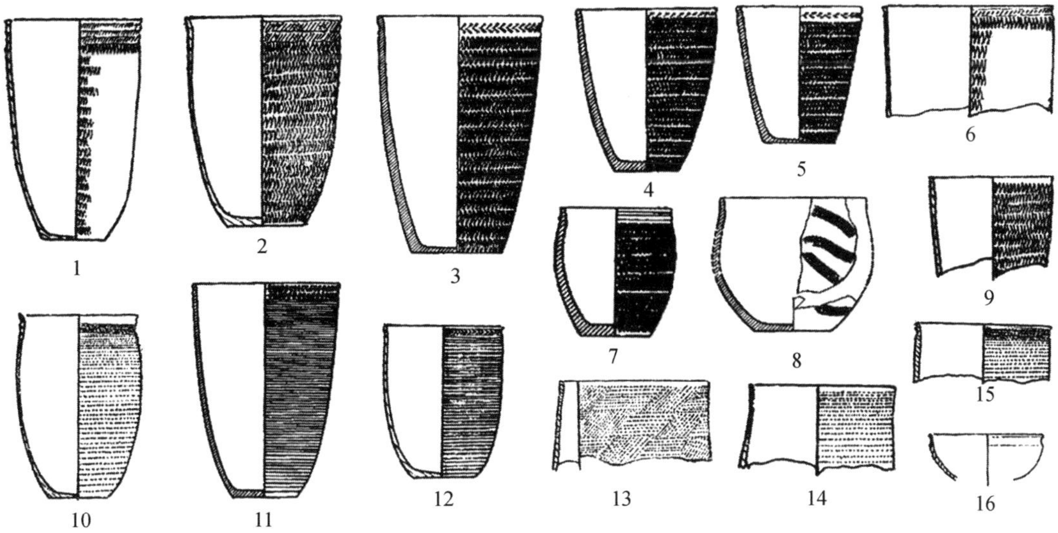

图一　新乐下层文化一组陶器

1～6、9～15. 筒形罐（83〇六F2：48、83〇六F2：47、73A1：1、73T1：1、73T1：2、83〇六F2：99、83〇六F2ZK2：14、83〇六F2：16、73A1：2、83〇六F2：14、83〇六F2：94、83〇六F2ZK1：4、83〇六F2ZK2：19）7、8. 鼓腹罐（73A1：4、73T1：120）16. 钵（83〇六F2：11）（均出自新乐遗址）

直，自中腹弧收，所以80F5属于第二组。80F3出土的80F3：193、80F3：189、80F3：192筒形罐（图二，13、9、19），与78F2：14、80F5：122、80F5：123（图二，6、11、17）在器型和纹饰方面极为相似，故80F3应与78F2、80F5同组。80F6：159筒形罐（图二，10）与78F2：7（图二，4）形态和纹饰接近；80F6：160筒形罐（图二，22），敛口，上腹稍鼓，形制同78F2：12（图二，7）相仿，所以80F6应为第二组。80F8：115筒形罐（图二，8）与78F2：7（图二，4）在形制和纹饰方面接近，所以80F8也应为第二组。这样，可把以上五个单位并为第二组，此组陶器可参见图二。

第三组以83CDF4为代表，另包括73F1、83CDF1～83CDF3及王采：1。83CDF2：4筒形罐（图三，3），口沿稍侈，下腹近底处稍内收近台状底，与83CDF4：5、83CDF4：4（图三，2、6）相同；其纹带较宽，布局疏朗，与83CDF4：5之字纹的风格也相似，所以83CDF2与83CDF4同组。83CDF1：12筒形罐（图三，9），腹身剖面近方形的特点与83CDF4：4、83CDF2：4（图三，6、3）接近；其主体压印连续三角几何纹，与83CDF4：19碗（图三，11）下腹的交叉折线纹风格相似，故83CDF1也属第三组。83CDF3：8筒形罐（图三，10）形态与83CDF1：12（图三，9）相近，器身剖面近方形，应为同组。73F1：5斜口器（图三，5），敞口、近台状底的特点在该组中

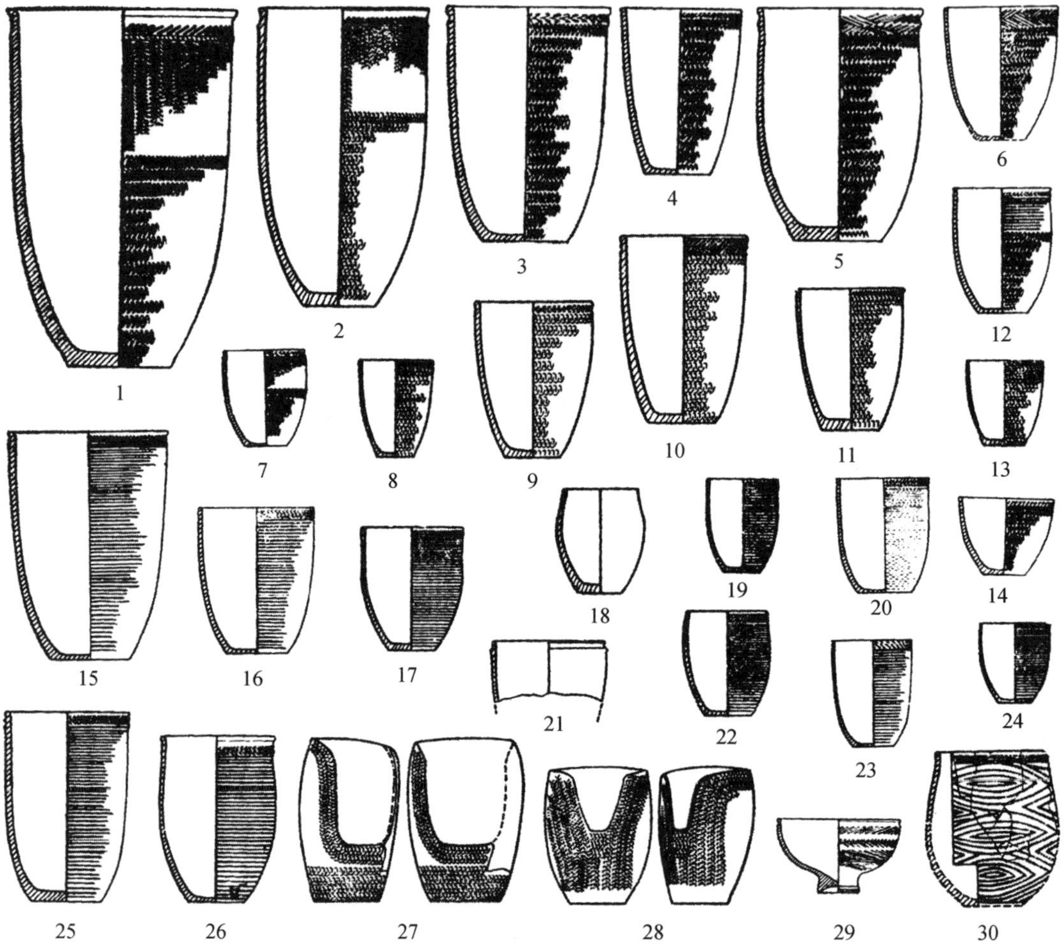

图二　新乐下层文化二组陶器

1～26. 筒形罐（78F2：1、80F5：124、78F2：3、78F2：7、78F2：4、78F2：14、78F2：12、80F8：115、80F3：189、80F6：159、80F5：122、78F2：9、80F3：193、78F2：13、78F2：2、78F2：8、80F5：123、80F5：125、80F3：192、78F2：10、80F3：201、80F6：160、78F2：11、80F3：191、78F2：5、78F2：6）　27、28. 斜口器（80F3：190、80F3：194）　29. 钵（78F2：15）　30. 鼓腹罐（78F2：546）（均出自新乐遗址）

较为多见，所以73F1也应为第三组。王采：1之字纹筒形罐（图三，4），侈口造型与83CDF4：4和83CDF4：5（图三，6、2）相似，纹带疏朗、饰纹不到底的风格在第三组陶器中也较为常见，故可将此件筒形罐并入此组。这样可把以上五个单位及王采：1并为第三组，此组陶器可参见图三。

新乐遗址未发表陶器的单位和出自73T1、73A1的6件陶器，因无法进行陶器比较，暂不分组。

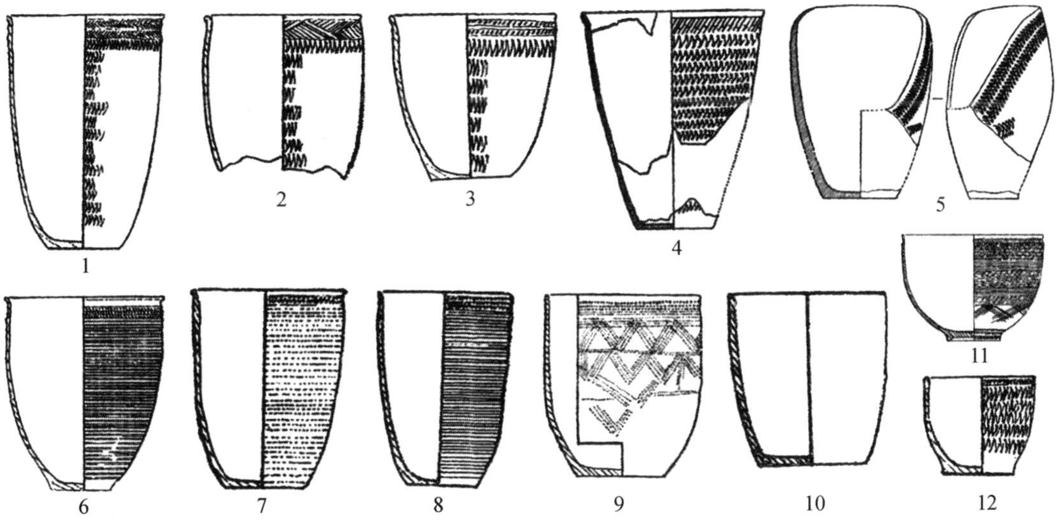

图三　新乐下层文化三组陶器

1～4、6～10. 筒形罐（83CDF4：6、83CDF4：5、83CDF2：4、王采：1、83CDF4：4、83CDF2：3、83CDF2：11、83CDF1：12、83CDF3：8）　5. 斜口器（73F1：5）　11. 碗（83CDF4：19）　12. 杯（83CDF4：8）（1～3、5～12. 新乐遗址　4. 王全遗址）

三、各 组 年 代

由于房址间没有层位上的叠压或打破关系，因此通过共存关系和器型比较所区分出来的一至三组陶器究竟是不是存在年代上的早晚关系，还需要做进一步的分析。仔细观察新乐下层文化的陶器，不难发现其中有些器型和纹饰与下辽河流域周边地区新石器时代考古学文化的陶器相同或相近。这种共性陶器的存在，不仅反映了文化间的交流与影响，同时也为判定新乐下层文化各组的年代提供了可能。

首先来看新乐下层文化第一组陶器。该组陶器和辽西地区兴隆洼文化的陶器关系比较紧密。

第一组的83〇六F2：94筒形罐（图四，1），器身饰篦点席纹，纹饰布局细密规整，象征席篾的线条横平纵斜，与兴隆洼遗址F180④：6（图四，8）所饰席纹相比，虽饰纹工具略有不同，但风格相仿。另外，类似的席纹在兴隆洼遗址F123④：79上也有发现[7]。83〇六F2：11钵（图四，2）形态较为原始，与兴隆洼文化查海遗址D2：3（图四，9）极为相近[8]。

特别值得注意的是，上文中未能进行分组的出自73T1、73A1的6件陶器也可在兴隆洼文化中找到形制相似的陶器。73T1：2筒形罐（图四，3），敞口，腹壁斜直，这种形态的筒形罐在兴隆洼文化最为常见，如白音长汗遗址AF17②：4、M13：2（图四，10、11）[9]。73T1：1筒形罐（图四，4），敞口，腹壁略弧，与白音长汗遗址

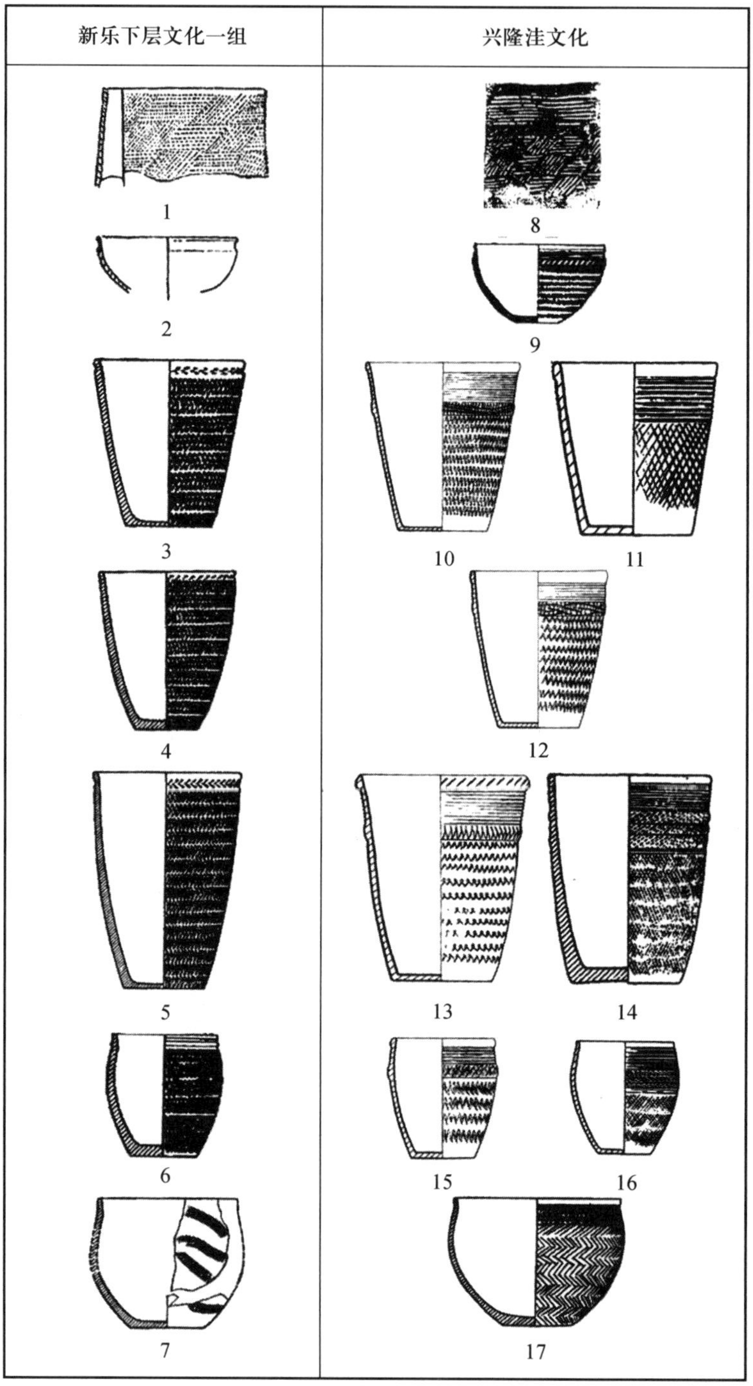

图四　新乐下层文化第一组陶器与兴隆洼文化陶器比较

1、8. 席纹（83〇六F2：94、F180④：6）　2、9. 钵（83〇六F2：11、D2：3）　3～5、10～14. 筒形罐（73T1：2、73T1：1、73A1：1、AF17②：4、M13：2、AF16②：8、BF62③：1、G1：7）　6、7、15～17. 鼓腹罐（73A1：4、73T1：120、AF8①：7、BF63②：7、F180④：8）（1～7. 新乐遗址，8、17. 兴隆洼遗址，9. 查海遗址，10～13、15、16. 白音长汗遗址，14. 东寨遗址）

AF16②：8（图四，12）器型相若[10]。73A1出土的73A1：1筒形罐（图四，5）和73A1：2（图一，11）形制相同，微敞口，深腹，弧壁，与白音长汗遗址BF62③：1、东寨遗址G1：7（图四，13、14）形态相似[11]。73A1：4鼓腹罐（图四，6），此形制在兴隆洼文化较为常见，如白音长汗遗址AF8①：7、BF63②：7（图四，15、16）[12]。73T1：120鼓腹罐（图四，7），形制与兴隆洼遗址F180④：8（图四，17）极为相像[13]。这样，以上出自73T1、73A1的6件陶器也应并入新乐下层文化第一组，同时也证明了该组陶器与兴隆洼文化陶器存在一定的共性。

兴隆洼文化的年代大致处于公元前6000～前5000年，最早可到公元前6200年左右[14]。已有的研究结果表明，兴隆洼文化主要可分为两个大的发展阶段，第一阶段以饰交叉网格纹的陶器为代表，第二阶段以饰之字纹的陶器为代表。换言之，兴隆洼文化中，饰交叉网格纹的陶器的年代早于饰之字纹陶器的年代[15]。由于新乐下层文化第一组陶器和兴隆洼文化饰之字纹陶器在形制和纹饰方面更为接近，同时也有部分陶器和兴隆洼文化饰交叉网格纹陶器形态相似，所以新乐下层文化第一组的年代上限很可能接近兴隆洼文化第一阶段的下限年代，其主体应与兴隆洼文化的第二阶段基本平行。这样，通过与兴隆洼文化的年代进行比较，可判定新乐下层文化第一组的年代不晚于公元前5000年。

其次来看新乐下层文化第二组陶器。该组陶器和辽西地区赵宝沟文化、富河文化的陶器存在较大的共性。

第二组的78F2：13筒形罐（图五，1）与属于赵宝沟文化的赵宝沟遗址F7②：12（图五，17）在纹饰和形态方面都颇为接近，两者之字纹皆排列紧密，布局严谨，且均敞口，浅腹[16]。78F2：14筒形罐（图五，2）与赵宝沟遗址F106②：4（图五，18）形态相若，且均饰排列紧密的之字纹[17]。80F3：189筒形罐（图五，3）与赵宝沟遗址的F106②：34（图五，19）在形制和纹饰方面存在较多相似之处[18]。80F3：193筒形罐（图五，4）与赵宝沟遗址H4②：4（图五，20）器型相同[19]。78F2：8筒形罐（图五，6）与赵宝沟遗址F105②：17（图五，11）形制相仿[20]。80F3：191筒形罐（图五，7）与赵宝沟遗址F6②：6（图五，12）形制接近[21]。80F6：160筒形罐（图五，8）与赵宝沟遗址F106①：16（图五，13）在器物造型方面极为相似[22]。78F2：546鼓腹罐（图五，10），器型与赵宝沟遗址F104②：8（图五，15）接近[23]，菱形纹图案与赵宝沟遗址F19①：148（图五，16）、F19①：129相仿[24]。80F3：194斜口器（图五，9）与属于赵宝沟文化的水泉遗址F9②：8（图五，14）在形制和纹饰方面颇为相像[25]。第三组的钵（图五，5）与赵宝沟遗址F105②：24（图五，21）形制接近[26]。

分布于西拉木伦河以北的富河文化，发表了3件横压竖排的之字纹筒形罐[27]。新乐下层文化筒形罐所饰之字纹与这3件筒形罐纹饰有所不同，但在器型方面可以找到相似的器物。例如，80F5：122（图六，1）与富河沟门遗址H15：2（图六，4）形态

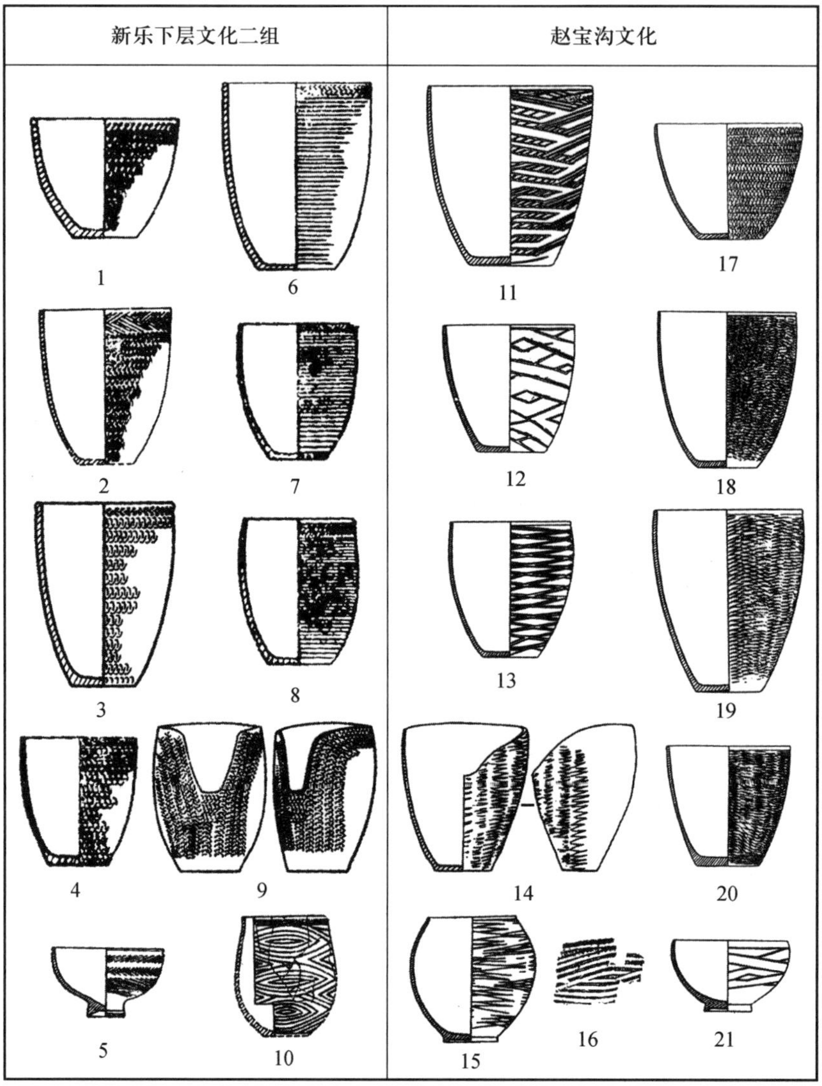

图五　新乐下层文化第二组陶器与赵宝沟文化陶器比较

1～4、6～8、11～13、17～20. 筒形罐（78F2：13、78F2：14、80F3：189、80F3：193、78F2：8、80F3：191、80F6：160、F105②：17、F6②：6、F106①：16、F7②：12、F106②：4、F106②：34、H4②：4）　5、21. 钵（78F2：1521、F105②：24）　9、14. 斜口器（80F3：194、F9②：8）　10、15. 鼓腹罐（78F2：546、F104②：8）　16. 菱形纹（F19①：148）（1～10. 新乐遗址，11～13、15～21. 赵宝沟遗址，14. 水泉遗址）

相仿；80F8：115（图六，2）与富河沟门遗址H16：22（图六，5）相比，器型基本相同；78F2：8（图六，3）与富河沟门遗址H20：7（图八，6）形态接近。

赵宝沟文化和富河文化是隔西拉木伦河南北并行发展的两个考古学文化，还是后者为前者的一个地方类型，学界略有争议，但从年代上看，两者均处于公元前5000～前4500年[28]。由于新乐下层文化第二组陶器与赵宝沟文化和富河文化陶器表现出较多的相似性，因此可判定他们的年代相当。

最后来看新乐下层文化第三组陶器。该组陶器和辽东地区后洼下层文化、辽西地区红山文化的陶器存在一定的共性。

第三组陶器中，有2件筒形罐与新乐下层文化其他筒形罐差别较大，而在后洼下层文化中可以找到较多相同形制的筒形罐。83CDF1：12筒形罐（图七，1），上腹竖直，下腹处斜收，腹身剖面近方形，此形制可以说是后洼下层文化晚期阶段筒形罐的典型特征[29]；下腹不饰纹的风格与后洼下层文化也极为相同（图七，3）。另一件筒形罐83CDF3：8（图七，2），刀刃口，器壁略弧，腹身剖面近方形，与属于后洼下层文化晚期的辽宁东沟大岗遗址T2：4筒形罐（图七，4）形制完全相同，且皆为素面[30]，二者年代应相当。

在新乐下层文化第三组陶器中，之字纹较前两组出现了纹带较宽、略微潦草、饰纹不到底的现象，这些现象与红山文化的之字纹风格有一定的相似性。新乐下层文化的

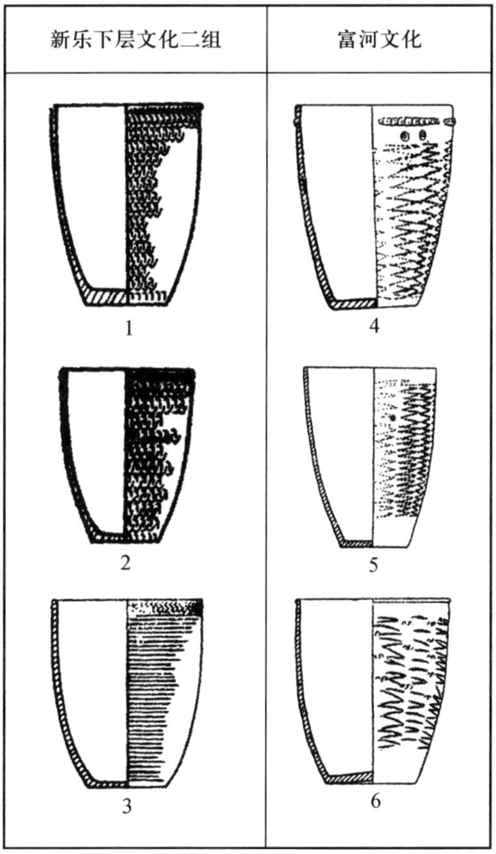

图六　新乐下层文化第二组陶器与富河文化陶筒形罐比较

1. 80F5：122　2. 80F8：115　3. 78F2：8　4. H15：2　5. H16：22　6. H20：7）（1～3. 新乐遗址，4～6. 富河沟门遗址）

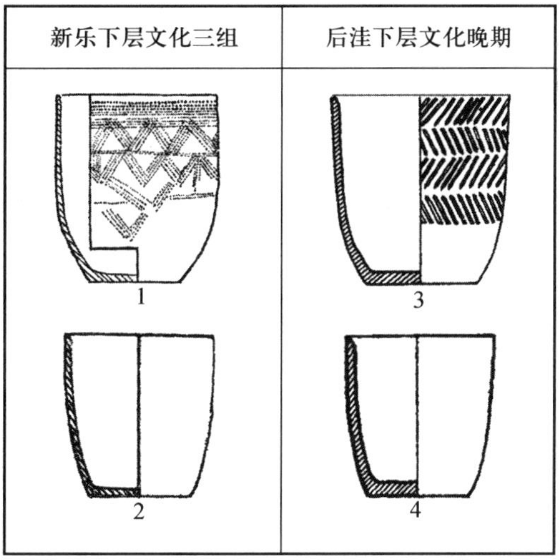

图七　新乐下层文化第三组陶器与后洼下层文化晚期陶筒形罐比较

1. 83CDF1：12　2. 83CDF3：8　3. ⅢT16④：25　4. T2：4
（1、2. 新乐遗址，3. 后洼遗址，4. 大岗遗址）

83CDF2：4筒形罐（图三，3），敞口，浅腹，而红山文化的筒形罐大多是此种形制。

后洼下层文化的年代与小珠山下层文化大体平行，其晚期年代大约为公元前4500～前4000年[31]。红山文化的年代处于公元前4500～前3000年，其早期阶段年代大约为公元前4500～前4000年[32]。综上所述，新乐下层文化第三组陶器的年代大致处于公元前4500～前4000年。

四、文 化 分 期

综合以上分析和讨论，现可认定新乐下层文化第一至三组存在年代上的早晚关系，即一组早于二组，二组早于三组。通过进一步的形态学比较，发现三组间陶器存在明显的演变关系（图八），因此以“期”代“组”，可将新乐下层文化分为早、中、晚三期。

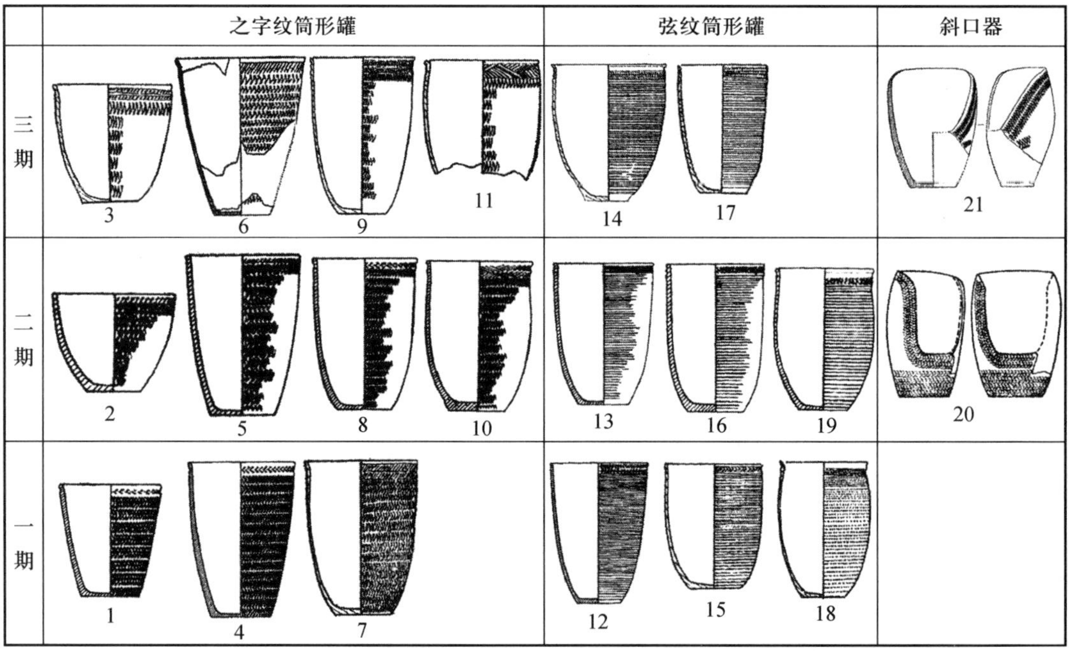

图八　新乐下层文化之字纹筒形罐、弦纹筒形罐、斜口器递变关系示意图

1. 73T1：2　2. 78F2：13　3. 83CDF2：4　4. 73A1：1　5. 78F2：7　6. 王采：1　7. 83〇六F2：47　8. 78F2：3　9. 83CDF4：6　10. 78F2：4　11. 83CDF4：5　12. 73A1：2　13. 78F2：2　14. 83CDF4：4　15. 83〇六F2：14　16. 78F2：5　17. 83CDF2：11　18. 83〇六F2：16　19. 78F2：6　20. 80F3：190　21. 73F1：5

早期以第一组陶器为代表，所属单位有83〇六F2、83〇六F2ZK1、83〇六F2ZK2，以及73T1、73A1发表的6件陶器。年代与辽西地区的兴隆洼文化晚段相当，不晚于公元前5000年。

中期以第二组陶器为代表，所属单位有78F2、80F3、80F5、80F6、80F8。年代与辽西地区的赵宝沟文化相当，大约为公元前5000～前4500年。

晚期以第三组陶器为代表，所属单位有73F1、83CDF1～83CDF4，以及王采：1。年代与辽东地区的后洼下层文化晚期、辽西地区的红山文化早期相当，大约为公元前4500～前4000年。

以往学界对于新乐下层文化年代的认识多是根据有限的^{14}C测定数据[33]。通过上文的分析，现在看来其年代上限不晚于公元前5000年，下限大约为公元前4000年。

注　释

[1] 沈阳市文物管理办公室：《沈阳新乐遗址试掘报告》，《考古学报》1978年4期，449～466页。

[2] 沈阳市文物管理办公室、沈阳故宫博物馆：《沈阳新乐遗址第二次发掘报告》，《考古学报》1985年2期，209～223页。

[3] 沈阳新乐遗址博物馆、沈阳市文物管理办公室：《辽宁沈阳新乐遗址抢救清理发掘简报》，《考古》1990年11期，969～980页。

[4] 李晓钟：《沈阳新乐遗址1982～1988年发掘报告》，《辽海文物学刊》1990年1期，7～24页。

[5] 83〇六F2ZK1即为83〇六F2的1号柱坑，在其填土内发现部分遗物，发掘者认为这些遗物的年代不晚于83〇六F2居住面上遗物的年代；83〇六F2ZK2类同。

[6] 张少青：《康平县新石器时代遗址调查》，《辽海文物学刊》1988年2期，1～15页。

[7] 中国社会科学院考古研究所内蒙古工作队：《内蒙古敖汉旗兴隆洼聚落遗址1992 年发掘简报》，《考古》1997年1期，1～26页，图二十三，2；中国社会科学院考古研究所内蒙古工作队：《内蒙古敖汉旗兴隆洼遗址发掘简报》，《考古》1985年10期，865～874页，图五，5。

[8] 辽宁省文物考古研究所：《辽宁阜新县查海遗址1987～1990年三次发掘》，《文物》1994年11期，4～19页，图二一，13。

[9] 内蒙古自治区文物考古研究所：《白音长汗——新石器时代遗址发掘报告》，科学出版社，2004年，122页，图一〇〇，10；38页，图三九，7。

[10] 内蒙古自治区文物考古研究所：《白音长汗——新石器时代遗址发掘报告》，科学出版社，2004年，185页，图一四三，5。

[11] 内蒙古自治区文物考古研究所：《白音长汗——新石器时代遗址发掘报告》，科学出版社，2004年，84页，图七二，2；河北省文物研究所：《河北省迁西县东寨遗址发掘简报》，《文物春秋》1992年增刊，128～140页，图四，1。

[12] 内蒙古自治区文物考古研究所：《白音长汗——新石器时代遗址发掘报告》，科学出版社，2004年，280页，图二二四，10；39页，图四〇，3。

[13] 中国社会科学院考古研究所内蒙古工作队：《内蒙古敖汉旗兴隆洼聚落遗址1992年发掘简

报》，《考古》1997年1期，1～26页，图十一，18。

［14］ 赵宾福：《东北石器时代考古》，吉林大学出版社，2003年，181页。

［15］ 朱延平：《富河文化的若干问题》，《内蒙古文物考古文集》（第一辑），中国大百科全书出版社，1994年，115页。

［16］ 中国社会科学院考古研究所：《敖汉赵宝沟——新石器时代聚落》，中国大百科全书出版社，1997年，38页，图29，2。

［17］ 中国社会科学院考古研究所：《敖汉赵宝沟——新石器时代聚落》，中国大百科全书出版社，1997年，114页，图86，1。

［18］ 中国社会科学院考古研究所：《敖汉赵宝沟——新石器时代聚落》，中国大百科全书出版社，1997年，114页，图86，3。

［19］ 中国社会科学院考古研究所：《敖汉赵宝沟——新石器时代聚落》，中国大百科全书出版社，1997年，124页，图98，1。

［20］ 中国社会科学院考古研究所：《敖汉赵宝沟——新石器时代聚落》，中国大百科全书出版社，1997年，108页，图82，1。

［21］ 中国社会科学院考古研究所：《敖汉赵宝沟——新石器时代聚落》，中国大百科全书出版社，1997年，30页，图22，6。

［22］ 中国社会科学院考古研究所：《敖汉赵宝沟——新石器时代聚落》，中国大百科全书出版社，1997年，114页，图86，2。

［23］ 中国社会科学院考古研究所：《敖汉赵宝沟——新石器时代聚落》，中国大百科全书出版社，1997年，102页，图77，4。

［24］ 中国社会科学院考古研究所：《敖汉赵宝沟——新石器时代聚落》，中国大百科全书出版社，1997年，170页，图137，1、2。

［25］ 内蒙古文物考古研究所：《内蒙古林西县水泉遗址发掘简报》，《考古》2005年11期，19～29页，图七，12。

［26］ 中国社会科学院考古研究所：《敖汉赵宝沟——新石器时代聚落》，中国大百科全书出版社，1997年，110页，图83，6。

［27］ 中国科学院考古研究所内蒙古工作队：《内蒙古巴林左旗富河沟门遗址发掘简报》，《考古》1964年1期，1～5页，图二，1～3。

［28］ 赵宾福：《东北石器时代考古》，吉林大学出版社，2003年，214页。

［29］ 许玉林、傅仁义、王传普：《辽宁东沟县后洼遗址发掘概要》，《文物》1989年12期，1～22页。

［30］ 辽宁省博物馆：《辽宁东沟大岗新石器时代遗址》，《考古》1986年4期，300～382页，图三，2。

[31] 赵宾福、刘伟：《小珠山下层文化新论——辽东半岛含“之字纹”陶器遗存的整合研究》，（韩国）《考古学探索》2010年7号。

[32] 赵宾福、薛振华：《以陶器为视角的红山文化发展阶段研究》，《考古学报》2012年1期。

[33] T1F2木炭，树轮校正值为公元前5034～前4782年（BK78054）；T1F2木炭，树轮校正值为公元前5234～前4946年（WB79-05）；T1H2木炭，树轮校正值为公元前5048～前4770年（ZK-0267）；T1F2木炭，树轮校正值为公元前5490～前5240年（ZK-0667），参见中国社会科学院考古研究所《中国考古学中碳十四年代数据集1965—1991》，文物出版社，1992年，73页。

（原载《文物》2011年3期）

太子河上游三种新石器文化的辨识
——论本溪地区水洞下层文化、偏堡子文化和北沟文化

太子河发源于辽东地区，其上游主要流经辽宁的本溪境内。二十世纪七八十年代，考古工作者在太子河上游几处洞穴的下层堆积中发现了属于新石器时代的遗存，为人们认识该地区的新石器文化面貌提供了一批珍贵的实物资料[1]。但遗憾的是，发掘者在报告中未能将本来属于不同年代、不同性质的遗存区分开来，而是将他们笼统地视为同一种考古学文化，称为“马城子文化类型”[2]、“马城子B洞下层文化”或“马城子下层文化”[3]。此后，虽有少数学者就这批材料提出过一些新的认识，但随着周边地区考古材料的不断丰富和认识上的逐步深入，笔者认为，本溪地区新石器文化遗存的性质和年代问题仍有进一步讨论的必要。

一、遗址材料的再分析

迄今为止，太子河上游经过考古调查和发掘的新石器时代遗址有本溪市北甸A洞、马城子B洞、张家堡A洞、水洞、近边寺A洞、九洞沟龙洞、水泥厂A洞、通江峪遗址八处。由于北甸A洞、马城子B洞、张家堡A洞、水洞遗址的材料比较丰富，故以下着重分析这四处遗址出土的材料。

1. 北甸A洞下层

《马城子——太子河上游洞穴遗存》（以下简称《马城子》）发表了本溪市北甸A洞下层BAT1第3层、BAT2第3层两个单位的材料[4]。另外，在《本溪地区太子河流域新石器至青铜时期遗址》（以下简称《本溪》）一文中也有部分陶器披露（该文称北甸A洞为三角洞）[5]。

（1）BAT1第3层出土的陶器，经比较可分为A、B两组：A组的BAT1③：50筒形罐（图一，1），腹部兼饰刻划横线纹和压印凹坑纹，表明这两种纹饰是同时的。据此，可将饰横线纹的BAT1③：6、BAT1③：51（图一，2、7），与饰凹坑纹的BAT1③：9、BAT1③：8、BAT1③：21、BAT1③：2、BAT1③：17（图一，4、6、8、11、14）看作与BAT1③：50筒形罐同时，同属于A组。BAT1③：3（图一，17）上腹饰刻划短线纹，与属于A组的BAT1③：2上部纹饰完全相同，因此可并入A组。BAT1③：18[6]

（图一，10）和BAT1③：20、BAT1③：5（图一，15、16）与属于A组的BAT1③：9、BAT1③：8相比，器身皆用横划线将图案分隔成组，构图风格相同，年代应该接近，故可并入A组，同时进一步表明，这种风格是A组陶器的一个重要饰纹特点。

BAT1③：52、BAT1③：54（图一，23、22）表面饰刻划较深的人字纹、横线纹、短线纹，构图与A组的BAT1③：5一致，应同属A组。从BAT1③：2、BAT1③：3、BAT1③：5三件陶器可以看出，刻划成组的短线纹在北甸A洞也比较流行，由此可将饰成组刻划线纹的BAT1③：19、BAT1③：22、BAT1③：55（图一，20、19、13）并入A组。BAT1③：7筒形罐（图一，18）器表无纹饰，但从造型上看，圆唇，口沿

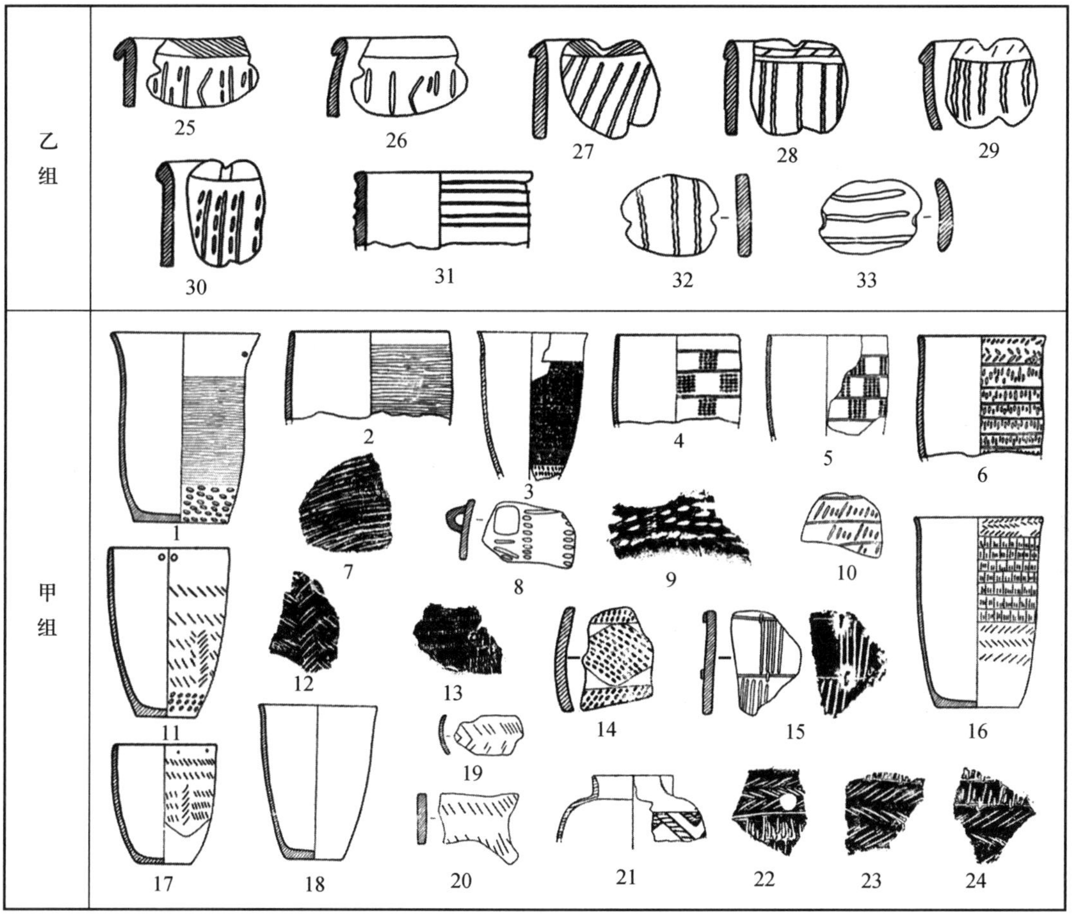

图一　北甸A洞下层出土的甲、乙两组陶器

1～6、11、16～18. 筒形罐（BAT1③：50、BAT1③：6、原图四-1、BAT1③：9、原图四-2、BAT1③：8、BAT1③：2、BAT1③：5、BAT1③：3、BAT1③：7）　7. 刻划横线纹（BAT1③：51）　8、9、14. 凹坑纹（BAT1③：21、BAT2③：12、BAT1③：17）　10、15. 压印凹沟纹（BAT1③：18、BAT1③：20）　12、19、20. 刻划短线纹（BAT2③：1、BAT1③：22、BAT1③：19）　13. 刻划线纹（BAT1③：55）　21. 壶（原图四-3）　22～24. 人字纹（BAT1③：54、BAT1③：52、BAT2③：4）　25～33. 附加堆纹（BAT1③：12、BAT1③：11、BAT1③：15、BAT1③：13、BAT1③：14、BAT1③：16、BAT1③：10、BAT1③：33、BAT1③：32）

微移，深筒腹，器底边缘圆钝，形制与A组的BAT1③：5接近，故可并入A组。B组的BAT1③：12、BAT1③：11、BAT1③：15、BAT1③：13、BAT1③：14、BAT1③：16（图一，25～30）皆为叠唇，且有较为繁缛的附加堆纹。BAT1③：10、BAT1③：33、BAT1③：32（图一，31～33）表面饰泥条附加堆纹，故可并入B组。

（2）BAT2第3层这个单位共发表了3件陶器纹饰的拓片。其中BAT2③：12（图一，9）同BAT1第3层中属于A组的凹坑纹一致。BAT2③：1（图一，12）同BAT1③：2、BAT1③：3刻划短线纹完全相同。BAT1③：4（图一，24）所饰刻划纹同BAT1③：5如出一辙。据此可认为BAT2第3层这个单位出土的上述3件陶器标本应与BAT1第3层中的A组同时。

（3）《本溪》一文中发表了3件北甸A洞下层陶器（无具体器物号），分别为报告原图四，1～3。其中原图四，1筒形罐（图一，3）饰横线纹和凹坑纹，同A组BAT1③：50筒形罐上的纹饰十分接近。原图四，2筒形罐（图一，5）的纹饰与A组的BAT1③：9表面纹饰别无二致。原图四，3壶（图一，21），腹部饰刻划几何纹，内填横短线，与BAT1第3层中属于A组风格的成组刻划短线纹相似。由此看来，这3件陶器应该与A组同时。

综合以上分析，可将北甸A洞下层出土的全部陶器区分为甲、乙两个大组。

甲组：以BAT1第3层A组、BAT2第3层的3件陶器及《本溪》一文中发表的3件陶器为代表，器物表面主要饰刻划纹和压印凹坑纹（或点纹）。

乙组：以BAT1第3层B组为代表，陶器造型主要为叠唇，器表多饰繁缛的附加堆纹。

为明晰起见，现将北甸A洞下层甲、乙两组的陶器和纹饰标本归纳为一图，是为图一。

2. 马城子B洞下层

《马城子》发表了马城子B洞MBT1第3层、MBT2第3层、MBF1三个单位的材料，《本溪》也发表了出自马城子B洞的一部分陶器（该文称马城子B洞为马城子老砬背洞二）[7]。参考北甸A洞下层陶器的分组研究结果，可对马城子B洞下层各单位的陶器进行组别认定。

（1）MBT1第3层这个单位的陶器材料，可分为三组：A组与北甸A洞下层甲组特征相同，以刻划纹为主，并流行用横划线分隔图案。具体情形是，通体饰刻划横线纹的MBT1③：19（图二，1）和饰凹坑纹、凹沟纹的MBT1③：105、MBT1③：126、MBT1③：120、MBT1③：104、MBT1③：11、MBT1③：14、MBT1③：65、MBT1③：122、MBT1③：101（图二，4～9、23、36、37）同属A组。MBT1③：160、MBT1③：107（图二，14、15）用横划线分隔图案，应为A组。MBT1③：100、MBT1③：102、MBT1③：45、MBT1③：25、MBT1③：138（图二，3、29～32）皆饰人字纹，考虑到在北甸A洞下层甲组中也存在这种纹饰，因此这几件陶器可并入

A组。饰刻划短线纹或由短线纹构图的MBT1③：32、MBT1③：33、MBT1③：96、MBT1③：35、MBT1③：108、MBT1③：103、MBT1③：109（图二，19、20、26、24、18、25、35）也可并入A组，其中MBT1③：33、MBT1③：35皆为尖唇，直口，与北甸A洞下层甲组部分陶器器型完全相同。B组无完整陶器，特征与北甸A洞下层乙组相同。该组的MBT1③：116、MBT1③：60、MBT1③：109、MBT1③：111、MBT1③：110（图二，38、39、43、42、44）皆饰较繁缛的泥条附加堆纹。MBT1③：117（图二，46）仅残存一条附加堆纹。C组陶器不见于北甸A洞下层。该组

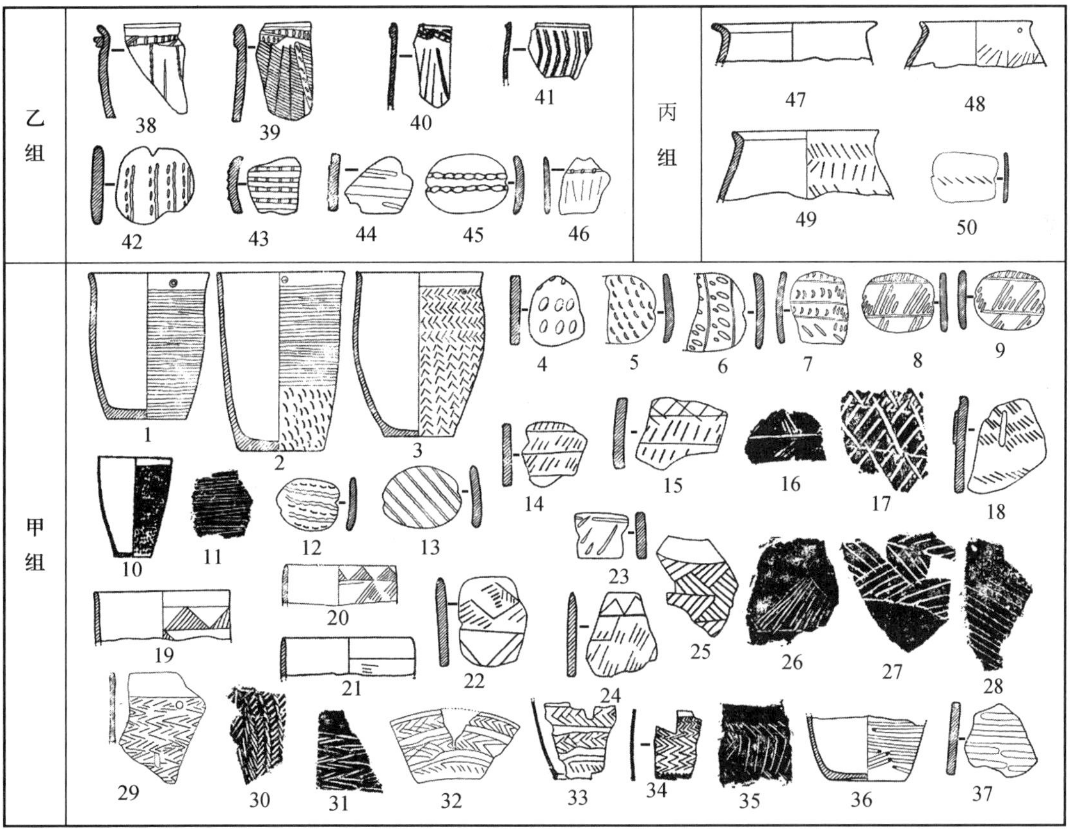

图二 马城子B洞下层出土的甲、乙、丙三组陶器

1～3、10、19～21.筒形罐（MBT1③：19、MBF1：13、MBT1③：100、原图六-2、MBT1③：32、MBT1③：33、MBT2③：127） 4、6.凹坑纹（MBT1③：105、MBT1③：120） 5、7.指甲纹（MBT1③：126、MBT1③：104） 8、9、23、36、37.压印凹沟纹（MBT1③：11、MBT1③：14、MBT1③：65、MBT1③：122、MBT1③：101） 11.刻划横线纹（MBT2③：35） 12、13.刻划双曲线纹（MBF1：10、MBT1③：44） 14～18、22、24.刻划短线纹（MBT1③：160、MBT1③：107、MBT2③：125、MBT1③：67、MBT1③：108、MBT2③：139、MBT1③：35） 25～28.三角纹（MBT1③：103、MBT1③：96、MBT1③：103、MBT2③：18） 29～35.人字纹（MBT1③：102、MBT1③：45、MBT1③：25、MBT1③：138、原图六-10、原图六-4、MBT1③：109） 38～46.附加堆纹（MBT1③：116、MBT1③：60、原图六-5、原图六-6、MBT1③：111、MBT1③：109、MBT1③：110、MBF1：9、MBT1③：117）47～49.折口罐（MBT1③：6、MBT1③：37、MBT1③：38） 50.蝌蚪纹（MBT1③：118）

的折口罐MBT1③：6、MBT1③：37、MBT1③：38（图二，47～49），折沿较甚，明显区别于A、B两组陶器。MBT1③：118（图二，50）饰蝌蚪纹，同MBT1③：38上的纹饰如出一辙，故同属于C组。

（2）MBT2第3层发表了2件陶器口沿和4件陶片纹饰拓片。MBT2③：127和MBT2③：139（图二，21、22），皆为尖唇，与MBT1第3层A组的MBT1③：33和MBT1③：35相同。MBT2③：35（图二，11）饰A组常见的刻划横线纹。MBT2③：125（图二，16）所饰刻划纹与MBT1③：11、MBT1③：14相似。MBT2③：18和MBT2③：67（图二，28、17）纹饰图案由刻划平行斜线组成，这种方式在MBT1第3层A组中也较多见。可见MBT2第3层发表的陶器与MBT1第3层A组同时。

（3）MBF1发表了1件筒形罐和2件陶片。MBF1：13（图二，2）所饰的横线纹和指甲纹是MBT1第3层A组中的代表性纹饰之一，MBF1：10（图二，12）饰的刻划双曲线纹与MBF1：13下腹所饰纹饰相同，这两件遗物应与MBT1③A组同时。MBF1：9陶片（图二，45）上饰两条绳纹形状的附加堆纹。从北甸A洞下层及马城子B洞MBT1第3层中分组的结果不难发现，饰附加堆纹是B组的主要特征之一，而不见于A组，所以MBF1：9很可能是房址填土中的遗物，理应将其从MBF1中剔除出去，而与MBT1第3层B组同时。

（4）《本溪》发表了1件陶器和几块陶片。原图六，2（图二，10）的横线纹和凹坑纹与MBT1第3层A组纹饰相同，原图六，10、4（图二，33、34）与MBT1③：138、MBT1③：109纹饰极为接近，所以这些遗存与MBT1第3层A组同时。原图六，5、6（图二，40、41）饰较繁缛的附加堆纹，应与MBT1第3层B组同时。

总结以上分析，可将马城子B洞下层出土的全部陶器区分为甲、乙、丙三个大组。

甲组：以MBT1第3层A组、MBT2第3层、MBF1及《本溪》发表的若干遗存为代表。

乙组：以MBT1第3层B组、MBF1：9和《本溪》发表的2件陶片为代表。

丙组：以MBT1第3层C组为代表。

以上甲、乙、丙三组的陶器和纹饰标本可归纳为一图，是为图二。

3．张家堡A洞下层

《马城子》发表的张家堡A洞下层新石器时代陶器均出自ZAT6第5层这个单位[8]。依据上文对北甸A洞下层、马城子B洞下层的分析，可将ZAT6第5层出土的陶器分为甲、乙两组（图三）。

属于甲组的标本有6件。ZAT6⑤：5、ZAT6⑤：4、ZAT6⑤：6、ZAT6⑤：7（图三，1、4～6），皆饰压印凹坑纹或指甲纹。ZAT6⑤：2（图三，2），用横线纹分隔图案。ZAT6⑤：1（图三，3），底部近台底状。由于凹坑纹、指甲纹、采用横线纹分隔图案及近台状底现象，在北甸A洞下层甲组、马城子B洞下层甲组中多有发现，因此年代应基本相当。

属于乙组的标本有2件。ZAT6⑤：10、ZAT6⑤：11（图三，7、8），饰数道竹节形附加堆纹，年代应与饰附加堆纹的北甸A洞下层乙组和马城子B洞下层乙组同时。

4. 水洞下层

《本溪水洞遗址及附近的遗迹和遗物》一文发表的水洞下层遗物[9]，实际上一部分属于新石器时代（图四），另一部分属于青铜时代。

属于新石器时代的T4③：22、原图一，6、7、T4③：16、原图一，10（图四，2~6）饰压印凹沟纹、指甲纹、点纹，同北甸A洞下层甲组和马城子B洞下层甲组的纹饰相同。T4③：5筒形罐（图四，1）饰刻划网格纹，与马城子B洞下层甲组MBT1③：107表面网格纹相同，年代亦应接近。以此来看，水洞下层出土的新石器时代遗存较为单纯，年代应与北甸A洞下层甲组、马城子B洞下层甲组相同。

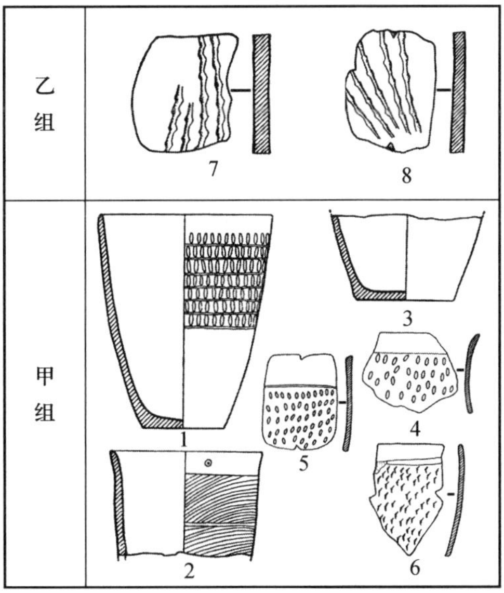

图三　张家堡A洞下层出土的甲、乙两组陶器
1~3. 筒形罐（ZAT6⑤：5、ZAT6⑤：2、ZAT6⑤：1）　4、5. 凹坑纹（ZAT6⑤：4、ZAT6⑤：6）　6. 指甲纹（ZAT6⑤：7）　7、8. 附加堆纹（ZAT6⑤：10、ZAT6⑤：11）

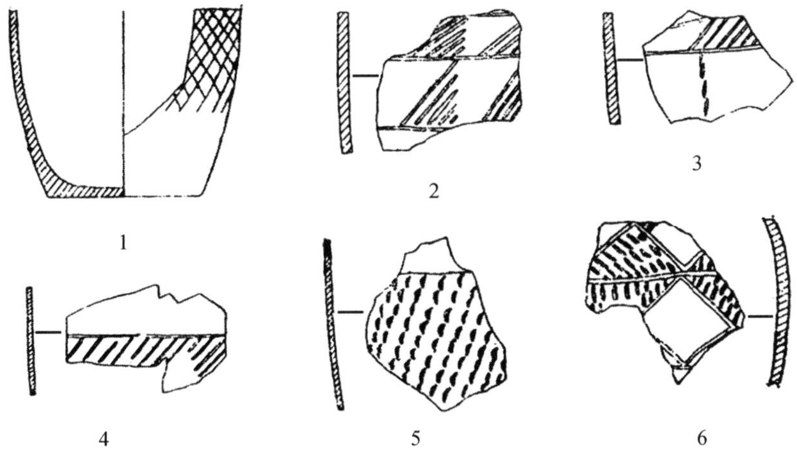

图四　水洞下层出土的新石器时代陶器
1. 筒形罐（T4③：5）　2、4. 压印凹沟纹（T4③：22、原图一-7）　3、6. 凹坑纹（原图一-6、原图一-10）
5. 指甲纹（T4③：16）

最后需要说明的是，除上述四处遗址之外的近边寺A洞、九洞沟龙洞、水泥厂A洞[10]、通江峪遗址[11]，或未公布材料，或未发表陶器，故无法进行分组。

二、三种文化遗存的析出

通过对本溪地区诸洞穴新石器时代遗存的分析，可以看出太子河上游存在三种特征鲜明的新石器文化遗存。

第一种文化遗存：以北甸A洞下层甲组和马城子B洞下层甲组为代表，另包括张家堡A洞下层甲组和水洞下层新石器时代遗物。此种遗存陶器种类极少，形制单一，器型以筒形罐为主。口部或直或微侈，底部或平或近台状。多通体饰纹，刻划横线纹、短线纹和压印凹坑纹比较有代表性，刻划人字纹和压印凹沟纹也占一定比例。同一器物多饰两种不同的纹饰，流行用横划线分隔图案的作风（图五）。

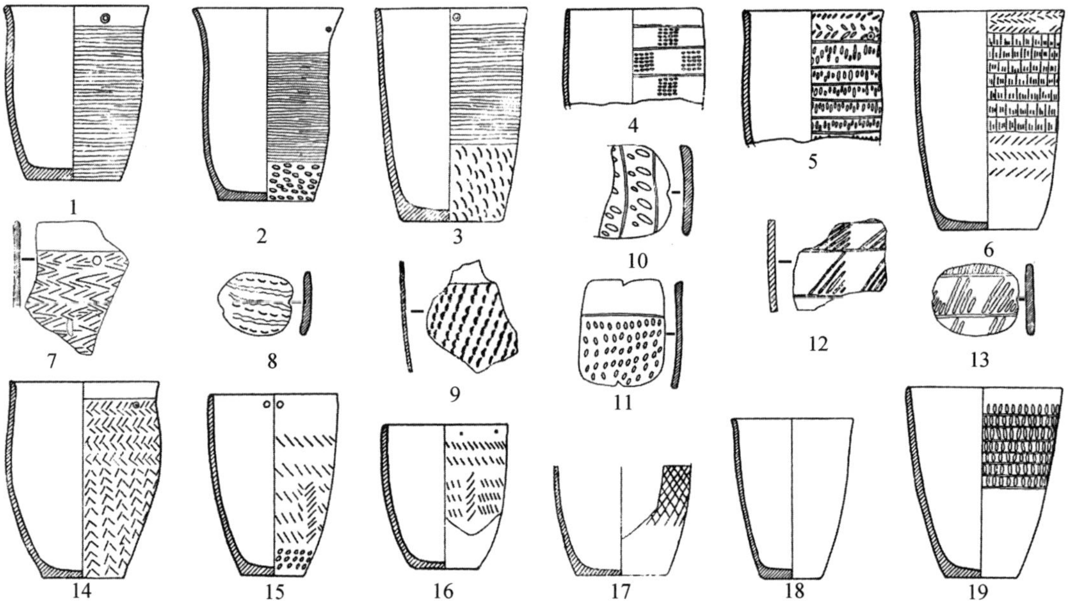

图五　第一种文化遗存（水洞下层文化）典型陶器

1～6、14～19. 筒形罐（MBT1③：19、BAT1③：50、MBF1：13、BAT1③：　9、BAT1③8、5、MBT1③：100、BAT1③：2、BAT1③：3、T4③：5、BAT1③：7、ZAT6⑤：5）　7. 人字纹（MBT1③：102）　8. 刻划双曲线纹（MBF1：10）　9. 指甲纹（T4③：16）　10、11. 凹坑纹（MBT1③：120、ZAT6⑤：6，12、13. 压印凹沟纹（T4③：22、MBT1③：11）（1、3、7、8、10、13、14. 马城子B洞，2、4～6、15、16、18. 北甸A洞，9、12、17. 水洞，11、19. 张家堡A洞）

第二种文化遗存：以北甸A洞下层乙组和马城子B洞下层乙组为代表，另包括张家堡A洞下层乙组。此种遗存未发现完整陶器，可观察器型为筒形罐，口沿多叠唇，器表饰或竖或斜的附加堆纹，纹饰繁缛（图六）。

第三种文化遗存：以马城子B洞下层丙组为代表。此种遗存目前发现极少，仅见于马城子B洞的下层。其陶器器型多为折口罐，多鼓腹，折沿特征明显。有的器表饰纤细的刻划纹（图七）。

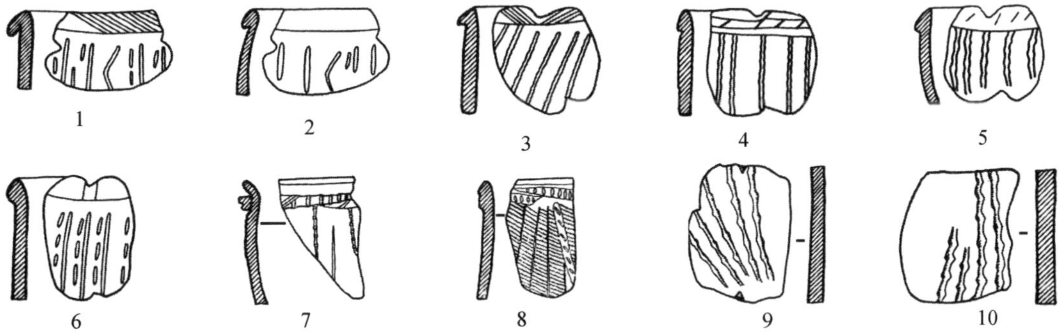

图六　第二种文化遗存（偏堡子文化）典型陶器

1～10. 附加堆纹（BAT1③：12、BAT1③：11、BAT1③：15、BAT1③：13、BAT1③：14、BAT1③：16、MBT1③：116、MBT1③：60、ZAT6⑤：11、10）

（1～6. 北甸A洞，7、8. 马城子B洞，9、10. 张家堡A洞）

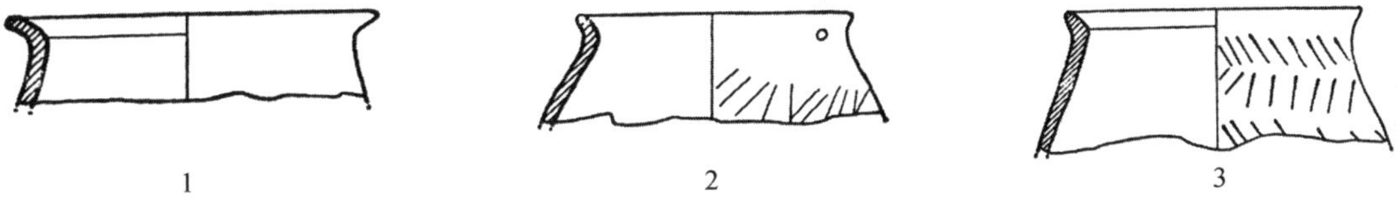

图七　第三种文化遗存（北沟文化）典型陶折口罐

1. MBT1③：6　2. MBT1③：37　3. MBT1③：38（1～3. 马城子B洞）

三、三种文化遗存的性质和年代

以上析出的三种新石器文化遗存，在太子河上游的洞穴遗址里多出自“同一个地层堆积”当中。但是，从周边地区的考古发掘结果和研究结果来看，他们应是年代有别的三种独立的考古学文化。这里，我们无意从客观或主观方面深入探讨这三种文化遗存在本溪洞穴遗址中“共出”的原因，而是想通过与周边地区已知考古学文化遗存进行类型学比较，进一步确定三种文化遗存的性质和年代。

1. 第一种文化遗存的性质和年代

在发掘马城子B洞等几处洞穴遗址时，发掘者认为，各洞穴出土的下层遗存代表了一种新的考古学文化，并将其统称为“马城子文化类型”、“马城子B洞下层文化”或“马城子下层文化”[12]。现在看来，各洞穴遗址出土的“下层遗存”，实际上是三种不同文化遗存的“混杂体”。其中第一种文化遗存是辽东北部太子河上游地区新识别出来的一种新的考古学文化，理应给予一个新的名称。考虑到以往提出的“马城子下层文化”等概念是三种不同考古学文化的“混称”，因此为了避免日后研究和交流过程中出现不必要的称谓混乱现象，现舍弃“马城子下层文化”概念，而建议以内涵相对比较单纯的水洞下层新石器时代遗物为代表，将本次识别出来的第一种文化遗存定名为“水洞下层文化”。

水洞下层文化的陶器，器形原始古朴，多通体饰纹，且纹饰比较规整。进一步将该文化的陶器与周边地区已知考古学文化的同类陶器做一对比，便可发现他们之间存在一定的交流和联系。

首先，水洞下层文化与南部辽东半岛地区的小珠山下层文化相比，两者陶器在纹饰和器型方面均存在明显的联系。例如，本溪马城子B洞下层出土的MBT1③：122（图八，1）器表所饰铅笔头状压印纹，是小珠山下层文化陶器中最具代表性的纹饰之一（图八，16）[13]。MBT1③：11（图八，2）所饰的依次渐短的凹沟纹在小珠山下层文化多有发现（图八，15）[14]。MBT1③：65（图八，3）的纹饰与大岗遗址T2：15（图八，14）的纹饰相似[15]。MBT1③：126（图八，5）与北吴屯遗址T2③：82（图八，18）的指甲纹如出一辙[16]。再如，本溪张家堡A洞下层出土的ZAT6⑤：2（图八，4）与小珠山遗址T4⑤：54（图八，20）的刻划弧线纹相仿[17]，而且后

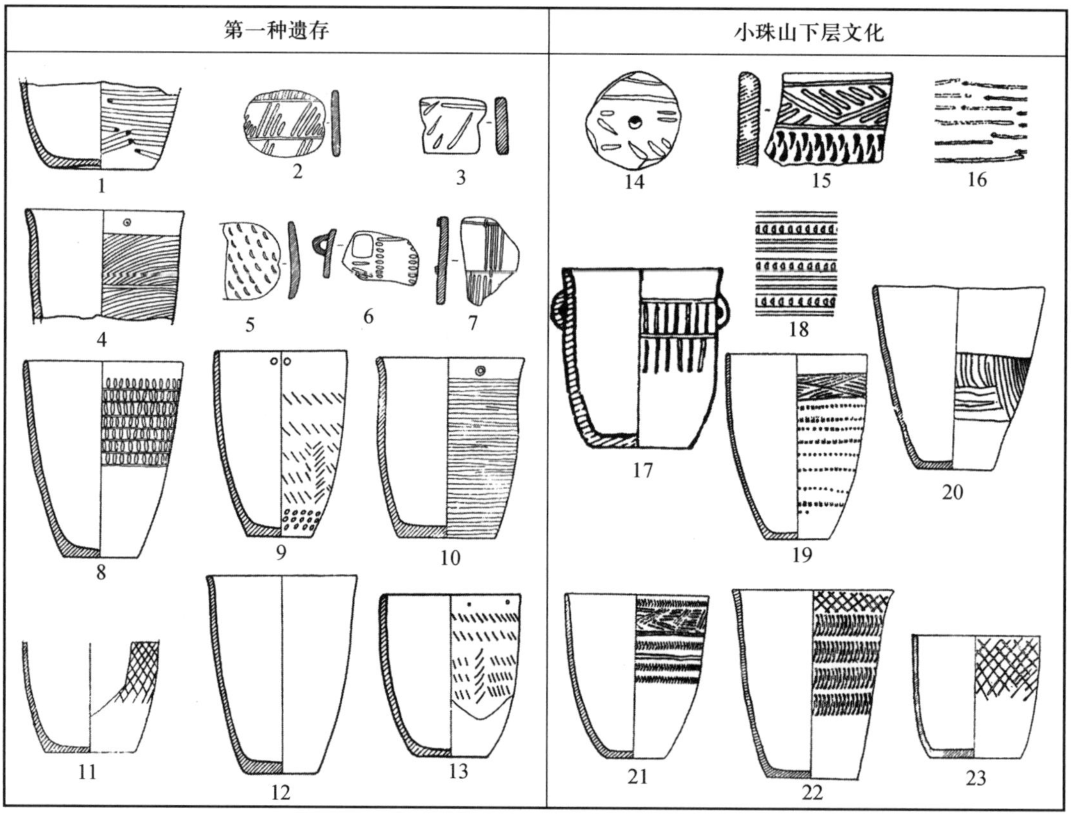

图八　第一种文化遗存（水洞下层文化）与小珠山下层文化陶器比较

1～3、14～16. 压印凹沟纹（MBT1③：122、MBT1③：11、MBT1③：65、T2：15、原图三-1、T2：2）4. 刻划弧线纹（ZAT6⑤：2）　5、18. 指甲纹（MBT1③：126、T2③：82）　6. 器耳（BAT1③：21）　7. 竖凹沟纹（BAT1③：20）　8～13、17、19～23. 筒形罐（ZAT6⑤：5、BAT1③：2、MBT1③：19、T4③：5、BAT1③：7、MBT1③：3、T2③：82、T3⑤：24、T4⑤：54、T1⑤：20、T3③：10、T1：2）（1～3、5、10. 马城子B洞，4、8. 张家堡A洞，6、7、9、11、12、13. 北甸A洞，14、16、23. 大岗遗址，15. 西山遗址，17、18、22. 北吴遗址，19～21. 小珠山遗址）

者在器型上与ZAT6⑤：5（图八，8）十分接近。还有，本溪北甸A洞下层出土的BAT1③：20（图八，7），器表饰竖凹沟纹，同北吴屯遗址T2③：82（图八，17）表面纹饰较为接近[18]，而且后者与MBT1③：19（图八，10）形态酷似。BAT1③：21（图八，6）腹部的竖桥形小耳，在小珠山下层文化的后洼类型陶器上较为常见[19]。BAT1③：2（图八，9）与小珠山遗址T3⑤：24（图八，19）相比，器型如出一辙[20]。BAT1③：7（图八，12）与北吴屯遗址T3③：10（图八，22）相比，形态较为接近[21]。BAT1③：3（图八，13）和小珠山遗址T1⑤：20（图八，21）形制酷似[22]。另外，本溪水洞下层出土的T4③：5筒形罐（图八，11）与大岗遗址T1：2筒形罐（图八，23）相比，不仅上腹饰相同的刻划网格纹，而且造型完全一致[23]。

其次，水洞下层文化与西部邻近地区的新乐下层文化在陶器方面也存在着较多的相似之处。比如，水洞下层文化中较为常见的人字纹、凹坑纹（图九，1、2）在新乐下层

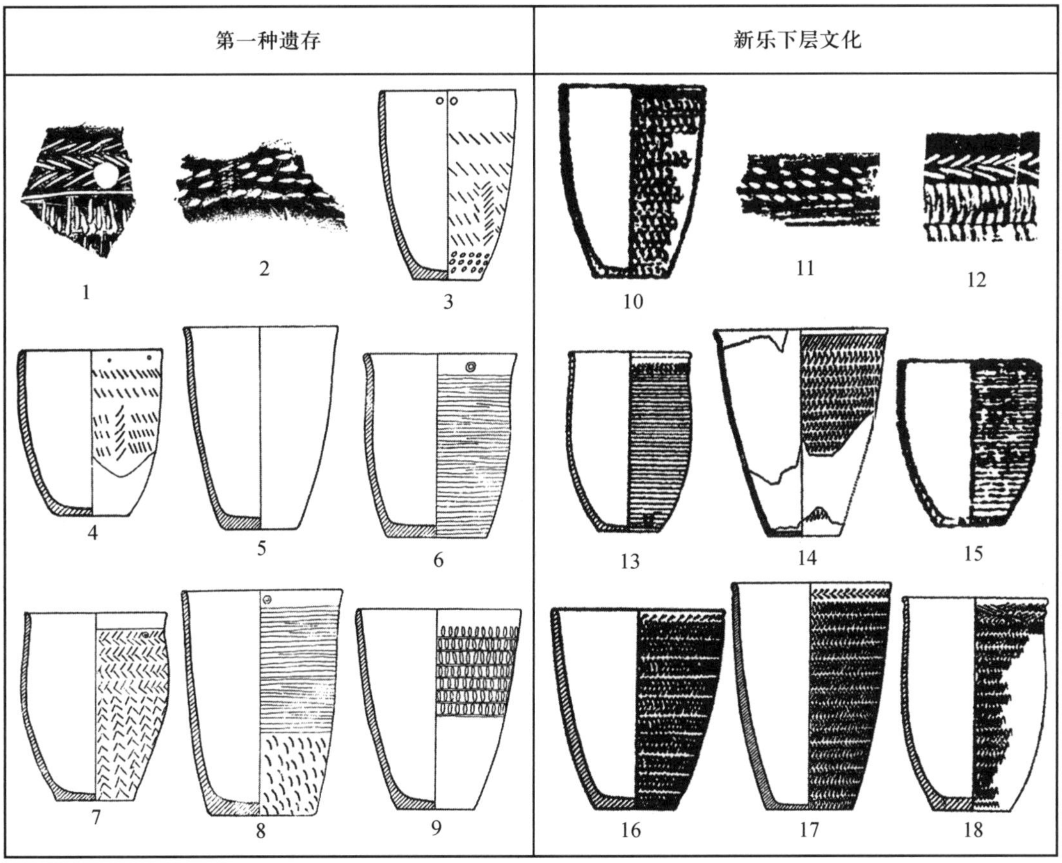

图九 第一种文化遗存（水洞下层文化）与新乐下层文化陶器比较

1、12. 人字纹（BAT1③：54、原图一-9） 2、11. 凹坑纹（BAT2③：12、原图一〇-14） 3～10、13～18. 筒形罐（BAT1③：2、BAT1③：3、BAT1③：7、MBT1③：19、BAT1③：100、MBF1：13、ZAT6⑤：5、80F8：115、78F2：6、王采：1、80F3：191、73T1：1、73A1：1、78F2：4）（1～5. 北甸A洞，6～8. 马城子B洞，9. 张家堡A洞，10～13、15～18. 新乐下层文化，14. 王全遗址）

文化陶器口沿的凹带纹装饰中普遍存在（图九，12、11）[24]。本溪北甸A洞下层出土的BAT1③：2（图九，3）与新乐遗址80F8：115（图九，10）形态相仿[25]。BAT1③：3（图九，4）与新乐遗址80F3：191（图九，15）器型极为相近[26]。BAT1③：7（图九，5）与新乐下层文化王全遗址出土的筒形罐造型十分接近（图九，14）[27]。本溪马城子B洞下层出土的MBT1③：19、MBT1③：100（图九，6、7）腹部稍鼓，分别与新乐遗址78F2：6、78F2：4（图九，13、18）器型相若[28]。MBF1：13（图九，8）与新乐遗址73A1：1（图九，17）在形制方面较为一致[29]。本溪张家堡A洞ZAT6⑤：5（图九，9）与新乐遗址73T1：1（图九，16）相比，形态如出一辙[30]。

最后，水洞下层文化与北部第二松花江流域的左家山下层文化在纹饰和器型方面同样存在着密切的联系[31]。在水洞下层文化发现的刻划双曲线纹（图一〇，1），是左家山下层文化陶器的典型纹饰之一（图一〇，12）[32]。左家山下层文化中存在的少量刻划横线纹[33]、人字纹[34]（图一〇，11、10），与水洞下层文化的同类纹饰（图一〇，2、3）酷似。类似本溪水洞T4③：5的网格纹（图一〇，4）在左家山下层文化也有发现（图一〇，15）[35]。水洞下层文化陶壶表面所饰的复线三角纹中填短

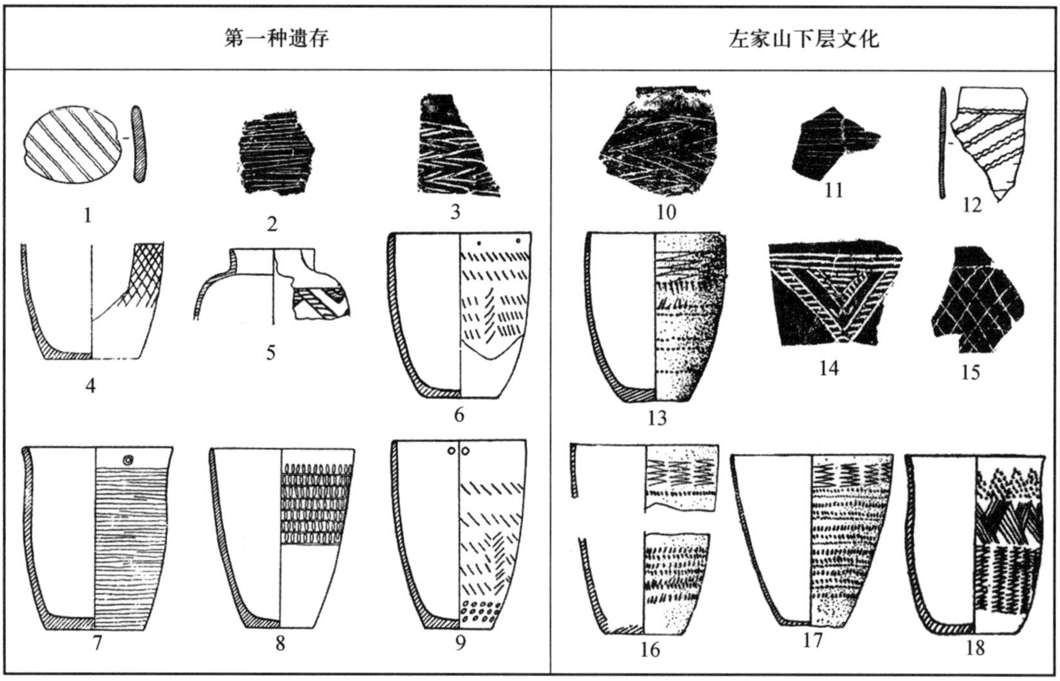

图一〇　第一种文化遗存（水洞下层文化）与左家山下层文化陶器比较

1、12. 刻划双曲线纹（MBT1③：44、AT3①标：1）　2、11. 刻划横线纹（MBT2③：35、原图五-14）　3、10. 人字纹（MBT1③：25、原图八-16）　4、15. 刻划网格纹（T4③：5、原图五-1）　5、14. 三角纹、短横线纹（原图四-3、AT8①标：4）　6～9、13、16～18. 筒形罐（BAT1③：3、MBT1③：19、ZAT6⑤：5、BAT1③：2、T17③：1、F3：8、F6：2、F1上：12）（1、3、7. 马城子B洞，2、5、6、9. 北甸A洞，4. 水洞，8. 张家堡A洞，10、18. 左家山遗址，11、15. 元宝沟遗址，12、14. 腰井子遗址，13、16、17. 西断梁山遗址）

横线（图一〇，5），在整个东北地区史前文化中较少见，更多的是复线三角纹中填短斜线，而填短横线的纹饰在腰井子遗址中亦有出土（图一〇，14）[36]。本溪北甸A洞下层出土的BAT1③：3（图一〇，6）与西断梁山遗址T17③：1（图一〇，13）形制极为相似[37]。BAT1③：2（图一〇，9）与西断梁山遗址F3：8（图一〇，16）形态也很接近[38]。马城子B洞下层出土的MBT1③：19（图一〇，7）与左家山遗址F1上：12（图一〇，18）造型十分相像[39]。张家堡A洞下层出土的ZAT6⑤：5（图一〇，8）与西断梁山遗址F6：2（图一〇，17）相比，形制基本相同[40]。

已有的研究结果表明，小珠山下层文化年代处在公元前4000年以前[41]，左家山下层文化年代为公元前5500～前4000年[42]，新乐下层文化年代与前两种文化大体相当[43]。由此可认为，太子河上游地区新识别出来的水洞下层文化，不仅同上述三种文化存在着较为密切的联系，而且年代应该与他们大体相当，即处在公元前4000年以前。

2. 第二种文化遗存的性质和年代

无论是从陶器造型上看，还是从陶器饰纹上看，第二种文化遗存都应该属于偏堡子文化（图一一，1～8）。这种遗存的发现和析出，进一步丰富了我们对偏堡子文化

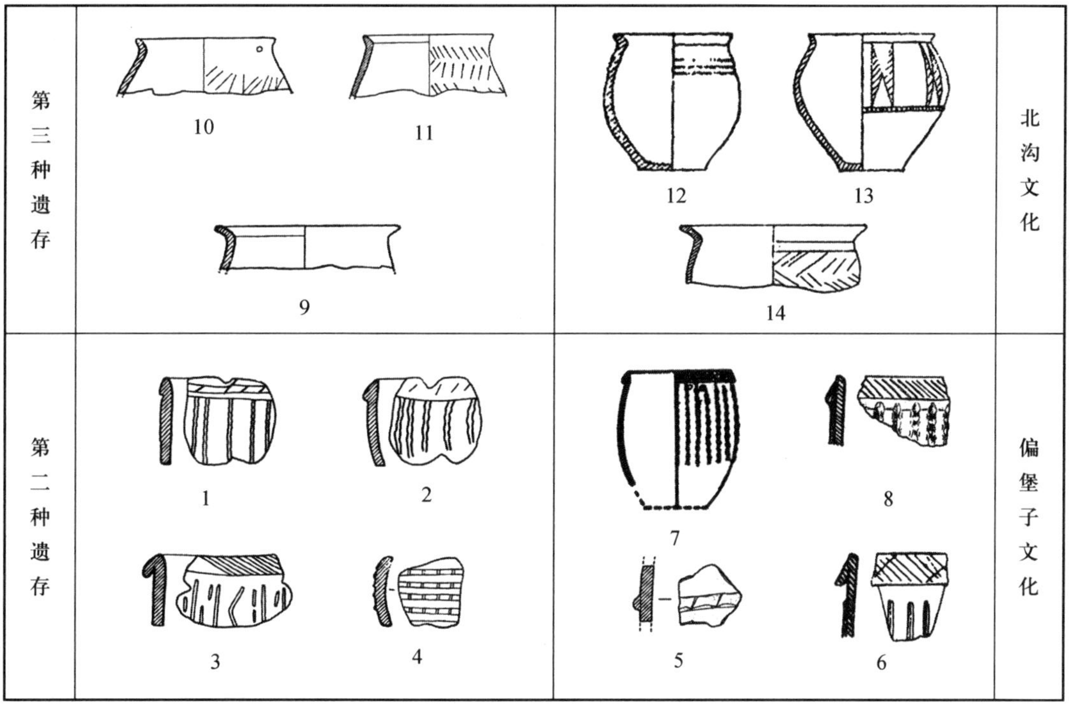

图一一　第二、三种文化遗存与偏堡子文化、北沟文化陶器比较
1～3、6～8. 叠唇罐（BATⅠ③：13、BATⅠ③：14、BATⅠ③：12、原图六-3、80T1⑤：20、原图六-2）
4、5. 附加堆纹（MBT1③：109、H11：52）　9～14. 折口罐（MBT1③：6、MBT1③：37、MBT1③：38、T1②：72、T1④：1、原图二-3）（1～3. 北甸A洞　4、9～11. 马城子B洞　5. 炮师千松园遗址　6～8. 高台山遗址　12、13. 北沟西山遗址　14. 西泉眼遗址）

的认识，并且证明了太子河上游的本溪地区也应该是偏堡子文化的分布范围。关于这一点，发掘者虽未能在当时将这类遗存与另外两种文化区分开来，但是也已经注意到了“从器形和纹饰观察具有偏堡子文化类型的器物特点”[44]。

与偏堡子文化年代基本相当的三堂一期文化[45]，在新近发掘的小珠山遗址中为第四期文化遗存，层位上晚于小珠山中层文化，早于小珠山上层文化[46]。最近发现的内蒙古扎鲁特旗南宝力皋吐墓地的材料所表现出的情况是偏堡子文化因素与小河沿文化因素共存[47]，说明偏堡子文化的年代与小河沿文化的年代应该是同时的。从已有的研究结果来看，三堂一期文化的年代和小河沿文化的年代均为公元前3000～前2500年[48]，后者的年代上限可能还会早些[49]。因此，时间与之相当、性质上属于偏堡子文化的第二种文化遗存，年代也应该为公元前3000～前2500年。

3．第三种文化遗存的性质和年代

第三种文化遗存材料较少，据可辨器型的陶片观察，全部为折口罐（图一一，9～14）。从以往的考古发现来看，这类陶器应该是北沟文化的标志性器物。例如，本溪马城子B洞下层出土的MBT1③：6口沿（图一一，9），形制与北沟文化西泉眼遗址出土的折口罐口沿（图一一，14）极为相似[50]。MBT1③：37口沿（图一一，10）与北沟西山遗址T1④：1口沿（图一一，13）相比，形态完全相同[51]。MBT1③：38口沿（图一一，11），造型与北沟西山遗址T1②：72口沿（图一一，12）如出一辙[52]。由此可见，出自太子河上游的第三种文化遗存应属于已知的北沟文化，其年代约为公元前2500～前2000年[53]。

四、结　语

太子河上游地区所见的新石器时代遗存，主要出自一些洞穴遗址的下层堆积，以往学者多把它们看作同一种考古学文化。其实，这批材料虽然没有在层位上被严格地区分开来，但是经过认真的梳理和细致的类型学比对分析，特别是通过与周边已知的考古学文化进行比较，我们发现这些出自洞穴遗址下层的新石器时代遗存，实际上代表了三种不同的考古学文化。

第一种考古学文化年代较早，是本地区新识别出来的一种新的文化遗存，其年代应该与已知的新乐下层文化、小珠山下层文化、左家山下层文化相当，同属于公元前4000年以前的新石器遗存。考虑到本溪水洞下层出土的属于该文化的遗物相对比较单纯，因此笔者建议将其定名为“水洞下层文化”。第二种考古学文化的陶器特征与以往发现的偏堡子文化同类器完全相同，因此应属于偏堡子文化，年代大约为公元前3000～前2500年。第三种考古学文化材料不多，但特征明显，和已知的北沟文化相比没有任何区别，因此应属于北沟文化，其年代应为公元前2500～前2000年。

太子河上游三种新石器时代考古学文化的划分，标志着以本溪地区为中心的新石器时代考古学文化编年序列的初步建立，是该地区史前考古研究工作取得的重大突破。相信随着日后田野考古材料的不断增多，本溪地区的新石器时代考古研究还会取得新的更大的进步。

注 释

[1] 齐俊：《本溪地区太子河流域新石器至青铜时期遗址》，《北方文物》1987年3期；李恭笃：《本溪地区洞穴文化遗存的发现与研究》，《北方文物》1992年2期。

[2] 李恭笃：《本溪地区三种原始文化的发现及研究》，《辽海文物学刊》1989年1期。

[3] 李恭笃：《本溪地区洞穴文化遗存的发现与研究》，《北方文物》1992年2期。

[4] 辽宁省考古研究所、本溪市博物馆：《马城子——太子河上游洞穴遗存》，文物出版社，1994年。

[5] 齐俊：《本溪地区太子河流域新石器至青铜时期遗址》，《北方文物》1987年3期。

[6] 据报告介绍，BAT1③：18表面饰泥条附加堆纹，但通过图版观察，实为压印凹沟纹。

[7] 辽宁省考古研究所、本溪市博物馆：《马城子——太子河上游洞穴遗存》，文物出版社，1994年；齐俊：《本溪地区太子河流域新石器至青铜时期遗址》，《北方文物》1987年3期。

[8] 辽宁省考古研究所、本溪市博物馆：《马城子——太子河上游洞穴遗存》，文物出版社，1994年。

[9] 齐俊、刘兴林：《本溪水洞遗址及附近的遗迹和遗物》，《辽海文物学刊》1998年1期。

[10] 李恭笃：《本溪地区三种原始文化的发现及研究》，《辽海文物学刊》1989年1期。

[11] 齐俊：《本溪地区太子河流域新石器至青铜时期遗址》，《北方文物》1987年3期。

[12] 李恭笃：《本溪地区洞穴文化遗存的发现与研究》，《北方文物》1992年2期；李恭笃：《本溪地区三种原始文化的发现及研究》，《辽海文物学刊》1989年1期。

[13] 辽宁省博物馆：《辽宁东沟大岗新石器时代遗址》，《考古》1986年4期。

[14] 王嗣洲、金志伟：《大连北部新石器文化遗址调查简报》，《辽海文物学刊》1997年11期。

[15] 辽宁省博物馆：《辽宁东沟大岗新石器时代遗址》，《考古》1986年4期。

[16] 辽宁省文物考古研究所、大连市文物管理委员会、庄河市文物管理办公室：《大连市北吴屯新石器时代遗址》，《考古学报》1994年3期。

[17] 辽宁省博物馆、旅顺博物馆、长海县文化馆：《长海县广鹿岛大长山岛贝丘遗址》，《考古学报》1981年1期。

[18] 辽宁省文物考古研究所、大连市文物管理委员会、庄河市文物管理办公室：《大连市北吴屯新石器时代遗址》，《考古学报》1994年3期。

[19] 许玉林、傅仁义、王传普：《辽宁东沟县后洼遗址发掘概要》，《文物》1989年12期。
[20] 辽宁省博物馆、旅顺博物馆、长海县文化馆：《长海县广鹿岛大长山岛贝丘遗址》，《考古学报》1981年1期。
[21] 辽宁省文物考古研究所、大连市文物管理委员会、庄河市文物管理办公室：《大连市北吴屯新石器时代遗址》，《考古学报》1994年3期。
[22] 辽宁省博物馆、旅顺博物馆、长海县文化馆：《长海县广鹿岛大长山岛贝丘遗址》，《考古学报》1981年1期。
[23] 辽宁省博物馆：《辽宁东沟大岗新石器时代遗址》，《考古》1986年4期。
[24] 沈阳市文物管理办公室：《沈阳新乐遗址试掘报告》，《考古学报》1978年4期。
[25] 沈阳新乐遗址博物馆、沈阳市文物管理办公室：《辽宁沈阳新乐遗址抢救清理发掘简报》，《考古》1990年11期。
[26] 沈阳新乐遗址博物馆、沈阳市文物管理办公室：《辽宁沈阳新乐遗址抢救清理发掘简报》，《考古》1990年11期。
[27] 张少青：《康平县新石器时代遗址调查》，《辽海文物学刊》1988年2期。
[28] 沈阳市文物管理办公室、沈阳故宫博物馆：《沈阳新乐遗址第二次发掘报告》，《考古学报》1985年2期。
[29] 沈阳市文物管理办公室：《沈阳新乐遗址试掘报告》，《考古学报》1978年4期。
[30] 沈阳市文物管理办公室：《沈阳新乐遗址试掘报告》，《考古学报》1978年4期。
[31] 左家山遗址发掘报告曾将左家山遗址出土的全部新石器时代遗存划分为四期，并将一、二期遗存定名为左家山一期文化，三期遗存定名为左家山二期文化，四期遗存定名为左家山三期遗存。现在看来，左家山一、二期文化应属同一文化的不同发展阶段，可合称为“左家山下层文化”，左家山三期文化可改称为“左家山上层文化”。
[32] 吉林省文物考古研究所、白城地区博物馆、长岭县文化局：《吉林长岭县腰井子新石器时代遗址》，《考古》1992年8期。
[33] 吉林省文物考古研究所：《吉林农安县元宝沟新石器时代遗址发掘》，《考古》1989年12期。
[34] 吉林大学考古教研室：《农安左家山新石器时代遗址》，《考古学报》1989年2期。
[35] 吉林省文物考古研究所：《吉林农安县元宝沟新石器时代遗址发掘》，《考古》1989年12期。
[36] 吉林省文物考古研究所、白城地区博物馆、长岭县文化局：《吉林长岭县腰井子新石器时代遗址》，《考古》1992年8期。
[37] 吉林省文物考古研究所：《吉林东丰县西断梁山新石器时代遗址发掘》，《考古》1991年4期。
[38] 吉林省文物考古研究所：《吉林东丰县西断梁山新石器时代遗址发掘》，《考古》1991年4期。
[39] 吉林大学考古教研室：《农安左家山新石器时代遗址》，《考古学报》1989年2期。
[40] 吉林省文物考古研究所：《吉林东丰县西断梁山新石器时代遗址发掘》，《考古》1991年4期。

［41］ 赵宾福、刘伟：《小珠山下层文化新论——辽东半岛含“之字纹”陶器遗存的整合研究》，《考古学探究》（韩国）2010年7号。

［42］ 赵宾福：《东北石器时代考古》，吉林大学出版社，2003年。

［43］ 赵宾福、杜战伟：《新乐下层文化的分期与年代》，《文物》2011年3期。

［44］ 李恭笃：《本溪地区洞穴文化遗存的发现与研究》，《北方文物》1992年2期。

［45］ 辽宁省文物考古研究所等：《辽宁省瓦房店市长兴岛三堂村新石器时代遗址》，《考古》1992年2期；陈全家等：《三堂新石器时代遗址分期及相关问题》，《考古》1992年3期。

［46］ 中国社科院考古研究所、辽宁省文物考古研究所、大连市文物考古研究所：《辽宁长海县小珠山新石器时代遗址发掘简报》，《考古》2009年5期。

［47］ 内蒙古文物考古研究所：《内蒙古扎鲁特旗南宝力皋吐新石器时代墓葬》，《考古》2008年7期。

［48］ 赵宾福：《东北石器时代考古》，吉林大学出版社，2003年。

［49］ 赵宾福：《关于小河沿文化的几点认识》，《文物》2005年7期。

［50］ 许玉林：《东沟县西泉眼新石器时代遗址调查》，《辽海文物学刊》1988年1期。

［51］ 许玉林、杨永芳：《辽宁岫岩北沟西山遗址发掘简报》，《考古》1992年5期。

［52］ 许玉林、杨永芳：《辽宁岫岩北沟西山遗址发掘简报》，《考古》1992年5期。

［53］ 赵宾福：《东北石器时代考古》，吉林大学出版社，2003年。

（原载《中国国家博物馆馆刊》2011年10期）

高台山文化再论

分布于辽西平原地区的高台山文化，得名于20世纪70年代初期首次发现于辽宁省新民县的高台山遗址[1]。这种遗存最初被认为“与新乐上层文化相同”[2]，后来在注意到了它与新乐上层文化存在着本质性区别的情况下，被改称为“高台山上层类型”[3]或“高台山类型”[4]。1988年彰武县平安堡遗址发掘以后，由于对这类遗存的居址情况和墓葬情况均有了更深入的了解和认识，因此发掘者在1989年撰写的考古发掘简报中首次将“高台山类型”正式改称为“高台山文化”[5]，并且很快得到了学术界的认同[6]。

从目前发表的材料来看，高台山文化的遗存主要出自以下几处遗址。

（1）新民高台山遗址：该遗址由东高台、腰高台、西高台三座小山组成。1973年沈阳市文物管理办公室首次在腰高台山清理了7座墓葬（73M1～73M7）和两个灰坑（73H1、73H2），1974年又在腰高台山清理了5座墓葬（74M1～74M5），并对东高台山进行了调查和试掘[7]。1976年沈阳市第一届文物考古短训班配合教学实习在腰高台山清理墓葬13座（76M1～76M13），并对东高台山进行了小规模的发掘[8]。1979年和1980年沈阳故宫博物馆考古部对东高台山遗址进行了两次发掘，第一次为1979年8～11月，发现墓葬52座（材料至今未见发表）；第二次为1980年5～8月，发现墓葬61座（80M53～80M114），灰坑8个（80H1～80H8）[9]。

（2）新民公主屯后山遗址：1980年调查并试掘，发现高台山文化墓葬3座（M1～M3）、灰坑7个（H1～H7）[10]。

（3）彰武平安堡遗址：1979年调查时，采集到了一些包括筒腹鬲和红衣壶在内的陶器标本[11]。1988年第一次发掘收获甚丰，遗迹不仅有居址，而且有墓葬[12]。

（4）彰武前乌拉满汉、东大窝堡、大冷木头村、章古台镇、鸡冠山屯等地通过考古调查，也发现了少量的高台山文化陶器标本[13]。

（5）阜新平顶山遗址：1989年发掘出土高台山文化墓葬5座（M102、M103、M106～M108）[14]。

（6）阜新勿欢池遗址：1992年发掘出土灰沟17条（G1～G17），墓葬35座（M1～M35）[15]。

不难看出，高台山文化的居址和墓葬主要分布在秀水河及下辽河主河道以西的新民、彰武和阜新境内。至于法库叶茂台和康平白沙村遗址调查出土的少量高台山文化遗存[16]，应该是这种文化在发展的过程中向辽东边缘地区渗透并对处于同期的马城子文化产生了一定影响的结果。

高台山文化是由当地夏代初期的“平安堡二期遗存”发展而成的[17]，后又西迁到了辽西山地地区，并在那里演化成了西周至春秋时期的夏家店上层文化[18]。对此，学术界已基本没有异议。关于高台山文化的分期和年代问题，以往虽也有专文讨论，但结论并不一致，特别是在一些材料的归属和定性上，还存在着相当大的分歧[19]。有鉴于此，笔者拟从现有的居址和墓葬材料出发，对高台山文化的分期和年代问题再做一次较为细致的分析和讨论，并希望能够由此将该问题的研究进一步引向深入。

一、高台山文化居址材料的再分析

1988年发掘的彰武平安堡遗址（第三期遗存），材料丰富，遗迹现象复杂，单位间的叠压打破关系较多，因此可作为对高台山文化居址遗存进行分段研究的标尺性材料。

查《辽宁彰武平安堡遗址》，可发现属于高台山文化居址遗存并出有陶器的地层和遗迹单位共有47个。现依据它们所在发掘区和层位关系的不同，分别按由晚及早的顺序排列如下。

第Ⅰ区：H1002、G1001（以上为第2层下开口的单位）→T103第3层、T108第3层（Ⅰ区第3层）→H1003、H1007、H1008、H1012、H1018、H1039、H1048、M1003（以上为第3层下开口的单位）→T103第4层、T112第4层（Ⅰ区第4层）→H1021、G1004（以上为第4层下开口的单位）→T101第5层（Ⅰ区第5层）→H1059、G1003（以上为第5层下开口的单位）。

第Ⅲ区：H3006、H3013、H3038、H3053、H3057、H3072、H3074、H3075、H3085、H3100、G3003（以上为第1层下开口的单位）→H3021、H3029、H3052、H3054、H3058、H3086、F3005（以上为第2层下开口的单位）→T301第3层、T312第3层、T316第3层、T336第3层（Ⅲ区第3层）→H3089、H3112、H3115、H3080、H3094、H3101（以上为第3层下开口的单位）。

以层位上的早晚关系为基础，进一步检查各单位出土陶器的组合和形态差异，并通过相互比较和分析，可将以上单位自早至晚划分为三段。

Ⅰ段：共8个单位，分别为第Ⅰ区的T101第5层、H1021、H1059、G1003、G1004；第Ⅲ区的H3080、H3094、H3101。

Ⅱ段：共23个单位，分别为第Ⅰ区的T103第4层、T112第4层、H1003、H1007、

H1008、H1018、H1039、H1048、M1003；第Ⅲ区的T301第3层、T312第3层、T316第3层、T336第3层、H3021、H3029、H3052、H3054、H3058、H3086、H3089、H3112、H3115、F3005。

Ⅲ段：共16个单位，分别为第Ⅰ区的T103第3层、T108第3层、H1002、H1012、G1001；第Ⅲ区的H3006、H3013、H3038、H3053、H3057、H3072、H3074、H3075、H3085、H3100、G3003。

除了彰武平安堡遗址以外，在彰武境内调查的其他遗址和新民高台山、公主屯后山等遗址中也都发现了少量的属于高台山文化的居址材料。但由于这些材料少而零星，有些甚至没有注明出土单位或为采集标本，因此这里只能通过与平安堡遗址各段陶器的比较，确定其中一少部分单位和陶器的段别。对于那些缺乏组合关系或找不到可供比较陶器的单位和标本，暂不进行讨论。

东高台山76T1H1出土的陶器当中，H1：2竖耳加扳耳筒腹鬲，整体造型与平安堡Ⅲ段的H3053：1筒腹鬲相同。H1：3扳耳鬲，大口，腹壁较直，高足跟，浅袋足，袋足内壁弧圆，风格与平安堡Ⅲ段的T108③：4直腹鬲相近。与后者形制完全相同的鬲足残片还见于同时发掘的东高台山76T1H3内。由此可定，东高台山76T1H1、76T1H3两个单位的年代应该与平安堡遗址的Ⅲ段相同。东高台山S7450鼎和S740：2扳耳罐，形态分别与东高台山76T1H3：7和平安堡Ⅲ段H3038：9相近，因此年代应相当于平安堡Ⅲ段；彰武章古台镇采集的一件扳耳罐式鼎，上腹部造型与平安堡Ⅲ段H3057：1、H3057：2直口圆腹堆纹罐相似，年代亦应相当；彰武鸡冠山屯采集的一件圆腹罐，沿腹之间有一对高出口沿的双耳，整体造型特点和平安堡Ⅲ段的H3075：1近似，年代亦应相近。

新民公主屯后山遗址H1：1直口瓮，从造型上看应该是Ⅲ段东高台山76T1H1：1瓮的祖型，暂视为与Ⅱ段同时；东高台山76T4H1：14敛口平底盲耳钵，造型上应该是东高台山76T1H1：7的祖型，形态又和平安堡Ⅱ段的H3112：1钵相近。因此年代应与平安堡Ⅱ段相当。

彰武前乌拉满汉和大冷木头村调查出土的两件素面小陶鬲，弧裆，无实足跟，造型风格和平安堡Ⅰ段的H1059：1素面小鬲相同，因此可视为同期遗物。此外，具有相同特征的陶鬲在彰武东大窝堡遗址调查时也发现过一件，而同时发现的另外两件素面小陶鬲，口沿略显复杂，一件已明显出现领部，一件沿较长并外敞。与前述几件小陶鬲相比，这两件鬲的年代有可能晚到平安堡的Ⅱ段。

这样，以平安堡遗址出土的材料为基础，结合对其他遗址出土陶器的形制比较和分析，暂可把高台山文化的居址材料区分为如上所述的三个发展时段。各段具有明显递变关系的陶器可参见图一，其他具有明显时段特点的陶器可参见图二。

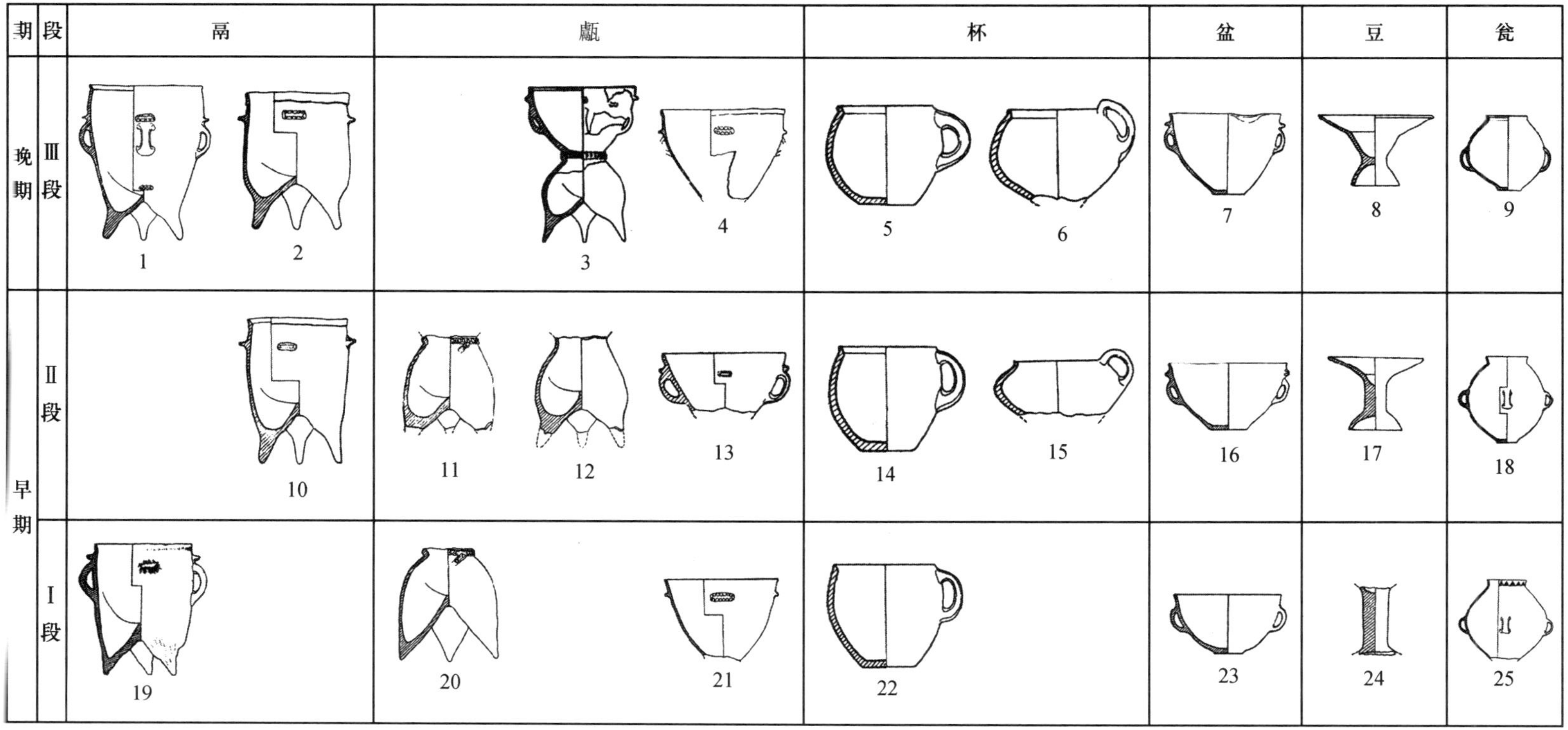

图一　高台山文化居址典型陶器分期图

1. 88平安堡H3053：1　2. 88平安堡H1012：1　3. 76东高台山T1H1：5　4. 88平安堡H3038：9　5. 88平安堡H3013：3　6. 88平安堡H3075：1　7. 88平安堡H3006：1　8. 88平安堡H3038：4　9. 88平安堡H1002：1　10. 88平安堡T103④：7　11. 88平安堡F3005：1　12. 88平安堡H3052：5　13. 88平安堡H3052：9　14. 88平安堡H1003：4　15. 88平安堡H1018：3　16. 88平安堡H3086：1　17. 88平安堡T312③：1　18. 88平安堡M1003：1　19. 88平安堡采集　20. 88平安堡H3094：1　21. H3094：3　22. 88平安堡G1003：4　23. 88平安堡T101⑤：9　24. 88平安堡G1003：5　25. 88平安堡H3080：1

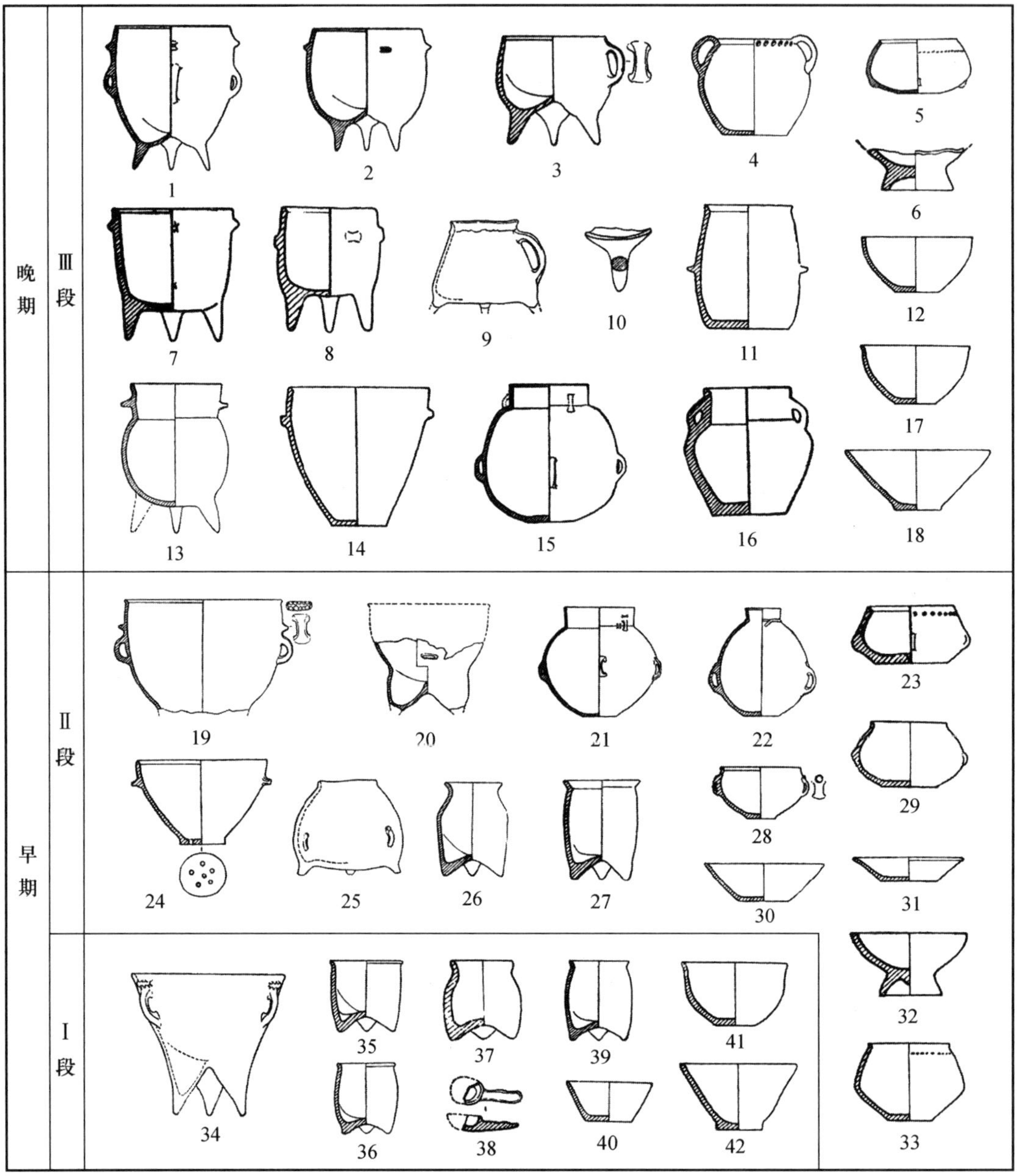

图二　高台山文化居址其他陶器分期图

1、2、5、15. 76东高台山（T1H1：2、T1H1：3、T1H1：7、T1H1：1）　3. T108③：4　4. 彰武鸡冠山屯　6、11. H3074：9、H3074：1　7、10、16. 76东高台山（T1H3：7、T1H3：93、T1H3：8）　8、14. 74东高台山（S7450、S7402：1）　9. G3003：2　12. T103③：16　13. 彰武章古台镇　17. H3053：6　18. H3013：1　19. H1007：3　20. H1008：2　21. 新民公主屯后山（H1：1）　22、25. H3054：9、H3054：8　23. 76东高台山（T4H1：14）　24. H3058：24　26、27、39. 彰武东大窝堡　28. T112④：6　29. H3112：1　30. T301③：3　31. T316③：3　32. H1048：1　33. H1003：1　34. H3094：1　35. 彰武前乌拉满汉　36. 彰武大冷木头村　37. H1059：1　38. H3101：2　40. H1021：1　41. G1004：5　42. T101⑤：5（未注明出土地点者，均为彰武平安堡1988年发掘出土）

二、高台山文化墓葬材料的再分析

高台山文化的墓葬目前已发现近200座，其中彰武平安堡13座，新民东高台山113座、腰高台山25座、公主屯后山3座，阜新平顶山5座、勿欢池35座。从墓内出土的陶器来看，主要为壶、碗、钵、盆、罐等。现依据这几种陶器形制的不同和它们之间彼此共存关系的变化，将目前已经发表并出有陶器的60座高台山文化墓葬区分为三组。

一组：17座，分别为彰武平安堡M3002、M3012，新民东高台山80M74、80M79、80M86、80M103，新民腰高台山76M5、76M10、76M12，新民公主屯后山M2、M3，阜新勿欢池M3、M15、M16、M26、G2、G6（勿欢池墓地发现的17条围沟内所见陶器与墓内随葬陶器相同）。

二组：14座，分别为彰武平安堡M3011、M3013，新民东高台山80M53，新民腰高台山73M2、73M4、76M4、76M6、76M7，阜新勿欢池G1，阜新平顶山M102、M103、M106～M108。

三组：29座，分别为彰武平安堡M3001、M3003～M3010，新民东高台山80M54、80M66、80M68、80M76、80M82、80M91、80M92、80M93、80M111，新民腰高台山73M1、74M1～74M5、76M1～76M3、76M9、76M11。

以这三组墓葬出土的陶器为分析对象，分别选择壶、罐、圈足碗三类典型陶器进行型式学研究，则可发现以下问题。

壶类陶器分竖耳壶、盲耳壶和无耳壶三型，其中竖耳壶和无耳壶还可进一步根据壶口形制的差异区分出不同的亚型。同型和同亚型陶壶所显示的共同组别差异是：从一组到三组，壶腹由高变矮，腹部最大直颈由上逐渐下移，即由下腹内收（鼓肩）到腹部外鼓（鼓腹或圆腹）再到腹部下垂（扁腹或坠腹）。其中无耳壶中的圈足壶还表现为由圈足底部内侧有明显泥凸到底部内侧平滑，泥凸消失。

罐类陶器分竖耳和扳耳二型，前者从一组到三组的差异是器耳位置从腹部移到了口腹之间，后者从一组到三组的变化是由一周外凸明显的堆纹变成了四个扳耳（腰高台山S73∶7竖耳罐，从形态上看应是二、三组同型器的祖型，故被定为一组）。

圈足碗分敛口折壁和侈口弧壁二型，自一组至三组的区别是由圈足底部内侧有明显泥凸到底部内侧平滑，泥凸消失。

以上壶类陶器的各型和亚型之间从一组到三组的变化规律相同，罐类、圈足碗类和其他种类的陶器多与壶类存在共存关系，因此属于同一个组别的各型式陶器之间年代应该相同。

平安堡遗址第三发掘区揭示的层位关系表明，属于一、二组的M3002、M3012、M3011、M3013均开口于该区的第3层下，属于三组的M3001、M3003、M3004、M3005、M3006、M3007、M3008、M3009、M3010均开口于该区的第2层下[20]。由此可证，一组和二组应该早于第三组。一、二两组之间虽未见叠压打破关系，但整个器物的形态演进趋势表明，一组应该早于二组。

综合以上分析，不难看出上述三组墓葬实际上代表了高台山文化墓葬材料的三个发展阶段。Ⅰ至Ⅲ段壶、罐、圈足碗的型式关系，以及与它们共出的其他陶器（腰高台山S73：6竖耳罐与Ⅲ段东高台山80M76：1罐形态相同，故被定为Ⅲ段），可分别参见图三和图四。

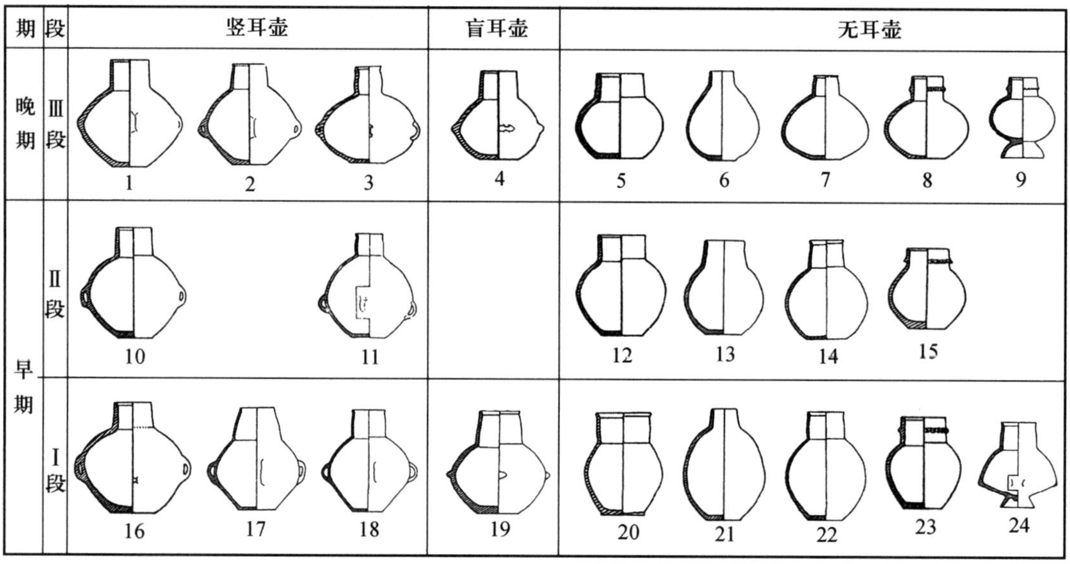

图三　高台山文化墓葬陶壶分期图

1、2、4、5、8～10、12、15、16、23. 腰高台山（74M3：1、74M4：1、74M2：1、76M1：2、74M1：1、76M3：1、76M4：1、76M7：2、73M4：3、76M10：1、76M12：1）　3. 80东高台山（M111：2）　6、7、13、21、24. 平安堡（M3006：1、M3005：4、M3013：1、M3002：1、M3012：2）　11. 平顶山（M102：1）　14、17～20、22. 勿欢池（G1：1、M16：3、M15：5、M16：1、M16：5、M15：2）

三、高台山文化的分期与年代

（一）文化分期

平安堡遗址三区第2层属遗址材料的Ⅲ段，第3层属遗址材料的Ⅱ段。平安堡出土的Ⅲ段墓葬开口于三区第3层下，因此年代不会晚于遗址Ⅲ段。Ⅱ段和Ⅰ段墓葬开口于三区第3层下，因此年代不会晚于遗址Ⅱ段。

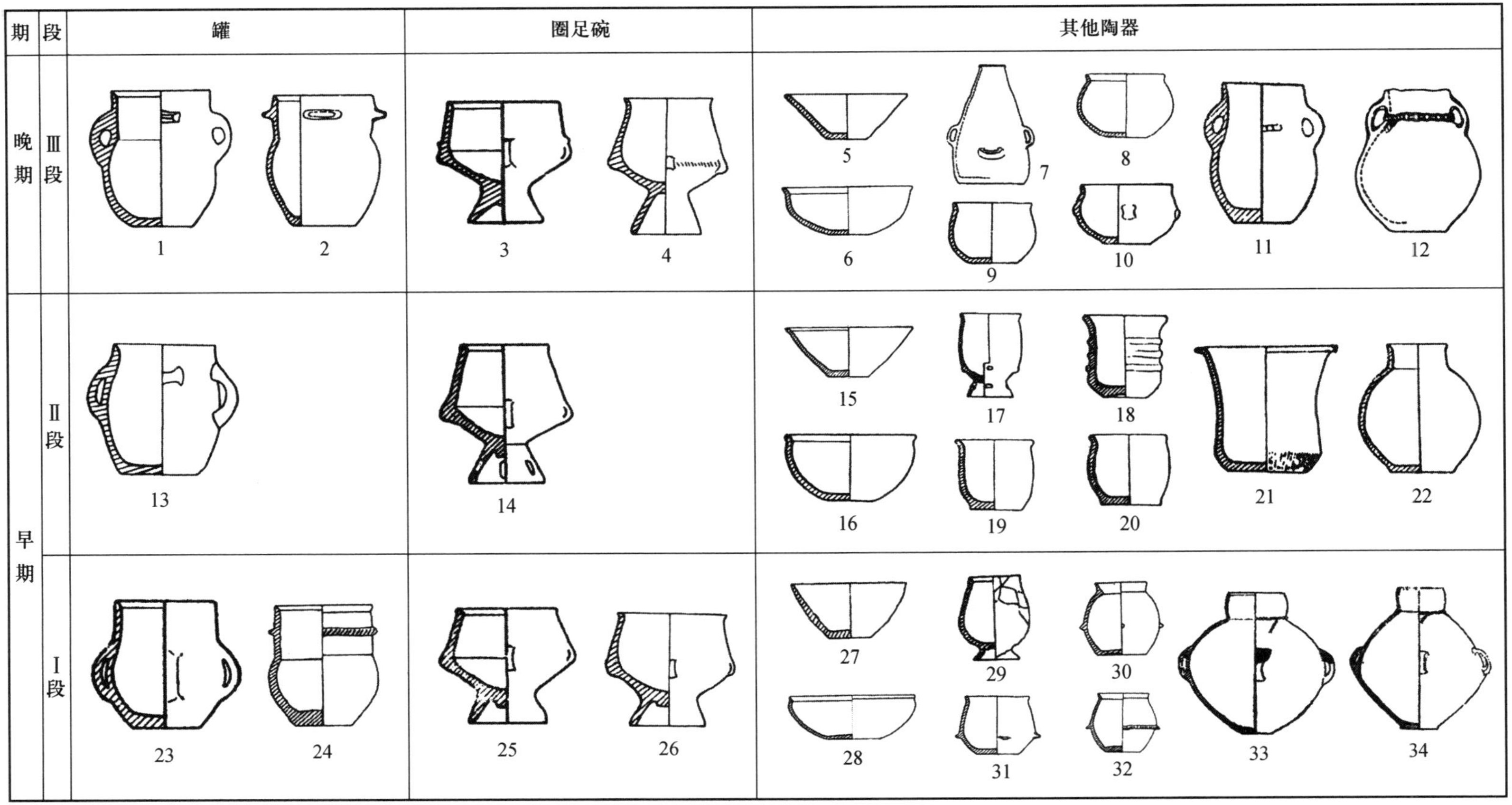

图四　高台山文化墓葬罐、圈足碗及其他陶器分期图

1、4、26. 东高台山（80 M76：1、80M111：1、M74：2）　2、5～10、12、15、16、31. 平安堡（M3005：1、M3005：2、M3006：4、M3003：1、M3001：1、M3006：3、M3004：1、M3010：2、M3013：3、M3013：2、M3012：1）　3、11、13、14、23、25. 腰高台山（74M3：2、S73：6、76M4：4、76M4：2、S73：7、76M10：2）　17～22. 平顶山（M102：3、M107：3、M102：5、M102：4、M107：1、M102：2）　24、27～30、32. 勿欢池（M26：2、M16：4、M3：5、G6：1、M3：6、M26：4）　33、34. 公主屯（M3：1、M2：1）

墓葬Ⅰ段的无耳壶（图三，24）和Ⅰ、Ⅱ段常见的圈足碗（图四，14、25、26），底部内侧均有明显的瘤状泥凸。同样特点的陶器，在遗址Ⅱ段也有发现（图二，32）。表明墓葬Ⅱ段和遗址Ⅱ段年代应该同时，墓葬Ⅰ段的年代有可能早到遗址的Ⅰ段。

由于遗址的Ⅰ～Ⅲ段和墓葬的Ⅰ～Ⅲ段之间各自联系都比较紧密，没有太大缺环，因此在确定了墓葬Ⅱ段和遗址Ⅱ段年代彼此同时的基础上，便可进一步推定墓葬Ⅰ段和遗址Ⅰ段应该接近，墓葬Ⅲ段和遗址Ⅲ段应该相当。

另外，遗址Ⅲ段出土的圈足碗（图二，6），也和墓葬Ⅲ段出土的圈足壶（图三，9）、圈足碗（图四，3、4）一样，底部内侧无瘤状泥凸。遗址Ⅲ段出土的敛口直腹罐（图二，11）与墓葬Ⅲ段出土的小口直腹罐（图四，7）相比，虽形态不完全相同，但造型风格十分接近。这种共性特征的存在，进一步证明了遗址Ⅲ段应该和墓葬Ⅲ段同时。

这样，依据上述分析，最后可将高台山文化遗址材料和墓葬材料统一划分为早晚两期。具体划分结果是，将遗址Ⅰ段和墓葬Ⅰ段合并为高台山文化早期的第Ⅰ段，遗址Ⅱ段和墓葬Ⅱ段合并为高台山文化早期的第Ⅱ段，遗址Ⅲ段和墓葬Ⅲ段合并为高台山文化的晚期。

（二）年代判定

仔细观察高台山文化的陶器群，不难发现其中有些器型与辽西山地区属于夏商时期的夏家店下层文化和魏营子文化的陶器相同或相近。这种共性陶器的存在，不仅反映了文化间的交流与影响，同时也为判定高台山文化的年代提供了条件。

先看高台山文化的晚期陶器。东高台山76T1H1：3平沿弧腹鬲，形态和属于魏营子文化的喀左后坟出土的一件绳纹平沿鬲[21]相比，两者在造型上存在着较大的共性（图五，6、2）。平安堡H1012：1扳耳鬲，形态和属于魏营子文化的平顶山[22]三期H302：7相近（图五，7、1）。彰武章古台镇出土的一件直领扳耳圆腹鼎，整体风格和魏营子文化喀左南沟门出土的一件直领圆腹鼎式鬲[23]相似（图五，9、3）。平安堡M3010：2双耳壶的形制与魏营子文化平顶山H112：13完全相同（图五，8、4），相近的器型在属于魏营子文化的喀左后坟遗址也有发现（图五，5）。通过以上比较，可以认为高台山文化晚期的年代应该与辽西山地区的魏营子文化接近，整体年代应该相当于商代晚期。

再看高台山文化的早期陶器。平顶山M107：1陶尊和夏家店下层文化赤峰大山前96G2⑫：1尊[24]、蓟县围坊T1③：16尊[25]相比，形态基本相同（图五，22、12、13）。彰武平安堡、东大窝堡、前乌拉满汉、大冷木头村等地出土的高台山文化素面褐陶小型陶鬲，有的裆部呈弧形，有的裆部呈三角形（图五，23～28），形态相同或相近的器型在西辽河水系区的库仑、奈曼旗[26]、敖汉大甸子[27]、宁城南山根[28]，海河北系区的昌平雪山[29]和壶流河流域的蔚县前堡[30]等一些遗址或墓地出土的夏家店下

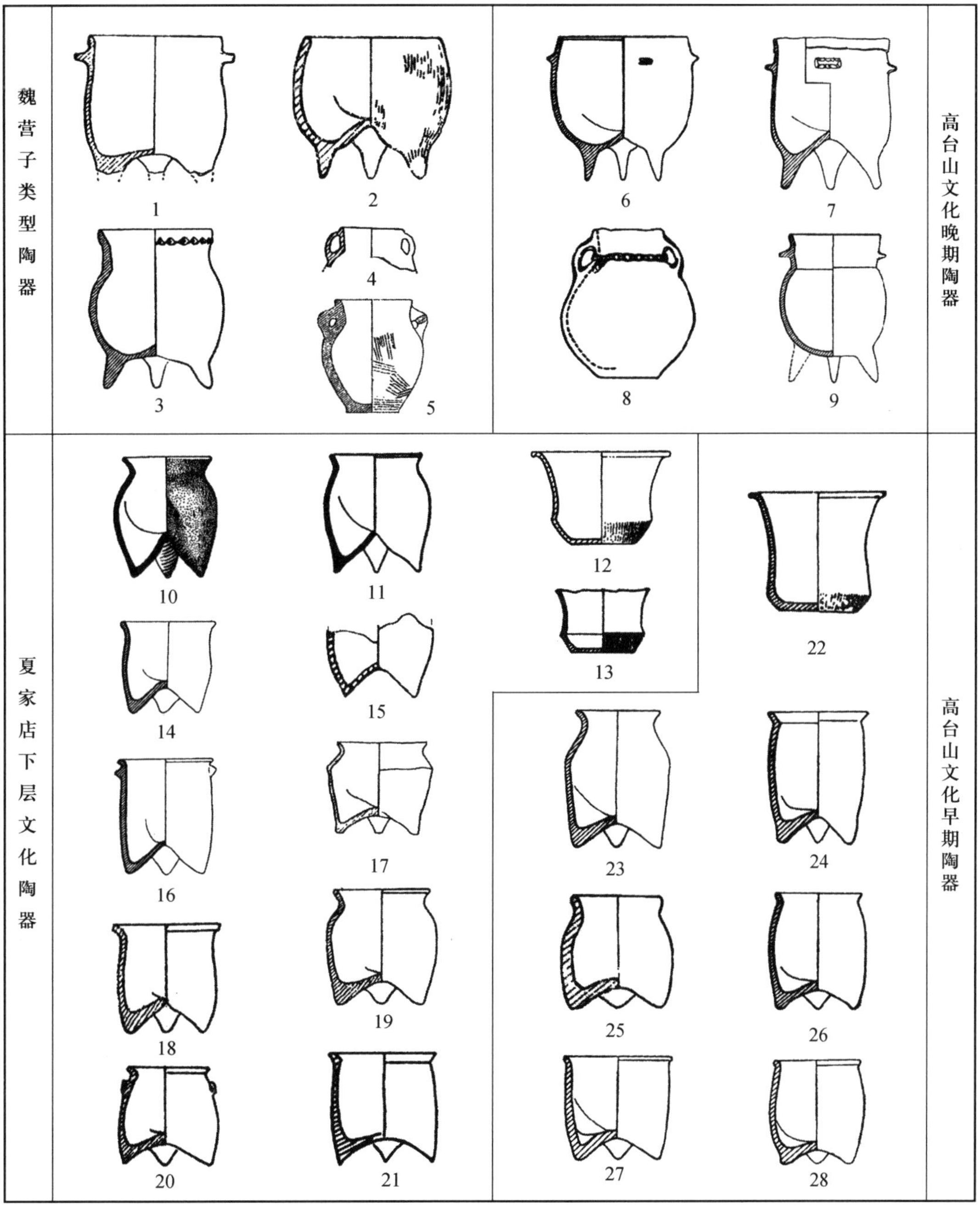

图五　高台山文化陶器与夏家店下层文化和魏营子文化陶器的比较

1、4. 平顶山（H302：7、H112：13）　2、5. 喀左后坟出土　3. 喀左南沟门出土　6. 东高台山（76T1H1：3）　7、8、25. 平安堡（H1012：1、M3010：2、H1059：1）　9. 彰武章古台镇出土　10. 蔚县前堡（F1：7）　11. 昌平雪山（H66④：94）　12. 赤峰大山前（96G2⑫：1）　13. 围坊（T1③：16）　14、16. 大甸子墓地（M1017：2、M31：3）　15. 蔚县三关（H2047）　17. 宁城南山根（采集：1）　18～21. 库伦、奈曼出土　22. 平顶山（M107：1）　23、24、26. 彰武东大窝堡出土　27. 彰武前乌拉满汉出土　28. 彰武大冷木头村出土

层文化器物群中也有发现（图五，10、11、14～21）。另外与夏家店下层文化喇叭口状U字形铜耳环相似的青铜饰物在高台山文化的早期遗存中也有发现。通过以上比较可看出，高台山文化早期的年代应该和夏家店下层文化相当，同处于夏至早商时期。但是考虑到早于高台山文化的“平安堡二期遗存”的年代已经进入了夏纪年（属夏代初期），因此这里暂推断高台山文化的早期应相当于夏代的中晚期至商代早期。

注　释

［1］沈阳市文物管理办公室：《新民高台山新石器时代遗址和墓葬》，《辽宁文物》1981年2期。

［2］沈阳市文物管理办公室：《沈阳新民县高台山遗址》，《考古》1982年2期。

［3］曲瑞琦：《沈阳地区新石器时代的考古学文化》，《辽宁省考古博物馆学会成立大会会刊》，内部油印材料，1981年。

［4］郭大顺：《西辽河流域青铜文化研究的新进展》，《中国考古学会第四次年会论文集》，文物出版社，1983年，73～82页；孙杰：《辽宁彰武县平安堡遗址调查记》，《辽宁文物》1984年6期。

［5］辽宁省考古研究所等：《辽宁彰武平安堡遗址发掘简报》，《辽海文物学刊》1989年2期。

［6］赵宾福：《关于高台山文化若干问题的探讨》，《青果集——吉林大学考古专业成立二十周年考古论文集》，知识出版社，1993年，273～284页；董新林：《高台山文化研究》，《考古》1996年6期。

［7］沈阳市文物管理办公室：《沈阳新民县高台山遗址》，《考古》1982年2期。

［8］新民县文化馆等：《新民高台山新石器时代遗址1976年发掘简报》，《文物资料丛刊》（第7辑），文物出版社，1983年，213～219页。

［9］沈阳市文物管理办公室：《新民东高台山第二次发掘》，《辽海文物学刊》1986年1期。

［10］沈阳市文物管理委员会：《新民县公主屯后山遗址试掘简报》，《辽海文物学刊》1987年2期。

［11］孙杰：《辽宁彰武县平安堡遗址调查记》，《辽宁文物》1984年6期。

［12］辽宁省文物考古研究所、吉林大学考古学系：《辽宁彰武平安堡遗址》，《考古学报》1992年4期。

［13］辽宁省文物考古研究所、吉林大学考古学系：《辽宁彰武县考古复查纪略》，《考古》1991年8期。

［14］辽宁省文物考古研究所、吉林大学考古学系：《辽宁阜新平顶山石城址发掘报告》，《考古》1992年5期。

［15］辛岩：《阜新勿欢池遗址发掘简报》，《辽海文物学刊》1997年2期。

［16］辽宁铁岭地区文物组：《辽北地区原始文化遗址调查》，《考古》1981年2期；张少青、许志国：《辽宁康平县赵家店村古遗址及墓地调查》，《考古》1992年1期。

［17］ 赵宾福：《关于高台山文化若干问题的探讨》，《青果集——吉林大学考古专业成立二十周年考古论文集》，知识出版社，1993年，273～284页；赵宾福：《中国东北夏至战国时期的考古学文化研究》，科学出版社，2007年。

［18］ 赵宾福：《辽西山地夏至战国时期考古学文化时空框架研究的再检讨》，《边疆考古研究》（第5辑），科学出版社，2006年，78～102页。

［19］ 董新林：《高台山文化研究》，《考古》1996年6期；赵宾福：《关于高台山文化若干问题的探讨》，《青果集——吉林大学考古专业成立二十周年考古论文集》，知识出版社，1993年，273～284页。

［20］ 辽宁省文物考古研究所、吉林大学考古学系：《辽宁彰武平安堡遗址》，《考古学报》1992年4期。

［21］ 喀左县文化馆：《记辽宁喀左县后坟村发现的一组陶器》，《考古》1982年1期。

［22］ 辽宁省文物考古研究所、吉林大学考古学系：《辽宁阜新平顶山石城址发掘报告》，《考古》1992年5期。

［23］ 郭大顺：《试论魏营子类型》，《考古学文化论集》（第1辑），文物出版社，1987年，79～98页。

［24］ 中国社会科学院考古研究所、内蒙古自治区文物考古研究所、吉林大学考古学系赤峰考古队：《内蒙古喀喇沁旗大山前遗址1996年发掘简报》，《考古》1998年9期。

［25］ 天津市文物管理处考古队：《天津蓟县围坊遗址发掘报告》，《考古》1983年10期。

［26］ 李殿福：《吉林省库仑奈曼两旗夏家店下层文化遗址分布与内涵》，《文物资料丛刊》（第7辑），文物出版社，1983年，97～112页。

［27］ 中国社会科学院考古研究所编著：《大甸子——夏家店下层文化遗址和墓地发掘报告》，科学出版社，1998年。

［28］ 中国社会科学院考古研究所内蒙古工作队：《宁城南山根遗址发掘报告》，《考古学报》1975年1期。

［29］ 邹衡：《夏商周考古学论文集》，文物出版社，1980年，263页。

［30］ 张家口考古队：《蔚县考古纪略》，《考古与文物》1982年4期；张家口考古队：《蔚县夏商时期考古的主要收获》，《考古与文物》1984年1期。

（原载《华夏考古》2012年3期）

辽东半岛地区

小珠山下层文化新论
——辽东半岛含之字纹陶器遗存的整合研究

器表饰压印或刻划之字纹的陶器，是东北地区新石器时代早期考古学文化中比较具有代表性的器物。从目前东北地区发现的之字纹陶器来看，年代最早的是辽西地区的兴隆洼文化，其上限可早到公元前6000年以前。其次是下辽河流域的新乐下层文化和第二松花江流域的左家山下层文化，年代上限也可早到公元前5000年以前。而辽东半岛出土的含之字纹陶器的遗存，内涵、性质和年代等问题均较模糊。如能深入研究，不仅有助于认识东北南部不同地区间的文化关系，也有助于该地区考古学文化编年、谱系等相关问题的探讨。本文试从现已公开发表的考古材料入手，并以整个辽东半岛为视角，对这一地区发现的含之字纹陶器的遗存进行重新梳理和分析。

一、发现与认识

20世纪30年代，三宅俊成等在对长海县大长山岛、小长山岛、獐子岛等岛屿上的贝丘遗址进行考古调查时发现过饰压印之字纹的陶器[1]。1941年，梅原末治、澄田正一对大长山岛上马石遗址进行了发掘，在D区上层之下发现了以压印之字纹筒形罐为主的早期文化层[2]。这一时期的工作主要由日本学者主持，多为考古调查，发掘方法缺乏科学性，遗物无出土层位。因此含之字纹陶器的遗存虽已发现，但缺乏比较明确的认识。

1957～1973年，旅顺博物馆先后多次派人前往长山群岛和沿海平原进行考古调查[3]，发现了较多的之字纹陶器，引起了学者的注意。其中考古工作者在对上马石遗址进行调查之后，提出该遗址发现的以压印篦纹（之字纹）平底筒形罐为代表的一种文化，年代上应该早于山东龙山文化[4]。佟柱臣先生和安志敏先生指出，大长山岛上马石遗址、广鹿岛吴家村遗址和獐子岛、塔寺屯等地发现的之字纹陶片，已往见于西拉木伦河流域，认为它可能同西拉木伦河流域的新石器文化有关[5]。这一时期虽然含之字纹陶器的遗存得到了学者的重视，但由于多为零星的调查发现和小规模的试掘，因此对于一些基本问题，如文化性质和年代的认识仍然比较模糊。

1978年对长海县小珠山、上马石、柳条沟东山遗址的发掘，首次为建立辽东半岛地区新石器时代考古学文化的编年序列提供了可供参考的地层学依据，并且在搞清了此类遗存文化面貌和相对年代的基础上，正式将含有之字纹陶器的遗存命名为小珠山下层文化[6]。

1981年，通过对辽东半岛黄海沿岸北部地区进行考古调查，又发现了一些新的遗址[7]，1983～1984年，对其中的后洼[8]、大岗[9]两处遗址进行了正式发掘，从新出土的一批含之字纹陶器的遗存所表现出的文化面貌来看，与小珠山下层文化虽有一定的联系，但又存在较大的区别，因此发掘者将其先后定名为“后洼下层类型”[10]和“后洼下层文化”[11]。两处遗址含之字纹陶器遗存的发现，不仅扩大了辽东半岛含之字纹陶器遗存的分布范围，而且为全面认识该类遗存的文化内涵、特征、年代及区域性差异提供了一批新的材料。

1990年，在位于小珠山遗址和后洼遗址之间的庄河县北吴屯遗址下层发现了含有之字纹陶器的遗存，并且找到了同类遗存之间的早晚关系，这一发现为探讨辽东半岛含之字纹陶器遗存的分期问题提供了坚实的地层学依据[12]。

2006年和2008年，对小珠山遗址进行的第二、三次发掘，又为重新修订和认识该遗址第一次发掘提出的“小珠山下层文化遗存”的基本内涵提供了确凿的材料证据[13]。

二、命名与内涵

根据目前掌握的考古资料，辽东半岛含之字纹陶器的遗址主要有广鹿岛小珠山下层、柳条沟东山，大长山岛上马石下层[14]、清化宫，獐子岛李墙屯下层、沙泡子下层[15]，海洋岛南玉屯[16]，新金县塔寺屯[17]，庄河市北吴屯遗址下层[18]，东沟县后洼下层[19]、大岗[20]、阎坨子、王坨子、赵坨子、石灰窑地下岩洞[21]、臭梨隈子遗址[22]（图一）。而对这些含之字纹陶器遗存的文化性质，以往的认识主要有两种：一种观点认为，含之字纹陶器遗存属于同一考古学文化，把他们统称为小珠山下层文化[23]；另一种观点认为，此类遗存属于不同性质的两种文化，即小珠山下层文化和后洼下层文化[24]。

通过全面搜集和综合整理该区域含之字纹陶器遗存的田野考古资料，特别是立足于整个东北地区新石器时代考古学文化格局与谱系关系方面考虑，这几处含之字纹陶器的遗存实际上应该同属于一种考古学文化。之所以提出这种认识主要基于以下几方面理由。

（1）从时间上看，这几处遗存基本处于相同时期，同为辽东半岛黄海沿岸新石器时代较早阶段。它们都早于本地区以在陶器上饰刻划纹为主要特征的后洼上层文化。

（2）从空间上看，它们分布在同一个区域，即东北起鸭绿江口，西南至老铁山下，千山山脉东南坡辽东半岛黄海沿岸的平原和岛屿上。

（3）从文化特征上看，它们呈现出比较一致的文化特征。一是陶器均以含滑石粉的红褐陶和黑褐陶为主，手制，器胎较厚。纹饰以压印之字纹和压印席纹为主，其次是由压印之字纹、席纹、人字纹、网格纹等构成的组合纹饰，刻划纹数量最少。其中之字纹横排竖压，宽度小，弧线间隔小，用饰纹工具压印的两端有圆形或三角形的凹

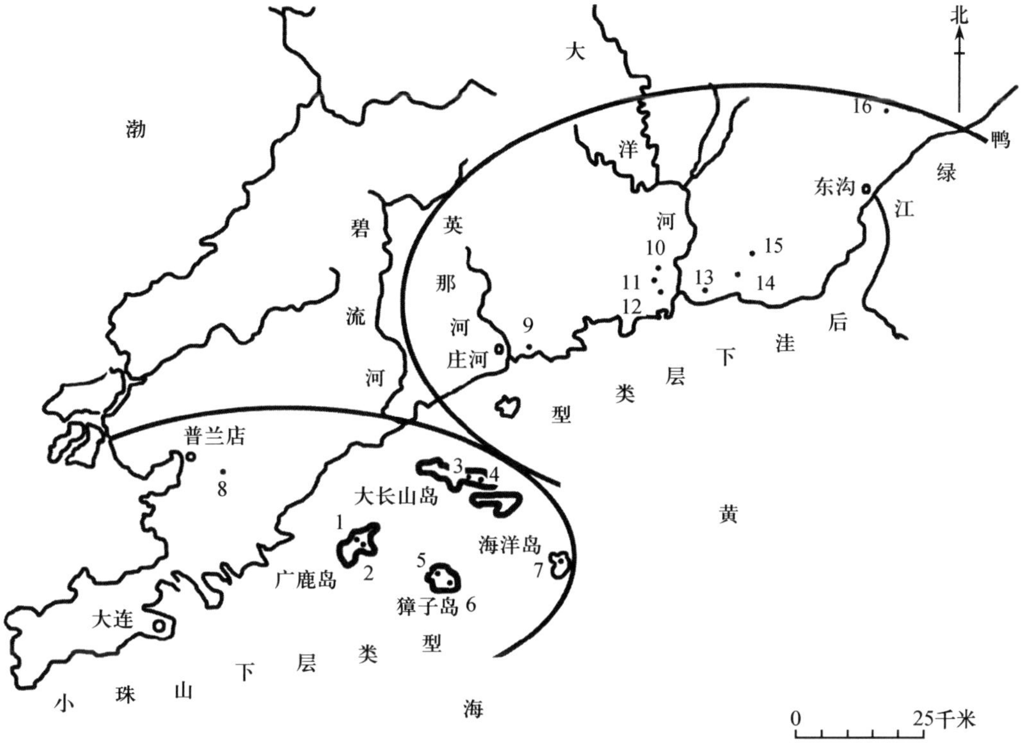

图一 小珠山下层文化遗址分布及两个地方类型分布范围示意图

1. 小珠山 2. 柳条沟东山 3. 上马石 4. 清化宫 5. 李墙屯 6. 沙泡子 7. 南玉屯 8. 塔寺屯 9. 北吴屯 10. 阎坨子 11. 王坨子 12. 赵坨子 13. 石灰窑 14. 大岗 15. 后洼 16. 臭梨隈子

窝；席纹一端压印平齐，一端按压出凹窝，状如火柴棍。器类比较简单，以筒形罐为主，有的陶器上带有双耳。二是均发现了圆角方形或圆形半地穴式房址，室内有柱洞和用石块砌成的圆形或方形灶址。

（4）从生业方式上看，这些遗址出有磨盘、磨棒、陶纺轮、石斧、石锄、网坠、石球等，由此我们可以推测当时人们已经过着农业和渔猎采集兼营的经济生活。

考虑到辽宁长海小珠山是最早发现该类遗存文化层的典型遗址，而且出土材料丰富，在学界影响较大，因此建议采用《长海县广鹿岛大长山岛贝丘遗址》提出的“小珠山下层文化”一名，将整个辽东半岛出土的含之字纹陶器的遗存统称为小珠山下层文化。关于小珠山下层文化的基本内涵，还有两点需要强调补充和说明。

第一，整合后的“小珠山下层文化”，包括了以往人们所说的“后洼下层文化”的全部遗存，即辽东半岛北部的后洼遗址下层遗存、大岗遗址和阎坨子、王坨子、赵坨子、石灰窑地下岩洞、臭梨隈子等遗址出土的含之字纹陶器的遗存。

第二，整合后的“小珠山下层文化”，不包括《长海县广鹿岛大长山岛贝丘遗址》中被划入原小珠山下层文化当中的以小珠山遗址T1⑤：27、T1⑤：28 刻划纹筒形罐为代表的遗存。从有些学者的研究[25]以及后洼遗址和最近发掘的小珠山遗址提供的层位证据来看，这类遗存与之字纹筒形罐区别明显，应是本地区较晚阶段的后洼上层文化遗存。将它们从新的小珠山下层文化中剔除，不仅有利于明确小珠山下层文化陶器的基本内涵，也有利于界定小珠山下层文化和后洼上层文化的本质区别。

三、分期与年代

关于小珠山下层文化的分期问题，以往已有多位学者进行过探讨[26]，从他们各自的分期结果来看，主要表现为两种情况：一是只有结论性的认识，而缺乏详尽的论证过程；二是由于人们在小珠山下层文化分布范围、文化内涵等问题的认识上没有达成共识，存在狭义和广义的“小珠山下层文化”之分，从而导致对该文化所做的分期研究结果很不一致。通过全面分析和认真梳理以往发表的小珠山下层文化考古发掘资料，特别是北吴屯遗址和最新发表的小珠山遗址提供的层位关系，我们认为，在现有材料的基础上，仍可就小珠山下层文化的分期和年代问题做进一步的研究。

在小珠山下层文化众多遗址中，以北吴屯和小珠山两遗址揭露较为全面，出土材料较为丰富，并有明确的层位关系，因此对小珠山下层文化遗址材料进行研究，当首先从分析这两处遗址的材料入手。

（一）北吴屯下层遗存和小珠山下层遗存的分组研究

1. 北吴屯遗址下层出土材料的组别分析

北吴屯遗址，1981年发现，1990年正式发掘。此次发掘共布5米×5米探方15个（T1～T15），发掘面积共计430平方米。遗址堆积自上而下共分四层（第1～4层），报告中将第3、4层命名为北吴屯下层文化遗存。下层遗存包括房址5座（F3～F6、F8）、灰坑2个（H1、H2）、沟2条（G1、G2）。查《大连市北吴屯新石器时代遗址》，可发现属于北吴屯下层遗存并出有陶器的地层和遗址单位有：T2③B、T2③、T3③B、T3③、T6③、T9③、F4、F6、F8，现依据它们的层位关系，按由晚及早的顺序排列如下。

T2③→T2③B→┐　　　　T6③B →┐
　　　　　　　　├→F4；　T12③B→ ├→F6；　T8、T9②B→F8→T9③。
T3③→T3③B→┘　　　　T14③B→┘

在对遗址单位进行分组之前，笔者需要指出，在北吴屯下层遗存中，原报告有两处图文不符，即原报告图一四，2、6分别与原报告图一五，5、4器物编号相同。对照原报告的文字介绍和图版看，应为原报告图一四，2、6的筒形罐，另外2件器物出土单位不明，暂将其编号定为T3③：9（？）杯、T2③：82（？）筒形罐。

依据陶器间的共存关系和单位间的叠压打破关系，结合各单位出土陶器的形态分析和比较，可将这9个单位自早至晚区分为三个年代组。

一组：2个单位，分别是F4、F6。

二组：2个单位，分别是T2③B、T3③B。

三组：5个单位，分别是 T2③、T3③、T6③、T9③、F8。

一至三组各单位出土的陶器可参见图二。

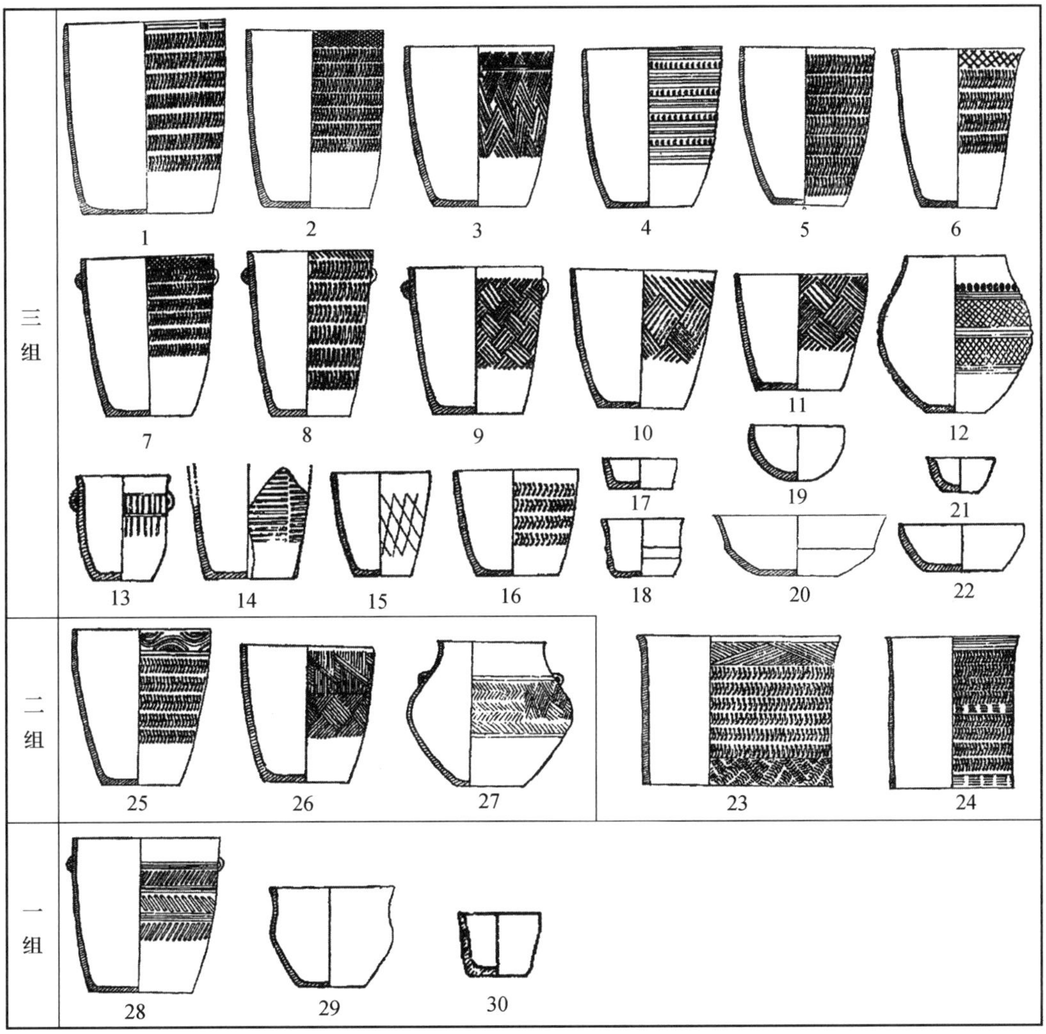

图二　北吴屯遗址下层出土陶器的分组

第三组：1～6、10、11、14～16. 无耳筒形罐（T3③：1、T3③：2、T2③：77、T2③：82、T3③：4、T3③：10、T3③：7、T3③：8、T6③：14、T2③：80、T3③：9）　7～9、13. 有耳筒形罐［T6③：26、T9③：15、T3③：5、T2③：82（？）］　12. 鼓腹罐（T3③：11）　17、21. 杯［T3③：9（？）、T3③：14］　18、20. 碗（T3③：12、T6③：28）　19、22. 钵（T2③：81、T6③：6）　23、24. 筒形器（F8：5、F8：7）

第二组：25、26. 无耳筒形罐（T2③B：1、T3③B：6）　27. 壶（T2③B：47）

第一组：28. 有耳筒形罐（F4：82）　29. 鼓腹罐（F4：68）　30. 杯（F6：12）

2．小珠山遗址下层出土材料的组别分析

小珠山遗址，20世纪30年代发现，50～70年代初进行过多次的考古调查和试掘，1978年首次正式发掘（以下简称小珠山78），2006年5～8月和2008年4～7月对小珠山遗址进行了第二、三次发掘（以下简称小珠山08）。

首先从小珠山遗址的第二、三次发掘情况看，这两次发掘揭露面积约220平方米，属于小珠山下层文化的遗迹单位是F2～F5、F8、H6。查原报告可知，发表陶器的单位有T1612⑮、T1512⑰、T1512⑱、T1512⑲。这些单位存在一组由晚至早的层位关系，如下所示。

T1512⑰→T1512⑱→T1512⑲。

依据陶器间的共存关系和单位间的叠压打破关系，可将这4个单位自早至晚区分为三个年代组。

一组：1个单位，即T1512⑲。

二组：1个单位，即T1512⑱。

三组：2个单位，分别是T1512⑰、T1612⑮。

一至三组各单位出土的陶器可参见图三。

其次从1978年第一次发掘情况来看，此次发掘仅开4米×4米探方五个（T1～T5），发掘面积80平方米，地层堆积共分五层，原报告将第5层（又可分A、B两个亚层）划分为小珠山下层文化。虽然此次发掘揭露面积小，发表陶器缺少明确的层位关系，但通过与小珠山第二、三次发掘的一至三组材料对比，我们不难发现，78T3⑤：23筒形罐，直口，直腹，器身满饰压印横线纹、席纹、网格纹、之字纹组合成的复合纹饰（图三，13），所饰纹饰与78T4⑤：53筒形罐（图三，12）的纹饰布局和风格一致，而这两者的席纹又与小珠山08T1512北隔梁⑲：1（图三，4）的席纹纹饰相同，因此可将这两件筒形罐归入小珠山08下层一组。78T1⑤：20（图三，9）、78T3⑤：24（图三，10）、78T4⑤：55（图三，11）三件筒形罐均为直口，弧腹，整体形态呈长方形，这与小珠山08T1512⑱：1筒形罐（图三，3）形态相似，可将其归入小珠山08下层二组。78T5⑤：12（图三，6）、78T2⑤：15（图三，7）、78T4⑤：54（图三，8）三件筒形罐均为大敞口，斜弧腹，小平底，其整体造型与小珠山08T1612⑮：2（图三，2）筒形罐相近，可将他们归入小珠山08下层三组。

这样，通过对小珠山遗址二、三次发掘出土陶器与第一次发掘出土陶器的比较，最后可将小珠山遗址的三次发掘材料整合为三个大组。

3．北吴屯遗址下层各组与小珠山遗址下层各组的年代对应关系

北吴屯下层三组T3③：7筒形罐（图二，10）与小珠山下层三组78T2⑤：15筒形罐（图三，7）形态相似。北吴屯下层三组T2③：80筒形罐（图二，15）和小珠山下层

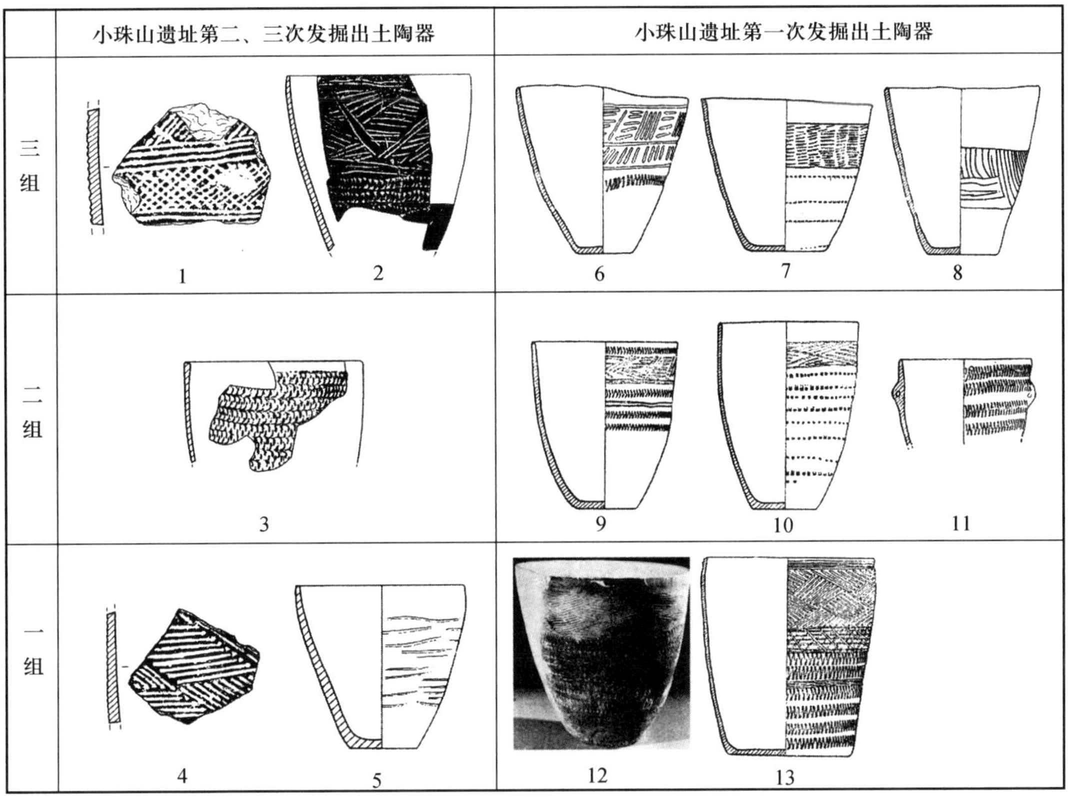

图三　小珠山遗址下层出土陶器的分组

第三组：1. 网格纹陶片（08T1512⑰：1）　2、6～8. 无耳筒形罐（08T1612⑮：2、78T5⑤：12、78T2⑤：15、78T4⑤：54）

第二组：3、9、10. 无耳筒形罐（08T1512⑱：1、78T1⑤：20、78T3⑤：24）　11. 有耳筒形罐（78T4⑤：55）

第一组：4. 席纹陶片（08T1512北隔梁⑲：1）　5、12、13. 无耳筒形罐（08T1512⑲：1、78T4⑤：53、78T3⑤：23）

三组78T4⑤：54筒形罐（图三，8）造型十分接近。北吴屯下层三组T3③：11鼓腹罐（图二，12）所饰的压印横线纹和网格纹同小珠山下层三组08T1512⑰：1（图三，1）的纹饰如出一辙。以上陶器所表现出的相同或相似之处，反映了北吴屯下层和小珠山下层两遗存的三组年代应基本相当。

北吴屯下层二组T2③B：1筒形罐（图二，25）与小珠山下层二组78T1⑤：20筒形罐（图三，9）形态相近。北吴屯下层二组T3③B：6筒形罐（图二，26）直口、斜弧腹的制作风格与小珠山下层二组08T1512⑱：1筒形罐（图三，3）近似。由此看来，北吴屯遗址下层二组与小珠山遗址下层二组的年代应该比较接近。

北吴屯遗址下层一组和小珠山遗址下层一组材料很少，并且缺乏可供比较的同类器，仅北吴屯下层一组F4：82筒形罐（图二，28）与小珠山下层一组78T3⑤：23筒形罐（图三，13）在形态上呈方形，即直口，直腹，口底近于等大。考虑到两处遗存的二组与二组相当，三组与三组接近，故暂判定北吴屯遗址下层一组相当于小珠山遗址下层一组。

（二）其他各遗址出土材料的组别

后洼和大岗遗址进行过正式发掘或试掘，发表材料较多，但缺少明确的层位关系，仅凭自身发表的材料根本无法做进一步的分组和定年研究。所以其组别和年代可以通过北吴屯下层和小珠山下层各组陶器的比较而定。其余几处遗址未经正式发掘，陶器为考古调查或采集所得，不见完整器，缺乏组合关系或找不到可供比较陶器的单位和标本，因此在对小珠山下层文化分期的过程中，暂不对这些遗址进行讨论。

1. 后洼遗址下层出土材料的组别

后洼遗址，1981年发现并进行了试掘（简称后洼81），1983～1984年正式发掘（简称后洼84），此后该遗址又进行了多次发掘，但其考古材料尚未发表[27]。

先从1983～1984年发掘材料来看，此次发掘划分5个区域，揭露面积1785.5平方米。报告中将第4层划分为后洼下层遗存。该层发现房址31座、灰坑18个。从出土陶器来看，84ⅡT18④：46筒形罐（图四，16）与北吴屯下层一组F4：82（图二，28）的饰纹技法相同，均为斜线一端呈铅笔头状。84ⅡT18④：45鼓腹罐（图四，18）与小珠山一组08T1512北隔梁⑲：1（图三，4）席纹陶片的纹饰相同。84ⅤT9④：24筒形罐（图四，12）与北吴屯下层二组T3③B：6（图二，26）形制基本相同。84ⅢT9④：21鼓腹罐（图四，15）上半部与北吴屯下层二组T2③B：47壶（图二，27）上半部形制及纹饰接近。84ⅣT1④：27壶（图四，14）与北吴屯下层二组T2③B：47壶（图二，27）的形态和席纹相似。84ⅤT23④：28筒形罐（图四，8）与北吴屯下层三组T6③：26筒形罐（图二，7）形制基本相同。84ⅢT16④：25筒形罐（图四，6）与北吴屯下层三组T2③：82（？）（图二，13）筒形罐形态接近。84ⅢT4④：10鼓腹罐（图四，10）与北吴屯下层三组T3③：11鼓腹罐（图二，12）造型相近。84ⅤT22④：52钵（图四，5）与北吴屯下层三组T6③：6钵（图二，22）形态如出一辙。

再从1981年试掘材料来看，该次试掘布2米×3探方两个（T1和T2地层关系相同），发现了灰坑和灶址。从出土陶器来看，81T1：3筒形罐（图四，17）与北吴屯下层一组F4：82（图二，28）的形态和纹饰接近。81T1：2筒形罐（图四，13）与小珠山下层二组78T3⑤：24（图三，10）形制相似。81T1：5筒形罐（图四，11）与北吴屯下层二组T3③B：6（图二，26）形态基本相同。81T1：1筒形罐（图四，7）与北吴屯下层三组T6③：26筒形罐（图二，7）形制基本相同。81T1：4筒形罐（图四，3）与北吴屯下层三组T3③：5筒形罐（图二，9）造型近似。81T1：7筒形罐（图四，1）与北吴屯下层三组T2③：80（图二，15）如出一辙。81T1：9筒形罐（图四，2）与北吴屯下层三组T2③：82筒形罐（图二，4）形态相近。

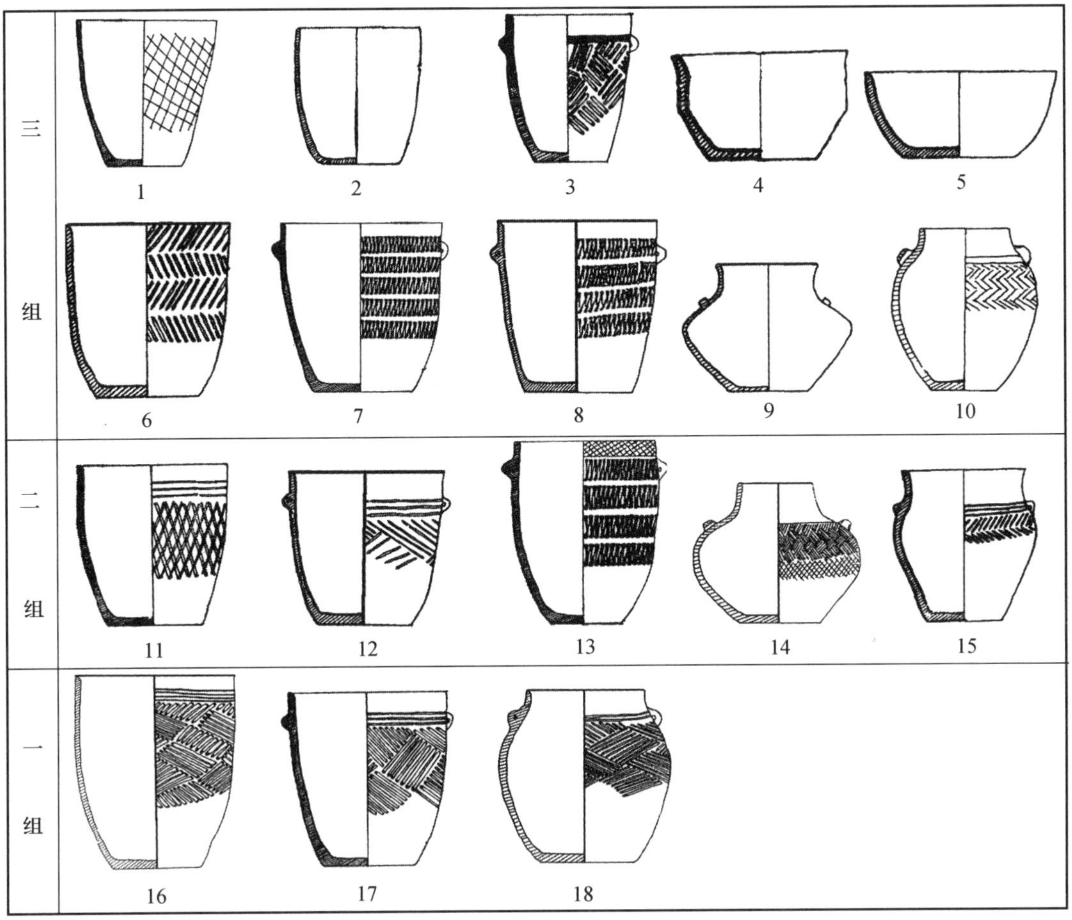

图四　后洼遗址下层出土陶器的分组

第三组：1、2、6. 无耳筒形罐（81T1：7、81T1：9、84ⅢT16④：25）　3、7、8. 有耳筒形罐（81T1：4、81T1：1、84ⅤT23④：28）　4、10. 鼓腹罐（84ⅢT9④：25、84ⅢT4④：10）　5. 钵（84ⅤT22④：52）　9. 壶（84ⅤT22④：46）

第二组：11. 无耳筒形罐（81T1：5）　12、13. 有耳筒形罐（84ⅤT9④：24、81T1：2）　14. 壶（84ⅣT1④：27）　15. 鼓腹罐（84ⅢT9④：21）

第一组：16. 无耳筒形罐（84ⅡT18④：46）　17. 有耳筒形罐（81T1：3）　18. 鼓腹罐（84ⅡT18④：45）

2．大岗遗址出土材料的组别

大岗遗址，1984年秋进行了试掘，共布2个探方，揭露面积16平方米。报告中第2层属于小珠山下层文化。该层发现房址1座、灰坑1个。从T1、T2出土陶器上看，T2：1筒形罐（图五，8）与北吴屯下层一组F4：82（图二，28）形态相似。T1：7杯（图五，9）与北吴屯下层一组F6：12杯（图二，30）形制相似。T1：1筒形罐（图五，7）与北吴屯下层二组T3③B：6筒形罐（图二，26）相似。T2：2筒形罐（图五，2）形制与北吴屯下层三组T9③：15（图二，8）相近，纹饰与北吴屯下层三组T6③：14（图二，14）相同。T2：3筒形罐（图五，3）与北吴屯下层三组T2③：82（？）（图二，13）形态一致。T2：4筒形罐（图五，6）与后洼81T1：9（图四，2）形态相同。T1：3筒形罐（图五，1）与北吴屯下层三组T3③：10（图二，6）形制十分相似。T1：6鼓腹罐（图五，5）应是后洼84ⅢT9④：25（图四，4）的晚期形态。T2：5壶（图五，4）与后洼84ⅤT22④：46（图四，9）造型基本一致。

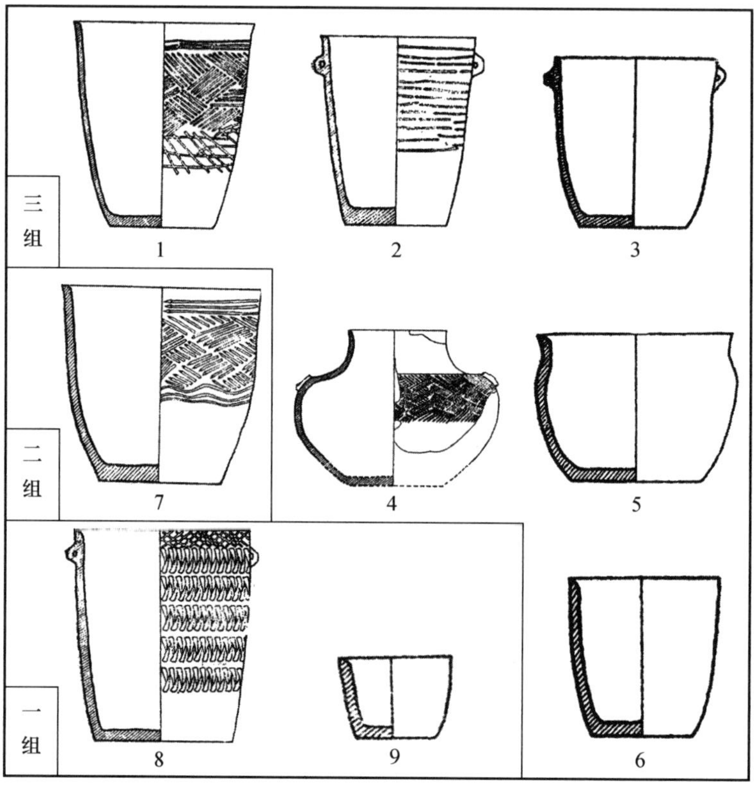

图五　大岗遗址出土陶器的分组

第三组：1、6. 无耳筒形罐（T1：3、T2：4）　2、3. 有耳筒形罐（T2：2、T2：3）　4. 壶（T2：5）　5. 鼓腹罐（T1：6）

第二组：7. 无耳筒形罐（T1：1）

第一组：8. 有耳筒形罐（T2：1）　9. 杯（T1：7）

（三）小珠山下层文化的分期与年代

综上分析，以北吴屯和小珠山两处有层位关系的遗址材料分组研究为基础，通过对其他遗址出土陶器的比较分析，现可将小珠山下层文化的遗址材料自早至晚统一划分为三期。

早期以北吴屯下层一组和小珠山下层一组为代表，还包括后洼下层、大岗出土的部分陶器。

中期以北吴屯下层二组和小珠山下层二组为代表，还包括后洼下层、大岗出土的部分陶器。

晚期以北吴屯下层三组和小珠山下层三组为代表，还包括后洼下层、大岗出土的部分陶器。

以上分期结果与以往各家分期结果的不同之处可参见表一。另外，在完成各遗址内部单位分组和各遗址之间合组为期的基础上，选择早、中、晚数量较多的无耳筒形罐、有耳筒形罐、鼓腹罐、壶四种典型陶器进行型式学分析，可将小珠山下层文化遗址出土的这四种陶器的型式关系和演变序列分别排成图六、图七。

表一　本文分期结果与以往分期结果的比较

观点 年代（公元前）	三期说		两期说		备注
	本文分期	王嗣洲的分期[28]	栾丰实的分期[29]	朱延平的分期[30]	
4500～4000	晚期：以北吴屯下层一组和小珠山下层一组为代表，还包括后洼下层、大岗出土的部分陶器	晚期：后洼下层；上马石Ⅲ	第二期：小珠山 T4⑤：54、T1⑤：27，后洼Ⅰ T8②：88，上马石ⅢT1④：11；第一期：小珠山T3⑤：23、T1⑤：20、T1⑤：28	晚期：北吴屯T5②：50、T6②C：26、T10②A：6，小珠山T3⑤：24，上马石ⅢF1：8；早期：北吴屯T2③B：47、T3③：4、T3③：5	赵辉在《辽东地区小珠山下、中层文化的再检讨》[31]一文中将小珠山下层遗存出土陶器划分为三式（未进行绝对年代研究），Ⅰ式：T3⑤：23；Ⅱ式：T3⑤：24；Ⅲ式：T5⑤：12、T4⑤：54。认为丹东地区存在相当于辽东地区Ⅰ、Ⅱ式陶器，但尚无相当于辽东地区Ⅲ式陶器的资料
5000	中期：以北吴屯下层二组和小珠山下层二组为代表，还包括后洼下层、大岗出土的部分陶器	中期：小珠山下层（T1⑤除外），北吴屯下层			
5500	早期：以北吴屯下层三组和小珠山下层三组为代表，还包括后洼下层、大岗出土的部分陶器	早期：柳条东沟山遗存			

从北吴屯、小珠山、后洼等遗址揭露的层位关系来看，小珠山下层文化被以刻划纹为特点的后洼上层文化和小珠山中层文化所叠压，这说明小珠山下层文化相对年代的下限当不晚于此。

在小珠山下层文化遗址的早期陶器当中，有一些器型与兴隆洼文化遗址晚期陶器

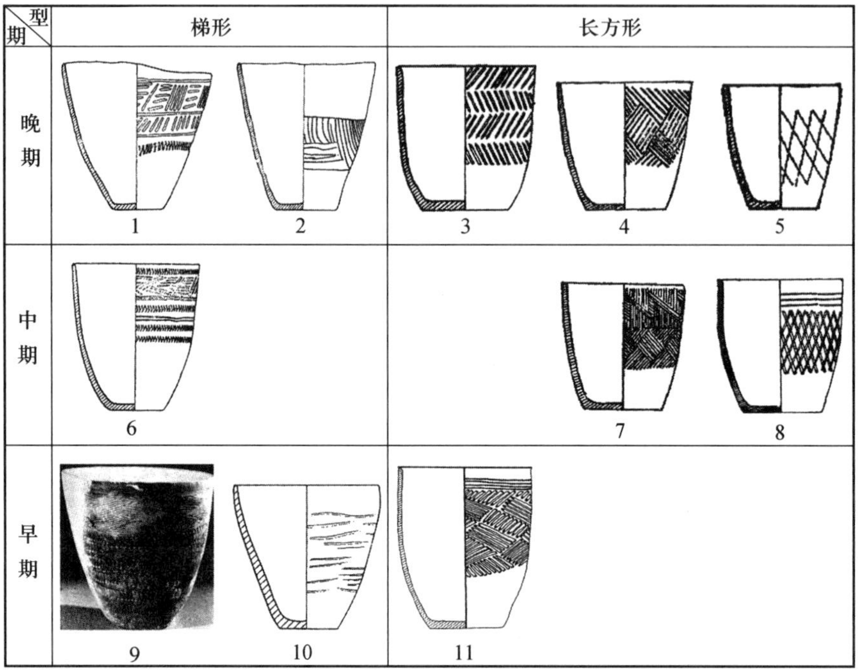

图六　小珠山下层文化无耳筒形罐的型式比较与分期

1、2、6、9、10. 小珠山遗址（78T5⑤：12、78T4⑤：54、78T1⑤：20、78T4⑤：53、08T1512⑮：1）　3、8、11. 后洼遗址（84ⅢT16④：25、81T1：5、84ⅡT18④：46）　4、5、7. 北吴屯遗址（T3③：7、T2③：80、T3③B：6）

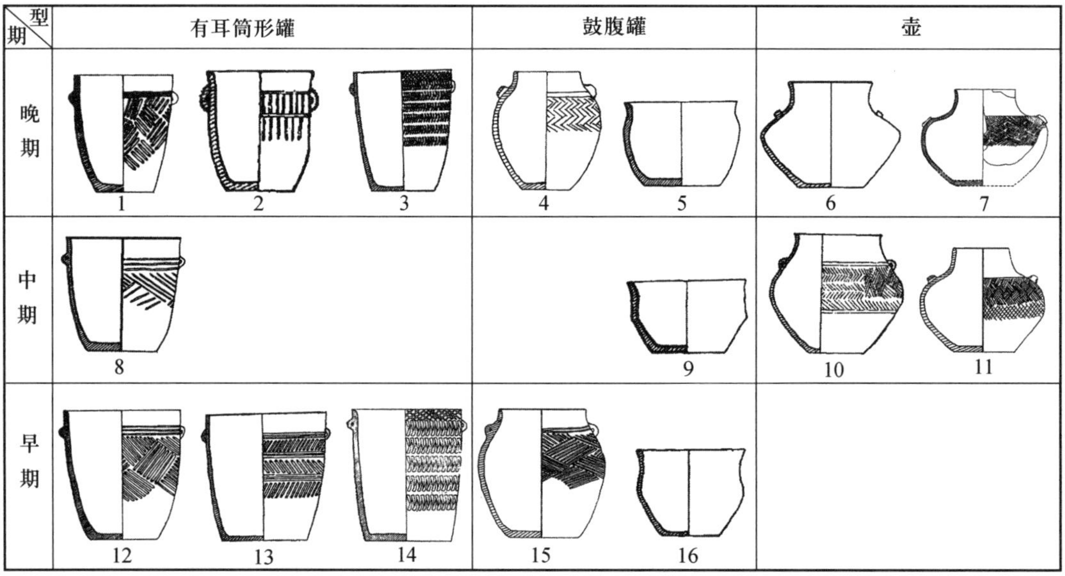

图七　小珠山下层文化有耳筒形罐、鼓腹罐、壶的型式比较与分期

1、4、6、8、9、11、12、15. 后洼遗址（81T1：4、84ⅢT4④：10、84ⅤT22④：46、84ⅤT9④：24、84ⅢT9④：25、84ⅣT1④：27、81T1：3、84ⅡT18④：45）　2、3、10、13、16. 北吴屯遗址［T2③：82（？）、T6③：26、T2③B：47、F4：82、F4：68］　5、7、14. 大岗遗址（T1：6、T2：5、T2：1）

和新乐下层文化遗址早期陶器[32]存在着较为密切的关系。例如，小珠山78T3⑤：23筒形罐（图八，5）与兴隆洼F123④：79[33]（图八，1）、查海F5:1筒形罐[34]（图八，2）的带状纹饰布局和纹饰形态相似，如果我们将兴隆洼F123④：79筒形罐和查海F5：1筒形罐上四分之一去掉，余下的部分的形制与小珠山78T3⑤：23筒形罐形制相同。因此，小珠山78T3⑤：23筒形罐可能是小珠山下层文化早期在发展自身特点的同时，有选择性地吸收兴隆洼文化的产物。小珠山78T4⑤：53筒形罐（图八，6）与新乐73T1：1（图八，9）形态一致。北吴屯F4：68鼓腹罐（图八，7）与白音长汗AF40②：4鼓腹罐[35]（图八，3）、新乐73T1：120鼓腹罐（图八，10）器型相似。北吴屯F6：12杯（图八，8）与兴隆洼文化南台地F10：4杯[36]（图八，4）相比，器物造型接近。由此可知，小珠山下层文化的早期可早到兴隆洼文化的晚期阶段，年代当不晚于公元前5000年。

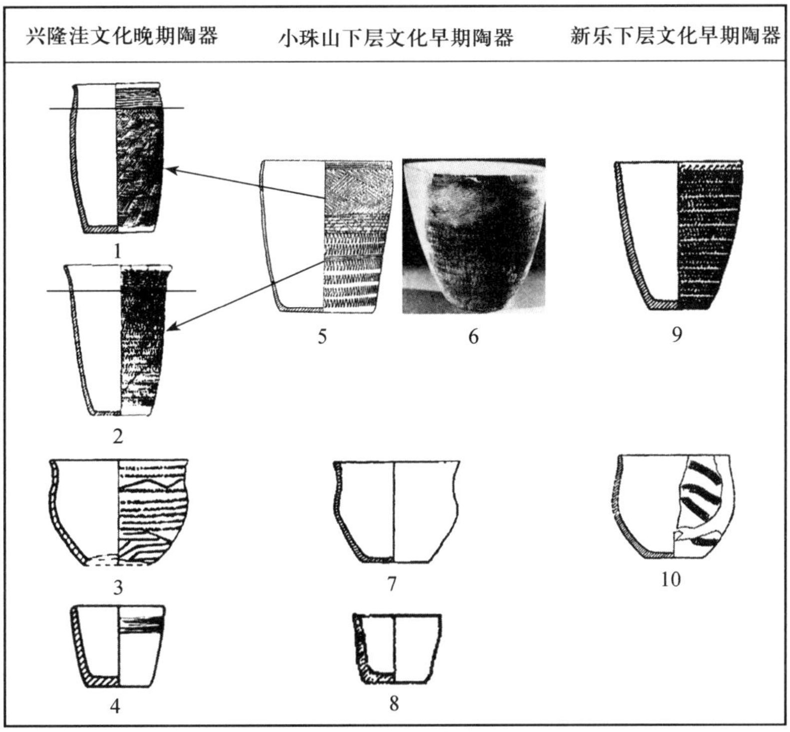

图八　小珠山下层文化早期陶器与兴隆洼文化晚期陶器、新乐下层文化早期陶器的比较

1、2、5、6、9. 筒形罐（兴隆洼遗址F123④：79，查海遗址F5：1，小珠山遗址78T3⑤：23、78T4⑤：53，新乐遗址73T1：1）　3、7、10. 鼓腹罐（白音长汗遗址AF40②：4、北吴屯遗址F4：68、新乐遗址73T1：120）　4、8. 杯（南台地遗址F10：4、北吴屯遗址F6：12）

小珠山下层文化的中期陶器当中，有部分器型在形制和风格方面与赵宝沟文化遗址[37]和新乐下层文化遗址中期[38]出土的同类器存在较多的共性。例如，小珠山08T1512⑱：1筒形罐（图九，7）的纹饰与赵宝沟F7①：32、F7②：12（图九，1、

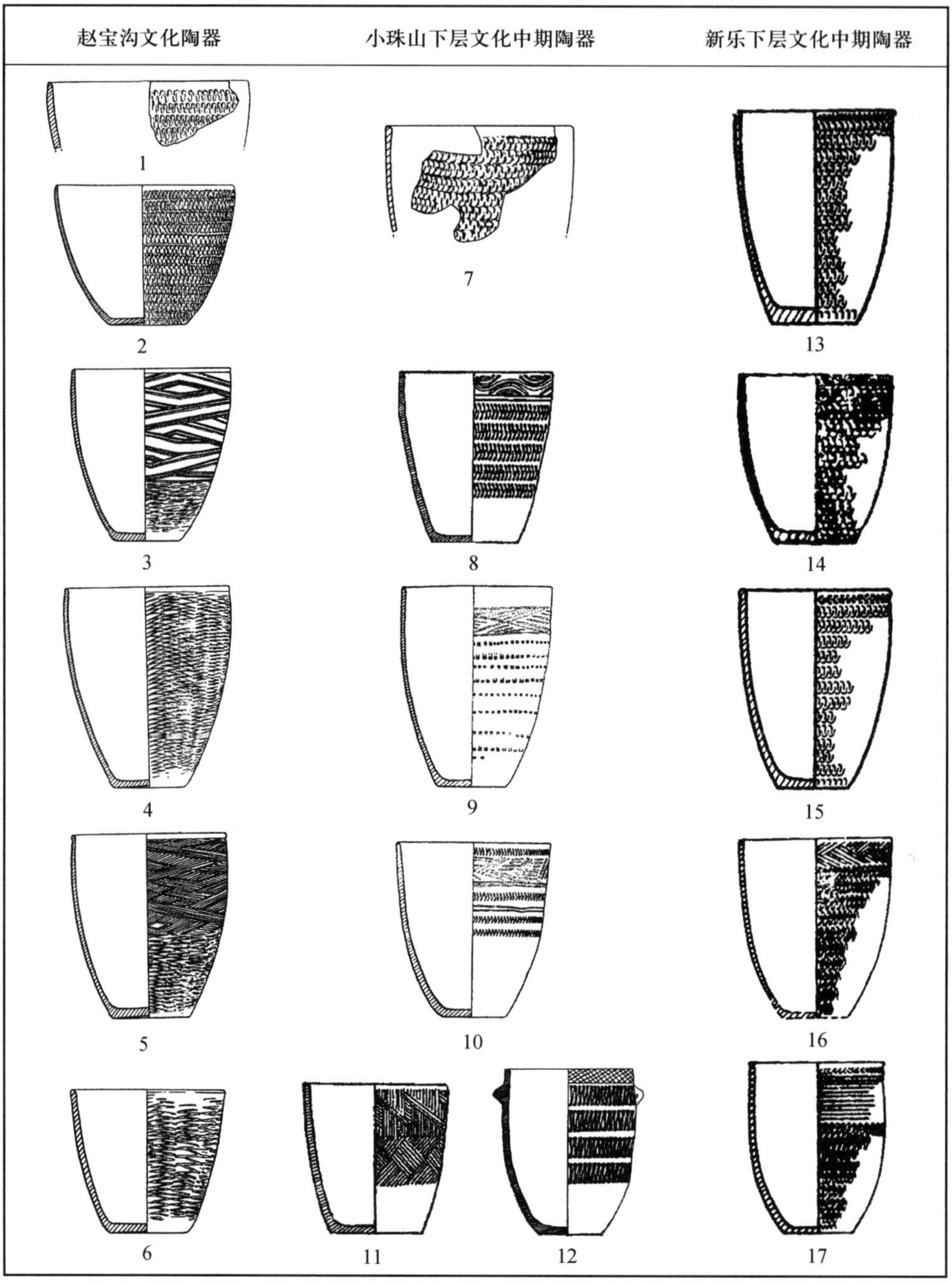

图九　小珠山下层文化中期陶器与赵宝沟文化陶器、新乐下层文化中期陶器的比

1～6. 赵宝沟遗址（F7①：32、F7②：12、F104②：28、F106②：34、F101②：4、F105②：28）　7、9、10. 小珠山遗址（08 T1512⑱：1、78T3⑤：24、78T1⑤：20）　8、11. 北吴屯遗址（T2③B：1、T3③B：6）　12. 后洼遗址（81T1：2）　13～17. 新乐遗址（80F5：122、80F3：193、80F3：189、78F2：14、78F2：9）

2）的纹饰如出一辙，其形制又与新乐80F5：122筒形罐（图九，13）相同。北吴屯T2③B：1筒形罐（图九，8）与赵宝沟F104②：28（图九，3）、新乐80F3：193筒形罐（图九，14）形态相近。小珠山78T3⑤：24筒形罐（图九，9）与赵宝沟F106②：34（图九，4）、新乐80F3：189筒形罐（图九，15）相比，器物造型一致。小珠山78T1⑤：20筒形罐（图九，10）形态与赵宝沟F101②：4（图九，5）、新乐78F2：14筒形罐（图九，16）十分接近。北吴屯T3③B：6筒形罐（图九，11）、后洼81T1：2筒形罐（图九，12）分别与赵宝沟F105②：28（图九，6）、新乐78F2：9（图九，17）器型基本相同。有鉴于此，小珠山下层文化的中期相当于赵宝沟文化，年代约为公元前5000～前4500年。

小珠山下层文化的晚期陶器当中，有少量陶器与红山文化早期阶段[39]和新乐下层文化晚期阶段[40]的同类器形态十分相似。例如，小珠山08T1612⑮：2筒形罐（图一〇，4）、小珠山78T5⑤：12筒形罐（图一〇，5）、小珠山78T2⑤：15筒形罐（图一〇，6）与红山文化早期的西水泉F13：7筒形罐（图一〇，1）、西水泉F13：10

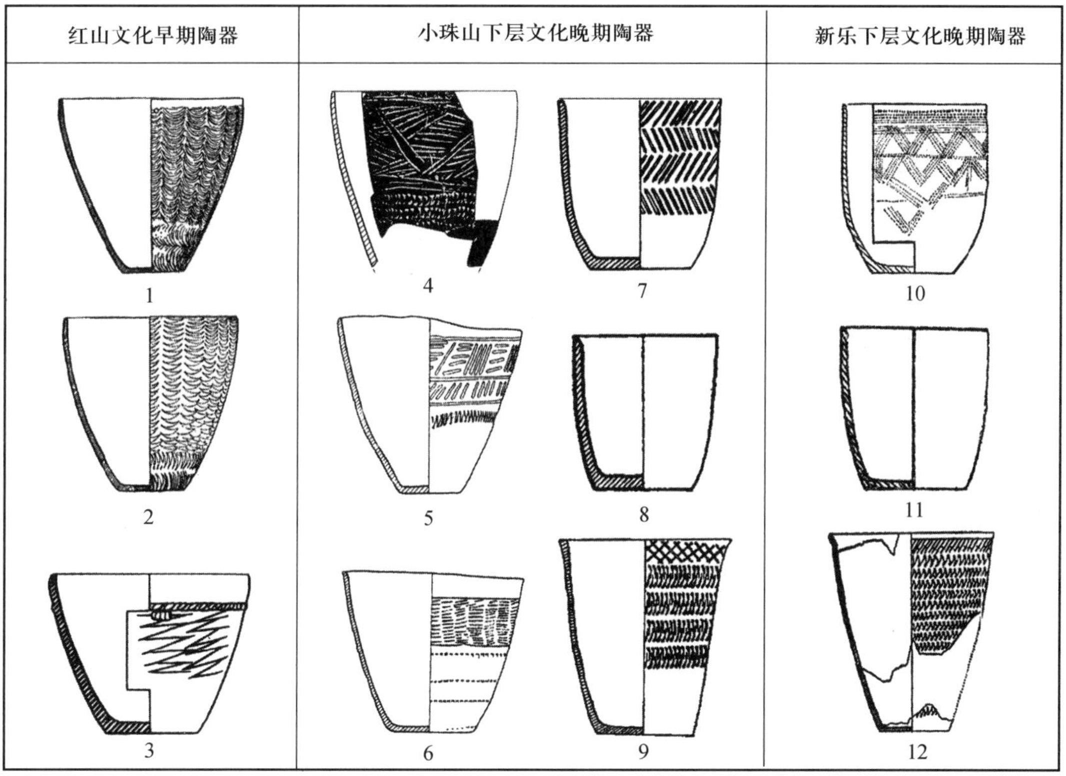

图一〇　小珠山下层文化晚期陶器与红山文化早期陶器、新乐下层文化晚期陶器的比较

1、2. 西水泉遗址（F13：7、F13：10）　3. 牛河梁第五地点下层（H21：1）　4～6. 小珠山遗址（08T1612⑮：2、78T5⑤：12、78T2⑤：15）　7. 后洼遗址（84ⅢT16④：25）　8. 大岗遗址（T2：4）　9. 北吴屯遗址（T3③：10）　10、11. 新乐遗址（83CDF1：12、83CDF3：8）　12. 王全遗址（王采：1）

筒形罐（图一〇，2）、牛河梁第五地点下层H21：1筒形罐（图一〇，3）相比，器物造型或纹饰基本接近。再如后洼84ⅢT16④：25筒形罐（图一〇，7）、大岗T2：4筒形罐（图一〇，8）、北吴屯T3③：10筒形罐（图一〇，9）分别与新乐下层文化晚期陶器新乐83CDF1：12筒形罐（图一〇，10）、新乐83CDF3：8筒形罐（图一〇，11）、王采：1筒形罐（图一〇，12）形制相似。上述事例说明，小珠山下层文化的晚期相当于红山文化早期，年代约为公元前4500～前4000年。以往学者在小珠山下层文化的分期和年代界定问题上，存在着较大的分歧[41]。本文通过对小珠山下层文化出土陶器与周边考古学文化陶器进行比较，同时参考目前发表的^{14}C测定数据[42]，判定小珠山下层文化的上限年代可早到公元前5000年，下限年代约为公元前4000年。

四、分布与类型

目前发现的小珠山下层文化遗址主要分布在东北起鸭绿江口，西南至老铁山下，千山山脉东南坡的辽东半岛黄海沿岸的平原和岛屿上。在辽东半岛渤海沿岸一侧尚未发现该文化遗存。但有两点理由可以使我们相信将来会在该区域发现之字纹遗存，即：一是在小珠山第二、三次发掘中，近似渤海沿岸三堂一期的附加堆纹陶器的发现改变了过去学术界对堆纹遗存只发现于辽东半岛的渤海沿岸一侧的观点[43]，相信随着今后对渤海沿岸考古工作的深入，同样可以在此区域发现小珠山下层文化遗存；二是在辽东半岛南部中间地带新金县（今普兰店市）塔寺屯遗址发现了之字纹遗存[44]，小珠山下层文化遗存已于靠近渤海沿岸一侧露出端倪。因此加强对渤海沿岸的考古工作，是我们下一阶段的工作重点。

类型是考古学文化的地域性变体。关于小珠山下层文化的类型问题，以往学者提出过“小珠山下层类型和后洼下层类型”之说[45]及“北吴屯下层类型和后洼类型”之见[46]。仔细观察小珠山下层文化各遗址出土的陶器，不难发现，在碧流河西侧，以小珠山下层为代表的遗存，纹饰多为席纹在上、之字纹在下的带状布局。陶器器型主要为无耳筒形罐，有耳筒形罐仅发现一件，可看作来自东面文化交流的结果；在碧流河东侧，以后洼下层、大岗、北吴屯等为代表的遗存，纹饰布局多以一种纹饰为主体，其他纹饰作为辅助纹饰分布在主体纹饰的上、下边缘。出土陶器口部多为尖唇，器型主要有筒形罐、鼓腹罐、壶、碗等，器身上多带有双耳。除此之外，还发现了装饰品和雕刻品。

基于以上区别，为便于日后做更深入的研究，这里暂将目前发现的小珠山下层文化遗存初步区分为两个地方类型，即碧流河以西以小珠山遗址下层为代表的“小珠山下层类型”和碧流河以东位于大洋河和英那河流域以后洼遗址下层、东沟大岗、北吴屯遗址下层为代表的“后洼下层类型”（图一）。

注　释

[1] 三宅俊成：《长山列岛先史时代の小调查》，《满洲学报》（第四），1936年。

[2] 澄田正一：《辽东半岛の先史遗迹（调查抄报）——大长山岛上马石贝冢 1、2、3》，《人间文化》1986～1988年2～4期；转引自王建华：《试论辽东半岛南部地区的史前文化》，《辽宁师范大学学报（社会科学版）》2005年4期。

[3] 许明纲：《旅大市金县发现新石器时代遗址》，《考古》1960年2期；旅顺博物馆：《旅大市长海县新石器时代贝丘遗址调查》，《考古》1961年12期；旅顺博物馆：《旅大市长海县新石器时代贝丘遗址调查》，《考古》1962年7期。

[4] 旅顺博物馆：《旅大市长海县新石器时代贝丘遗址调查》，《考古》1962年7期。

[5] 佟柱臣：《东北原始文化的分布与分期》，《考古》1961年10期；安志敏：《记旅大市的两处贝丘遗址》，《考古》1962年2期。

[6] 辽宁省博物馆、旅顺博物馆、长海县文化馆：《长海县广鹿岛大长山岛贝丘遗址》，《考古学报》1981年1期。

[7] 丹东市文化局文物普查队：《丹东市东沟县新石器时代遗址调查与试掘》，《考古》1984年1期。

[8] 许玉林、傅仁义、王传普：《辽宁东沟县后洼遗址发掘概要》，《文物》1989年12期。

[9] 辽宁省博物馆：《辽宁东沟县大岗新石器时代遗址》，《考古》1986年4期。

[10] 许玉林：《后洼遗址考古新发现与研究》，《中国考古学会第六次年会论文集》，文物出版社，1987年；许玉林、傅仁义、王传普：《辽宁东沟县后洼遗址发掘概要》，《文物》1989年12期。

[11] 许玉林：《辽东半岛新石器时代文化初探》，《考古学文化论文集》（二），文物出版社，1989年。

[12] 辽宁省文物考古研究所、大连市文物管理委员会、庄河市文物管理办公室：《大连市北吴屯新石器时代遗址》，《考古学报》1994年3期。

[13] 中国社会科学院考古研究所、辽宁省文物考古研究所、大连市文物考古研究所：《辽宁长海县小珠山新石器时代遗址发掘简报》，《考古》2009年5期。

[14] 辽宁省博物馆、旅顺博物馆、长海县文化馆：《长海县广鹿岛大长山岛贝丘遗址》，《考古学报》1981年1期。

[15] 旅顺博物馆：《旅大市长海县新石器时代贝丘遗址调查》，《考古》1961年12期；旅顺博物馆：《旅大市长海县新石器时代贝丘遗址调查》，《考古》1962年7期。

[16] 三宅俊成：《长山列岛先史时代の小调查》，《满洲学报》（第四），1936年，163页。

[17] 1978年10月，辽宁省博物馆调查此地时发现了压印之字纹陶片。

[18] 辽宁省文物考古研究所、大连市文物管理委员会、应河市文物管理办公室：《大连市北吴屯新石器时代遗址》，《考古学报》1994年3期。

[19] 丹东市文化局文物普查队：《丹东市东沟县新石器时代遗址调查与试掘》，《考古》1984年1期；许玉林、傅仁义、王传普：《辽宁东沟县后洼遗址发掘概要》，《文物》1989年12期。

[20] 丹东市文化局文物普查队：《丹东市东沟县新石器时代遗址调查与试掘》，《考古》1984年1期；辽宁省博物馆：《辽宁东沟县大岗新石器时代遗址》，《考古》1986年4期。

[21] 丹东市文化局文物普查队：《丹东市东沟县新石器时代遗址调查与试掘》，《考古》1984年1期。

[22] 许玉林、金石柱：《辽宁丹东地区鸭绿江右岸及其支流的新石器时代遗存》，《考古》1986年10期。

[23] 张忠培：《辽宁古遗存的分区、编年及其他——“环渤海考古”学术研讨会上的发言》，《辽海文物学刊》1991年1期；李宇峰：《辽宁新石器时代考古发现和认识》，《辽宁大学学报》1991年3期；赵辉：《辽东地区小珠山下、中层文化的再检讨》，《考古与文物》1995年5期；朱延平：《小珠山下层文化试析》，《考古求知集》，中国社会科学出版，1997年；王嗣洲：《辽东半岛新石器时代考古学文化谱系研究》，《史前研究》2004年。

[24] 许玉林：《辽东半岛新石器时代文化初探》，《考古学文化论文集》（二），文物出版社，1989年；王月前：《鸭绿江右岸地区新石器遗存研究》，《中国历史博物馆考古部纪念文集》，科学出版社，2000年；郭大顺、张星德：《东北文化与幽燕文明》，江苏教育出版社，2004年，234页。

[25] 赵辉：《辽东地区小珠山下、中层文化的再检讨》，《考古与文物》1995年5期。

[26] 王嗣洲：《辽东半岛新石器时代考古学文化谱系研究》，《史前研究》2004年；王月前：《鸭绿江右岸地区新石器遗存研究》，《中国历史博物馆考古部纪念文集》，科学出版社，2000年；栾丰实：《辽东半岛南部地区的原始文化》，《海岱地区考古研究》，山东大学出版社，1997年；朱延平：《小珠山下层文化试析》，《考古求知集》，中国社会科学出版，1997年；赵辉：《辽东地区小珠山下、中层文化的再检讨》，《考古与文物》1995年5期。

[27] 中国考古学年会编：《后洼新石器时代遗址》，《中国考古学年鉴·1990》，文物出版社，1991年，182页；1992年7月，对后洼遗址进行了第三次发掘，参见许玉莲：《后洼遗址发现东北地区最原始吹乐器——陶埙》，《北方文物》1994年4期。

[28] 王嗣洲：《辽东半岛新石器时代考古学文化谱系研究》，《史前研究》2004年。

[29] 栾丰实：《辽东半岛南部地区的原始文化》，《海岱地区考古研究》，山东大学出版社，1997年。

[30] 朱延平：《小珠山下层文化试析》，《考古求知集》，中国社会科学出版，1997年。

[31] 赵辉：《辽东地区小珠山下、中层文化的再检讨》，《考古与文物》1995年5期。

[32] 赵宾福、杜战伟：《新乐下层文化陶器分期研究》，《文物》2011年3期。
[33] 中国社会科学院考古研究所内蒙古工作队：《内蒙古敖汉旗兴隆洼遗址发掘简报》，《考古》1985年10期。
[34] 辽宁省文物考古研究所：《辽宁阜新县查海遗址1987～1990年三次发掘》，《文物》1994年11期。
[35] 内蒙古文物考古研究所、吉林大学考古学系：《内蒙古林西县白音长汗新石器时代遗址1991年发掘简报》，《文物》2002年1期。
[36] 内蒙古文物考古研究所编：《克什克腾旗南台子遗址发掘简报》，《内蒙古文物考古文集》（第一辑），中国大百科全书出版社，1994年。
[37] 中国社会科学院考古研究所编著：《敖汉赵宝沟——新石器时代聚落》，中国大百科全书出版社，1997年。
[38] 赵宾福、杜战伟：《新乐下层文化的分期与年代》，《文物》2011年3期。
[39] 赵宾福、薛振华：《以陶器为视角的红山文化发展阶段研究》，《考古学报》2012年1期。
[40] 赵宾福、杜战伟：《新乐下层文化的分期与年代》，《文物》2011年3期。
[41] 许明纲：《试论大连地区新石器和青铜文化》，《中国考古学会第六次年会论文集》，文物出版社，1987年；许玉林：《辽东半岛新石器时代文化初探》，《考古学文化论集》（二），文物出版社，1989年；朱延平：《东北地区南部公元前三千纪初以远的新石器考古学文化编年、谱系及相关问题》，《考古学文化论集》（四），文物出版社，1997年；王月前：《鸭绿江右岸地区新石器遗存研究》，《中国历史博物馆考古部纪念文集》，科学出版社，2000年；王建华：《试论辽东半岛南部地区的史前文化》，《辽宁师范大学学报（社会科学版）》2005年4期。
[42] 中国社会科学院考古研究所：《中国考古学中碳十四年代数据集（1965—1991）》，文物出版社，1992年。
[43] 中国社会科学院考古研究所、辽宁省文物考古研究所、大连市文物考古研究所：《辽宁长海县小珠山新石器时代遗址发掘简报》，《考古》2009年5期。
[44] 1978年10月，辽宁省博物馆调查此地时发现了压印之字纹陶片。
[45] 许玉林、傅仁义、王传普：《辽宁东沟县后洼遗址发掘概要》，《文物》1989年12期；王嗣洲：《小珠山下层文化类型与后洼下层文化类型的比较》，《博物馆研究》1990年3期。
[46] 朱延平：《小珠山下层文化试析》，《考古求知集》，中国社会科学出版社，1997年。

［原文载韩国《考古学探究》（第7号），韩国考古学探究会编，2010年。后被收入《中国考古学会第十五次年会论文集》，文物出版社，2013年］

关于双砣子一、二期文化的三点新认识

双砣子一期文化和双砣子二期文化，是分布在辽东南部地区的两支青铜时代早期考古学文化，时间大致处在夏至早商阶段。继双砣子一、二期文化之后，该地区先后发展起来的是晚商时期的双砣子三期文化和两周时期的双房文化。

双砣子遗址、大嘴子遗址、于家村遗址、上马石墓地和岗上墓地提供的层位关系表明，双砣子一至三期文化和双房文化之间年代衔接比较紧密。陶器的类型学分析和排比所见到的文化演变关系是四者一脉相承，代表了一个完整的文化系统（“双砣子-双房文化系统”）。但是，从某些遗存或材料的性质和年代角度上看，属于该系统的四种考古学文化，都不同程度地存在着一些需要做进一步说明或开展更深入研究的问题。现以双砣子一、二期文化为例，提出以下三点新的认识。

一、老铁山积石墓应该是双砣子一期文化的墓葬

据《旅顺老铁山积石墓》一文发表的墓葬位置图观察，老铁山、将军山两个地点相距不远，所见的40多个积石墓冢彼此相连（图一）。以往考古报告在发表这里出土

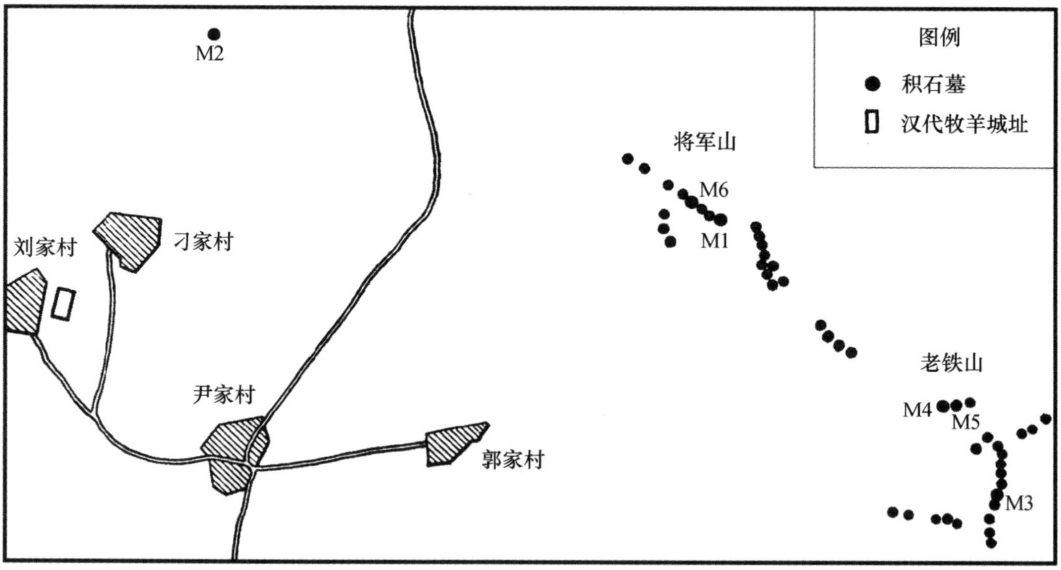

图一　旅顺老铁山、将军山积石墓位置示意图

的墓葬材料时，虽分别使用了“老铁山积石墓”[1]和“将军山积石墓”[2]之名，但事实上两者应该是同一片墓地。为表述方便，以下统称其为“老铁山积石墓”。

关于老铁山积石墓的性质问题，以往认识一直比较模糊。有人认为，它是小珠山上层或郭家村上层类型的墓地[3]；也有人认为，它与郭家村上层和双砣子一期文化都有密切的联系[4]。

“郭家村上层”和“小珠山上层”同属于一种文化，即辽东半岛地区新石器时代的“小珠山上层文化”。将老铁山积石墓出土陶器与小珠山上层文化各遗址出土陶器做一对比分析，不难发现，两者除了因受到来自山东龙山文化的影响而共见少量的三环足盘和瓦足盘以外，其余绝大部分陶器都是有所区别的。小珠山上层文化的陶器组合以罐类为主，其他陶器很少。而老铁山积石墓的随葬品除了较多的陶罐以外，杯、壶、瓮、碗、豆和器盖等类陶器也较常见，同时还见有少量的陶鬶。由此可以看出，两种文化的器物组合存在一定的差异。进一步选择两者共见并且数量较多的罐类陶器进行比较，很容易发现有些器型之间可能存在着形制上的承袭关系，但是无法找到造型上基本相同或比较接近的器物。

相反，从老铁山积石墓随葬陶器的种类和形制上看，它与双砣子一期文化的于家村、双砣子、大嘴子等遗址出土的陶器相比，则显示出了具有较多的共性。一方面表现在器物种类上，两者的陶器组合基本相同；另一方面是同一类别的陶器中，造型基本相同或十分相近的器物数量较多。例如，罐类器物当中，出自老铁山M1（6）的两件陶罐和将军山M1A：8、M1D：5，与双砣子T5：40、于家村T2④：15、87大嘴子T33④：33和87大嘴子T33④：36相比，形制完全相同（图二，28、29、31、36与2、3、8、11）。豆类器中，将军山M1E：1和出自老铁山M1（6）的一件陶豆，造型上与双砣子T4：44、T3：4十分接近（图二，32、34与5、7）；杯类器中，将军山M1B：1单耳杯和出自老铁山的另一件单耳杯，同双砣子T4：48、T2：76两件单耳杯相比，造型上别无二致（图二，37、38与10、9）。另外，老铁山积石墓出土的无耳杯和带耳碗，也可以在双砣子一期文化的遗址中找到基本相同或相近的器型（图二，33、35、30与4、6、1）。

通过以上分析，笔者认为，老铁山积石墓并不是小珠山上层文化的墓葬，而应该是双砣子一期文化的墓葬。

二、双砣子一期文化应该是处于夏代初始阶段的青铜文化

双砣子一期文化，有时又被称为“于家村下层文化”[5]或“于家村下层文化类型”[6]。该文化的遗址材料目前发现较多，除了用以命名的双砣子遗址第一期遗存以

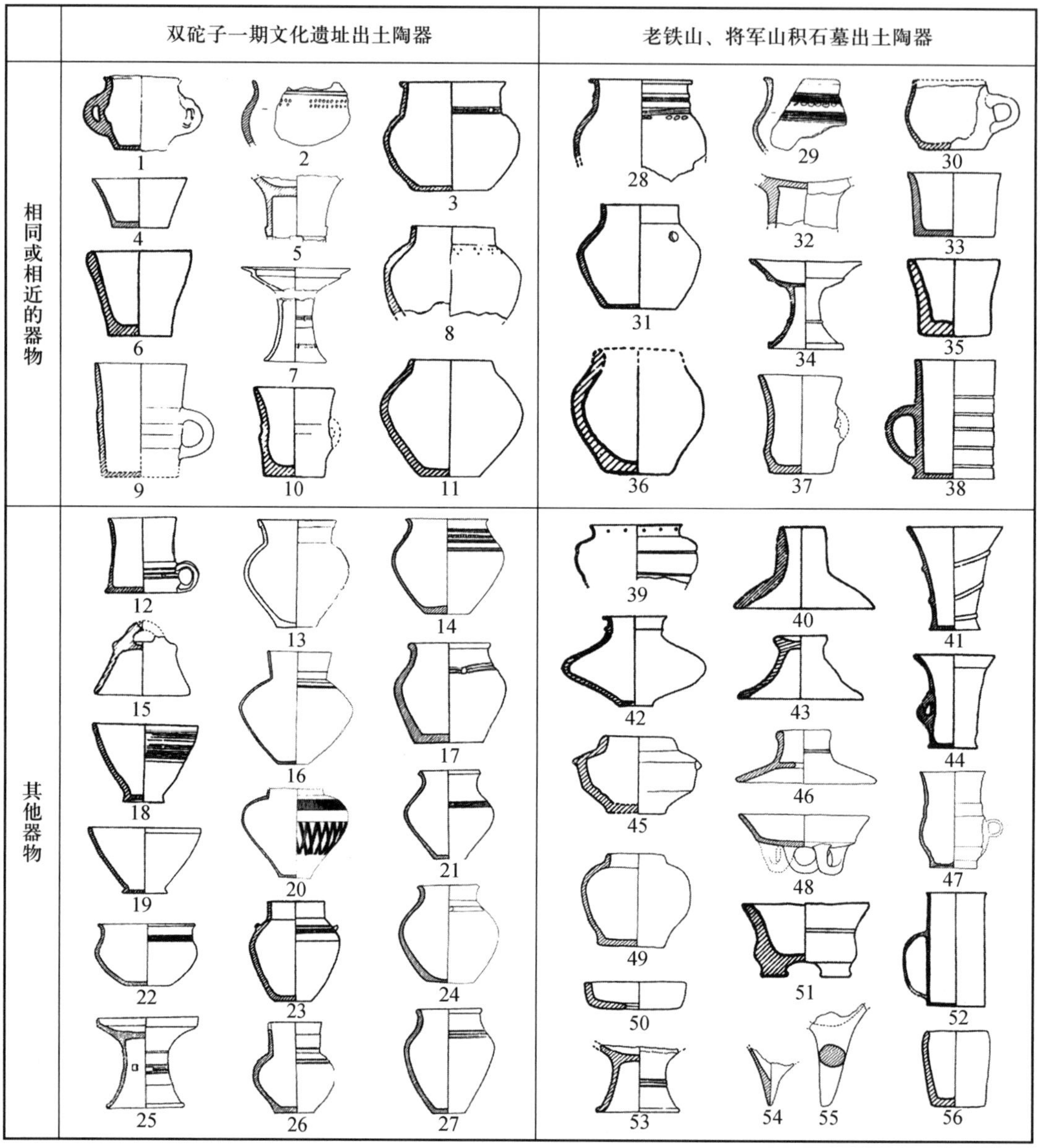

图二　双砣子一期文化遗址出土陶器和墓葬出土陶器的比较

遗址陶器：1、5、7～10、13～16、20、24. 双砣子（T4：35、T7：44、T3：4、T5：40、T2：76、T4：48、T5：36、T1：10、T4：44、T4：36、F14：6、T4：44、F16：2）　2、11、18、19. 87年大嘴子（T33④：33、T33④：36、T94④：21、T8④：48）　3、4、6、12、17、21～23、25～27. 于家村（T2④：15、T2④：16、T4③：11、T2④：13、F7：1、T3③：14、F6：3、T3③：99、T3③：15、T3③：89、T4③：58）

墓葬陶器：28、31、33、34、39、40. 老铁山［M1（6）］　42、44、51. 老铁山［M1（3）］　38、41、43、52. 老铁山出土　29、47. 将军山（M1D：5、M1D：2）　30、36、48、50、54～56. 将军山（M1A：2、M1A：8、M1A：9、M1A：7、M1A：13、M1A：12、M1A：1）　32. 将军山（M1E：1）　35、37、49. 将军山（M1B：2、M1B：1、M1B：5）　45、53. 将军山（M1C：5、M1C：6）　46. 将军山（M1：01）

外[7]，还有于家村下层遗存[8]、高丽城山遗存[9]、小黑石砣子A类遗存[10]、金州庙山早期遗存[11]、大嘴子遗址1987年发掘的第一期遗存[12]和大嘴子遗址1992年发掘的早期遗存[13]。老铁山积石墓性质的确定又为进一步认识该文化的墓葬奠定了基础。

关于双砣子一期文化的年代和性质问题，已往著述中虽有所涉及，但看法始终比较模糊。这里试从以下三个方面，再做一些具体的分析和说明。

首先，1987年发掘的大嘴子遗址第一期文化层出土的青铜戈（T33④：21）[14]，标志着双砣子一期文化已经进入了青铜时代。

其次，从双砣子一期文化遗址和墓葬出土的陶器群来看（图二），除绝大部分器物具有鲜明的地域特色以外（如罐、瓮、壶、平底碗等），还包含了一些形制特征与山东龙山文化晚期阶段同类陶器基本相同或相近的器物（如杯、豆、鬶足、器盖、环足鼎等）。后一类陶器的存在，指示出该文化的年代应当和山东龙山文化晚期相当。据研究，山东龙山文化晚期的最晚年代约在公元前1900年，已经进入了夏纪年[15]。

最后，从已经测得的一部分^{14}C数据结果来看，于家村下层T3F3两个木炭标本分别为距今3630±85年（树轮校正值为公元前2015～前1748年）和距今3655±80年（树轮校正值为公元前2028～前1771年）；高丽城山下层T3F1木炭为距今3710±100年（树轮校正值为公元前2135～前1829年）；双砣子一期F16房柱木炭为距今4010±95年（树轮校正值为公元前2561～前2280年）。以上数据中除最后一个明显偏早以外，其他数据所反映的年代大约为公元前2100～前1900年[16]。这一时间区限恰好和山东龙山文化晚期的年代相当，同属于夏代初期。

总之，从青铜制品的发现、陶器群反映的时段特征、^{14}C数据给出的时间范畴等几方面来看，双砣子一期文化的年代约在公元前2100～前1900年，该文化应该是辽东南部地区处于夏代初始阶段的一种青铜文化。

三、双砣子二期文化是夏代早期至商代早期受过山东半岛岳石文化强烈影响的一支土著文化

双砣子二期文化主要以双砣子遗址出土的第二期文化遗存为代表[17]，另包括大嘴子遗址二期（中期）[18]、小黑石砣子B类遗存[19]、庙山晚期A类遗存[20]、上马石瓮棺葬[21]、望海埚[22]、单砣子1号和2号土坑墓及高丽寨遗址出土的部分陶器[23]。

综合遗址和墓葬两方面材料来看，双砣子二期文化的陶器群主要是由两种不同风格的文化因素组成的。第一种为土著文化因素，代表性陶器为壶、罐、瓮、碗、钵等（图三，1～23），这些器物多可以在本地区较早或较晚时期的考古学文化中找到它们的“祖型”或“遗型”，具有承前启后一脉相承的文化传统，所以应属于土著文化因素，也是主体文化因素。第二种为外来文化因素，代表性陶器主要为甗、盆、尊形

器、三足钵、子母口罐和器盖等（图三，24～40），由于这些器物在当地无根无流，所以应该是外来的，是邻近文化对本地区文化影响和渗透的结果。通过比较，很容易发现它们应该是来自山东半岛地区岳石文化（图三，41～56）的因素。关于这一点，学术界已无任何异议。

第一种文化因素的存在，表明双砣子二期文化是辽东南部地区有着自身文化传统

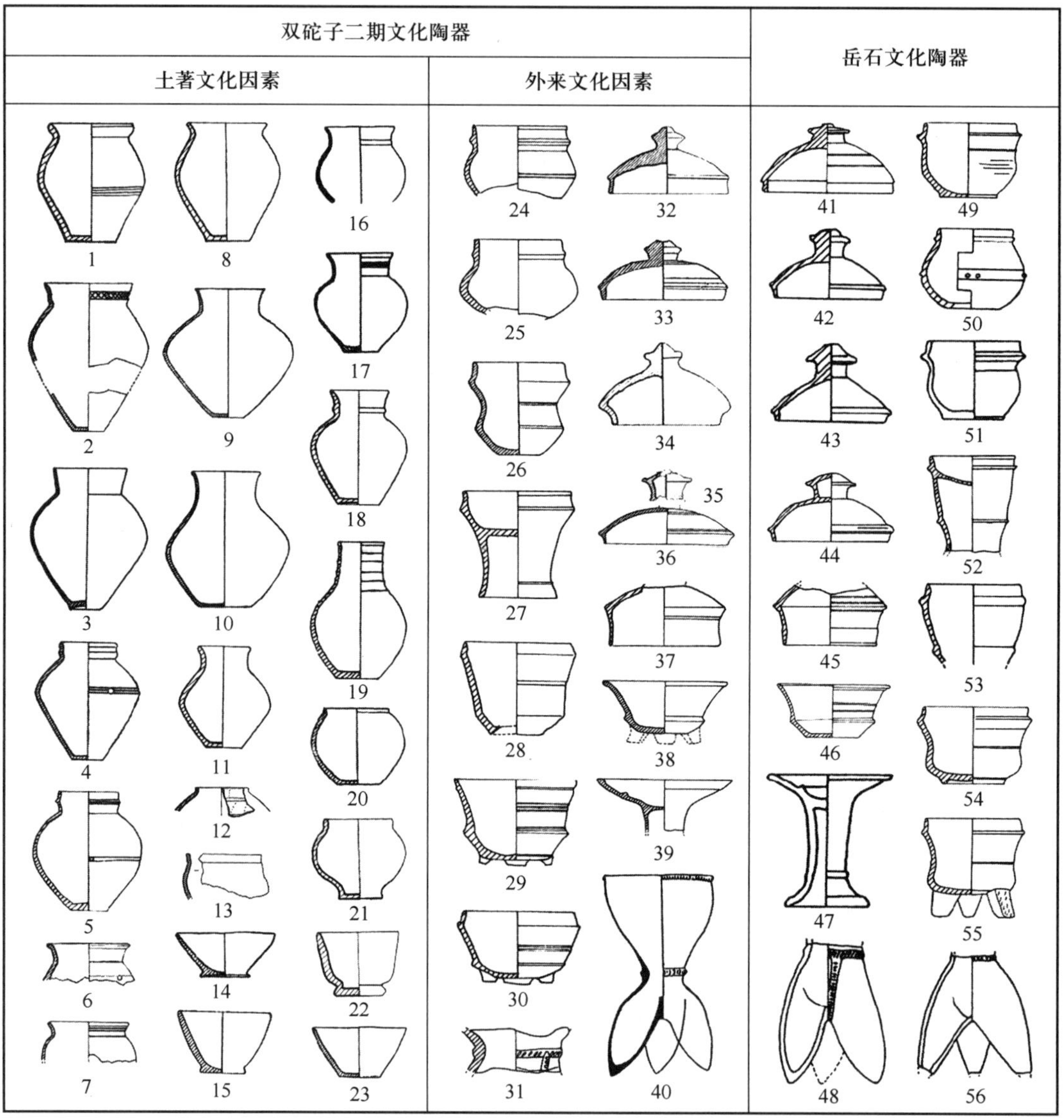

图三　双砣子二期文化陶器因素分析及与岳石文化陶器的比较

双砣子二期文化陶器：1、2、4、8～11、18、21、22. 上马石瓮棺葬　3、5、19. 单砣子1号墓　6、12～14、20、23、36、38、39. 大嘴子　7、15、26、27、29、30、33. 小黑石砣子　16、40. 高丽寨　17. 单砣子2号墓　24、25、28、31、32、34、35、37. 双砣子

岳石文化陶器：41、44～46、49、54、55. 照格庄　42、43、47、48、50. 郝家庄　51、52、56. 尹家城　53. 鹿台岗

的土著文化。第二种文化因素的存在，表明双砣子二期文化曾经受到来自山东半岛岳石文化的强烈影响，同时也指示出双砣子二期文化的年代应该与岳石文化同时。

山东岳石文化的相对年代应该处在龙山文化和珍珠门文化之间，这基本上已是学术界的共识。但是有关该文化绝对年代跨度的认识，目前却没能形成一致性的意见，归纳其中比较有代表性的结论，至少存在以下五个不同的结果：①公元前20世纪~前16世纪[24]，②公元前2000~前1500年[25]，③公元前1950~前1500年[26]，④公元前1900~前1500年[27]，⑤公元前1800~前1450年[28]。

由于岳石文化的年代是判定双砣子二期文化时间跨度的重要依据，因此在没有共同性意见可供参考的情况下，有必要在这里对岳石文化的年代问题再做一点具体的分析。

岳石文化可供参考的^{14}C测定数据，现可查到30个。依据测定值大小的不同，也就是按照从早到晚的顺序，现排列成表一。

表一 山东岳石文化30个^{14}C标本测定数据一览表

序号	实验室编号	标本（均为木炭）出土单位	测定年代（距今）/年	树轮校正年代（公元前）/年
01	BK87036	尹家城F204	4460±90	
02	BK87134	尹家城H750	4420±70	2923~2678
03	BK87034	尹家城T231⑦C	4300±80	2904~2619
04	BK87038	尹家城H238	4280±100	2900~2590
05	ZK-2314	北城子T234②B	4185±160	2888~2460
06	BK87033	尹家城T221⑦A	4175±80	2855~2476
07	ZK-2313	北城子T112②B	4110±80	2601~2459
08	BK87133	尹家城T201⑦C	4100±70	2584~2459
09	BK88115	夏邑清凉山H32	4080±190	
10	BK87035	尹家城H248	4040±80	
11	ZK-2308	北城子T224②A	4025±75	2556~2305
12	BK87032	尹家城H706	4000±80	
13	ZK-2312	北城子T112②B	3940±85	2461~2143
14	ZK-2311	北城子T111②B	3865±145	2460~1976
15	ZK-2309	北城子T231②	3865±70	2301~2044
16	BK87135	尹家城H210	3860±70	2289~2042
17	ZK-2310	北城子T232②	3690±130	2140~1761
18	ZK-2307	北城子T214②	3615±130	2030~1680
19	ZK-868	照格庄T12②下H6	3550±90	1889~1677
20	ZK-871	照格庄T5④	3530±80	1880~1673
21	ZK-869	照格庄T11②下H7	3520±80	1878~1641
22	ZK-1017	尹家城T226⑧、T216⑦⑤	3445±85	1745~1524

续表

序号	实验室编号	标本（均为木炭）出土单位	测定年代（距今）/年	树轮校正年代（公元前）/年
23	ZK-872	照格庄T5④下H41	3435±80	1740～1523
24	ZK-870	照格庄T6③下H42	3430±80	1737～1521
25	BK80035	前寨T9②B	3400±80	1685～1514
26	BK80036	东岳石火灶中	3370±70	1670～1463
27	BK82027	北庄T7②	3370±100	1680～1440
28	BK87037	尹家城T278⑦A	3290±70	1520～1403
29	BK84023	郝家庄T9H14②	3280±100	1599～1400
30	BK84022	郝家庄T9H14④	3230±100	1520～1310

注：①年代由早到晚排列；②半衰期按5730年计算，距今年数以1950年计算。

从表一反映的情况来看，标本第01～18树轮校正值的上限年代均在公元前2000年以前，进入了龙山文化的年代范畴。很显然，这些数据与实际情况不大相符。也正因为如此，所以没有人选择它们作为推定岳石文化起始年代的依据。笔者亦然。而标本第19～30的树轮校正年代数值普遍落在了公元前1889～前1310年。由于这12个数据标本分别出自牟平照格庄、泗水尹家城、诸城前寨、平度东岳石、长岛北庄、青州郝家庄等6个不同的遗址，因此具有一定的代表性。

考虑到岳石文化不会早于山东龙山文化的晚期（公元前1900年左右），因此将其年代上限确定在公元前1900年左右应该比较合适。从测定结果的最晚年代来看，处在公元前1300年左右的数据只有1个，而处于公元前1400年左右的数据共有4个。这样在判定岳石文化的年代下限时，理应以舍去公元前1310年这个孤例而选择重复了四次的公元前1400年左右为宜。如果这一认识不误，那么岳石文化的年代就应该在公元前1900～前1400年。而双砣子二期文化的年代亦应与此相同，即相当于夏代早期到早商时期。

关于双砣子二期文化的性质，过去曾有不少学者认为它应该属于岳石文化的范畴，并将其视为岳石文化的一个地方类型[29]。其实，该文化应该是受到过来自山东半岛岳石文化强烈影响的一支地方性土著文化。

注　释

［1］　旅大市文物管理组：《旅顺老铁山积石墓》，《考古》1978年2期。

［2］　中国社会科学院考古研究所：《双砣子与岗上——辽东史前文化的发现和研究》，科学出版社，1996年。

［3］　许明纲：《试论大连地区新石器和青铜文化》，《中国考古学会第六次年会论文集》，文

物出版社，1990年；许玉林等：《旅大地区新石器时代文化和青铜时代文化概述》，《东北考古与历史》（第1辑），文物出版社，1982年；旅大市文物管理组：《旅顺老铁山积石墓》，《考古》1978年2期。

[4] 中国社会科学院考古研究所：《双砣子与岗上——辽东史前文化的发现和研究》，科学出版社，1996年。

[5] 旅顺博物馆、辽宁省文物考古研究所：《旅顺于家村遗址发掘简报》，《考古学集刊》（第1辑），中国社会科学出版社，1981年。

[6] 许玉林、许明纲、高美璇：《旅大地区新石器时代文化和青铜文化概述》，《东北考古与历史》（第1辑），文物出版社，1982年。

[7] 中国社会科学院考古研究所：《双砣子与岗上——辽东史前文化的发现和研究》，科学出版社，1996年。

[8] 旅顺博物馆等：《旅顺于家村遗址发掘简报》，《考古学集刊》（第1辑），中国社会科学出版社，1981年。

[9] 旅顺博物馆等：《旅顺于家村遗址发掘简报》附《高丽山城遗址》，《考古学集刊》（第1辑），中国社会科学出版社，1981年。

[10] 刘俊勇：《大连市旅顺口区小黑石砣子古代遗址破坏纪实》，《辽宁文物》1981年1期；王从：《小黑石砣子遗址被破坏地段清理简报》，《辽宁文物》1982年3期；刘俊勇：《辽宁大连市郊区考古调查简报》《考古》1994年4期。

[11] 吉林大学考古学系等：《金州庙山青铜时代遗址》，《辽海文物学刊》1992年1期。

[12] 大连市文物考古研究所：《大嘴子——青铜时代遗址1987年发掘报告》，大连出版社，2000年；许明纲、刘俊勇：《大嘴子青铜时代遗址发掘纪略》，《辽海文物学刊》1991年第1期。

[13] 辽宁省文物考古研究所、吉林大学考古学系．大连市文物管理委员会：《辽宁大连市大嘴子青铜时代遗址的发掘》，《考古》1996年2期。

[14] 大连市文物考古研究所：《大嘴子——青铜时代遗址1987年发掘报告》，大连出版社，2000年，彩版二，2。

[15] 李伊萍：《龙山文化：黄河下游文明进程的重要阶段》，科学出版社，2004年。

[16] 中国社会科学院考古研究所编：《中国考古学中碳十四年代数据集（1965—1991）》，文物出版社，1991年。

[17] 中国社会科学院考古研究所：《双砣子与岗上——辽东史前文化的发现和研究》，科学出版社，1996年。

[18] 大连市文物考古研究所：《大嘴子——青铜时代遗址1987年发掘报告》，大连出版社，2000年，彩版二，2；辽宁省文物考古研究所、吉林大学考古学系、大连市文物管理委员会：《辽宁大连市大嘴子青铜时代遗址的发掘》，《考古》1996年2期。

［19］ 刘俊勇：《辽宁大连市郊区考古调查简报》《考古》1994年4期；刘俊勇：《大连市旅顺口区小黑石砣子古代遗址破坏纪实》，《辽宁文物》1981年1期；王从：《小黑石砣子遗址被破坏地段清理简报》，《辽宁文物》1982年3期。

［20］ 吉林大学考古学系等：《金州庙山青铜时代遗址》，《辽海文物学刊》1992年1期。

［21］ 旅顺博物馆、辽宁省博物馆：《辽宁长海县上马石青铜时代墓葬》，《考古》1982年6期。

［22］ 金关丈夫、三宅宗悦、水野清一：《羊头洼》，《东方考古学丛刊》乙种第三册，1942年。

［23］ 滨田耕作：《貔子窝》，《东方考古学丛刊》（第一册），1929年；蔡凤书：《关于“貔子窝”的陶器》，《辽海文物学刊》1993年2期。

［24］ 徐基：《试论岳石文化》，《辽海文物学刊》1993年1期。

［25］ 任相宏：《岳石文化的发现与研究》，《中国考古学会第八次年会论文集》，文物出版社，1996年。

［26］ 栾丰实：《海岱地区考古研究·岳石文化的分期和类型》，山东大学出版社，1997年。

［27］ 蔡凤书：《初论岳石文化》，《纪念城子崖遗址发掘60周年国际学术研讨会论文集》，齐鲁书社，1993年。

［28］ 方辉：《岳石文化的分期与年代》，《考古》1998年4期。

［29］ 吴玉喜：《岳石文化地方类型初探》，《考古学文化论集》（三），文物出版社，1993年；栾丰实：《海岱地区考古研究·辽东半岛南部地区的原始文化》，山东大学出版社，1997年。

（原载《东北史地》2010年6期）

大嘴子遗址和双砣子遗址晚期遗存试析

——兼论双砣子三期文化遗址材料的分段和年代

大嘴子遗址晚期遗存和双砣子遗址晚期遗存，是辽东南部地区双砣子三期文化的两处最重要的遗址材料。早在《双砣子与岗上——辽东史前文化的发现和研究》（科学出版社，1996年）（以下简称《双砣子与岗上》）和《大嘴子——青铜时代遗址1987年发掘报告》（大连出版社，2000年）（以下简称《大嘴子》）两部考古报告刊布以前，曾有人讨论过双砣子三期文化（又名“羊头洼类型”[1]、“于家村上层文化”[2]或“于家村上层类型”[3]）的分期和年代问题[4]。上述两部考古报告的出版，不仅为深入认识双砣子遗址晚期遗存和大嘴子遗址晚期遗存各自发展的阶段性提供了翔实的材料，以这两处遗址晚期遗存的研究结果为基础，同时结合对其他遗址材料的分析，还可更进一步地解决整个双砣子三期文化遗址材料的分段问题。

一、大嘴子遗址晚期遗存的分组研究

大嘴子遗址位于辽宁省大连市甘井子区大连湾镇东南约2千米处，1959年首次发现[5]，1987年大连市文物管理委员会办公室对其进行了第一次发掘。1992年辽宁省文物考古研究所和吉林大学考古学系进行了第二次发掘。由于两次发掘的主持者不同，对出土材料的分类和认识也略有区别，因此有必要对1987年和1992年的发掘材料分别进行讨论。

1. 1987年发掘材料（第三期遗存）的分组

据《大嘴子》[6]可知，大嘴子遗址1987年发掘的情况是堆积自下而上共分3层，出土的遗存分别被称为“第一期遗存”、“第二期遗存”和“第三期遗存”。第一至三期遗存的性质和年代分别与双砣子遗址的第一至三期文化相同。其中属于双砣子三期文化的第三期遗存除了第2层和第3A层以外，还有39座房址（F1～F39）和6个灰坑（H1、H3～H6、H8）。

据《大嘴子》第二章第一节和第三节介绍，属于“第三期遗存”的39座房址和6个灰坑，开口层位有所不同。其中开口在第1层下的有17座房址（F3、F5、F7～F10、F12～F14、F16、F17、F21、F24、F28、F29、F34、F38）和3个灰坑（H1、H3、H4），开口在第2层下的有8座房址（F1、F2、F4、F11、F20、F25、F26、F30）和2个灰坑（H5、H6），开口于第3A层下的有1座房址（F33）和1个灰坑（H8）。另外13座房址的层位关系，需要做些具体的分析和说明。

首先是F31、F23、F32和F37 4座房址，据《大嘴子》第74、57、77和81页介绍，它们均“开口于第2层”（报告没有交代这个概念与“开口于第2层下”有什么区别）。由于其中的F31被开口于第2层下的F30打破，因此可判定其年代不晚于F30，当然也就不会晚于第2层。按此结果推理，另外3座同样“开口于第2层”的F23、F32、F37，年代理应和F31同时，也应该不晚于F30和遗址的第2层。

其次是F27“开口于F26之下”，因此年代应不晚于F26（第2层下开口）和第2层。

最后是F6“开口于F5之下”，F15“开口于F14下面”，F18“开口于F17之下”，F19“开口于F18之下”，F22“开口于F21之下”，F35“压在F34之下”，F36“压在F35之下”，F39“开口于F38之下”。由于F5、F14、F17、F21、F34、F38均为第1层下开口，因此被压在它们下面的F6、F15、F18、F19、F22、F35、F36和F39 8座房址的年代当不晚于以上房址，又不早于整个遗址的第2层。

综合以上分析，可将属于第三期遗存的第2层、第3A层和39座房址、6个灰坑之间的层位关系由晚及早归纳为以下7组：①开口于1层下的F3、F5、F7～F10、F12～F14、F16、F17、F21、F24、F28、F29、F34、F38和H1、H3、H4；②压在第1层下开口房址下面的F6、F15、F18、F19、F22、F35、F36、F39；③第2层；④开口于第2层下的F1、F2、F4、F11、F20、F25、F26、F30和H5、H6；⑤压在第2层下开口房址下面的F27、F31以及同F31样“开口于第2层”的F23、F32、F37；⑥第3A层；⑦开口于第3A层下的F33和H8。

反过来，按照由早及晚的顺序，逐一检查和对比研究第⑦～①组各单位的出土遗物，发现属于第⑦组的F33不出陶器，同组H8出土的少量陶片与第⑥组的相同；第⑤组和第④组的F23、F32、F4、F11、F20不出陶器，其他单位出土的陶器与第⑥、⑦组出土的陶器相比，没有太大的区别；第③～①组中，除了F18、F19、F39、F7、F9、F14、F16、F24、F28、F29不出陶器以外，其他单位出土的陶器共性比较明显。

这样，从层位关系出发，结合对各单位出土遗物的比较和分析，我们可将以上具有相对年代早晚意义的第⑦～①组，合并为文化内涵上具有分期意义的两个大组。

第⑦～④组为第一组，该组年代较早，除各探方的第3A层以外，还包括了14座房址和3个灰坑（F1、F2、F4、F11、F20、F23、F25～F27、F30～F33、F37和H5、H6、H8）。

第③～①组为第二组，该组年代较晚，除各探方的第2层以外，还包括了25座房址和3个灰坑（F3、F5～F10、F12、F13～F19、F21、F22、F24、F28、F29、F34～F36、F38、F39和H1、H3、H4）。

第一、二两组单位出土的陶器群均以罐、壶两类陶器为大宗，其次为豆、碗、盆、簋，器座和甗的数量很少。这表明，两组陶器的基本器物组合相同，文化性质比较一致。从器物形制方面观察，两组陶器之间同一类别的器物中可供对比的同型器物较多，互不共见的器型较少。同类、同型器物之间彼此存在着一定的“式别”上的差异。

最后，选择第一、二两组器物群中具有分组意义的陶器排成一图，是为图一。

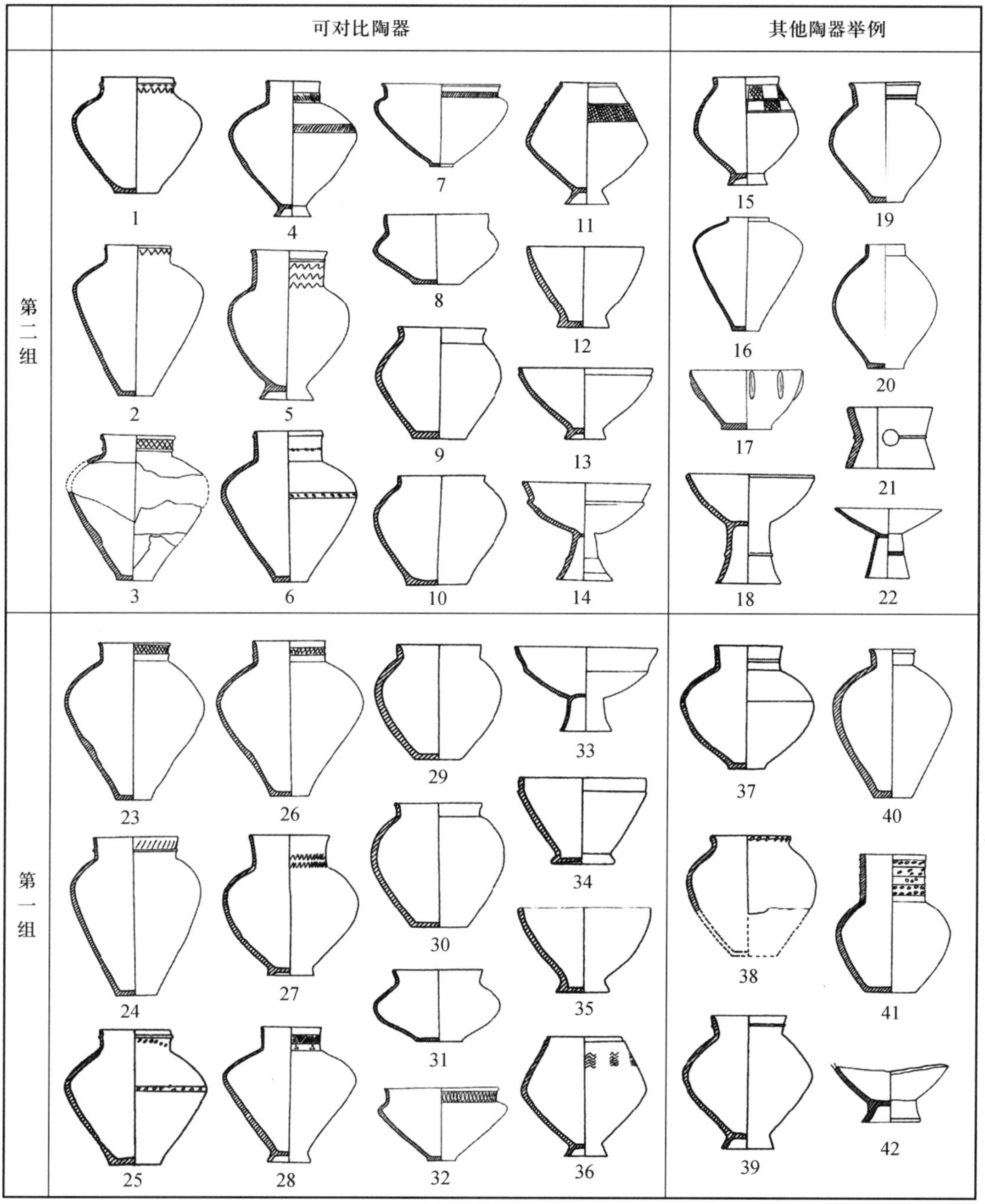

图一　大嘴子遗址1987年发掘出土的晚期遗存（第三期遗存）的分组

1. F17：3　2. T8②：50　3. F6：6　4、7、9、16. F15：1、F15：6、F15：13、F15：3　5. T2②：4　6、19. F3：5、F3：2　8、18. F8：6、F8：10　10. F13：16　11、14. F21：8、F21：6　12、13. F22：7、F22：30　15. F17：2　17. T115②：1　20. F12：2　21. F36：6　22. T19②：1　23、25、26. F37：17、F37：11、F37：10　24、32、36. F30：14、F30：12、F30：3　27、28. F25：6、F25：5　29、31、33、37. F2：16、F2：31、F2：15、F2：11　30、39、40. F27：6、F27：3、F27：9　34、35. T85③A：9、T85③A：1　38. T94③A：42　41. T8③A：32　42. F1：4

2. 1992年发掘材料（晚期遗存）的分组

据《辽宁大连市大嘴子青铜时代遗址的发掘》[7]（以下简称《发掘》）可知，1992年对大嘴子遗址进行的第二次发掘，不仅再一次证明了“三叠层”的存在（《发掘》发表的“早期遗存”、“中期遗存”和“晚期遗存”，分别与1987年《大嘴子》发表的“第一期遗存”、“第二期遗存”和“第三期遗存”相同），而且所见遗存数量以属于双砣子三期文化的“晚期遗存”最多，层位关系也最清楚。

据《发掘》介绍，本次发掘共布5米×5米探方6个（T1～T6），3米×5米探方1个（T7）。其中“晚期遗存”除各探方的第2、3层以外，还有开口于第2层下的9座房址（F1～F9）和3个灰坑（H1～H3）。这些单位之间的叠压打破关系可归纳为以下三组：①②→H1、F2→F3→F5→③；②②→F7→F4上→F4→③；③②→F8→F9→③。

以这三组层位关系为基础，全面检索各单位出土遗物的情况，可首先将其中见有陶器的一部分单位区分为早（第一组）晚（第二组）两组。

第一组：以F4、F5和整个遗址的第3层为代表。

第二组：以H1、F3、F4上、F8和T2②、T3②、T5②、T6②为代表。

未见陶器出土的F2、F7、F9三个单位和T1②、T4②、T7②，无法进行分组。整个遗址的第3层虽因没有向下发掘而未见遗物发表，但仍可以明确划定为第一组。

需要说明的是，将F4和F5归并为同一个年代组，这一点与发掘者的认识略有不同（发掘者认为F4应该晚于F5所代表的年代组）[8]。之所以将F4视为与F5同时，并将它们合并为一组，主要是出于以下三点考虑。

一是F4内出土的F4：13大口鼓腹罐（图二，27），领较高，唇较厚，造型与F5：11（图二，25）和F5：20（图二，29）基本相同，而不见于第二组的其他各单位。

二是F4内出土的另一件F4：22直颈鼓腹罐（图二，18），形制与本地区年代较早的属于双砣子二期文化的同类陶罐相近[9]，因此年代应该偏早。

三是F4：8圈足碗（图二，24）的口部造型与双砣子遗址第三期遗存的第一组T6：64（图三，21）相同。

进一步核查没有发生叠压和打破关系的另外四个单位（H2、H3、F1、F6）的材料，H2、H3、F6未见陶器发表，无法确定组别。F1共发表三件陶器，其中F1：4小侈口罐和F1：3假圈足碗，分别与第二组F3：15和F3：37属同类器物，形态上看前二者应该是后二者的祖型（图二，19、23、4、5）。另一件F1：10罐口残片，明显可以看出是第二组T2②：1罐口的早期形态（图二，21、7）。据此分析，可将F1并入第一组当中。

以上第一、二两组的可对比陶器和其他典型陶器可参见图二。

3. 1987年和1992年发掘材料的比较与对应

从大嘴子遗址1987年和1992年两次发掘出土的晚期遗存的分组情况来看，1987年第一组的F2：16、F27：6罐（图一，29、30），形制与1992年第一组的F1：4、F5：30罐（图二，19、20）相同。1987年第二组的F15：13、F13：16罐和F22：7碗（图一，9、10、12），形制分别与1992年第二组的F4上：12、F3：15罐和F3：37碗（图二，3~5）相同。1987年第一组F2：11假圈足壶和T8③A：32平底壶（图一，37、41），造型上应该分别是1992年第二组F3：10假圈足壶和F3：18平底壶（图二，15、9）的祖型。1987年第二组F17：2圈足簋和F3：2高领叠唇罐（图一，15、19），形态上应该分别是1992年第一组F4：8圈足簋和F5：11、F4：13、F5：20等高领叠唇罐（图二，24、25、27、29）的遗型。

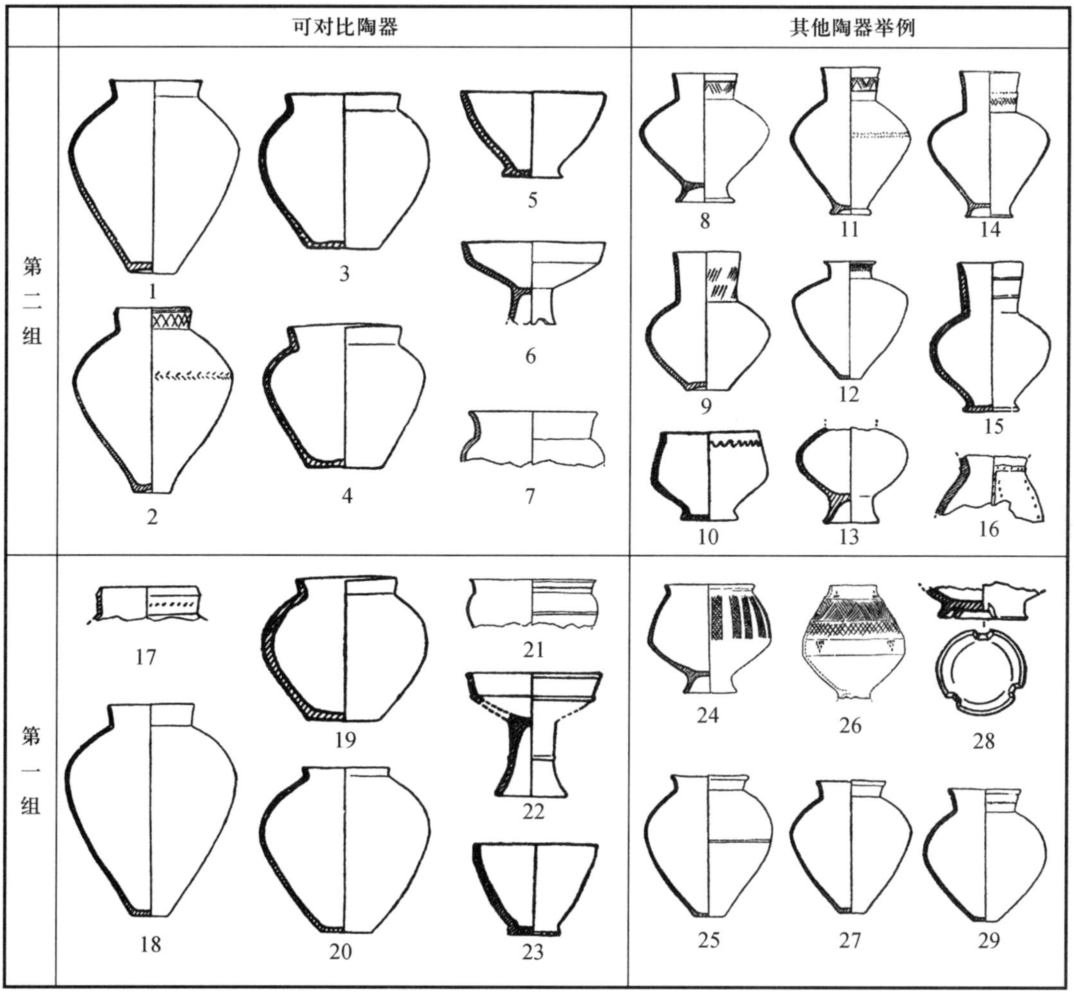

图二 大嘴子遗址1992年发掘出土的晚期遗存的分组

1、3. F4上：10、F4上：12 2、4、5、8~12、14、15. F3：35、F3：15、F3：37、F3：4、F3：18、F3：17、F3：22、F3：34、F3：36、F3：10 6、16. T6②：1、T6②：8 7. T2②：1 13. H1：8
17、20、22、25、28、29. F5：37、F5：30、F5：2、F5：11、F5：8、F5：20
18、24、26、27. F4：22、F4：8、F4：7、F4：13 19、21、23. F1：4、F1：10、F1：3

这样，根据以上比对分析，可最后将大嘴子遗址两次发掘出土的晚期遗存分组情况对应如下：大嘴子遗址1987年晚期遗存的第一组等同于1992年晚期遗存的第一组，1987年晚期遗存的第二组等同于1992年晚期遗存的第二组。

二、双砣子遗址晚期遗存的分组研究

双砣子遗址是20世纪30年代日本人在旅大地区进行考古调查时首次发现的[10]，1964年中国社会科学院考古研究所东北考古工作队对其进行了两次发掘[11]。发掘结果表明，双砣子遗址自下而上共包含了三个不同时期的文化遗存，其中“第三期遗存”被定名为“双砣子三期文化”。

据《双砣子与岗上》，双砣子遗址出土的属于双砣子三期文化的“第三期遗存”共有19个单位。其中房址14座（F1～F13和F17），灰坑5个（H1～H4和H9）。另外，还包括少量出自T2、T4～T6、T11、T12等6个探方内不明单位的陶器或陶器残片。

据《双砣子与岗上》文字部分介绍：“F6位于南坡T6内，压在F3的下面，F8的上面。”“F7位于南坡T2、T7方内，压在F4的下面，F9的上面，西墙被H4打破。”“F17位于南坡T6内，压在F10的下面。”“以H2为例，该穴打破F2。”

据报告发表的“图二双砣子南坡建筑遗迹分布图”和“图三双砣子东坡房址分布图”观察，F1打破了F5，F4打破了F2，F6叠压在F7之上，F13叠压在F12之上。

综合文字和线图提供的层位信息，可将其中各单位之间的层位关系归纳为如下9组：①F4→F2；②F4→F7→F9；③F3→F6→F8；④F6→17；⑤F1→F5；⑥F10→F17；⑦F13→F12；⑧H2→F2；⑨H4→F7。

由于F3、F5、F9、F10、F13和H2、H4内未见有陶器发表，因此第⑤～⑨组无法作为对陶器进行分组的依据。这样，实际可用的层位关系便只有第①～④组。这四组关系又可以重新整理为：①F4→F2、F7；②F6→F8、F17。

根据F4、F6和F2、F7、F8、F17内出土陶器的异同，可首先把这六个单位区分为具有早晚意义的两个年代组。

第一组：以F2、F7、F8、F17为代表，年代较早。

第二组：以F4和F6为代表，年代较晚。

进一步比较其他单位出土的陶器，不难发现，F1：5罐器型和纹饰与F4：34罐十分接近，据此可把F1并入第二组。F11：9罐，尖圆唇，圆鼓腹，平底，形态上应该是F4：19罐的祖型。F12：2圈足壶，颈较直、腹略扁，明显可以看出是F4：3圈足壶的早期形态。据此，可将F11和F12并入第一组。另外，出自遗址探方当中但没有具体单位的陶器或陶器残片，有4件（T6：64、T11：41、T4：49、T4：50）可据器型比较并入第一组，原因是它们可以在第二组器物群中找到各自相应的遗型。有3件（T2：70、T5：35、T12：16）可以并入第二组，理由是它们可以在第一组中找到各自的祖型。

H3：2罐和T6：63罐口残片，不见于第一、二两组各单位，故无法通过比较进行归组。F3、F5、F9、F10、F13和H1、H2、H4、H9不出陶器，因此无法判定它们的组别。

以上划分的双砣子遗址晚期遗存的第一组和第二组陶器可参见图三。

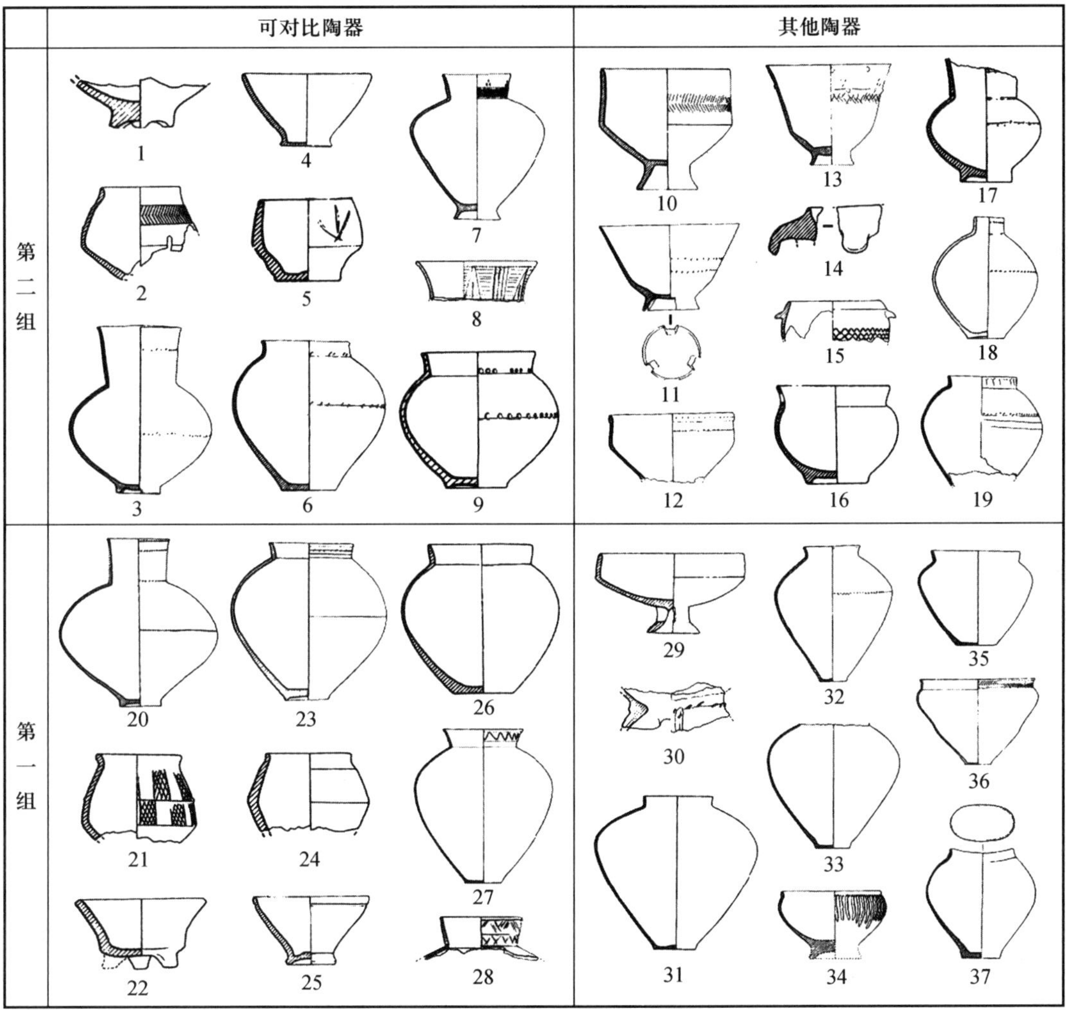

图三　双砣子遗址1964年发掘出土的晚期遗存（第三期遗存）的分组

1. T12：16　2～4、6、7、9～12、16～18. F4：32、F4：3、F4：7、F4：34、F4：22、F4：19、F4：21、F4：33、F4：5、F4：18、F4：1、F4：26　5. T5：35　8. T2：70　13～15. F6：2、F6：11、F6：12　19. F1：5　20、25、35. F12：2、F12：5、F12：4　21. T6：64　22、23. F2：1、F2：4　24、34. T4：50、T4：49　26、28、30、37. F11：9、F11：1、F11：16、F11：6　27、31、32. F17：6、F17：3、F17：5　29. T11：41　33. F8：3　36. F7：4

三、双砣子三期文化遗址材料的分段和年代

1．大嘴子和双砣子遗址晚期遗存分组结果的比较与对应

从大嘴子遗址和双砣子遗址晚期遗存的分组结果来看，二者所表现出来的年代组别差异是基本一致的，组与组之间的年代对应关系也是完全相同的。具体比较双砣子遗址的第一、二组陶器和大嘴子遗址的第一、二组陶器，不难发现双砣子一组的F7：4折肩盆和T6：64圈足簋（图三，36、21），形态与大嘴子一组的F30：12折肩盆（图一，32）和F4：8圈足簋（图二，24）相近。双砣子二组的F4：32圈足簋和F4：7假圈足碗（图三，2、4），形态分别与大嘴子二组的F21：8圈足簋和F22：7假圈足碗（图一，11、12）相同。双砣子二组F4：3圈足壶和F4：22圈足壶（图三，3、7）的造型，分别与大嘴子二组的F3：10圈足壶和F3：4圈足壶（图二，15、8）相似。另外，双砣子一组F17：3小口瓮（图三，31），明显可以看出是大嘴子二组F15：3小口瓮（图一，16）的祖型。

这些现象表明，双砣子遗址第一组的年代应该与大嘴子一组相当，双砣子遗址第二组的年代应该与大嘴子二组相当。

2．其他遗址出土材料的组别分析和说明

除了大嘴子遗址和双砣子遗址以外，单砣子、羊头洼、岗上、尹家村、于家村、庙山、望海埚、小黑石砣子、大砣子、大沟头等10处遗址，也都不同程度地发现了属于双砣子三期文化的遗存。

（1）单砣子遗址A2类遗存：按《貔子窝》发表的材料，1927年日本人发掘的普兰店市单砣子遗址出土的陶器主要被区分为A、B两大类。A类数量最多，含A1～A3三个小类，其中A2类陶器主要为3件彩陶壶（簋）和一部分彩绘陶片[12]。从造型上看，属于A2类的彩陶壶中，有2件分别与大嘴子遗址晚期一组的92F4内出土的两件同类陶器相近（92F4：7、92F4：8），因此年代亦应与大嘴子遗址一组相当。

（2）羊头洼遗址：30年代日本人调查发现并发掘[13]，出土陶器碎片较多，完整和可复原器物很少。因发掘采用的是按深度计层方法，所以遗存之间缺乏可靠的层位关系和共存关系。

关于这批材料的内涵和年代问题，近年已有不少学者提出了自己的看法，但结论很不一致。一种意见认为，"羊头洼遗址的陶器可视为一个时间单位的遗存"，年代应晚于双砣子上层遗存[14]。另一种意见则恰好相反，认为羊头洼陶器应早于双砣子上层遗存[15]。还有一种意见认为羊头洼遗址出土的陶器可以分为早晚不同的A、B两组，两组陶器的年代应该介于双砣子中层遗存和双砣子上层遗存之间[16]。不难看出，

以上几种意见集中讨论的问题主要有二：一是羊头洼遗址的陶器能不能再进一步分组；二是其年代究竟是早于双砣子上层遗存，还是晚于双砣子上层遗存。

其实，羊头洼遗址的材料比较单纯，应属同一个时间单位的遗存。其年代既不早于双砣子上层遗存，也不晚于双砣子上层遗存，而是与其同时。特别是通过对双砣子晚期遗存和大嘴子晚期遗存进行了分组研究以后，我们可以在相互比较的基础上更加明确地判定羊头洼遗址出土的陶器，年代上应该与双砣子晚期遗存第二组和大嘴子晚期遗存第二组同时。例如，羊头洼遗址陶器中的鼎和高颈壶（图四，11、16、17），分别与双砣子晚期遗存第二组的T12：16、F4：3、F4：1（图三，1、3、17）和大嘴子晚期遗存第二组的F3：10（图二，15）相近。颈部饰弦纹的高领罐（图四，1）和上腹部贴附竖条形凸起纹的盆钵类陶器（图四，2～4、6～8），在大嘴子遗址晚期遗存的第二组中也比较常见（图一，19、17）。折腹矮圈足豆（图四，9）应该是双砣子晚期遗存第一组T11：41折腹豆（图三，29）的晚期形态。

（3）岗上遗址下层遗存：1965年发掘，1996年刊布了全部发掘材料[17]。该遗址

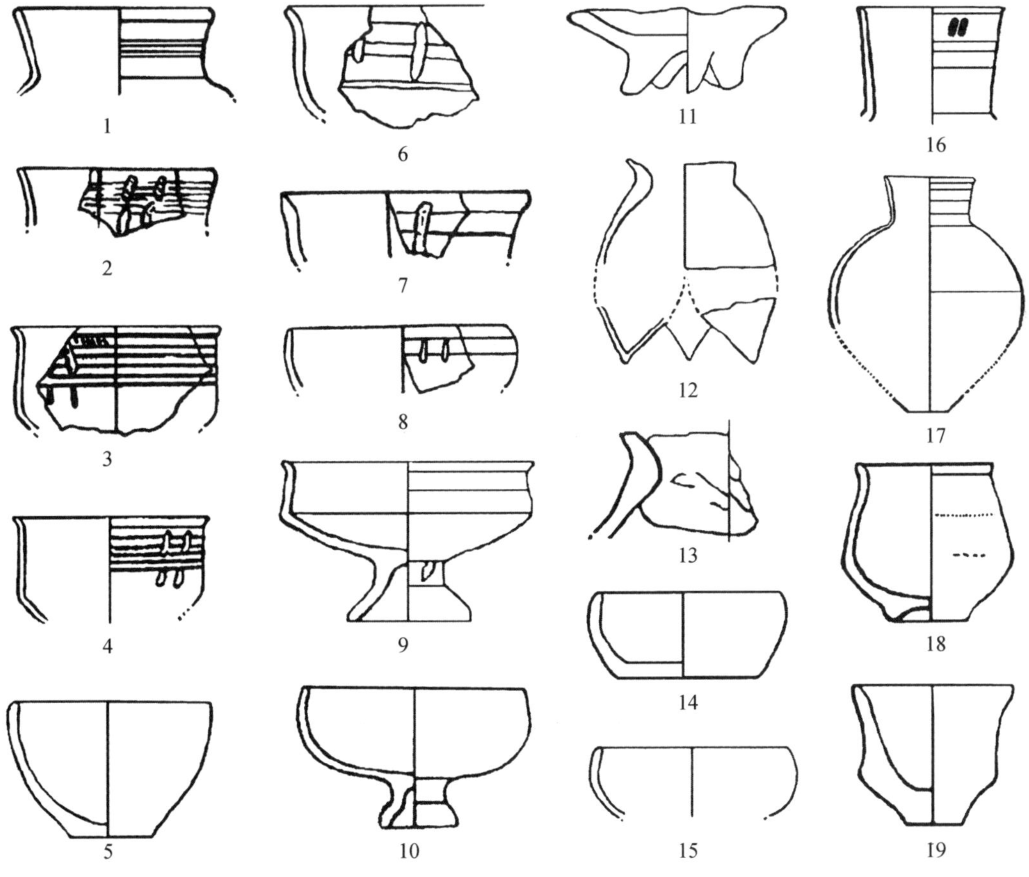

图四　羊头洼遗址出土的陶器

1.罐　2～7.碗　8～10、15.豆　11.鼎　12、13.甗　14.钵　16、17.壶　18、19.杯

的堆积和出土物共分上、下两层，上层是以随葬青铜短剑为主要特点的积石墓地，属于双房文化的遗存[18]。下层是报告所称的“墓地下部的文化层及遗物”，也就是双砣子三期文化的居住址。

据报告介绍，属于双砣子三期文化的墓地下部的居址堆积“被上面的许多墓葬和石墙结构所覆盖，为了保存墓地的全貌故未做发掘，仅通过T1以及墓地南北两边增开的3个探沟或探方（T11～T13）做一些了解”，因此出土的遗迹和遗物较少。遗迹仅见一座房址（F1）和4个灰坑（H1和H2全部清理，H3、H4仅清理了探方内部分）。出土遗物均为陶器，主要见于F1、H2、H3和T1、T12、T13的地层当中（图五）。

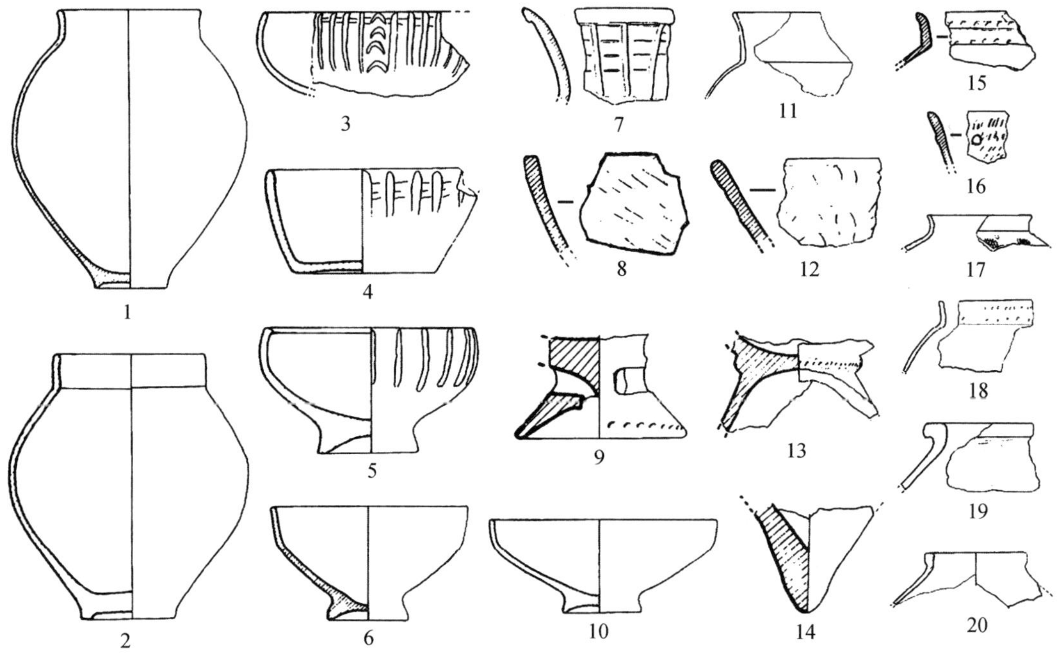

图五　岗上墓地下部文化层出土的陶器

1、2. 罐（F1：12、F1：11）　3、5、6、10. 圈足碗（H2：27、H2：26、F1：15、F1：14　）　4、8、12. 碗（F1：13、T12出土、H2出土）　7、11、15、16. 壶（T3出土、H2出土、T13出土、T12出土）　14. 器足（H3出土）　9、13. 豆（H3出土、T1出土）　17～20. 瓮（H2：28、H2出土、H2出土、T12出土）

早在岗上遗址发掘报告的中文本正式发表以前，学术界讨论较多的是与青铜短剑有关的岗上积石墓地的材料，而关于被墓地所覆盖的下层遗存的性质和年代问题，却很少有人提及。从报告“岗上墓地叠压在双砣子三期文化遗址之上”一语中，我们可以清楚地看到发掘者的观点是岗上下层遗存应该属于双砣子三期文化。这一观点极是。以下试就其组别和年代问题再做一些具体的补充分析和说明。

首先从纹饰上看，岗上下层一部分陶器表面常见的竖条形凸起纹（图五，3～5），同样存在于羊头洼陶器（图四，2～4、6～8）和大嘴子晚期遗存第二组陶器当中（图一，17），反映出它们的年代应该比较接近。其次从器型方面观察，岗上

F1：12大口罐（图五，1）与双砣子晚期遗存第二组的F4：34罐（图三，6）相比，口部特征和整体造型基本一致。岗上F1：11罐，口沿较直，微内收，呈钵状（图五，2），这种造型仅见于大嘴子遗址晚期遗存第二组的某些陶器当中，如87F15：10罐和F8：6罐（图一，8）等。岗上F1：14、F1：15素面圈足碗（图五，10、6），形制与大嘴子晚期遗存第二组的87F22：30相近（图一，13）。岗上H2：26、H2：27竖条形堆纹圈足碗（图五，5、3），口内敛，无外翻的小折沿，形制上应该是双砣子晚期遗存第一组同类器（图三，34）的晚期形态。另外，岗上下层出土的豆座和甗足（图五，9、14），同样也存在于羊头洼遗址的器物群中（图四，9、10、12）。

以上现象进一步表明，岗上遗址的下层遗存不仅文化性质属于双砣子三期文化，而且时间上应该相当于以双砣子晚期遗存的第二组、大嘴子晚期遗存的第二组和羊头洼陶器所代表的时期。

（4）尹家村遗址第一期遗存：尹家村遗址共包含有三个不同时期的文化遗存，即尹家村一期遗存、尹家村二期遗存和汉代遗存。从目前发表的1963～1964年清理、发掘出土的“尹家村一期文化遗迹”和“尹家村一期文化遗物”[19]来看，其中的H8：6把状罐耳和T11：8横桥状罐耳（见原报告图七五，13、12），形制分别与尹家村二期H11：31罐耳（见原报告图七七，6）和上马石遗址T6②：41罐耳[20]（见原报告图三二，3）相同，因此年代应该偏晚，不应属于“尹家村一期”。剔除这两件标本以后，不难看出真正意义上的“尹家村遗址第一期遗存”（图六），其整体特征与双

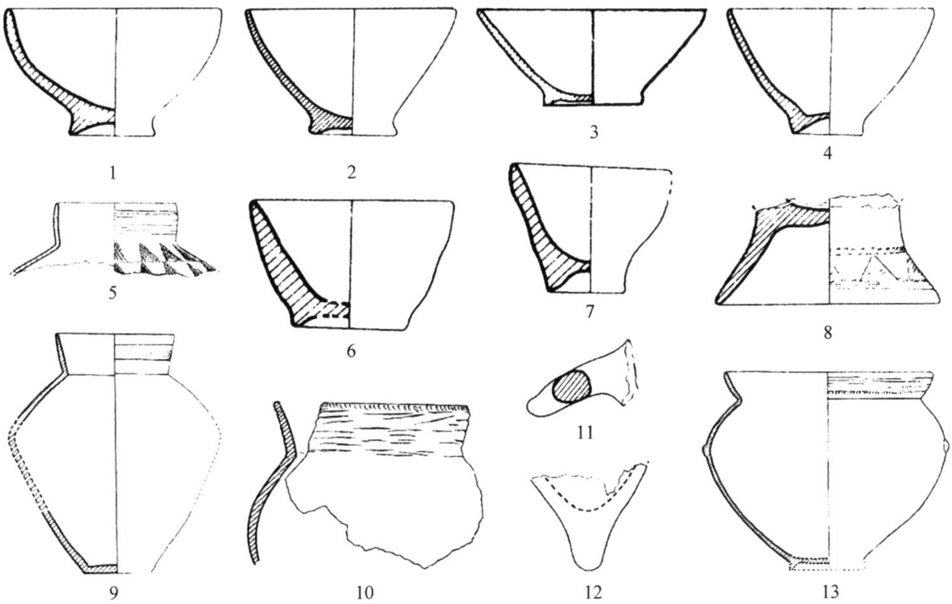

图六 “尹家村遗址第一期遗存”陶器

1～4、6、7. 碗（H3：2、H4：1、H6：3、H4：12、T13：35、H1：3） 5、9. 壶（T11：18、H7：1） 8. 豆（H4：13） 10、13. 罐（H4：11、H4：4） 11. 把手（H3：1） 12. 器足（T11：5）

砣子三期文化基本一致，性质和年代亦应相同。例如，尹家村一期陶器表面上的三角纹、网格纹等，是双砣子三期文化比较常见的纹饰。尹家村一期的圈足碗（图六，1～4），形制与大嘴子晚期遗存第二组的圈足碗（图一，13）和岗上墓地下部文化层出土的圈足碗（图五，5、6、10）相同。甗足特征（图六，12）与羊头洼遗址和岗上墓地下层出土的同类器（图八，12；图五，14）相近。H7：1高领壶的直口和网格纹特征（图六，9），分别与大嘴子晚期遗存第二组的F4上：10（图二、1）和F3：35（图二、2）相似，可视为二者借鉴的结果。上述共性的存在进一步说明“尹家村遗址第一期遗存”，应该与岗上遗址下层、双砣子遗址晚期遗存第二组和大嘴子遗址晚期遗存第二组的年代相当。

（5）于家村遗址上层遗存：1977年4～6月，旅顺博物馆和辽宁省博物馆先后对辽宁省大连市旅顺口区的于家村遗址和于家村砣头积石墓地进行了发掘。于家村遗址包含上、下两层堆积，下层堆积出土的遗存属双砣子一期文化，上层堆积出土的遗存属双砣子三期文化（仅见F1和H2两个单位，发表的陶器标本均出自F1）[21]。从基本器类和形态特征上看，于家村遗址上层F1：59壶口（图七，2），造型与双砣子遗址晚期遗存第二组的F4：34（图三，6）和F1：5（图三，19）相同。F1：58豆（图七，14）与羊头洼出土的钵形豆（图四，10）相近。圈足碗的形态及其所饰竖条状凸起纹，与羊头洼、大嘴子遗址晚期遗存第二组所见同类器相似。这说明以于家村遗址上层F1为代表的遗存，年代应与羊头洼遗址和大嘴子遗址晚期遗存第二组相当。

（6）庙山遗址晚期B类陶器：庙山遗址位于大连市金州区，20世纪70年代调查发现，1991年进行发掘。出土遗物分早、晚两期，其中晚期B类陶器应属于双砣子三

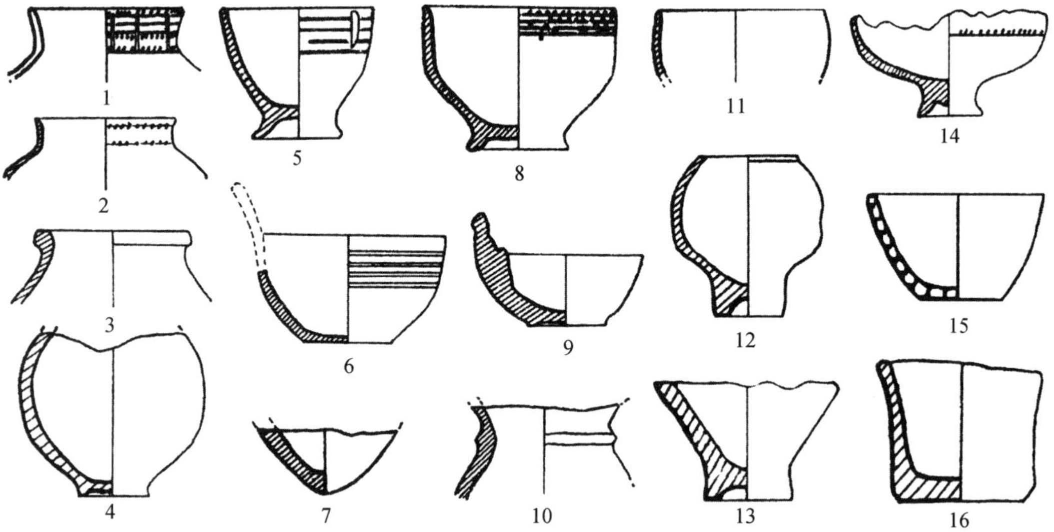

图七　于家村遗址上层F1出土陶器

1、2. 壶　3. 罐　4、12. 罐　5、8. 碗　6、9. 带流钵　7. 器足　10. 甗　11、14. 豆　13、15、16. 杯

期文化的遗物[22]。从发表的这组陶器的几种主要器类来看，T12②：10罐和F8：2豆（图八，1、11），形态分别与大嘴子晚期二组F4上：12罐（图二，3）和T6②：1豆（图二，6）相同。T8②A：5（图八，4），形态与大嘴子晚期遗存第二组的F3：2（图一，19）相同。F5：2折腹盆（图八，12）和采集：48折腹假圈足碗（图八，15）的造型，分别与大嘴子晚期遗存第二组的F15：6（图一，7）和F3：17（图二，10）相似。另外，F4：5花边口鼓腹罐（图八，2），形制上看应该是大嘴子晚期遗存第一组T94③A：42花边口圆腹罐（图一，38）的晚期形态。通过以上比较，不难看出庙山遗址晚期B类陶器的年代应该与双砣子三期文化的大嘴子遗址晚期遗存第二组同时。

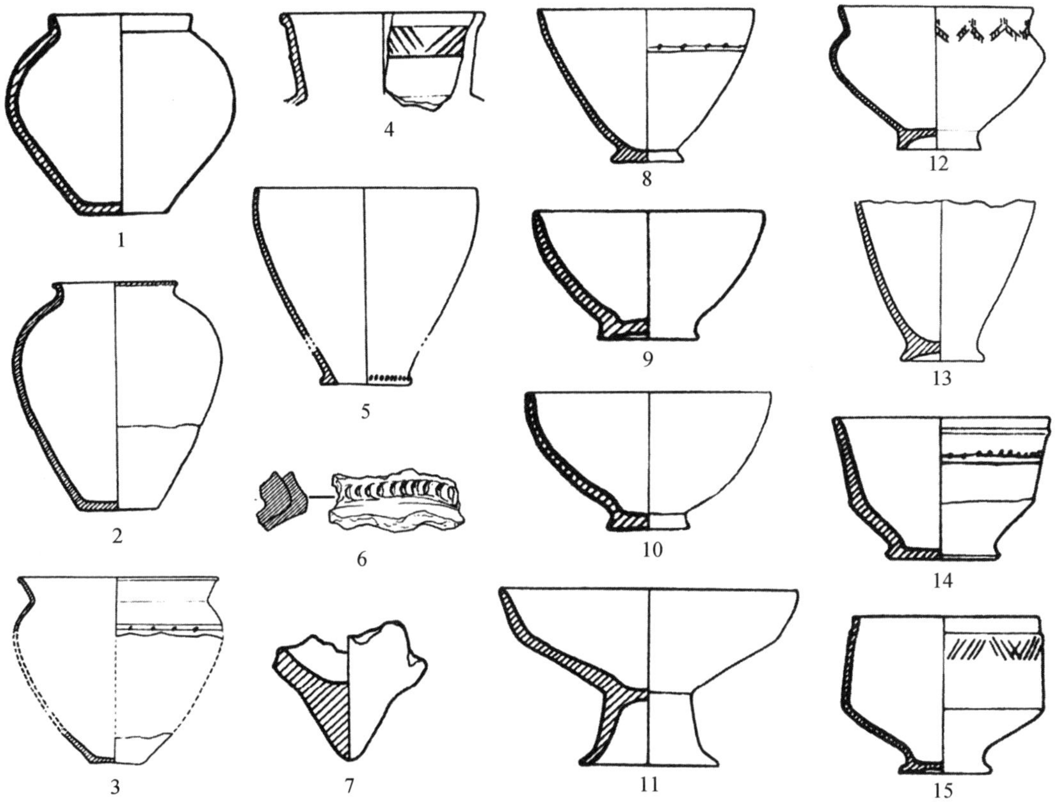

图八　庙山遗址晚期B类陶器

1～3. 罐（T12②：10、F4：5、F6：2）　4. 壶（T8②A：5）　5、13. 杯（T5②B：4、T3③：10）　6. 甗（F1：4）　7. 器足（F5：7）　8～10、12、14、15. 碗（T3②：10、T5③：17、F4：3、F5：2、T7②A：6、采集：48）　11. 豆（F8：2）

（7）望海埚[23]、小黑石砣子[24]、大砣子[25]、大沟头[26]四处遗址，也不同程度地出土了一些属于双砣子三期文化的遗物，但是由于这几个地点所见的材料十分零星，并且缺乏具有代表性的完整陶器，因此暂无法做进一步的组别和年代分析。

3. 双砣子三期文化遗址材料的分段

综合以上分析，以大嘴子遗址晚期遗存和双砣子遗址晚期遗存的年代分组为标尺，结合对其他遗址出土材料的比较和分析，现可将双砣子三期文化的全部遗址材料划分为具有年代早晚关系的两个发展阶段。

早段：以1987年发掘的大嘴子遗址晚期遗存（原报告称“第三期遗存”）第一组、1992年发掘的大嘴子遗址晚期遗存第一组、双砣子遗址1964年发掘的晚期遗存（原报告称“第三期遗存”）第一组为代表，另包括单砣子遗址出土的A2类陶器。

晚段：以1987年发掘的大嘴子遗址晚期遗存（原报告称“第三期遗存”）第二组、1992年发掘的大嘴子遗址晚期遗存第二组、双砣子遗址1964年发掘的晚期遗存（原报告称“第三期遗存”）第二组为代表，另包括羊头洼遗址出土的陶器、岗上遗址下层遗存、尹家村遗址第一期遗存、于家村遗址上层遗存和庙山遗址晚期B类陶器。

早、晚两段具有明显演变关系的陶器可参见图九～图一一。

4. 早、晚两段年代的判定

双砣子和大嘴子等一些遗址提供的层位关系表明，双砣子三期文化整体上晚于双砣子二期文化。岗上遗址揭示的层位关系是双砣子三期文化晚段居住址直接被双房文化早段的积石墓地所叠压[27]。因此，双砣子三期文化的相对年代应该介于双砣子二期文化和双房文化之间。

双砣子三期文化的^{14}C测定数据现有8个[28]，其中出自遗址早段单位的标本数据有两个，分别为：①大嘴子遗址92F1木炭，距今3384±92年，树轮校正值为公元前1691～前1459年；②大嘴子遗址87F1木炭，距今3170±75年，树轮校正值为公元前1431～前1264年。出自遗址晚段单位的标本数据有6个，分别为：①岗上遗址下层木炭，距今3285±90年，树轮校正值为公元前1591～前1405年；②于家村遗址F1木炭测定数值1（ZK-0565），距今3230±90年，树轮校正值为公元前1516～前1317年；③于家村遗址F1木炭测定数值2（BK-78031），距今3280±85年，树轮校正值为公元前1527～前1408年；④双砣子遗址F4木炭，距今3120±90年，树轮校正值为公元前1416～前1137年；⑤大嘴子遗址92F4（上）木炭，距今3053±86年，树轮校正值为公元前1373～前1051年；⑥大嘴子遗址87F3木炭，距今2945±75年，树轮校正值为公元前1157～前923年。

以上8个数据所表现出来的年代区限，除了一个最早值为公元前1691年（夏代末期）和一个最晚值为公元前923年（西周前期）以外，其余数据均落在公元前1591～前1051年（商代）。

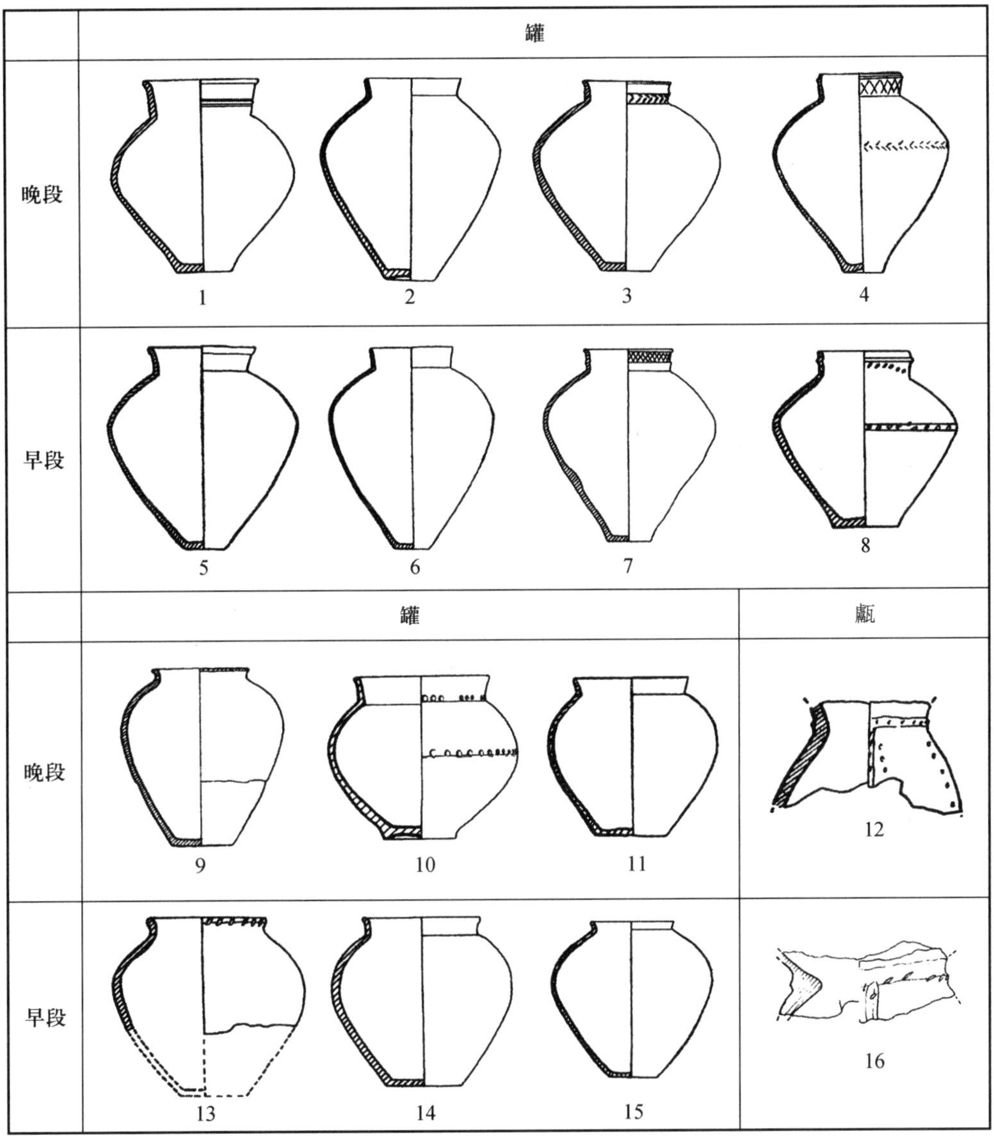

图九 双砣子三期文化的遗址陶器分段图

1. 大嘴子（87F3：2） 2、11. 大嘴子（92F4上：10、92F4上：12） 3. 大嘴子（87F36：3） 4. 大嘴子（92F3：35） 5、6. 大嘴子（92F4：13、92F4：22） 7、8. 大嘴子（87F37：17、87F37：2） 9. 庙山（F4：5） 10. 双砣子（F4：19） 12. 大嘴子（92T6②：8） 13. 大嘴子（87T94③A：42） 14. 大嘴子（87F27：6） 15. 大嘴子（92F5：30） 16. 双砣子（F11：16）

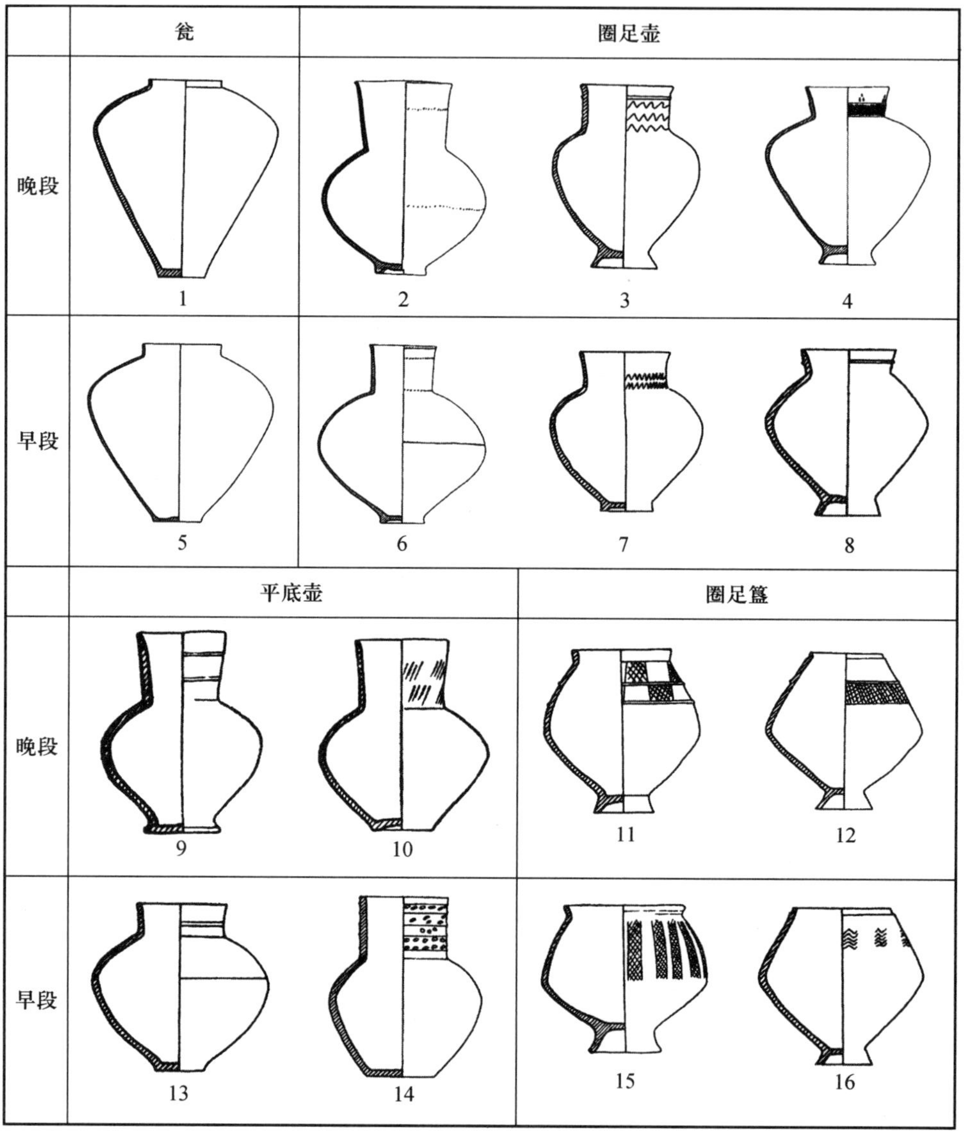

图一〇　双砣子三期文化的遗址陶器分段图

1. 大嘴子（87F15：3）　2、4. 双砣子（F4：3、F4：32）　3. 大嘴子（87T2②：4）　5. 双砣子（F17：3）　6. 双砣子（F12：2）　7. 大嘴子（87F25：6）　8. 大嘴子（87F27：3）　9、10. 大嘴子（92F3：10、92F3：18）　11. 大嘴子（87F17：2）　12. 大嘴子（87F21：8）　13. 大嘴子（87F2：11）　14. 大嘴子（87T3③A：32）　15. 大嘴子（92F4：8）　16. 大嘴子（87F30：3）

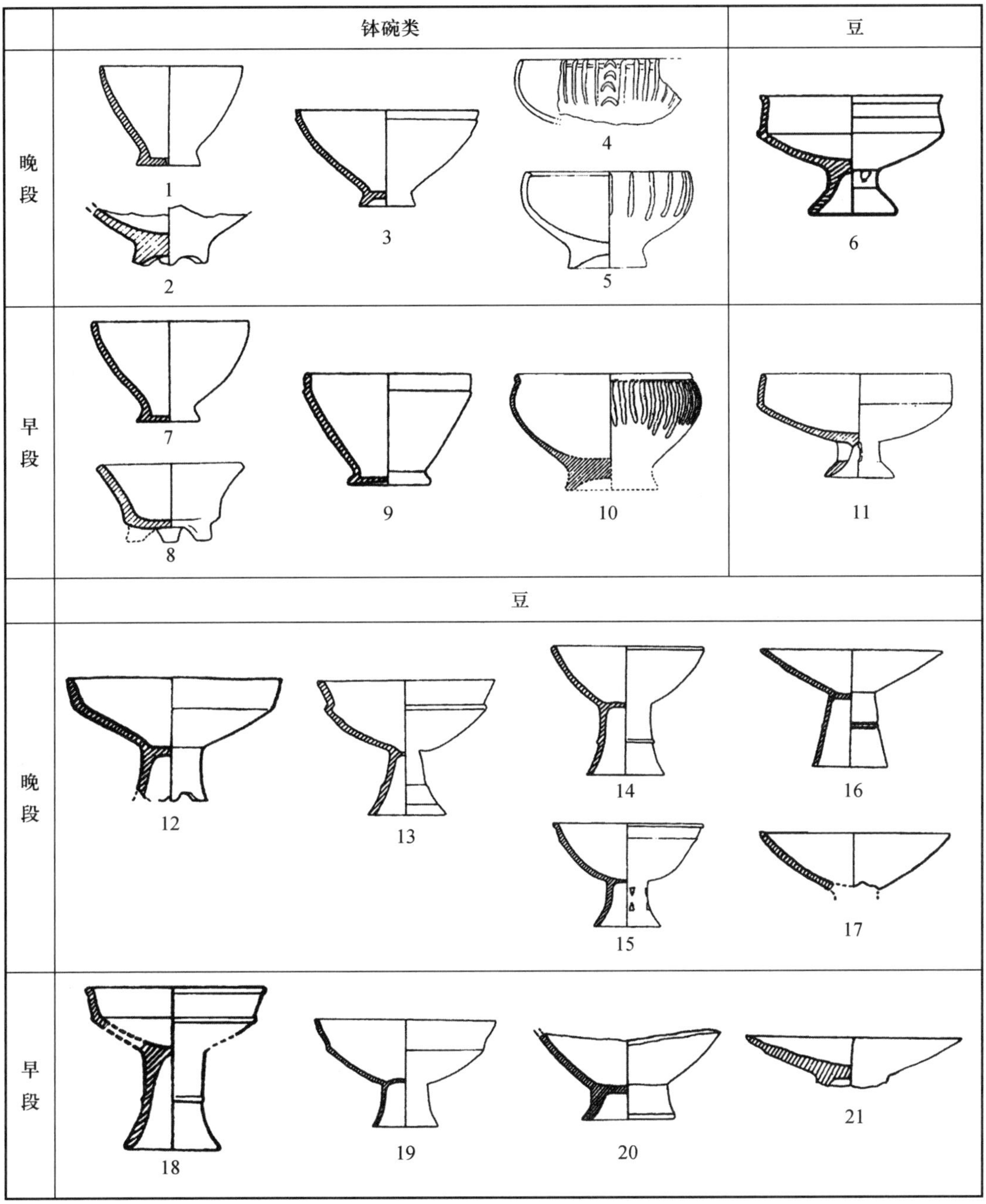

图一一　双砣子三期文化的遗址陶器分段图

1、3. 大嘴子（87F22：7、87F22：30）　2. 双砣子（T12：16）　4、5. 岗上（H2：27、H2：26）　6. 羊头洼　7、9. 大嘴子（87T85③A：1、87T85③A：9）　8. 双砣子（F2：1）　10. 双砣子（T4：49）　11. 双砣子（T11：41）　12、17. 大嘴子（92T6②：1、92T6②：4）　13. 大嘴子（87F21：6）　14. 大嘴子（87F8：10）　15. 大嘴子（87T82②：5）　16. 大嘴子（87T19②：1）　18. 大嘴子（92F5：2）　19. 大嘴子（87F2：15）　20. 大嘴子（87F1：4）　21. 大沟头（T202③：16）

但是，考虑到双砣子二期文化与双砣子三期文化之间的相对年代早晚关系，并参考通过与岳石文化比较而判定的双砣子二期文化的年代跨度（公元前1900～前1400年，相当于夏代中后期至商代早期[29]），推测双砣子三期文化遗址材料的上限年代应该不早于公元前1400年，整个时间跨度大约在公元前1400～前1050年，相当于商代的晚期。其中早段年代可能处在公元前1400～前1300年，晚段年代可能处在公元前1300～前1050年。

注　释

[1] 陈光：《羊头洼类型研究》，《考古学文化论集》（二），文物出版社，1989年。

[2] 旅顺博物馆等：《旅顺于家村遗址发掘简报》，《考古学集刊》（第1集），中国社会科学出版社，1981年。

[3] 许玉林等：《旅大地区新石器时代文化和青铜文化概述》，《东北考古与历史》（第1辑），文物出版社，1982年。

[4] 陈光：《羊头洼类型研究》，《考古学文化论集》（二），文物出版社，1989年；徐光辉：《旅大地区新石器时代晚期至青铜时代文化遗存分期》，《考古学文化论集》（四），文物出版社，1997年。

[5] 许明纲：《大连市金县发现新石器时代遗址》，《考古》1960年2期。

[6] 大连市文物考古研究所：《大嘴子——青铜时代遗址1987年发掘报告》，大连出版社，2000年。

[7] 辽宁省文物考古研究所、吉林大学考古学系．大连市文物管理委员会：《辽宁大连市大嘴子青铜时代遗址的发掘》，《考古》1996年2期。

[8] 华玉冰等：《大嘴子上层文化遗存的分期及相关问题》，《考古》1996年2期。

[9] 赵宾福：《关于双砣子一、二期文化的三点新认识》，《东北史地》2010年6期，图三，3。

[10] 江上波夫等：《旅顺双台子山新石器时代遗址》，《人类学杂志》1934年1期。

[11] 中国社会科学院考古研究所编著：《双砣子与岗上——辽东史前文化的发现和研究》，科学出版社，1996年。

[12] 滨田耕作：《貔子窝》，《东方考古学丛刊》（第一册），1929年。

[13] 金关丈夫等：《羊头洼》，东方考古学丛刊，乙种第三册，1942年。

[14] 陈光：《羊头洼类型研究》，《考古学文化论集》（二），文物出版社，1989年。

[15] 宫本一夫：《中国东北地方にちける先史上器の编年と地域性》，《史林》1990年68卷2号。

[16] 徐光辉：《旅大地区新石器时代晚期至青铜时代文化遗存分期》，《考古学文化论集》（四），文物出版社，1997年。

[17] 中国社会科学院考古研究所编著：《双砣子与岗上——辽东史前文化的发现和研究》，科学

出版社，1996年。

[18] 赵宾福：《以陶器为视角的双房文化分期研究》，《考古与文物》2008年1期；赵宾福：《双房文化青铜器的型式学与年代学研究》，《考古与文物》2010年1期。

[19] 中国社会科学院考古研究所编著：《双砣子与岗上——辽东史前文化的发现和研究》，科学出版社，1996年。

[20] 辽宁省博物馆、旅顺博物馆、长海县文化馆：《长海县广鹿岛大长山岛贝丘遗址》，《考古学报》1981年1期。

[21] 旅顺博物馆等：《旅顺于家村遗址发掘简报》，《考古学集刊》（第1辑），中国社会科学出版社，1981年。

[22] 吉林大学考古学系等：《金州庙山青铜时代遗址》，《辽海文物学刊》1992年1期。

[23] 金关丈夫等：《羊头洼》，东方考古学丛刊，乙种第三册，1942年。

[24] 刘俊勇：《大连市旅顺口区小黑石砣子古代遗址破坏纪实》，《辽宁文物》1981年1期。

[25] 刘俊勇：《辽宁大连市郊区考古调查简报》，《考古》1994年4期。

[26] 吉林大学考古学系等：《金州大沟头青铜时代遗址试掘简报》，《辽海文物学刊》1992年1期。

[27] 中国社会科学院考古研究所编著：《双砣子与岗上——辽东史前文化的发现和研究》，科学出版社，1996年。

[28] 中国社会科学院考古研究所编：《中国考古学中碳十四年代数据集（1965—1991）》，文物出版社，1991年；辽宁省文物考古研究所、吉林大学考古学系、大连市文物管理委员会：《辽宁大连市大嘴子青铜时代遗址的发掘》，《考古》1996年2期。

[29] 赵宾福：《关于双砣子一、二期文化的三点新认识》，《东北史地》2010年6期。

（原载《中国考古学会第十三次年会论文集》，科学出版社，2011年）

于家村砣头墓地的分段与双砣子三期文化的分期

本文首先讨论辽宁省大连市于家村砣头墓地[1]自身的分组、分段问题，然后将墓葬材料的分段结果与已往遗址材料的分段结果[2]进行比对，进而探讨整个双砣子三期文化的分期和年代问题。

一、于家村砣头墓地的分组

1977年4～6月，旅顺博物馆和辽宁省博物馆先后对辽宁省大连市旅顺口区的于家村遗址和于家村砣头墓地进行了发掘。于家村遗址包含上、下两层堆积，上层堆积出土的是双砣子三期文化遗存，下层堆积出土的是双砣子一期文化遗存[3]。于家村砣头墓地和于家村遗址仅相距百米左右，主持发掘的同志认为这批墓葬“应是于家村遗址上层时期人们的公共墓地”[4]，即双砣子三期文化的公共墓地。

30多年来，学术界就于家村砣头墓地的分期及其在双砣子三期文化中所处的年代位置等问题，提出了一些不同的看法。其中比较有代表性的观点主要有两种：一种是以陶器各主要部位（口、腹、底）之间的比例关系为视角，通过测量、统计和比较分析，然后排定一部分陶器之间的型式演化序列，进而将整个墓地自早至晚划分成Ⅰ～Ⅲ组，并且认为Ⅰ～Ⅲ组的年代均晚于双砣子、羊头洼和于家村等遗址出土的材料[5]；另一种是从整个墓地积石墓的大小、结构和平面布局出发，推理出墓葬垒砌顺序的先后，然后再以此为线索，通过对墓内随葬陶器的型式分析，进而将其区分为A～C三组，并认为A、B两组的年代与双砣子三期文化的遗址材料同时，C组的年代略晚[6]。

从以上两种认识中不难看出，在于家村砣头墓地的分期和年代问题上，学术界尚未形成共识性的意见，因此还有做进一步分析和讨论的必要。

于家村砣头墓地现存墓葬58座。从清理的情况来看，M4、M6、M10、M12、M14、M16～M19、M22、M23、M26、M27、M29、M32、M35、M37、M49、M52～M54、M56、M57等23座墓葬，墓内未见陶器。在另外35座出有陶器的墓葬当中，发表了材料的有25座，分别为M3、M8、M9、M11、M13、M15、M21、M24、M25、M28、M30、M31、M33、M36、M38、M39、M40、M41、M42、M44、M46、

M48、M50、M51、M55，这些墓葬应该是我们对墓地进行分组研究的基础材料。由于这25座墓葬之间没有发生叠压或打破关系，因此只能单纯依靠类型学的方法，通过对随葬陶器的型式分析，考察其彼此间存在的差异。

从以上25座墓葬出土的陶器来看，该墓地随葬的器物主要有罐类、簋（壶）类、豆类和钵（碗、杯）类四大种。其中以簋（壶）类数量最多，也最具有特色。

1．簋（壶）类陶器的型式分析与分组

这里所说的簋（壶），在报告中有的被称为高圈足罐，有的被称为壶。从它们的口部造型上看，主要可分为“钵口”和“侈口”两种。其中“钵口”者，腹部均饰凹弦纹或为素面。“侈口”者，腹部多饰凸棱纹（竖条形或马鞍形）、带状刺点纹或带状网格纹。进一步检查这两种簋（壶）的出土情况，则发现“钵口簋（壶）”和“侈口簋（壶）”不仅同出于M21，而且还共见于M30（图一）。这两组共存关系的存在，反映出它们应该是同一时期随葬的器物，因此“钵口”和“侈口”的不同，应属于簋（壶）类陶器在相同时间内存在的形态上的差异，即“型”的区别（“钵口”者为一型，“侈口”者为另一型）。

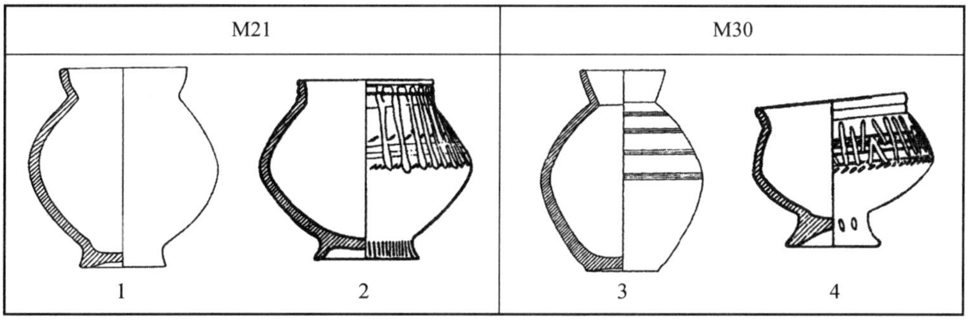

图一　于家村砣头墓地M21和M30出土的簋（壶）类陶器

1、3. 钵口簋（壶）（M21：2、M30：27）　2、4. 侈口簋（壶）（M21：5、M30：1）

另有一个值得注意的现象是，在“钵口簋（壶）”中，有的器底内侧比较平滑，有的明显凹陷。在“侈口簋（壶）”中，无论是饰凸棱纹（竖条形或马鞍形）者，还是饰带状纹（刺点或网格）者，器底内侧也都存在着“平滑”和“凹陷”的不同。如果我们把这种差别看成是各“型”陶器在不同时间段内所表现出的一种共同风格的话，那么在共存关系方面就应该表现为“平滑”者和“平滑”者共出，“凹陷”者和“凹陷”者同在。可是仔细核查各墓葬的陶器组合情况，不仅找不到这样的实例，相反M21、M30所展示的现象倒是“平滑”者和“凹陷”者共见。受这种现象的启示，我们可进一步判定底部内侧是“平滑”还是“凹陷”，不应该是“钵口簋（壶）”和“侈口簋（壶）”内部的“式”的区别，而应该是这两个大型中各自同时存在的“亚型”。

这样，以“型”和“亚型”为线索，进一步分析同“型”别器物之间的形态差异，便可以找出它们之间可能存在的具有年代意义的“式”别。从上述认识出发，结合各

“型”“式”之间的共存情况，可首先将整个簋（壶）类陶器及其所在墓葬区分为甲、乙两组。甲组墓葬6座（M9、M13、M15、M21、M24、M42），乙组墓葬6座（M3、M8、M30、M31、M36、M40）。甲、乙两组簋（壶）类陶器的型式对比关系可排成图二。

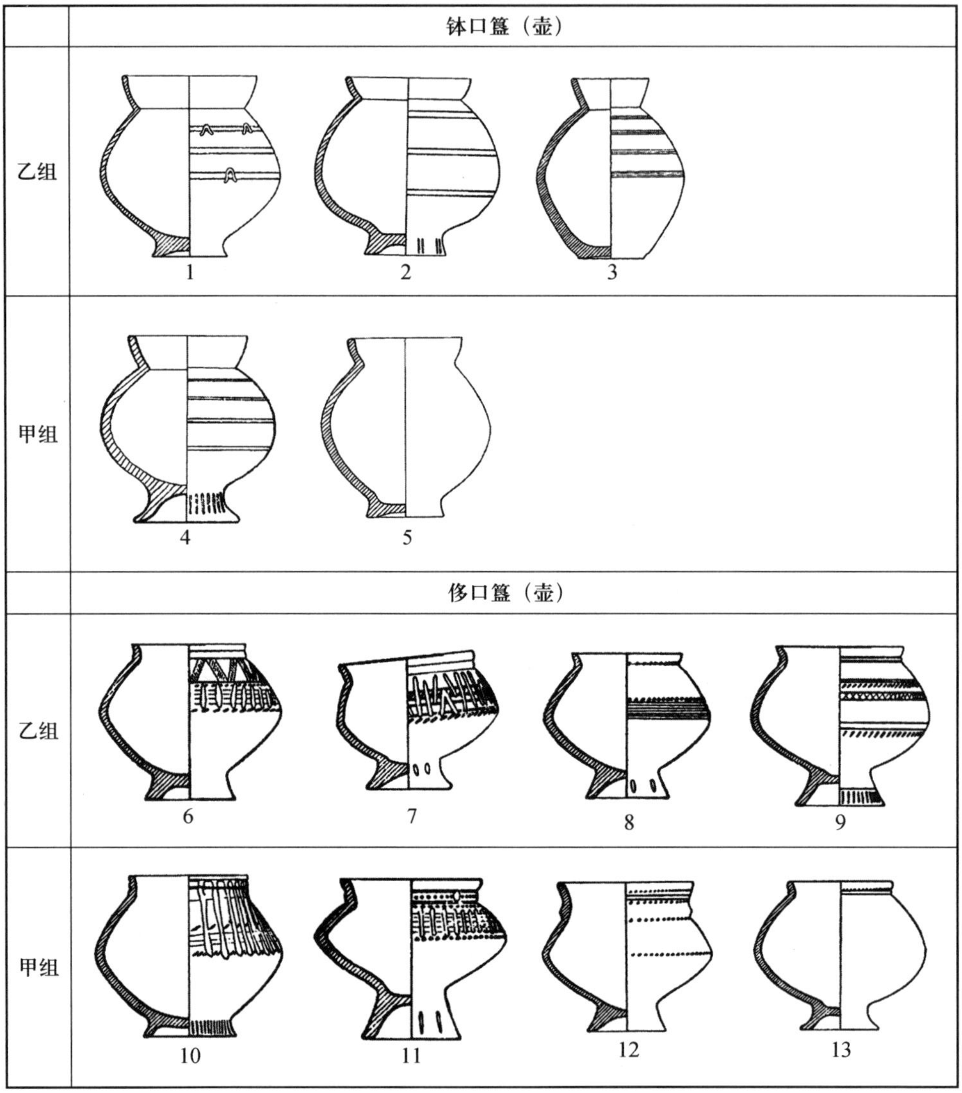

图二　于家村砣头墓地簋（壶）类陶器分组及型式比较图

1. M40∶1　2. M36∶1　3. M30∶2　4. M42∶1　5. M21∶2　6. M3∶2　7. M30∶1　8. M8∶2　9. M31∶2　10. M21∶5　11. M15∶2　12. M9∶1　13. M13∶1

2．罐类陶器的组别和型式分析

按原报告的分类标准，被划归为罐类的陶器主要有“直口深腹罐”、“直口浅腹罐”、“侈口深腹罐”、“侈口鼓腹罐”、“侈口折腹罐”、“大口折腹罐”、“高领折肩罐”和“敞口削肩罐”八种。

首先，从罐类陶器与簋（壶）类陶器的共存关系来看，M42：8高领折肩罐、M24：1侈口折腹罐、M21：7直口浅腹罐，分别与属于簋（壶）类甲组的M42：1、M24：2、M21：2、M21：5共出，因此可判定它们之间年代相当、组别相同。M3：3和M8：1 2件侈口深腹罐，分别在M3和M8内和属于簋（壶）类乙组的M3：2和M8：2共出，显然也应该属于相同的时期和组别。

其次，M46：3直口深腹罐应该和属于簋（壶）类乙组的M40：1同时，因为二者所在的墓葬均出有形制基本相同的陶豆（M40：2 被称为“Ⅱ式豆”，M46：2被称为“Ⅱ式盆”，但两者形制基本相同）。M44：1，被原报告定名为Ⅰ式豆，就这件器物的口沿造型、腹部纹饰和高圈足加刻划短线等特点来看，明显表现出与簋（壶）类甲组的M15：2、M24：2圈足簋具有较大的共性，因此年代应该相当。而与这件器物共出一墓的口部同样有刻划短线纹的M44：3直口深腹罐，年代亦应同时，即相当于簋（壶）类的甲组。

最后，从器物的形态上看，M25：1直口深腹罐，应该是上面确定的相当于簋（壶）类乙组的M46：3直口深腹罐的祖型，年代或可以早到簋（壶）类的甲组。M51：3侈口鼓腹罐和M48：1大口折腹罐，应该分别是前面已经确定的与簋（壶）类甲组同时的M44：3直口深腹罐和M24：1侈口折腹罐的遗型，年代或可以晚到簋（壶）类的乙组。而与M51：3侈口鼓腹罐共出一墓的另外一件直口深腹罐（M51：4），其祖型明显应该是M50：1侈口深腹罐，因此M50的年代有可能早到与簋（壶）类甲组同时。

基于以上对直接共存、间接共存、形态比较等三种不同情况所做的分析，我们最后可将于家村砣头墓地出土的罐类陶器区分为与簋（壶）类陶器相对应的甲、乙两组（甲组新增加了M25、M44、M50，乙组新增加了M46、M48、M51）。两组罐类陶器，依据腹部的不同，可统一分为弧腹和折腹二型，每型之下又可分为早晚两式，各型式之间的关系和特点可参见图三。

3．豆类和钵（碗、杯）类陶器的组别和型式分析

除簋（壶）类和罐类陶器以外，于家村砣头墓地同时还使用豆类和钵（碗、杯）类陶器随葬。

豆类数量很少，整个墓地仅见3件（报告将其分为Ⅰ、Ⅱ二式），其中“Ⅰ式豆”1件，出自甲组的M44。“Ⅱ式豆”2件，分别出自乙组的M3（未发表线图）和M40（报告图二十二将其误刊为“Ⅰ式豆”）。两种不同式样的陶豆，形态差异较为明显（图四，1、5）。

钵（碗、杯）类陶器数量较多，其中有一部分出自上面已经确定的甲组或乙组墓葬当中，另有一些则缺乏与簋（壶）类或罐类的共存关系，需通过形态比较做进一步的分析。首先是M28：3敛口钵，上腹部饰波折状凸棱纹，与属于乙组的M3：2和M30：1两件圈足簋上的纹饰相近，年代亦应相当。其次是M41：1带耳杯和M41：2带把杯，从造型上看应该分别是属于乙组的M8：4带耳杯和M51：5带把杯的祖型，年代

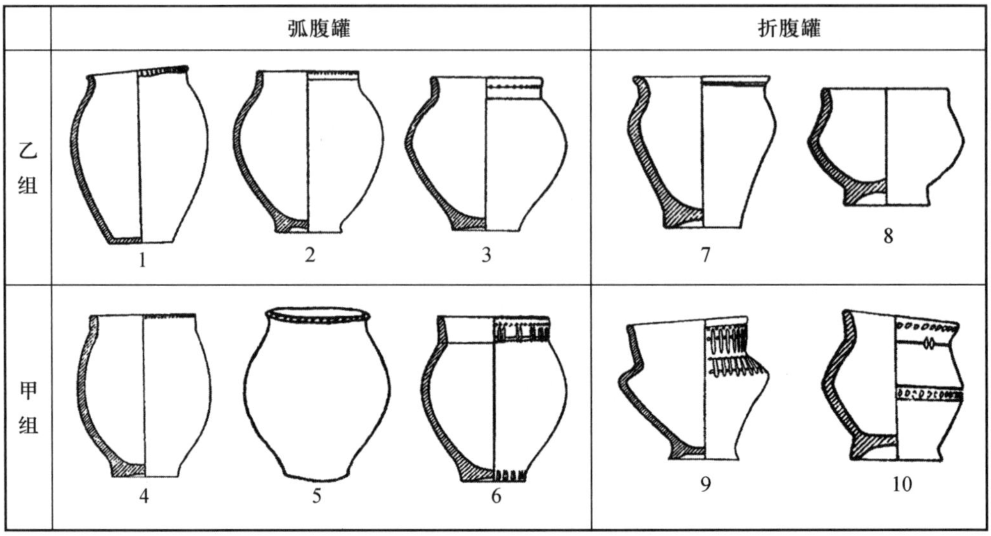

图三　于家村砣头墓地罐类陶器分组及型式比较图

1. M46：3　2、3. M51：4、M51：3　4. M25：1　5. M50：1　6. M44：3　7. M8：1　8. M48：1　9. M42：8　10. M24：1

或可早到甲组。而M11：1杯和M33：1碗的造型，又明显表现出它们应该分别是属于甲组的M42：7杯和M25：1碗的遗型，因此年代或可晚到乙组。这样，以与簋（壶）类或罐类陶器存在明确共存关系的钵（碗、杯）类陶器为基础，同时结合对以上无共存关系的器型所做的比较和分析，可将墓地当中出土的钵（碗、杯）类陶器区分为与簋（壶）类和罐类相对应的甲、乙两组（甲组新增加了M41，乙组新增加了M11、M28、M33），两组器物之间的型式对比关系可参见图四。

综合以上研究，墓地中使用陶器随葬并且发表了出土材料的25座墓葬，已经有22座通过器物间的型式分析而被明确地划分为甲、乙两组。甲组共10座，分别为M9、M13、M15、M21、M24、M25、M41、M42、M44、M50。乙组共12座，分别为M3、M8、M11、M28、M30、M31、M33、M36、M40、M46、M48、M51。另外3座墓葬（M38、M39、M55）虽然也发表了出土陶器，但由于找不到可供与其对比的器型，因此组别难以判定。其余的33座墓葬当中，有23座（M4、M6、M10、M12、M14、M16～M19、M22、M23、M26、M27、M29、M32、M35、M37、M49、M52～M54、M56、M57）不出陶器，有10座（M1、M2、M5、M7、M20、M34、M43、M45、M47、M58）虽出有陶器但未见材料发表，因此同样无法确定它们的组别。

二、于家村砣头墓地的分段

已有的研究结果表明，双砣子三期文化的遗址材料可整体上区分为早、晚两段[7]。

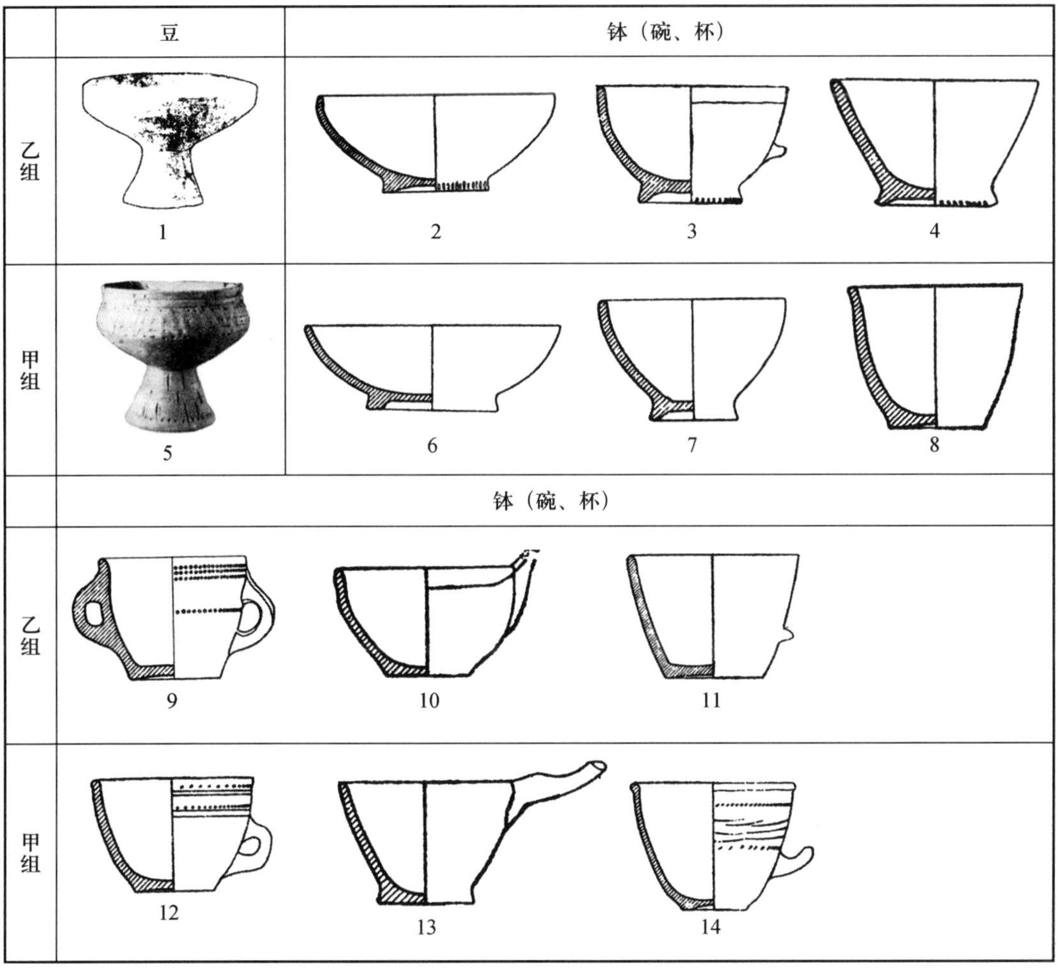

图四　于家村砣头墓地豆、钵（碗、杯）类陶器分组及型式比较图

1. M40：2　2. M33：1　3. M3：4　4. M31：4　5. M44：1　6. M25：1　7. M44：2　8. M21：6　9. M8：4　10. M51：5　11. M11：1　12. M41：1　13. M41：2　14. M42：7

将以上通过类型学方法区分出来的于家村砣头墓地甲、乙两组陶器与遗址早、晚两段陶器做一比较，则可发现他们之间存在着明显的共性。

其一在纹饰方面，于家村砣头墓地乙组簋（壶）类陶器表面所饰的马鞍形贴附纹（图五，7）仅见于遗址晚段的陶器群中（图五，2）。

其二在器型方面，于家村砣头墓地乙组的M51：3（图五，9）和M51：4弧腹罐（图五，11），形态分别与遗址晚段的双砣子F4：34罐（图五，4）和岗上F1：12罐（图五，5）相近。于家村砣头墓地乙组的M40：2素面折腹豆（图五，8）和M51：5带把杯（图五，10），造型分别与遗址晚段的大嘴子92T6②：1豆（图五，1）和于家村上层F1：2杯（图五，3）相同。于家村砣头墓地甲组的M44：1条状堆纹豆（图五，12），其上腹部造型与遗址早段的双砣子T4：49竖条形堆纹圈足钵（图五，6）相比，

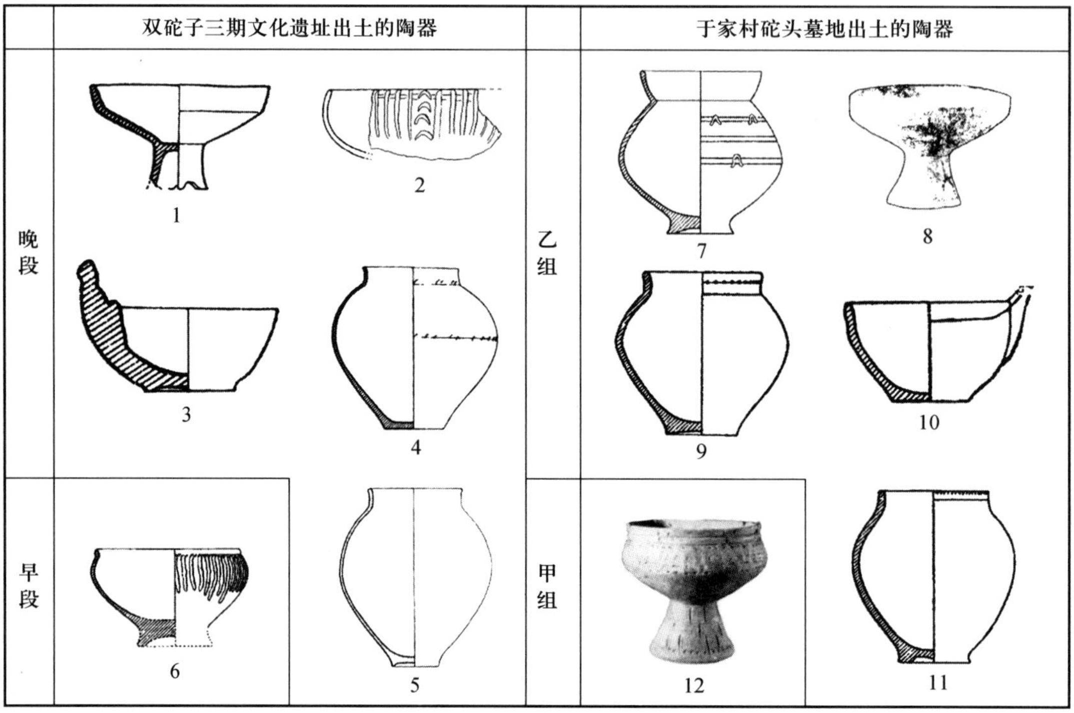

图五　于家村砣头墓地陶器与双砣子三期文化遗址陶器的比较

1、8、12. 豆（大嘴子92T6②：1、于家砣头M40：2、于家砣头M44：1）　2. 钵（岗上H2：27）　3、10. 杯（于家村上层F1：2、于家砣头M51：5）　4、5、9、11. 罐（双砣子F4：34、岗上F1：12、于家砣头M51：3、于家砣头M51：4）　6. 圈足钵（双砣子T4：49）　7. 簋（于家砣头M40：1）

二者之间存在着一定的相似之处。另外，于家村砣头墓地甲组的M21：5圈足簋，器物整体轮廓与遗址早段的单砣子A2类陶器当中的彩陶簋相同。

上述共性表明，于家村砣头墓地的甲组应该与遗址的早段相当，乙组应该与遗址的晚段相当。由此可证，于家村砣头墓地的甲组早于乙组。

这样，改“组”称“段”，最后可将原来划定的于家村砣头墓地的甲、乙两组墓葬重新更名为具有年代早晚意义的早、晚两段：甲组改称早段，乙组改称晚段。早、晚两段陶器当中具有分段意义的器物型式可参见图二～图四。

需要说明的是，以上对于家村砣头墓地出土陶器所做的类型学分析以及由此划分出的墓葬分段结果，与以往各家之说相比，均有本质的不同。

三、双砣子三期文化的分期

双砣子三期文化的考古材料，主要包括遗址部分和墓葬部分两大类。笔者在《大嘴子遗址和双砣子遗址晚期遗存试析——兼论双砣子三期文化遗址材料的分段和年代》[8]一文中，已将遗址出土的材料区分成了早、晚两段，并判定其早段年代为公元前1400～前1300年左右，晚段年代在公元前1300～前1050年左右。本文通过类型学分析，并结合与遗址材料的比较，又对大连于家村砣头墓地的材料进行了分段研究。这样，在遗址材料的分段和于家村砣头墓地的分段研究基础上，现可将双砣子三期文化遗址材料和墓葬材料统一整合为早、晚两期：早期以遗址材料的早段和于家村砣头墓地的早段为代表，年代为公元前1400～前1300年。晚期以遗址材料的晚段和于家村砣头墓地的晚段为代表，年代为公元前1300～前1050年。整个双砣子三期文化的年代跨度约相当于中原商代晚期阶段。

需要补充说明的是，继于家村砣头墓地发掘以后，人们又发现了另外两处属于双砣子三期文化的积石墓地，即1991～1992年辽宁省文物考古研究所等单位调查并清理的王宝山积石墓地[9]和土龙积石墓地[10]。

王宝山积石墓地位于金州区大魏家镇，北依台山，东、西、南三面濒海。积石墓依山脊走向呈南北向排列，因上面的封顶石块已被严重扰乱，故地表所见为大小不一的8个乱石堆，由南向北依次编号为M1～M8。从清理的M5、M7、M8看，其内共出双砣子一至三期文化的陶片。据其中年代最晚的遗物而定，可判定是一处双砣子三期文化的墓地。墓中出土的双砣子一、二期文化陶片，应是扰入晚期墓葬中的早期文化遗物。所见到的双砣子三期文化陶片，整体特征与双砣子三期文化遗址材料的晚段陶器比较相近。特别是其中的一件陶豆（见原报告图五，8），豆盘部位的造型与遗址晚段的双砣子92T6②：1豆（图五，1）如出一模。另外一件下腹明显内收的器底残片（见原报告图五，10），形态与属于遗址晚段的于家村上层F1内出土的同类器[11]非常相似。还有一件器口残片，其外表面印的方格形刻划纹（见原报告图五，9）与遗址晚段大嘴子87F17：2圈足簋[12]上面的纹饰完全相同。由此可见，王宝山积石墓地的年代应该和遗址晚段及于家村砣头墓地晚段同时，属于双砣子三期文化的晚期遗存。

土龙积石墓地北与庙山遗址相连，共由8个积石冢组成。清理过的1号积石冢位于整个墓地的北端，冢上可辨别的墓葬17座，其中有11座内部见有人骨。发掘者认为："该遗址距庙山遗址约200米，从出土陶片整体分析，与庙山遗址晚期出土遗物相似，推测土龙积石墓地应为庙山遗址晚期人们的聚葬之所。"但是由于"该冢出土的遗物不见完整器，所获陶片多出自积石土中或墓壁的石缝之中，少量见于墓室的陶片也因墓葬坍塌、扰动而无法细辨，陶片的质地、纹饰、器形差别不大"[13]，因此仅凭清理工作所提供的材料，很难对1号积石冢的年代做更深入的研究。换言之，它在整个双砣子三期文化中所处的时间位置，暂时还无法确定。

最后，为明晰起见，可概括地将双砣子三期文化的分期与遗址材料的分段、墓地材料的分段和各单个遗址、墓地的分组对应关系归纳成一个格表，是为表一。

表一　双砣子三期文化分期与遗址和墓地分段、分组对应关系一览表

文化	遗址材料										墓葬材料		
期别	段别	双砣子遗址第三期遗存	87大嘴子遗址第三期遗存	92大嘴子遗址晚期遗存	单砣子A2类	羊头洼遗址	岗上遗址下层	尹家村一期	于家村上层	庙山晚期B类	段别	于家砣头墓地	王宝山积石墓
晚期	晚段	二组	二组	二组		√	√	√	√	√	晚段	乙组	√
早期	早段	一组	一组	一组	√						早段	甲组	

注　　释

［1］　旅顺博物馆、辽宁省博物馆：《大连于家村砣头积石墓地》，《文物》1983年第9期。

［2］　赵宾福、丛德新：《大嘴子遗址和双砣子遗址晚期遗存试析——兼论双砣子三期文化遗址材料的分段和年代》，《中国考古学会第十三次年会论文集·2010》，文物出版社，2011年。

［3］　旅顺博物馆、辽宁省博物馆：《旅顺于家村遗址发掘简报》，《考古学集刊》（第1辑），中国社会科学出版社，1981年。

［4］　旅顺博物馆、辽宁省博物馆：《大连于家村砣头积石墓地》，《文物》1983年9期。

［5］　陈光：《羊头洼类型研究》，《考古学文化论集》（二），文物出版社，1989年。

［6］　徐光辉：《旅大地区新石器时代晚期至青铜时代文化遗存分期》，《考占学义化论集》（四），文物出版社，1997年。

［7］　赵宾福、丛德新：《大嘴子遗址和双砣子遗址晚期遗存试析——兼论双砣子三期文化遗址材料的分段和年代》，《中国考古学会第十三次年会论文集》，文物出版社，2011年。

［8］　赵宾福、丛德新：《大嘴子遗址和双砣子遗址晚期遗存试析——兼论双砣子三期文化遗址材料的分段和年代》，《中国考古学会第十三次年会论文集》，文物出版社，2011年。

［9］　王冰、万庆：《辽宁大连市王宝山积石墓试掘简报》，《考古》1996年3期。

［10］　华玉冰、王从、陈国庆：《辽宁大连市土龙积石墓地1号积石冢》，《考古》1996年3期。

［11］　赵宾福、丛德新：《大嘴子遗址和双砣子遗址晚期遗存试析——兼论双砣子三期文化遗址材料的分段和年代》，《中国考古学会第十三次年会论文集·2010》，文物出版社，2011年，图七，4、12。

［12］　赵宾福、丛德新：《大嘴子遗址和双砣子遗址晚期遗存试析——兼论双砣子三期文化遗址材料的分段和年代》，《中国考古学会第十三次年会论文集·2010》，文物出版社，2011年，图一〇，11。

［13］　华玉冰、王从、陈国庆：《辽宁大连市土龙积石墓地1号积石冢》，《考古》1996年3期。

（原载《北方文物》2011年4期）

双房文化青铜器的型式学与年代学研究

在辽东地区双房文化的器物群中，除了陶器以外，最为引人注目的便是所谓的“东北系青铜器”[1]。这种具有鲜明地方特色和时代特征的青铜制品，除了见于辽东地区的双房文化以外，还广布于辽西、河北北部、朝鲜半岛和吉、黑两省的部分地区，长期以来一直为中外学术界所关注。

可是，由于受主客观两方面条件的限制，大家除了在“东北系青铜器”并非为同一个考古学文化所独有或者说不能使用有无“东北系青铜器”这一标准来划分考古学文化这一点上，已经形成了比较一致的看法以外，在许多其他问题上，如分型定式、分期断代、起源、定名、族属等，均尚未达成共识，而且有些问题意见分歧很大。

要想很好地解决这些问题，笔者以为应该重新注重和加强对东北系青铜器的个案研究和基础研究。所谓个案研究，就是分地区分文化地进行研究。只有个案研究搞好了，跨文化跨地区的研究才能够立论于坚实的基础之上。所谓基础研究，就是指型式学和年代学方面的研究，并且要求在具体的研究过程中一定要以共出的陶器分期结果为依据。只有基础研究搞扎实了，分类问题和年代问题解决了，其他方面的研究才能够得以进一步的深入。特别是起源问题、传播问题、族属问题等一些争议较大的问题，才有可能在原有的基础上重新说得更清楚一些。

正是出于这样一种考虑，笔者现选择数量较多、种类较全，并且在整个东北系青铜器材料当中具有一定代表性的双房文化青铜器，重新进行型式学和年代学两个方面的基础性研究。希望这项研究成果，能够对日后东北系青铜器的研究不断走向深入起到一定的推动作用。

一、双房文化青铜器出土状况的初步分析

青铜器的型式分析和年代判定，应该以共出陶器的分期研究结果为基础。换言之，只有那些与具有分期意义的陶器同出自一个单位的青铜器，才是确定青铜器型式、分期和断代标准的第一手资料。而那些没有陶器伴出的青铜器或者是征集所得的青铜器，则只能通过形态或风格上的比较划定其所属型式，推定其大致流布的时间范畴。

从这种认识出发，全面检索双房文化目前发表的并且是经过正式发掘和清理出土的青铜器材料，可从中发现有14个单位表现为在出有青铜器的同时还伴出有陶器（为保证材料的准确性，这里没有把发掘和清理出土的遗物同工作时征集到的所谓出自某某单位的遗物看作真正意义上的共出，因此这样的单位没有被本文统计在内）。

从共存的器类上看，这14个单位有9个表现为陶器与柱脊短剑共出，有1个表现为陶器与方銎斧（范）共出，1个表现为陶器与曲刃矛共出，2个为陶器与柱脊短剑和方銎斧（范）两种青铜器共出，1个为陶器与柱脊短剑、方銎斧（范）和曲刃矛三种青铜器共出。

从笔者对双房文化陶器所做的型式分析和分期结果来看[2]，这14个单位分属于双房文化的早期（6个）、中期（3个）和晚期（5个）。

属于早期的6个单位分别为大连双砣子青铜短剑墓M1、楼上墓地M6、岗上墓地M13、岗上墓地M19、辽阳二道河子1号石棺墓（正式清理出土的遗物）和抚顺大甲邦石棺墓（图一）。所见青铜器有柱脊短剑和方銎斧（范）两种，共出的陶器分别为双房文化早期的Aa型Ⅰ式无耳壶、Ab型Ⅰ式横耳壶、Bb型Ⅰ式无耳壶、Bb型Ⅰ式无耳罐、Ⅰ式豆和圈足碗（陶器的型式划分和年代判定请参见笔者撰写的《以陶器为视角的双房文化分期研究》一文，下同）。

属于中期的3个单位分别是西丰诚信村石棺墓、长海上马石青铜短剑墓M3、沈阳郑家洼子青铜短剑墓M6512。出土的青铜器有柱脊短剑、方銎斧（范）和曲刃矛三种，共存的陶器分别为双房文化中期的Aa型Ⅱ式无耳壶、Ab型Ⅱ式无耳壶、Ba型Ⅱ式横耳壶、钵口竖耳壶和横扳耳罐（图二）。

属于晚期的5个单位分别为旅顺尹家村M12、新金双房M6、沈阳郑家洼子M2、本溪上堡M1和抚顺祝家沟M4。出土的青铜器同样包含了柱脊短剑、方銎斧（范）和曲刃矛三种，共出的陶器分别为双房文化晚期的Ab型Ⅲ式无耳壶、Ba型Ⅲ式无耳壶、Bb型Ⅲ式无耳壶、Aa型Ⅲ式横耳壶、Ba型Ⅲ式横耳壶、Bb型Ⅲ式横耳壶、Aa型Ⅲ式无耳罐、Ab型Ⅱ式无耳罐、Ba型Ⅲ式无耳罐、Ⅱ式豆、“燕式豆”和“燕式罐”等（图三）。

仔细观察各期单位中与陶器共出的青铜器，不难发现它们在形制上存在着较大的区别。

青铜短剑：三期均有，无论是早期器型还是中晚期器型，均有一个圆柱状的脊（人们因此而称其为“柱脊短剑”），这是它们的共性，也是“东北系铜剑”有别于其他系铜剑的最本质性的特征。但是不同时期的剑身形态上又存在着明显的区别。这种区别具体表现在节尖的夹角由小（明显）变大（不明显）直至变成了180°（消失），后叶由宽肥到窄瘦，脊凸从有到无，剑锋从无到有并由短变长。将这些具体差

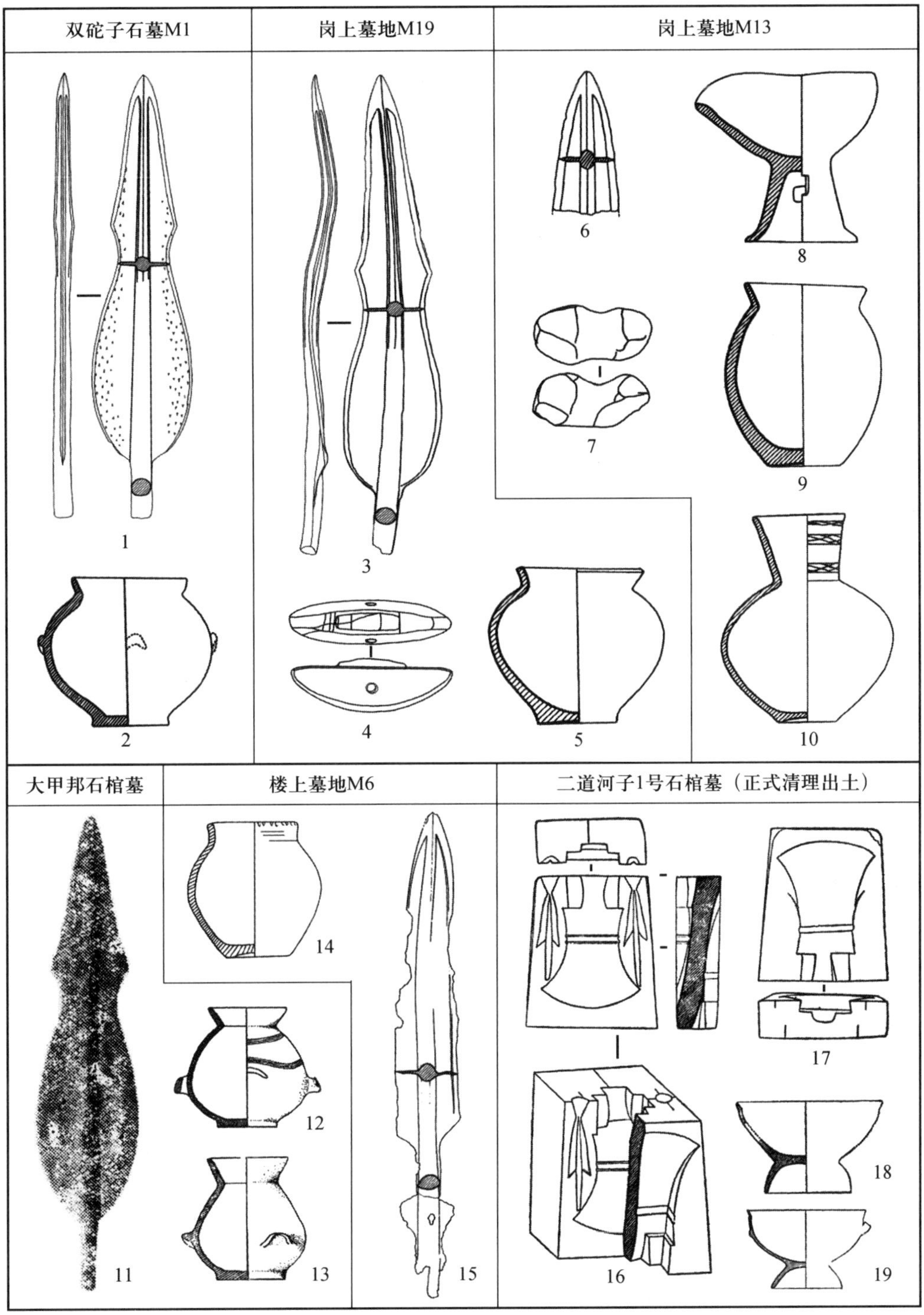

图一　双房文化早期单位的青铜器与陶器共出情况

1、2. 双砣子（M1：1、M1：14）　3～10. 岗上（M19：1、M19：3、M19：5、M13：5、M13：1、M13：2、M13：3、M13：4）　11～13. 大甲邦石棺墓　14、15. 楼上（M6：1、M6：2）　16～19. 二道河子1号石棺墓正式清理

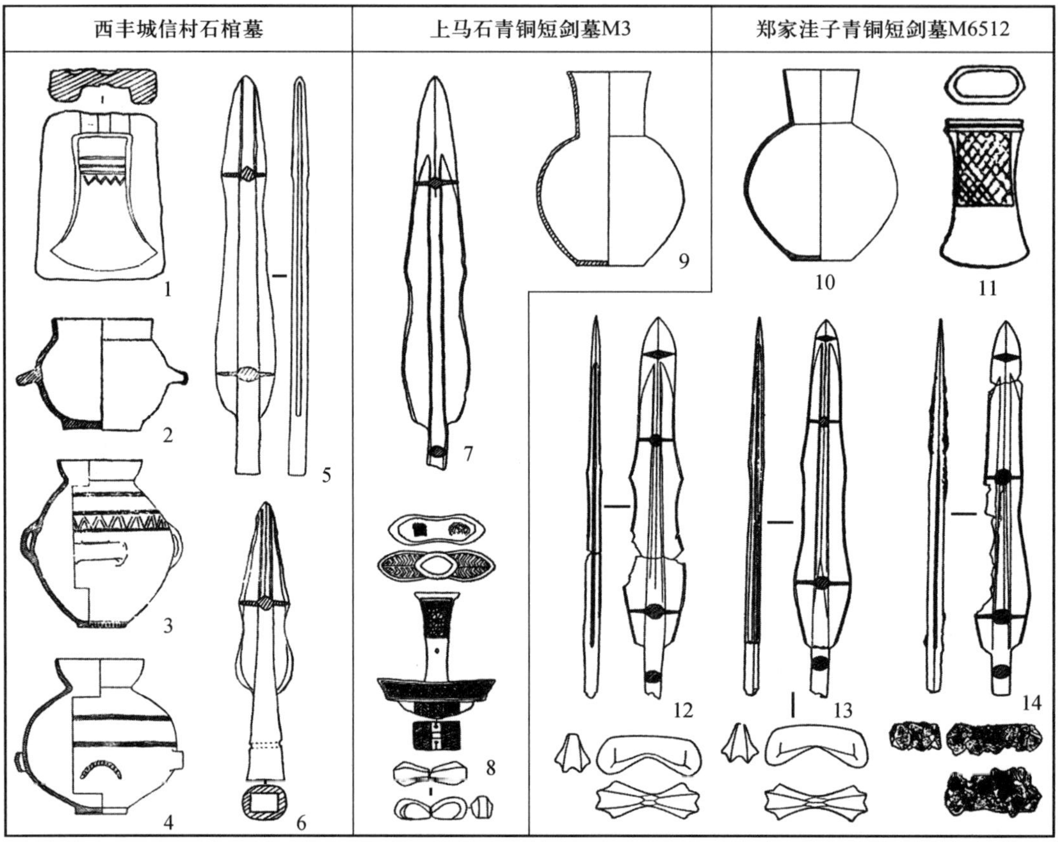

图二　双房文化中期单位的青铜器与陶器共出情况

1～6. 西丰诚信村石棺墓出土　7～9. 上马石青铜短剑墓（M3：1、M3：2）　10～14. 郑家洼子青铜短剑墓（M6512：63、无号、M6512：1、M6512：33、M6512：2）

异组合到一起，则剑身由早到晚所呈现出来的比较直观的整体形态差异，便是从“无锋三角形曲刃剑”到“有锋长条形曲刃剑”再到“有锋长条形直刃剑”。

方銎斧（范）：数量虽然不多，但是三期都有。从形态上看，早期的斧身比较宽短，平面形状近似于方形。晚期的斧身较为窄长，平面形状接近于长方形。中期的方銎斧（范），形态介于二者之间。

曲刃矛：仅见2件，分别出自中期和晚期单位之中，形态上也有一定的差别。

通过对以上14个单位出土的青铜器所做的初步观察，不难看出它们不仅与陶器的共存关系比较清楚、所属的年代早晚有别，而且形态特征富于变化，因此是研究整个双房文化青铜柱脊短剑、方銎斧（范）、曲刃矛三种青铜器型式变化和年代早晚的基础性材料，是认识这些问题的基准点和切入点。

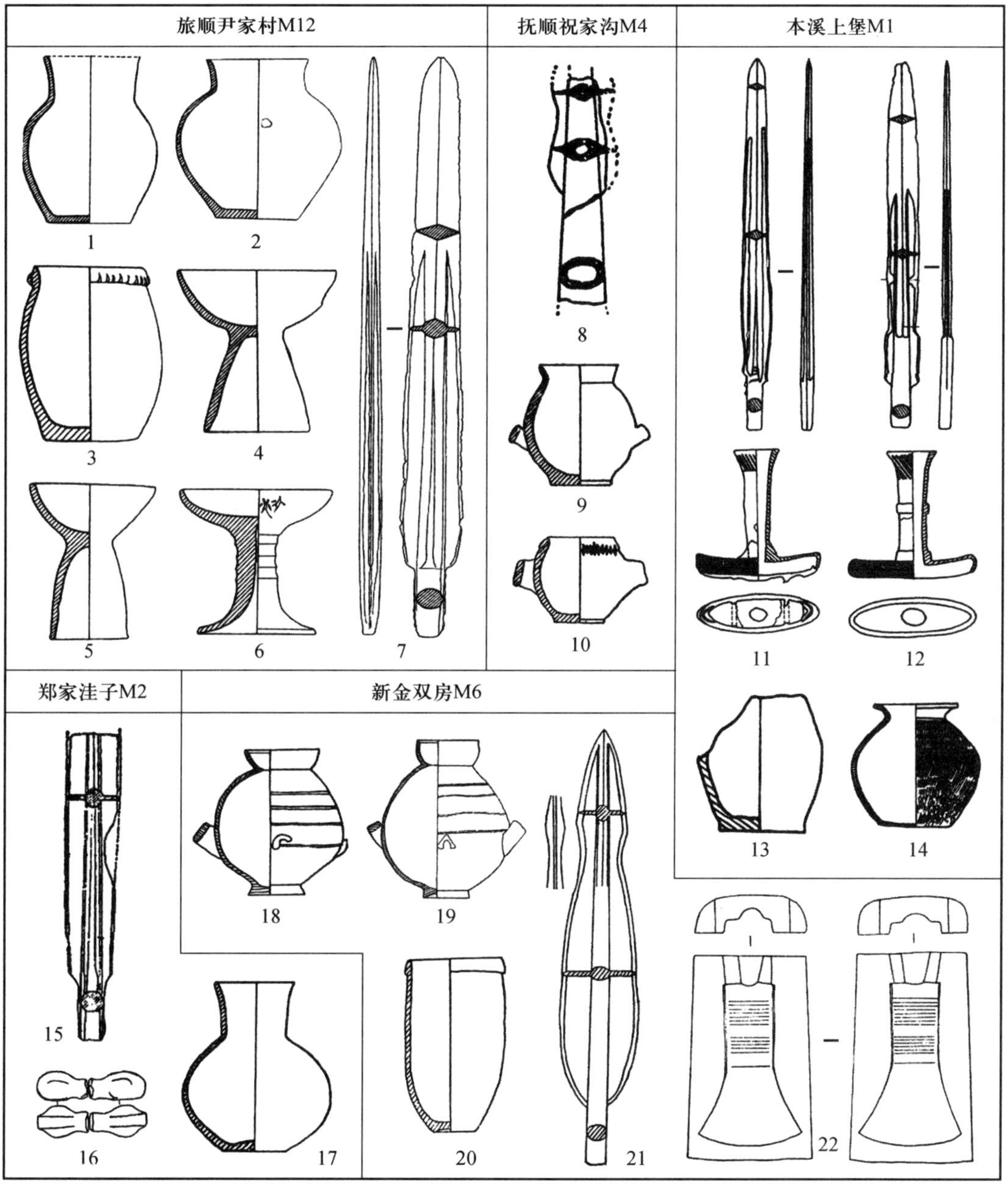

图三　双房文化晚期单位的青铜器与陶器共出情况

1～7. 尹家村（M12：5、M12：3、M12：1、M12：4、M12：6、M12：2、M12：8）　8～10. 祝家沟（M4：1、M4：4、M4：6）　11～14. 上堡（M1：3、M1：4、M1：2、M1：1）　15～17. 郑家洼子（M2：1、M2：2、M2：3）　18～22. 双房（M6：1、M6：2、M6：3、M6：4、M6：5）

二、以陶器分期为基础的柱脊短剑、方銎斧和曲刃矛的型式划分

与双房文化早期陶器和晚期陶器共出的青铜器，可被视为双房文化青铜器的两组极端的型式，中期青铜器则可被看作处于这两大极端型式之间的过渡型式。从此认识出发，不仅可以排列与陶器共出的各类青铜器的型式演化序列，而且可以进一步确定其他遗址或地点出土的无陶器伴出的青铜器的型别和式别，以及它们在整个双房文化青铜器型式演化序列中所处的位置。

1. 柱脊短剑的型式学分析

发现数量较多，除了与陶器共出的15件标本以外，还有许多标本无陶器伴出。针对这两种不同情况的短剑标本，我们的研究思路是先将出自双房文化早期单位并与早期陶器共存的双砣子石墓M1：1这件标本（图一，1）确定为柱脊短剑最早的一个式别，将出自双房文化晚期单位并有晚期陶器共存的尹家村M12：8（图三，7）确定为柱脊短剑最晚的一个式别，然后再进一步观察其他样式的柱脊短剑是否属于这两个极端式别之间的过渡形态。基于这样一种考虑，并通过仔细观察和比较，可最后将目前发现的绝大多数柱脊短剑标本，自早至晚划分为八个不同的式别。

Ⅰ式：11件。代表性标本为旅大双砣子石墓M1：1，另有8件标本分别出自清原李家卜石棺墓[3]、清原门脸石棺墓[4]、金州亮甲店赵王村[5]、辽阳二道河子1号石棺墓（发掘前征集所得）[6]、旅大后牧城驿“3号石棺墓”[7]、旅大营城子镇双台沟村黄咀子[8]、抚顺大甲邦石棺墓[9]和旅大刘家疃[10]（图四，1～9）。还有2件标本为残器，一件是岗上墓地M13：5，仅存一段尖部（图一，6）。一件是楼上墓地M6：2，节尖和后叶残失（图一，15）。从二者均无明显剑锋又都与双房文化早期陶器共出这两方面情况考虑，推测其形制属于该式的可能性较大，故暂归并于此（最晚不过Ⅱ式）。

Ⅱ式：10件。代表性标本为本溪梁家村M1：1[11]和大连岗上墓地M6：7、M18：1、M19：1，其余6件标本分别出自旅大后牧城驿[12]、金州亮甲店赵王村、旅大三涧堡镇蒋家村和旅大江西镇小潘家村[13]（图四，10～19）。

Ⅲ式：2件。代表性标本为沈阳郑家洼子M6512：1[14]，另外一件标本出自东辽县腰岭子石棺墓[15]（图四，20、21）。

Ⅳ式：6件。代表性标本为沈阳郑家洼子M6512：33和长海上马石M3：1[16]，另外4件标本分别出自抚顺针织厂[17]、沈阳南塔[18]和旅大卧龙泉[19]（图四，22～27）。

Ⅴ式：2件。代表性标本为沈阳郑家洼子M6512：2，另外一件标本出自旅大卧龙

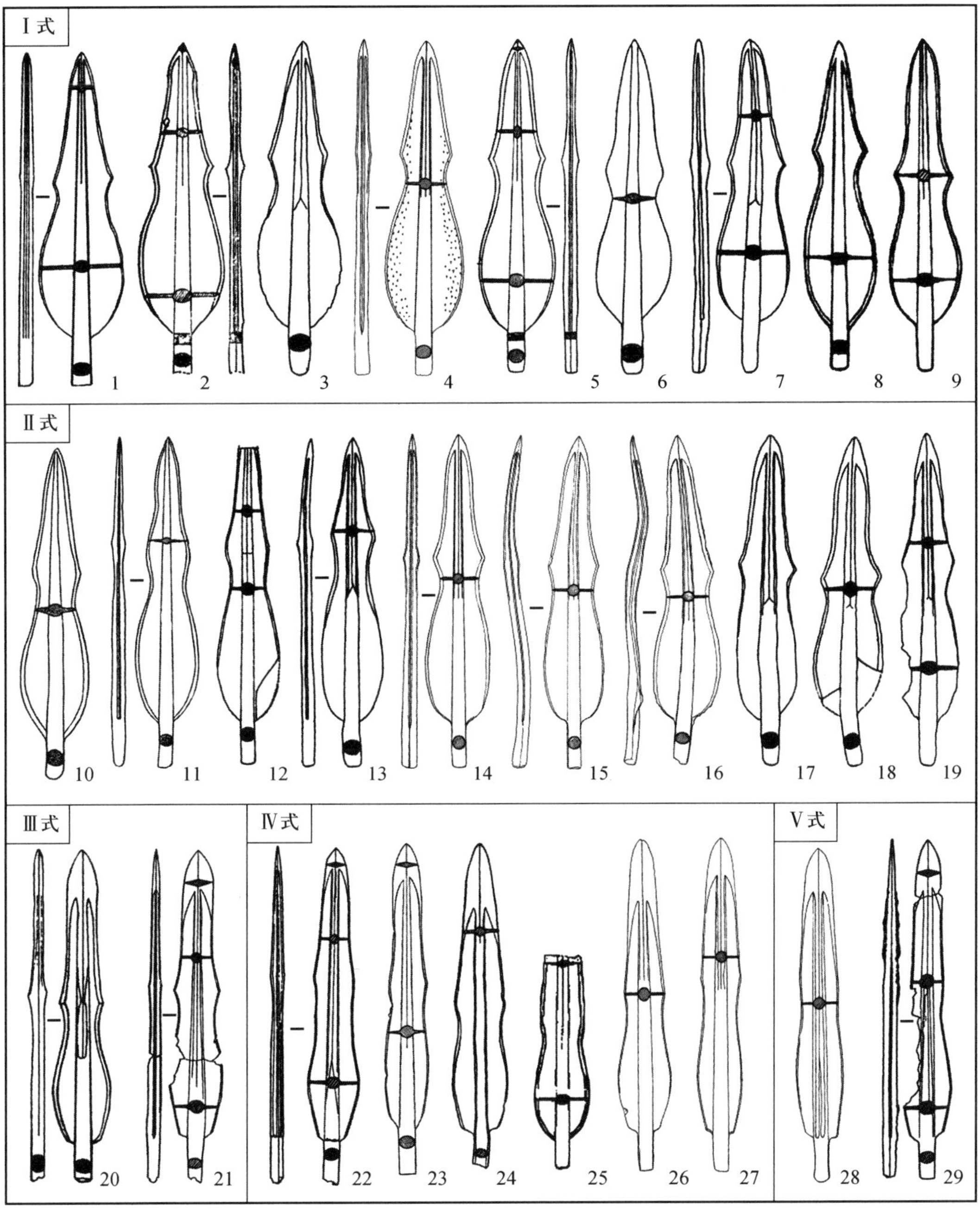

图四　双房文化Ⅰ～Ⅴ式青铜柱脊短剑

1. 清原李家卜　2. 清原门脸　3、13. 金州赵王村　4. 旅大双砣子（M1：1）　5. 辽阳二道河子　6、10、11、17. 旅大后牧城驿　7. 旅大黄咀子　8. 抚顺大甲邦　9. 旅大刘家疃　12. 本溪梁家村（M1：1）　14～16. 岗上（M6：7、M18：1、M19：1）　18. 旅大蒋家村　19. 旅大小潘家村　20. 东辽腰岭子　21、22、29. 沈阳郑家洼子（M6512：1、M6512：33、M6512：2）　23. 抚顺针织厂　24. 长海上马石（M3：1）　25. 沈阳南塔　26～28. 旅大卧龙泉

泉（图四，28～29）。

Ⅵ式：13件。代表性标本为本溪上堡M1：3[20]和长海上马石M2：1，其余11件标本分别出自本溪南芬火车站、沙窝[21]，本溪刘家哨[22]，双辽吉祥屯[23]，辽阳亮甲山1号墓、3号墓[24]，宽甸赵家堡[25]，金州大岭底村、普兰店快马厂村、长海徐家沟[26]和旅大后牧城驿M1[27]（图五，1～13）。

Ⅶ式：6件。代表性标本为本溪上堡M1：4，另外5件分别出自集安五道沟门[28]、昌图翟家村[29]、东沟大房身[30]、抚顺马架子[31]和旅顺铁山镇[32]（图五，14～19）。

Ⅷ式：5件。代表性标本为沈阳郑家洼子M2：1[33]和大连尹家村M12：8，其他3件标本分别出自丹东凤城小陈家[34]、本溪梁家村[35]和本溪刘家哨（图五，20～24）。

从短剑的各个部位来看，Ⅰ～Ⅷ式的差别（演化趋势）主要表现为以下几点。

（1）脊凸从有到无（由隆起明显到不明显再到完全消失）。

（2）节尖从有到无（由明显到不明显再到完全消失）。

（3）剑锋从无到有（从无锋或基本无锋到短锋再到长锋，仅个别标本锋部出现“反祖”现象，但剑锋由短到长的发展总趋势没有改变）。

（4）剑尖从锐到钝（从尖锥形到圭首形，仅少数晚期标本呈原始的尖锥状）。

（5）后叶从宽肥到窄瘦（由宽于前叶到与前叶等宽，其中Ⅰ～Ⅳ式曲刃剑的两个节尖与后叶外点的两条连线表现为由相交到逐步趋于平行的态势）。

值得注意的是，上述几个部位的演化趋势是并行不悖的，都是朝着一个方向进行的。但是各个部位之间演化的速率和变化的时间点是不同步的、非整齐划一的。速率上有快有慢，时间上互有交错。

从短剑的整体形态上看，Ⅰ～Ⅷ式的差别（演化趋势）可进一步概括为：①由曲刃剑发展为直刃剑；②由两段式发展为一段式；③由三角形发展为长条形；④由整体似矛（矛形剑）发展为整体似剑（剑形剑）。

关于柱脊短剑的型式分析，还有以下几点需要特别加以说明。

第一，刃尾圆收的短剑和刃尾折收的短剑，是年代早晚关系还是同时并用关系，目前难以确定。从现有材料看，Ⅰ式剑中未见刃尾折收者，Ⅲ、Ⅴ式剑中未见刃尾圆收者，Ⅱ、Ⅳ、Ⅵ～Ⅷ式剑中既有刃尾圆收者又有刃尾折收者，但Ⅱ式剑中刃尾圆收者多而刃尾折收者少（图四，14、16、19），Ⅳ、Ⅵ～Ⅷ式剑中刃尾折收者多而刃尾圆收者少（图四，23、25；图五，5、8、10、19、21、23）。

针对这种情况，可初步做出两种推测。

一种可能是刃尾圆收还是折收是年代先后的区别，也就是“式”的区别。根据是Ⅰ式剑刃尾均为圆收而不见折收者，Ⅱ式剑仍以圆收为主，但已开始出现折收者，从Ⅲ式剑开始刃尾全部变为折收。至于Ⅲ～Ⅷ式剑当中所见的少数圆收者可能原本就是折收剑，只是绘图者未能对器物原件做细心观察而导致的一种误绘。沈阳南塔出土的Ⅳ式剑

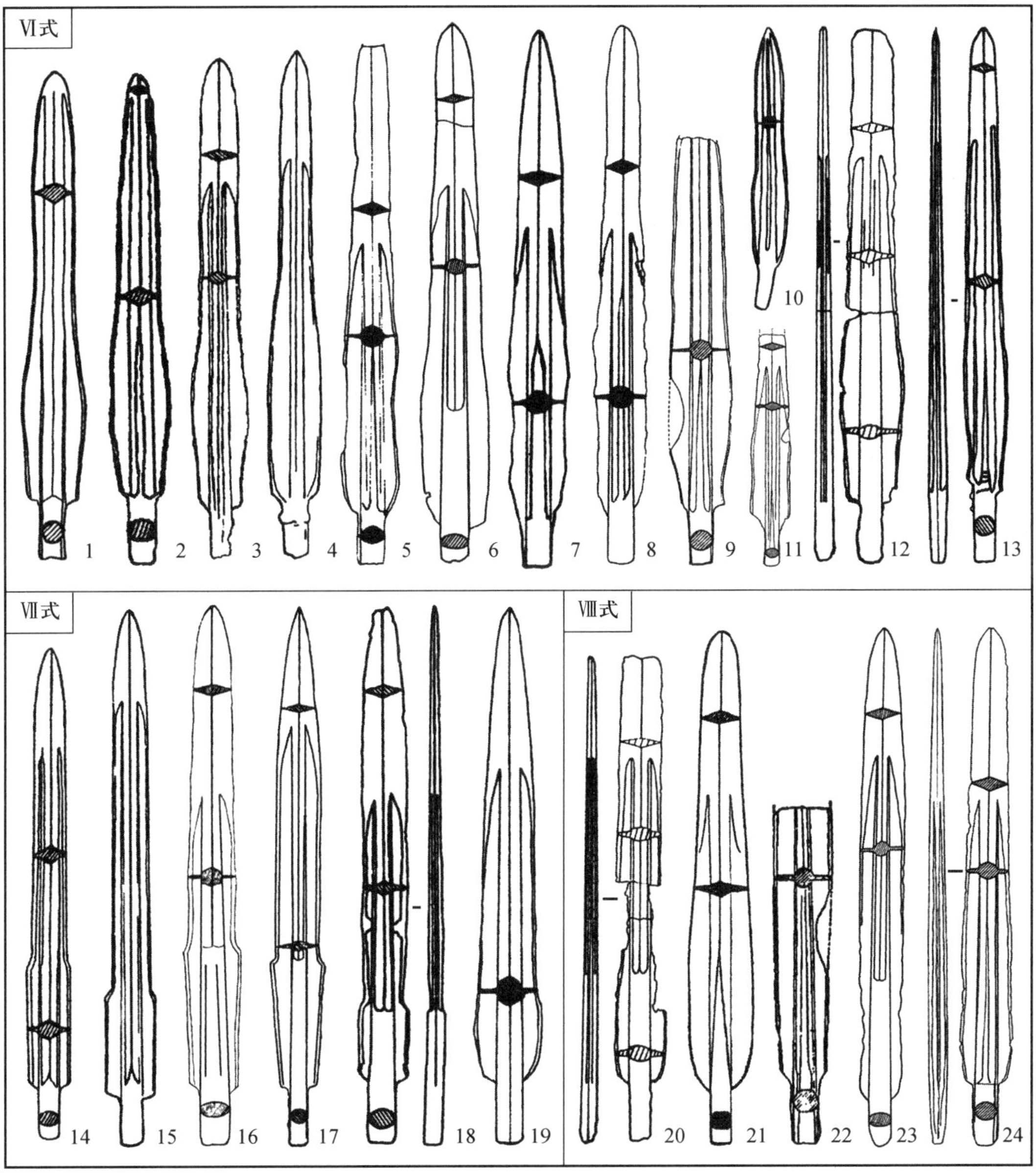

图五 双房文化Ⅵ～Ⅷ式青铜柱脊短剑

1. 长海上马石（M2：1） 2. 本溪南芬火车站 3. 本溪沙窝 4. 双辽吉祥屯 5. 长海徐家沟 6. 宽甸赵家堡 7. 金州大岭底村 8. 普兰店快马厂村 9. 辽阳亮甲山3号墓 10. 旅大后牧城驿M1 11. 辽阳亮甲山1号墓 12. 本溪刘家哨 13. 本溪上堡M1：3 14. 集安五道沟门 15. 昌图翟家村 16. 东沟大房身 17. 抚顺马架子 18. 本溪上堡（M1：4） 19. 旅顺铁山镇 20. 本溪刘家哨 21. 本溪梁家村 22. 沈阳郑家洼子（M2：1） 23. 丹东凤城小陈家 24. 大连尹家村（M12：8）

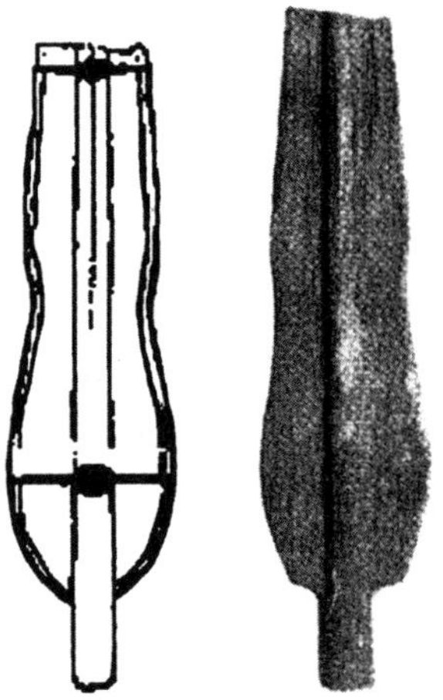
图六　沈阳南塔出土铜剑
（左为线图，右为照片）

（图四，25）就是很好的例证，从报告发表的线图看是圆收，但据同时发表的照片看则明显属于折收（图六），误绘无疑。

另一种可能是Ⅱ～Ⅷ式剑中刃尾圆收者和刃尾折收者数量上虽有多与少的区别（可能与发现的概率有关），但始终并行存在，而沈阳南塔的误绘现象纯属一种特例。如是，刃尾圆收剑和刃尾折收剑当是同时使用的两种不同形态的短剑，应该属“型”的区别。也就是说，双房文化的柱脊短剑从一开始（Ⅰ式阶段）只有刃尾圆收者一型，到Ⅱ式时分化出了刃尾圆收和刃尾折收二亚型，此后二亚型便始终并行存在。当然也可能一开始（Ⅰ式阶段）就同时存在着刃尾圆收和刃尾折收二型，只是到目前为止还没有发现与Ⅰ式刃尾圆收剑同时存在的Ⅰ式刃尾折收剑而已。

以上两种情况究竟哪一种是切合实际的，现在还说不清楚。前文所做的型式分析，只是着眼于“式”而未敢细化到“型”，便是出此缘故。

第二，从形态特征上看，Ⅰ～Ⅵ式剑的演化轨迹十分清楚，彼此间的亲缘递变关系基本可以肯定。但是Ⅵ～Ⅷ三个式别的短剑之间，亲缘关系可能存在着不同的情况。

一种可能是“单线”进化，也就是由Ⅵ式到Ⅶ式再到Ⅷ式，三者一脉相承。

另一种可能是“复线”进化，也就是自Ⅵ式以后，演化出了Ⅶ、Ⅷ两个式别，后两者并非年代前后关系而是同时存在的两种样式。

还有一种可能是Ⅵ式直接发展为Ⅷ式，而Ⅶ式虽与前二者同时存在，但不属同一短剑系统，而是另有来源。

由于笔者认为第一种可能性较大，因此在前文的分析中暂将Ⅶ式剑排在了Ⅵ式剑和Ⅷ式剑之间。理由如下。

① Ⅶ式剑与其他式别的剑一样，都有一个柱状的脊，因此应属于相同的谱系。

② Ⅶ式剑与其他式别的剑一样，都使用相同的丁字形剑柄，而且剑柄之间没有差异。

③ Ⅶ式剑应该是由Ⅵ式剑向Ⅷ式剑过渡的中间环节，即后叶与前叶交接处经历过由弧线变为折线的过程，直至后叶完全消失时，则最终演化成了一段式的长条形直刃剑。

第三，西丰诚信村的青铜短剑出自双房文化的中期单位，新金双房M6：4青铜短剑出自双房文化的晚期单位。从这两把剑的形制特点来看，前者应定为Ⅳ式，但与其他Ⅳ式剑的区别是尖端不仅无锋，而且该部位的脊部十分粗壮，整个前叶显得比较短小（图二，5）。后者应该定为Ⅱ式，但与其他Ⅱ式剑相比，同样表现为前叶短小，尖端无锋且剑脊较粗（图三，21）。由于这两把剑与前面所划分的Ⅳ式剑和Ⅱ式剑相比神似而形非，特别是前叶短小、尖端脊部粗壮，因此很容易使人联想到它们本来就是Ⅳ式剑和Ⅱ式剑，只是在使用或流传的过程中前叶经过人工打磨而变成了这个样子。换言之，这两把剑应该是Ⅳ式剑和Ⅱ式剑的“改制品”。

第四，因残损严重导致无法观察其整体形态属于何种式别的短剑没有纳入分析的范畴。青铜柱脊短剑的剑柄和柄端加重器大致经历了一个由简单粗糙到复杂精致的演化过程，但是由于剑身、剑柄和柄端加重器三者之间的共时关系不好确定，因此暂不做进一步的比较和讨论。

2. 方銎斧（范）的型式学分析

在发表的材料当中，与陶器有着明确共存关系的标本只有4件。这4件典型标本的所属期别和年代关系为以下所做的型式学分析奠定了基础。据斧刃之不同，可将目前能够搜集到的方銎斧（范）划分为两型。A型宽弧刃，刃尖锋利外翘，刃角尖锐。B型窄弧刃，刃尖外翘不显，刃角圆钝。

A型　18件，分三式。

Ⅰ式：11件。代表性标本4件（图七，9～12），分别为辽阳二道河子1号石棺墓正式清理出土的2件标本、和隆阜丰屯石棺墓出土的1件标本[36]和岗上M16：7。另外7件标本为岗上M16：8、卧龙泉M5：3、A：4、集安五道岭沟门出土的4件“钺形铜斧”[37]。

Ⅱ式：4件。代表性标本3件（图七，5～7），分别出自西丰诚信村石棺墓、和隆忠厚屯石棺墓和抚顺大伙房1956年调查的1号墓[38]。另外1件为抚顺祝家沟M1：1。

Ⅲ式：3件（图七，1～3），1件为新金双房M6：5，1件为辽阳二道河子1号石棺墓发掘前征集品，还有1件出自旅顺后牧城驿“3号石棺墓”。

Ⅰ～Ⅲ式的演进趋势为斧身由宽短到窄长，平面形状由近似于方形到近似于长方形。

B型　11件，分三式。

Ⅰ式：2件。代表性标本1件（图七，13），出自长海县大长山四块石镇[39]。另1件出自清原门脸石棺墓。

Ⅱ式：4件。代表性标本1件（图七，8），出自郑家洼子M6512。另外3件标本分别出自郑家洼子第一地点[40]和本溪观音阁石棺墓和新立屯石棺墓[41]。

Ⅲ式：6件。代表性标本1件（图七，4），出自旅顺后牧城驿“3号石棺墓”。其余5件标本有3件出自本溪南芬火车站墓葬，1件出自集安五道岭沟门，1件出自长海大长山徐家沟石棺墓[42]。

Ⅰ～Ⅲ式的演进趋势是斧身由宽短到窄长，平面形状由近似于方形到近似于长方形。

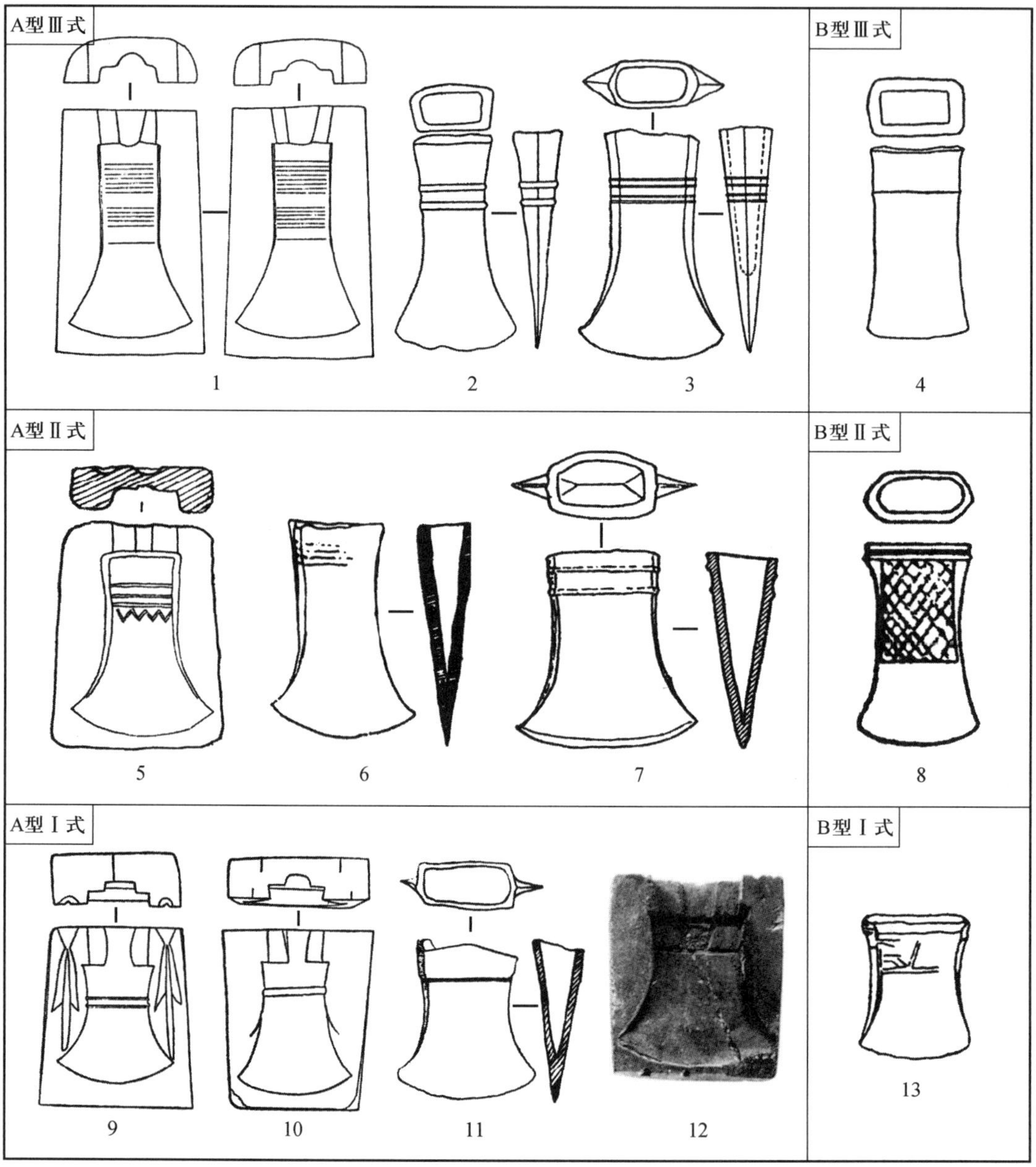

图七　双房文化A型Ⅰ～Ⅲ式、B型Ⅰ～Ⅲ式方銎斧（范）

1. 双房（M6：5）　2、4. 后牧城驿出土　3. 二道河子1号石棺墓发掘前出土　5. 诚信村石棺墓　6. 和隆忠厚屯石棺墓　7. 大伙房石棺墓1956年调查1号墓　8. 郑家洼子M6512出土　9、10. 二道河子1号石棺墓正式清理出土　11. 和隆阜丰屯石棺墓　12. 岗上（M16：7）　13. 长海大长山四块石镇出土

3. 曲刃矛的型式学分析

发表材料3件。其中有2件与陶器共出。分二式。

Ⅰ式：1件，方銎，柱脊，曲刃，无锋。标本出自西丰诚信村石棺墓（图二，6）。

Ⅱ式：2件。圆銎，空心脊，无锋。代表性标本为抚顺祝家沟M4：1（图三，8）。另1件标本出自清原县李家卜石棺墓。

三、柱脊短剑、方銎斧和曲刃矛的年代判定与分期

1. 关于青铜器定年问题的理论思考

遗存的年代分制造年代、使用年代和废弃年代三个层次，但在实际考古工作中往往因遗存材质的不同，而不得不视具体情况而定。有时能够将这三个年代区分得比较清楚，有时则比较困难，甚至是很难做到。比如陶器质地松脆，容易破碎，从制造到废弃，相隔时间较短，变化速率较快。因此人们一般不太注意细分其更小的时间层次（事实上是很难区分），而是粗略地将其制造年代、使用年代和废弃年代视同为一个时间概念。

与陶器相比，青铜器的质地比较坚硬，不宜破损，因此使用和延续的时间就会很长。这样，在判定青铜器的年代时，就不能不考虑其制造年代、使用年代和废弃年代之间所存在的时间间隔。例如，一件西周时期铸造的青铜器是完全可以流布到春秋时期或者是更晚时期才废弃的，即同春秋或更晚时期的遗物一同埋入同一个单位当中。所以，我们不能因为一个单位中出土了一件西周时期的青铜器而简单地将这个单位的年代判定为西周，而是应该依据与其共出的陶器的年代来定其所在单位的年代。例如，一个单位出土的陶器是战国的，共见的青铜器是春秋或者更早时期的，那么这个单位的形成年代应该确定为战国时期，而共存的青铜器则应该理解为是早期遗物一直使用或保存到战国时期才被废弃的结果。

当然，并不是所有出青铜器的单位内一定会共出有陶器的，实际工作中所遇到的情况往往可能就是如此，故而在这种情况下判定青铜器的年代就必须要做到格外的慎重，甚至是必须要找到足够的其他方面的证据才行，否则就可能会造成很大的偏差。例如，在没有陶器共出的情况下，把一件或几件与中原西周晚期青铜器共出的东北系青铜器也断定为西周晚期的遗物，就是一种很危险的做法。因为这只是一种可能，而另外两种可能是这件或这组东北系青铜器的制造年代晚于西周晚期或早于西周晚期。其实，对于用“已知”的青铜器为未知的青铜器、陶器及其所在单位进行定年的做法，早就有人提出过疑义，只是没有引起相关学者的足够重视而已[43]。

基于以上认识，笔者在下文讨论双房文化青铜器的年代问题时，将一律不采用铜器本身或者与铜器共存的其他青铜器作为断代的依据，而是使用与青铜器共出的陶器的年代作为判定青铜器年代的标尺，并以此为基础进一步推定它们的制造年代和可能延续的时间范畴。

双房文化的青铜器，按上文所做的型式分析，柱脊短剑可分为八式，方銎斧（范）可分为二型六式，曲刃矛可分为二式。现依据它们与陶器的共存情况，分别讨论其各自的铸造年代和延续时间。

2. 柱脊短剑的年代判定

Ⅰ、Ⅱ式青铜柱脊短剑分别在双砣子石墓M1、岗上墓地M19、岗上墓地M13、楼上墓地M6和大甲邦石棺墓内与双房文化的早期陶器共出。根据双房文化陶器的分期研究和定年结果[44]，双房文化的早期陶器应该是西周时期的遗物，因此Ⅰ、Ⅱ式青铜柱脊短剑的铸造年代当不会晚于西周，或者说最晚也应该是西周时期铸造的遗物。据形态观察，Ⅰ、Ⅱ两式略有区别，从短剑发展的逻辑顺序上说，前者可能早于后者。而支持这一看法的直接证据是，与Ⅰ式剑共出的双砣子石墓M1：4侈口圆腹罐和大甲邦石棺墓出土的Ab型Ⅰ式横耳壶，造型与双砣子三期文化（商代晚期）晚期的同类陶器之间存在着极其密切的亲缘联系，而且彼此间看不出有太大的时间间隔[45]。由此可定Ⅰ式剑的铸造年代有可能早到西周的早期，而Ⅱ式剑的年代或许稍晚一点，很可能是在西周的中晚期。

按前文分析，新金双房M6：4青铜短剑应该是Ⅱ式剑的“改制品”（图三，21）。由于这把剑与双房文化的晚期陶器共出，因此断定其废弃年代应该是在战国。有了这一材料作为证据，便基本上可以肯定双房先民使用Ⅱ式剑的年代至少可以延续到战国时期。至于Ⅰ式剑的延续时间，限于目前没有发现可供说明这一问题的共存材料，因此难以定论（正像断定青铜器的制造年代需要有陶器共出为证一样，判定青铜器的废弃年代和延续时间也应该有这方面的证据才行。如果找不到与晚期陶器共出的材料，那么青铜器的使用年代和废弃年代就无法确定。以下凡涉及这样的情况，均不再有意识地提及和讨论）。

Ⅲ～Ⅴ式青铜柱脊短剑的形态有所区别，铸造年代也可能略有先后，但是从现有的共存关系来看，只能将它们的铸造年代一并断定在不晚于春秋时期。因为Ⅳ式剑在长海县上马石遗址的M3内与双房文化中期（春秋时期）陶器共出（图二，中），沈阳郑家洼子M6512内又同时共见Ⅲ～Ⅴ式剑和双房文化中期的典型陶壶（图二，右）。如果考虑到Ⅳ式剑有单独与双房文化中期陶器共出的现象（上马石M3），而将沈阳郑家洼子M6512内出土的Ⅲ、Ⅳ式剑看作是早期遗物延续到较晚时期而与晚期遗物（Ⅴ式剑）同时废弃的话，那么Ⅲ、Ⅳ式剑的铸造年代也许是在春秋早、中期，而Ⅴ式剑的出现时间可能是春秋晚期。

Ⅵ～Ⅷ式剑的内在关系前文已做过说明，从制造年代上看，因均有与双房文化晚期典型陶器包括“燕式陶器”共出于同一个单位的例证（图三），故可以比较有把握地断定它们的铸造年代都不会晚于战国时期。如果进一步考虑到这三式剑的逻辑演化关系以及Ⅵ、Ⅶ式剑同出（上堡M1）而Ⅷ式剑单出（尹家村M12）等两方面情况，则Ⅵ式剑的铸造年代也可能早于Ⅷ式剑。前者有可能是战国早期的遗物，后者有可能是战国晚期的遗物。而Ⅶ式剑的铸造年代则有可能处于两者之间，可能与Ⅵ式剑同时，还可能与Ⅷ式剑同时。

3. 方銎斧（范）的年代判定

方銎斧（范）分A、B二型，每型又分为Ⅰ～Ⅲ三式。

由于A型Ⅰ～Ⅲ式分别在二道河子1号石棺墓、西丰诚信村石棺墓、新金双房M6内与双房文化的早、中、晚期陶器共出，因此它们的铸造年代应该依次断定为不晚于西周、不晚于春秋和不晚于战国。当然，前一个式别的器型延续到后一个式别所处的时期还继续使用的情况，也是完全有可能存在的。

B型方銎斧的三个式别当中，与陶器有直接共存关系的只有B型Ⅱ式一种，即在出有双房文化中期陶器和Ⅲ～Ⅴ式剑的郑家洼子M6512内，同时见有B型Ⅱ式方銎斧（图二，11）。由此看来，B型Ⅱ式的制造年代应该不晚于郑家洼子M6512所处的春秋时期或春秋晚期。B型Ⅰ式和B型Ⅲ式虽未见与陶器共出的例证，但是如果从它们与B型Ⅱ式之间的逻辑演化顺序和A、B二型方銎斧（范）的式别特征完全相同等方面考虑，则可以初步将B型Ⅰ式视为与A型Ⅰ式同时（西周制造），将B型Ⅲ式视为与A型Ⅲ式同时（战国制造）。

4. 曲刃矛的年代判定

曲刃矛只有二式。Ⅰ式与双房文化中期陶器共出（诚信村石棺墓），Ⅱ式与双房文化晚期陶器共出（祝家沟M4），因此前者的铸造年代不晚于春秋，后者的铸造年代不晚于战国。

5. 双房文化青铜器的分期

依据上述分析和讨论，最后可按铸造年代的先后将Ⅰ、Ⅱ式柱脊短剑，A型Ⅰ式、B型Ⅰ式方銎斧（范）定为双房文化早期。Ⅲ～Ⅴ式柱脊短剑，A型Ⅱ式、B型Ⅱ式方銎斧（范），Ⅰ式曲刃矛定为双房文化中期。Ⅵ～Ⅷ式柱脊短剑，A型Ⅲ式、B型Ⅲ式方銎斧（范），Ⅱ式曲刃矛定为双房文化晚期。

双房文化早中晚三期青铜柱脊短剑、方銎斧（范）、曲刃矛的分期、年代和形制演化关系可参见图八。

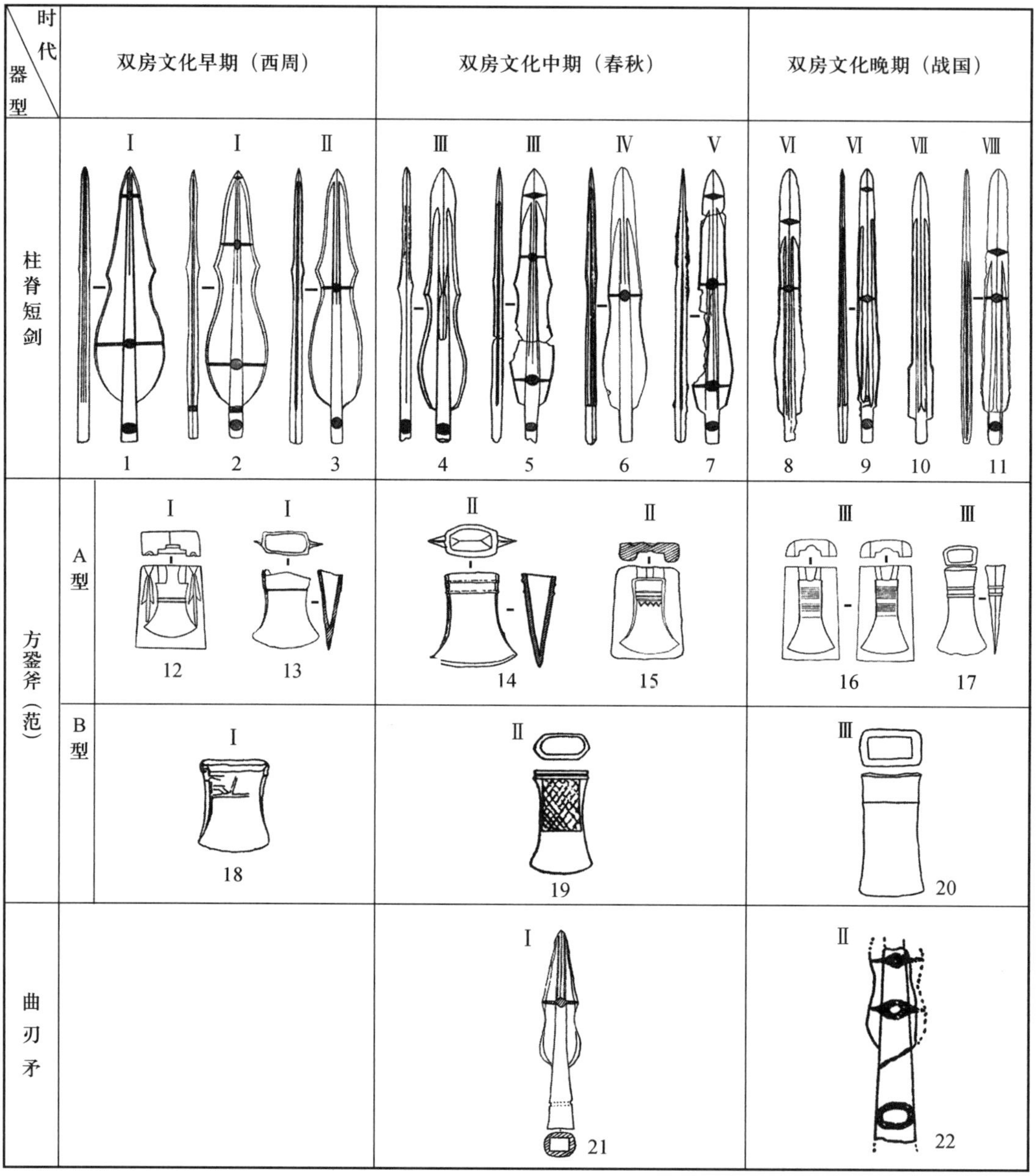

图八　双房文化青铜柱脊短剑、方銎斧（范）、曲刃矛的形制与年代对应

1. 清原李家卜　2. 辽阳二道河子　3. 旅大岗上（M6：7）　4. 东辽腰岭子　5、7. 沈阳郑家洼子（M6512：1、M6512：2）　6. 旅大卧龙泉　8. 本溪沙窝　9. 本溪上堡（M1：3）　10. 昌图翟家村　11. 旅大尹家村（M12：8）　12. 辽阳二道河子1号石棺墓　13. 西丰阜丰屯　14. 抚顺大伙房1号墓（1956年）　15、21. 西丰诚信村　16. 旅大双房（M6：5）　17、20. 旅大后牧城驿　18. 长海大长山四块石镇　19. 沈阳郑家洼子M6512　22. 祝家沟（M4：1）

注　释

［1］林沄：《中国东北系铜剑初论》，《考古学报》1980年2期。

［2］赵宾福：《以陶器为视角的双房文化分期研究》，《考古与文物》2008年1期。

［3］清原县文化局：《辽宁清原县近年发现一批石棺墓》，《考古》1982年2期。

［4］清原县文化局：《辽宁清原县门脸石棺墓》，《考古》1981年2期。

［5］许明纲：《大连市近年来发现青铜短剑及相关的新资料》，《辽海文物学刊》1993年1期。

［6］辽阳市文物管理所：《辽阳二道河子石棺墓》，《考古》1977年5期。

［7］旅顺博物馆：《旅顺口区后牧城驿战国墓清理》，《考古》1960年8期。

［8］许明纲：《大连市近年来发现青铜短剑及相关的新资料》，《辽海文物学刊》1993年1期。

［9］徐家国：《辽宁抚顺市甲邦发现石棺墓》，《文物》1983年5期；抚顺市博物馆考古队：《抚顺地区早晚两类青铜文化遗存》，《文物》1983年9期。

［10］原田淑人、驹井和爱：《牧羊城》，《东方考古学丛刊》（第二册），1931年。

［11］魏海波：《辽宁本溪发现青铜短剑墓》，《考古》1987年2期。

［12］许明纲：《大连市近年来发现青铜短剑及相关的新资料》，《辽海文物学刊》1993年1期；旅顺博物馆：《旅顺口区后牧城驿战国墓清理》，《考古》1960年8期。

［13］许明纲：《大连市近年来发现青铜短剑及相关的新资料》，《辽海文物学刊》1993年1期。

［14］沈阳故宫博物院等：《沈阳郑家洼子的两座青铜时代墓葬》，《考古学报》1975年1期。

［15］金旭东：《东辽河流域的若干种古文化遗存》，《考古》1992年4期。

［16］旅顺博物馆、辽宁省博物馆：《辽宁长海县上马石青铜时代墓葬》，《考古》1982年6期。

［17］抚顺市博物馆：《辽宁抚顺市发现青铜短剑》，《考古》1981年5期。

［18］沈阳市文物工作组：《沈阳地区出土的青铜短剑资料》，《考古》1964年1期。

［19］中国社会科学院考古研究所编著：《双砣子与岗上——辽东史前文化的发现和研究》，科学出版社，1996年。

［20］魏海波、梁志龙：《辽宁本溪县上堡青铜短剑墓》，《文物》1998年6期。

［21］梁志龙：《辽宁本溪多年发现的石棺墓及其遗物》，《北方文物》2003年1期。

［22］梁志龙：《辽宁本溪刘家哨发现青铜短剑墓》，《考古》1992年4期。

［23］金旭东：《东辽河流域的若干种古文化遗存》，《考古》1992年4期。

［24］孙守道、徐秉琨：《辽宁寺儿堡等地青铜短剑与大伙房石棺墓》，《考古》1964年6期。

［25］许玉林、赵连春：《丹东地区出土的青铜短剑》，《考古》1984年8期。

［26］许明纲：《大连市近年来发现青铜短剑及相关的新资料》，《辽海文物学刊》1993年1期。

［27］旅顺博物馆：《旅顺口区后牧城驿战国墓清理》，《考古》1960年8期。

［28］集安县文物管理所：《集安发现青铜短剑墓》，《考古》1981年5期。

［29］ 裴跃军：《辽宁昌图县发现战国、汉代青铜器及铁器》，《考古》1989年4期。
［30］ 许玉林、赵连春：《丹东地区出土的青铜短剑》，《考古》1984年8期。
［31］ 抚顺市博物馆考古队：《抚顺地区早晚两类青铜文化遗存》，《文物》1983年9期。
［32］ 许明纲：《大连市近年来发现青铜短剑及相关的新资料》，《辽海文物学刊》1993年1期。
［33］ 中国社会科学院考古研究所东北工作队：《沈阳肇工街和郑家洼子遗址的发掘》，《考古》1989年10期。
［34］ 许玉林、赵连春：《丹东地区出土的青铜短剑》，《考古》1984年8期。
［35］ 魏海波：《辽宁本溪发现青铜短剑墓》，《考古》1987年2期。
［36］ 裴跃军：《西丰和隆的两座石棺墓》，《辽海文物学刊》1986年创刊号。
［37］ 集安县文物管理所：《集安发现青铜短剑墓》，《考古》1981年5期。
［38］ 孙守道、徐秉琨：《辽宁寺儿堡等地青铜短剑与大伙房石棺墓》，《考古》1964年6期。
［39］ 许明纲：《大连市近年来发现青铜短剑及相关的新资料》，《辽海文物学刊》1993年1期。
［40］ 沈阳市文物工作站：《沈阳地区出土的青铜短剑资料》，《考古》1964年1期。
［41］ 梁志龙：《辽宁本溪多年发现的石棺墓及其遗物》，《北方文物》2003年1期。
［42］ 许明纲：《大连市近年来发现青铜短剑及相关的新资料》，《辽海文物学刊》1993年1期。
［43］ 陈雍：《西团山文化陶器的类型学与年代学研究》，《青果集——吉林大学考古专业成立二十周年考古论文集》，知识出版社，1993年；王巍：《双房遗存研究》，《庆祝张忠培先生七十岁论文集》，科学出版社，2004年。
［44］ 赵宾福：《以陶器为视角的双房文化分期研究》，《考古与文物》2008年1期。
［45］ 赵宾福：《以陶器为视角的双房文化分期研究》，《考古与文物》2008年1期，图八，1、4。

（原载《考古与文物》2010年1期）

鸭绿江、图们江流域

中朝邻境地区的新石器文化比较研究

一、中国与朝鲜半岛相邻地区的新石器时代文化

中国与朝鲜半岛相邻的地区主要包括鸭绿江、图们江流域和辽东半岛的黄海沿岸地区，从目前的考古发现来看，该区尚未发现可以早到公元前5500年以前的新石器时代文化遗存。已识别出来的考古学文化，年代均处在公元前5500～前2000年。其中鸭绿江中下游和千山东麓地区依次为后洼下层文化、后洼上层文化和北沟文化，图们江流域依次为兴城一期文化和金谷文化，辽东半岛南端依次为小珠山下层文化、小珠山中层文化和小珠山上层文化。

1．后洼下层文化

后洼下层文化得名于20世纪80年代发现的辽宁丹东后洼遗址的下层遗存，是鸭绿江中下游和千山东麓地区目前发现的年代最早的一种新石器文化。该文化的房址均为半地穴式。形状有圆有方，有大有小，大部分房址没有发现门道的痕迹。陶器以夹砂红褐陶和红陶为主，其次是黑褐陶。均含滑石粉，火候较高，手制。纹饰分压印纹和刻划纹两种，其中以前者最多。压印纹又分之字纹、网格纹、人字纹、横弦纹和席纹等不同的形式。其中席纹多由数根平行斜线为一组，交互排列组成，每条斜线均一端按压平齐，另一端有三角形和圆形凹窝，形如火柴棍状。同一件器物表面往往以之字纹和其他压印纹构成复合纹饰；刻划纹的数量不是很多，主要可分为席纹、网纹、人字纹、竖条纹或横条纹等。器型主要有罐、壶、碗、杯、勺和舟形器，其中罐和壶的腹部上侧往往有对称的小瘤状耳（图一）。

能够反映后洼下层文化年代的^{14}C测定数据共有5个，均出自后洼遗址。具体情况是：ⅡT17④下木炭为距今5410±150年（公元前3460年），树轮校正值为公元前4331～前3828年；ⅡT9④下木炭为距今5600±110年（公元前3650年），树轮校正值为公元前4370～前4159年；ⅡT18④下木炭为距今5525±120年（公元前3575年），树轮校正值为公元前4350～前4040年；ⅣT1④下木炭为距今5560±180年（公元前3610年），树轮校正值为公元前4457～前4003年；ⅢT4④下木炭为距今5515±90年（公元前3565年），树轮校正值为公元前4341～前4042年。这些数据所反映的年代相差不

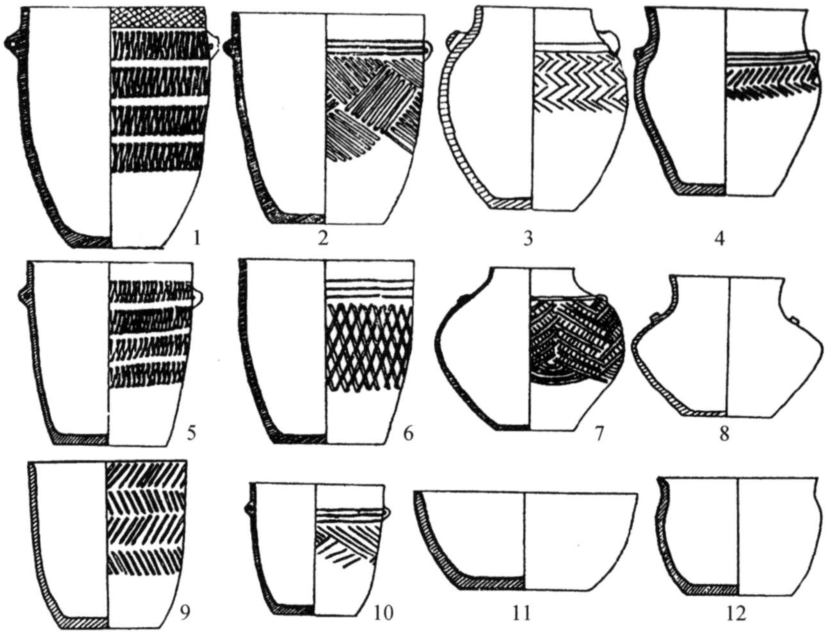

图一　后洼下层文化陶器

1、2、5、6、9、10. 筒形罐　3、4. 鼓腹罐　7、8. 壶　11、12. 碗（均为后洼遗址出土）

大，基本上可以代表后洼下层文化的时代跨度，即公元前4500～前4000年。

2. 后洼上层文化

后洼上层文化是指以后洼遗址上层为代表的遗存。该文化的房址布局较为分散，均为圆角方形半地穴式，有的房址室内设有二层台。陶器多夹粗砂，含少量滑石粉，火候较低，器壁较薄。全部为手制。主要是夹砂红陶和夹砂黑褐陶，其次是夹砂红褐陶，夹砂黑陶占一定比例。纹饰多通体分布，主要是刻划纹，不见压印纹饰。刻划纹中以横线纹最多，其次还有网格纹、人字纹、叶脉纹、席纹、竖条纹、点纹等，有的横线纹与锥刺点纹构成组合纹饰。器物造型多大口小底，口沿微侈，腹部较深，下腹近底处内收并形成台状底。主要器类有筒形罐、壶、碗、杯等（图二）。

后洼上层文化在后洼遗址中直接叠压在后洼下层文化之上，因此其相对年代应该晚于后洼下层文化。从后洼遗址本身提供的ⅢT9②木炭测定结果来看，年代为距今4465±90年（公元前2515年），树轮校正值为公元前3091～前2897年。考虑到后洼遗址上层遗存包括第2、3层，而这个数据是通过遗址上层中第2层出土的木炭所测得的，所以我们有理由认为它所代表的应该是后洼上层文化较晚阶段的一个数值。从这种认识出发，同时结合后洼上层陶器的自身特点以及该文化与小珠山中层文化存在着十分密切的联系这一事实，我们推测后洼上层文化的年代很可能处在公元前3500年左右。

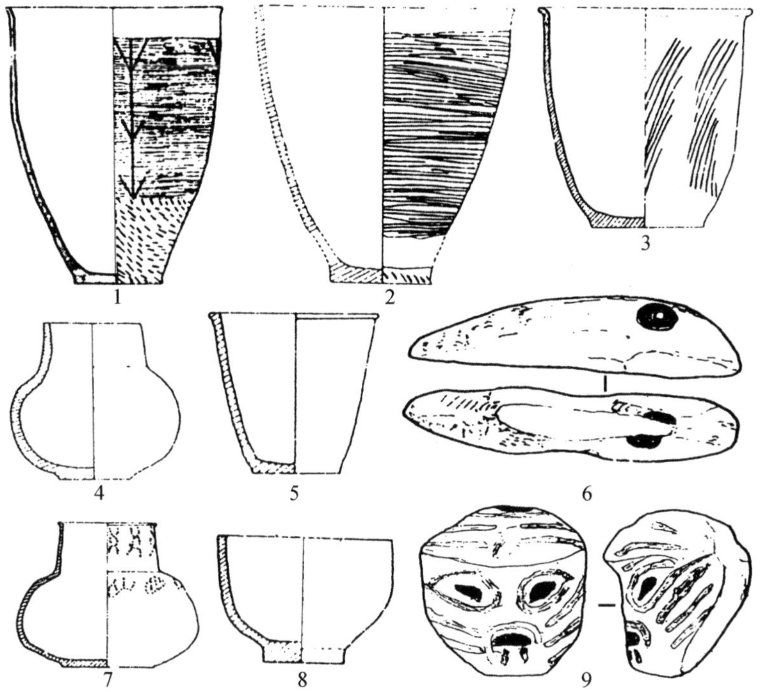

图二　后洼上层文化遗物

1～3、5. 陶筒形罐　4、7. 陶壶　6. 石鱼形坠饰　8. 陶碗　9. 陶猴头雕塑（均为后洼遗址出土）

3. 北沟文化

北沟文化得名于辽宁岫岩北沟遗址。该文化的房址均为圆形和椭圆形半地穴式，室内有烧灰层和垫土层，居住面周边高、中间低，呈锅底状；陶器胎壁较厚，多含滑石粉。以黑褐陶和红褐陶居多，磨光黑陶和红衣陶较少。陶器均为手制，烧制火候较高。纹饰多饰于器身上部，主要为刻划纹，其次是条形堆纹。刻划纹中数量较多的是席纹、人字纹、梳齿纹和几何纹。条形堆纹多饰于器物的上腹部，其上有凹窝或切割成的缺口。器物种类有罐、壶、碗、圈足盘、三环足盘和镂孔豆等（图三）。

北沟文化的三环足陶器具有山东龙山文化的特点，镂孔豆与大汶口文化末期的同类器相近。从^{14}C测定结果来看，北沟文化西山遗址的三个年代测定数据分别为距今4210±110年、4390±150年和4650±100年（未经树轮校正）[1]，表明北沟文化的年代基本上处在公元前2500～前2000年。年代约相当于大汶口文化末期至山东龙山文化阶段。

4. 兴城一期文化

兴城一期文化分布于图们江流域，以吉林省和龙县兴城遗址出土的“兴城一期遗存”为代表。兴城遗址共发现该文化房址4座，均为有外伸门道的半地穴式房址。

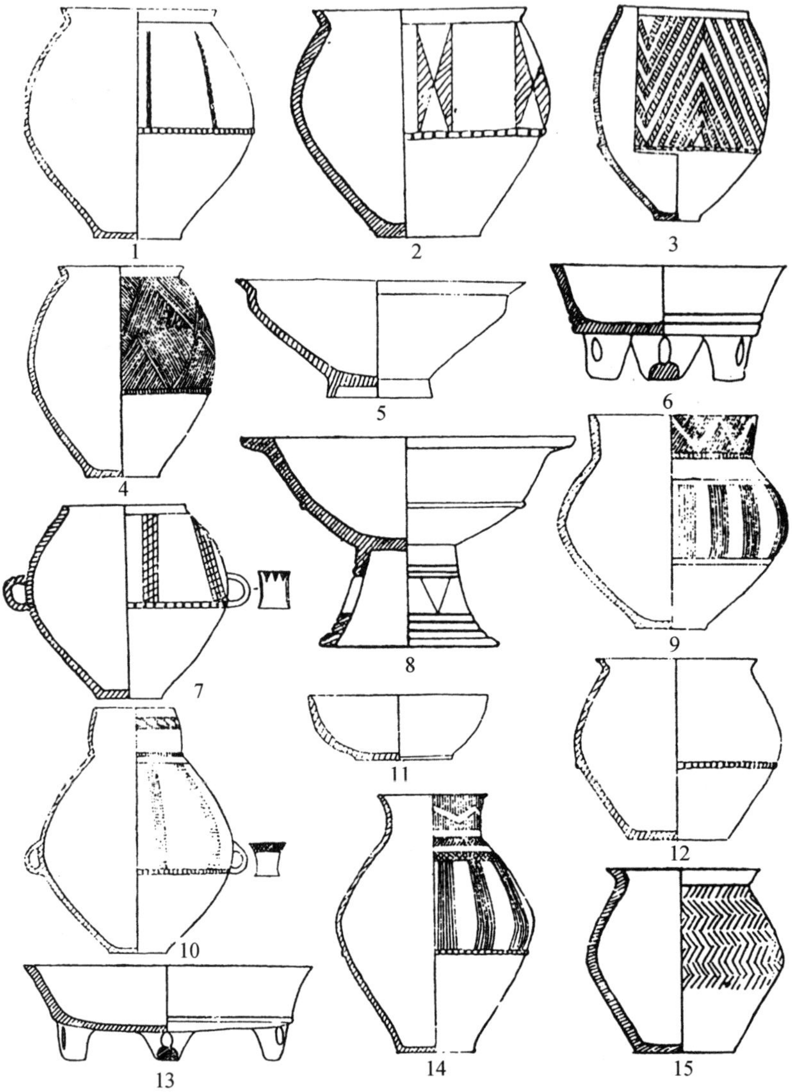

图三　北沟文化陶器

1～4、7、12、15. 罐　5. 圈足盘　6、13. 三环足盘　8. 镂孔豆　9、10、14. 壶

11. 碗（均为北沟遗址出土）

该文化的陶器分夹粗砂和夹细砂两种，多呈黄褐和红褐色，黑褐和灰褐陶较少。陶器均为手制。多为器物碎片，完整器很少。器表普遍有纹饰，纹饰布局自口沿以下一厘米左右开始，主要饰于上腹部，下腹为素面。夹粗砂的陶器均饰戳点纹，纹饰密集且排列整齐。戳点纹的形状有的呈长方形，多为垂直戳成，构图以整齐的横向条带多见。有的呈小枣核形，多为斜向戳点，戳点之间稍有间隔，图案亦为横向的条带，排列整齐规则，行距匀称。还有的戳点呈马蹄形或长枣核形（有些甚至加长似短划线），排列稀疏，构图除同向的横条带外，还见有长方形和枣核形戳点纹共饰一器的

复合图案。细砂陶数量较少，表面多打磨光滑，纹饰多以复线刻划线的形式出现，复线内填满细密的篦点。以直线或曲线几何形图案为主，种类分雷形、勾连三角形、菱格形等。通常的做法是在口沿下饰一条横向条纹带，其下加饰多单元的菱格、三角等简单图案。据出土碎片观察，陶器口部多圆唇直口或微侈口，少数为尖唇，敛口器很少。器类以平底或台底（假圈足）的深腹筒形罐最多，其次为鼓腹罐和少量的敛口盆（图四）。

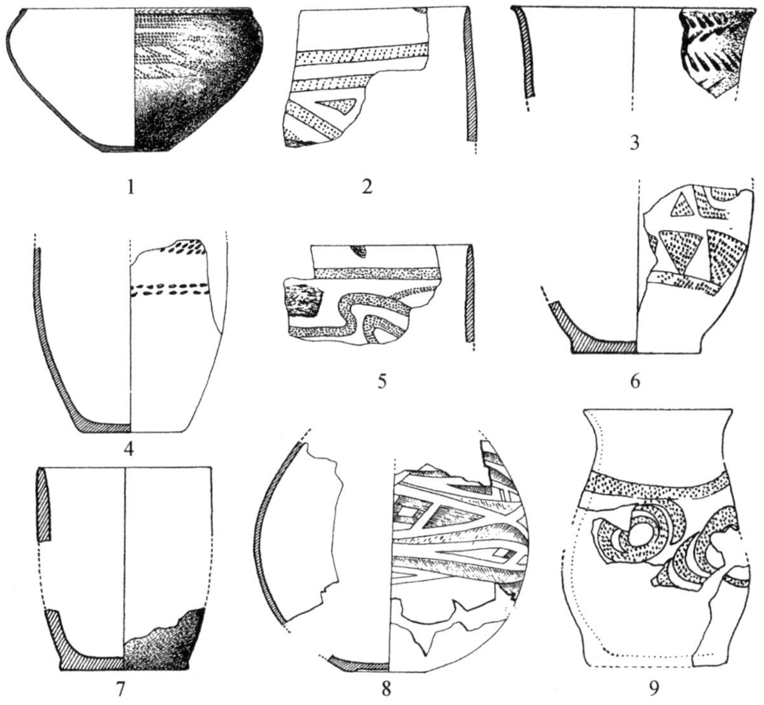

图四　兴城一期文化陶器

1、3. 盆（87AF11：9、87AF1堆标：1）　2、4～7. 筒形罐（87AF3标：2、87AF11：3、87AF11堆标：3、87BF7：6、87AF11：11）　8、9. 鼓腹罐（87AF11：5、87AF11：10）（均为兴城遗址出土）

兴城遗址87AF1木炭测定结果为距今4320±90年（公元前2370年），树轮校正值为公元前2914～前2622年。兴城遗址87AF3木炭经测定为距今4170±95年（公元前2220年），树轮校正值为公元前2866～前2469年。参考这两个数值，同时结合该文化陶器所反映出的特征，推测兴城一期文化可能处在公元前3000～前2500年。

5. 金谷文化

金谷文化得名于1979～1980年延边博物馆发掘的吉林省龙井县金谷遗址[2]。另包括1986和1987年兴城遗址发掘出土的属于新石器时代的“兴城二期遗存”。

该文化的房址排列比较密集，均为半地穴式，平面为圆角长方形或圆角方形；陶器以夹砂较粗的黄褐、灰褐陶为主，细砂陶数量较少。除小型器物手捏成型外，多用泥圈叠筑法制成。陶胎比较坚硬，烧造火候较高。陶器造型以直口器为主，敛口和侈口者较少。口沿唇部有圆有方，器底除多数为平底或小平底外，还见有少数的矮圈足底。大多数器物表面都有纹饰，主要是刻划或压印的人字纹、斜线纹、点线纹、回形纹等，其中人字形纹最多。素面陶器很少。纹饰普遍饰于器腹的中部或上部，下腹部无纹饰。器类以筒形罐为主，另见有少量的鼓腹罐和陶碗（图五）。

金谷遗址共有3个^{14}C测定数据，F4①木炭标本为距今4000±85年（公元前2050年），树轮校正值为公元前2551～前2280年。F4②木炭标本为距今4020±105年（公元

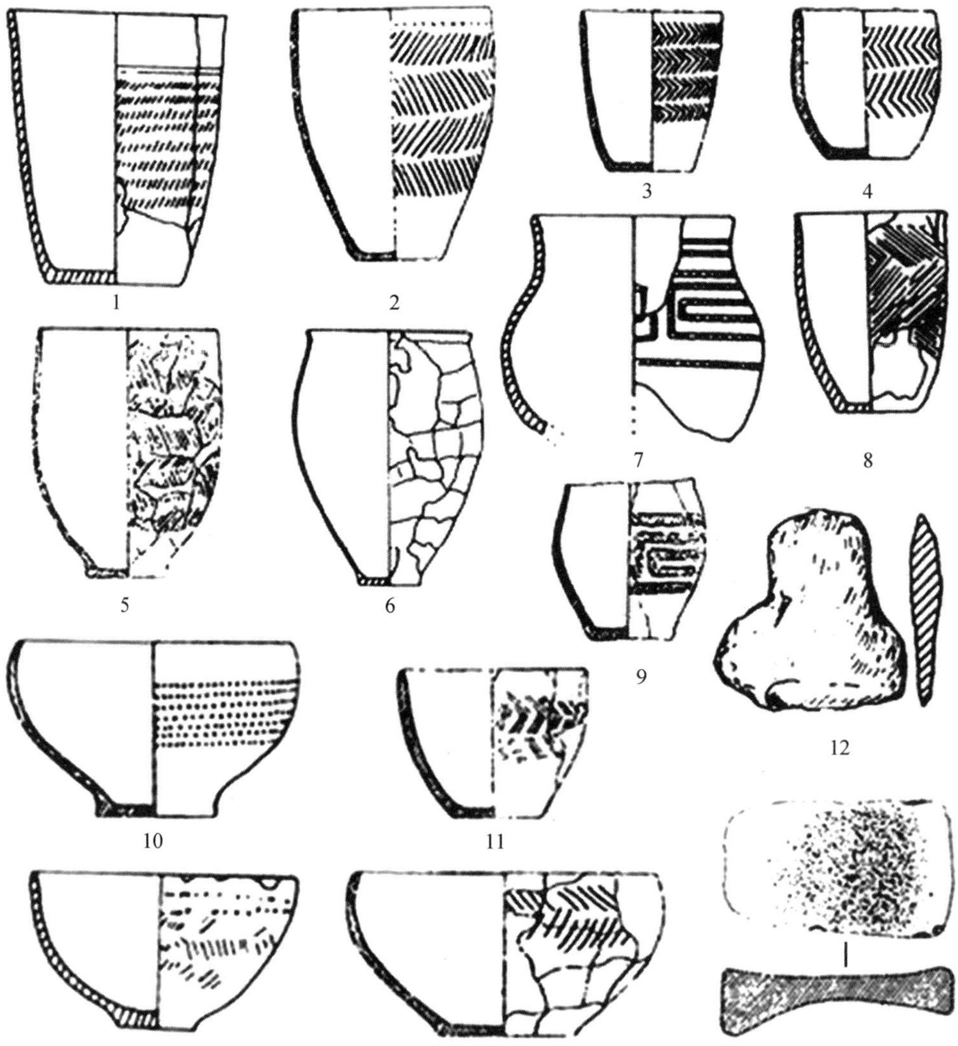

图五　金谷文化遗物

1～5、8. 筒形罐　6、7、9. 鼓腹罐　10、11、13、14. 碗　12. 石锄　15. 石磨盘（均为金谷遗址出土）

前2070年），树轮校正值为公元前2571～前2280年。F3①木炭标本为距今4110±85年（公元前2160年），树轮校正值为公元前2651～前2458年。由此看来，金谷文化的年代应该晚于兴城一期文化，大致在公元前2500～前2000年。

6. 小珠山下层文化

小珠山下层文化分布于辽东半岛的南端，目前发现的遗址主要有长海县广鹿岛小珠山下层，柳条沟东山，大长山岛清化宫，獐子岛李墙屯、沙泡子，海洋岛南玉屯、亮子沟，新金县塔寺屯，庄河吴村北岭、旋城山西沟。

该文化的陶器以夹砂黑褐陶为主，其次为夹砂红褐陶，均含滑石粉。胎壁较厚，火候较高，手制。纹饰主要是压印席纹和之字纹以及由二者组成的复合纹饰。除个别陶器通体饰纹以外，绝大多数器物的口部和底部无纹饰。陶器造型比较简单，主要就是直口筒腹平底罐一种（图六）。

过去人们一直把上马石遗址下层出土的侈口筒腹罐和小口鼓腹罐划入小珠山下层文化的范畴，现在看来有重新修正的必要。从丹东后洼遗址提供的层位关系来看，这类遗存年代偏晚。关于这个问题，过去已有学者进行了讨论[3]。这里我们暂把原来的所谓小珠山下层文化陶器中那种饰刻划纹的侈口筒形罐分离出来，并入小珠山中层文化当中。这样一来，便更加明确了小珠山下层文化陶器的基本特征，也有助于我们正确认识该文化与后来的小珠山中层文化及邻近地区后洼上层文化之间的区别。

小珠山下层文化的年代，本身没有^{14}C测定数据可供参考。但从现有的考古材料来看，这种文化是目前辽东半岛南端所发现的新石器时代遗存中年代最早的一种文化恐怕不成问题。如果将其出土的陶器与燕山南北地区进行比较，可以进一步认为，该文化的年代应该与赵宝沟文化相当，整体上应处在公元前5000～前4000年，个别陶器如小珠山T3⑤：23等表面通体饰多种复合纹饰的陶器所代表的年代可能还会更早一些。

7. 小珠山中层文化

小珠山中层文化遗存，以郭家村遗址下层[4]和吴家村遗址[5]出土的材料最多，小珠山遗址本身的材料实际很少。同类遗存还包括大长山岛上马石遗址下层、小长山岛英杰村下层，大连市文家村，旅顺柏岚子和大潘家、北海乡王家村东岗下层、庄河北吴屯上层[6]等。

该文化的陶器以夹砂红褐陶和红陶为主，泥质红陶和红褐陶次之，还有少量黑褐陶，含细砂和云母片。胎较薄，手制，压印之字纹消失。纹饰以刻划为主，主要有平行斜线纹、人字纹、网格纹、斜线三角纹。有的刻划纹上还附有乳钉。彩陶在小珠山遗址中层、郭家村遗址下层及英杰村遗址下层都有发现。均为泥质红陶，一般为红地黑彩，花纹为斜线三角纹、双勾涡纹。或为红地红彩，上绘由直线、斜线构成的三角纹、网格纹、平行斜线纹等各种几何图案花纹。彩陶花纹大部分饰在壶、罐、盂的腹

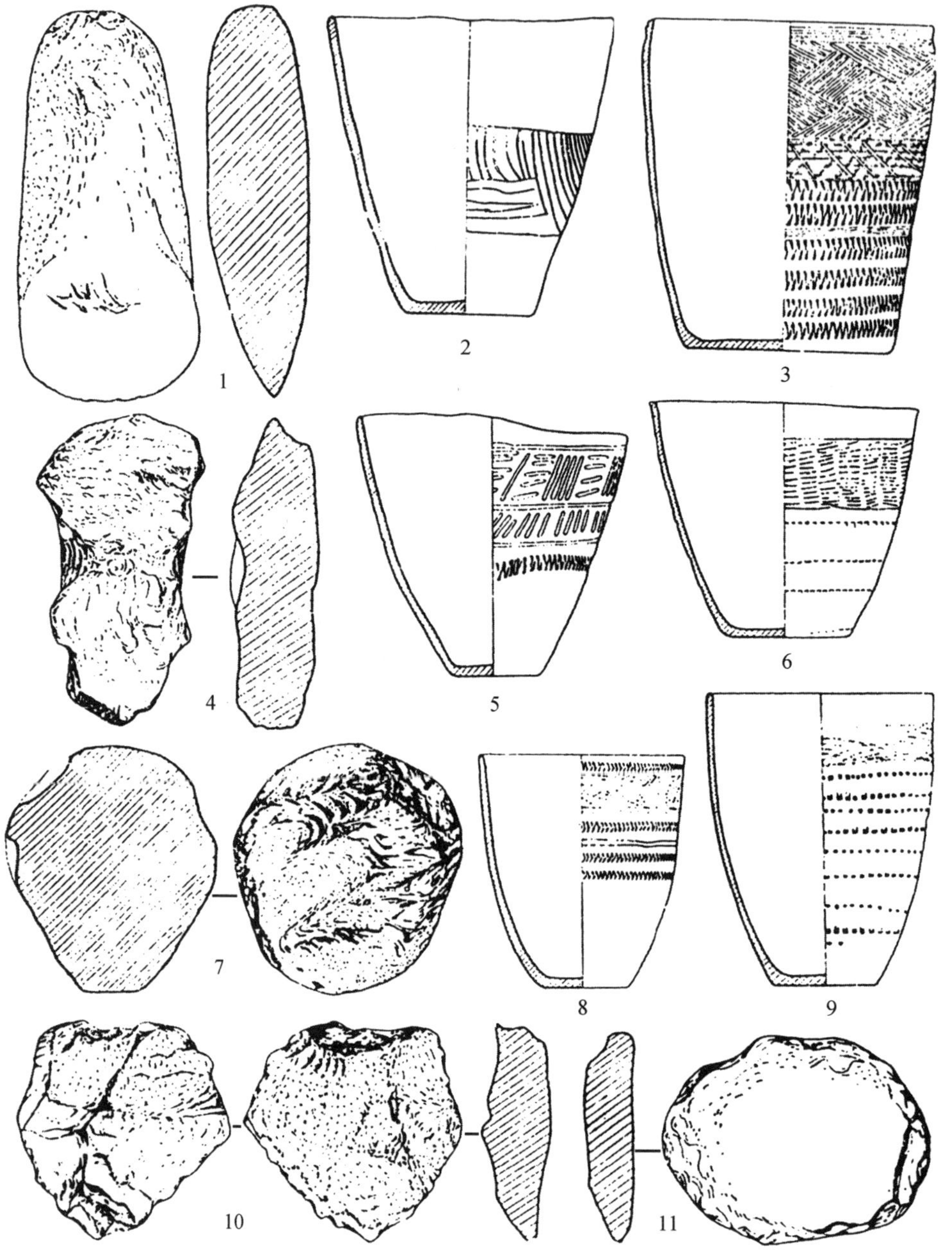

图六　小珠山下层文化遗物

1. 石斧　2、3、5、6、8、9. 陶筒形罐　4. 网坠　7. 石球　10. 石刮削器　11. 盘状器（均出自小珠山遗址）

部。陶器器型以直口筒形平底罐最多，其次有钵、碗、盂、盉、矮圈足豆、盆形鼎、罐形鼎、实足鬶、圆纽器盖及三足觚形器等（图七）。

属于小珠山中层文化的^{14}C测定数据，目前共发表了10个。其中小珠山五个，吴家村1个，郭家村4个。具体结果是：小珠山遗T4④房址下，测定结果为距今

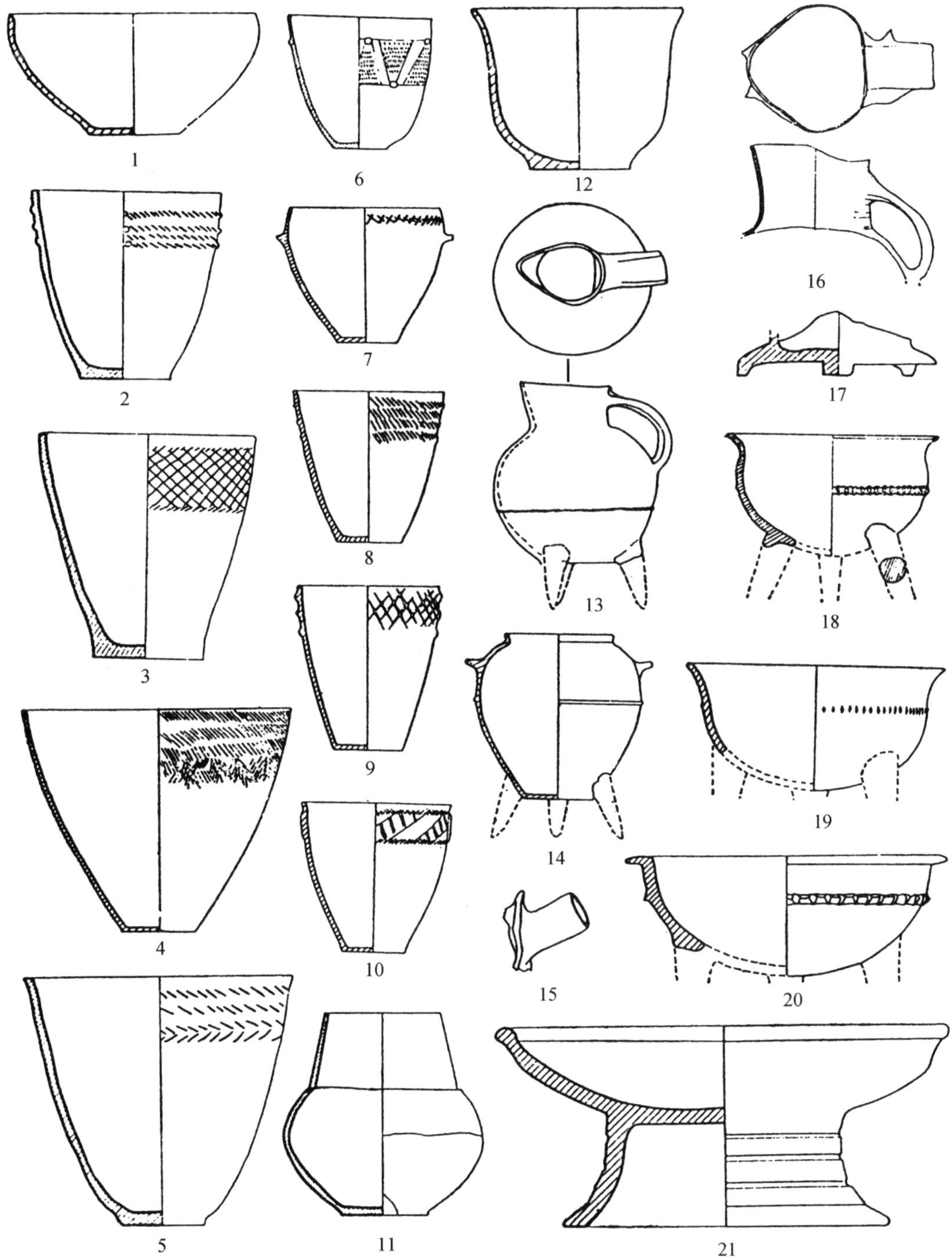

图七　小珠山中层文化陶器

A组：1. 钵　2～10. 筒形罐　11. 壶

B组：12. 碗　13、16. 鬶　14、18～20. 鼎　15. 盉　17. 觚　21. 豆

（2、3、5、6、11、16、18. 吴家村，17. 小珠山出土，余为郭家村）

5890±150年（公元前3940年），树轮校正值为公元前4780~前4370年；小珠山遗T2④木炭，测定结果为距今5810±100年（公元前3860年），树轮校正值为公元前4665~前4360年；小珠山遗T2④木炭，测定结果为距今5620±110年（公元前3670年），树轮校正值为公元前4454~前4167年；小珠山遗T1西南F内木炭，测定结果为距今5410±300年（公元前3460年），树轮校正值为公元前4452~前3710年；小珠山遗T4④F内木炭，测定结果为距今5270±100年（公元前3320年），树轮校正值为公元前4034~前3788年。吴家村遗址ⅡG1F1木炭，测定结果为距今4830±100年（公元前2880年），树轮校正值为公元前3627~前3350年。郭家村遗址T1下F2木炭，测定结果为距今4230±100年（公元前2280年），树轮校正值为公元前2883~前2502年；郭家村遗址ⅡT9②炭化谷物，测定结果为距今4110±90年（公元前2160年），树轮校正值为公元前2851~前2457年；郭家村遗址ⅡT5上F1木炭，测定结果为距今4180±90年（公元前2230年），树轮校正值为公元前2867~前2481年；郭家村遗址T1②木炭，测定结果为距今4020±90年（公元前2070年），树轮校正值为公元前2564~前2288年。

综合这些数据结果，同时参考该文化器物群中所见大汶口文化陶器和庙底沟文化彩陶等方面因素，我们初步判定小珠山中层文化的年代应该在公元前4000~前3000年，整体年代应该与燕山南北地区红山文化的中晚期相当。

8．小珠山上层文化

小珠山上层文化遗存除小珠山遗址上层以外，还见于旅顺郭家村上层，长海县上马石中层、蛎碴岗、南窑、洪子东、李墙屯上层、沙泡子上层、北海乡王家村东岗上层，新金县乔东[7]、庄河于大顶及旅顺将军山、老铁山[8]、四平山[9]等。

小珠山上层文化的陶器以夹砂黑褐陶为主，其次是红褐陶，有一定数量的泥质黑陶和蛋壳黑陶。含细砂，多手制，也有少量经慢轮修饰或见有轮制痕迹。陶器多素面磨光，少数为刻划纹和附加堆纹。刻划纹有竖条纹、三角纹、人字纹、网格纹、水波纹；附加堆纹有弦纹、乳钉纹和刺点纹。器型以卷沿、折沿和口沿饰附加堆纹的鼓腹罐为最多，筒形罐较少。其他器型有壶、袋足鬶、盘形扁凿足鼎、盉、三环足器、圈足盘、粗把镂孔豆、浅盘细把豆、折腹盂、盆、瓮、碗、环纽器盖、勺、甑、蛋壳黑陶高足杯及各种小型陶器。从器物造型上看，该文化的陶器群可区分为A、B两组，A组为当地固有的器型，B组则明显具有山东半岛龙山文化的特点（图八）。

小珠山上层文化的房址为圆角方形和圆形半地穴式，有大有小。墓葬目前发现的皆是一种积石墓群。这种积石墓群是用自然石块、砾石等砌成长方形、方形、圆角方形的并列或互相连接在一起的多室墓。墓顶用砾石和碎石堆起，成为石冢。这种积石墓大部分在临海的山丘顶部和海岸坨头，数个或数十个地连续排列在一起。已发现的积石墓有旅顺老铁山、将军山、柏岚子、大台山，双岛牛群山、石线山，水师营长春

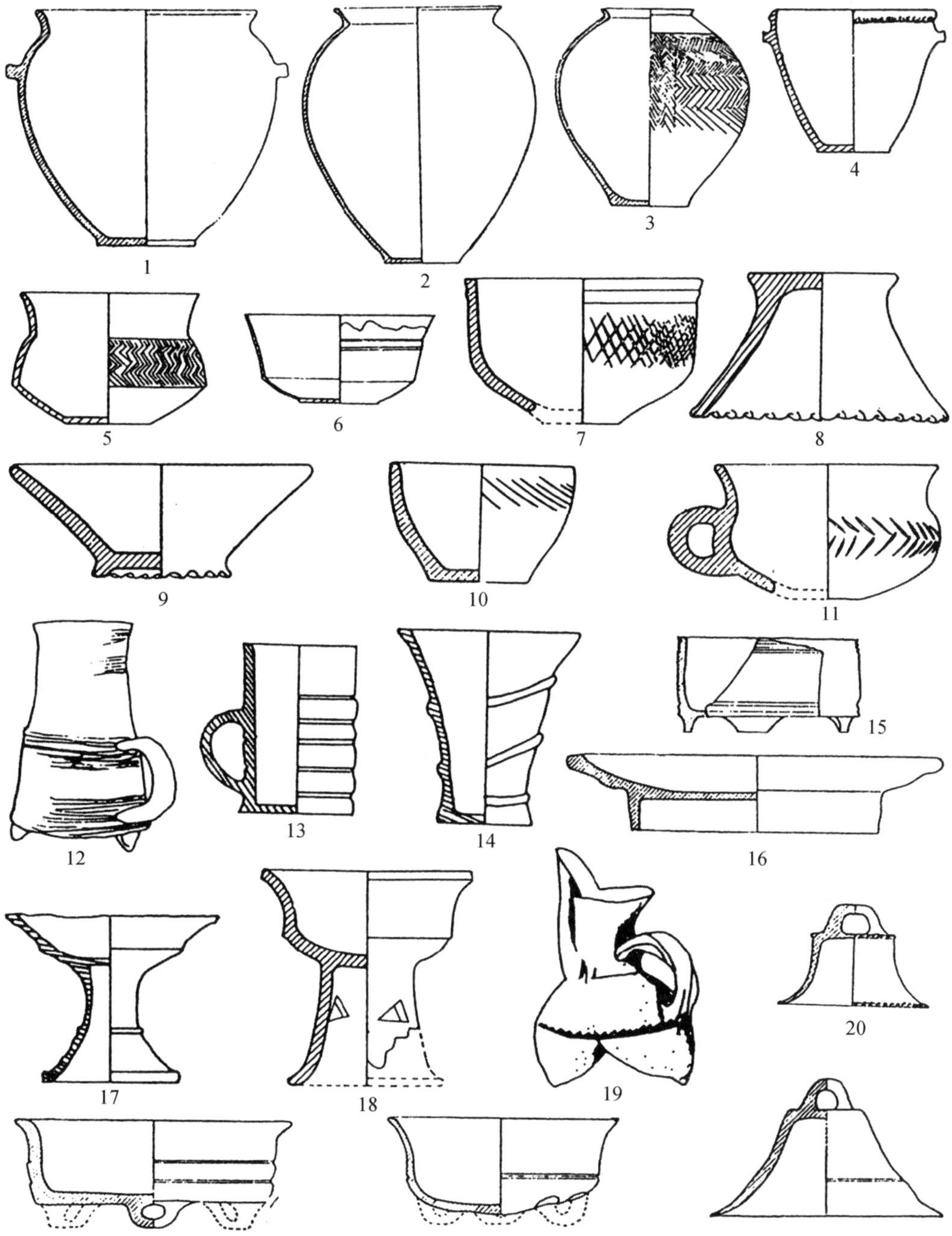

图八　小珠山上层文化陶器

A组：1～4. 罐　5、6. 盂　7. 钵　8. 器盖　9～11. 碗

B组：12～14. 杯　15. 三足盘　16. 圈足盘　17、18. 豆　19. 袋足鬶　20、23. 器盖　21、22. 三环足器（12、19. 四平山，13、14、17. 老铁山，15、20～23. 小珠山，余为郭家村）

庵，甘井子区四平山，大连市大岭山、金县大孤山和小孤山、长海县蛤仙岛等处。其中已发掘的有老铁山、将军山、四平山和大岭山等。

^{14}C测定数据共有4个，分别出自上马石、郭家村和南窑遗址。其具体结果为：南窑遗址F内②木炭，测定年代为距今4220±300年（公元前2270年），树轮校正值为公元前3030～前2209年；郭家村ⅡT9②木炭，测定结果为距今4080±70年（公元前2160年），树轮校正值为公元前2851～前2457年；上马石中层ⅠT5④贝壳，测定年代为距今4400±110年（公元前2130年），树轮校正值为公元前2577～前2404年；上马石中层ⅠT5④贝壳，测定年代为距今4045±110年（公元前2095年），树轮校正值为公元前2577～前2300年。

根据上述测定数据，同时结合陶器群中共出的山东龙山文化遗物特点，我们认为小珠山上层文化的年代应大体处在公元前2500～前2000年。

二、朝鲜半岛北部地区的新石器时代文化

从以往考古发掘和发表的材料来看，朝鲜半岛北部地区出土的新石器时代遗存，年代均不超出公元前5000～前2000年的范畴。其中鸭绿江左岸的朝鲜西北部地区自早至晚分别为美松里下层遗存、堂山早期遗存、新岩里一期文化，图们江右岸的朝鲜东北部地区自早至晚分别为罗津遗存和西浦项文化，清川江以南的大同江和汉江流域为弓山文化。

1. 美松里下层遗存

美松里遗址位于朝鲜西北部的鸭绿江下游左岸，与中国辽宁丹东的后洼遗址隔江相邻，是一处洞穴遗址。据报道，该遗址的下层出有之字纹陶器[10]，但实物标本一直未见发表。除美松里遗址之外，稍南一点的细竹里遗址也发现了之字纹陶器[11]。由于这两处遗址均见有之字纹因素，因此与朝鲜半岛北部地区的其他新石器遗存形成了较大的区别，所以应单独视为一种考古学文化。但限于材料较少，暂可统称为美松里下层遗存。

关于美松里下层遗存的年代，目前尚无^{14}C数据可供参考。但是比照中国境内的考古发现和研究结果，可判定其年代应大致处在公元前4500～前4000年。理由是鸭绿江下游右岸的后洼下层文化以存在大量的之字纹陶器为特征，而稍晚的后洼上层文化和北沟文化是不见之字纹陶器的。尽管目前尚不知道美松里和细竹里出土的之字纹到底是什么样子，但考虑到它们和后洼下层文化都存在之字纹陶器这一点，推测其年代当不会超出后洼下层文化的时间范畴。

2. 堂山早期遗存

堂山遗址[12]与美松里和细竹里遗址相距不远，从发表的陶器标本来看至少可以

区分为早晚两期。早期以平底和圜底的直口刻划纹陶器为代表，现称其为堂山早期遗存（图九）。晚期以叠唇的附加堆纹陶器为代表，性质与年代稍晚的新岩里一期文化相同。

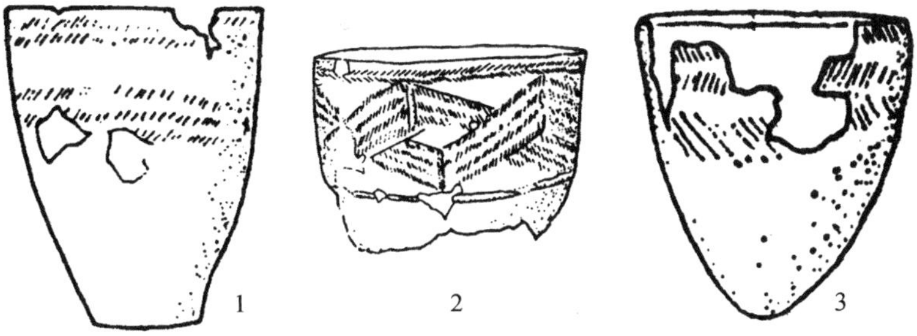

图九　堂山早期遗存陶器
1. 平底筒形罐　2. 筒形罐　3. 圜底筒形罐（均为堂山遗址出土）

堂山早期遗存发表的材料较少，陶器以平底筒形器为主，圜底器应该是来自南部大同江、汉江流域的文化因素。器物表面不见之字纹，而是以刻划的短斜线为特色，所构成的图案有平行斜线、人字形斜线和索形斜线等。从这种遗存的总体特征上看，与隔江存在的中国东北地区以北吴屯上层为代表的后洼上层文化同类器接近，因此年代亦应相当，很可能处在公元前3500年左右。

3. 新岩里一期文化

新岩里一期文化以新岩里遗址一期（第一地点第一文化层）为代表[13]，另包括堂山晚期遗存和双鹤里遗址出土的外叠唇附加堆纹陶器。

该文化的陶器以罐、壶为基本器物组合（图一〇）。罐口加厚并形成外叠唇，腹饰细条形附加堆纹。壶多敞口或直口，竖耳，腹饰条形堆纹和雷文。

关于新岩里一期和堂山、双鹤里遗存之间的年代，过去有学者认为堂山和双鹤里遗存的年代早于新岩里一期[14]。从这几处遗址出土的陶器来看，特别是罐和壶的总体造型及纹饰风格，均与中国东北东部地区的偏堡子文化和北沟文化同类器相同或相似，因此应属于同一时期同一性质的遗存，年代应该在公元前3000～前2000年。

4. 罗津遗存

罗津遗址位于朝鲜东北部的咸镜北道[15]，以往朝鲜学者多认为该遗址出土的遗存年代上应该介于西浦项遗址的一、二期之间，不宜划分为一个独立的发展阶段。但俄罗斯学者和日本学者则认为，罗津遗址所见全部遗存应同属于一个整体[16]。笔者将罗津出土陶器与中国东北三江平原及兴凯湖地区出土的新开流文化进行比较后，认为俄、日学者的看法比较合适，因为这类遗存的文化面貌与新开流文化十分相近，应该属于朝鲜东北部地区年代早于西浦项文化的一个独立发展阶段上的遗存。鉴于材料较

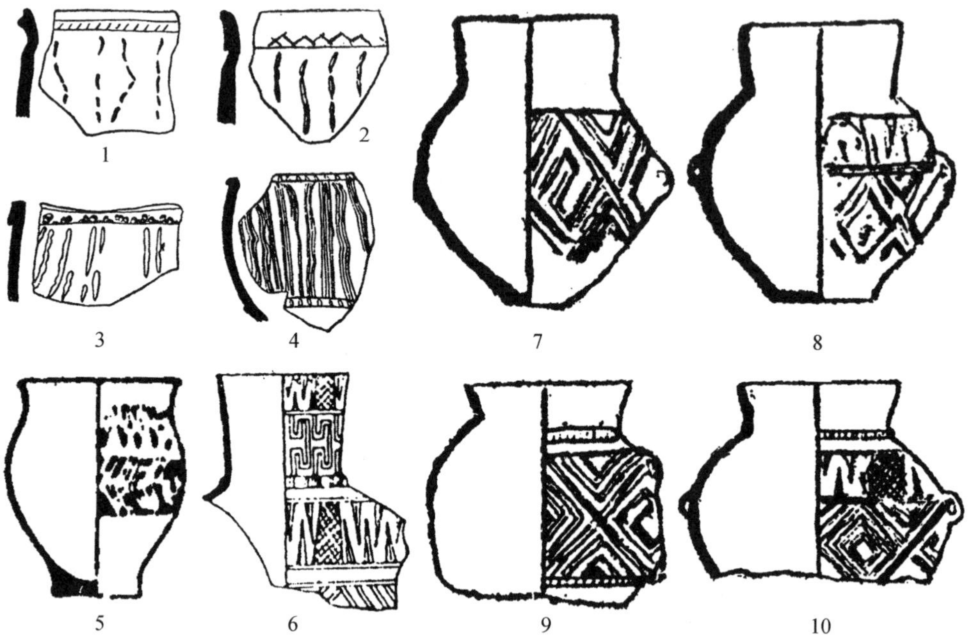

图一〇　新岩里一期文化陶器

1～4. 外叠唇罐　5. 侈口鼓腹罐　6～10. 壶（1、2. 堂山，3、4. 双鹤里，5～10. 新岩里）

少，这里暂称其为罗津遗存。

罗津遗存的陶器以器表饰鱼鳞纹、篦点纹、短条线纹为特征，不见压印之字纹和刻划几何形纹饰（图一一）。一件陶器的表面往往有两种以上的纹饰图案，少数陶器的口沿外侧经过加厚处理并形成厚唇。

由于这类遗存的文化面貌与新开流文化相近，因此年代也应基本相同，即大致处在公元前5500～前4000年。

5. 西浦项文化

西浦项是一处贝丘遗址，位于朝鲜东北部咸镜北道雄基郡的图们江口处。该遗址地层清楚，堆积较厚。依照朝鲜学者的分期可自早至晚区分为五期，其中一、二期为早期，三期为中期，四、五期为晚期[17]。经比较，这里将西浦项遗址出土的五期遗存统一命名为西浦项文化，并将其中的一、二期定为该文化的早期，三期定为该文化的晚期一段，四、五期定为该文化的晚期二段。距西浦项遗址不远的农圃遗址出土的遗物[18]年代和性质应该和西浦项文化晚期二段相同（图一二）。

西浦项文化的早期陶器以刻划和压印的斜线纹、人字纹、点线纹为主，不见螺旋纹和雷文。器物表面纹饰很少有通体分布者，绝大多数仅占器表的二分之一或三分之一。据纹饰特点和饰纹方式，可判定该期的年代和性质应该和中国东北东部地区的后洼上层文化相当，年代应该在公元前3500年左右。

图一一　罗津遗存陶器

1、2、5、8. 短条线纹陶片　3、4. 点纹陶片　6、7. 鱼鳞纹陶片（均为罗津遗址出土）

西浦项文化晚期一段陶器的显著特点是除了原有的一些纹饰以外，新出现了一种饰螺旋纹的陶器。器型除了平底筒形罐，还见有壶、碗等。观察该期遗存的螺旋纹，可发现其应和图们江对岸的兴城一期文化同类纹饰相近，所以年代可定在公元前3000～前2500年。

西浦项文化晚期二段陶器的特点是出现了数量较多的雷形和直线S形纹饰，有些陶器的口沿开始外侈。这种特征的纹饰和器型在图们江对岸晚于兴城一期文化的金谷文化中也有发现，其年代和性质当与金谷文化相当，即大致属于公元前2500～前2000年的遗存。

6. 弓山文化

弓山文化得名于弓山遗址，主要分布在靠南一点的大同江流域，典型遗址除弓山以外[19]，还包括智塔里、金滩里[20]、南京[21]等。

从目前发表的材料来看，弓山文化不仅分布范围比较靠南，而且文化面貌也与鸭绿江和图们江流域的同时期遗存存在着较大的差别。其中一个最明显的标志是该文化以流行圜底陶器为主，器表纹饰多通体分布，除了大量的刻划人字形纹以外，还见有较多的垂帘纹和绞索纹（图一三）。

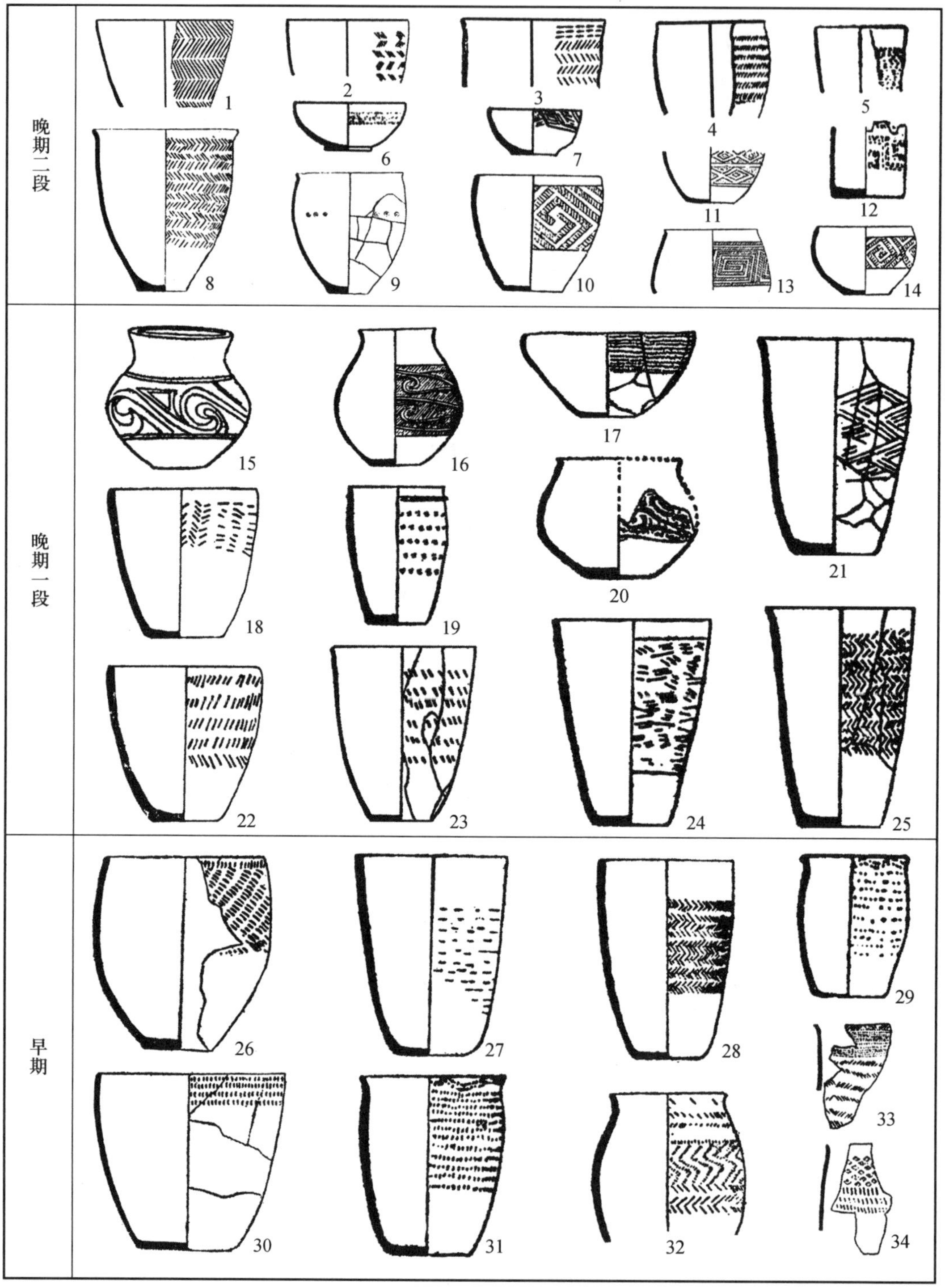

图一二　西浦项文化陶器

1～5、8～12、18、19、21～31、33、34. 筒腹鼓　6、7、14、17. 钵　13、20、32. 鼓腹罐　15、16. 壶
（1～6. 农圃遗址出土，余为西浦项遗址出土）

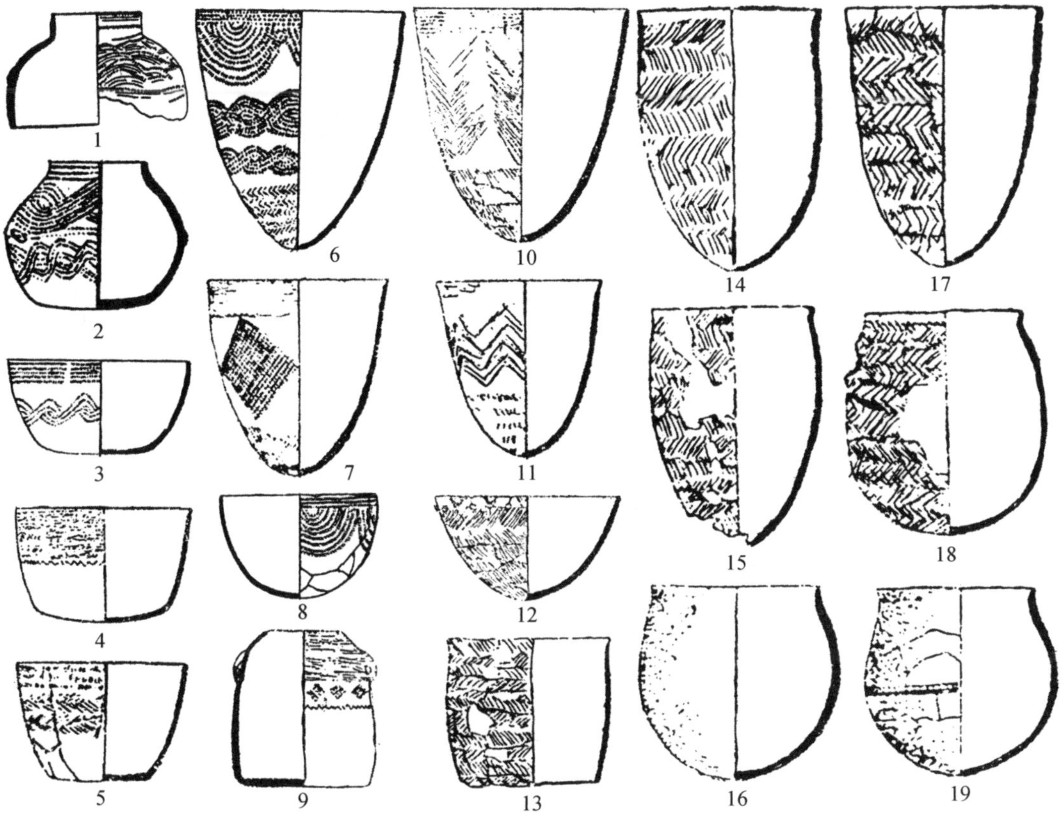

图一三 弓山文化陶器

1、2、9. 壶 3～5. 平底钵 6、7、10、11、14～19. 尖圜底罐 8、12. 尖圜底钵 13. 平底罐（13～19. 金滩里遗址出土，余为弓山遗址出土）

弓山文化以朝鲜和日本学者的意见可分为四期[22]，第一期以智塔里遗址第1区1号房址为代表，第二期以智塔里遗址第2区遗存为代表，第三期以金滩里遗址第1文化层为代表，第四期前段以南京遗址一期为代表，第四期后段以南京遗址二期和金滩里第2文化层为代表[23]。不过从一至四期的分期结果来看，陶器的阶段性差异并不明显，从而表明其年代跨度不应该很大。

将弓山文化与中国东北东部地区的新石器时代文化相比，有学者认为它的最晚阶段应相当于偏堡子文化[24]，最早阶段朝鲜学者认为可以早到小珠山下层时期[25]，日本学者则认为应该和小珠山中层文化相对应[26]；与朝鲜半岛东北部地区的西浦项文化相比，多数学者认为它们的差别主要反映的是地域上的不同，彼此间年代虽互有交错，但基本上是同期存在、并行发展的两类遗存[27]。

其实，以整个中国东北地区新石器时代考古学文化的特征和编年为标尺，观察和审视朝鲜半岛北部地区的新石器时代遗存，笔者认为以弓山文化为代表的遗存很可能整体上早于以西浦项文化为代表的遗存。根据如下。

第一，西浦项文化的绝大部分陶器，无论是造型还是饰纹方法和纹饰布局，都与小珠山中层文化、兴城一期文化和金谷文化相似，在年代上视它们为同时似乎不会有太大的问题。

第二，从中国第二松花江流域左家山遗址出土的遗存来看[28]，其上层陶器主要是平底器，饰刻划人字纹及短斜线纹，而且是局部装饰。这与朝鲜图们江流域西浦项文化的陶器作风十分相似，年代应大致相当。而该遗址下层出土的陶器中，有一种器底很小的筒形罐。从形态上看，这种罐子很像是介于弓山文化尖圜底陶器和西浦项文化平底陶器之间的一种过渡性器型。

第三，从中国东北地区新石器文化的发展序列来看，越是早期的陶器，其器表纹饰所占的面积就越大，越是晚期的陶器，其器表纹饰所占的面积就越小。而且年代较早的陶器多饰两种或两种以上的复合纹饰，年代较晚的陶器则多饰单一纹饰。弓山文化与西浦项文化陶器纹饰之间所表现出的差异，同样符合这种规律性的认识。

第四，在朝鲜半岛水佳里遗址出土的弓山文化陶器中，有一件尖圜底陶罐的表面刻划有类似后洼下层文化的席形纹饰[29]。相反，西浦项文化晚期陶器上的螺旋纹和雷纹，在饰纹方式和构图上，均与中国东北地区时代较晚的兴城一期文化、北沟文化和偏堡子文化的同类纹饰相似。

第五，弓山文化的尖圜底器在造型上与中国山东半岛时代较早的北辛文化陶器存在一定的相似性，而纹饰中的波浪式交索纹，构图与中国燕山南麓地区年代较早的上宅文化索状纹饰十分相像。

如果以上几个方面的分析不错，那么我们便有理由认为弓山文化的年代整体上应该早于西浦项文化，而基本与中国东北东部地区的小珠山下层文化和后洼下层文化相当，即不晚于公元前4000年。

三、中朝邻境地区新石器时代文化的比较

1．中国东北东部地区新石器文化的三个发展阶段

从目前的考古发现和研究结果来看，中国东北东部地区的新石器时代文化自早至晚可区分为三个较大的阶段。

第一阶段（年代为公元前5500～前4000年）：主要包括小珠山下层文化和后洼下层文化。从陶器纹饰的角度上看，这是一个普遍使用两种或两种以上纹饰同时装饰器表、陶器表面布满纹饰或纹饰面积占器表三分之二左右空间的时期。对许多地区而言，又是一个普遍使用压印或刻划之字纹陶器的时期。

第二阶段（年代为公元前4000～前3000年）：包括小珠山中层文化和后洼上层文化。该阶段已经完全不见压印或刻划之字纹，开始大量流行刻划线纹。陶器表面普遍

使用单一纹饰加以装饰，纹饰面积仅占器表空间的三分之一左右。

第三阶段（年代为公元前3000～前2000年）：包括小珠山上层文化、北沟文化、兴城一期文化和金谷文化。就器表装饰而言，这是一个素面陶开始增多、螺旋纹开始出现、附加堆纹和雷纹比较流行的时期。

根据以上分析可以看出，中国东北东部地区新石器时代考古学文化的年代上限最早可到公元前5500年左右，下限大致可确定在公元前2000年，该时间跨度与中国的黄河流域和长江流域新石器文化相比也是基本一致的。

中国东北东部地区的新石器文化陶器绝大多数是日常生活中使用的炊具、储藏器和饮食工具。陶器的颜色很不一致，有灰褐色、黄褐色、黑褐色、褐色和红色多种。颜色的不同，多与烧制过程中氧化或还原的程度有关，而时代作风表现的不是特别的明显。陶胎内绝大多数都夹有砂粒、滑石粉或蚌壳粉，而真正意义上的泥质陶或细泥陶并不多见。陶器多采用泥圈套接法制成，有的经过慢轮修整，轮制陶基本不见或少见。器物表面有纹饰的陶器占很大比例。在纹饰布局方面，早期陶器多通体饰纹或纹饰所占器表面积较大，晚期陶器多局部饰纹，纹饰所占器表面积较小。另外，早期陶器以饰两种或两种以上的复合纹饰为主，晚期陶器则多饰单一纹饰。从饰纹手法来看，主要分压印、刻划、贴附、绘彩四种。其中前两种最多，后两种使用较少。就具体的纹样而言，压印纹饰主要有之字形纹、席纹、网格纹、人字形纹、鱼鳞纹、菱格纹等。刻划纹饰主要有之字形纹、平行线纹、人字形纹、网格纹、水波纹等。其中压印或刻划的之字形纹饰最具特色，是中国东北东部地区新石器时代早期文化中普遍流行的一种纹饰。陶器造型主要是平底器，而三足器、圈足器和圜底器较少。在平底陶器当中，以筒形罐的数量最多，也最具有代表性。其他陶器如钵、碗、盆、壶、杯等数量很少。

2. 朝鲜半岛北部地区新石器文化的三个发展阶段

与中国东北东部地区的新石器时代文化一样，朝鲜半岛北部地区的新石器时代文化也可以划分为三个阶段。

第一阶段（年代为公元前5500～前4000年）：主要包括鸭绿江流域的美松里下层遗存，图们江流域的罗津遗存和大同江流域的弓山文化。从陶器纹饰上看，该阶段器表纹饰较满，有的不仅通体分布，而且还同时使用两种纹饰，其中压印之字纹和鱼鳞纹是这一阶段最具有代表性的纹饰。

第二阶段（年代为公元前4000～前3000年）：主要包括鸭绿江流域的堂山早期遗存和图们江流域的西浦项文化早期。这一阶段已经不见压印之字纹，开始大量流行刻划短线纹。其中陶器表面普遍使用单一纹饰加以装饰，纹饰面积仅占器表空间的一半或三分之一左右。

第三阶段（年代为公元前3000～前2000年）：主要包括鸭绿江流域的新岩里一期

文化和图们江流域的西浦项文化晚期一、二段遗存。据陶器纹饰观察，这一时期新出现了螺旋纹、附加堆纹和雷纹。

由此看来，朝鲜半岛北部地区的新石器文化年代也在公元前5500～前2000年。与中国东北东部地区相比，两地的新石器时代文化是并行存在、同步发展的。

3. 中朝邻境地区新石器文化的比较与并合

依据上文确立的中国东北东部地区和朝鲜半岛北部地区新石器时代考古学文化的编年序列，并通过进一步比较两地区各不同发展阶段上陶器所反映出的文化特征，可初步将中朝邻境地区的新石器时代文化关系概括为以下三个方面。

第一，朝鲜境内鸭绿江流域的美松里下层遗存，以出土之字纹陶器为特点，同类纹饰在中国东北东部地区仅见于属于第一阶段的小珠山下层文化和后洼下层文化。考虑到后洼下层文化和美松里遗存在分布地域上最为接近，因此推测朝鲜境内的美松里下层遗存应该和中国境内的后洼下层文同时，并且属于同一种考古学文化遗存。为了便于研究，日后可统称它们为“后洼下层—美松里下层文化”。继美松里下层遗存之后，朝鲜境内鸭绿江流域发展起来的是以堂山早期遗存为代表的考古学文化。这种文化中的平底陶器，无论是器型还是纹饰都和中国境内的后洼上层文化同类陶器相当或相近，因此其年代和性质应该和后洼上层文化相同。为研究方便，暂可统称为“后洼上层—堂山早期文化”。至于该文化当中个别存在的圜底刻划纹陶器，很可能是南部大同江流域弓山文化早期阶段向北传播或影响的结果。晚于堂山早期的新岩里一期文化，最常见的器型是外叠唇条形堆纹陶罐，就纹饰和造型风格而言，这类陶器和中国境内北沟文化的同类陶器如出一模。另一种常见的雷纹壶，形制及纹饰风格也和北沟文化的陶壶相似。考虑到北沟文化的分布地域与新岩里一期文化比较接近，因此可视它们为同一种考古学文化，为研究方便可统称为“北沟—新岩里一期文化”。

第二，分布在朝鲜境内图们江流域的罗津遗存，年代和中国境内三江平原地区的新开流文化相当，由于两种遗存的陶器造型和纹饰特点完全相同，因此应属同一种文化；后起的西浦项文化，其陶器以饰刻划纹为主，晚期还新出现了螺旋纹和雷纹。比照中国境内图们江流域的新石器文化，不难看出西浦项文化的晚期二段应该和金谷文化相同，晚期一段应该和兴城一期文化相同，早期遗存在中国境内的图们江流域还没有发现，但可以判定其年代应该和后洼上层文化相当，并且明显地受到了它的影响。

第三，分布在朝鲜境内大同江流域及其以南地区的弓山文化，自身特征十分鲜明。这种文化年代大致与中国境内的小珠山下层文化、“后洼下层—美松里下层文化”相当，但文化面貌却与他们截然不同。其中最大的区别是上述两种文化均流行平底陶器，并见有一定数量的之字纹，而弓山文化以尖圜底陶器为主，不见之字纹。这表明弓山文化与朝鲜半岛北部及邻近的中国东北东部地区的考古学文化之间存在着本质的区别，应该是一个独立发展的文化系统。

总之，朝鲜半岛北部地区的新石器时代文化可以划分为三个地区：一个是西北部的鸭绿江流域，一个是东北部的图们江流域，还有一个是南部的大同江流域。从时空框架角度上说，三个地区独立存在、并行发展。从文化谱系关系上看，三个地区的考古学文化虽然彼此之间存在一定的影响，但是整体文化面貌所反映出的文化谱系关系则是鸭绿江、图们江流域的考古学文化，分别与中国东北东部地区的鸭绿江、图们江流域新石器文化相近，因此可以考虑将它们分别合并为相同的文化区，并且同一区域内的文化属于相同的文化系统。靠南一些的大同江流域，文化传统与鸭绿江流域和图们江流域的考古学文化有别，属于另外一个文化系统。

换言之，中朝邻境地区的鸭绿江两岸应该属于同一个考古文化区，这一地区的考古学文化属同一文化系统，其发展进程依次是“后洼下层-美松里下层文化”（公元前5500～前4000年）→“后洼上层-堂山早期文化”（公元前3500年左右）→“北沟-新岩里一期文化”（公元前3000～前2000年）；中朝邻境地区的图们江两岸应该属于同一个考古文化区，这一地区最早阶段的罗津遗存（公元前5500～前4000年）与北部三江平原地区的新开流文化属同一文化系统，后起的西浦项文化与兴城一期文化、金谷文化则属于同一个文化系统，其发展进程依次为西浦项文化早期（公元前3500年左右）→西浦项文化晚期一段和兴城一期文化（公元前3000～前2500年）→西浦项文化晚期二段和金谷文化（公元前2500～前2000年）；朝鲜大同江流域及其以南地区与中国东北相距稍远一些，文化面貌也存在者本质的不同，所以应该单独划分为一个文化区，并且属于另外一个文化系统。这一地区的新石器时代遗存，较早阶段应该是弓山文化（公元前5500～前4000年），此后的文化遗存还有待于进一步的发现或者是从已有的考古发现中进一步的甄别。

最后，为了更加明晰起见，现将中朝邻境地区鸭绿江两岸和图们江两岸发现的诸考古学文化遗存的对应关系列成（表一）。

表一　中朝领境地区新石器时代考古学文化对应关系表

<table>
<tr><th colspan="2" rowspan="2">阶段及年代跨度
（公元前）/年</th><th colspan="2">鸭绿江两岸地区</th><th colspan="2">图们江两岸地区</th></tr>
<tr><th>中国境内</th><th>朝鲜境内</th><th>中国境内</th><th>朝鲜境内</th></tr>
<tr><td rowspan="2">第三阶段</td><td>2000</td><td>北沟文化</td><td rowspan="2">新岩里一期文化</td><td>金谷文化</td><td>西浦项文化晚期二段</td></tr>
<tr><td>3000</td><td></td><td>兴城一期文化</td><td>西浦项文化晚期一段</td></tr>
<tr><td>第二阶段</td><td>4000</td><td>后洼上层文化</td><td>堂山早期遗存</td><td></td><td>西浦项文化早期</td></tr>
<tr><td>第一阶段</td><td>5500</td><td>后洼下层文化</td><td>美松里下层遗存</td><td></td><td>罗津遗存</td></tr>
</table>

注　　释

[1]　许玉林等：《辽宁岫岩北沟西山遗址发掘简报》，《考古》1992年5期，389～398页。

［2］ 延边博物馆：《吉林省龙井县金谷新石器时代遗址清理简报》，《北方文物》1991年1期，3～9页。

［3］ 赵辉：《辽东地区小珠山下、中层文化的再检讨》，《考古与文物》1995年5期，28～37页。

［4］ 辽宁省博物馆、旅顺博物馆：《大连市郭家村新石器时代遗址》，《考古学报》1984年3期，287～330页。

［5］ 辽宁省博物馆、旅顺博物馆、长海县文化馆：《长海县广鹿岛大长山岛贝丘遗址》，《考古学报》1981年1期，63～110页。

［6］ 辽宁省考古研究所、大连市文物管理委员会、庄河市文物管理办公室：《大连市北吴屯新石器时代遗址》，《考古学报》1994年3期，343～380页。

［7］ 旅顺博物馆：《大连新金县乔东遗址发掘简报》，《考古》1983年2期，122～125页。

［8］ 旅大市文管组：《旅顺老铁山积石墓》，《考古》1978年2期，80～85页。

［9］ 参见郭大顺等：《以辽河流域为中心的新石器文化》，《考古学报》1985年4期，417～444页。

［10］ 金用玕：《美松里洞穴遗迹发掘中间报告》，《考古学资料集》（第3集），1963年。

［11］ 金永祐：《细竹里遗迹发掘中间报告》，《考古民俗》1964年4期；《平北道博川郡宁边郡遗迹调查报告》，《文化遗产》1962年5期。

［12］ 都宥浩：《朝鲜原始考古学》，平壤，1960年。

［13］ 李顺镇：《新岩里遗迹发掘中间报告》，《考古民俗》1965年3期；金用轩、李顺镇：《1965年度新岩里遗迹发掘报告》，《考古民俗》1966年3期。

［14］ 宫本一夫：《朝鲜有纹土器的编年和地域性》，《朝鲜学报》121卷，1986年。

［15］ 有光教一：《朝鲜栉目纹土器研究》，京都，1962年；八木奘三郎：《朝鲜咸镜北道石器考》，东京，1938年。

［16］ 佐藤达夫：《朝鲜有纹土器的变迁》，《考古学杂志》1963年第48卷3号；大贯静夫：《东北亚洲中的中国东北地区原始文化》，《庆祝苏秉琦考古五十五年论文集》，文物出版社，1989年。

［17］ 金用玕、徐国泰：《西浦项原始遗迹发掘报告》，《考古民俗论文集·4》，平壤，1972年；徐国泰：《朝鲜的新石器时代》，平壤，1986年。

［18］ 大贯静夫：《东北亚洲中的中国东北地区原始文化》，《庆祝苏秉琦考古五十五年论文集》，文物出版社，1989年，图五，5～12。

［19］ 朝鲜民主主义人民共和国社会科学院考古研究所编，李云铎译，顾铭学、方启东校：《朝鲜考古学概要》，黑龙江省文物出版编辑室，1983年。

［20］ 金用玕：《金滩里原始遗迹发掘报告》，考古学及民俗学研究所，1965年。

［21］ 金用玕、石光叡：《南京遗迹及相关遗存研究》，平壤，1984年；徐国泰：《朝鲜的新石器时代》，平壤，1986年。

[22] 朝鲜民主主义人民共和国社会科学院考古研究所编，李云铎译，顾铭学、方启东校：《朝鲜考古学概要》，黑龙江省文物出版编辑室，1983年；徐国泰：《朝鲜的新石器时代》，平壤，1986年。

[23] 大贯静夫：《东北亚洲中的中国东北地区原始文化》，《庆祝苏秉琦考古五十五年论文集》，文物出版社，1989年。

[24] 宫本一夫：《朝鲜有纹土器的编年和地域性》，《朝鲜学报》121卷，1986年。

[25] 朝鲜民主主义人民共和国社会科学院考古研究所编，李云铎译，顾铭学、方启东校：《朝鲜考古学概要》，黑龙江省文物出版编辑室，1983年。

[26] 宫本一夫：《朝鲜有纹土器的编年和地域性》，《朝鲜学报》121卷，1986年。

[27] 韩永熙著、王培新译：《朝鲜半岛新石器文化的地域性》，《辽海文物学刊》1993年1期，145～149页。

[28] 吉林大学考古教研室：《农安左家山新石器时代遗址》，《考古学报》1989年2期，187～212页。

[29] 南沙娜：《南朝鲜的新石器时代》，《辽海文物学刊》1990年2期，157页，图三。

（原载《边疆考古研究》（第9辑），科学出版社，2010年）

综　　论

东北地区旧石器时代文化遗存的发现与认识

——兼谈与韩国中原地区旧石器文化的关系

中华人民共和国成立以前，中国东北地区的旧石器时代考古工作主要集中在黑龙江省的哈尔滨市郊和辽宁省的旅大、营口地区。在黑龙江省哈尔滨市郊开展的调查与发掘工作，先后共有六次。其中五次是在西郊的顾乡屯，一次是在东郊的黄（荒）山大冲沟。西郊顾乡屯的工作最早可追溯到1931年北平地质调查所尹赞勋和殷宝兴主持的发掘（俄国人B. B. 波诺索夫和A. C. 路卡什金等人参加了此次工作）[1]，之后的工作依次为1933~1934年日本人德永重康等开展的发掘[2]，1934年俄国人B. B. 波诺索夫进行的调查[3]，1937~1938年日本人远藤隆次等开展的发掘[4]，1939年法国人德日进进行的调查。通过这几次工作，不仅找到了大量的第四纪哺乳动物化石，而且发现了大量的以打制石器和骨器为代表的人工制品[5]。除西郊顾乡屯的五次工作以外，1936年俄国人A. Γ. 马良夫金还在哈尔滨市东郊黄（荒）山大冲沟遗址，调查发现了不少的古生物化石和石制品；在辽宁省旅大、营口地区的工作共有两次。一次是1933年中国学者杨钟键和法国学者德日进在大连至旅顺公路旁的红色土层中发现了两件带有人工打击痕迹的旧石器时代石英岩石片。一次是日本学者鹿间时夫于40年代在营口大石桥金牛山发现了一批哺乳动物化石[6]。

中华人民共和国成立以后，中国东北地区的旧石器时代考古工作有了新的进展。除了围绕哈尔滨顾乡屯和黄（荒）山大冲沟等地点做更深入的研究以外，还开展了更广泛的考古调查和发掘工作，取得了许多可喜的成绩。例如，20世纪50、60年代发现和发掘的榆树周家油坊地点、建平人化石、安图人化石等，进一步拓宽了东北地区旧石器时代考古研究的领域，为认识和探讨东北地区的古人类和古文化提供了宝贵的新材料。20世纪70年代以来，中国东北地区的旧石器时代考古进入了一个飞速发展的新时期，尤其是1972年辽宁凌源县西八间房遗址发现和发掘以后[7]，新的考古发现不断涌现，新的研究成果不断推出。除陆续发现和发掘了许多重要的遗址，获得了十分丰富的旧石器时代文化遗物和化石标本以外，在一些专项研究[8]和综合研究[9]方面也取得了丰硕的成果。

到目前为止，东北地区已发现的旧石器时代遗址和地点共有38处[10]，遍布于南部辽河水系和北部黑龙江水系的大部分区域（图一），其中绝大多数经过正式发掘或试掘。从出土的材料看，除人类化石和古生物化石以外，绝大多数为人为产生的文化遗存。尤其是后者，数量丰富、种类多样，为我们全面认识和总结中国东北地区旧石

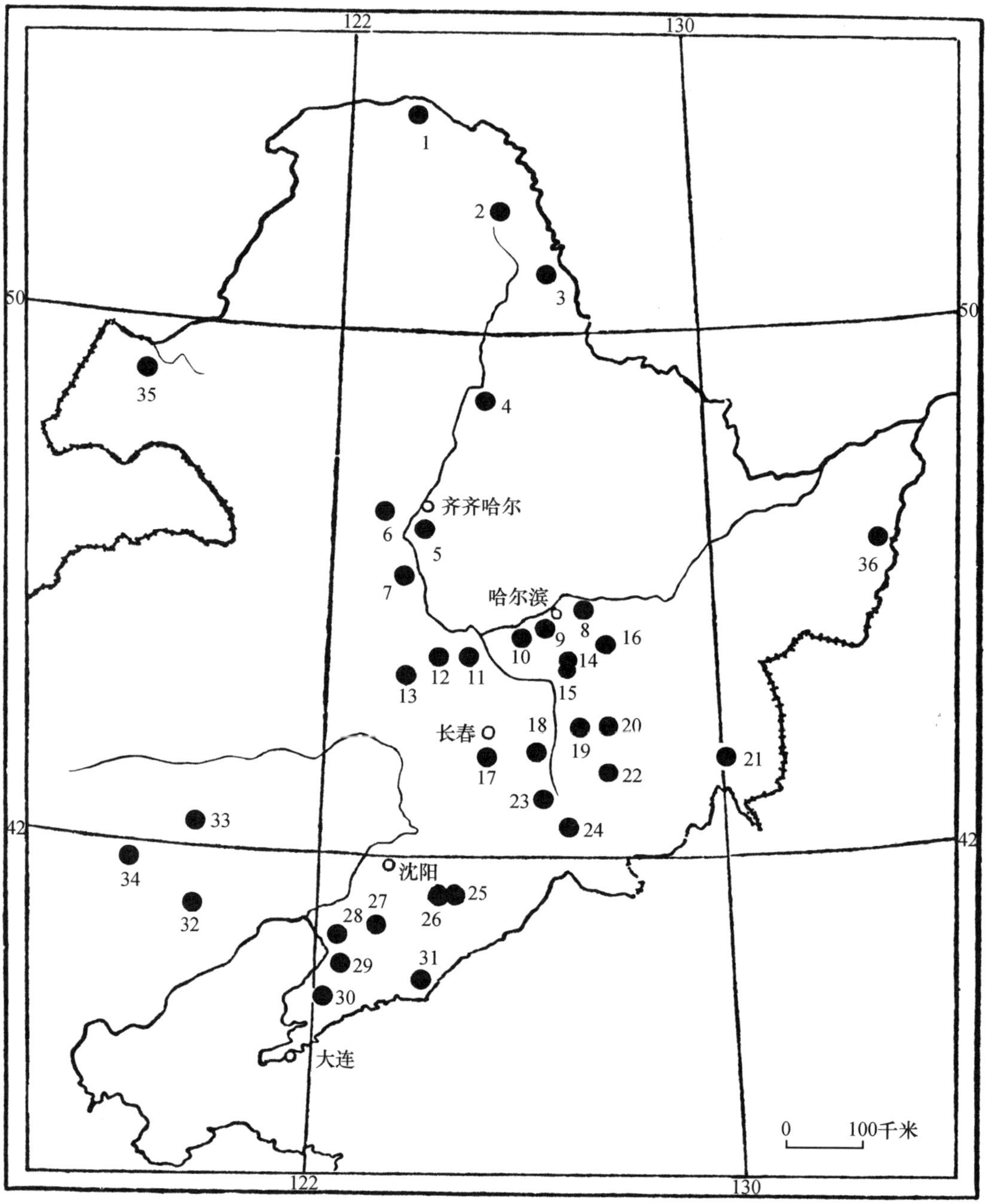

图一　东北地区旧石器时代主要遗址分布示意图

1. 漠河老沟　2. 呼玛十八站　3. 呼玛老卡　4. 讷河清和屯　5. 昂昂溪大兴屯　6. 龙江景星　7. 镇赉丹岱大坎子　8. 哈尔滨黄（荒）山　9. 哈尔滨顾乡屯　10. 哈尔滨阎家岗　11. 前郭王府屯　12. 乾郭青山头　13. 乾安大布苏　14. 榆树大桥屯　15. 榆树周家油坊　16. 五常学田　17. 长春红嘴子　18. 吉林西山　19. 蛟河砖厂　20. 蛟河仙人桥洞　21. 汪清新兴村　22. 安图石门山　23. 桦甸仙人洞　24. 抚松仙人洞　25. 本溪庙后山东洞　26. 本溪庙后山　27. 海城小孤山　28. 营口金牛山　29. 营口藏山　30. 大连古龙山　31. 丹东前阳　32. 喀左鸽子洞　33. 建平人化石发现地　34. 凌源西八间房　35. 扎赉诺尔蘑菇山　36. 饶河小南山

器时代文化遗存的面貌特征和技术传统提供了重要的参考资料。

一、东北地区发现的旧石器时代早期文化遗存

东北地区迄今发现的旧石器时代早期遗址只有辽宁营口金牛山（下层）、本溪庙后山（下层）、营口藏山和吉林前郭王府屯4处。由于前郭王府屯遗址出土的遗物[11]年代和性质有待进一步确认，因此暂重点介绍前三个遗址的出土材料。

1. 营口金牛山遗址（下层）出土的文化遗存

该遗址位于辽宁省营口市（大石桥）南8千米永安乡西田村的金牛山洞穴里。地理坐标为东经122°30′，北纬40°34′，海拔69.3米。关于金牛山遗址，日本人在20世纪40年代做过一次工作，发现了一批哺乳动物化石[12]。中国学者的工作可分为前后两个阶段，前一阶段是辽宁省博物馆、营口市博物馆和中国科学院古脊椎动物与古人类研究所于1974、1975、1976、1978年进行的发掘[13]，不仅发现了七十余种哺乳动物化石，而且在A地点和C地点均发现了石制品和人类用火遗迹。根据地层堆积情况和出土石制品以及动物化石分析，A、C两地点的文化遗物都可以分为早、晚两期（或称下、上两层），其中早期（下层）时代为中更新世晚期，与北京人遗址上部堆积相当[14]。后一阶段是北京大学考古系和辽宁省文物考古研究所于1984、1986年[15]和1993、1994年[16]进行的发掘，这一阶段不仅新发现了“金牛山人”化石，还在“金牛山人”的同层堆积中发现了用火遗迹、石制品和碎骨片。

两个阶段的发掘共发现下层用火遗迹13处，其中11个为灰堆，2个为灰烬层。灰堆多呈圆形或椭圆形，一般为55厘米×60厘米。最大的9号灰堆直径为77厘米×119厘米（图二），其底部用石块垒砌出一个近圆形的石台，上面可以生火，灰烬层顶部和中间也有规律地分布着烧石。据推测，底部垫以石块并留有较大的缝隙，可能是为了使空气进入以助燃，灰堆中的石块可能是“封火”的措施，由此看来，“金牛山人”有可能已经掌握了保存火种的方法[17]。灰烬层均见于A地点。大致呈南北向条带状分布，厚度一般在12~24厘米，附近发现了零散的灰烬、炭屑和烧骨等。

金牛山遗址（下层）共发现280件石制品，其原料以石英岩和脉石英为主，另外还有少量硅质灰岩，种类包括石核、石片、刮削器和尖状器等（图三）。其中石核个体较小且不规则，多利用自然台面。打片使用锤击法和砸击法，锤击石片多较宽短，砸击石片多较长。修理工具多用石锤直接进行，因而加工比较粗糙。加工方向以向背面为主，也有向劈裂面或复向加工的。修理时采用陡直加工，因而石器刃口普遍较钝。石器以中小型为主，缺乏大型工具。类型比较简单，不见砍砸器，工具组合包括边刮器、端刮器、尖状器等。其中边刮器数量最多，但修理粗糙，又可细分为直刃、凸

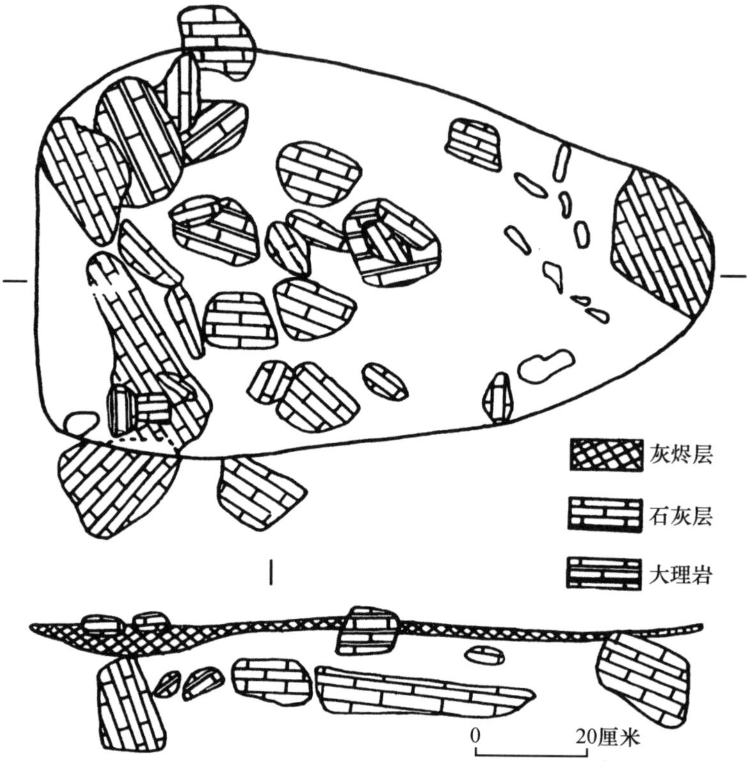

图二　营口金牛山遗址下层出土的9号灰堆平、剖面图

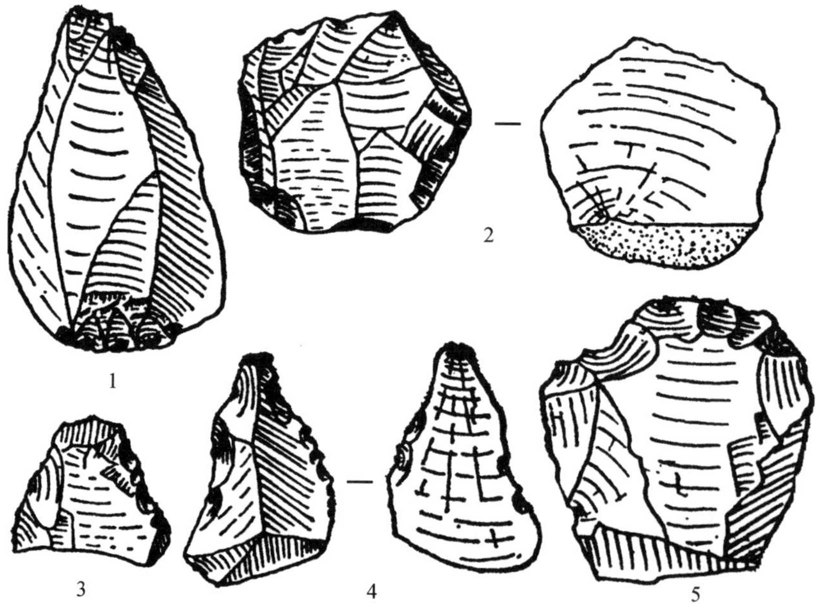

图三　营口金牛山遗址下层出土的旧石器时代早期石制品

1. 砸击石核　2、5. 端刃刮削器　3. 单直刃刮削器　4. 复刃刮削器

刃、凹刃、复刃几种。端刮器数量不多，但加工较精致，修理疤浅而平。尖刃器多只对一侧进行修理，另一侧仅加工其尖刃部分。这些石器的打片方法、加工方式和石器类型都与北京人的石制品相似，表明二者之间可能存在一定的文化联系。

骨片是金牛山遗址当中出土数量较多的一种遗物，通过对发现的近万件骨片逐个地进行观察，没有发现其中有人类的碎骨，也没有发现人类制作的骨器[18]。

经过地层学、动物群和科技测年等几个方面的研究，多数学者认为金牛山人及其遗物的年代应属于中更新世晚期，绝对年代为距今20万年，与北京周口店第1地点的上部堆积时代相当，处在旧石器时代早期的后段。

2．本溪庙后山遗址（下层）出土的文化遗存

庙后山遗址位于辽宁省本溪县山城子乡山城子村村东庙后山南坡的一个天然洞穴里，地理坐标为东经124°7′，北纬40°4′，海拔325米。该遗址是1978年5月当地石灰窑工人在开采山石时发现的。同年6月辽宁省博物馆等对其进行了初步的调查和试掘，发现了一批动物化石，石制品和一颗残缺的人牙化石。1979和1980年进行的系统发掘，获得了更多种属的动物化石和较多的石制品，并发现一颗完整的人牙化石。1981年秋中国科学院的贾兰坡教授到辽宁地区考察旧石器时，特地到庙后山遗址进行现场考察并观察了全部出土的动物化石和文化遗物，肯定了遗址的重要研究价值。在贾兰坡的指导下，学术界开始对庙后山遗址进行综合性考察和研究，并于1982年7月带着整理研究过程中发现的问题做了一次补充性发掘，从而完成了对庙后山遗址地层的划分，对洞穴堆积的成因和周围环境的关系也有了更加明确的认识[19]。

庙后山遗址堆积物总共厚13.5米，自下而上共分8层。根据哺乳动物群、同位素年代测定、磁性地层的研究和岩性分析，可划分为三段：第1～3层为第一段，属洞穴的底部堆积，未见动物化石和人类遗物，时代早于中更新世早期，年代大于距今73万年；第4～6层为第二段，属洞穴的中部堆积，含中更新世动物化石、人类化石及文化遗物，铀系法测定为距今40万～14万年左右，地质时代为中更新统的中部和上部（该段地层被定名为“庙后山组”，本文称其为“下层”）；第7、8层为第三段，属洞穴的上部堆积，含晚更新世动物化石和文化遗物，铀系法及^{14}C测定年代为距今约10万～1.7万年，地质时代为上更新统（该段地层被定名为“山城子组”，本文称其为“上层”）。

庙后山遗址发现的旧石器时代人类化石，分别出自属于下层堆积的第5层和第6层，根据铀系法对同层动物化石的测定，他们的年代为距今24万～14万年左右，证明早在中更新世晚期，人类就已经分布到了辽东地区。

出自第4～6层（下层）的旧石器时代早期的石制品共有71件。这些石制品以灰黑色石英砂岩和安山岩等岩石的砾石为原料。石制品包括石核、石片和经修理加工的石器三部分（图四）。石器有刮削器、砍斫器和石球三种。生产石片主要采用锤击和碰砧两种方法，砸击法只是偶尔采用。锤击石片一般不修理台面。碰砧石片在石片中占

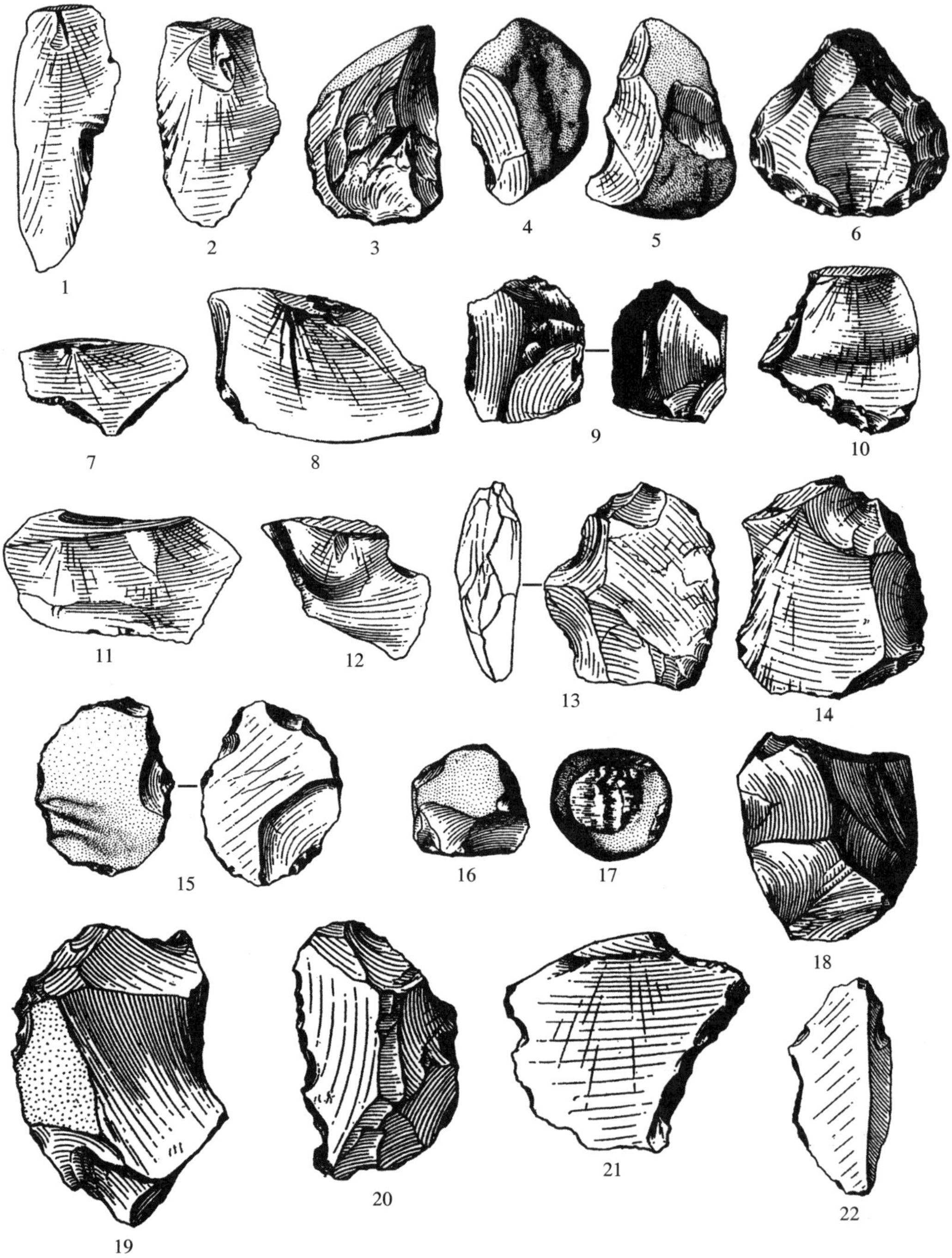

图四　本溪庙后山遗址下层（第4～6层）出土的旧石器时代早期石制品

1、2. 锤击法石片　3. 砸击法石片　4～6、9、10、13、14、19. 砍斫器　7、8、11、12. 碰砧法石片　15、20. 复刃刮削器　16、17. 石球　18. 石核　21、22. 凹刃刮削器

有突出的地位，许多砍斫器都是用这类石片制作的。三种石器中，刮削器一般显得粗糙、简单，砍斫器却比较突出，不仅数量较多，加工也比较好。特别惹人注意的是其

中修理把手的砍斫器，其为庙后山石器工业的一个重要特色。

与石器共出的碎骨片多有人工砍砸痕迹，并且与敲骨吸髓而形成的碎骨片有明显的区别。经过仔细观察，这些人工破碎的动物骨片中有一些可能是作为工具来加工使用的。

在庙后山遗址的第6层，还发现了厚5～10厘米的灰烬层，由粉末状的黑褐色物质组成，中间夹有灰白色物质，灰烬层附近常发现被烧过的动物肢骨。这种用火遗迹的发现，表明庙后山人已经掌握了用火的本领。

3. 营口藏山遗址出土的文化遗存

藏山遗址位于辽宁省营口市百寨乡陈家堡村北2.5千米处，西南距营口市约30千米。地理坐标为东经 122°30′，北纬40°30′，海拔110米，属洞穴遗址。该遗址为1986年采石发现，同年9月营口市博物馆对其进行了试掘[20]。遗址包含上、下两层堆积，下层堆积内除发现一批哺乳动物化石外，还发现了少量的石制品和人类用火遗迹，如炭粒、烧土块和烧石等，表明当时的人类已经具有使用火和控制火的能力。通过对石器的观察，发现有明显人工痕迹的石制品共13件，分别为打击石块、有砸击痕迹的石块、砸击石片、半边石片、单凸刃刮削器、端刃刮削器、单直刃刮削器和雕刻器（图五）。石制品的原料主要是石英，少数为石英岩、细砂岩、白云质灰岩和灰岩。标本上人工打击痕迹清楚，但多数只有一两处锤击痕迹。修理方式分向背面和复向加工两种，加工均较粗糙，几乎每件器物上都保留有砾石面。石器总体特点与金牛山A、C地点出土的石制品比较接近。

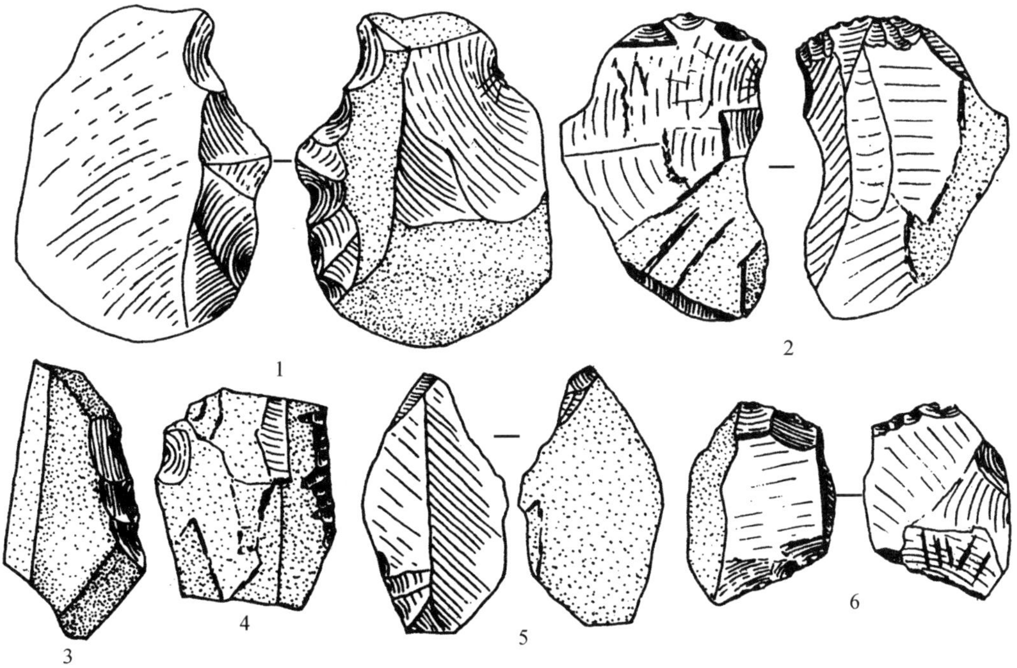

图五 营口藏山遗址出土的旧石器时代早期石制品

1. 单凸刃刮削器 2. 端刃刮削器 3、4. 单直刃刮削器 5. 雕刻器 6. 两端石片

发掘者据对共出的动物群所做的研究，认为藏山遗址下层的时代可早到中更新世偏晚阶段，年代距今约20万年，属于旧石器时代早期偏晚阶段。

二、东北地区发现的旧石器时代中期文化遗存

东北地区发现的旧石器时代中期遗址数量很少，截至目前只有三处，分别为辽宁本溪庙后山遗址、辽宁喀左鸽子洞遗址和吉林蛟河砖厂遗址。

1. 本溪庙后山遗址（上层）出土的文化遗存

以庙后山遗址第7、8层（山城子组）为代表的第三段遗存（上层），是庙后山洞穴遗址的上部堆积，含晚更新世动物化石和文化遗物。铀系法及^{14}C测定年代为距今10万～1.7万年，时代为晚更新世，属旧石器时代的中期[21]。

在遗址第7层发现的5件石制品分属于石片和砍斫器。前者打片技术主要为锤击法和碰砧法，后者为修理把手的砍斫器（图六）。石器两侧的部分边缘上有从两面修理的痕迹，和台面相对的弧形边缘上有因使用而剥落碎屑的痕迹。这些石制品是遗址中“庙后山组”（下层）同类器的继续，与下层出土的石制品相比并无本质上的区别，只是在技术上特别是修理台面的技术上更加进步了。

在庙后山遗址的第7层，还发现了小范围的灰烬层，由粉末状的黑褐色物质构成，中间夹有灰白色的物质，表明当时已经掌握了用火的本领。

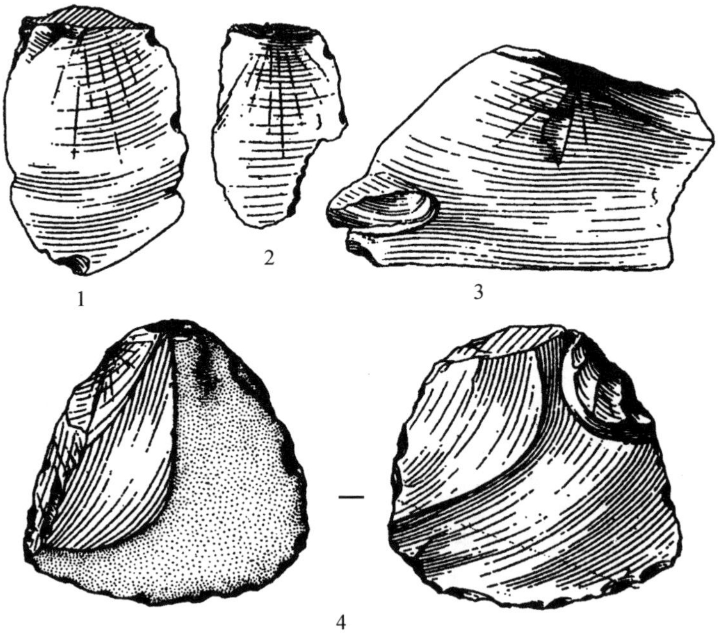

图六　本溪庙后山遗址上层（第7、8层）出土的旧石器时代中期石制品

1、2. 锤击法石片　3. 碰砧法石片　4. 砍斫器

2. 喀左鸽子洞遗址出土的文化遗存

鸽子洞遗址属辽宁省喀左县水泉公社瓦房大队，位于大凌河上游的右岸，为洞穴遗址。地理坐标为东经124°50′，北纬41°15′，海拔250米。1965年辽宁省文物考古研究所孙守道等首次调查并探掘了鸽子洞遗址[22]。1973和1975年，由张森水、张镇洪、傅仁义、刘新民等组成的鸽子洞考古队，先后对该地点进行了两次发掘。两次发掘不仅发现了较为丰富的用火遗迹、大量的哺乳动物化石和260件石制品，还在出土的大量碎骨中观察到了一部分人工打击的痕迹[23]。

鸽子洞遗址出土的石制品主要包括用锤击法打片后留下的石片、石核和石锤、刮削器、尖状器、雕刻器、砍砸器等工具（图七）。其中用锤击法生产的石片数量很多，约占已发现石制品的一半。石片大小差异悬殊，台面缺乏相对稳定的形状，有自然台面，也有打击台面；石核数量较少，变异不大，从石核上可见集中的或较集中的

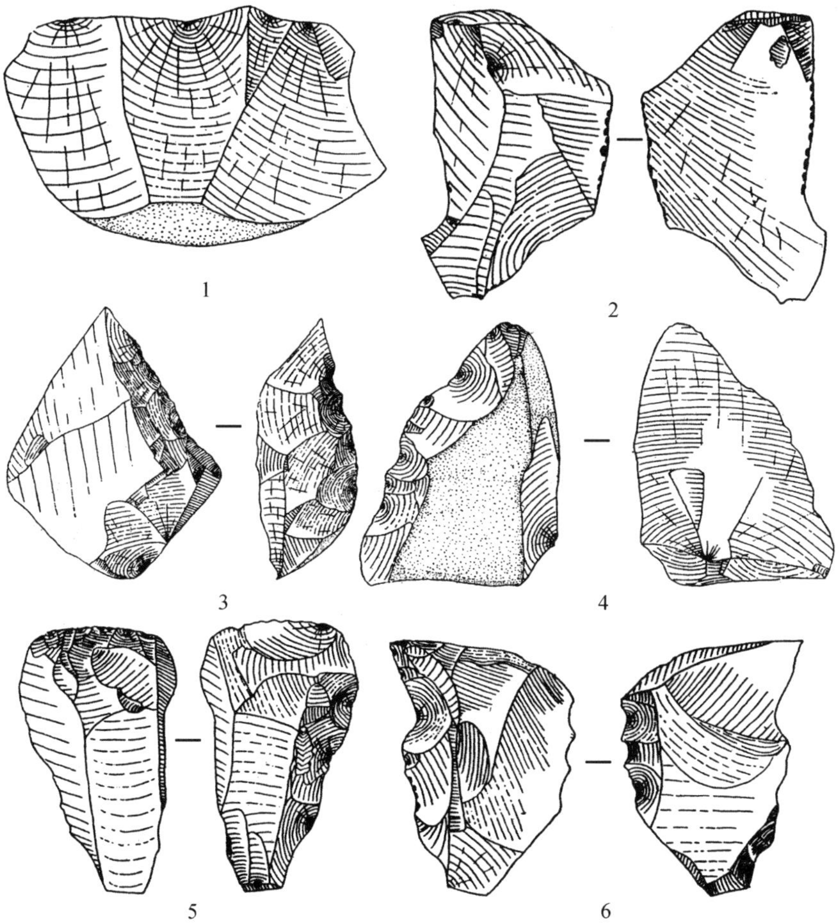

图七 喀左鸽子洞遗址出土的旧石器时代中期石制品

1. 石核 2. 石片 3. 单直刃刮削器 4. 单凸刃刮削器 5. 复刃刮削器 6. 尖状器

打击点，半锥体阴痕浅凹，放射线稀疏；石锤只发现两件，均为呈椭圆形的扁砾石，一为单端石锤，一为两端石锤，均是刚使用不久的标本，既可用于打片，也可用于制作工具。

其他工具组合主要以刮削器为主，尖状器、雕刻器和砍砸器很少。刮削器数量最多，修理工作比较细致，可区分为单刃组、两刃组、复刃组和端刃组。单刃组数量最多，以单凹刃为主，单凸刃其次，单直刃最少，修理工作多较好，主要是向背面加工的。两刃组多是将两侧长边修理成刃，刃口组合比较复杂，直、凸刃均有，修理工作多较好，有单面加工的，也有错向加工的。复刃组仅几件标本，加工粗糙，刃口多钝而刃缘曲折，应是加工不完善的结果，大概不是有意制作的具有特种用途的工具。端刃组也只有几件，多做细致的加工，刃缘匀称，刃口或钝或锐，若是圆端刃者刃口均较钝，若是横端刃者则刃口较锐；尖状器数量不多，其中用小石块做的多于用石片做的，修理工作非常粗糙，仅将两侧长边的局部加以打击加工，使其前端生成一个短而钝的尖刃。最好的尖状器也只是一侧长边加以细致的修理，而另一边或一端仅有局部加工的痕迹。这类石器亦可分为正尖和角尖两组；雕刻器仅有3件标本，若按长度分级，有大、中、小型各1件，其中只有一侧可见清楚的打击痕迹，另一侧则不很清楚；砍砸器很少，只有几件标本，器体粗大，或用整块砾石做成，或用石核做成，有用交互打击方式加工成的，也有单面修理的。

鸽子洞遗址的文化层底部发现过明显的灰烬堆积。其内含有烧骨、木炭、烧土块及少量的石器和哺乳动物的牙齿化石，推测当时的鸽子洞人已经掌握了用火的本领。

关于鸽子洞遗址及其出土遗存的年代，学术界主要存在三种不同的观点。第一种观点以发掘报告为代表，认为“鸽子洞旧石器遗址的年代，综合各方面研究成果，可定为旧石器时代早期向中期过渡时期”[24]。第二种观点以张森水为代表，认为“鸽子洞文化是至今所知我国旧石器时代中期最晚的文化，其时代已接近旧石器时代晚期，可能是在距今五万年前后”[25]。第三种观点以吕遵谔为代表，认为“结合鸽子洞堆积的性质和动物群的组合考虑，把人类化石归为晚期智人较为恰当，其文化时代应为旧石器时代晚期”[26]。本文暂从张森水先生的说法，将鸽子洞遗址出土的人工遗存定为旧石器时代中期最后阶段的文化。

3. 蛟河砖厂遗址出土的文化遗存

砖场遗址位于吉林省吉林市东北部的蛟河盆地北缘拉法河二级阶地上，地理坐标为东经127°20′，北纬43°48′。1991年春吉林大学考古学系的部分师生在吉林市地区进行旧石器考古调查时首次发现了该遗址，1992年夏进行了复查。两次调查均发现了动物化石和石制品[27]。

石制品6件，分初级产品和工具两类。二者均以砾石为原料，有黑色的角页岩、硅质灰岩和火山凝灰岩。初级产品4件，均为石核。依剥片方法的不同，分为锤击石核2

件、砸击石核1件、碰砧石核1件。工具2件、1件为砍砸器，1件为手斧。砍砸器以硅质灰岩砾石为原料，在砾石的锐棱上采用锤击修理复向加工而成，刃缘呈弧形，刃口较平齐。手斧以黑色的角页岩为原料，以砾石为毛坯，采用锤击修理法直接加工而成，虽然修理不甚规整，但已初步具备了“手斧”的特征（图八）。

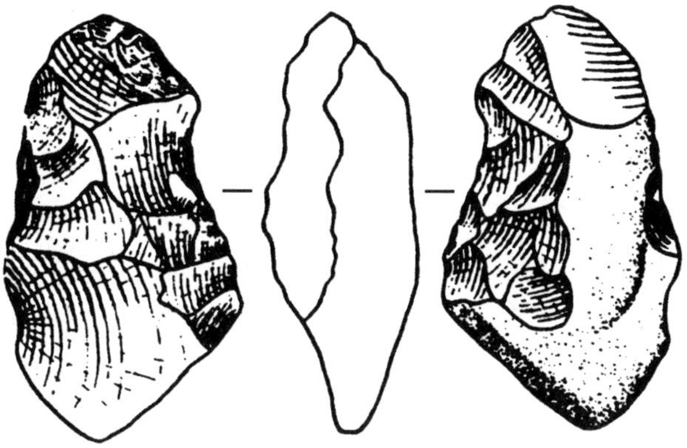

图八　蛟河砖场遗址出土的旧石器时代中期手斧

调查者从动物群的性质，文化遗存埋藏的层位，以及所见手斧的原始特征等几个方面推测，蛟河砖厂遗址的地质年代应为晚更新世早期偏晚，文化时代应为旧石器时代中期的晚段[28]。遗址中采集到的猛犸象牙化石，经北京大学考古学系实验室采用铀系法年代测定，绝对年代为6.2万±0.6万年。

三、东北地区发现的旧石器时代晚期文化遗存

东北地区发现的旧石器时代晚期遗址共有31处，分别为辽宁省本溪庙后山东洞[29]、营口金牛山（上层）[30]、海城小孤山、大连古龙山、丹东前阳人化石地点[31]、建平人化石地点[32]、凌源西八间房，吉林省榆树周家油坊、榆树大桥屯[33]、乾郭青山头[34]、乾安大布苏[35]、镇赉大坎子[36]、长春红嘴子[37]、吉林西山[38]、蛟河仙人桥洞[39]、桦甸寿山仙人洞、安图石门山[40]、抚松仙人洞[41]、汪清新兴村[42]，黑龙江省哈尔滨顾乡屯[43]、哈尔滨黄（荒）山[44]、哈尔滨阎家岗、五常学田[45]、昂昂溪大兴屯、龙江景星[46]、讷河清和屯[47]、呼玛十八站[48]、呼玛老卡[49]、漠河老沟、扎赉诺尔蘑菇山、饶河小南山。除辽宁建平人化石地点，吉林安图石门山、汪清新兴村仅见人类化石或哺乳动物化石以外，其余28处均发现了旧石器时代晚期的文化遗存。限于篇幅，现选择一些比较有代表性的遗址和出土的文化遗存进行简要的介绍。

1. 海城小孤山遗址出土的文化遗存

小孤山地处千山山脉西缘的丘陵地带，山上分布着一些不同高度的溶洞。在高出

河床约1米的溶洞里充填了含晚更新世动物化石和文化遗物的堆积物。小孤山洞穴遗址就是其中的溶洞之一，地理坐标为东经122°58′，北纬 40°34′，海拔156.4米。遗址是1981年发现的，同年进行了试掘[50]。1983和1990年，辽宁省博物馆和中国科学院古脊椎动物与古人类研究所等单位又对其进行了两次发掘[51]。所见遗存除少量灰烬外，主要包括人类化石、动物化石、石制品、骨角制品和兽牙装饰品。

在文化遗物当中，石制品数量最多，原料几乎全部为脉石英砾石或岩块，只有少数几件采用闪长岩、石英岩和玉石制作。石器类别除石核、石片外，工具主要包括钻具、刮削器、尖状器、手斧（图九，1～5）以及砍斫器、雕刻器和石球等。其中石核和石片根据打制方法可分成锤击的和砸击的两大类。从锤击石核上剥下的石片，多数是短宽的，但也有不少长石片，砸击石核和由此产生的两端石片，在石制品中占有重要地位。钻具是该遗址的特色器型。刮削器数量最多，形式也比较多样。按刃部形态，又可进一步细分为单刃、双刃、圆刃、拇指盖状和吻状几种。全部工具的修理主要采用锤击法，小型工具修理比较细致，个别的采用“指垫法”修整。

磨制骨器和装饰品是小孤山遗址出土的备受学术界关注的文化遗物[52]。其中骨鱼镖1件、骨标枪头1件、骨针3件、牙饰品4件、蚌饰品1件（图九，6～15）。前两类在中国的旧石器时代尚属首次报道。鱼镖是由偶蹄类的炮骨制成的，为双排倒刺形。3件骨针是由象牙和动物骨骼制成的，均保存完好，加工精致，针孔采用两面对钻方法

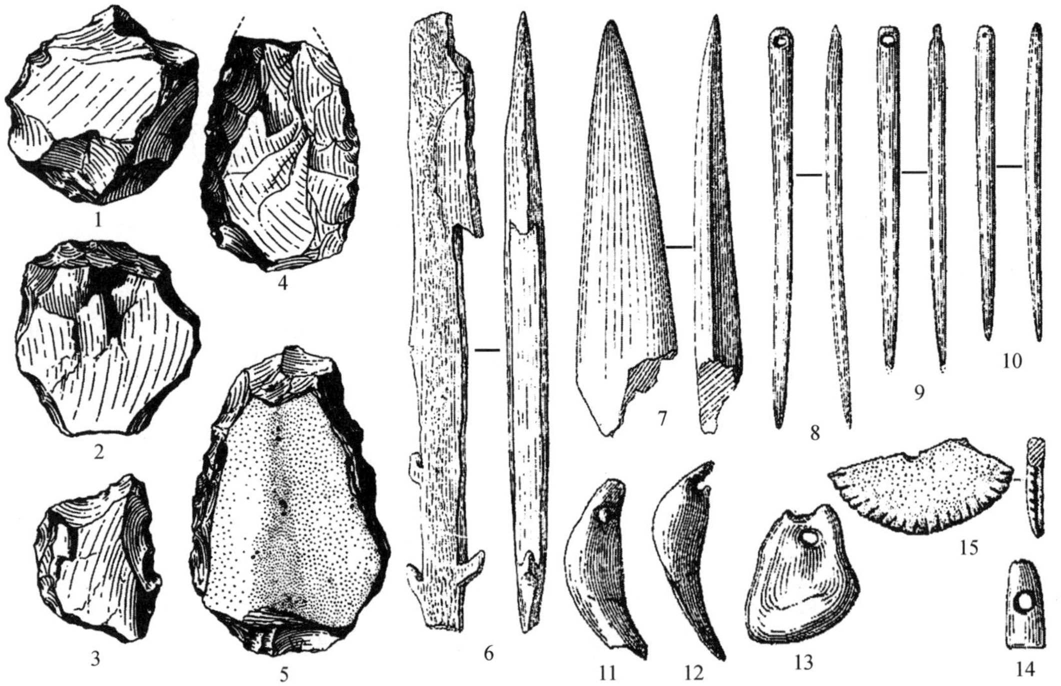

图九　海城小孤山遗址出土的旧石器时代晚期石、骨、牙、蚌制品

1. 石钻具　2. 圆刃刮削石器　3、4. 尖状石器　5. 石手斧　6. 骨鱼镖　7. 骨标枪头　8～10. 骨针　11～14. 牙饰品　15. 蚌饰品

加工而成，比山顶洞针孔的剔挖技术还要进步；5件装饰品有穿孔兽牙4件、穿孔蚌饰1件。前者与周口店山顶洞的同类器一样，主要为食肉类犬齿和鹿类犬齿等。

根据对哺乳动物化石的鉴定和分析，遗址的地质时代属于晚更新世。从出土的文化遗物尤其是制作精美的骨、角制品和装饰品看，小孤山文化具有鲜明的旧石器时代晚期文化的特色。

2. 大连古龙山遗址出土的文化遗存

该遗址位于辽宁省大连瓦房店市（原名复县）镇郊附近的古龙山东坡，地理坐标为东经122°01′，北纬39°41′。遗址属洞穴类型，洞口海拔74.8米。1981年4月，大连瓦房店市龙山村工人在古龙山开采石灰岩时发现了此洞穴。同年秋和次年夏，大连自然博物馆对其进行了两次发掘[53]。堆积共分4层，出土遗物主要有动物化石、石器、碎骨和骨制品等。

石器4件，分别为半边石片1件、石核1件、端刃刮削器1件、复刃刮削器1件，均为采用硬锤直接向背面加工修理而成（图一〇，12～15）。

碎骨和骨制品多达万件，后者又可进一步区分为初级产品、管状骨制品和片状骨制品三类。初级产品类有两件带长疤的片状碎骨和骨片。管状骨制品是指在管状碎骨的一端或两端有连续打击痕迹的骨制品，主要分尖形、铲形、单边形、端刃形和不规则形几种。片状骨制品是指一侧或一端、两侧或两端有连续小疤的标本，其修理方式以向外壁加工为主，复向和内向其次，错向最少。依形态不同可划分为锐尖型、钝尖型、锥尖型、扁尖型、雕刻器型、边端不规则型、单边直刃型、单侧斜刃型和端刃型九种（图一〇，1～11）。

根据野外观察和动物群分析，古龙山洞穴遗址沉积物的时代属晚更新世晚期。中国科学院古脊椎动物与古人类研究所实验室采用^{14}C方法对第一层红色黏土中兽骨所做的测定结果是距今17160±240年前。北京大学考古学系实验室用铀系法进行年代测定的结果是第4层底部约为4万年前。据此可以确定，古龙山遗址洞穴中堆积物的沉积时间是4万～1.7万年前，属旧石器时代的晚期。

3. 凌源西八间房遗址出土的文化遗存

西八间房遗址位于辽宁省凌源县城西北8千米西八间房村西南约400米处的草帽山东北坡上，东距大凌河1千米。1972年9～10月，辽宁省博物馆根据群众的反映派人前往调查，并进行了试掘。1973年4月又进行了复查。发现了一部分石制品和哺乳动物化石[54]。

第一次试掘共发现石制品49件，复查时又拣到2件。其中可确定为石器的有38件。石制品的原料主要是各色火石、水晶、玛瑙、石英岩和火成岩等，类别主要包括石片、石核和石器三种。石片一般较厚，形状不甚规整，打片技术为锤击法。其中有的

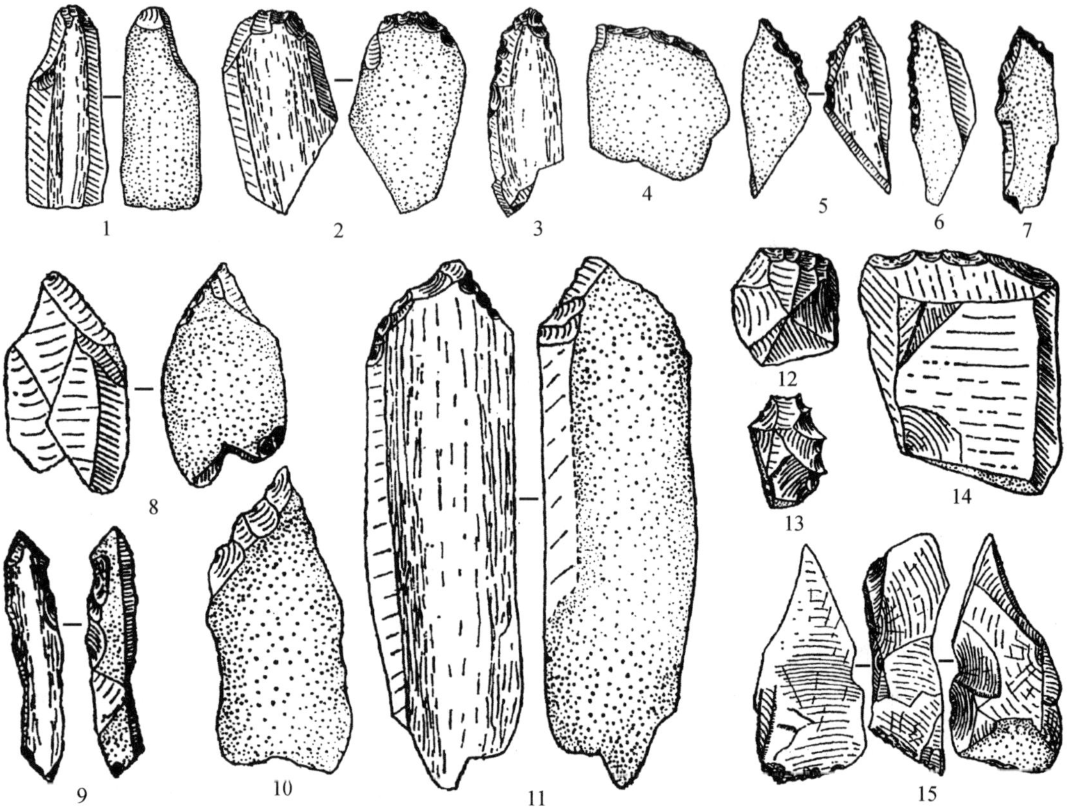

图一〇　大连古龙山遗址出土的旧石器时代晚期骨制品和石制品
1. 锥尖型　2、4. 端刃型　3、7. 锐尖型　5、10. 单侧斜刃型　6、9. 单边直刃型　8. 雕刻器型　11. 钝尖型　12. 端刃刮削器　13. 复刃刮削器　14. 石核　15. 半边石片（1～11. 骨制品，12～15. 石制品）

尺寸很小，可归入细石叶类。石核有的是以岩脉的接触面作为台面，有的是以石片疤作为台面打制石片，后一种利用率较大，台面不经修理，形状和大小也不一致。石器仅见尖状器和刮削器两种。尖状器原料为黄褐色火石，石片很厚，断面呈三角形，周围边沿均有仔细加工痕迹，台面部分由台面向劈裂面加工，两侧则从劈裂面向背面加工；刮削器数量较多，有凸刃、凹刃、直刃之分，另外还发现了2件短圆头刮削器，是用厚石片制成的，一侧为宽阔的弧形陡刃（图一一）。

据石制品的特点和同出的哺乳动物化石推断，西八间房遗址的地质时代不会晚于晚更新世，大致应处在旧石器时代的末期。

4. 榆树周家油坊遗址出土的文化遗存

遗址位于吉林省榆树市西南18千米周家油坊村前河谷阶地上，地理坐标为东经126°21′，北纬44°43′，海拔200～220米。1951年东北工学院地质系师生对周家油坊遗址进行考察时采集到一批哺乳动物化石，还发现1块石片、1根人胫骨化石和2块人顶骨碎片化石[55]。1956年裴文中等在这里调查时又获得了1枚幼儿臼齿和一批哺乳动物化

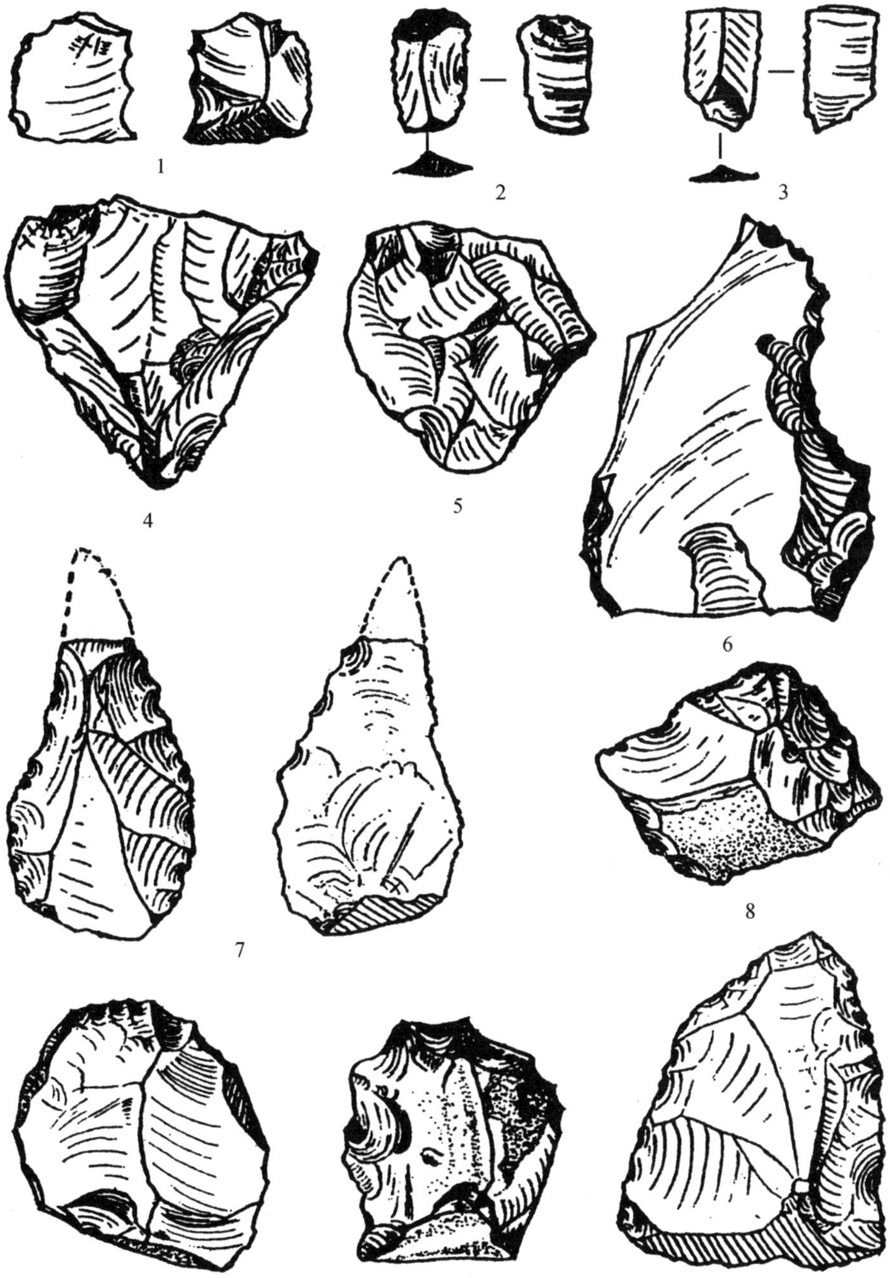

图一一　凌原西八间房遗址出土的旧石器时代晚期石制品

1~3. 石片　4、5. 石核　6. 凹刃刮削器　7. 尖状器　8. 凸刃刮削器　9、10. 短圆头刮削器　11. 直刃刮削器

石及石制品，并依出土地点把人类遗骸化石称为“榆树人”。后因层位不清和人顶骨化石含氟量较低，而难以确定准确时代[56]。为了解决榆树动物群的层位问题和探索有关古人类活动的遗迹，1977年吉林省地质研究所和吉林省博物馆等单位在这里发掘了七个地点，除第三地点外，其他地点都出土了相当数量的化石，同时在第一、二、四、七各地点的上更新统原生地层中还发现了石制品、骨器和哺乳动物化石[57]。石制品共有21件，其中有层位者15件，皆为第一地点出土。无层位6件。石制品包括石核2件、石片6件、不成型的石屑10件。另外，加工成工具的有3件，其中尖状器1件、刮削器2件（图一二，1～5）。据形态观察，石核可分为盘状石核和棱柱状石核两种。刮削器有菱形刮削器和指状刮削器两类，它们均是从破裂面向背面加工并修理成粗糙的刃口。这些石制品的原料主要为玄武岩、安山岩、石英闪长斑岩和脉石英等。

有加工和使用痕迹的骨片与骨器共计51件，其中有层位的28件，无层位的23件。此外还有一些具有人工打击痕迹的动物肢骨化石。从骨器原料来看，除一件以猛犸象门齿为原料外，大部分为大型哺乳动物的管状骨制成。主要器型有象牙铲状器、骨刮

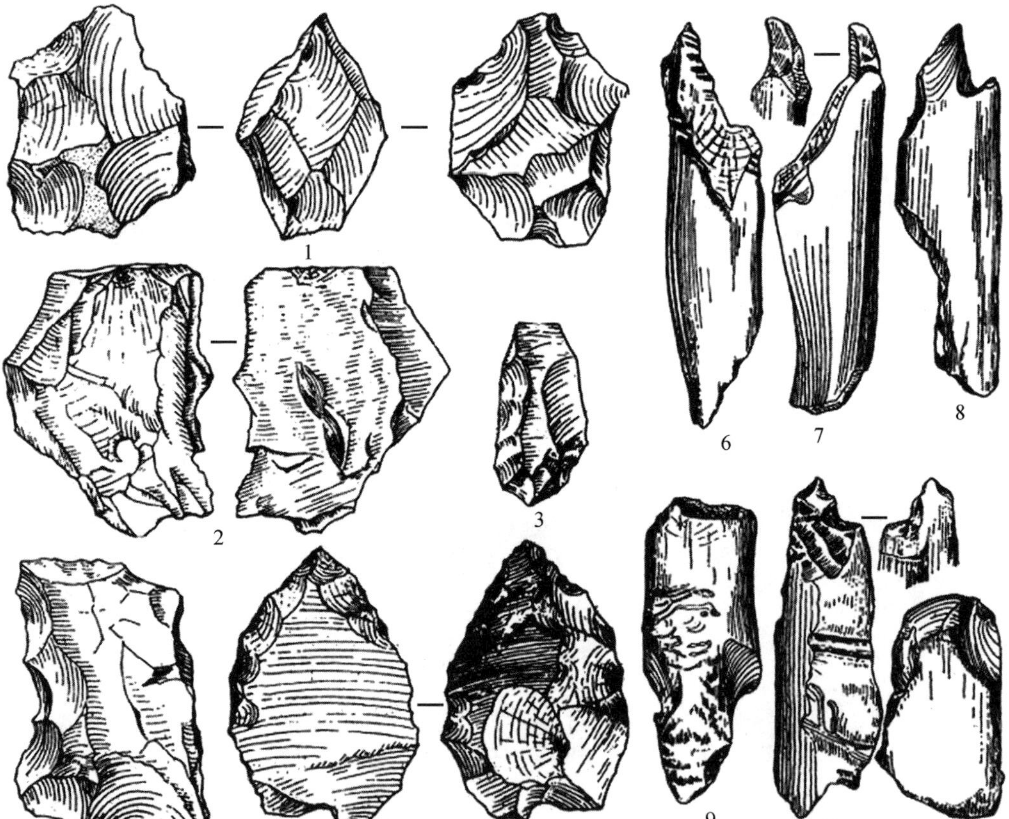

图一二　榆树国家油坊遗址出土的旧石器时代晚期石制品和骨制品

1. 盘状石核　2. 石片　3. 指状刮削器　4. 菱形刮削器　5. 尖状器　6～8、10. 骨尖状器　9. 骨矛头铤　11. 象牙铲状器（1～5. 石制品，6～11. 骨制品）

削器、骨尖状器、骨挖掘器和骨矛头铤等（图一二，6～11）。

根据第一地点文化层中出土的树枝化石的^{14}C测定结果，周家油坊遗址的年代距今大于4万年，应该属于旧石器时代的晚期。

5. 桦甸仙人洞遗址出土的文化遗存

仙人洞位于吉林省桦甸市西北约23千米的寿山上，西南距榆木桥子镇约2.3千米，地理坐标为东经126°37′，北纬43°9′。该洞处在属于哈达岭山脉的寿山东坡上部，海拔为460米，距地表110米。1991年吉林大学考古学系在吉林地区进行旧石器野外考古调查时，首次发现了寿山仙人洞旧石器时代遗址并进行了试掘[58]。1993年吉林大学考古学系和吉林省文物考古研究所等单位又对遗址进行了发掘，获得了大批珍贵的文化遗存。石制品共47件，包括石核4件、石片30件、小石块5件、工具8件。其中工具按用途的不同，又可区分为锤击石锤、单刃刮削器、两刃刮削器、复刃刮削器和端刃砍砸器5种（图一三，1～9）。石制品原料主要是灰色或深灰色角岩，其次是石英和流纹斑岩，还有极少量石英岩。打片技术以锤击法为主，偶尔使用砸击法。工具以片状毛坯为主，修理仅用自由式锤击法，修理方式以反向和复向加工为主，正向和交互加工较少。工具的成器率较低，数量少，类型简单，加工粗糙，几乎不见重叠的修疤，刃口不平齐，刃缘曲折。器型以刮削器为最多，其次是砍砸器，石锤最少。

发现的碎骨中有10多件可见人工打击痕迹，其中有2件可称打击骨器，它们均以动物长骨骨片为毛坯，加工方式既有向骨内壁的也有向骨外壁连续打击的，已知的器类可分为刮削器和尖刃器两种（图一三，10、11）。

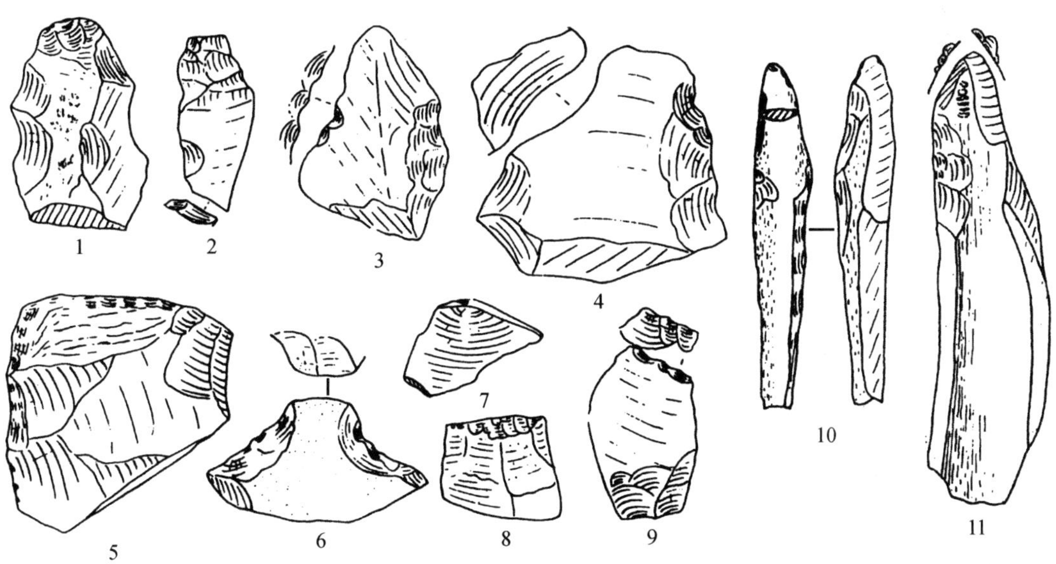

图一三　桦甸仙人洞遗址出土的旧石器时代晚期石制品和骨制品
1. 端刃砍砸器　2、7. 石片　3、4. 两刃刮削器　5、8. 石核　6. 复刃刮削器　9. 石锤　10. 尖刃器
11. 刮削器（1～9. 石制品，10、11. 骨制品）

根据动物化石和石制品特征分析，发掘者认为仙人洞应是旧石器时代晚期的文化遗址。

6．哈尔滨阎家岗遗址出土的文化遗存

阎家岗遗址位于黑龙江省哈尔滨市西南25千米的阎家岗农场内，地理坐标为东经126°18′，北纬45°36′，海拔最高146米。在1982～1985年的四次发掘中，共出土各类标本3000余件，其中除了人类头骨残片和脊椎动物化石以外，文化遗存有石制品9件，碎骨片2000多件。除此之外，还有由哺乳动物骨骼围筑成的半圆圈形遗迹2个[59]。

石制品共9件，分砍砸器、单刃刮削器和石片三种（图一四）。砍砸器1件，器型较大，石料为灰色中粒石英岩，加工粗糙，只在一侧边缘有加工痕迹，背面基本上保留原砾石；单刃刮削器1件，石料为黑色燧石，除底端和一侧面留有部分原砾石面外，几乎通身都有剥去石片的疤痕；石片7件，其中以黑色燧石为原料者3件，以玢岩、凝灰岩、花岗岩和长石岩为原料者各1件，属精细的小石器，可能被用来和兽骨、木棒等结合制作复合工具。

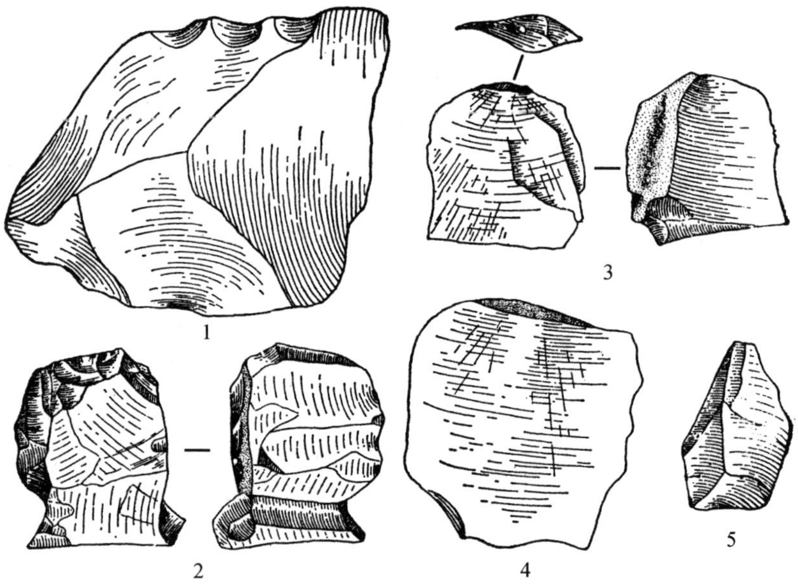

图一四　哈尔滨阎家岗遗址出土的旧石器时代晚期石制品

1. 砍砸器　2. 单刃刮削器　3～5. 石片

碎骨片绝大多数是动物管状骨的碎片，也有少量野牛和鹿类的角。其中有人工打击痕迹的占14%，数量较多。

用哺乳动物骨骼围筑的半圆圈形遗迹：在阎家岗遗址HY83TA3和 HY84T4内发现了两个由大量哺乳动物骨骼化石围成的半圆形圈（图一五）。从平面分布看，大量哺乳动物骨骼化石密集而有规律地排列成半圆形圈，酷似一堵矮墙，另有一部分化石堆

图一五 哈尔滨阎家岗遗址旧石器时代晚期骨圈遗迹（HY83TA3）

积在半圆形圈之中。化石圈边壁整齐，从侧面可见四层动物骨骼整齐地叠置在一起，且内壁比外壁稍为平直。骨骼间的填充物是砂质黏土，这些黏土象黏合料一样，将骨骼砌筑在一起，不易错动。全部化石堆积在6米×5.5米的小范围之内。

著名考古学家列维斯·宾福德在考察了阎家岗遗址并观察一些标本之后认为，这里发现的化石呈半圆形圈分布的现象，无疑与古代猎人的活动有关。这种现象与他在爱斯基摩人和非洲一些原始部落所看到的猎人为了狩猎在动物经常出没的地方修筑的掩体很相像[60]。处于旧石器时代晚期的人类为了躲避风雨的侵袭，可能会设法修筑一些简易的居所，而在缺少岩石的平原地区，他们只能用兽骨来构筑狩猎的掩体、挡风的围墙或临时营地的墙基。阎家岗遗址发现的由大量哺乳动物骨骼化石叠筑的半圆形圈，很可能就是古代人类为了某种目的而构筑的建筑遗迹。

根据中国科学院古脊椎动物与古人类研究所实验室所做的^{14}C年代测定，阎家岗遗址的年代为距今22370±300年。属晚更新世晚期，即旧石器时代晚期。

7. 昂昂溪大兴屯遗址出土的文化遗存

大兴屯遗址位于黑龙江省齐齐哈尔市昂昂溪东南18千米处，西距嫩江约22千米，地理坐标为东经123°53′，北纬47°2′。该遗址为1981年发现，1982和1986年先后进行过两次发掘[61]。遗址堆积自下而上共分4层，第1、2层为晚更新世堆积，第3、4层为全新世堆积。旧石器时代的化石及文化遗物主要出自第1、2层。

大兴屯遗址出土的石制品，原料以玉髓、玛瑙和燧石砾石为主，少见火成岩和石英砂岩。打片以锤击法为主，其次为砸击法。打制台面和自然台面同时存在，前者居多，修理台面石片少见。石片较小，其中石叶所占比例很大。细石核的存在表明已使用间接法剥片。绝大多数石器用石片制成，加工多用锤击法，也用砸击法。存在的刃缘平齐、修理疤痕平远和排列整齐的石器，反映出加工过程中也可能使用过压制法。石制品尺寸较小，有一些已接近典型的细石器。截断石叶和修理根部石器的发现表明存在镶嵌工具的技术。石制品中石核分锤击石核和砸击石核两种，石片有锤击石片、两端石片和断面呈三角形的石叶。工具有砍斫器、刮削器、尖状器和雕刻器。砍斫器和尖状器各见1件。刮削器和雕刻器形式多样，可进一步区分为单边刃刮削器、双边刃刮削器、复刃刮削器、琢背刮削器、端刃刮削器、吻状刮削器、圆头刮削器，截顶雕刻器、修边雕刻器、双面雕刻器、双刃雕刻器和雕刻刮削器等（图一六）。

从岩性特征和遗物的埋藏状况来看，昂昂溪大兴屯旧石器地点是一处原生堆积。据石器工业有较多的进步性质，特别是已出现某些细石器成分判断，该遗址应属晚更新世之末即旧石器时代的末期。^{14}C测定结果为距今11800 ± 150年。

8. 漠河老沟遗址出土的文化遗存

老沟遗址位于黑龙江省漠河县城南40千米的老沟金矿附近，地理坐标为东经122°30′，北纬53°20′，是中国已知最北的一处旧石器时代文化遗址。1981年秋，黑龙江省考古工作者在漠河县额木尔河支流老沟河右岸第一、二级阶地的交界处发现了14件打制石器[62]。这些石器埋藏在遗址第3层的黄土状黏土夹碎石层中，未见其他伴出遗存。石制品的原料主要为淡黄色砂岩和石英岩，类别为石核4件、砍砸器2件、尖状器7件、刮削器1件。

石核均为自然台面，有多次打片，利用率较高；石器毛坯以片状为主，第二步加工修理均为锤击法，修理方式有从劈裂面向两面加工，也有从劈裂面向背面加工的。器型比较单一，以尖状器为主，其次是刮削器和砍砸器。这些石器工具以大中型为主，小型者较少。属大石器为主体的石器工业。

根据石制品产地的地貌部位以及黑龙江省相应地貌部位出土化石的^{14}C年代测定数据，推测该地点的年代应属于晚更新世的晚期，距今约3万～1万年。

9. 扎赉诺尔蘑菇山遗址出土的文化遗存

扎赉诺尔位于呼伦贝尔市的西部，东距海拉尔区约168千米。这里盛产褐煤，自1903年以来在开采煤矿的过程中发现了大量的古生物化石和人类化石，引起了国内外

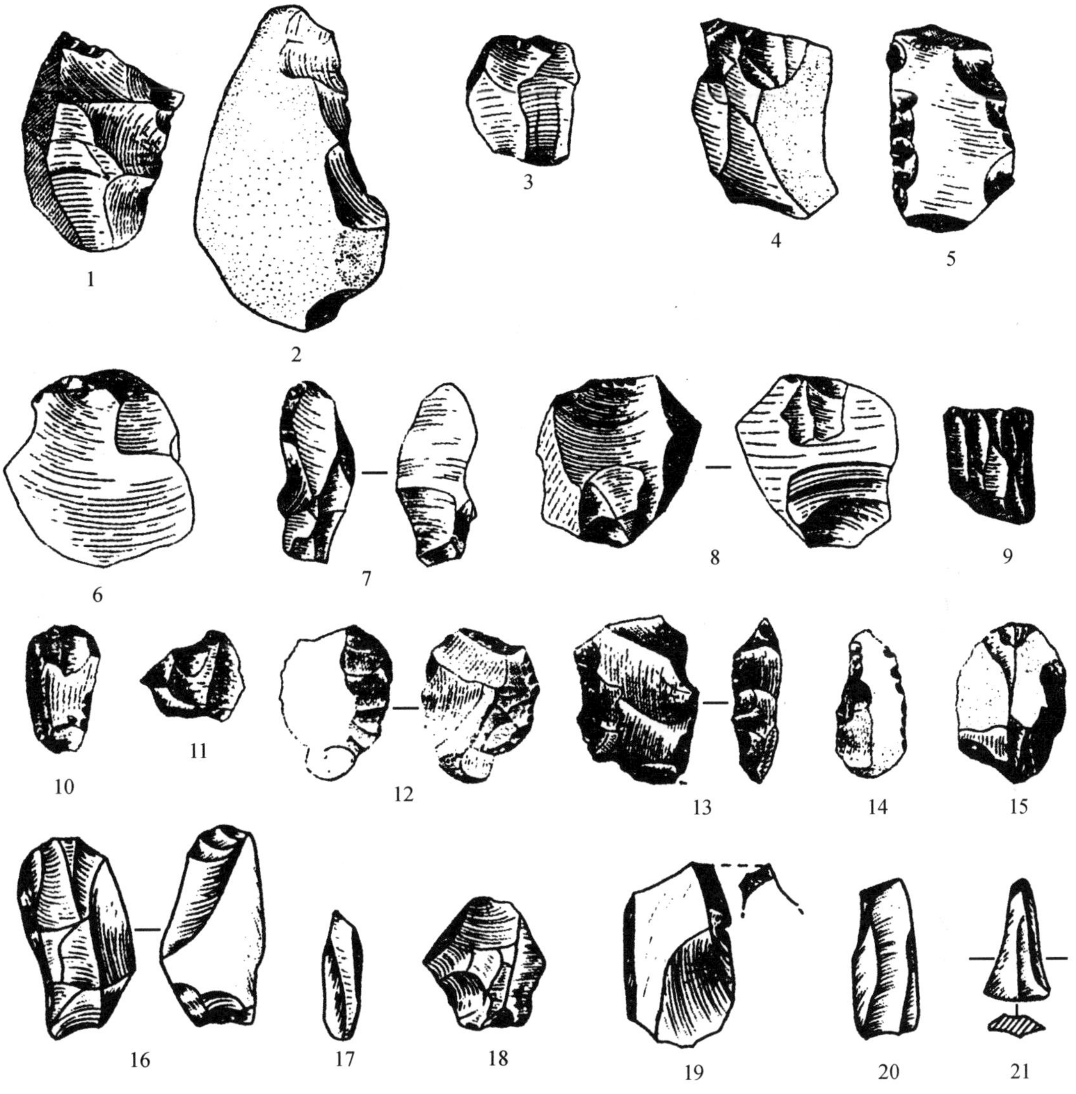

图一六　昂昂溪大兴屯遗址出土的旧石器时代晚期石制品

1、7. 单边刃刮削器　2. 砍斫器　3、8. 砸击石核和两端石片　4、6. 石核和石片　5、14. 双边刃刮削器　9. 细石器　10、15. 端刃刮削器　11. 吻状刮削器　12. 雕刻刮削器　13. 琢背刮削器　16. 双刃雕刻器　17、21. 修边雕刻器　18. 复刃刮削器　19. 双面雕刻器　20. 截顶雕刻器

学者的关注。从1933年起，先后有俄、日、法等外国学者和我国学者前往调查。直到近年还有许多专家前往此地考察。这些古生物化石属于猛犸象-披毛犀动物群。人类头骨化石据说已发现15个，而且都很完整。由于专家之间对这些遗存的年代看法不一，因此意见分歧很大，至今难以定论。

蘑菇山是一座小山，距扎赉诺尔约3千米，因山形似蘑菇而得名。其地理坐标为东经117°42′，北纬49°3′，海拔662米。1980年6月汪宇平等对蘑菇山的第Ⅰ地点进行了调查和试掘，获得石制品50件。1990年他再次对第Ⅰ地点进行复查，又发现石制品83

件。两次共获得石制品133件[63]。

在这些石制品当中，主要器类为石锤、石片、刮削器、尖状器和砍砸器（图一七），其中刮削器的数量最多。这组石器的特点是大量使用石锤和广泛应用锤

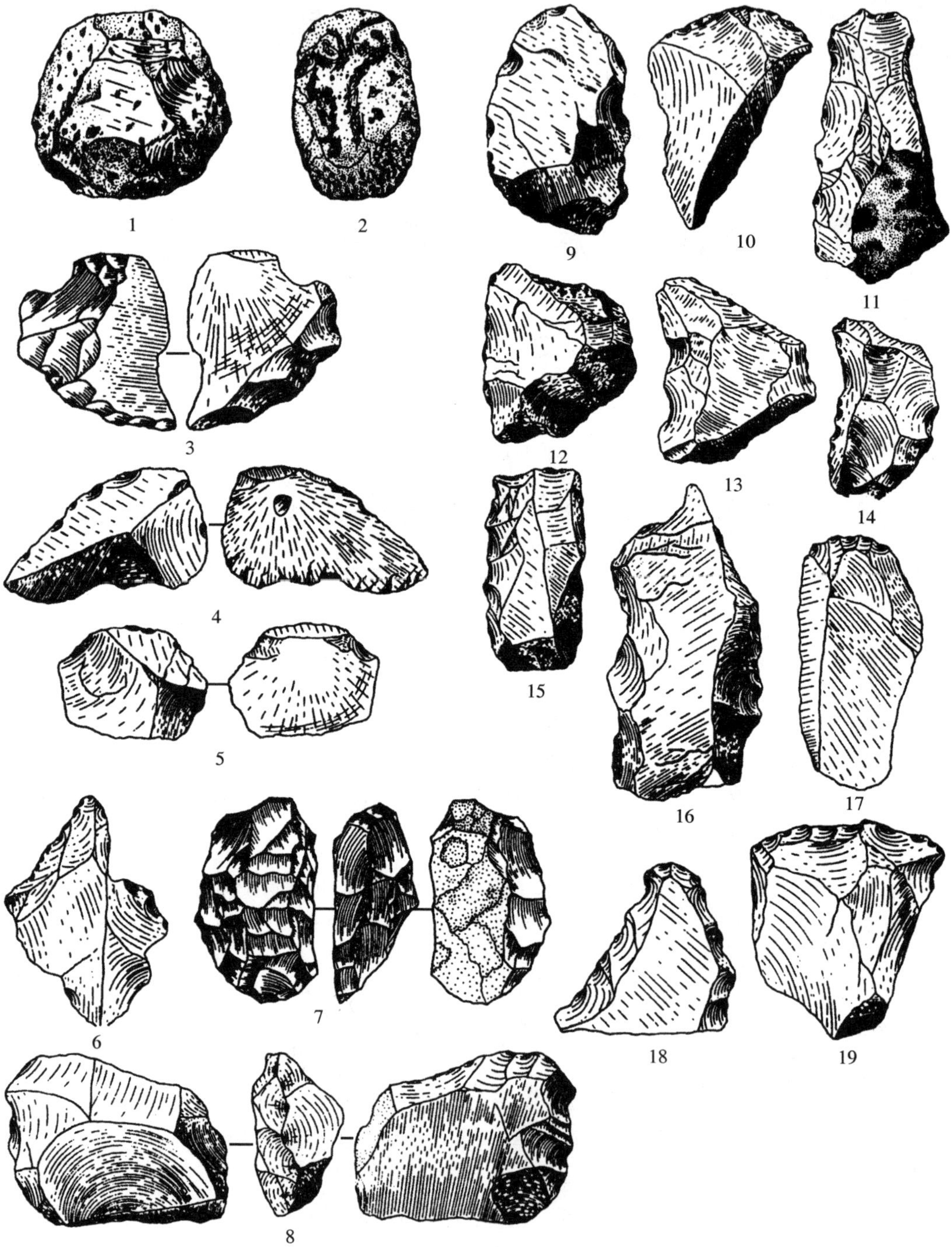

图一七　扎赉诺尔蘑菇山遗址第Ⅰ地点出土的旧石器时代晚期石制品

1、2. 石锤　3～5. 石片　6. 尖状器　7、8. 砍砸器　9～19. 刮削器

击法，对刮削器的加工有时还采用交互打击法。另外，蘑菇山发现的石器平均长度都在100毫米以上，应该属于大型石器传统。就目前东北地区发现的旧石器来说，无论早晚制品，均难以同它进行比较。

由于发掘地层中没有动物化石与石器伴出，而且石制品的类型和加工方法又比较进步，所以发掘者结合对呼伦贝尔地区地层状况的研究，认为蘑菇山遗址出土的石制品年代应该属于晚更新世。

10. 饶河小南山遗址出土的文化遗存

该遗址位于乌苏里江左岸，饶河镇南小南山脚下的一级阶地上。地理坐标为东经134°01′，北纬47°47′，是中国已发现的最东的一处旧石器时代地点。1980年5月黑龙江省博物馆和中国科学院古脊椎动物与古人类研究所在这里找到一些动物化石和文化遗物[64]。

文化遗物分石制品和骨制品两种。石制品2件，均为工具。其中一件为单凸刃刮削器，以凝灰岩石片为毛坯，采用撞击法直接修理而成。另一件是斧形石核石器，即修理把手的砍砸器，同样是以凝灰岩石片为毛坯，但采用锤击法直接修理，其方式主要向背面加工，局部采用交互法。2件工具均为大中型，应该属于大石器工业。骨制品1件，是用猛犸象肩胛骨制成的尖状器，毛坯的两端均保留有修理痕迹，正面有四处人工刻痕。

小南山地点的地质时代为晚更新世之末，相当于旧石器时代的晚期后段。出土的动物化石经中国科学院古脊椎动物与古人类研究所^{14}C实验室测定，年代为距今1.3万年左右。

四、东北地区旧石器时代文化遗存的基本特征

中国东北地区发现的旧石器时代遗址和出土的旧石器文化遗存，基本覆盖了以辽河、大小凌河、鸭绿江流域为代表的东北南部地区和以松花江、嫩江、乌苏里江、黑龙江、图们江流域为代表的东北北部地区。时代上包含了旧石器时代从早到晚的各个不同时期（表一）。动态分布规律是早、中期的遗址主要集中在东北南部的辽宁地区，吉林、黑龙江两省发现的绝大多数为晚期遗址（极个别的为中期偏晚遗存[65]）。这说明，东北地区旧石器文化的时空特点是随着时间的推移而在地域上逐步由南向北扩展。

总体观察东北地区出土的旧石器文化遗物，它们具有以下几个共同的特征。

（1）制作石器的原料以脉石英、石英岩为主，燧石、蛋白石较少。其中早期以石英类岩石为主，中晚期石料多样化，开始使用燧石、玛瑙等优质材料。到了晚期之末，某些遗址甚至以燧石、玛瑙为主。

表一　中国东北地区旧石器时代遗址和文化遗存时空分布状况一览表

时期＼地区	南部地区（辽河、大小凌河、鸭绿江流域）		北部地区（松花江、嫩江、黑龙江、乌苏里江、图们江流域）				
	辽东地区	辽西地区	松花江	嫩江	黑龙江	乌苏里江	图们江
晚期	9. 海城小孤山 8. 大连古龙山 7. 丹东前阳人化石 6. 本溪庙后山东洞 5. 营口金牛山（上层）	12. 建平人化石 11. 凌源西八间房	28. 哈尔滨顾乡屯 27. 哈尔滨黄山 26. 哈尔滨阎家岗 25. 五常学田 24. 榆树周家油坊 23. 榆树大桥屯 22. 前郭青山头 21. 乾安大布苏 20. 长春红嘴子 19. 吉林西山 18. 蛟河仙人桥洞 17. 桦甸仙人洞 16. 安图石门山 15. 抚松仙人洞	32. 昂昂溪大兴屯 31. 龙江景星 30. 讷河清和屯 29. 镇赉大坎子	36. 呼玛十八站 35. 呼玛老卡 34. 漠河老沟 33. 扎赉诺尔蘑菇山	37. 饶河小南山	38. 汪清新兴村
中期	4. 本溪庙后山（上层）	10. 喀左鸽子洞	14. 蛟河砖厂				
早期	3. 营口藏山 2. 本溪庙后山（下层） 1. 营口金牛山（下层）		13. 前郭王府屯				

（2）打制石片的方法以锤击法为主，砸击法其次，碰砧法使用较少，只是在个别遗址如庙后山遗址中使用碰砧法较多。打片多利用自然台面或打制台面，到了晚期可见少量修理台面的情况，旧石器时代末期，出现了间接打法或压制法。

（3）制作工具的坯料是多样的，有石片、石块、石核、砾石、断片和石叶等，但石片占绝大多数。

（4）修理石器的方法主要是锤击法，早期和中期主要是使用石锤直接进行修理，到了晚期个别工具上见有压制法或指垫法修理的痕迹。例如，海城小孤山遗址的许多标本都是采用比较进步的指垫法进行修理的，到了旧石器时代末期，开始采用间接打法进行修理。

（5）石器的加工方式是多样的，但以单面加工为主，少部分为双面加工，单面加工者多向背面加工，少部分向劈裂面加工，双向加工者主要是交互加工、复向加工和错向加工。早期多为单向加工，并且多利用自然面作台面，中、晚期出现错向和交互加工。

（6）石器的主要种类有刮削器、尖状器、砍砸器、雕刻器、石锥、手斧和球状器等。其中刮削器数量最多，尖状器其次，二者形制丰富多样，是东北旧石器文化的主要器类（鸽子洞和庙后山例外）。其余的因各遗址工具组合不同而地位不同，如大兴屯雕刻器居多，仙人洞石锥具有重要地位。但总的来说，这些类型的工具均是加工生活资料用的第二大类工具，制作工具的第一大类工具则很少见到[66]。

（7）总的来看，东北地区的旧石器是以石片石器为主，也就是以中小型工具为主体，大型工具如砍砸器和手斧数量极少。从时代上看，早期石器个体较大，如本溪庙后山遗址的石器大中型占绝对多数。到了中晚期，石器朝细小化发展，小型石器越来越多，规整的长石片比较多见。

（8）骨、角、牙、蚌器已经出现，主要见有针、锥、铲、鱼镖和枪头等，装饰品则主要为穿孔兽牙和有刻纹的蚌饰。加工技术经打出毛坯，刮出雏形和最后磨制成型等工序。钻孔技术为两面对刮或对挖成孔。旧石器时代晚期，磨制技术在制作骨、角器时已得到了应用。

进一步从文化特点、技术传统和分布地域等三方面分析，东北地区的旧石器时代文化可以划分为三个不同的工业类型[67]。这三种类型的区别如果用一句话来说，就是“山区大、丘陵小、草原细”。具体说来，可细分为以下三点。

第一，以大石器为主体的石器工业类型，主要分布在东北的东部山区。该类型以本溪庙后山遗址为代表，另包括蛟河新乡砖场、抚松仙人洞和饶河小南山等。这种工业类型的突出特点是打片技术除采用锤击法外，还使用碰砧法。砍砸器在工具组合中所占的比例较高。工具修理简单，加工粗糙，整体器型较大。这种特征在其他石器工业类型中比较少见。

第二，以小石器为主体的石器工业类型，主要分布在东北中部的丘陵地带。这种类型以营口金牛山遗址为代表，其他遗址或地点还有海城小孤山、喀左鸽子洞、榆树周家油坊和哈尔滨阎家岗等。该类型石器的主要特点是打片以锤击法为主，偶尔使用砸击法，而不见碰砧法。工具以刮削器为主，其次是尖状器，砍砸器数量极少。工具修理较精致，并以中小型为主。磨制骨器和装饰品为其他工业类型所不见。

第三，以细石器为主体的石器工业类型，主要分布在东北西部的草原地带。此类型以齐齐哈尔昂昂溪大兴屯遗址为代表，重要遗址和地点还有乾安大布苏和呼玛十八站等。石器打片技术除了锤击法和砸击法外，还使用了间接打片技术。在工具修理上也采用了压制修理法。工具类型以刮削器和尖状器为主，还出现了复合工具。整个器型加工规整，大部分工具小而精细。

根据张森水先生的研究，“在旧石器时代早期，我国南北方均可归于以小石器为主的文化传统中……进入旧石器时代中期，在我国南方尚缺可靠的、能说明问题的资料；在我国北方，至少存在两个文化类型，其一是以周口店第15地点——许家窑文化为代表、以小石器为主的文化类型；另一是以典型的丁村文化为代表的、以大石器占优势的文化类型”[68]。

由此看来，在年代和发展关系方面，东北地区的大石器工业类型和小石器工业类型至少从旧石器时代中期开始，就应该是同时存在、并行发展的。而细石器工业类型直到旧石器时代晚期才开始出现，它很可能是从小石器工业类型中派生出来的一种新的“变体类型”，但是这种“变体类型”并没有完全取代原有的小石器工业传统，而是与其同在，并行发展。两者的区别主要表现为原来小石器工业类型的石器继续按照长宽等比例趋势变小，而细石器工业类型的石器则朝着长宽不等比例的趋势逐渐变得小而精细。

需要指出的是，在以上划分的三种石器工业类型之间，还应该存在着属于中间的“过渡类型”。辽宁凌源西八间房遗址出土的石制品就是典型的例子，这组石器以小石器工业为主，但也有细石器工业的因素，表现出了一种具有中间“过渡类型”的特点；另外，地处西部草原地区的扎赉诺尔蘑菇山遗址，石器体型普遍较大，一般为100毫米左右，与乾安大布苏、齐齐哈尔大兴屯和呼玛十八站等遗址出土的石器相比，区别显然很大，故难以被纳入西部草原地区以细石器为主体的石器工业类型当中。如何解释这一文化特征和分布地域不相符合的矛盾现象，应该是今后研究中值得我们特别关注的一个很重要的问题。

五、与韩国中原地区旧石器文化的关系

韩国的中原地区位于朝鲜半岛的南部，行政区划以忠清北道为主要范围。该地区的南部为锦江上游，北部为汉江上游。从目前的考古发现来看，这一地区的旧石器时代遗址数量较多，出土的文化遗存分别代表了旧石器时代早、中、晚三个不同的时期[69]。

早期主要以清原郡万水里遗址（Mansu-ri Site，Cheongwon）和清原郡崂山里遗址第3～5地点（Nosan-ri Site Loc. 3～5，Cheongwon）出土的文化遗存为代表[70]，另包括丹阳郡九朗窟遗址（Gunang Cave Site，Danyang）[71]和公洲郡石壮里遗址下层出土的部分遗存。

中期主要以清州风鸣洞遗址下层（Bongmyeong-dong Site，Cheonggju）[72]和公洲郡石壮里中层出土的文化遗存为代表。

晚期主要以清原郡崂山里遗址第2地点（Nosan-ri Site Loc. 2，Cheongwon）、清州郡福大洞大陵遗址（Bokdae-dong Daenong Site，Cheonggju）、丹阳郡垂杨介遗址（Suyanggae Site，dayang）[73]和公洲郡石壮里遗址上层出土的文化遗存为代表，另包括清州栗阳洞遗址（Yullyang-dong Site，Cheongju）、清州风鸣洞遗址上层（Bongmyeong-dong Site，Cheonggju）、清原秃鲁峰遗址（Durubong Cave Site，

Cheongwon）、清原小鲁里遗址（Soro-ri Site，Cheongwon）、清原泉沟遗址（Saemgol Site，Cheongwon）、忠州金陵洞遗址（Geumleung-dong Site，Chungju）[74]出土的部分文化遗存。

从石器特点上看，韩国中原地区的旧石器文化遗存早、中期以砾石石器为主，石制品原料多为石英岩或石英，石器以大中型者居多，加工方法以锤击法为主，主要器物类型为石镐（大尖状器）、手斧、砍砸器、刮削器、石球等（图一八），其他器类很少；晚期以石片石器为主，石制品的原料开始多样化，除石英岩、石英外，还使用角页岩、黑云母和长石等。石器以小型石器或细石器为主，制作方法有锤击法和砸击法，开始使用间接打击法和压制法剥片，器物种类主要为刮削器、尖状器、雕刻器和砍砸器等，并出现了楔形石核、细石叶及细小石器（图一九）。

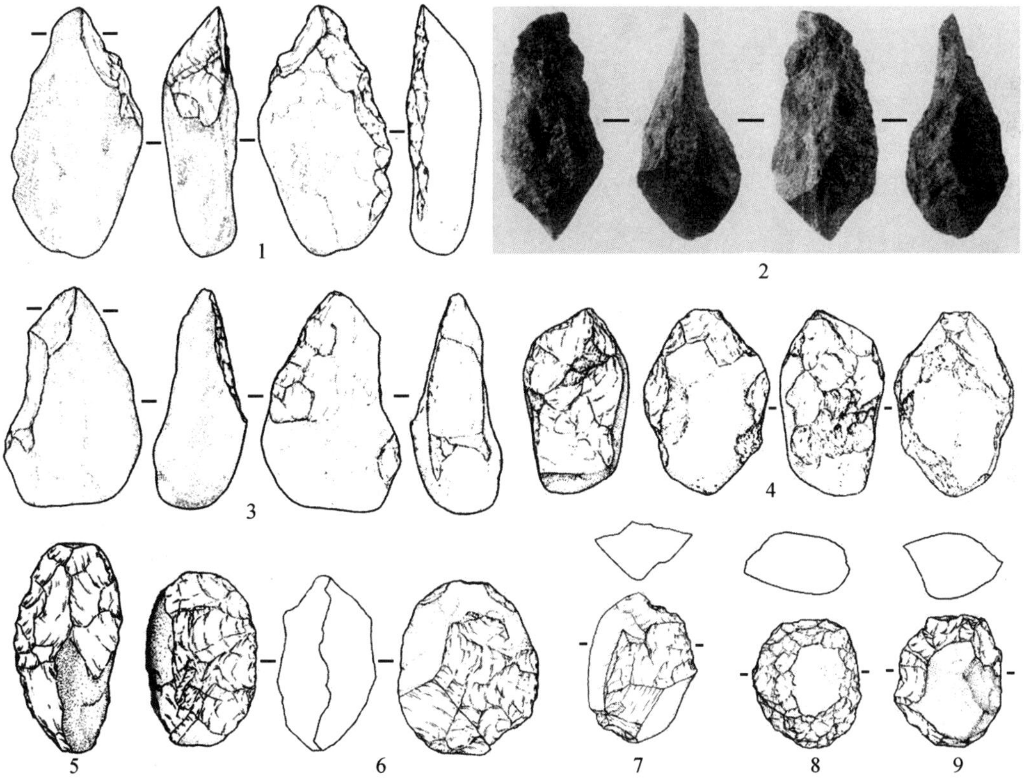

图一八　韩国中原地区出土的旧石器时代早期砾石石器

1、3. 石镐（大尖状器）　2、6. 手斧　4、7～9. 砍砸器　5. 刮削器（均为忠清北道清原郡万水里遗址出土）

中国境内目前发现的旧石器时代文化，以秦岭—淮河一线为界可区分为南北两个大的系统（或称“二元结构”），即南方的旧石器文化以砾石石器为主，北方的旧石器文化以石片石器为主。

将韩国中原地区出土的旧石器文化与中国境内发现的旧石器文化进行比较，便不

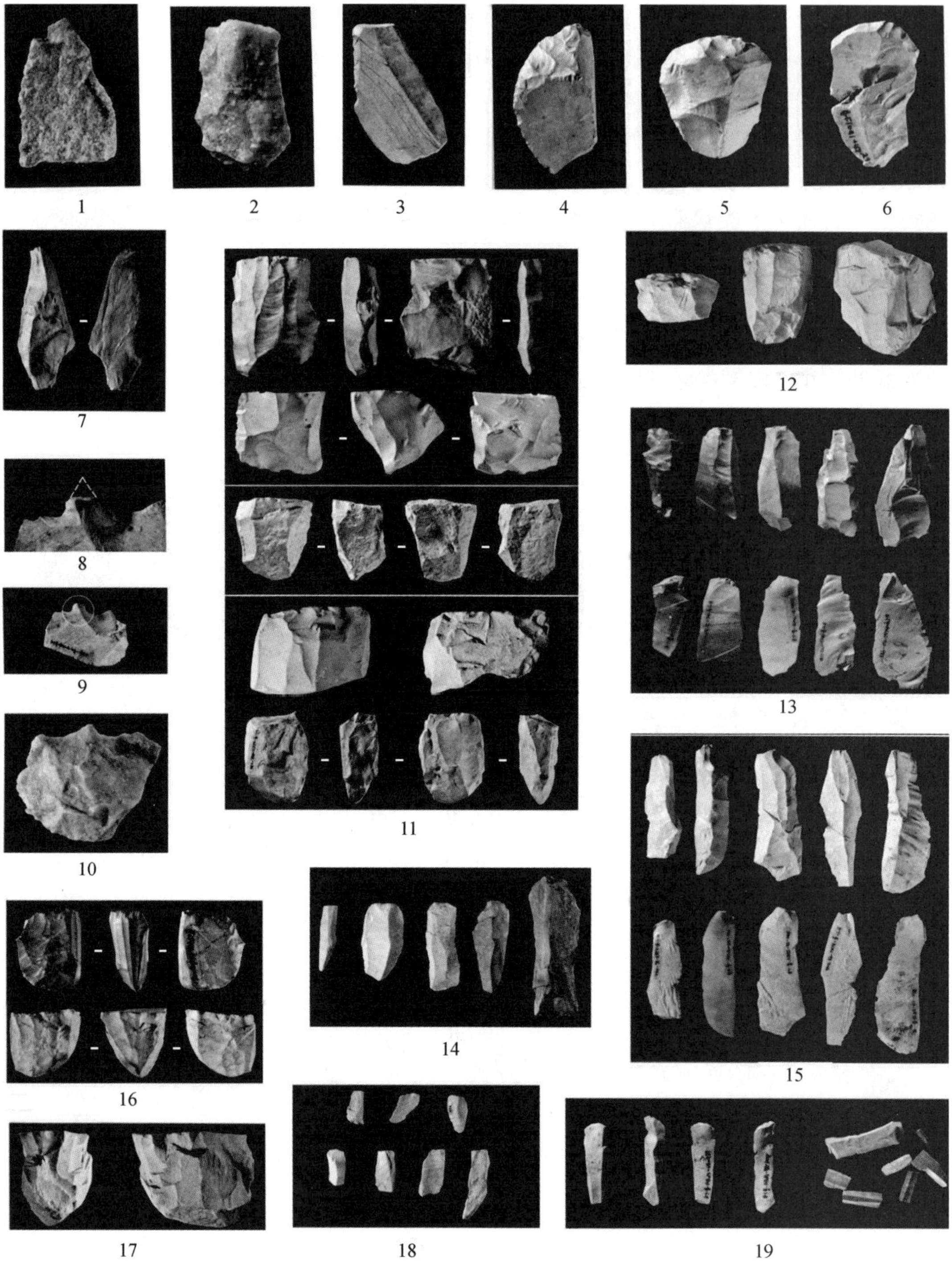

图一九　韩国中原地区出土的旧石器时代晚期石片石器

1～3. 边刃刮削器　4～6. 端刃刮削器　7. 尖状器　8～10. 石锥　11、12. 石核　13. 石片　14、15. 石叶　16、17. 细石核　18、19. 细石叶（3、7、10、12、14、17、18为丹阳郡垂杨介遗址出土，其余为清原郡峈山里遗址第2地点出土）

难发现它们之间存在着很大的相似性。

以清原郡万水里等遗址为代表的早中期石器，特点与中国湖南常德虎爪山遗址[75]、湖南澧县鸡公垱遗址、湖南澧县乌鸦山遗址[76]、湖北荆州鸡公山遗址下层[77]、湖北郧县人遗址[78]、湖北郧县曲远河口地点和湖北丹江口市明家地点[79]等出土的旧石器时代早中期石器（图二〇）十分相近。它们的共同特点是均为砾石石器，器形较大，多以石英岩或石英为材料，加工方法以锤击法为主，器类中以石镐（大尖状器）、手斧、砍砸器数量最多，特别是它们在基本的加工方法和形态上非常接近（图一八、图二〇），表明韩国中原地区的早中期旧石器文化应该和中国南方的旧石器文化属同一个文化传统。

与此相反，以清原郡崂山里遗址第2地点和丹阳郡垂杨介遗址为代表的晚期石器，明显表现出与包括东北地区在内的中国北方石片石器传统存在着很大的共性。从这些遗址出土的石制品看，绝大多数为石片石器，多以小型石器为主，选材开始多样化，

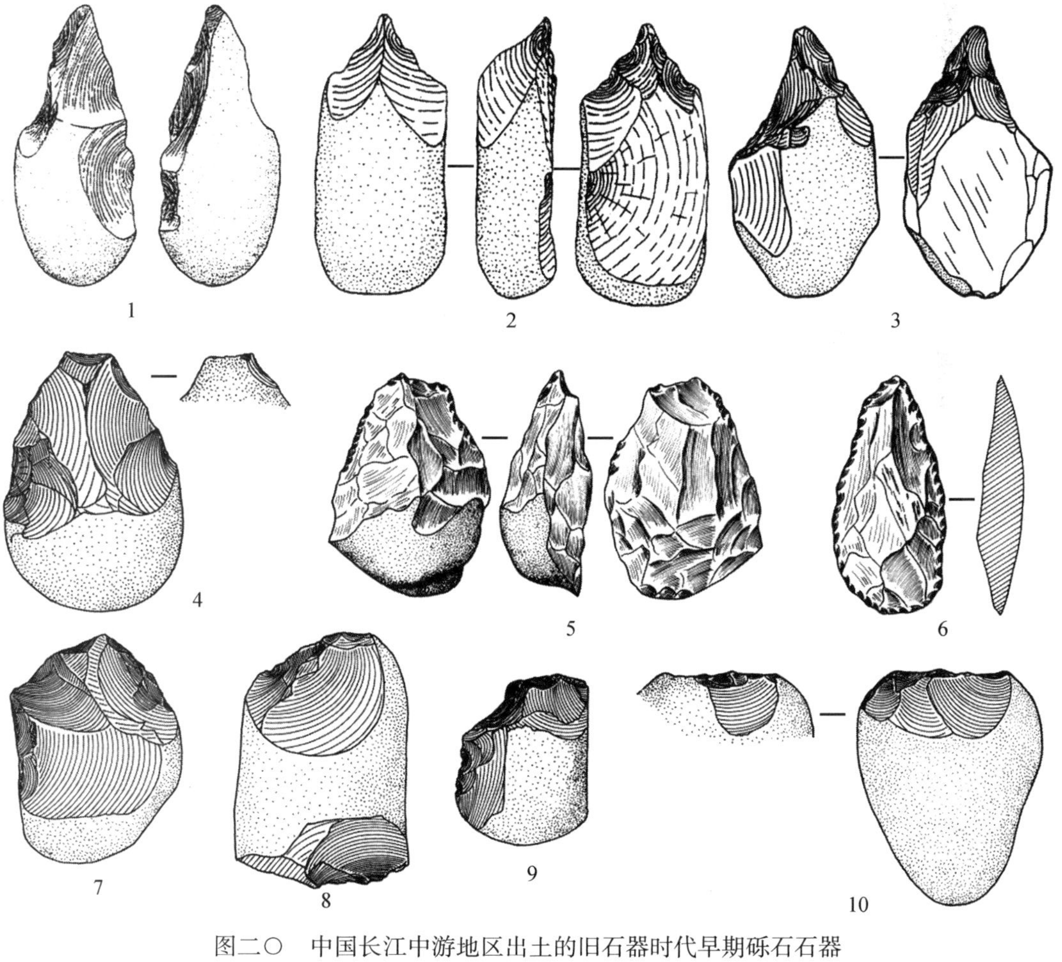

图二〇　中国长江中游地区出土的旧石器时代早期砾石石器

1～3. 大尖状器　4～6. 手斧　7～10. 砍砸器（1、2. 湖北鸡公山遗址下层出土，3、4、7～10. 湖北郧县人遗址出土，5. 湖北郧县曲远河口出土，6. 湖北丹江口市明家出土）

加工方面出现了间接打击法和压制法，器类多见石核、石片、石叶、刮削器、尖状器、石锥、细石器等。这些特点与中国东北地区以营口金牛山、海城小孤山、喀左鸽子洞、榆树周家油坊、哈尔滨阎家岗和齐齐哈尔大兴屯、乾安大布苏、呼玛十八站等遗址为代表的小石器工业传统和细石器工业传统非常相似，这种相似性不仅说明它们有可能属于相同的文化系统，而且对于了解东北亚旧石器时代后期文化的传播与扩散具有十分重要的意义。

总之，韩国中原地区的旧石器文化代表了两个不同的文化传统，早期和中期的石器与中国南方的旧石器文化表现出了相当的一致性，应同属于砾石石器文化传统；晚期石器与中国东北地区的同时代文化十分相似，表明它们应同属于石片石器系统。这两种情况的存在，反映出韩国中原地区的旧石器时代文化与中国南方和东北地区的旧石器时代文化之间，无疑存在着十分密切的亲缘关系。

注　释

[1]　尹赞勋：《哈尔滨附近第四纪哺乳动物化石群之发现》，《中国地质学会志》第11卷2期。

[2]　德永重康等：《满洲帝国吉林省顾乡屯第一回掘出物研究报告》，《第一次满蒙学术调查报告》二部一编，1934年；《满洲帝国吉林省顾乡屯发掘之古人类遗品》，《第一次满蒙学术调查报告》六部二编，1936年。

[3]　波诺索夫：《满洲最初发现之旧石器时代文化》，《多尔门》1935年2期。

[4]　远藤隆次：《顾乡屯》，《满洲古迹古物名胜天然纪念保护协会》（第二辑）；奥田直荣：《顾乡屯二次的堆积》，《人类学杂志》1939年54卷6号；石岛涉：《昭和十三年度第二次顾乡屯发掘概报》，《满洲国生物学会会报》1938年。

[5]　干志耿等：《黑龙江省旧石器时代考古发现与研究》，《北方文物》1989年1期。

[6]　鹿间时夫：《满洲的新生代后期地层》，《矿物与地质》1950年3卷5期。

[7]　辽宁省博物馆：《凌源西八间房旧石器文化地点》，《古脊椎动物与古人类》1973年2期。

[8]　顾玉才：《金牛山遗址发现的用火遗迹及相关的几个问题》，《东北亚旧石器文化》，1996年；孙建中等：《东北末次冰期的古环境》，《吉林地质》1980年4期；姜鹏：《吉林旧石器时代晚期人类生活环境的探讨》，《东北考古与历史》（第1集），文物出版社，1982年；张镇洪：《辽宁地区远古人类及其文化的初步研究》，《古脊椎动物与古人类》1980年2期。

[9]　辛占山等：《辽宁地区旧石器文化研究回顾与展望》，《东北亚旧石器文化》，1996年；姜鹏：《吉林省旧石器时代考古概说》，《东北亚历史与考古信息》1993年1、2期合刊；干志耿等：《黑龙江省旧石器时代考古发现与研究》，《北方文物》1989年1期；谭英杰等：《黑龙江区域考古学（黑龙江地区史前文化·旧石器时代遗存）》，中国社会科学出版社，1991年；傅仁义：《渤海湾北岸古人类旧石器文化及与东亚的关系》，《辽海文物学刊》1991年1期；何贤武等：《东北亚地区旧石器文化比较研究》，《东北亚旧石器文化》1996

年；陈全家：《（东北）旧石器时代考古》，载《东北古代民族·考古与疆域》，吉林大学出版社，1998年。

[10] 营口金牛山和本溪庙后山两处遗址均包含了上、下两个时代的堆积，因此每个遗址暂按两处计算。

[11] 姜鹏：《吉林省旧石器时代考古概说》，《东北亚历史与考古信息》1993年1、2期合刊。

[12] 鹿间时夫：《满洲的新生代后期地层》，《矿物与地质》1950年3卷5期。

[13] 金牛山联合发掘队：《辽宁营口金牛山发现的第四纪哺乳动物群及其意义》，《古脊椎动物与古人类》1976年14卷2期；金牛山联合发掘队：《辽宁营口金牛山旧石器文化研究》，《古脊椎动物与古人类》1978年16卷2期。

[14] 张森水等：《金牛山（1978年发掘）旧石器遗址综合研究》，《中国科学院古脊椎动物与古人类研究所集刊》第19号，1993年。

[15] 傅仁义等：《金牛山遗址考古新收获及其研究进展》，《辽海文物学刊》1988年1期；张森水：《辽宁营口金牛山》，《中国远古人类》，科学出版社，1989年。

[16] 吕遵谔：《金牛山遗址1993、1994年发掘的收获和时代的探讨》，《东北亚旧石器文化》，1996年。

[17] 顾玉才：《金牛山遗址发现的用火遗迹及相关的几个问题》，《东北亚旧石器文化》，1996年；吕遵谔：《金牛山人的时代及其演化的地位》，《辽海文物学刊》1989年1期。

[18] 黄蕴平：《金牛山遗址动物碎骨的观察》，《东北亚旧石器文化》，1996年。

[19] 辽宁省博物馆等：《庙后山——辽宁本溪市旧石器文化遗址》，文物出版社，1986年。

[20] 崔德文等：《辽宁营口藏山洞穴地点试掘报告》，《人类学学报》1994年13卷3期。

[21] 辽宁省博物馆等：《庙后山——辽宁本溪市旧石器文化遗址》，文物出版社，1986年。

[22] 孙守道：《辽宁喀左鸽子洞旧石器文化遗址首次探掘报告》，《东北亚旧石器文化》，1996年。

[23] 鸽子洞发掘队：《辽宁鸽子洞旧石器遗址发掘报告》，《古脊椎动物与古人类》1975年13卷2期；张森水：《中国旧石器文化》，天津科学技术出版社，1987年，第五章。

[24] 鸽子洞发掘队：《辽宁鸽子洞旧石器遗址发掘报告》，《古脊椎动物与古人类》1975年13卷2期。

[25] 张森水：《中国旧石器文化》，天津科学技术出版社，1987年，第五章。

[26] 吕遵谔：《鸽子洞的人类化石》，《人类学学报》1992年11卷1期。

[27] 陈全家：《吉林市地区首次发现的旧石器》，《东北亚旧石器文化》，1996年。

[28] 陈全家：《吉林市地区首次发现的旧石器》，《东北亚旧石器文化》，1996年。

[29] 辽宁省博物馆等：《庙后山——辽宁本溪市旧石器文化遗址（附录：东洞遗址）》，文物出版社，1986年。

[30] 金牛山联合发掘队：《辽宁营口金牛山旧石器文化研究》，《古脊椎动物与古人类》1978年16卷2期。

［31］ 林一璞等：《辽宁省丹东地区旧石器末期人类化石的发现》，《辽宁省本溪丹东地区考古学术讨论文集》，1985年。

［32］ 吴汝康：《辽宁建平人类上臂骨化石》，《古脊椎动物与古人类》1961年3卷4期。

［33］ 姜鹏：《吉林榆树大桥屯发现的旧石器》，《人类学学报》1990年9卷1期。

［34］ 尤玉柱等：《吉林前郭查干泡发现的人类化石与古生态环境》，《史前研究》1984年4期。

［35］ 董祝安：《大布苏的细石器》，《人类学学报》1989年8卷1期。

［36］ 陈全家：《吉林镇赉丹岱大坎子发现的旧石器》，《北方文物》2001年2期。

［37］ 陈全家：《红嘴子地点》，《东北古代民族·考古与历史》，吉林大学出版社，1998年。

［38］ 陈全家：《吉林市地区首次发现的旧石器》，《东北亚旧石器文化》，1996年。

［39］ 陈全家：《吉林市地区首次发现的旧石器》，《东北亚旧石器文化》，1996年。

［40］ 姜鹏：《吉林安图晚更新世洞穴堆积》，《古脊椎动物与古人类》1975年13卷3期；姜鹏：《吉林安图人化石》，《古脊椎动物与古人类》1982年20卷1期。

［41］ 王文兴：《吉林抚松发现旧石器时代文化遗址》，《人类学学报》1993年12卷2期；姜鹏：《吉林抚松仙人洞旧石器时代遗址》，《东北亚旧石器文化》，1996年。

［42］ 史前：《汪清蛤蟆塘乡发现的动物化石》，《吉林日报》1986年。

［43］ 吕遵谔：《顾乡屯地点》，《中国大百科全书·考古卷》，中国大百科全书出版社，1986年；干志耿等：《黑龙江省旧石器时代考古发现与研究》，《北方文物》1989年1期。

［44］ 孙建中：《松辽平原旧石器考古问题》，《黑龙江文物丛刊》1983年2期；游寿等：《黑龙江省和内蒙古呼盟的旧石器晚期骨制工具》，《北方论丛》1980年1期。

［45］ 于汇历：《黑龙江五常学田旧石器文化遗址的初步研究》，《人类学学报》1988年7卷3期。

［46］ 王家华：《齐齐哈尔附近是古人类集中活动地区》，《黑龙江科技报》（城镇版）1984年10月10日；干志耿等：《黑龙江省旧石器时代考古发现与研究》，《北方文物》1989年1期。

［47］ 于汇历：《黑龙江清和屯遗址的旧石器》，《东北亚旧石器文化》，1996年。

［48］ 魏正一等：《呼玛十八站新发现的旧石器》，《求是学刊》1982年1期；《黑龙江右岸首次发现旧石器时代遗址》，《黑龙江日报》1977年1月22日。

［49］ 黑龙江省文物考古研究所：《黑龙江省呼玛老卡遗址调查简报》，《北方文物》1996年2期。

［50］ 傅仁义：《鞍山海城仙人洞旧石器时代遗址试掘》，《人类学学报》1983年2卷1期。

［51］ 张振洪等：《辽宁海城小孤山遗址发掘简报》、《人类学学报》1985年4卷1期。

［52］ 黄慰文等：《海城小孤山的骨制品和装饰品》，《人类学学报》1986年5卷3期。

［53］ 周信学等：《大连古龙山遗址研究》，北京科学技术出版社，1990年。

［54］ 辽宁省博物馆：《凌源西八间房旧石器文化地点》，《古脊椎动物与古人类》1973年11卷2期。

［55］ 尤玉柱等：《吉林前郭查干泡发现的人类化石与古生态环境》，《史前研究》1984年4期；

邱中郎：《含氟量分析在中国几种人类化石上试用的初步报告》，《古生物学报》1965年4期。
[56] 陈全家：《榆树周家油房地点》，《东北古代民族·考古与历史》，吉林大学出版社，1998年。
[57] 孙建中等：《吉林榆树周家油坊旧石器文化遗址》，《古脊椎动物与古人类》1981年19卷3期。
[58] 陈全家：《吉林桦甸寿山仙人洞旧石器遗址试掘报告》，《人类学学报》1994年13卷1期。
[59] 魏正一等：《哈尔滨阎家岗旧石器时代晚期地点》，《北方文物》1986年4期；黑龙江省文物管理委员会等：《阎家岗——旧石器时代晚期古营地遗址》，文物出版社，1987年；于汇历等：《阎家岗遗址的结构及埋藏学研究》，《考古与文物》1988年4期。
[60] 黑龙江省文物管理委员会等：《阎家岗——旧石器时代晚期古营地遗址》，文物出版社1987年。
[61] 黄慰文等：《黑龙江昂昂溪的旧石器》，《人类学学报》1984年3卷3期；高星：《昂昂溪新发现的旧石器》，《人类学学报》1988年7卷1期。
[62] 杨大山：《漠河出土的打制的石器》，《黑龙江文物丛刊》1982年1期。
[63] 汪宇平：《扎赉诺尔蘑菇山旧石器时代晚期遗址》，《内蒙古文物考古文集》（第一辑），中国大百科全书出版社，1994年。
[64] 杨大山：《饶河小南山新发现的旧石器地点》，《黑龙江文物丛刊》1981年1期。
[65] 吉林前郭王府屯遗址发现的石制品，年代和性质有待进一步的研究。
[66] 张森水：《中国旧石器文化》，天津科学技术出版社，1987年。
[67] 陈全家：《旧石器时代考古》，《东北古代民族·考古与疆域》，吉林大学出版社，1998年。
[68] 张森水：《中国旧石器文化》，天津科学技术出版社，1987年。
[69] 冯宝胜：《朝鲜旧石器文化研究》，文津出版社，1990年。
[70] 李龙助、李承源：《在石绽放的第一朵人类智慧之花》，韩国先史文化研究院、国立清州博物馆编著（Yung-jo LEE and Seung-Won LEE eds. The first human intelligence efflorescing on stone: Paleolithic excavations for the past 5 years in central korea. Institute of Korea Prehistory & Cheongju National Museum, 2010）。
[71] 忠北大学博物馆：《中原地区的旧石器遗址与文化》（The Paleolithic Sites and Culture of jungwon Rejion）。
[72] 忠北大学博物馆：《中原地区的旧石器遗址与文化》（The Paleolithic Sites and Culture of jungwon Rejion）。
[73] 李龙助、李承源：《在石绽放的第一朵人类智慧之花》，韩国先史文化研究院、国立清州博

物馆编著（Yung-jo LEE and Seung-Won LEE eds. The first human intelligence efflorescing on stone: Paleolithic excavations for the past 5 years in central Korea. Institute of Korea Prehistory & Cheongju National Museum, 2010）。

[74] 忠北大学博物馆：《中原地区的旧石器遗址与文化》（The Paleolithic Sites and Culture of jungwon Rejion）。

[75] 谭远辉：《虎爪山北坡旧石器地点调查报告》，《江汉考古》1999年2期。

[76] 封建平：《澧县乌鸦山旧石器遗址调查报告》，《江汉考古》1998年3期。

[77] 刘德银、王幼平：《鸡公山遗址发掘初步报告》，《人类学学报》2001年20卷2期。

[78] 李天元主编：《郧县人》，湖北科学技术出版社，2001年。

[79] 祝恒富：《湖北十堰发现2件石斧》，《人类学学报》1999年18卷1期。

（该文曾在2010年10月2日韩国忠州大学博物馆主办的“韩国中原文化的对外交流与影响”国际学术讨论会上宣读）

东北新石器文化的时空框架及文化系统

考古学遗存是考古学研究对象（或称研究材料）的总称或泛称。

考古学文化既是对考古学遗存进行分类的概念，也是区分古代人群并认识其文化特征、演进过程、相互关系及经济、社会、宗教、艺术、文化等多方面发展状况的重要方法。

在一定时间和一定空间范畴内具有若干相同特征的遗存群，一般被划分成一个考古学文化。考古学文化的命名，多取用最早被认识的出有该文化遗存的那个遗址的名称。

东北地区目前发现的属于新石器时代的考古学文化共有27种。本文探讨的问题，主要是这27种考古学文化之间的时空位置关系和内在亲缘联系，即时空框架问题和文化系统问题。

一、时空框架的构建

考古学文化的时空框架，是指一定时间和一定空间范畴内不同考古学文化之间或不同考古学文化各期、段之间的时空位置关系。时空框架的构建，一般应包括两个方面的内容。一是同一空间范畴内不同时间的考察，即相同区域内诸考古学文化之间的历时性研究，目的是建立考古学文化时空框架体系的若干个纵坐标。二是不同空间范畴内相同时间的考察，即不同区域之间诸考古学文化的共时性研究，目的是建立考古学文化时空框架体系的若干个横坐标。研究的具体步骤基本有三：一是文化区的划分，二是文化序的编列，三是文化网的建构。

1. 文化区的划分

中国东北地区的南部和西南部，分别为中国黄河流域的中游地区（华渭文化区）和下游地区（泰沂文化区）。东南部连接朝鲜半岛，局部隔海与日本相望。西部至东北部分别为蒙古国和俄罗斯的东西伯利亚及远东地区。就其所处的地理位置而言，中国的东北考古既是中国考古的重要分支，也是东北亚考古的重要组成部分。

从自然地理状况上看，中国东北地区主要有三个大的山系，分别为大兴安岭、小兴安岭和长白山。七个不同的水系，分别为辽河水系、大凌河水系、小凌河水系、黑龙江水系、绥芬河水系、图们江水系和鸭绿江水系。两个大的平原，分别为东北平原和三江平原。一个半岛，即辽东半岛。

基于上述不同的自然地理条件，结合各地出土遗存特点的不同，现阶段可将中国东北划分成9个不同的新石器文化区，分别为辽西地区、辽东北部地区、辽东南部地区、第二松花江流域、嫩江流域、牡丹江流域、乌苏里江流域、图们江流域、海拉尔河流域（图一）。

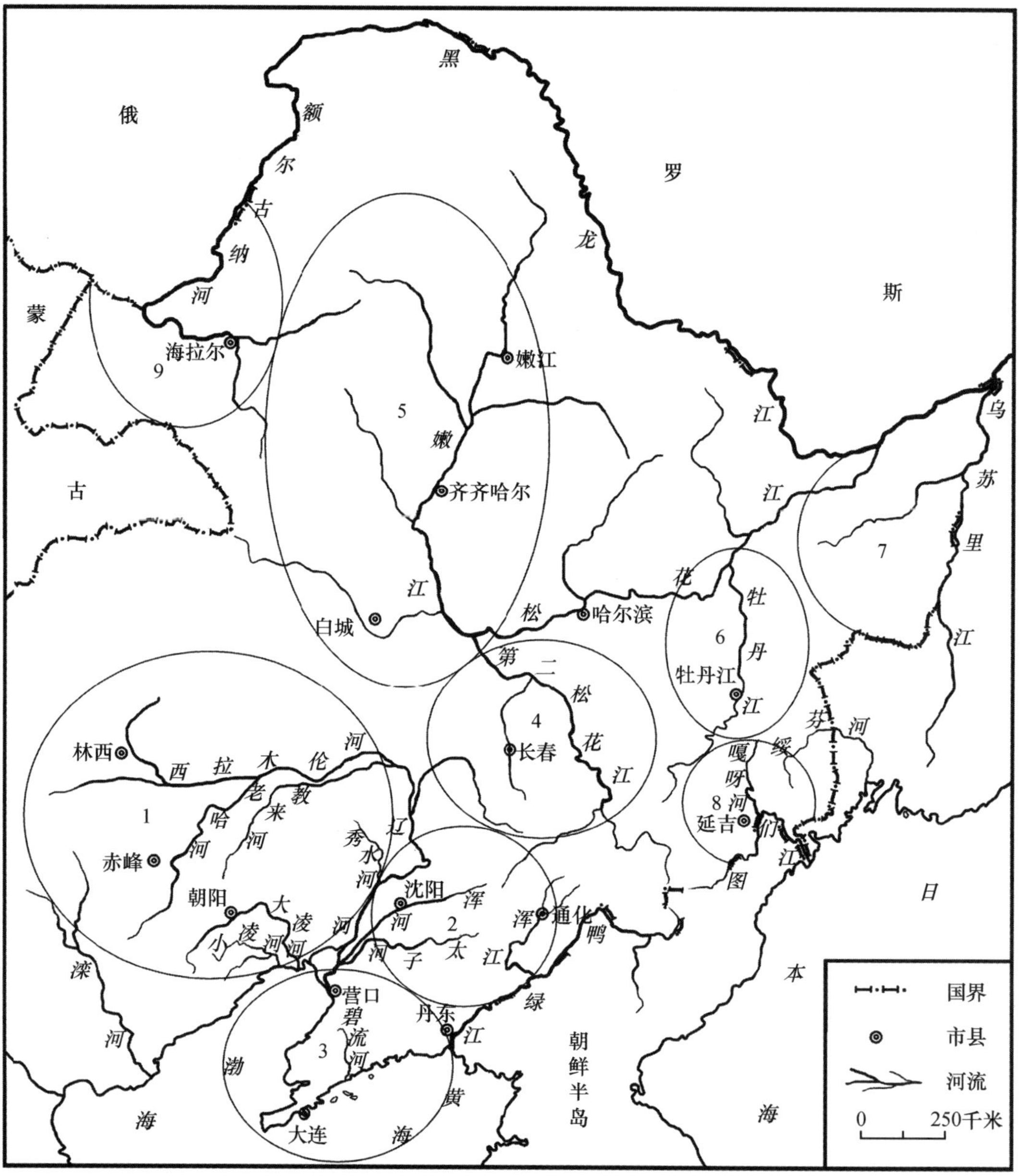

图一　东北地区新石器时代9个不同考古文化区位置关系示意图

1. 辽西地区　2. 辽东北部地区　3. 辽东南部地区　4. 第二松花江流域　5. 嫩江流域　6. 牡丹江流域
7. 乌苏里江流域　8. 图们江流域　9. 海拉尔河流域

2. 文化序的编列

上述每个文化区内，目前已发现和识别出来的考古学文化多则7个，少则1个。年代上限可到公元前6200年以前，下限为公元前2000年左右[1]。

（1）辽西地区：共发现5种考古学文化，可区分为8个时间刻度，年代序列自早至晚依次为：①小河西文化（公元前6200年以前）；②兴隆洼文化早期（公元前6200～前5500年）；③兴隆洼文化晚期（公元前5500～前5000年）；④赵宝沟—富河文化[2]（公元前5000～前4500年）⑤红山文化早期[3]（公元前4500～前4000年）；⑥红山文化中期（公元前4000～前3500年）；⑦红山文化晚期（公元前3500～前3000年）；⑧小河沿文化（公元前3000～前2500年）。

（2）辽东北部地区：共发现4种考古学文化，可区分为5个时间刻度，年代序列自早至晚分别为：①新乐下层文化早期[4]（公元前5500～前5000年）；②新乐下层文化中期（公元前5000～前4500年）；③新乐下层文化晚期和水洞下层文化（公元前4500～前4000年）；④偏堡子文化（公元前3000～前2500年）；⑤北沟文化（公元前2500～前2000年）。

（3）辽东南部地区：共发现5种考古学文化，可区分成7个时间刻度，年代序列自早至晚依次为：①小珠山下层文化早期（公元前5500～前5000年）；②小珠山下层文化中期（公元前5000～前4500年）；③小珠山下层文化晚期（公元前4500～前4000年）；④后洼上层文化（公元前4000～前3500年）；⑤小珠山中层文化（公元前3500～前3000年）；⑥三堂一期文化（公元前3000～前2500年）；⑦小珠山上层文化（公元前2500～前2000年）。

（4）第二松花江流域：共发现2种考古学文化，可区分成5个时间刻度，年代序列由早到晚分别为：①左家山下层文化早期（公元前5500～前5000年）；②左家山下层文化中期（公元前5000～前4500年）；③左家山下层文化晚期（公元前4500～前4000年）；④左家山上层文化早期（公元前4000～前3500年）；⑤左家山上层文化晚期（公元前3500～前3000年）。

（5）嫩江流域：已识别出3种考古学文化[5]，代表了3个时间刻度，年代序列自早至晚依次为：①小拉哈一期甲组遗存（公元前4500～前4000年）；②靶山类型（公元前3500～前3000年）；③昂昂溪文化（公元前2500～前2000年）。

（6）牡丹江流域：已识别出4种考古学文化[6]，代表了6个时间刻度，年代序列自早至晚依次为：①振兴文化早期（公元前5500～前5000年）；②振兴文化中期（公元前5000～前4500年）；③振兴文化晚期（公元前4500～前4000年）；④亚布力文化（公元前4000～前3500年）；⑤莺歌岭下层文化（公元前3500～前3000年）；⑥石灰场下层文化（公元前2500～前2000年）。

（7）乌苏里江流域：共发现1种考古学文化，代表了3个时间刻度，年代序列自早至晚分别为：①新开流文化早期（公元前5500～前5000年）；②新开流文化中期（公元前5000～前4500年）；③新开流文化晚期（公元前4500～前4000年）。

（8）图们江流域：共发现2种考古学文化，代表了2个时间刻度，年代序列自早至晚分别为：①兴城一期文化（公元前3000～前2500年）；②金谷文化（公元前2500～前2000年）。

（9）海拉尔河流域：只发现哈克文化1种[7]，年代跨度为公元前4000～前2000年。

3. 文化网的建构

比较以上9个地区考古学文化的编年序列，不难发现有6个地区的文化可早到公元前5000年以前（辽西地区、辽东南部地区、辽东北部地区、第二松花江流域、牡丹江流域、乌苏里江流域），有6个地区的文化可晚到公元前2000年左右（辽东南部地区、辽东北部地区、嫩江流域、牡丹江流域、图们江流域、海拉尔河流域）。这表明东北地区的新石器文化起源是多源的，发展是连续的。虽然有些地区、有些时段上文化尚属空白，但相信随着田野考古工作的不断深入，这些空白区或空白期的文化会陆续得以填补。

进一步将东北9个地区的新石器文化发展序列做一横向对比，不难发现它们在很多重要的时间点上文化之间的转化是同步的。这种同步性，也与中原地区的新石器时代文化发展时段相一致。它们之间的具体对应关系可概括成表一。

从表一反映的情况看，在相当于中原地区的前仰韶时代（公元前5000年以前）这一发展阶段上，东北各地区与其早中期（公元前5500年以前）相对应的分别是小河西文化和兴隆洼文化早期，与其晚期（公元前5500～前5000年）相对应的是兴隆洼文化晚期、小珠山下层文化早期[8]、新乐下层文化早期、左家山下层文化早期、振兴文化早期、新开流文化早期。

在相当于中原地区仰韶时代（公元前5000～前3000年）这一发展阶段上，东北各地区与仰韶早期（公元前5000～前4000年）相对应的是赵宝沟—富河文化[9]、红山文化早期、小珠山下层文化中晚期、新乐下层文化中晚期、水洞下层文化、左家山下层文化中晚期、小拉哈一期甲组遗存、振兴文化中晚期、新开流文化中晚期，与仰韶中期（公元前4000～前3500年）相对应的是红山文化中期、后洼上层文化、左家山上层文化早期、亚布力文化，与仰韶晚期（公元前3500～前3000年）相对应的是红山文化晚期、小珠山中层文化、左家山上层文化晚期、靶山类型、莺歌岭下层文化。

在相当于中原地区龙山时代（公元前3000～前2000年）这一发展阶段上，东北各地区与龙山早期（公元前3000～前2500年）相对应的是小河沿文化、三堂一期文化、偏堡子文化、兴城下层文化，与龙山晚期（公元前2500～前2000年）相对应的是小珠山上层文化、北沟文化、昂昂溪文化、石灰场下层文化、金谷文化。

表一　中国东北地区新石器时代考古学文化的时空框架（以中原地区新石器时代编年坐标为参照）

中原地区新石器时代编年坐标（公元前）/年		辽西地区	辽东南部地区	辽东北部地区	第二松花江流域	嫩江流域	牡丹江流域	乌苏里江流域	图们江流域
龙山时代	晚期（2500～2000）		小珠山上层文化	北沟文化		昂昂溪文化	石灰场下层文化		金谷文化
	早期（3000～2500）	小河沿文化	三堂一期文化	偏堡子文化					兴城一期文化
仰韶时代	晚期（3500～3000）	红山文化晚期	小珠山中层文化		左家山上层文化晚期	靶山类型	莺歌岭下层文化		
	中期（4000～3500）	红山文化中期	后洼上层文化		左家山上层文化早期		亚布力文化		
	早期后段（4500～4000）	红山文化早期	小珠山下层文化晚期	新乐下层文化晚期和水洞下层文化	左家山下层文化晚期	小拉哈一期甲组遗存	振兴文化晚期	新开流文化晚期	
	早期前段（5000～4500）	赵宝沟—富河文化	小珠山下层文化中期	新乐下层文化中期	左家山下层文化中期		振兴文化中期	新开流文化中期	
前仰韶时代	晚期（5500～5000）	兴隆洼文化晚期	小珠山下层文化早期	新乐下层文化早期	左家山下层文化早期		振兴文化早期	新开流文化早期	
	中期（6200～5500）	兴隆洼文化早期							
	早期（6200年以前）	小河西文化							

注：海拉尔河流域的哈克文化年代约在公元前4000～前2000年。

二、文化系统的划分

以考古学文化的年代早晚关系和分布地域为线索，以陶器纹饰反映出的内在亲缘联系为着眼点，全面审视东北地区目前发现的27种新石器时代考古学文化，至少可以从中辨识出4个由2种或2种以上考古学文化构成的具有亲缘关系的考古学文化系统。

1. 以“之字纹”为标志的考古学文化系统（简称“之字纹系统”）

该系统的共同特点是器物群中有相当多的陶器表面有“之字形”纹饰。代表考古学文化为兴隆洼文化、赵宝沟文化、红山文化早中期、新乐下层文化、小珠山下层文化、左家山下层文化。之字纹系统发源于辽西山地区，其前身应该是以素面陶器为特征的小河西文化。发展到兴隆洼文化晚期时（约公元前5500年），开始扩散到整个辽东和第二松花江流域，影响范围向东最远可到朝鲜半岛的西北部、向北向南分别到达了洮儿河流域和漳卫河流域，中心分布范围为本文划分的辽西地区、辽东北部地区、辽东南部地区和第二松花江流域。该系统在辽东北部地区和第二松花江流域结束的时间均为公元前4000年左右，只有原发地辽西地区延续到了红山文化的中期，也就是公元前3500年左右。

2. 以“刻划纹”为标志的考古学文化系统（简称“刻划纹系统”）

刻划纹系统的主要特点是陶器表面不见之字形纹饰，而大量流行刻划的各类几何形纹饰。该系统的主要分布范围为辽东北部地区、辽东南部地区、第二松花江流域和图们江流域。影响广度可达朝鲜半岛北部、山东半岛和嫩江流域。该系统的发源地很可能是辽东北部地区，最早的文化为本溪地区新识别出来的水洞下层文化[10]，年代可早到公元前4000年以前，与之字纹系统的晚期并行存在。到了公元前4000年以后开始壮大，并一度取代了原来之字纹系统的分布区，而扩大到了辽东南部、第二松花江和图们江流域。其代表文化为后洼上层文化、小珠山中层文化、左家山上层文化、金谷文化。由于该系统的分布范围大部分与之字纹系统相重合，年代又恰好与之字纹系统结束的时间相衔接，所以有理由推测之字纹系统的消失很可能与刻划纹系统的崛起有直接的关系。

3. 以“泥条堆纹”为标志的考古学文化系统（简称“堆纹系统”）

泥条堆纹又可称为“附加堆纹”，陶器表面存在泥条堆纹的考古学文化被归并成同一个文化系统，即堆纹系统。该系统的分布范围主要是辽东北部地区、辽东南部地区、辽西地区和嫩江流域。开始出现的时间约在公元前3500～前3000年，也就是在刻划纹系统结束之后。目前可确认的代表考古学文化主要有偏堡子文化、北沟文化、三堂一期文化、小珠山上层文化、昂昂溪文化。正像刻划纹系统的文化遗存在一些遗址中直接叠压在之字纹系统的文化遗存之上一样，堆纹系统的遗存也在一些遗址中直接叠压着刻划纹系统的遗存。这或许同样说明，堆纹系统的出现导致了刻划纹系统的退出或消失。

4. 以“滚压纹”为标识的考古学文化系统（简称“滚压纹系统”）

在滚压纹系统的考古学文化中，不见之字形纹饰和刻划几何形纹饰，也不见泥条堆纹。陶器表面绝大多数装饰的是类似于菱格纹或鱼鳞纹的滚压纹饰。代表考古学文化为新开流文化、振兴文化、亚布力文化。主要分布范围为乌苏里江流域和牡丹江流域。从年代上看，该系统的发源时间可早到公元前5000年以前，是与之字纹系统并行存在的另一个文化系统。从空间上看，它的起源地可能是三江平原及其邻近地区，后来扩展到了东北北部的黑龙江流域大部分地区。

纵观以上四个系统的时空分布范畴，不难发现前三个文化系统主要交错分布在以辽河流域为重心的东北南部地区，出现的时间是依次渐晚，表现出的是一种此起彼伏、轮番登场之态势。后一个文化系统主要分布在以黑龙江流域为重心的东北北部地区。发源时间可与之字纹系统比肩，表现出的是一种与南部地区并行存在的相对较为稳定的持续发展态势。

必须指出的是，对上述四个文化系统的划分以及它们彼此间运动规律的考察，尚属初步认识。所揭示的只是一个宏观的轮廓，更微观的研究还有待进一步的深入。

注　释

[1] 赵宾福：《东北石器时代考古》，吉林大学出版社，2003年。

[2] 赵宾福：《辽西地区汉以前文化发展序列的建立及文化纵横关系的探讨》，《边疆考古研究》（第10辑），科学出版社，2011年。

[3] 赵宾福、薛振华：《以陶器为视角的红山文化发展阶段研究》，《考古学报》2012年1期。

[4] 赵宾福、杜战伟：《新乐下层文化的分期与年代》，《文物》2011年3期。

[5] 赵宾福：《嫩江流域三种新石器文化的辨析》，《边疆考古研究》（第2辑），科学出版社，2004年。

[6] 赵宾福：《牡丹江流域新石器文化序列与编年研究》，《华夏考古》2011年1期。

[7] 赵越：《哈克文化研究》，《呼伦贝尔文化》2011年6期。

[8] 赵宾福、刘伟：《小珠山下层文化新论》，《考古学探究》（韩国）2010年7辑。

[9] 赵宾福：《辽西地区汉以前文化发展序列的建立及文化纵横关系的探讨》，《边疆考古研究》（第10辑），科学出版社，2011年。

[10] 赵宾福、杜战伟：《太子河上游三种新石器文化的辨识——论本溪地区水洞下层文化、偏堡子文化和北沟文化》，《中国国家博物馆馆刊》2011年10期。

（原载《庆祝宿白先生九十华诞文集》，科学出版社，2012年）

东北地区夏至战国时期考古学文化时空框架的构建

考古学文化的研究，包括很多方面内容，宏观上看基本可以划分为两大类：一类是考古学文化的基础研究，一类是考古学文化的专题研究。就二者的关系而言，基础研究是专题研究的基础，专题研究是基础研究的目的。

考古学文化的基础研究主要包括两方面内容：一是时空关系的研究，即考古学文化时空框架的构建，可简称"框架研究"。二是亲缘关系的研究，即考古学文化谱系格局的探讨，可简称"谱系研究"。

东北地区的夏至战国时期，大致相当于青铜时代，是介于东北新石器时代和东北汉魏时期之间的一个重要文化发展阶段。本文试从现有材料出发，结合自己在青铜时代诸考古学文化分期研究方面取得的最新成果，进一步构建东北地区夏至战国时期考古学文化的时空框架。

一、七个编年序列的建立

东北地区目前发现的属于夏至战国时期的考古学文化共有22种，比较集中地分布在嫩江流域、辽西山地、辽西平原、辽东南部、辽东北部、第二松花江流域、图们江流域等7个地区。从时间刻度上看，这七个地区的文化序列既有区别又有联系。具体情况如下。

（1）嫩江流域：共发现4种考古学文化，分别为小拉哈文化[1]、古城类型[2]、白金宝文化[3]和汉书二期文化[4]。根据对这四种考古学文化进行分期研究所取得的成果，可将他们自早至晚区分为8个时间段：①小拉哈文化（夏至早商）→②古城类型（商代晚期）→③白金宝文化早期（西周早期）→④白金宝文化中期（西周中期）→⑤白金宝文化晚期（西周晚期至春秋晚期）→⑥汉书二期文化早期（战国早期）→⑦汉书二期文化中期（战国晚期）→⑧汉书二期文化晚期（西汉时期）。

（2）辽西山地地区：共发现8种考古学文化，分别为夏家店下层文化、魏营子文化、夏家店上层文化、凌河类型、水泉遗存、井沟子遗存（含铁匠沟遗存）、五道河子遗存和战国燕文化。通过分期研究[5]，可将他们自早至晚区分为6个时间段：①夏家店下层文化早期（夏）→②夏家店下层文化晚期（商代早期）→③魏营子文化（商代晚期）→④努鲁儿虎山以西的夏家店上层文化和努鲁儿虎山以东的凌河类型早期（西周至春秋）→⑤努鲁儿虎山以西的水泉遗存、井沟子遗存（含铁匠沟遗存）和努鲁儿虎山以东的凌河类型晚期、五道河子遗存（战国早中期）→⑥战国燕文化（战国晚期）。

（3）辽西平原地区：共发现2种考古学文化，分别是平安堡二期遗存和高台山文化。通过分期研究[6]，可将这两种文化自早至晚区分为3个时间段：①平安堡二期遗存（夏代早期）→②高台山文化早期（夏代中晚期至商代早期）→③高台山文化晚期（商代晚期）。

（4）辽东南部地区：共发现4种考古学文化，分别为双砣子一至三期文化[7]和双房文化[8]。通过分期研究，这四种考古学文化可自早至晚区分出7个时间段：①双砣子一期文化（夏代初始期）→②双砣子二期文化（夏代早期至商代早期）→③双砣子三期文化早期（商代晚期前段）→④双砣子三期文化晚期（商代晚期后段）→⑤双房文化早期（西周时期）→⑥双房文化中期（春秋时期）→⑦双房文化晚期（战国时期）。

（5）辽东北部地区：共发现2种考古学文化，分别是马城子文化[9]和双房文化。通过分期研究，可将他们自早至晚区分为5个时间段：①马城子文化早期（夏至商代早期）→②马城子文化晚期（商代晚期）→③双房文化早期（西周时期）→④双房文化中期（春秋时期）→⑤双房文化晚期（战国时期）。

（6）第二松花江流域：仅发现西团山文化1种，通过分期研究[10]，可自早至晚区分为3个时间段：①西团山文化早期（西周时期）→②西团山文化中期（春秋时期）→③西团山文化晚期（战国时期）。

（7）图们江流域：共发现2种考古学文化，分别是兴城文化和柳庭洞文化。通过分期研究[11]，可将这2种文化自早至晚区分为4个时间段：①兴城文化早期（夏至商代早期）→②兴城文化晚期（商代晚期）→③柳庭洞文化早期（西周至春秋）→④柳庭洞文化晚期（战国时期）。

将以上7个不同地区考古学文化的编年序列进行比较，可从中发现以下三个方面的特点。

第一，文化发生的多源性。在上述7个自然地理区域内，除了第二松花江流域以外，其他6个地区均发现了相当于夏代的遗存。这些遗存之间由于存在着较大的差异，因此被划分成了不同的考古学文化。这表明，东北地区夏至战国时期考古学文化的起始年代是基本一致的，文化的发生是多源的。

第二，文化序列的连续性。从各个地区考古学文化的分期和编年结果来看，同一考古学文化内部的不同期、段之间基本上没有太大的时间缺环。除了第二松花江流域尚未发现夏商时期的文化遗存和辽西平原地区尚未发现两周时期的文化遗存以外，其他地区的不同考古学文化之间也基本上不存在明显的时间空白。由此可见，7个不同地区考古学文化的年代序列基本上都是完整的、连续不断的。

第三，文化转变的同步性。7个不同地区的编年序列，时间刻度并非整齐划一，而是有疏有密。但是在一些比较大的、重要的时间点上，它们之间却表现出了基本的一致性。例如，夏朝建立、盘庚迁殷、武王灭商、三家分晋、秦皇统一等。这说明，在夏至战国这一大的历史范畴内，东北各区考古学文化的演化速率虽然并不完全一致，但是在若干个大的发展阶段上，它们彼此之间的转变是同步的，是基本同时的。

二、四个发展阶段的划分

如果把上述7个编年序列的建立看作是在东北7个不同地区纵向切了7刀，打出了7个纵剖面，那么以此为基础对7个纵剖面上的时间刻度做细致的横向比较，便可发现在夏朝建立、盘庚迁殷、武王灭商、三家分晋、秦皇统一这5个时间点上各地区考古学文化的变革是同步的，据此横切5刀，则可切出夏至早商、商代晚期、西周至春秋、战国时期4个横剖面，这4个横剖面代表了东北7个不同地区考古学文化演进所共同经历过的4个大的发展阶段。

（1）夏至早商时期：主要包括嫩江流域①段、辽西山地地区①②段、辽西平原地区①②段、辽东南部地区①②段、辽东北部地区①段、图们江流域①段（第二松花江流域尚未发现这一阶段的遗存）。该阶段的代表性考古学文化或考古学文化期段分别为小拉哈文化、夏家店下层文化早期、夏家店下层文化晚期、平安堡二期遗存、高台山文化早期、双砣子一期文化、双砣子二期文化、马城子文化早期、兴城文化早期。

（2）商代晚期：主要包括嫩江流域②段、辽西山地地区③段、辽西平原地区③段、辽东南部地区③④段、辽东北部地区②段、图们江流域②段（第二松花江流域没有发现这一阶段的遗存）。这一阶段的代表性考古学文化或考古学文化期段分别为古城类型、魏营子文化、高台山文化晚期、双砣子三期文化早期、双砣子三期文化晚期、马城子文化晚期、兴城文化晚期。

（3）西周至春秋：主要包括嫩江流域③～⑤段、辽西山地地区④段、辽东南部地区⑤⑥段、辽东北部地区③④段、第二松花江流域①②段、图们江流域③段（辽西平原地区尚未发现这一阶段的遗存）。该阶段的代表性考古学文化或考古学文化期段分别为白金宝文化早期、白金宝文化中期、白金宝文化晚期、夏家店上层文化、“凌河遗存”早期、双房文化早期、双房文化中期、西团山文化早期、西团山文化中期、柳庭洞文化早期。

（4）战国时期：主要包括嫩江流域⑥⑦段、辽西山地地区⑤⑥段、辽东南部地区⑦段、辽东北部地区⑤段、第二松花江流域③段、图们江流域④段（辽西平原地区暂缺该段遗存）。本阶段的代表性考古学文化或考古学文化期段分别为汉书二期文化早期、汉书二期文化中期（汉书二期文化晚期已进入西汉，属早期铁器时代，这里暂不列入）、“凌河遗存”晚期、“五道河子遗存”、“水泉遗存”、“井沟子遗存”（含“铁匠沟遗存”）、战国燕文化、双房文化晚期、西团山文化晚期、柳庭洞文化晚期。

需要指出的是，以上4个发展阶段的划分，是建立在对整个东北地区各个自然地理区域内诸考古学文化遗存进行分期编年研究和横向比较研究基础之上的，与以往的观点相比，除了在夏至早商这个阶段上意见比较接近以外（时区相同，但具体包含的考古学文化存在较大区别），其他三个阶段的确定无论是时区还是代表文化均有本质的不同。

三、一个时空框架的形成

以上建立的7个编年序列，可视为文化发展的7个纵坐标（剖面），划分出的4个发展阶段可视为文化发展的4个横坐标（剖面），将7个纵坐标（剖面）和4个横坐标（剖面）合在一起，便可构成东北地区夏至战国时期考古学文化的时空框架（表一）。

表一　东北地区夏至战国时期考古学文化的时空框架

<table>
<tr><td colspan="2" rowspan="2">地区
阶段</td><td colspan="2">辽西山地地区</td><td rowspan="2">辽西平原地 区</td><td colspan="2">辽东地区</td><td rowspan="2">第二松花江流域</td><td rowspan="2">嫩江流域</td><td rowspan="2">图们江流域</td></tr>
<tr><td>西区</td><td>东区</td><td>南部区</td><td>北部区</td></tr>
<tr><td rowspan="2">战国时期</td><td>晚期</td><td colspan="2">战国燕文化</td><td rowspan="2"></td><td colspan="2" rowspan="2">双房文化晚期（含燕文化因素）</td><td rowspan="2">西团山文化晚期</td><td rowspan="2">汉书二期文化</td><td rowspan="2">柳庭洞文化晚期</td></tr>
<tr><td>早中期</td><td>水泉遗存、井沟子遗存（含铁匠沟遗存）</td><td>凌河遗存晚期、五道河子遗存</td></tr>
<tr><td colspan="2">西周至春秋</td><td>夏家店上层文化</td><td>凌河遗存早期</td><td></td><td colspan="2">双房文化早、中期</td><td>西团山文化早、中期</td><td>白金宝文化</td><td>柳庭洞文化早期</td></tr>
<tr><td colspan="2">商代晚期</td><td colspan="2">魏营子文化</td><td>高台山文化晚期</td><td>双砣子三期文化</td><td>马城子文化晚期</td><td></td><td>古城遗存</td><td>兴城文化晚期</td></tr>
<tr><td colspan="2" rowspan="2">夏至早商</td><td colspan="2" rowspan="2">夏家店下层文化</td><td>高台山文化早期</td><td>双砣子二期文化</td><td rowspan="2">马城子文化早期</td><td rowspan="2"></td><td rowspan="2">小拉哈文化</td><td rowspan="2">兴城文化早期</td></tr>
<tr><td>平安堡二期遗存</td><td>双砣子一期文化</td></tr>
</table>

大约在公元前2000年，当中原地区由新石器时代末期进入了以夏文明为代表的一个崭新的历史阶段时，整个东北地区也同时发生了一次具有划时代意义的文化变革。

这种变革的标志主要表现在两个方面：一是本地区传统考古学文化自身的发展与进步。这种进步虽然从技术水平、文化内容和文明程度上看远不如夏文明那样发达，但是与传统的史前文化相比已经发生了一些根本性的变化。例如，南部地区的一些考古学文化已经开始使用小件青铜制品，标志着技术水平已经进入了一个新的发展时段。夏家店下层文化城址的出现和双砣子一期文化积石墓地的盛行，同样也反映了一个新阶段的开始。北部地区的考古学文化虽然尚未见有青铜器出土，也未发现城址一类的重要文化现象，但是陶器群的种类和形态均较以前有了明显的不同，特别是素面陶器和鼓腹陶器的流行、壶类陶器的出现和纹饰陶的基本消失等，均反映出这一时期在制陶工艺和用陶理念上发生了新的转变；二是中原和山东半岛两个不同地区夏代初期考古学文化成分的介入，使得华渭文化区的绳纹甗、鬲和泰沂文化区的素面鬶、甗、鼎等文化因素传到了东北，这些因素与东北南部地区本土文化因素结合以后，碰撞出了新的三足陶器，然后迅速向北和向东扩散，从而使整个东北地区除了地理环境相对封闭的图们江流域以外，几乎同时进入了一个可以见到甗、鬲、鬶、鼎等三足陶器的新时代。所以，以中原、山东和东北地区的文化影响与联动效应为背景，以东北地区开始出现青铜器、三足陶器或新型平底陶器为标志，以中原地区进入夏纪年为界线，将整个东北地区的新石器时代和夏至战国时期区分开来，即在公元前2000年左右横切一刀，不仅是可行的，而且是基本切合实际的。

如果说夏代初期中原文化和山东半岛文化的介入，打破了东北地区长期使用单一平底筒形陶器的史前文化传统，标志着一个新时期的开始，那么这种文化上的影响此后便从未有过间断。例如，夏家店下层文化大甸子墓地出土的二里头文化陶爵、陶鬶[12]，双砣子二期文化中出现的大量岳石文化陶器，魏营子文化、“凌河遗存”和夏家店上层文化中常见的中原殷周青铜器等，都是很好的例证。特别是到了战国时期，东北地区的考古学文化虽然已经发展到了一个较高的水平，如以素面夹砂红褐陶系为特点的东北用陶特点已经基本形成，具有本土特色的东北系青铜器的制作技术也已经发展得相当成熟。但是，随着战国燕文化的北进及其发展势力的不断增强，东北地区考古学文化的演进格局也随之发生了变化。

在相当于战国早中期阶段，辽西山地地区就已经开始有了燕文化的介入，如喀左眉眼沟瓮棺葬[13]和朝阳袁台子墓地[14]都发现过这一时期的燕文化因素，甚至远达辽东地区的沈阳热闹街墓葬[15]也见到了同样的现象。这说明早在战国的早中期，燕文化的势力就已经影响到了东北南部的辽西地区，甚至是辽东地区。

到了战国晚期，也就是历史文献上所说的燕将秦开北却东胡之后，燕国在广大的东北南部地区开始设置郡县并修筑长城，将这一地区正式纳入了燕国的版图。从考古发现来看，辽西山地地区在战国晚期的时候，确实已被燕文化所取代，赤峰蜘蛛山[16]、建平水泉[17]、建平喀拉沁河东[18]、奈曼沙巴营子等遗址的发掘结果已经完全证明了这一事实。不仅如此，辽东地区的铁岭邱台[19]、抚顺莲花堡[20]等地也出土了战国晚期的燕式陶器和铁器。在属于双房文化晚期的本溪张家堡[21]、本溪上堡石棺墓[22]、旅顺尹家村M12[23]、本溪南芬火车站石棺墓[24]、后牧城驿石棺墓[25]中还不同程度地共出有战国晚期的燕式罐、燕式豆、燕明刀等。特别值得注意的是，在更北地区的吉林省梨树县二龙湖遗址还发现了包含大量燕文化遗物在内的古城址[26]。这些考古发现均表明在战国晚期的时候，燕文化不仅占据了整个辽西地区，而且势力范围已经到达了辽东，甚至是更远的吉林南部地区。所以，尽管东北北部地区始终以渔猎经济为主要生业方式的嫩江流域和地理条件相对比较封闭的图们江流域基本上没有受到来自南部燕文化的影响，甚至一直发展到战国以后仍然保持着自己的文化传统，不仅没有被后来的秦汉文化所取代，相反是与其形成了对峙的发展态势，但是战国晚期燕文化的北进，确实给东北地区考古学文化的发展带来了巨大的冲击，产生了强烈的影响，改变了东北大部分地区考古学文化的发展走向和演进格局。从某种意义上说，它既标志着一个阶段的结束，也标志着下一个阶段的开始。因此，以战国晚期燕文化的北进和秦汉帝国形成以后对东北地区的进一步影响为界，把东北地区夏至战国时期的考古学文化和后来（秦）汉魏时期的考古学文化区分为两个大的历史发展阶段，同样是可行而又符合客观实际的。

总之，在夏至战国时期，东北地区和中原地区的文化发展进程不仅是同步的，而且是密切相连的。中原考古学文化对东北同期考古学文化所产生的影响从西向东、从南向北是逐渐减弱的，从早到晚是逐渐增强的。特别是在夏和战国这两个处于端界位置的时间段上，表现得尤为明显。因此，参照中原地区夏朝建立和秦皇统一这两个重大的历史分界线，同样可将整个东北地区的考古学文化区分为新石器时代及其以前、夏至战国时期、（秦）汉魏及其以后三个大的发展阶段。

注　释

[1] 赵宾福、张伟：《论小拉哈文化》，《北方文物》2008年2期。

[2] 赵宾福：《古城类型：嫩江流域商代晚期遗存辨识——兼谈嫩江流域陶鬲的起源与演变》，《新果集——庆祝林沄先生七十岁生日论文集》，科学出版社，2009年。

[3] 赵宾福：《白金宝文化的分期与年代》，《边疆考古研究》（第7辑），科学出版社，2008年。

[4] 赵宾福：《汉书二期文化的研究——遗址材料与墓葬材料的分析与整合》，《边疆考古研究》（第8辑），科学出版社，2009年。

[5] 赵宾福：《辽西山地夏至战国时期考古学文化时空框架研究的再检讨》，《边疆考古研究》（第5辑），科学出版社，2006年。

[6] 赵宾福：《关于高台山文化若干问题的探讨》，《青果集——吉林大学考古专业成立二十周年考古论文集》，知识出版社，1993年。

[7] 赵宾福：《关于双砣子一、二期文化的三点新认识》，《东北史地》2010年6期。
[8] 赵宾福：《以陶器为视角的双房文化分期研究》，《考古与文物》2008年1期。
[9] 赵宾福：《马城子文化新论——辽东北部地区夏商时期遗存的整合研究》，《边疆考古研究》（第6辑），科学出版社，2007年。
[10] 赵宾福：《西团山文化分期研究》，《考古学报》2009年4期。
[11] 赵宾福：《图们江流域的青铜文化研究》，《考古》2008年6期。
[12] 杜金鹏：《试论夏家店下层文化中的二里头文化因素》，《华夏考古》1995年3期。
[13] 朝阳地区博物馆等：《辽宁喀左大城子眉眼沟战国墓》，《考古》1985年1期。
[14] 辽宁省文物普查训练班：《1979年朝阳地区文物普查发掘的主要收获》，《辽宁文物》1980年1期。
[15] 金殿士：《沈阳市南市区发现战国墓》，《文物》1959年4期。
[16] 中国社会科学院考古研究所内蒙古工作队：《赤峰蜘蛛山遗址的发掘》，《考古学报》1979年2期。
[17] 辽宁省博物馆等：《建平水泉遗址发掘简报》，《辽海文物学刊》1986年2期。
[18] 辽宁省博物馆文物工作队：《辽宁建平县喀拉沁河东遗址试掘简报》，《考古》1983年11期。
[19] 铁岭市文物管理办公室：《辽宁铁岭市邱台遗址试掘简报》，《考古》1996年2期。
[20] 王增新：《辽宁抚顺市莲花堡遗址发掘简报》，《考古》1964年6期。
[21] 齐俊：《本溪地区发现青铜短剑墓》，《辽海文物学刊》1994年2期，图二，5。
[22] 魏海波、梁志龙：《辽宁本溪县上堡青铜短剑墓》，《文物》1998年6期。
[23] 中国社会科学院考古研究所编著：《双砣子与岗上——辽东史前文化的发现与研究》，科学出版社，1996年。
[24] 梁志龙：《辽宁本溪多年发现的石棺墓及其遗物》，《北方文物》2003年1期。
[25] 旅顺博物馆：《旅顺口区后牧城驿战国墓清理》，《考古》1960年8期。
[26] 四平地区博物馆等：《吉林省梨树县二龙湖古城址调查简报》，《考古》1988年6期。

（原载《社会科学战线》2011年7期）

东北青铜时代考古学文化谱系格局的研究

考古学文化时空框架的构建，是开展考古学文化谱系格局研究的基础。时空框架揭示的是相同区域内诸考古学文化遗存之间的年代先后关系和不同区域内诸考古学文化遗存之间的年代对应关系。谱系格局揭示的是不同时间不同空间范畴内诸考古学文化之间的亲缘承继关系和不同考古学文化或考古学文化系统之间的交流互动关系。

由于考古学文化之间的纵向传承和横向互动所造成的直接后果是同一自然地理区域内或不同自然地理区域间考古学文化发展态势的改变，因此对不同文化关系背景下所可能形成的具有人文内涵的“文化区”“文化带”（或称“文化圈”）的讨论，自然也应属于考古学文化谱系格局研究的范畴。

本文以东北地区夏至战国时期（青铜时代）考古学文化的时空框架研究为基础[1]，进一步探讨东北青铜时代（夏至战国时期）考古学文化的谱系格局。

一、六个考古学文化系统的划分

以考古学文化的年代先后为线索，以不受自然区的限制为着眼点，以陶器反映的亲缘传承关系为前提条件，全面审视东北地区目前得以识别和确认的二十多种青铜时代（夏至战国时期）考古学文化，发现至少可以从中划分出6个由两种或两种以上考古学文化构成的具有纵向传承演进关系的考古学文化系统（简称“文化系”）。

1. 双砣子一期文化→双砣子二期文化→双砣子三期文化→双房文化系统

从时间上看，双砣子一、二期文化为夏至早商时期，双砣子三期文化为商代晚期，双房文化为西周至战国时期，它们的年代是彼此衔接的。从地域上看，双砣子一至三期文化遗存主要见于辽东半岛的南端，而双房文化的覆盖面则是整个辽东地区。据陶器间的亲缘关系考察，这些文化是前后相继、一脉相承的，因此应属同一个文化系统（可简称“双砣子文化系”）。

在双砣子一、二期文化的陶器群中，分别含有较多的来自山东半岛地区的文化因素。例如，双砣子一期文化见有典型山东龙山文化末期的鼎足、鬶足、三环足器、瓦足盘、豆、器盖、带耳杯等[2]，双砣子二期文化中含有大量的典型山东岳石文化因素[3]，有人甚至据此提出过它们应该是山东半岛地区同期考古学文化的一个地方类型的观点[4]。其实，从陶器群的整体上看，双砣子一、二期文化虽然受到了来自山东半岛同期考古学文化的强烈影响，但是始终没有因此改变自己的文化传统，更没有完全被外来文化所征服。比如具有本土文化传统的平底陶器和外来的三足陶器一直处于分离和借用状态，彼此之间并未形成真正意义上的借鉴和吸收，更没有因此而碰撞出新的陶器器种。相反，在受到强大外来文化冲击的同时仍然顽强地保持着自己的文化传统，尽管势力比较微弱。但是当外部势力特别是岳石文化退出以后，双砣子一、二期文化的土著成分很快得到了迅速的恢复和发展，并且由此进入了一个文化快速发展的新阶段（双砣子三期文化时期）。双砣子三期文化中虽然还可以看到少量以素面甗为代表的来自山东地区珍珠门文化的因素，但是这种外来文化的势力是极其微弱的。相反，双砣子三期文化陶器群中的绝大多数器类都是由双砣子一、二期文化时期的土著成分发展而成的。这种文化的成长和演进脉络，在双砣子一至三期文化的壶、瓮、碗、簋等几种典型陶器上表现得十分明显，而且受山东文化影响才出现的陶豆，型式间的演化轨迹也可以看得比较清楚（图一）。这说明双砣子一、二期文化和双砣子三期文化之间是一脉相传的。至于双砣子一、二期文化的陶器数量和种类相对较少，主要应该与当时的文化势力较弱和考古发掘工作薄弱有关。

双房文化晚于双砣子三期文化。从陶器群的类别和形态上看，该文化中至少有14种（型）陶器可以在双砣子三期文化中找到它们各自的祖型，而且与祖型之间的亲缘关系连接得非常紧密。首先是无耳壶、无耳罐、圈足簋、豆等4类9型陶器，均可以明显看出与双砣子三期文化的同类同型陶器存在直接的递进演化关系（图二），其次是横耳钵口壶、横耳侈口壶和马鞍形贴耳罐等2类5型陶器，有的是直接由双砣子三期文化晚期的同型陶器演化而成的，有的则是在2型陶器制作工艺结合以后碰撞出来的新器型（图三）。以上所做的陶器亲缘关系分析，足以证明双房文化应该是双砣子三期文化的继承者。

总之，双砣子一至三期文化和双房文化是血脉相连的同一个文化系统。这个系统的陶器特点主要表现在两个方面，一是以平底瓮、罐、壶、碗和圈足簋、豆为基本器类，鼎、鬶、甗等源自山东地区龙山文化、岳石文化和珍珠门文化的外来三足陶器很少。二是大多数陶器素面无纹，只有横耳壶、无耳壶、瓮、圈足簋等一部分器物表面有成组的阴弦纹、网格纹、连点纹或凸棱纹。另外，该文化系的房址和墓葬多为石块垒砌而成，其中夏商时期的双砣子一至三期文化以积石墓地为主。到了两周时期的双房文化阶段，除了年代最早的岗上墓地还保留着原来的传统形式以外，积石墓地在这一时期已经演化成了单个的石棺墓、大石盖墓、石棚、土坑墓等多种墓葬形式。与此同时，也开始出现了该文化系当中最具特色的曲刃矛、柱脊曲刃剑、方銎斧等青铜武器。

伴随着青铜兵器的出现，“双砣子文化系”由原来的弱势一度发展成为强势。分布地域也由原来夏商时期的辽东半岛南端迅速扩张到了西周至战国时期的整个辽东地区，影响范围甚至还波及了辽西山地地区、朝鲜半岛和第二松花江流域。值得注意的

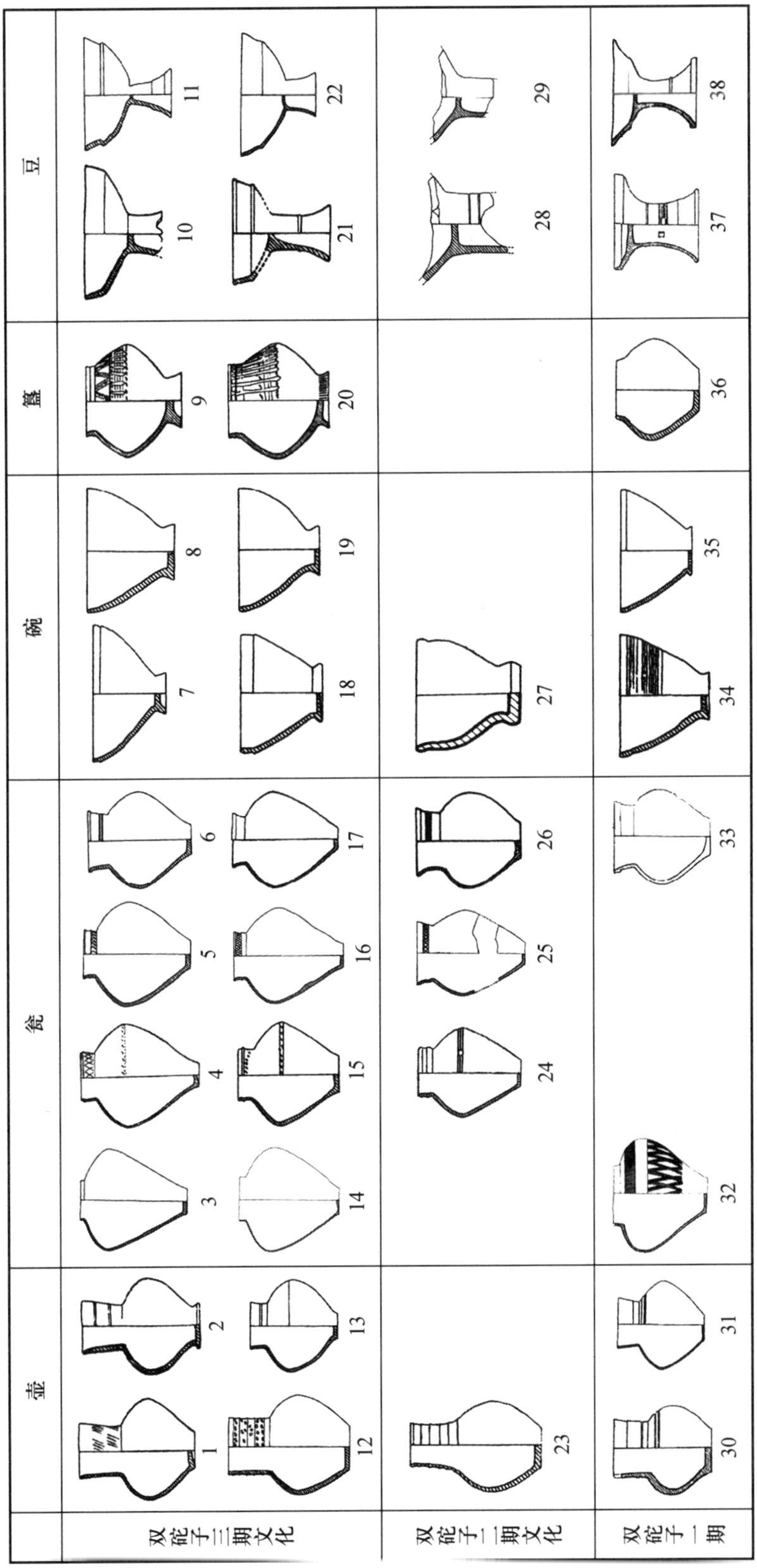

图一 双砣子一、二、三期文化陶器亲缘关系比较图

1、2、4、10、17、21. 92大嘴子 3、5～8、11～13、15、16、18、19、22、28、29、34～36. 87大嘴子 9、20. 于家砣头积石墓 14、31～33. 双砣子 23、26. 单砣子1、2号墓 24、25、27. 上马石瓮棺墓 30、37. 于家村遗址 38. 老铁山

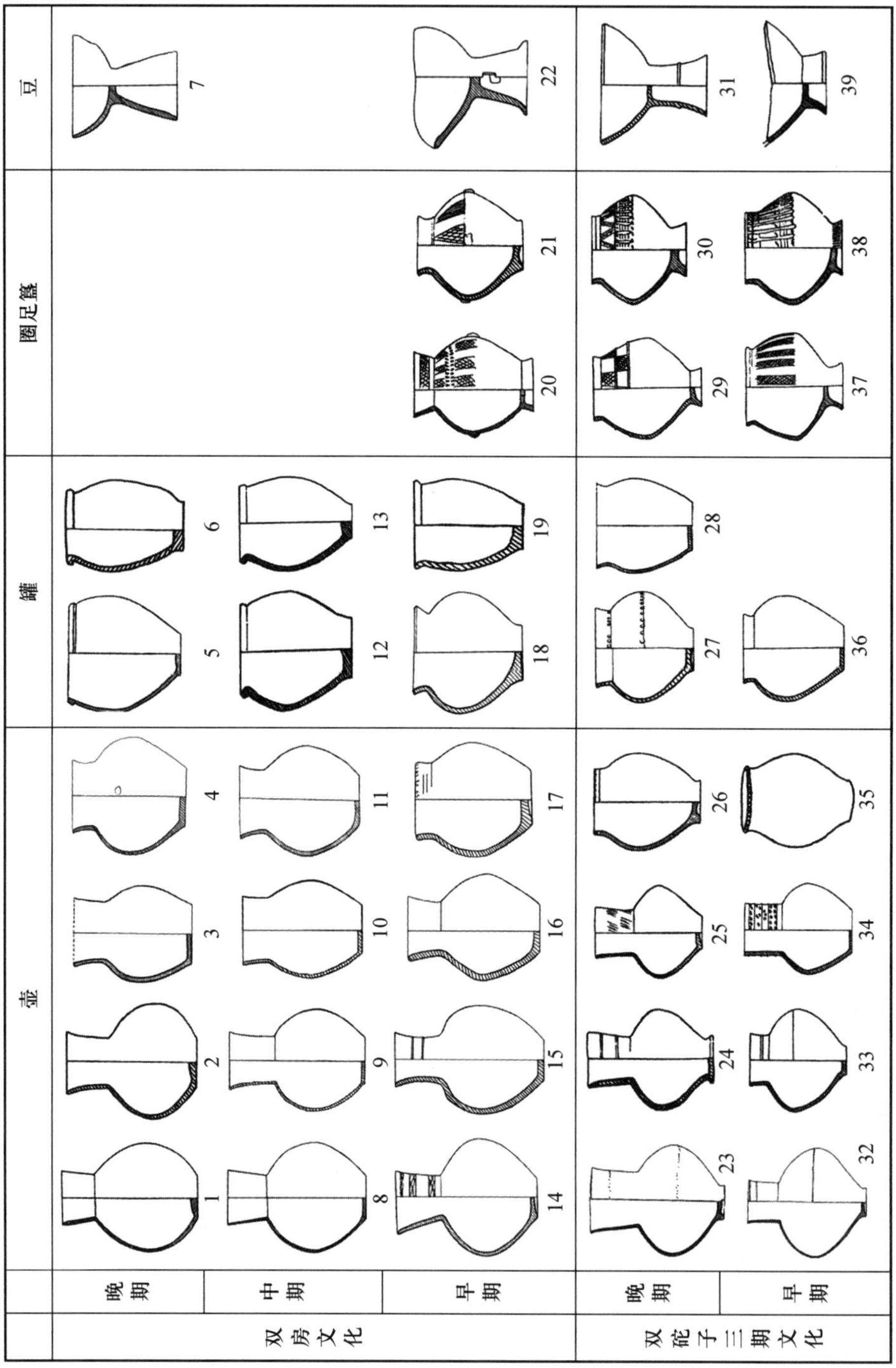

图二　双房文化和双砣子三期文化陶器亲缘关系比较图

1. 亮甲山　2、5、8. 郑家洼子　3、4、7. 尹家村　6. 上堡　9、10. 上马石　11. 金山屯　12、13. 公主屯后山　14、18、21、22. 岗上　15. 碧流河大石盖墓　16. 伙家窝堡　17. 楼上　19. 抚顺李家乡　20. 双房石棚　23、27、32、36. 双砣子　24、25、37. 92大嘴子　26、28、30、35、38. 于家砣头积石墓　29、31、33、34、39. 87大嘴子

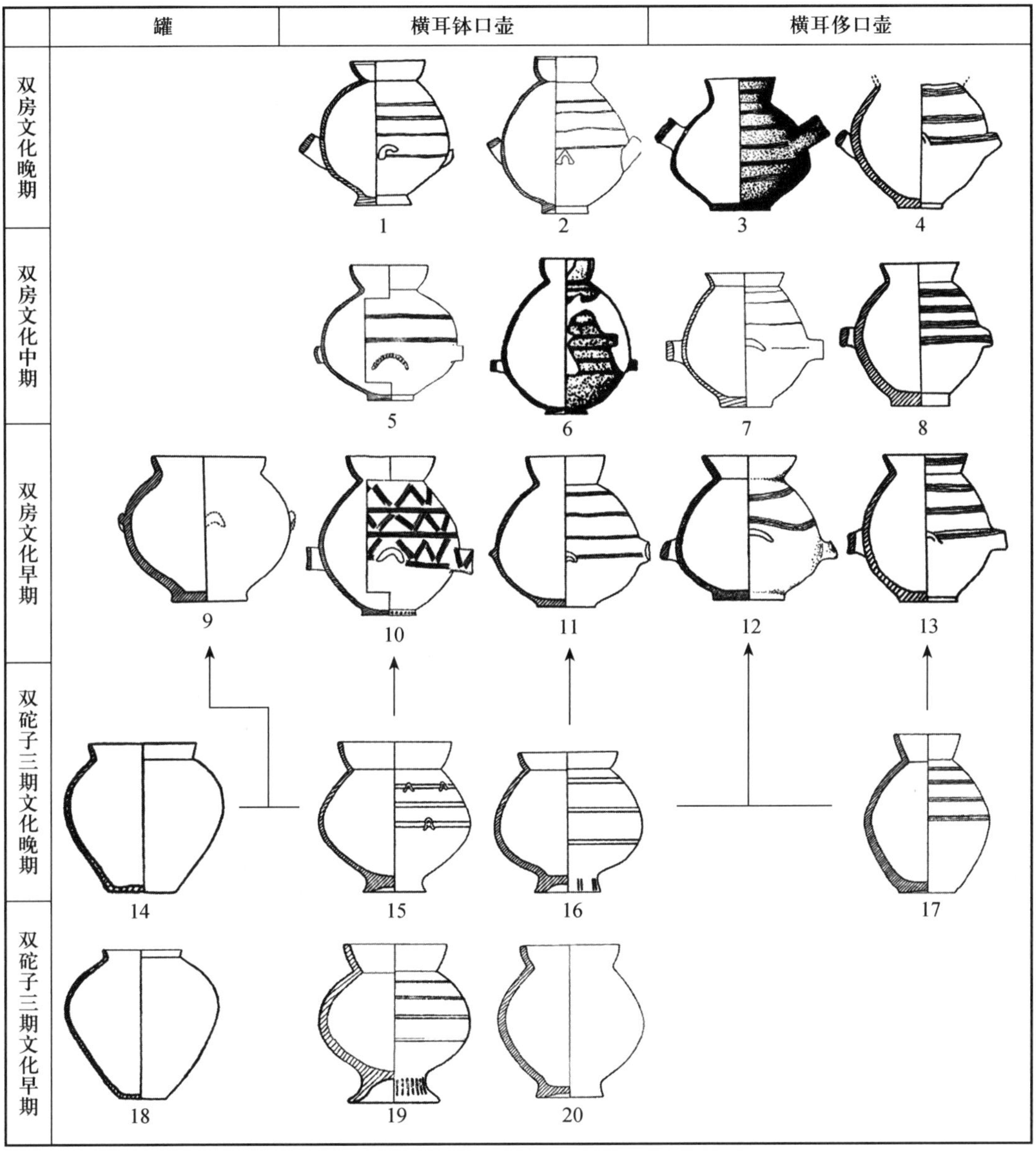

图三　双房文化和双砣子三期文化陶器亲缘关系比较图

1、2. 双房　3、6. 凤城东山　4. 祝家沟　5. 诚信村　7. 李家台　8. 斗虎屯　9. 双砣子青铜短剑墓　10. 西丰消防队　11. 二道河子　12. 大甲邦　13. 八家沟　14、18. 92大嘴子　15～17、19、20. 于家砣头积石墓

是，在这个极度膨胀的过程中，文化的发展也吸收或融入了一部分其他文化的因素。例如，在辽东北部地区出土的双房文化陶器群中，有些器型（竖耳壶、扳耳罐、横耳罐、横耳盆、扳耳盆、圈足碗）是不见于原来的辽东南部地区的。根据它们的造型特点和文化传统分析，明显可看出是由当地夏商时期马城子文化的同型陶器演化而成的[5]。换言之，双房文化主要是由辽东南部地区的双砣子三期文化发展而来的，但是在其形成和发展的过程中特别是北扩至辽东北部地区以后，曾经融入了一少部分马城子文化的因素。依据这部分文化因素，可考虑将来进一步把双房文化区分成南北两个地方类型。

2．马城子文化→西团山文化系统

马城子文化分布在辽东北部地区，年代为夏商时期。西团山文化分布在第二松花江流域，年代为两周时期。从这两种文化的关系来看，地域上虽然存在一定的距离，但是时间上前后相连，而且两种文化的陶器种类和形制特点均表现出了相当多的一致性。特别是马城子文化晚期陶器和西团山文化早期陶器之间，形态过渡和演进迹象十分明显。

首先，两种文化的陶器群完全相同。墓葬出土的器物种类均为壶、罐、钵、碗，遗址出土的典型炊器均为鼎、鬲。

其次，两种文化的陶器特点基本相同。所有的壶类器均有无耳、扳耳、竖耳、横耳之分，绝大多数的罐类器和碗类器都有横耳，钵（盆）类陶器多无耳或有扳耳。遗址中所见的鼎、鬲也同样有扳耳或桥耳。陶器均素面无纹，质地分夹砂和泥质两种，从数量上看夹砂褐陶占绝对多数。

最后，两种文化共有的壶、罐、碗、钵、鼎、鬲等六类典型陶器当中，至少有30个型别的陶器彼此间存在着十分明显的递进演变关系（图四～图七）。

除以上陶器方面所表现出来的亲缘关系以外，两种文化在墓葬的形式上也有相近之处。马城子文化时期的墓葬主要是洞穴墓，但也同时存在少量的埋在山洞以外的石棺墓。洞穴墓是把许多死者埋葬在山洞里面，由于多数是就地掩埋，所以很少见到墓圹，但也有少数墓葬使用了简单的石棺。西团山文化的墓葬主要是石棺墓，葬具结构有块石垒砌和板石立砌之别。

比较两种文化的墓葬习俗，其共性主要可概括为两点。一是在安葬死者的理念上均与石头有关，或为石洞，或为石棺。从时间早晚来看，应该是先为洞穴墓，后由集体掩埋的洞穴墓逐渐演变成了个体掩埋的洞外石棺墓。二是在死者的尸骨处理上均存在着不同程度的火葬现象。

综合以上分析，现有足够的理由认为，第二松花江流域的西团山文化应该是由辽东北部地区的马城子文化发展而来的，它们虽处异地，但同属于一个文化系统（可简称“马城子文化系”）。这一系统在夏商时期分布在辽东北部地区，到了两周时期迁徙到了第二松花江流域。不过，在这种文化的整体迁移过程中，也有一少部分留在了

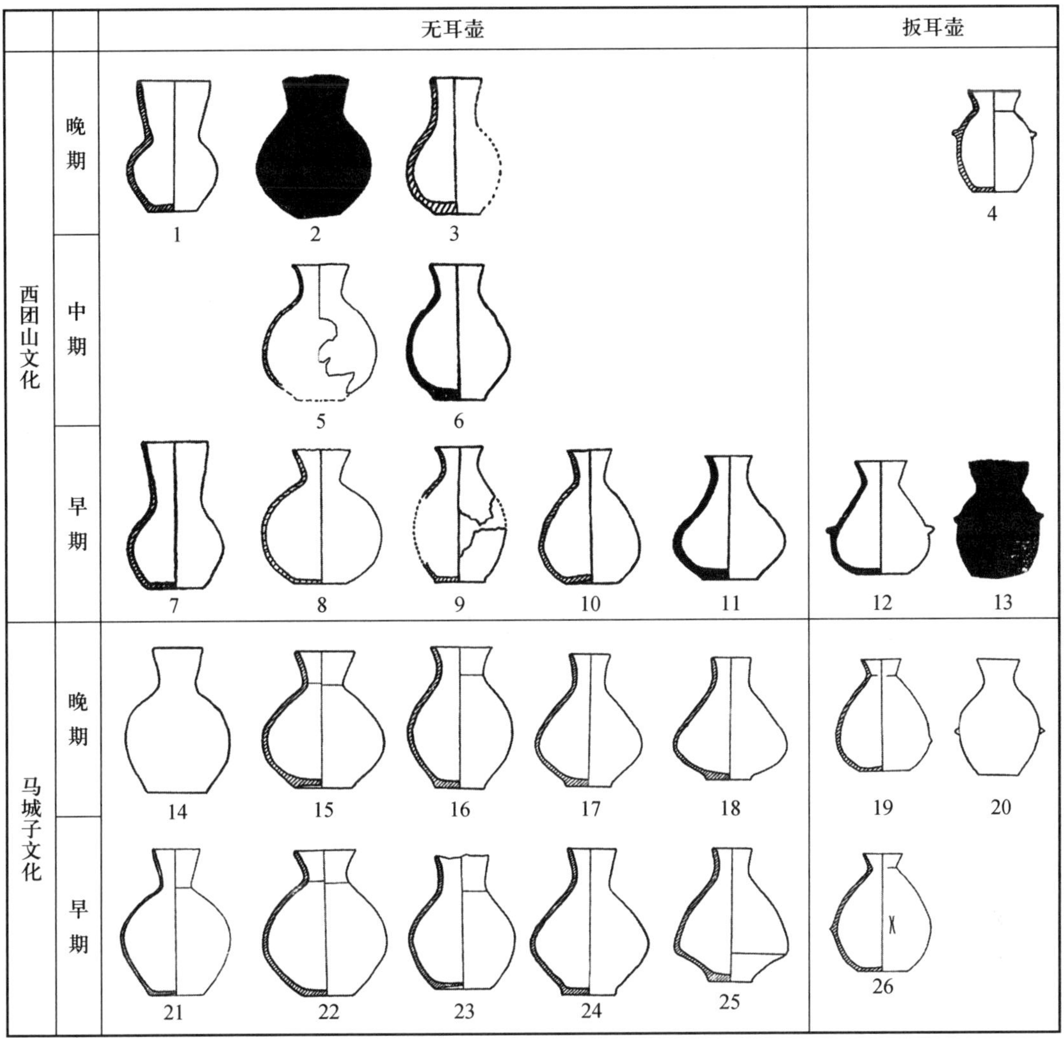

图四　马城子文化和西团山文化无耳壶、扳耳壶亲缘关系比较图

1. 两半山（62M1：5） 2、13. 西团山（56M2：1、56M1：1） 3. 猴石山（76M3：2） 4. 骚达沟山顶大墓 5、6、8、11、12. 星星哨（AM11：1、DM15：2、BM2：2、DM12：1、DM6：1） 7. 大海猛（F2：18） 9、10. 万宝山（M1：2、M1：1） 14、21. 山城子C洞（M10：1、M12：4） 15、16、22～24. 张家堡A洞（M6：8、M20：8、M46：5、M8：4、M37：1） 17、18、25. 马城子C洞（M14：6、M22：3、M6：2） 19、26. 新宾老城（M4：1、M2：6） 20. 山城子C洞M1出土

当地，并且融入了由辽东南部地区扩张到此的双房文化之中。

3. “平安堡二期遗存”→高台山文化→夏家店上层文化系统

“平安堡二期遗存”的年代为夏代早期，高台山文化的年代为夏代中晚期至商代晚期，两者的分布范围均在以柳河流域为重心的辽西平原北部地区。从目前的考古发现来看，“平安堡二期遗存”材料较少，但是它所反映的现象却十分重要。从一定程

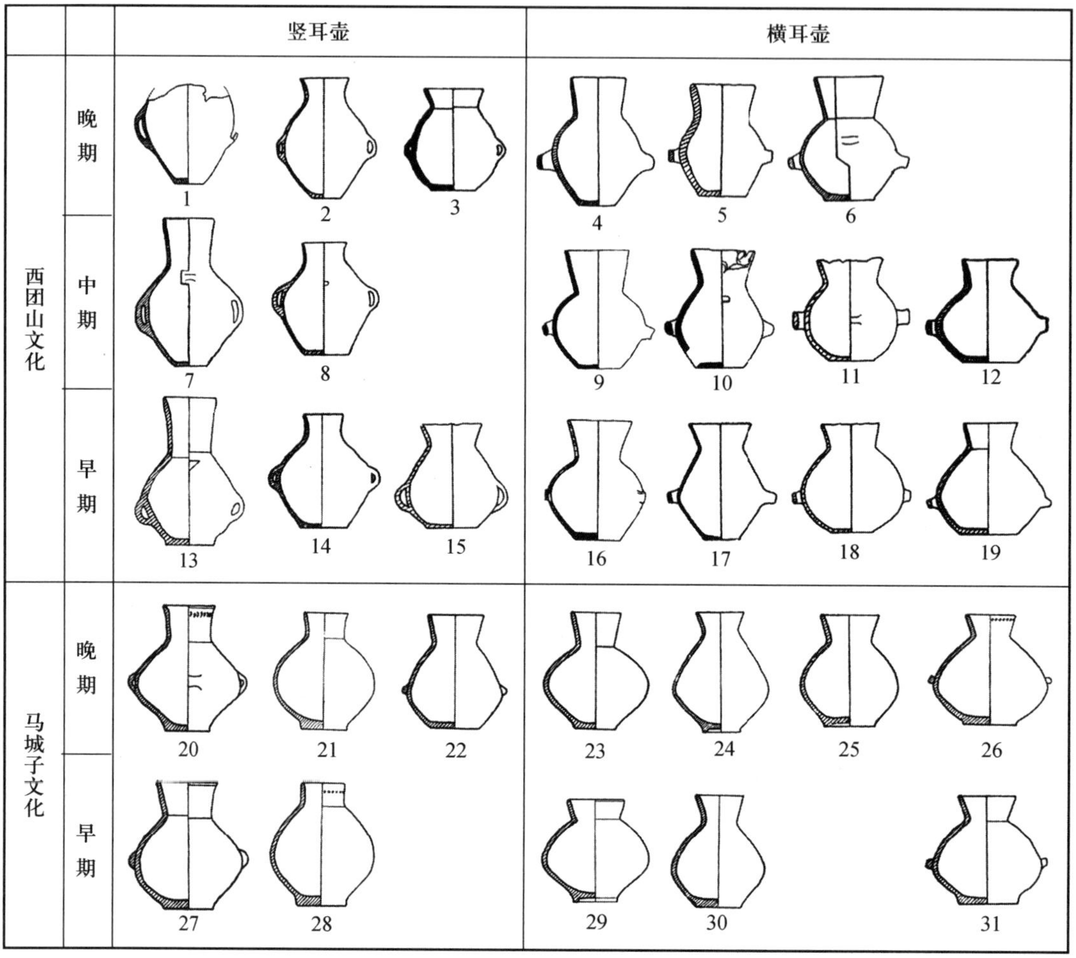

图五　马城子文化陶壶和西团山文化竖耳壶、横耳壶亲缘关系比较图

1、7、13. 大海猛（79T1②：14、80F6：8、80T10⑤：7）　2、3、8、11、12、14、15、18、19. 星星哨（AM23：1、AM35：1、AM31：3、AM6：1、AM19：6、CM18：1、CM1：1、CM6：1、CM21：1）　4、5. 骚达沟（M4：517、M18：558）　6. 小团山（M1：5）　9、10、16. 西团山（50M16：2、M1：8、M10：3）　17. 东梁岗（M2：5）　20. 山城子B洞（M1：3）　21～31. 张家堡A洞（M3：3、M33：16、M28：3、M20：8、M6：8、M25：5、M50：3、M45：7、M28：3、M38：1、M45：1）

度上讲，这批材料为解决高台山文化的起源和辽西平原地区三足陶器的产生问题，提供了宝贵的线索。

“平安堡二期遗存”主要包括两种陶器。一种是具有东北地区新石器时代文化传统的平底器，另一种是无实足跟的空三足器腿部残片。从形制特点上看，前一种平底陶器的腹部出现了竖耳或扳耳，与新石器时代的同类陶器相比已经有了一定的区别。后一种空三足器腿没有实足跟，又素面无纹，形制和属于山东半岛岳石文化早期的尹家城T162⑦：16甗和照格庄H36：9、H5：6甗足十分相像[6]。同样形态的标本，在辽东半岛的双砣子二期文化中也有发现[7]。由此看来，“平安堡二期遗存”的甗足标本

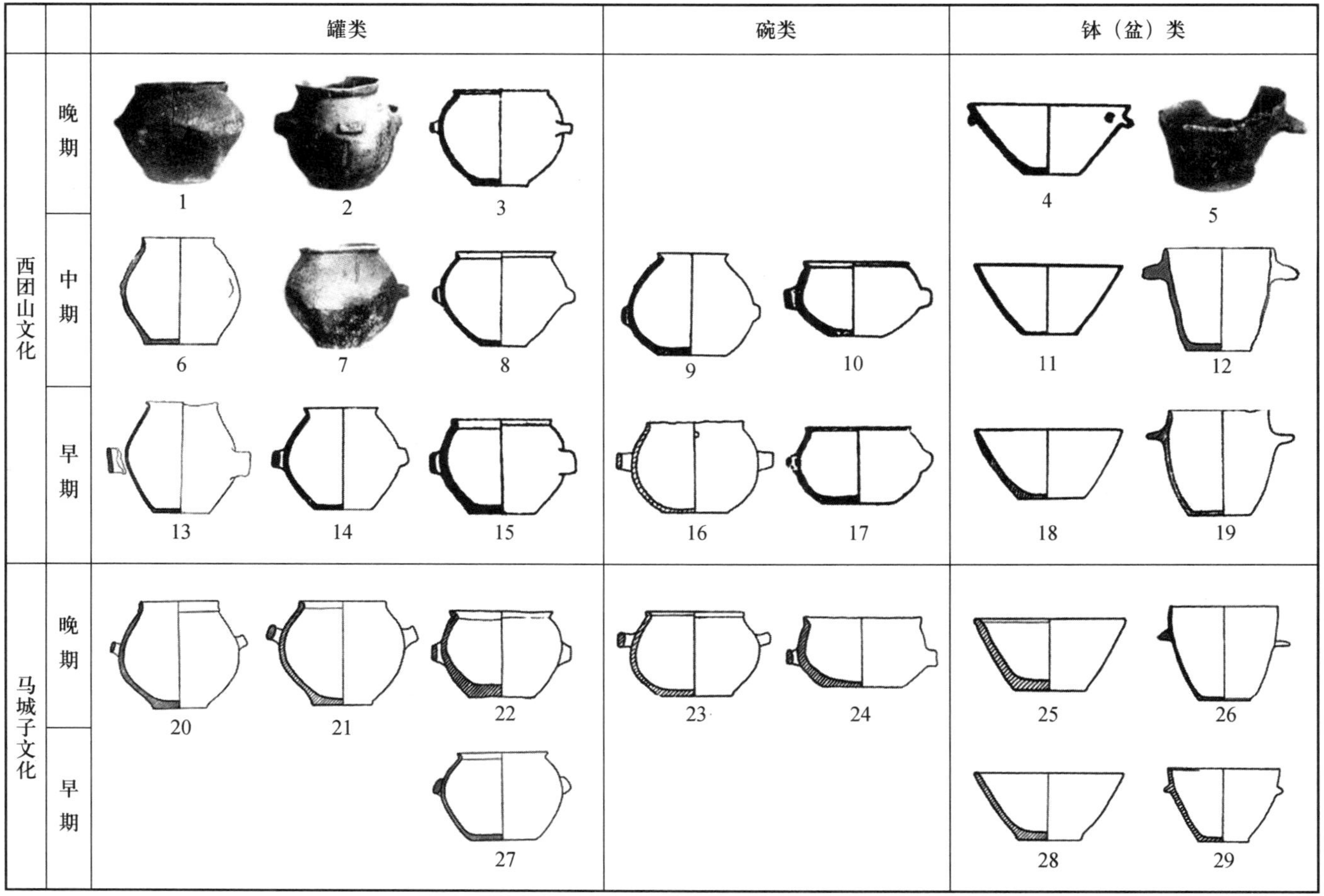

图六 马城子文化和西团山文化罐、碗、钵（盆）类陶器亲缘关系比较图

1、2、7. 西团山48-49（M6、M14、M8） 3. 狼头山（M109） 4、8～11、14～18. 星星哨（AM23：2、DM16：1、AM20：4、AM20：5、CM22：3、AM31：4、BM2：1、AM1：1、DM16：3、CM18：2） 5. 西团山儿童墓 6、12、13、19. 西团山（50M17：3、M14：5、M9：4、M19：3） 20、26. 山城子B洞（M7：7、C洞M9：3） 21、27. 马城子C洞（M5：1、M6：1） 22、24. 新宾牛心山洞 23、25、28. 张家堡A洞（M6：1、M35：4、M41：6） 29. 新宾老城（M2：4）

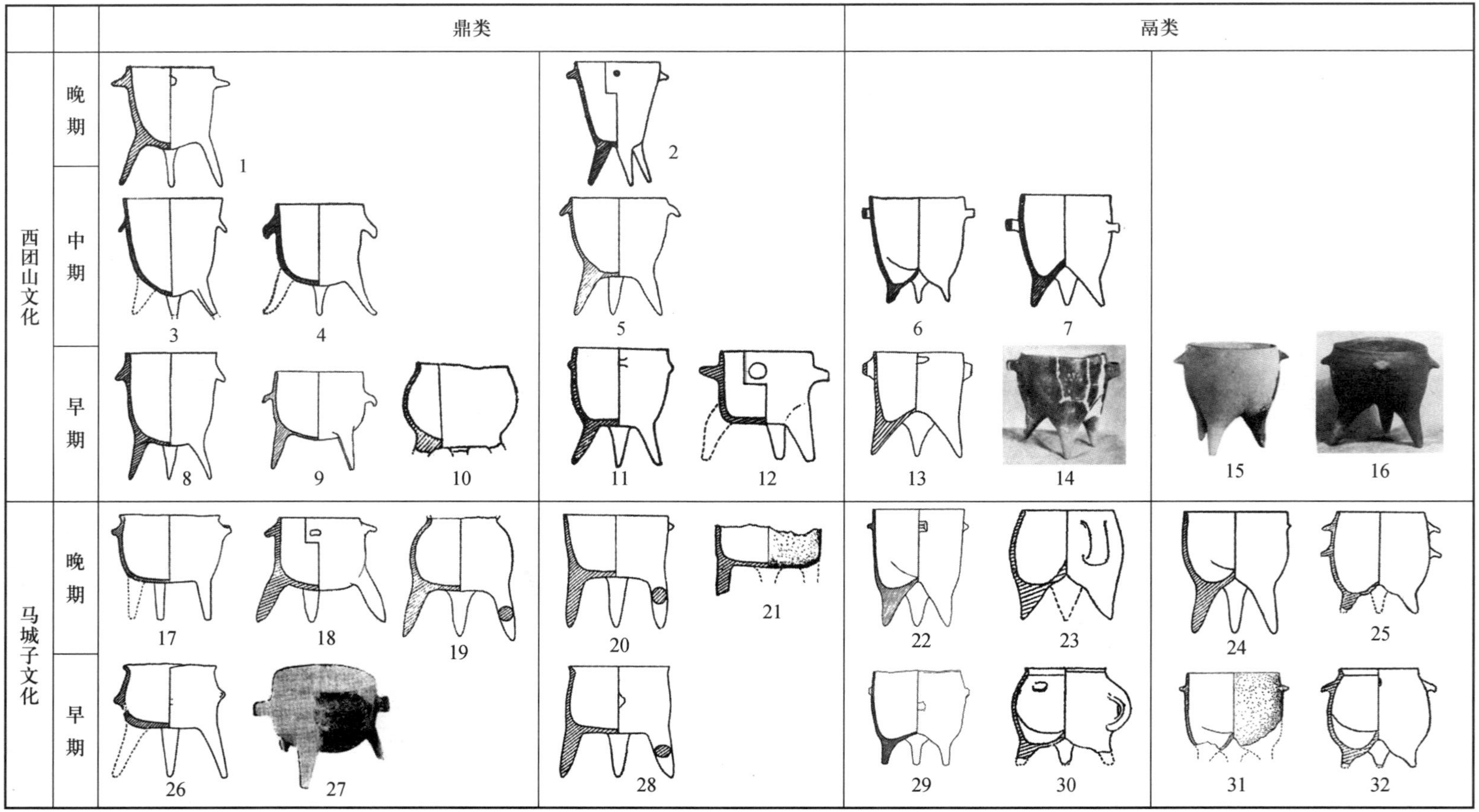

图七　马城子文化和西团山文化鼎、鬲类陶器亲缘关系比较图

1. 大海猛（80T3③：12）　2、7、11. 长蛇山（57F3：28、63T8④：21、63T19⑧：48）　3、4、6. 珠山（F3：22、F3：4、F2：3）　5、9. 前山（F2②：2、F3②：3）　8、13. 猴石山（76F3：1、79ⅡT2③：58）　10. 东梁岗（M2：6）　12. 老河深（F1：2）　14～16. 土城子　17、26、29. 新乐（SV74：49、T12：2、SV73：5）　18、23、25、30、32. 顺山屯（M9：3、H1：1、H1：2、F2：1、F1：1）　19～22、24、28、31. 湾柳（88H3：3、88T30②：3、86TG1②：11、86H2：10、88T26②：1、88T11③：2、86H2：10）　27. 抚顺东山

很可能是山东岳石文化早期的素面袋足甗，通过辽东半岛间接传播至此的一种外来文化因素。

将“平安堡二期遗存”的两种陶器与本地区后来出现的高台山文化早期Ⅰ段陶器进行比较，不难发现，“平安堡二期遗存”仅见竖耳筒形罐、竖耳盆和袋足甗，高台山文化早期Ⅰ段不仅同样见有这三种陶器，而且新出现了竖耳筒形鬲和竖耳盆式鬲。依据该现象推测，辽西平原地区从高台山文化早期Ⅰ段开始出现的竖耳筒形鬲和竖耳盆形鬲，应该是“平安堡二期遗存”时期本地竖耳平底筒形罐和竖耳平底盆与外来素面袋足甗结合以后产生的新器类。外来三足陶器的出现和新式三足陶鬲的产生，不仅标志着辽西平原地区考古学文化的发展进入了一个新的历史阶段，而且以素面鬲和素面甗为代表的三足陶器很快得到了进一步的发展，并且成为高台山文化最具有代表性的器型。所以说，“平安堡二期遗存”应该是高台山文化的前身。

继高台山文化之后，辽西平原地区的考古发现尚属空白，因此在很长一段时间内无人能够说清高台山文化的发展去向。1990年9月，张忠培先生在大连召开的“环渤海考古”学术讨论会上，首次提出“夏家店上层文化是由高台山类型系统发展来的”[8]。随后，朱永刚先生在1991年10月提交给中国考古学会第八次年会的一篇论文中，重复提出了同样的观点[9]。现在看来，这一认识仍然是正确的。

从高台山文化和夏家店上层文化的陶器群观察，它们之间的共性是均为夹砂红褐陶系，采用泥圈套接法制作而成。陶器火候不高，质地较为疏松。几乎所有的陶器都无纹饰，但外表多数都经过打磨或刮抹。尤其是在口沿外叠唇、流行素面直腹鬲和陶器外壁贴附扳耳、桥耳等方面，表现出了很大的一致性。两种文化都以鬲、甗、鼎、罐、壶、盆、豆、杯等构成基本器物组合，其中以鬲、甗、鼎为代表的三足类陶器，不仅形制十分接近，而且从高台山文化到夏家店上层文化的演进脉络非常清晰（图八）。其中直腹鬲和甗是一脉相传的，而夏家店上层文化时期新出现的环耳鬲和环耳鼎，应该是由高台山文化晚期环耳罐和平底鼎两类陶器结合以后创造出来的新器型。

处于夏商阶段的高台山文化主要分布在辽西平原的北部地区，夏家店上层文化则主要分布在辽西山地的西拉木伦河和老哈河、教来河流域。由于两种文化年代先后衔接，陶器亲缘关系十分明显，因此可以认为，由“平安堡二期遗存”发展而成的高台山文化，到了西周初年可能是迫于某种压力一举向西迁移到了西拉木伦河流域的山地地区，并且在那里最先演变成了夏家店上层文化，然后又逐渐向南扩展到了老哈河和教来河流域。当然这一文化在由东向西转移的过程中，还可能吸收了一些其他文化的因素，如在夏家店上层文化中所看到的乳状袋足鬲[10]，很明显就是阜新地区出土的魏营子文化乳状袋足鬲[11]的后裔。

总之，“平安堡二期遗存”、高台山文化和夏家店上层文化应该属于同一文化系统（可简称“高台山文化系”），该系统最具代表性的特征是夹砂红褐陶系、外叠唇作风和素面竖耳、扳耳直腹陶鬲。

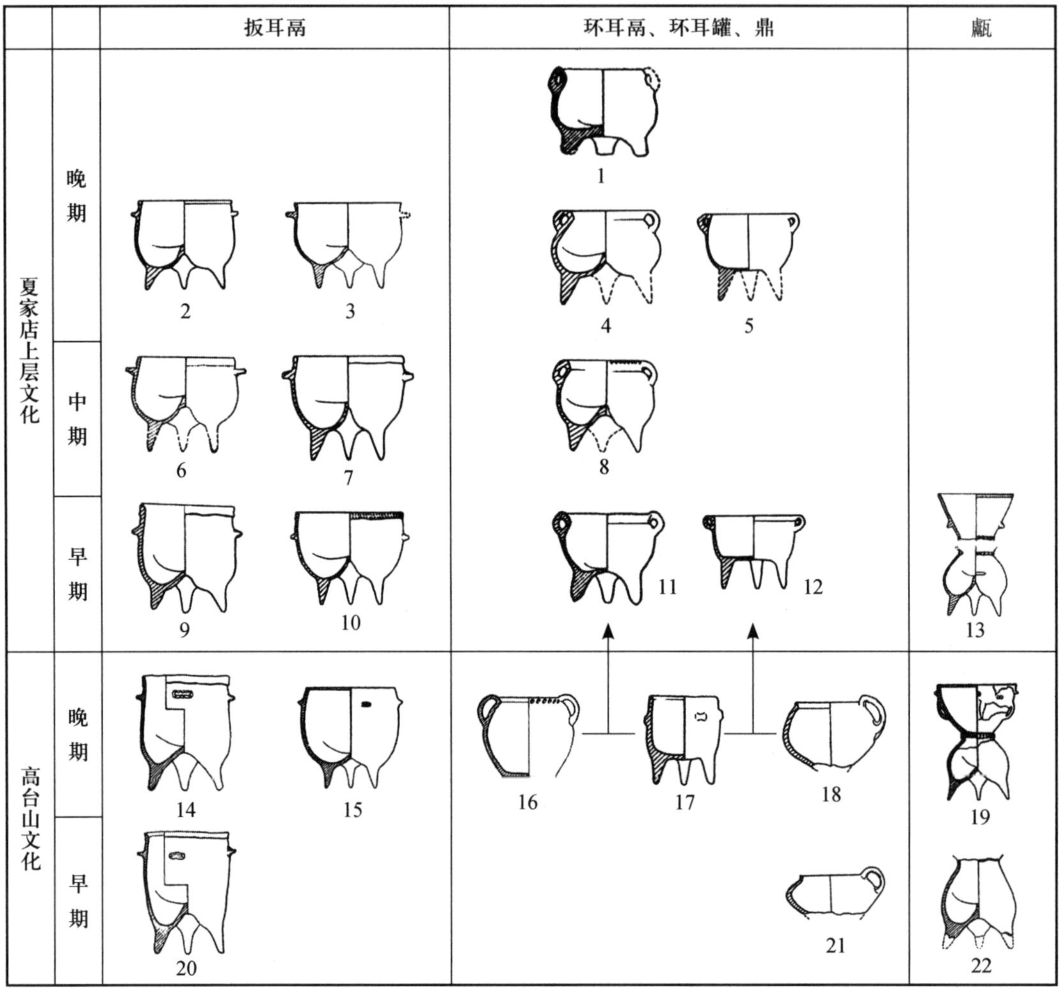

图八　高台山文化和夏家店上层文化三足类陶器亲缘关系比较图

1、11. 赤峰夏家店（T7①：2、H5：15）　2～7、10、12. 克什克腾旗龙头山Ⅱ区（祭祀坑1：6、T0803①：1、H11：3、T0902①：1、T0203②：4、祭祀坑2：5、H70：1、H54：3）　8. 赤峰大山前［98（Ⅳ）H125④：2］　9. 林西大井古铜矿（F2：1）　13. 克什克腾旗龙头山出土　14、18、20～22. 88平安堡（H1012：1、H3075：1、T103④：7、H1018：3、H3052：5）　15、19. 76东高台山（T1H1：3、T1H1：5）　16. 彰武鸡冠山屯出土　17. 74东高台山（S7450）

4. 夏家店下层文化（南支）→塔照一、二期文化→张家园上层文化系统

夏家店下层文化的分布范围很广，除了东北的辽西山地地区以外，还覆盖了燕山以南的华北北部地区。根据地域的不同和文化内涵上的差异，可将这种文化区分为以燕山为界的南北两个大的地方类型。为叙述方便，这里暂分别称其为南支和北支。

分布在燕山以南地区的夏家店下层文化（南支），也有人称其为“大坨头文化”。由于以往发现的材料比较零星，因此有关这类遗存的发展去向问题一直是若明若暗。不过，最新发表的北京市房山区塔照遗址的发掘材料，为认识夏家店下层文化（南支）的流向提供了新的线索。从报告的认识来看，塔照遗址出土的商周时代遗存前后可分为五期也就是五种不同的文化，其中塔照一、二期遗存是新发现的两种不同的考古学文化，塔照三期为张家园上层文化，塔照四、五期分别是西周燕文化和东周燕文化。从文化关系的角度上看，报告认为前三期文化应该是同一系统文化的三个发展阶段[12]。张忠培先生在为《镇江营与塔照——拒马河流域先秦考古文化的类型与谱系》所写的序言中，进一步认定塔照一至三期文化应该是夏家店下层文化（南支）的延续，而且指出其中的第三期文化也就是张家园上层文化应该是“召公被封时的北燕文化”。由此看来，夏家店下层文化（南支）应该是经过塔照一、二期两个阶段发展成了以张家园上层文化为代表的北燕文化，并最终融入了召公封北燕之后的西周燕文化之中[13]。为叙述方便，可将这一文化系统简称为“夏家店下层文化（南支）系”。

夏家店下层文化（北支）的发展去向，限于目前的材料和认识，尚难说得清楚，因此暂不讨论。

5. 小拉哈文化→“古城类型”→白金宝文化→汉书二期文化系统

嫩江流域的小拉哈文化、“古城类型”、白金宝文化和汉书二期文化，不仅同处于相同的自然地理范畴之内，而且年代自夏至西汉紧密相连。从它们的陶器上看，各个文化的时段特征和不同文化之间前后承继的演化步骤也表现得相当清楚。因此嫩江流域夏至早商时期的小拉哈文化、商代晚期的“古城类型”、西周至春秋时期的白金宝文化、战国至西汉时期的汉书二期文化，相互之间应该是一种血脉相连的继承和发展关系，同属于一个文化系统（可简称“小拉哈文化系”）。

年代最早的小拉哈文化时期，陶器主要为素面平底器，乳钉耳和竖桥耳以及台底（假圈足）作风比较常见。基本器类为平底筒形罐、瓮、壶、单耳杯和台底碗等。尽管目前尚难找到可以与其对比的更早阶段的遗存，但是不难看出这种文化的主体成分仍然保留了较多的东北地区新石器时代平底筒形器的文化传统。所以，尽管小拉哈文化时期已经出现了像白金宝86F3028：3那样的素面陶鬲，而且此器标示着该文化已经与以往的新石器时代遗存有了显著的区别，但是陶器的整体文化面貌并未因此而发生较大的改变。除了增加壶、瓮、碗、杯等一些新的器型以外，陶器造型总体上仍然是以平底器为大宗[14]。

“古城类型”的陶器同样可划分为两类[15]，一类是以平底陶器为代表的罐、瓮、壶、杯、碗等，这也是该遗存的主体器型。另一类是以饰花边堆纹和绳纹为主要特征的高领鼓腹鬲。与小拉哈文化相比，“古城类型”平底陶器的基本器类并没有改变，器物造型仍然流行乳钉耳和竖桥耳，少数陶器还保留有台底的遗风。特别是筒形罐、鼓腹瓮、壶、盂、带耳杯等，形制与小拉哈文化的同类陶器一脉相承，这表明

“古城类型”应该是由小拉哈文化发展而来的（图九）。另一方面，“古城类型”的平底类陶器也和小拉哈文化时期的平底类陶器存在一定的区别，其中最重要的一点就是出现了绳纹和几何形、动物形篦纹。前者应该理解为是受外来绳纹鼓腹鬲表面纹饰影响的结果，后者则是具有本土特色并且在后来白金宝文化时期盛行一时的新因素。再从三足陶器上看，夏至早商时期的小拉哈文化和商代晚期的“古城类型”虽然都出现了少量的陶鬲，但是它们的形制特点和文化来源各不相同。小拉哈文化的鬲，从形制上看应该是来自辽西平原地区高台山文化早期的因素。由于这种鬲的表面没有纹饰，因此对嫩江流域小拉哈文化的其他陶器并没有产生纹饰方面的任何影响。“古城类型”的陶鬲，无论是纹饰还是器型，都表明它应该是来自辽西山地地区魏营子文化的因素。因这种鬲的表面有绳纹，所以对嫩江流域“古城类型”的陶器产生了明显的影响，具体说来就是一部分平底筒形罐的表面已经出现了绳纹鬲上的绳纹。

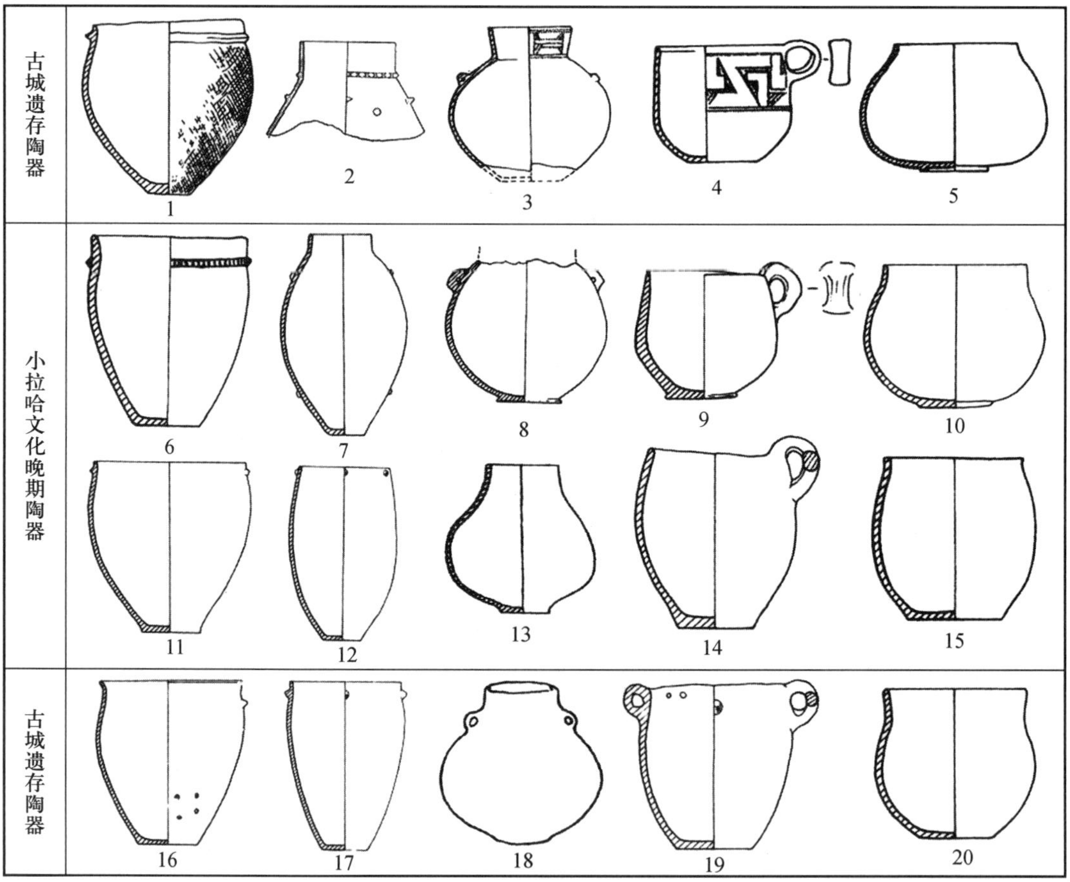

图九　小拉哈文化（晚期）陶器与“古城类型”陶器亲缘关系比较图

1～5、7、10～12、14、16～20. 肇源白金宝遗址（86H3296：2、74T3③：13、86F3012：17、86F3012：19、74H5：5、F3028：1、86H3322：3、86H3078：1、86F3032：1、86H3079：3、86H3067：1、86G3001：8、74H5：6、86F3015：1、86H3244：2）　6、8、9、13、15. 肇源小拉哈（H1005：1、H0001：14、H0001：9、91采集：058、H2005：7）

总之，嫩江流域在夏至早商和商代晚期这两个阶段上，先后受到了来自南部地区以鬲为代表的两种不同文化的影响和冲击，但是陶器群的主体成分仍然以传统的平底陶器为主。外来文化对本土文化所产生的直接影响仅仅表现在商代晚期时绳纹的传播和借用上，而器物形制本身并未受到太大的影响，也未因此而出现新的器型。所以说夏商时期的嫩江流域主要还是一个使用传统平底陶器的时期，小拉哈文化和“古城类型”之间的转化，主要表现的应该是平底类陶器在纹饰、形态等方面所体现出来的阶段性差异。而作为来源有别的小拉哈文化和“古城类型”中出现的陶鬲，其重要意义则是起到了标识年代和作为文化传播证据的作用。

如果说小拉哈文化素面鬲的出现标志着嫩江流域考古学文化由此进入了一个新的历史发展阶段，但是这种外来因素对当地的传统文化并未产生真正意义上的影响。“古城类型”时期开始传入的绳纹鼓腹鬲也只是在输入绳纹方面得到了当地文化的认可和借用。那么当外来的绳纹鼓腹陶鬲和当地的绳纹或素面筒腹陶罐真正实现了器型上的融合并且在当地碰撞出了两种新的器型——绳纹筒腹鬲和素面筒腹鬲的时候，不仅标志着“古城遗类型”已经正式演变成了白金宝文化，同时也标志着嫩江流域考古学文化的发展实现了一次具有划时代意义的质的跨越，并且从此走上了一个以鬲为主要炊器的新的历史时期。

从白金宝文化早期阶段的遗址材料来看，瓮、壶两类陶器的形态和“古城类型”的同类陶器之间存在着十分明显的承继关系，一些常见的几何形和动物形篦纹也明显可以看出是由“古城类型”时期的同类纹饰进一步演化而来的（图一〇）。特别是早期的绳纹筒腹鬲和素面筒腹鬲，形态上一眼就可以看出其上部是由平底筒形罐改制而

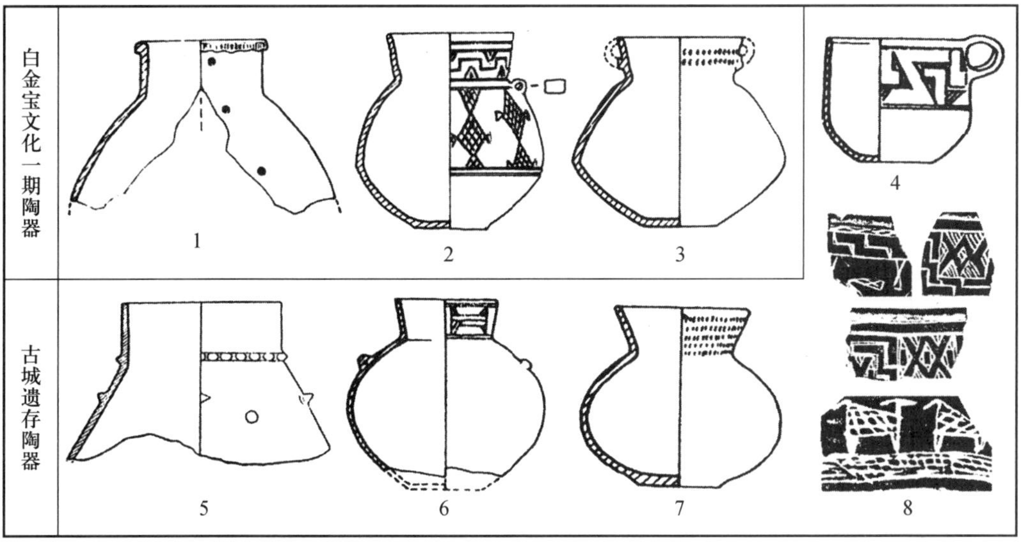

图一〇 “古城遗存”陶器与白金宝文化早期陶器亲缘关系比较图
1. 86F3004：21 2. 86F3046：14 3. 86H3056：7 4. 86F3012：19 5. 74T③：13 6. 86F3012：17 7. 86H3244：6 8. 74H5出土（标本均选自黑龙江肇源白金宝遗址）

成的，下部借用的是鼓腹鬲的袋足部分，两部分的接合处不仅痕迹明显，而且为了防止断裂还在接合部位贴附了一周起加固作用的泥条堆纹（图一一，5、11）。

从白金宝文化自身的陶鬲演化过程上看，主要是在技术方面经历了一个由生疏到娴熟的发展过程，而这一过程反映在鬲形上便是一个由高裆向矮裆、由腹足接合痕迹

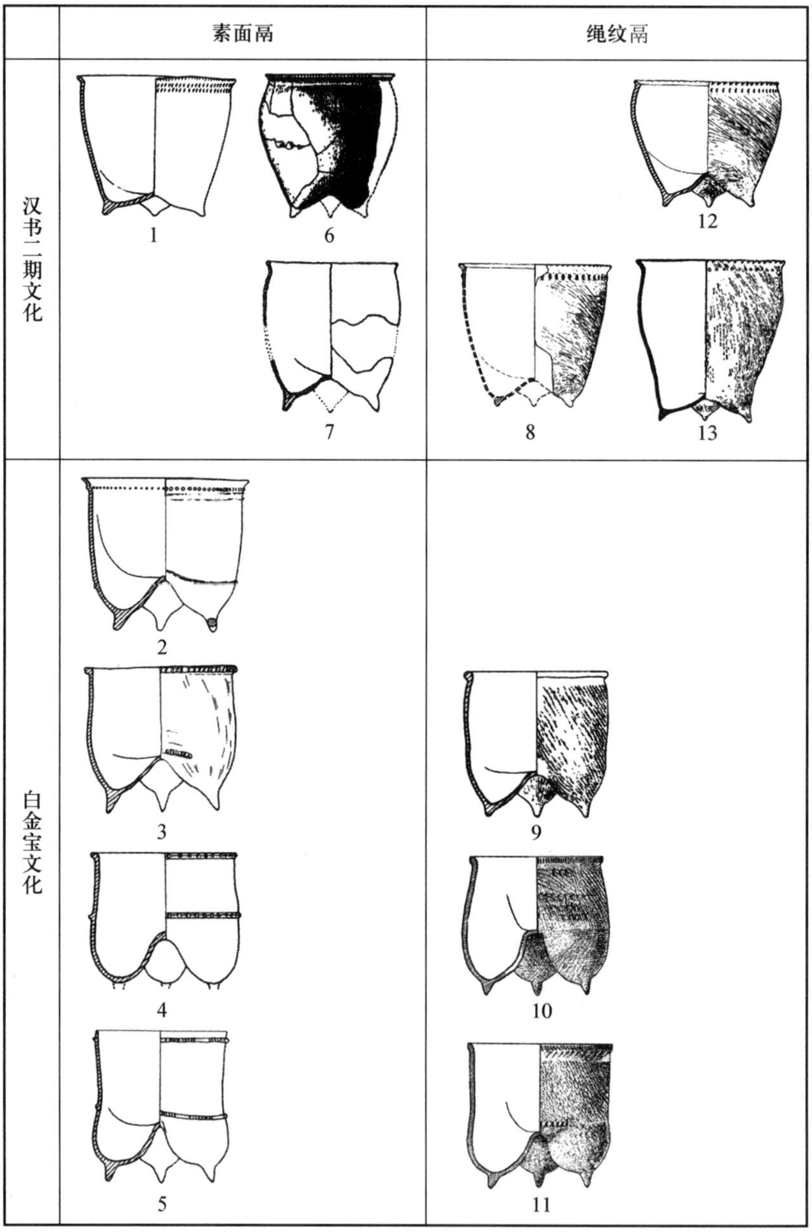

图一一　白金宝文化和汉书二期文化遗址出土陶鬲亲缘关系比较图

1、2、8、12. 小拉哈（F0002：1、92H1003：1、T121②：19、F0001：17）　3～5、9～11. 白金宝（86F3008：3、86F3006：1、86H3342：2、86F3021：1、74H1：63、74F1：1）　6. 后七棵树（采集）　7. 哈土岗子（H1：28）　13. 汉书（F104：45）

明显向腹足浑圆一体、由粗糙到精致的演化过程。可是当这种技术被使用了相当长的一段时期并且达到了比较高的水平以后，发明了这种陶鬲的先民们又在陶鬲的制作手段上进行了一次新的革命，这种革命的时间应该是春秋战国之际，革命的标志是放弃了在筒腹罐下面安装三个袋足的制鬲方法，而开始采用直接在筒形器的下部捏合出三个乳状矮腿而使其变成陶鬲的新工艺（筒改鬲）。这种制作陶鬲技术的改变，同时也标志着白金宝文化已经正式演变成了汉书二期文化。

从器型上看，白金宝文化的陶鬲裆部普遍较高，因此遗址中发现的与其配套使用的陶支脚均呈馒头状，形体比较矮小。汉书二期文化的陶鬲裆部普遍较低，所以遗址中出土的用以支鬲的陶支脚均呈实心喇叭状，形态较高。需要说明的是，白金宝文化和汉书二期文化的陶鬲虽然制作工艺有别，而且由此导致鬲裆部位的区别比较明显。但是从陶鬲的整体形态上看，汉书二期文化的陶鬲仍然是一种无耳的直腹筒形鬲，而且也仍然存在着绳纹鬲和素面鬲两种不同的类型（图一一）。

另外，白金宝文化墓葬出土的陶器也和汉书二期文化的墓葬陶器存在较大的共性。这种共性不仅表现在二者的主要器类基本相同上，而且还体现在许多器型之间前后具有明显的递进演变关系上。仅以壶类陶器为例，就至少可以看出有七个型别是两种文化自始至终共同存在的，而且它们的演化脉络均表现得十分清楚（图一二）。

综合以上分析，不难看出，小拉哈文化、“古城类型”、白金宝文化、汉书二期文化是在嫩江流域相继发展起来的四种具有内在联系的考古学文化。这四种文化之间的确是一脉相传的，的确属于同一个文化系统。由于该系统的文化是在长期使用平底陶器并在夏商时期受到来自魏营子文化无耳陶鬲和高台山文化高领杯口壶、直口壶的影响而不断发展壮大起来的，因此它的陶器特点是除了篦纹以外还存在大量的绳纹，流行无耳的绳纹直腹鬲或素面直腹鬲，流行高领的杯口壶和直口壶（喇叭口壶应该是外来因素），且多无耳或只见少量的竖耳。

6. 兴城文化→柳庭洞文化系统

兴城文化和柳庭洞文化均分布在图们江流域，前者年代为夏商时期，后者年代为西周至战国时期。从陶器的亲缘关系上看，柳庭洞文化应该是由兴城文化发展而来的，因此两者应属于同一个文化系统（可简称“兴城文化系”）。

兴城文化和柳庭洞文化的陶器特点是素面无纹，以平底陶器为大宗。共见的器类主要有斜腹罐、直腹罐、鼓腹罐和钵、碗、盆等。区别仅在于兴城文化时期发现了较多的鼓腹瓮，柳庭洞文化时期见有少量的圈足碗和豆。不过，依据图们江流域汉代的团结文化时期尚有带柱状耳的鼓腹瓮推断，介于晚商之后和西汉以前的柳庭洞文化也一定会有鼓腹瓮类陶器存在，只是目前还没有发现而已。将两种文化共见的陶器进行比较，可以很明显地看出它们之间至少有4大类9个型别的陶器是一脉相承的，而且从早到晚的递进演变关系非常清楚（图一三）。

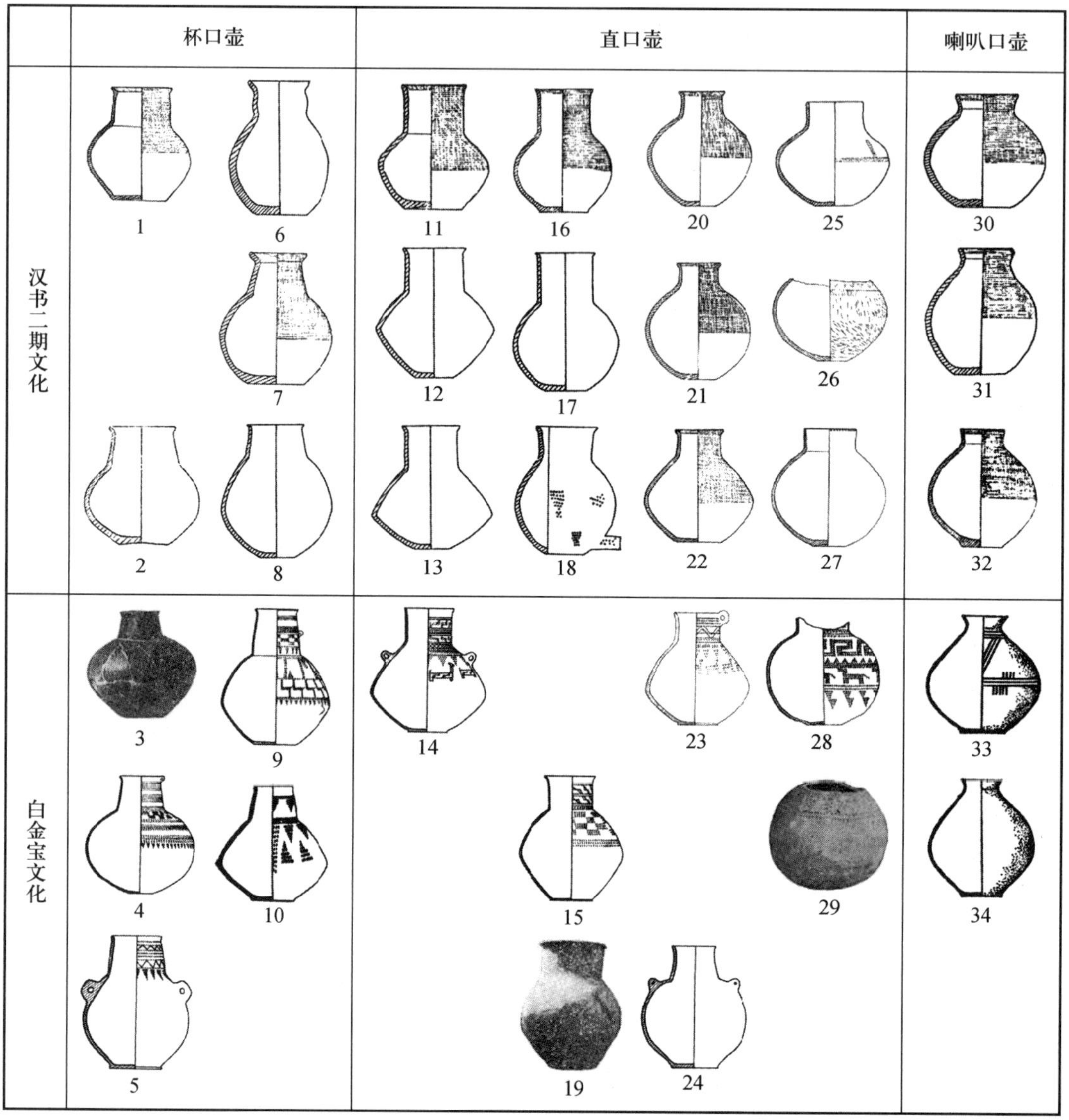

图一二　白金宝文化和汉书二期文化墓葬出土陶壶亲缘关系比较图

1. M107∶90　2. 85M101∶1　3、29、33、34. 60M1∶2、81M1∶1、81M3∶1、81M1∶2　4、5、9、14、15、23、24. 01M63∶8、01M61∶1、01M35∶3、01M35∶1、01M63∶12、85M8∶1、01M60∶4　6. M214∶7　7、21. M207∶3、M207∶1　8、12、13、17. 后土木采集　10、19. 62M2∶35、62M2∶60采集　11、16. M133∶36、M133∶14　18. M205∶2　20. M219∶2　22. M159∶1　25. M127∶1　26. M184∶1　27. M108∶16　28. 牛尾巴岗采集　30. M145∶5　31. M125∶8　32. M141∶52（2、3、33、29、34. 小登科出土，8、12、13、17. 后土木采集，4、5、9、14、15、23、24. 二克浅出土，28. 牛尾巴岗采集，10、19. 东山头出土，余为平洋墓葬出土）

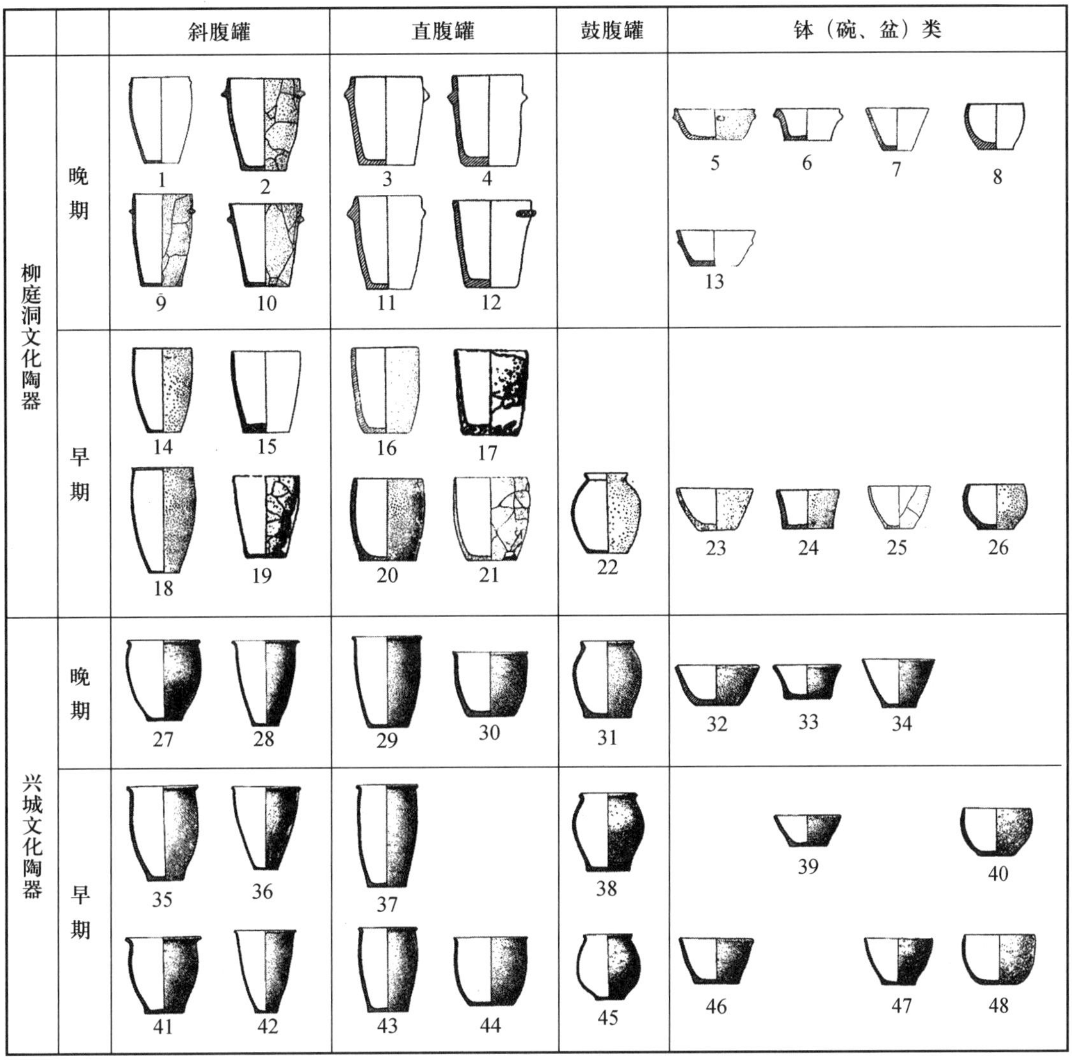

图一三　兴城文化陶器与柳庭洞文化陶器亲缘关系比较图

1、8. 延吉新光　2、9、10. 珲春大六道沟　3、6、11. 珲春北山墓地　4、12、13. 汪清金城　5、16、23. 图们石砚　7. 珲春新兴洞　14、18、22、24、26. 珲春迎花　15. 新安闾下层　17、19. 延吉柳庭洞　20. 延吉金谷　21、25. 龙井南山　27～48. 和龙兴城

这里需要说明的是，图们江流域夏至战国时期的考古学文化始终没有发现三足类陶器，文化的发展一直保持着从新石器时代开始以来便已经形成的平底筒形器传统。从本地区发现的战国以后的团结文化陶器来看，这种传统一直延续到了两汉时期。因此与其他地区相比，图们江流域应该是一个相对比较封闭、文化发展很少受到外界影响的地区。但是从柳庭洞文化的发展去向来看，除了在当地演化成了两汉时期的团结文化以外，还有一支最终离开了自己的原生地而向西进入了第二松花江流域，并且在那里形成了汉代初期以黄鱼圈珠山M1为代表的遗存（图一四）。这一现象的揭示，不

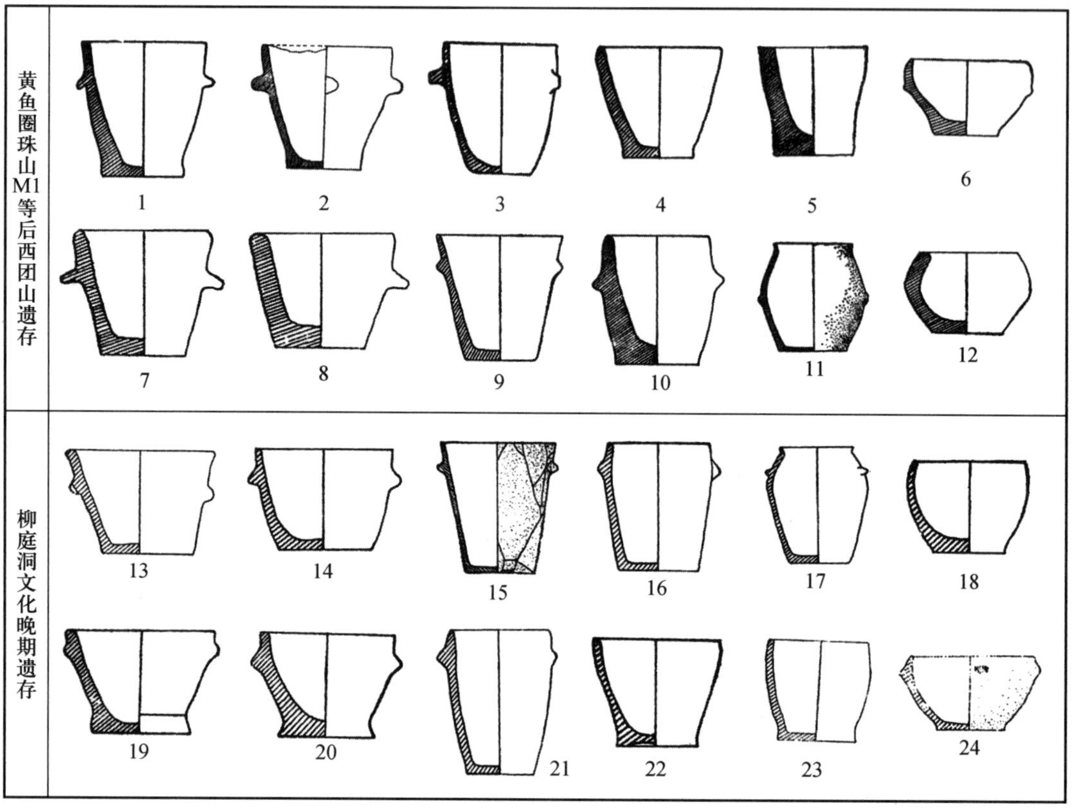

图一四　柳庭洞文化晚期陶器和以黄鱼圈珠山M1为代表的后西团山文化遗存陶器的比较

1、4、10. 珠山（M1：1、4、2）　2、5、12. 九台石砬山（采、T4②：1、T2②：2）　3. 九台关马山（M1：1）　6、9、11. 西荒山屯（M4：14、M4：18、H2：1）　7、8. 猴石古墓出土　13、16、20、21、23. 珲春北山墓地（M4：1、M17：3、T12①扩：1、T4②：3、M2：7）　14、17、18、22. 延吉新光（F3：7、F3：20、F3：3、F3：9）　15. 珲春大六道沟出土　19. 汪清金城（80M3：1）　24. 图们石砚

仅表明图们江流域的考古学文化在其发展的高峰时期也曾对外产生过一定的影响，同时也肯定了乔梁先生早在90年代初期提出的“黄鱼圈珠山M1这类遗存的源头，很可能要在吉长地区东侧的长白山地一带寻找”的说法[16]。

以上六个文化系统的确认，从根本上说是对诸考古学文化以及创造这些考古学文化的人群之间亲缘关系的一种界定。从六个文化系的分布区域上看，除了夏家店下层文化系（南支）的活动范围在燕山以南的华北北部地区以外，其他五个文化系的诸考古学文化均主要活动在中国的东北地区。为了更好地把握这五个文化系之间的发展脉络和时空关系，现将它们统一归纳成一个表格，是为表一。

7. 辽西山地地区其他几种文化遗存的说明

从辽西山地地区发现的7种具有地方特色的考古学文化（遗存）来看，除了夏家店上层文化被明确认定为高台山文化的后继者之外，包括夏家店下层文化（北支）在内

表一　东北青铜时代（夏至战国时期）考古学文化系统的划分、演进及时空关系比较

期	段	西部区（大兴安岭—燕山文化带）			东部区（长白山—千山文化带）			
		嫩江流域	辽西山地	辽西平原	辽东南部	辽东北部	第二松花江	图们江流域
两周时期	战国	汉书二期文化			双房文化（晚期）		西团山文化（晚期）	柳庭洞文化（晚期）
两周时期	西周至春秋	白金宝文化	夏家店上层文化		双房文化（早中期）		西团山文化（早中期）	柳庭洞文化（早期）
夏商时期	商代晚期	“古城遗存”		高台山文化（晚期）	双砣子三期文化	马城子文化（晚期）		兴城文化（晚期）
夏商时期	夏至早商	小拉哈文化		高台山文化早期 “平安堡二期遗存”	双砣子二期文化 双砣子一期文化	马城子文化（早期）		兴城文化（早期）
		①		②	③	④		⑤
文化系		①小拉哈文化系		②高台山文化系	③双砣子文化系	④马城子文化系		⑤兴城文化系

的其余6种考古学文化（遗存），在现有的材料下均难以说清它们各自的源流或彼此间是否存在着文化上的传承关系。因此为了便于澄清问题，并有利于今后开展更进一步的研究，这里在没有更多证据的情况下，暂和其他学者一样，仅分析和讨论它们各自的文化结构或不同文化成分的来源，而不做纵向的文化传承关系和所属文化系统方面的认定。

夏家店下层文化（北支）以绳纹甗、尊式鬲、素面鼓腹鬲、素面瓿式鬲最具特色。该文化的起源比较复杂，既有对当地红山小河沿文化系统本土文化成分的承继（如尊、钵形鼎、浅盘豆等），又有来自对中原地区以绳纹为代表的后岗二期文化因素的吸收（如无腰隔绳纹甗、绳纹中口深腹罐、绳纹深腹扳耳盆等），还有由这两种文化成分碰撞而成的新器型（如尊式鬲等），另外还能看到一些来自中原二里头文化的因素（如鬶、爵等）。关于这种文化的发展去向，有些学者认为它可能有一部分融入了后来的魏营子文化当中[17]。但是从相互可比的材料来看，一是绳纹并不一样，魏营子文化的绳纹多数经过刮抹，纹痕很不清楚。二是极少见到的筒式素面鬲，形态相去甚远，其他陶器更是不具有任何可比性。再有魏营子文化以夹砂褐陶为主，两种文化在陶系上存在着本质的不同。所以，仅从目前的材料来看，夏家店下层文化（北支）的去向仍然是一个需要进一步发现和探讨的问题。

魏营子文化的内涵本身就很模糊，近年来在文化性质、年代、分期、分布等问题上又提出了一些不同的看法。本文对魏营子文化的界定是年代为商代晚期，下限到不

了西周。地域以大小凌河流域为中心，周边地区的同类遗存发现较少。基本器型当以喀左后坟出土的一批材料为代表，另包括阜新平顶山遗址的第三期遗存和义县向阳岭遗址第三期遗存，曲刃青铜短剑不是该文化的遗物。

关于魏营子文化的形成，有相当一部分学者认为它是部分继承了当地夏家店下层文化（北支）的因素，部分地吸收了来自西部长城地带朱开沟文化以绳纹花边鬲为代表的因素，还有一部分因素是来自东部地区的高台山文化。其实就魏营子文化的主体成分来看，多是具有高台山文化的特点。特别是一直被认为是从西边传入的高领花边鬲，其实很可能是由高台山文化的高领花边鼎发展而来的。从彰武章古台镇出土的高台山文化高领扳耳鼎（图一五，1），到魏营子文化喀左南沟门的高领花边鼎式鬲（图一五，2），再到魏营子文化阜新平顶山H201：1高领花边鬲（图一五，3），演化脉络十分清楚。因此，随着日后发现材料的增多，有可能会逐步证明魏营子文化应该是高台山文化的一个地方类型。其去向很可能是随着高台山文化的整体西迁而一并融入了西周至春秋时期的夏家店上层文化，其中夏家店上层文化的乳状袋足鬲很可能就是来自魏营子文化的因素。当然这只是一个初步的想法，是否如此还有待日后做进一步的研究。

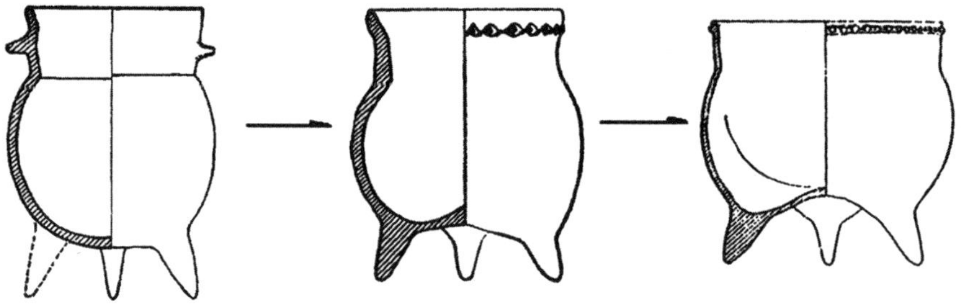

图一五　高台山文化陶鼎与魏营子类型陶鬲的亲缘关系比较图

1. 高台山文化高领扳耳鼎（彰武章古台镇出土）　2. 魏营子类型高领花边鼎式鬲（喀左南沟门出土）
3. 魏营子类型高领花边鬲（阜新平顶山H201：1）

魏营子文化结束以后，努鲁儿虎山以东的大小凌河流域出现的是一种含曲刃青铜短剑和不见三足陶器的“凌河遗存”，这种遗存的年代跨度较长，从西周一直延续到战国晚期的燕文化到达之前。从文化内涵上看，这种遗存虽然主要都是平底陶器，但成分比较复杂，再加上发掘和发表的材料十分零散，所以性质问题一直比较模糊。关于它的来源，尽管有人认为可能与魏营子文化有关，但是从两者陶器的基本器类和青铜短剑方面所表现出来的较大差异性来看，显然难以令人信服。从主要内涵上看，这种遗存当中有一部分因素与西部地区同时存在的夏家店上层文化、“水泉遗存”、“井沟子遗存”有关。还有一部分因素应该是来自中原地区的文化成分，如青铜戈、双翼有铤铜镞等均为中原式青铜器，小口双耳鼓腹壶的形制和河北玉皇庙文化（军都山文化）的同类陶器相近[18]。而另外一部分因素，也是这种遗存的主体成分——叠唇筒腹陶罐、素面高颈陶壶、曲刃青铜短剑等，应该和辽东地区同期存在的“双房文化”有着十分密切的联系。具体地说，这类因素很可能是双房文化自西周以后开始不断向北、向西拓展并且影响势力到达了此地的结果。在大小凌河流域和辽东地区中间的辽西平原地区，目前尚未发现两周时期的遗存。若日后这一地区的田野考古工作能够有所突破，那么一定会有利于这一问题的解决。

西周至春秋时期，努鲁儿虎山以西的西拉木伦河、老哈河、教来河流域出现的是高台山文化西迁以后演变而成的夏家店上层文化。到了战国早中期的时候这里出现的是“水泉遗存”和“井沟子遗存”（含“铁匠沟遗存”）。从现有的材料来看，这两种遗存既有共性（如都有双耳罐、叠唇罐等），又有个性（如“水泉遗存”不见鼓腹瓮和鬲，“井沟子遗存”不见角把罐）。究竟是属于同一种文化还是分属于不同的文化，现在还说不清楚。此外，两种遗存中除了都可以看到有来自东部“凌河遗存”晚期的影响因素以外，各自的来源均不明朗。由于在战国晚期到达这里的燕文化当中经常可以看到一些非燕文化的土著因素[19]，因此推断这两种遗存很可能融进了后来的战国燕文化之中。

另外还需提到的是，大约与“凌河遗存”晚期和“井沟子遗存”、“水泉遗存”处于相同时期的凌源“五道河子遗存”，材料仅限一处墓地的11座墓葬，而且随葬品中只有青铜器而不见陶器[20]。从青铜器的构成来看，既有中原式的柳叶形剑、长胡三穿戈和车器，又有北方草原风格的三角形和人形坠饰、连珠状坠饰、马形饰牌、牛形金饰牌，还有具有“凌河遗存”特点的鳐鱼形当卢。有人认为这类遗存的性质应该是冀北地区“山戎文化”晚期的代表性遗存[21]，也有人认为这类遗存的墓制和葬俗与年代稍晚的完工、扎来诺尔等东胡族系的鲜卑墓葬相近[22]。还有人认为这批遗存不宜归入辽西及其邻近地区目前所知的任何一种文化[23]。由此看来，“五道河子遗存”的来源和去向问题仍然没有得到解决，而且也无法解决。

综合以上分析，不难看出在整个东北地区的夏至战国考古当中，辽西山地地区的发掘工作起步最早、所揭露的材料和取得的研究成果最多，但是真正能够说清楚的问题却最少。尤其是在文化的定性和文化的谱系关系方面，除了夏家店上层文化以外几乎无一能说明白。所以，辽西山地地区的考古发现和研究工作仍然是未来相当长一段时间内东北考古工作的重点和难点。

二、两个时期两种不同性质的互动方式分析

以夏至早商、商代晚期、西周至春秋、战国四个年代段为时间背景，横向比较诸考古学文化之间的交往方式，可发现夏商时期的文化格局主要表现为相对稳定的等势

文化之间短距离的交流与影响，而两周时期的文化格局则演变成了强势文化的扩张、弱势文化的迁徙和远距离文化的渗透。

1. 夏商时期的互动方式——文化交流与影响

夏至商代早期是东北地区考古学文化发展的一个重要转轨阶段，这个阶段的主要标志之一就是外部三足陶器的传入与扩散。从具体的途径和情形来看，各地又有所不同。

辽西山地地区受中原同期文化的影响，出现了以绳纹甗、绳纹盆和尊式鬲为代表的夏家店下层文化。这种文化中的绳纹甗和绳纹盆是典型的外来文化因素[24]，而尊式鬲是外来文化因素和本土文化因素碰撞以后产生的新器型[25]，由此看来，夏家店下层文化的形成模式应该是当地文化接受了外来文化的影响，并且通过文化借用的方式真正实现了外来文化与本土文化的融合。

辽东南部地区受山东半岛同期文化的影响，先是出现了以鼎、鬶等三足器为代表的山东龙山文化因素[26]和当地平底陶器共存的双砣子一期文化，而后又出现了以素面甗、凸棱纹陶器为代表的山东岳石文化因素[27]和当地平底陶器共存的双砣子二期文化。由于双砣子一、二期文化时期始终表现为外来文化和本地文化并存，却一直没有碰撞出新的器类，从而表明它们在对待外来文化上表现出的是一种排斥或抗衡状态，正是这种倔强的文化性格和顽强的排外意识，使得先后来自山东半岛的龙山文化和岳石文化都没能够最终取代双砣子一、二期文化而彻底占领辽东半岛的南部。也正是这样一种持之以恒的自我发展精神，致使“双砣子文化系”虽然地处东北地区的前沿，却在整个夏至战国时期始终保持着瓮、罐、壶等平底陶器的文化传统，而不用三足炊器。

辽西平原地区的“平安堡二期遗存”，地理位置处于夏家店下层文化和双砣子一、二期文化之间。该遗存当中出现的三足器足尖标本，因为没有实足根也没有纹饰[28]，因此不太可能是从夏家店下层文化流传过来的，相反倒有可能是山东岳石文化的素面陶甗经过辽东半岛间接传播至此的结果。这种外来的素面三足器到达此地后不久便和当地的传统平底器结合，产生出了高台山文化早期的素面筒腹鬲、素面盆式鬲和素面小陶鬲[29]。这表明夏至早商时期的“平安堡二期遗存”和高台山文化早期遗存对于外来的文化因素是持肯定态度的，不仅积极接受，而且还实现了实质性的融合。在这一点上，它和西边的夏家店下层文化一样，而和南部的双砣子一、二期文化不同。

以上三个身处东北南部前沿地区的考古学文化，几乎是在同一个时间段上出现的三足陶器。但是只有高台山文化将这种新型陶器进一步向北、向东传播给了小拉哈文化和马城子文化（早期），从而使这两个地处内陆的考古学文化也在夏至早商时期拥有了像高台山文化素面鬲那样的三足陶器[30]。而同期的西部夏家店下层文化尽管在当时看来应该是技术水平和文化发展程度最高的一支，但是由于它的发展势头一直瞄向燕山以南的华北地区，因此对东北其他文化所产生的影响不仅不够明显，相反在一定程度上还接受了不少从高台山文化传递而来的素面陶鬲[31]。南部的双砣子一、二期文化，由于长期处于同来自山东半岛文化的抗争之中，因此无暇顾及对北部地区的开发。正是由于两个窗口地区的考古学文化主动或被动地将精力放在了同中原和山东两个地区同期文化的较量和纠葛上，高台山文化有机会完成了它对东、北、西三个方向上的文化影响和渗透。

如果将该阶段三足器在东北地区的出现和传播划分为三个不同的层次，那么中原文化区绳纹甗和山东文化区素面鼎、鬶、甗分别对辽西山地夏家店下层文化和辽东南部双砣子一、二期文化所产生的影响是直接的，应属第一层次。而通过双砣子二期文化将山东岳石文化的素面甗传播给辽西平原北部的“平安堡二期遗存”应该是第二层次。高台山文化早期产生了新的素面陶鬲以后又进一步地影响到了辽东北部的马城子文化（早期）和嫩江流域的小拉哈文化以及辽西山地的夏家店下层文化则应该是第三层次。由此可见，三足陶器在东北地区的逐级传播，存在着骨牌式的联动效应。

在此期间，只有兴城文化因地处远且封闭的图们江山谷地带而没有受到外界文化的影响，所以没有出现三足陶器。

到了商代晚期，东北地区的文化格局和发展态势又有了一些新的变化。

辽东南部地区的双砣子一、二期文化这一阶段已经演变成了双砣子三期文化，由于这一时期来自山东地区的岳石文化已经完全消退，新出现的珍珠门文化影响势力又极其微弱，因此当地的传统文化得到了快速的恢复和发展。据发掘到的这一阶段的遗址和墓葬材料来看，双砣子三期文化后来居上，实力已不落后于同期的其他任何文化。但是从文化交往关系上看，该文化既没有积极主动地向外扩张，也看不出有太多的对其他文化加以吸收或借鉴的迹象。

辽西山地地区夏家店下层文化结束之后发展起来的是魏营子文化。从这种文化的器物组合来看，有相当多的因素应该是来自东部地区的高台山文化[32]，这说明高台山文化（晚期）在这个阶段上仍然保持着对西部地区的强烈影响。但是相比之下，它的东进势头更加明显，所产生的影响力度也较夏至早商阶段有所加强。这一点从马城子文化晚期阶段的陶器群中出现了比早期更多的鬲、甗、壶、碗等典型高台山文化器型上便可得到证实[33]。

有所不同的是，这一时期活动于大小凌河流域并受到过高台山文化较多影响的魏营子文化一举取代了前阶段高台山文化对北部嫩江流域的影响，将以绳纹鼓腹鬲为代表的遗存向北传播给了嫩江流域的“古城类型”[34]，并且对改变“古城类型”的面貌和促进后一个阶段白金宝文化的形成起到了至关重要的作用。另外，从高台山文化晚期陶器群中见有少量的陶鼎来看，该文化在与马城子文化的交往中，也或多或少地吸收了一些对方的文化因素[35]。

和上一个阶段一样，图们江流域的兴城文化只是完成了同一种考古学文化内部的期、段性变化，而与外部文化仍未发生交往。

总结夏商时期前后两个阶段的文化交往与影响方式，不难发现它们的共性是每一个文化系的活动区域都相对比较稳定，两个阶段的文化传承都是在同一个区域内完成的，文化之间的交往与影响主要表现为双向或单向的近距离文化传播与渗透。尽管有些文化，如高台山文化在这一时期的文化交往和传播过程中表现得比较活跃，也比较主动，甚至对周边地区特别是东部地区的马城子文化产生了较强的影响，但是总体看来影响的力度还是有限的，至少是没有改变那里的文化传统，更没有因此而改变东北地区各文化系之间的大的格局。所以基于整个夏商时期文化的发展格局相对比较稳定、势力发展相对比较平衡的大背景而言，高台山文化应该算是这一时期比较活跃的文化，但不是强势文化。

2. 两周时期的互动方式——文化扩张与迁徙

西周至战国时期，东北南部地区的文化格局曾经发生过两次重大的变化。而导致这两次变化的直接原因，一是西周至春秋时期辽东双房文化的急剧扩张，一是战国时期中原燕文化的大举北进。

西周至春秋时期，由辽东南部双砣子三期文化蓄势演化而成的双房文化，此时发展到了它所在文化系统的巅峰时期。依靠曲刃矛、曲刃剑等当时最先进的青铜武器，该文化开始了大规模的对外扩张，并且在很短的时间内将自己活动的中心区域由原来的辽东半岛南端迅速扩大到了整个辽东地区，而且外围影响势力几乎覆盖了大半个东北和东邻的朝鲜半岛地区。

从现有材料来看，在远离辽东而又有辽西平原相隔的辽西山地地区，不仅西周至战国早中期的“凌河遗存”中出现了大量的与双房文化相同或相近的曲刃青铜短剑和厚唇筒形陶罐[36]，而且在努鲁儿虎山以西的西周至春秋时期的夏家店上层文化和战国早中期的“水泉遗存”中也可见到少量的同类遗物[37]。此外，嫩江流域战国时期的汉书二期文化遗址中，曾经发现过曲刃青铜短剑的石头附件[38]。第二松花江流域西周至战国时期的西团山文化遗存中，也存在较多的形态类似于双房文化的青铜器和陶器[39]。另据研究，朝鲜半岛早在夏商时期就已经出现了和辽东南部地区双砣子一至三期文化有着密切联系的“新岩里一期类型”和“新岩里二期类型”遗存[40]。到了两周时期，无论是陀螺形陶器还是“新岩里三期”和“美松里上层”陶壶，又都和双房文化的同类遗物存在着十分密切的亲缘关系[41]。还有在朝鲜半岛金谷洞、龙兴里和西浦洞等地发现的曲刃青铜短剑，形制与双房文化的曲刃剑别无二致[42]。这些考古发现证明，双房文化的影响势力曾经到达过上述地区，并且对那里的传统文化产生过不同程度的影响。

作为西周至春秋时期的一支强势文化，双房文化的扩张直接导致了两个事件的发生，一是夏商时期分布于辽东北部的马城子文化此时在无力抵挡双房文化北进的强大攻势之下，整体向北迁移到了第二松花江流域，并且在那里演变成了西周至战国时期的西团山文化（少部分因素融入了双房文化之中）；二是夏商时期活跃一时的高台山文化，出于同样的原因也被迫从原来的辽西平原北部向西迁移到了辽西山地地区的西拉木伦河流域，并且最先在那里演变成了夏家店上层文化，后又很快将自己的活动范围扩大到了老哈河和教来河流域。

从双房文化的扩张，到马城子文化和高台山文化的迁徙，再到东北南部地区考古学文化格局的改变，三者之间存在着一定的必然联系。首先是双房文化的扩张直接导致了辽东北部地区和辽西平原地区文化格局的改变，然后是以双房文化扩张为原动力的马城子文化北迁和高台山文化西进而造成的第二松花江流域和辽西山地地区文化格局的相继变化。可见，文化扩张、文化迁徙和文化格局之间是一种因果关系，是一种类似于骨牌效应所产生的联动关系。

如果说西周至春秋时期双房文化的急剧扩张，第一次引发了东北南部地区考古学文化格局的改变。那么战国时期中原燕文化的北进，又使东北南部地区的文化格局产生了第二次重大的变革。

早在战国早中期，就有少量的燕文化因素渗透到了东北，但因力度有限，所以没有给当地的传统文化造成太大的影响，甚至就连辽西山地地区战国早中期出现的“水泉遗存”、“井沟子遗存”及“凌河遗存”晚期等，也没有因此而受到自身发展上的限制。可是到了战国晚期，伴随着燕将秦开北却东胡、置五郡、筑长城、设边障、迁燕人到东北屯田戍守，大批的燕人进入了东北南部的广大地区。这次燕文化的介入，不仅直接导致了当地传统文化的消失，而且通过武力征服彻底实现了文化上的替代，并将所控制到的燕北长城以南地区正式纳入了燕国的版图。

从以往的考古调查和勘定的结果来看，燕北长城的西段走向为围场经赤峰、敖汉、奈曼、库仑至阜新[43]。东段据史地学家考证应自阜新、经彰武、法库、开原、新宾到宽甸，再向东进入朝鲜境内[44]。按照一般的说法，燕人活动的区域应主要在燕北长城以南。但是从目前的考古发现来看，一是燕人的活动范围应该较此有所扩大，因为在燕北长城以外的吉林梨树二龙湖发现了战国晚期的古城[45]。二是在出有战国晚期燕文化因素的广大区域内，辽西山地地区表现出来的情况是一种完全的文化替代，辽西平原地区因没有发现所以暂不清楚，而辽东地区双房文化分布范围内，虽然也发现了战国晚期燕文化的因素，但是它们所表现出来的只是一种文化上的渗透或融入，而根本没有取代战国晚期双房文化（晚期）在辽东地区的主导地位。比如在南部的旅顺尹家村M12和北部的本溪上堡M1～M4中均出有典型的战国晚期燕式豆或燕式罐[46]，但是同墓共出的更多的是双房文化三期的罐、壶、豆和青铜剑。这表明在战国晚期阶段，东北南部的辽东地区并没有被燕文化所替代，相反倒是远道而来的燕文化被吸收到了土著文化之中。辽东地区真正被中原文化所替代的时间，应该是稍晚一个阶段的汉文化时期。旅顺尹家村遗址出土的汉代文化遗存，便可视为最好的例证[47]。

与南部地区相比，两周时期的北部嫩江流域和东部图们江流域则表现出了另外一种情形。这两个地区的考古学文化在没有受到来自南部地区西周至春秋时期文化扩张与文化迁徙影响的情况下，也在相同的时间段上各自完成了由夏商时期的“古城类型”、兴城文化（晚期）分别向白金宝文化、柳庭洞文化（早期）的过渡与转变。而这种转变主要是通过制陶技术和用陶理念的变革而得以实现的。

不仅如此，当战国时期燕文化大举北进并部分地取代了南部地区本土文化的时候，嫩江和图们江流域的考古学文化却仍然得到了进一步的发展。

嫩江流域由西周至春秋时期的白金宝文化过渡到了战国时期的汉书二期文化早中期之后，又在战国晚期的基础上进一步发展成了本地区以平洋墓葬晚期和大道三家子墓葬为代表的汉书二期文化晚期阶段。而图们江流域的柳庭洞文化在完成了由早期（西周至春秋）向晚期（战国）过渡的基础上，后来又发展成了本地区战国以后的团结文化和西部地区以黄鱼圈珠山M1为代表的遗存。

这种在渔猎生业方式和封闭自然地理条件下由小拉哈文化系和兴城文化系进一步发展而演变成的新的考古学文化遗存，不仅没有衰落，而且在后来的两汉时期得到了更进一步的发展，实力甚至达到了可以与中原地区秦汉文化相抗衡的地步。反过来看，中原地区的燕、秦、汉文化，之所以没有能够最终到达这里并实现对这一地区的控制，原因就在于这里存在着自夏至战国以来始终连绵不断、血脉相连并且一直保持着较强生命力的本土文化。

总之，东北地区夏至战国时期的考古学文化可根据它们在不同阶段上所表现出来的交往方式和格局的不同，区分成夏商时期和两周时期两种不同的情形，夏商时期各文化系的格局均表现为稳定的横向交流和一地式的持续性发展，两周时期所呈现出来的则分别是南部各文化系的异地扩张、迁移与替代和北部、东部文化系的一地式持续性演进与发展。

三、两种“文化区”与两个“文化带”的析辨

1. “系列考古文化区”和“序列考古文化区”

考古学文化的纵横发展格局，在很大程度上决定着各个自然地理区域内文化关系的异同。有连续性的、也有交替性的，由此便形成了历史上不同类型的“文化区”。

将本文最初选定的用以建立不同地区考古学文化编年坐标的7个自然地理区域，同上面已经确立的6个考古学文化系统在夏至战国时期四个不同发展阶段上所表现出来的纵横谱系关系进行比较，很容易发现各自然区域内诸考古学文化之间所表现出来的关系，可区分为如下两种情况。

第一种：3个地区，分别是嫩江流域、图们江流域和辽东南部地区。它们所表现出来

的共同特点是分布在同一个自然地理区域内的诸考古学文化之间，不仅依次存在着年代上的早晚关系，而且彼此同属于一个文化系统。如嫩江流域的小拉哈文化、“古城类型”、白金宝文化、汉书二期文化不但年代上是先后相继的，而且根据陶器的亲缘关系研究被认定为是彼此继承和发展关系。图们江流域的兴城文化和柳庭洞文化之间，辽东南部地区双砣子一、二、三期文化和双房文化之间表现出来的情况都是如此。由于以上自然地理区域内所蕴含的考古学文化，不论数量多少、不论演化速率快慢，相互间所表现出来的始终是一脉相传的承袭关系。换言之，这三个地理区域内所包含的诸考古学文化是同一群人在同一地点遗留下来的不同发展时段上的遗存。因此可称其为“系列考古文化区”。

第二种：2个地区，分别是辽东北部地区和辽西山地地区。这两个地区所表现出来的共性是分布在同一个自然地理区域内的诸考古学文化之间，只是年代上的依次早晚关系，而彼此之间并不属于同一个文化系统。例如，辽东北部地区出土的年代相当于夏商时期的遗存是属于马城子文化系的马城子文化，而叠压在这种文化上面的是年代相当于两周时期的属于双砣子文化系的双房文化。两种文化虽有年代上的先后，但是彼此并不属于同一文化系统。辽西山地地区的夏家店下层文化、“魏营子文化”、夏家店上层文化、“水泉遗存”、“井沟子遗存”、“凌河遗存”、燕文化等几种遗存之间所表现出来的情形亦是如此。由于以上两个自然地理区域内所蕴含的考古学文化所呈现出来的是一种你来我往的交替存在现象，各文化之间仅仅体现为每一种考古学文化到达此处的时间先后。换言之，这两个地理区域内所包含的诸考古学文化应该是不同的人群在相同的地点遗留下来的具有年代先后关系的遗存。为便于和前面的“系列考古文化区”相区别，现可称其为“序列考古文化区”。

还有两个地区（第二松花江流域、辽西平原地区），因为只发现了一种考古学文化，所以暂时难以判定它们应该属于哪种类型。例如，第二松花江流域只发现了两周时期的西团山文化，而未见夏商时期的文化遗存，尽管可以证明本地西团山文化的前身应该是辽东北部地区夏商时期的马城子文化，但是在没有找到和确认第二松花江流域夏商时期遗存面貌以前，仍然不能断定第二松花江流域是“序列考古文化区”还是“系列考古文化区”。因为一旦发现该地区的夏商时期遗存和马城子文化一样，那么这个区域就应该是“系列考古文化区”，反之，则为“序列考古文化区”。辽西平原地区的情况亦是如此。

从本文所揭示的具体情况来看，“系列考古文化区”和“序列考古文化区”的划分应该具有普遍意义。形成“系列考古文化区”和“序列考古文化区”的原因，主要和考古学文化是否发生过异地性扩张或迁徙有关。区分“系列考古文化区”和“序列考古文化区”的办法，是对同一个地区或几个不同地区内诸考古学文化进行时空关系和谱系关系的比较研究。

2．“大兴安岭—燕山文化带”和“长白山—千山文化带”

将不同文化区所处的空间位置关系和各文化区包含的不同文化系统，在自然环境、文化特点、历史传统等背景下进行更宏观的对比研究，往往还可以划分出由不同“文化区”所构成的更大的文化区块，为了便于和“文化区” 相区别，这里称其为“文化带”。

在如何划分东北地区先秦时期考古学文化的区块问题上，张忠培先生最早提出过“哈尔滨至沈阳铁路沿线应是将东北区分为面向亚洲腹地和海洋的两大区域的中间地带”的认识[48]。后来乔梁先生又在这一观点的基础上更加具体地提出了东北地区可划分为“以大兴安岭及其延伸地带为轴心的东北地区的西部”和“以长白山地及其延伸地带为轴心的东北地区的东部”的认识[49]。从本文的研究结果来看，上述两种划分意见不仅是合理的，而且仍然是正确的。这里为行文方便，暂将“以大兴安岭及其延伸地带为轴心的东北地区的西部”简称为“大兴安岭—燕山文化带”，将“以长白山地及其延伸地带为轴心的东北地区的东部”简称为“长白山—千山文化带”，并就这两个文化带的划分进一步提出以下几点说明。

首先，从两区的自然环境和文化区来看，西部的“大兴安岭—燕山文化带”主要应该是以大兴安岭和燕山山地为依托、以东北大平原的中西部地区为活动前沿。本文划分的辽西山地地区、辽西平原地区和嫩江流域三个文化区应该属于这个区域；东部的“长白山—千山文化带”主要应该是以长白山和千山山地为依托、以东北大平原东部的一小部分狭长地段为活动前沿。本文划分的辽东南部地区、辽东北部地区、第二松花江流域和图们江流域四个文化区应该属于这个区域。

其次，从文化内涵的主要特点来看，西部“大兴安岭—燕山文化带”中所包含的高台山文化系和小拉哈文化系，以及夏家店下层文化、魏营子文化、“井沟子遗存”等，普遍以鬲为主要炊器（鼎为东来的文化因素），并且多数存在绳纹。墓葬以土坑墓为主要形式（石棺墓较少），随葬的典型器物为直口或杯形口的陶壶，壶上主要流行竖桥耳；东部“长白山—千山文化带”中所包含的“双砣子文化系”、马城子文化系和兴城文化系中的诸文化，普遍有豆，并以罐、鼎为主要炊器（鬲为西来文化因素），不见绳纹。以石构墓葬为主，先后流行积石墓、洞室墓、石棺墓、大石盖墓、石棚等。墓中随葬陶器以喇叭口壶和钵口壶最具特色，壶上有横耳、扳耳者较多。

再次，从文化传统和与中国内地的文化关系上看，西部“大兴安岭—燕山文化带”，从新石器时代开始就与中原地区保持着密切的来往，到了夏至战国时期联系更加紧密。由于该文化带通过辽西和燕山南北地区的陆路通道与“面向内陆”部分或称“面向亚洲腹地”部分连成一体，因此从整体上可将它们看作同一个大的文化板块；东部“长白山—千山文化带”，从新石器时代开始就以辽东半岛并通过渤海海峡同山东半岛保持着频繁的文化交往，夏至战国时期依然如此。因这一部分始终通过水路与南部的“面向海洋”部分相连，因此可从整体上将它们看成同一个大的文化板块。

最后，从东西两区的活动界线或者说是两个文化带争夺的前沿地带来看，可基本按照张忠培先生提出的“哈尔滨至沈阳铁路沿线”一说划出一个大致的界线。不过结合本文的认识来看，这条界线似乎自南往北可区分为三段。南段可以下辽河—秀水河为界，中段可以哈尔滨与东辽河入河口之间的连线为界，北段可以呼兰河及其向北延长线为界。将这三段连接起来，便可初步看作西部“大兴安岭—燕山文化带”和东部“长白山—千山文化带”之间的一条理论分界线（图一六）。不过需要指出的是，这里给出的只是一个大致的范围。而实际情况可能根本就不应该是一条线，而应该是大致以这条线为中轴并呈东北—西南向走势的一个比较狭长的地带。

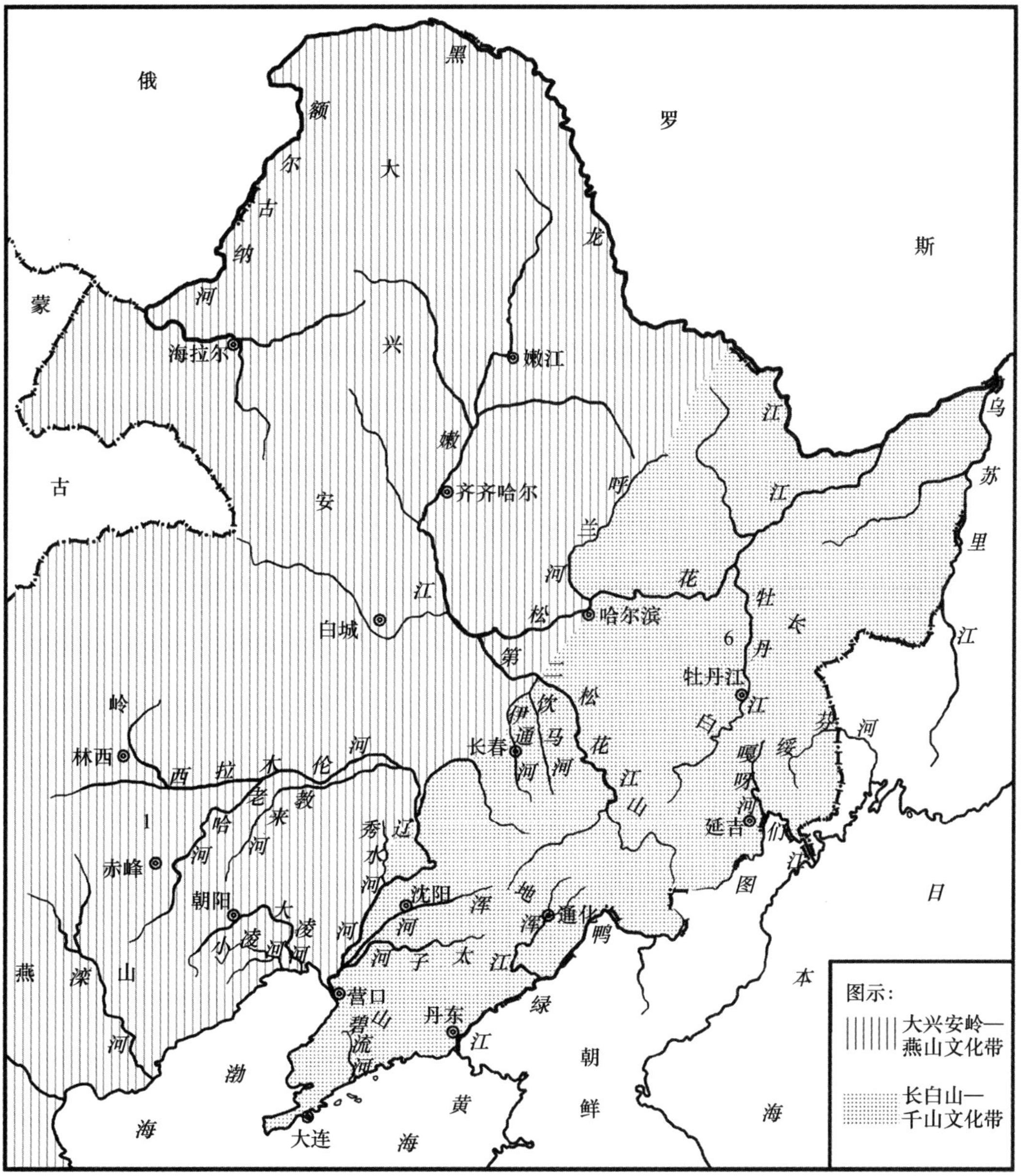

图一六 “大兴安岭—燕山文化带”和“长白山—千山文化带”相对位置关系示意图

总之，以上两个文化带的划分不仅是可行的，而且是必要而有意义的。特别是将两个文化带和六个文化系紧密地联系起来考虑，对于进一步揭示东北地区夏至战国时期考古学文化区系与后来形成并见于文献记载的不同人群族团之间的内在联系，具有十分重要的参考价值和有益的启示作用。

注　释

[1] 赵宾福：《东北地区夏至战国时期考古学文化时空框架的构建》，《社会科学战线》2011年7期。

[2] 赵宾福：《关于双砣子一、二期文化的三点新认识》，《东北史地》2010年6期，图二，54、55。

[3] 赵宾福：《关于双砣子一、二期文化的三点新认识》，《东北史地》2010年6期，图三，24～40。

[4] 王青：《试论山东龙山文化郭家村类型》，《考古》1995年1期；吴玉喜：《岳石文化地方类型初探》，《考古学文化论集》（三），文物出版社，1993年；栾丰实：《岳石文化的分期和类型》，《海岱地区考古研究》，山东大学出版社，1997年；陈光：《羊头洼类型研究》，《考古学文化论集》（二），文物出版社，1989年。

[5] 赵宾福：《以陶器为视角的双房文化分期研究》，《考古与文物》2008年1期，图七。

[6] 栾丰实：《岳石文化的分期和类型》，《海岱地区考古研究》，山东大学出版社，1997年，图一，6；图三，3、8。

[7] 蔡凤书：《关于〈貔子窝〉的陶器》，《辽海文物学刊》1993年2期，图二。

[8] 张忠培：《辽宁古遗存的分区、编年及其他——“环渤海考古”学术讨论会上的发言》，《辽海文物学刊》1991年1期。

[9] 朱永刚：《论高台山文化及其与辽西青铜文化的关系》，《中国考古学会第八次年会论文集》，文物出版社，1996年。

[10] 赵宾福：《辽西山地夏至战国时期考古学文化时空框架研究的再检讨》，《边疆考古研究》（第5辑），科学出版社，2006年，图六、3、7。

[11] 赵宾福：《辽西山地夏至战国时期考古学文化时空框架研究的再检讨》，《边疆考古研究》（第5辑），科学出版社，2006年，图三、21。

[12] 北京市文物研究所：《镇江营与塔照——拒马河流域先秦考古文化的类型与谱系》，中国大百科全书出版社，1999年。

[13] 张忠培：《西拉木伦河地区考古学文化及其在中国的历史地位》，《中国考古学九十年代的思考》，文物出版社，2005年。

[14] 赵宾福、张伟：《论小拉哈文化》，《北方文物》2008年2期，图二。

［15］ 赵宾福：《古城类型：嫩江流域商代晚期遗存辨识——兼谈嫩江流域陶鬲的起源与演变》《新果集——庆祝林沄先生七十华诞论文集》，科学出版社，2009年，图一。
［16］ 乔梁：《吉长地区西团山文化之后的几种古代遗存》，《辽海文物学刊》1993年2期。
［17］ 郭大顺：《试论魏营子类型》，《考古学文化论集》（一），文物出版社，1987年。
［18］ 杨建华：《再论玉皇庙文化》，《边疆考古研究》（第2辑），科学出版社，2004年。
［19］ 郑均雷：《战国燕墓的非燕文化及其历史背景》，《文物》2005年3期。
［20］ 辽宁省文物考古研究所：《辽宁凌源县五道河子战国墓发掘简报》，《文物》1989年2期。
［21］ 靳枫毅等：《山戎文化所含燕与中原文化之分析》，《考古学报》2001年1期。
［22］ 朱永刚：《大小凌河流域含曲刃短剑遗存的考古学文化及相关问题》，《内蒙古文物考古文集》（第二辑），中国大百科全书出版社，1997年。
［23］ 王立新：《辽西区夏至战国时期文化格局与经济形态的演进》，《考古学报》2004年3期。
［24］ 赵宾福：《辽西山地夏至战国时期考古学文化时空框架研究的再检讨》，《边疆考古研究》（第5辑），科学出版社，2006年，图二，13、14、17～20。
［25］ 赵宾福：《辽西山地夏至战国时期考古学文化时空框架研究的再检讨》，《边疆考古研究》（第5辑），科学出版社，2006年，图二，3、4。
［26］ 赵宾福：《关于双砣子一、二期文化的三点新认识》，《东北史地》2010年6期，图二，54、55。
［27］ 赵宾福：《关于双砣子一、二期文化的三点新认识》，《东北史地》2010年6期，图三，24～40。
［28］ 辽宁省文物考古研究所、吉林大学考古学系：《辽宁彰武平安堡遗址》，《考古学报》1992年4期，图九，18、19。
［29］ 赵宾福：《高台山文化再论》，《华夏考古》待刊，图一，19；图二，34～37、39。
［30］ 赵宾福、张伟：《论小拉哈文化》，《北方文物》2008年2期，图二，1；赵宾福：《马城子文化新论——辽东北部地区夏商时期遗存的整合研究》，《边疆考古研究》（第6辑），科学出版社，2007年，图六，28、29、35～38、40。
［31］ 赵宾福：《辽西山地夏至战国时期考古学文化时空框架研究的再检讨》，《边疆考古研究》（第5辑），科学出版社，2006年，图二，5、6。
［32］ 赵宾福：《高台山文化再论》，《华夏考古》待刊，图五，1～5。
［33］ 赵宾福：《马城子文化新论——辽东北部地区夏商时期遗存的整合研究》，《边疆考古研究》（第6辑），科学出版社，2007年，图三、图四、图六。
［34］ 赵宾福：《古城类型：嫩江流域商代晚期遗存辨识——兼谈嫩江流域陶鬲的起源与演变》，《新果集——庆祝林沄先生七十华诞论文集》，科学出版社，2009年，图一，1、2。
［35］ 赵宾福：《高台山文化再论》，《华夏考古》2011年1期，图二，8。

[36] 赵宾福：《辽西山地夏至战国时期考古学文化时空框架研究的再检讨》，《边疆考古研究》（第5辑），科学出版社，2006年，图一〇，1、11、12、22。

[37] 赵宾福：《辽西山地夏至战国时期考古学文化时空框架研究的再检讨》，《边疆考古研究》（第5辑），科学出版社，2006年，图一二，3～5、10、11。

[38] 吉林大学历史系考古专业等：《大安汉书遗址发掘的主要收获》，《东北考古与历史》（第1辑），文物出版社，1982年，图三。

[39] 赵宾福：《西团山文化分期研究》，《考古学报》2009年第4期，图一六，1、2、5、6、9、10。

[40] 王巍：《夏商周时期辽东半岛和朝鲜半岛西北部的考古学文化序列及其相互关系》，《中国考古学论丛》，科学出版社，1993年，图二六、图二八。

[41] 王巍：《商周时期辽东半岛与朝鲜大同江流域考古学文化的相互关系》，《青果集——吉林大学考古专业成立二十周年考古论文集》，知识出版社，1993年，图八；王巍：《夏商周时期辽东半岛和朝鲜半岛西北部的考古学文化序列及其相互关系》，《中国考古学论丛》，科学出版社，1993年，图三〇。

[42] 靳枫毅：《论中国东北地区含曲刃青铜短剑的文化遗存》，《考古学报》1983年1期，图一九，1～3。

[43] 佟柱臣：《东北历史和考古中的几个问题》，《东北考古与历史》（第1辑），文物出版社，1982年。

[44] 李殿福：《东北境内燕秦长城考》，《黑龙江文物资料丛刊》1982年1期。

[45] 四平地区博物馆等：《吉林省梨树县二龙湖古城址调查简报》，《考古》1988年6期。

[46] 赵宾福：《双房文化青铜器的型式学与年代学研究》，《考古与文物》2010年1期，图三，6、13、14。

[47] 中国社会科学院考古研究所：《双砣子与岗上——辽东史前文化的发现和研究》，科学出版社，1996年。

[48] 张忠培：《黑龙江考古学的几个问题的讨论——1996年8月24日在“渤海文化研讨会”上的发言》，《北方文物》1997年1期。

[49] 乔梁：《吉长地区西团山文化之后的几种古代遗存》，《辽海文物学刊》1993年2期。

［原载《边疆考古研究》（第12辑），科学出版社，2012年，收入时增加了线图］

赵宾福东北考古论著要目
（1989～2019年）

一、著作类

01．《中国东北新石器文化》，韩国集文堂出版社，1996年。

02．《东北石器时代考古》，吉林大学出版社，2003年。

03．《中国东北旧石器文化》，韩国集文堂出版社，2006年。

04．《中国东北地区夏至战国时期的考古学文化研究》，科学出版社，2009年。

05．《中国东北先史文化研究》，韩国图书出版社，2011年。

06．《东北考古学研究》（一），科学出版社，2014年。

07．《吉林省地下文化遗产的考古发现与研究》（上、下册），科学出版社，2017年。

二、论文类（含报告）

01．《农安左家山新石器时代遗址》（第二作者），《考古学报》1989年2期。

02．《辽宁彰武平安堡遗址发掘简报》（第二作者），《辽海文物学刊》1989年2期。

03．《左家山新石器时代遗址的分期及相关文化遗存的年代序列》（第二作者），《考古》1990年3期。

04．《辽宁阜新平顶山石城址发掘报告》（第二作者），《考古》1992年5期。

05．《辽宁彰武平安堡遗址》（第三作者），《考古学报》1992年4期。

06．《关于高台山文化若干问题的探讨》，《青果集——吉林大学考古专业创建二十周年纪念文集》，知识出版社，1993年。

07．《赵宝沟文化的分期与源流》，《中国考古学会第八次年会论文集》，文物出版社，1996年。

08．《黑龙江省肇源县小拉哈遗址发掘简报》（第二作者），《北方文物》1997年1期。

09．《黑龙江肇源县小拉哈遗址发掘报告》（第二作者），《考古学报》1998年1期。

10. 《吉林省出土的史前玉器及相关问题》，《东亚玉器》（第1册），香港中文大学，1998年（后以《吉林省新石器时代玉器初探》为题，刊于《博物馆研究》2001年1期）。

11. 《史前经济形态的转化与突变——来自辽东半岛黄海沿岸新石器时代文化的两个例证》（第二作者），《博物馆研究》2002年4期。

12. 《松嫩平原早期青铜文化的发现与认识》，《边疆考古研究》（第1辑），科学出版社，2002年。

13. 《关于辽西史前玉器的几个问题》，《玉魂国魄——中国古代玉器与传统文化学术讨论会文集》，北京燕山出版社，2002年（后被收入《辽河寻根 文明溯源——中华文明起源学术研讨会论文集》，文物出版社，2012年）。

14. 《嫩江流域三种新石器文化的辨析》，《边疆考古研究》（第2辑），科学出版社，2004年。

15. 《东北地区新石器时代考古学文化的发展阶段与区域特征》，《社会科学战线》2004年4期。

16. 《东北新石器文化的分期与特点》，《求是学刊》2004年4期。

17. 《白金宝遗址四期说与白金宝文化遗存三段论》，《庆祝张忠培先生七十岁论文集》，科学出版社，2004年。

18. 《红山文化研究历程及相关问题再认识》，《内蒙古大学学报·人文社科版》2005年4期。

19. 《关于小河沿文化的几点认识》，《文物》2005年7期。

20. 《兴隆洼文化的类型、分期与聚落结构研究》，《考古与文物》2006年1期。

21. 《东北旧石器时代的古人类、古文化与古环境》，《学习与探索》2006年2期。

22. 《东北新石器文化格局及其与周边文化的关系》，《中国边疆史地研究》2006年2期。

23. 《辽西山地夏至战国时期考古学文化时空框架研究的再检讨》，《边疆考古研究》（第5辑），科学出版社，2006年。

24. 《小珠山遗址的发现与研究》，《20世纪中国学术大典·考古卷》，福建教育出版社，2007年。

25. 《左家山遗址的发现与研究》，《20世纪中国学术大典·考古卷》，福建教育出版社，2007年。

26. 《嫩江流域新石器时代生业方式研究》，《考古》2007年11期（另以《嫩江流域新石器时代生业方式研究——“渔猎型新石器文化”的一个个案分析》为题，载于《新世纪的考古学：文化、区位、生态的多元互动》，紫禁城出版社，2006年）

27. 《马城子文化新论——辽东北部地区夏商时期遗存的整合研究》，《边疆考古研究》（第6辑），科学出版社，2007年。

28．《东北旧石器文化与邻区旧石器文化的关系》，《内蒙古大学学报》2008年1期。

29．《以陶器为视角的双房文化分期研究》，《考古与文物》2008年1期。

30．《论小拉哈文化》，《北方文物》2008年2期。

31．《图们江流域的青铜时代文化研究》，《考古》2008年6期。

32．《关于赵宝沟文化的聚落形态问题》，《华夏考古》2008年3期。

33．《白金宝文化的分期与年代》，《边疆考古研究》（第7辑），科学出版社，2008年12月。

34．《古城类型：嫩江流域商代晚期遗存辨识——兼谈嫩江流域陶鬲的起源与演变》，《庆祝林沄先生七十华诞论文集》，科学出版社，2009年。

35．《西团山文化分期研究》，《考古学报》2009年4期。

36．《汉书二期文化研究——遗址材料和墓葬材料的分析与整合》，《边疆考古研究》（第8辑），科学出版社，2009年。

37．《双房文化青铜器的型式学与年代学研究》，《考古与文物》2010年1期。

38．《小珠山下层文化新论——辽东半岛含之字纹陶器遗存的整合研究》，《考古学探究》第7号（朝文），韩国·考古学探究会，2010年（后被收入《中国考古学会第十五次年会论文集》，文物出版社，2013年）。

39．《关于双砣子一、二期文化的三点新认识》，《东北史地》2010年6期。

40．《中朝邻境地区的新石器文化比较研究》，《边疆考古研究》（第9辑），科学出版社，2010年。

41．《东北地区旧石器时代文化遗存的发现与认识——兼谈与韩国中原地区旧石器文化的关系》（该文曾在2010年10月2日韩国忠州大学博物馆主办的“韩国中原文化的对外交流与影响”国际学术讨论会上宣读。后收入《东北考古学研究》（二），科学出版社，2020年）。

42．《牡丹江流域新石器文化序列与编年》，《华夏考古》2011年1期。

43．《新乐下层文化的分期与年代》，《文物》2011年3期。

44．《梁思永·昂昂溪文化·齐齐哈尔》，《中国文物报》2011年4月29日7版（后被收入《昂昂溪考古文集》，科学出版社，2013年）。

45．《东北地区夏至战国时期考古学文化时空框架的构建》，《社会科学战线》2011年7期。

46．《太子河上游三种新石器文化的辨识——论本溪地区水洞下层文化、偏堡子文化和北沟文化》，《中国国家博物馆馆刊》2011年10期。

47．《朝阳小东山红山文化遗存的分期研究》，《东北史地》2011年6期。

48．《于家村砣头积石墓地的分段与双砣子三期文化的分期》，《北方文物》

2011年4期。

49. 《大嘴子与双砣子遗址晚期遗存试析——兼论双砣子三期文化遗址材料的分段和年代》，《中国考古学会第13次年会论文集》，科学出版社，2011年。

50. 《辽西地区汉以前文化发展序列的建立及文化纵横关系的探讨》，《边疆考古研究》（第10辑），科学出版社，2011年。

51. 《以陶器为视角的红山文化发展阶段研究》，《考古学报》2012年1期。

52. 《“富河文化”与赵宝沟文化的地方类型》，《考古》2012年11期。

53. 《高台山文化再论》，《华夏考古》2012年3期。

54. 《东北新石器文化的时空框架及文化系统》，《庆祝宿白先生九十华诞文集》，科学出版社，2012年。

55. 《东北青铜时代考古学文化谱系格局的研究》，《边疆考古研究》（第12辑），科学出版社，2012年。

56. 《小河沿文化界说》，《北方文物》2013年1期。

57. 《饶河小南山墓葬出土玉器的年代和性质》，《边疆考古研究》（第14辑），科学出版社，2013年。

58. 《小河西文化检析》，《中国国家博物馆馆刊》2014年1期。

59. 《中国图们江流域发现的三种新石器文化》，《庆祝张忠培先生八十岁论文集》，科学出版社，2014年。

60. 《后洼上层文化的渊源与流向——论辽东地区以刻划纹为标识的水洞下层文化系统》（第二作者），《北方文物》2004年1期。

61. 《东北和内蒙古东部地区辽河流域的陶鬲》，《中国陶鬲谱系研究》，故宫出版社，2014年。

62. 《东北地区黑龙江流域的陶鬲》，《中国陶鬲谱系研究》，故宫出版社，2014年。

63. 《浅谈新乐遗址的考古研究与文物保护》，《纪念沈阳新乐遗址发现四十一周年暨沈阳新乐遗址博物馆建馆三十周年学术研讨会论文集》，东北大学出版社，2014年。

64. 《再论小河沿文化的分期与年代》，《边疆考古研究》（第17辑），科学出版社，2015年。

65. Comparative Analysis of Economic Activities during the Neolithic in the Sanjiang Plain and the Middle and Lower Heilongjiang River Valley，*Asian Archaeology*，3（2015）：1－28。

66. 《从并立到互动：辽宁青铜时代的文化格局》，《辽宁大学学报（哲学社会科学版）》2015年1期。

67. 《从居址到墓地：红山文化牛河梁遗址的时代变迁与功能转变》，《辽宁师范大学学报》2016年2期。

68．《中国东北地区新石器时代彩陶研究》，《考古与文物》2016年1期。

69．《左家山下层文化新探》，《边疆考古研究》（第19辑），科学出版社，2016年。

70．《吉林长岭腰井子遗址新石器时代陶器试析》，《东北史地》2016年1期。

71．《红山文化与辽西地区新石器时代考古相关问题》，《红山文化研究》（第四辑），辽宁人民出版社，2017年。

72．《吉林青铜时代考古与西团山文化的来源》，《江城日报》2017年11月22日5版。

73．《小珠山中层文化的分期与年代》（第二作者），《边疆考古研究》（第21辑），科学出版社，2017年。

74．《海拉尔河流域四种新石器文化遗存辨析》（第二作者），《中国国家博物馆馆刊》2018年10期。

75．《关于偏堡子文化的几个问题》（第三作者），《边疆考古研究》（第23辑），科学出版社，2018年，87～109页。

76．《辽东半岛新石器文化纵横关系研究》（第二作者），《边疆考古研究》（第24辑），科学出版社，2018年。

77．《辽东半岛考古学文化研究的一部力作》，《中国文物报》2019年12月27日7版。

编 后 记

2013年编辑、2014年3月出版的《东北考古学研究》（一），共收录了我在1990～2009年发表的有关于东北考古研究方面的学术论文28篇。

这次收入《东北考古学研究》（二）的21篇学术论文，发表时限为2010～2013年。其中包括东北地区旧石器时代考古1篇、新石器时代考古13篇、青铜时代考古6篇、新石器至青铜时代考古综论1篇。按黑龙江流域、西辽河流域、下辽河流域、辽东半岛地区、鸭绿江和图们江流域、综论等六部分编排。

需要说明的是，这本文集当中有8篇成果是以第一作者身份与我的几位在读研究生合作完成并发表的。其中《辽宁朝阳小东山红山文化遗存的分期研究》和《以陶器为视角的红山文化发展阶段研究》的合作者是硕士研究生薛振华同志，《新乐下层文化的分期与年代》和《太子河上游三种新石器文化的辨识——论本溪地区水洞下层文化、偏堡子文化和北沟文化》的合作者是硕博连读研究生杜战伟同志，《“富河文化”与赵宝沟文化的地方类型》和《小珠山下层文化新论——辽东半岛含之字纹陶器遗存的整合研究》的合作者是硕士研究生刘伟和杜战伟同志，《饶河小南山墓葬出土玉器的年代和性质》的合作者是硕士研究生孙明明和杜战伟同志，《小河沿文化界说》的合作者是硕博连读研究生任瑞波和杜战伟同志。另有《于家村砣头墓地的分段与双砣子三期文化的分期》和《大嘴子遗址和双砣子遗址晚期遗存试析——兼论双砣子三期文化遗址材料的分段和年代》2篇文章，是我以第一作者身份分别和黑龙江省文物考古研究所张伟、中国社会科学院考古研究所丛德新两位同志合作发表的。以上论文的收入，均得到了合作者的同意。

这本论文集的编辑工作，也是由我的学生们完成的。其实早在2013年编辑《东北考古学研究》（一）的时候，就同时完成了《东北考古学研究》（二）的编辑工作，只因为当时资助条件有限没能一同出版。具体分工是博士研究生杜战伟负责编排和设计，博士研究生李志文、何强、任瑞波和硕士研究生于怀石、孙明明、胡品、金象晕、丁凤雅、白玉川、李晓慧、文章、郭梦雨等负责文字校对。

该文集的出版得到了吉林大学考古学院考古学“双一流”学科建设经费的资助，但为了保持《东北考古学研究》（一）出版时的初衷和整个文集形式上的完整性，本次出版的《东北考古学研究》（二）仍纳入“教育部人文社会科学百所重点研究基地吉林大学边疆考古研究中心系列学术文集”系列。科学出版社王琳玮编辑为此书的出版付出了辛勤劳动。特此致谢！

赵宾福

2020年1月10日

于长春倚澜观邸寓所